スピノザ
ある哲学者の人生

スピノザ
ある哲学者の人生

SPINOZA
A LIFE

スティーヴン・ナドラー✦著
有木宏二✦訳

Liberal Arts
Publishing
House
人文書館

カバー写真
スピノザ 肖像レリーフ
（オランダ　デン・ハーグ、新教会にて）
撮影:有木宏二

私の家族へ

スピノザ――ある哲学者の人生／目次

編集　多賀谷典子／道川龍太郎／メディア・コモンズ編集事務所

謝　辞

本書のような著述は、多大な支援なくして、成し遂げることはできない。私は過去数年間にわたって幾多の好意を求めてきたが、その点について私にできることは、さまざまな個人と団体が与えてくれた便宜、好意、支援、友情に対し、心からの謝意を表す以外にない。私は本書を一冊ずつ謹呈しもするだろう。

最初に、ジョナサン・イスラエル、デイヴィッド・カッツ、マーク・コーンブラット、ドナルド・ルサーフォード、レッド・ワトソン、そして特に、ピエール=フランソワ・モロー、ウィム・クレフェル、ピート・ステーンバッケルス、ウィリアム・クラインに対し、拙稿全体を読み通し、内容と文体の両面についての意見を忌憚なく提出してくれたことに、私はひじょうに感謝している。彼らが与えてくれた指摘、訂正、批評は、初期の草稿段階から最終的な出版形態へと本書を移行させるにあたり、重要なものとなった。

同様に私は、各章に目を通し、正しい情報源を私に指示し、私の疑問に答え、所有する資料を私に貸与し、目的のものを捜し当て、国内外の用向きに走り、あるいは大いに必要とされる激励をここぞというときに与えてくれた数多くの人々、すなわち、フォックス・アッカーマン、アミー・バーンステイン、トム・ブローマン、エド・カーリー、ヨセフ・カプラン、ナンシー・ルデュック、ティム・オスワルド、リチャード・ポプキン、エリック・シュリーサー、そしてテオ・フェルベエクに、それぞれ感謝を申し上げる。とりわけ私は、十七世紀アムステルダムのポルトガル人ユダヤ教徒共同体について、私が抱く数多くの疑問点を最大限の優しさでもって解決してくれたアムステルダム大学付属ローゼンタリアナ図書館館長アドリ・オッフェンベルクに感謝を申し上げる。最後に、ヘンリエッテ・レーリンクは、アムステルダムにおける完璧な友人――であり、なくてはならない助手――だった。使用に耐える自転車を調達する以外にも、彼女は市立古文書館での捜索によっていくつかの重要な記録を入手し、そして光り輝くオランダの空の下、アウデルケルクの墓地まで、私の道案内役を務めてくれた。彼女はまた、最高の「ポフェルチェ（*poffertjes*）」〔丸い焼菓子〕が市街地のどこで手に入るのかを知っている。

本書のための調査研究は、人文科学国家基金の夏季助成金、ロムネス財団の特別研究助成金、そしてウィスコンシン大学マディソン校大学院のいくつかの夏季研究助成金によって支えられた。私はまた、ウィスコンシン大学から一年間の有給休暇を得たが、その恩恵についてはひじょうに有難く思っている。

スピノザの破門の裏側に横たわる諸々の理由について述べた第六章のいくつかの素材は、ユニヴァーシティ・カレッジ・ロンドン、シカゴ大学、ウィスコンシン大学マディソン校自然科学史学科ならびにロゴス協会において、聴衆用に発表された。私は講演に招かれたことに、特にロンドンのマーティン・ストーンに、そしてそれらの機会に得られたさまざまな意見や提案に、感謝している。

そしてさらに、その愛と支えによって私を前進させつづけた人々に、本書は捧げられる。妻のジェーン、子供たちのローズとベンジャミン、両親のアーチとナンシー、弟のデイヴィッド、姉妹のローレンとリンデン。私は言葉に言い表される以上のものをあなた方に負っている。

まえがき

スティーヴン・ナドラー

バルーフ・デ・スピノザ（一六三二～七七）は、アムステルダムのポルトガル人ユダヤ教徒共同体に所属する高名な商人の息子だった。彼はその共同体の学校のひじょうに優秀な学生の一人でもあった。しかし、その人生の二十三年目のあたりで何か――それが突然にか徐々にかを私たちは知らない――が起き、そのことがアムステルダムのポルトガル・スペイン系ユダヤ人の指導者層によってそれまでに下された中の、最も峻烈な破門の引き金となった。その結果の、共同体からの――事実上、ユダヤ教（ジュダイズム）のすべてからの――スピノザの出発だった。かくして彼は、いつの時代であれ、最も重要にして著名な哲学者の一人に、そして明らかに彼自身の時代における、最も革新的で論議の絶えない存在となる。

平凡な――どこから見ても、徹頭徹尾通常の伝統的な生活を営み、唯一その知性ゆえに際立っていたと思われる――ユダヤ教徒の少年から、伝統破壊の哲学者への、この青年の（それがそのようなものだったとすれば）変身ぶりは、残念ながら、おそらく永遠に、私たちには隠されている。私たちは共同体の代表者たちの作成した、誓いと呪いの言葉の詰め込まれた「破門（ヘレム）（*cherem*）」の資料しか手にし得ない。後世に残された資料はひじょうに乏しく、すなわちスピノザの、特に（現存する彼の往復書簡が開始される）一六六一年以前の人生の詳細について確実に知られていることはほとんどなく、したがって私たちは、彼の感情と知性の発達について、そして一人の人間をうずめてゆくひじょうに世俗的な事柄について、想像をめぐらせる以外にない。とは言え、何よりもその対象の魅力を所与のものとすれば、想察には何と豊かな領野であることか。

形而上学と倫理学の哲学者、政治と宗教の思想家、聖書解釈学者、社会批評家、レンズ研磨職人、挫折した商人、オランダの知識人、ユダヤ教徒異端者。スピノザの人生をかくも興味深いものにしているものは、その人生が根差していた、ときに相反する多様な文脈である。新興の独立国たるネーデルラント連邦共和国に避難場所と経済的機会を見出したかつての「隠れユダヤ教徒たち（*marranos*）」が大半を占めるポルトガルとスペインからの移民の共同体、十七世紀半ばにいわゆる黄金時代を迎えていた若い国家の波乱に満ちた政治と華麗なる文化、そして少なからず、哲学そのものの歴史。

一人のユダヤ教徒として、たとえ背教のそれであったとしてもスピノザは、彼が生を享け、そして私たちの知る限りそこから決して旅立つことのなかったカルヴァン主義の土地において、ある程度まではいつでも一人の部外者だった。しかしタルムード・トーラー共同体からの破門と、生まれた都市からの自発的な追放の後、スピノザは、もはや自分自身をユダヤ教徒とは見なさなくなった。ささやかながら彼は自らを、ネーデルラント連邦共和国の——そしておそらく同様に、過渡期的な知の共和国の——さらなる一市民と見なすことを好んだ。彼は共同体の学校において教えられたユダヤ教の伝統のみならず、彼の故国の最初の百年の平和を頻繁に掻き乱した哲学的、神学的、政治的論争の上で自らを養った。彼の遺産は、言うまでもなく、彼が吸収したものと同等に偉大なものだった。スピノザが生きている間もなお、ネーデルラント連邦共和国は、多方面にわたってアイデンティティを模索していた。そしてスピノザと同時代のオランダ人たちが彼に対して罵り、攻撃したことと同様に、オランダの知的文化の発展に彼が与えた貢献の大きさを否定することはできない。それはおそらく、近代的なユダヤ教（ジュダイズム）の特質の形成に対する彼の貢献と同等に、重要なものだった。

本書は、英語によって世に送り出された最初の、遺漏なく語られた、スピノザの完全な伝記である。と同時に、何らかの言語によって久方ぶりに書き綴られる最新の伝記である。もちろん、スピノザの人生の一側面についての短い諸研究は存在し、実際にスピノザ哲学に関する書物は、いずれも簡潔な伝記的描写から始まっている。しかしながら、本書以前にスピノザの完全な「人生」を組み上げようとした重要な試みは、今世紀〔二十世紀〕初頭のヤコブ・フロイデンタールによる伝記資料『スピノザの生涯と教説（*Spinoza: Sein Leben und Sein Lehre*）』だった。【註1】フロイデンタールが貴重な研究を出版してからというもの、アムステルダムのポルトガル人ユダヤ教徒の歴史、およびスピノザ本人についての研究が、数多く行われてきた。A・M・ファス・ディアス、W・G・ファン・デル・タク、I・S・レヴァ、ウィム・クレフェル、ヨセフ・カプラン、ヘルマン・プリンス・サロモン、ジョナサン・イスラエル、リチャード・ポプキンをはじめ、その他大勢の研究者たちによる膨大な数の有益な仕事の成果として、スピノザの人生とその時代について、そして特にアムステルダムのユダヤ教徒共同体について、過去六十年間以上にわたって十分な資料が明るみに出され、初期の伝記は皆、実質的に二義的なものとなった。そしてそれらの個々の労作なくして、本書は書かれることはなかったということを、私はここに明記しておきたい。私は彼らの仕事をうまく活用し得たと願うのみである。

学究的な読者には注意していただきたいのであるが、スピノザ哲学の多様な源泉、すなわち彼に影響を及ぼしたかもしれない思想家たちや伝統的な教養を余さず掘り下げ、提示することは、私の意図するところではない。それは際限のない作業となるだろうし、一生をかけても成し遂げることの叶わぬ仕事である。言い換えれば、本書は「研究論文的」な伝記ではけっしてない。ある点においては、私にとって、スピノザの知性の進化と思われるものを至近に見つめることが大切——事実、本質的——だった。しかしながら私は、彼の哲学的源泉に関する私の研究が徹底していると主張するつもりはない。また本書が、スピノザ哲学の研究書であると主張するつもりもない。形而上学をはじめとする彼の学説についての単行書や論文はありふれており、私は専門家用に数を増しつづける文献目録の項目を増やしたいとはつゆ思わない。むしろ私は、一般的な読者に向けてこそスピノザの思想の平易な概観を提示してみたかった。いく人かのスピノザ研究者たちに、ときおり私が単純化あるいは歪曲化するという過ちを犯していると映るならば、私は不抗争の答弁を行う。私はスピノザ哲学の微妙な細部について学術的な論争をしかけようとはしていないと。それはまたの機会に、別の場所で、行うこととしよう。私が興味を抱いている事柄は――そして読者に興味を抱いていただきたいと願っているものは――一人の重要な、無限に連関する哲学者の、人生、時代、思想である。

この伝記の懐に横たわる問題は、スピノザの人生のさまざまな側面――彼の民族的、社会的背景、アムステルダムのポルトガル人ユダヤ教徒共同体とオランダ社会のような二つの相異なる文化間での亡命における彼の居場所、彼の知性の発展、そして彼の社会的、政治的関係性――が、いかにして結び合い、歴史上最も過激な哲学者の一人を生み出すに至ったのか、ということである。しかしそれと同様に私を魅了するもう一つの、より一般的な問題がある。オランダの黄金時代に一人の哲学者にして一人のユダヤ人であるということは、何を意味していたのか、という問題である。これらの問題に対する答えの探求は、〔スピノザの時代から〕約二百年を遡って、ヨーロッパの他の地域から、開始されなければならない。

凡例

＊本書は、Steven Nadler, *SPINOZA, A Life*, Cambridge University Press, 1999. の日本語版である。著者スティーヴン・ナドラーと本書の原著に関する特筆すべき事項については、巻末の訳者解題に略述した。

＊原著においては、各章の冒頭に大見出しのみが付されているが、日本語版では、各章の文章の切れ目にも小見出しを付けた。さらに原著においては、索引が含まれているが、日本語版では割愛した。

＊著者による註釈は、【註＋番号】として行間に表記し、説明を巻末に一括して掲載した。

＊著者による補足等は、原文どおり（　）または――　――によって示し、著者による引用は「　」によって、引用文中における中略は［……］によって示した。

＊訳者による補足は〔　〕内に示した。

＊重要な述語については「　」によって示し、必要な場合には〔　〕内に訳者による略解、または註釈を付した。

＊ネーデルラント（低地地方）、ネーデルラント共和国、オランダなど、原文中に多様に表記される地域名、国名については、時代によって呼び名が異なることもあり、その都度文脈に応じて使い分けたが、そこに住む人々と言語については、ネーデルラント人／語とはせず、現在の日本での慣用を鑑み、原則的に「オランダ人／語」に統一した。

＊人名、歴史的建造物、街路などの名称については、現地での発音にほぼ近いかたちで表記するように心がけたが、呼称の指し示すものをより明確にするため、説明を付したものがある。例えば、オランダ語の「ブレーストラート（*Breestraat*）」は、直訳すると「大通り」であるが、意味的に重複するのは承知の上で、「ブレーストラート大通り」とするという措置である。

＊ユダヤ教関連をはじめとする専門的な述語については、原則的に段落の初出にのみ〔　〕内に略解を添えたが（例、ラビ〔ユダヤ教の師〕、マアマド〔理事会〕）、本文の読解を容易ならしめるために、煩雑にならない程度において、同様の略解を適宜配したところもある。

＊書籍は『　』によって示し、本文に原題が記されている場合は併せて（　）内に表記した。絵画、彫刻等の造形芸術作品は《　》によって区別した。

第一章　定住への道

❧大追放令

一四九二年三月三十一日、スペインは、超大国が傾きがちな、自滅的大愚行の一つに手を着けた。すなわちその国は、自国の全ユダヤ教徒を国外に追放したのである。追放までの数世紀間、イベリア半島においてユダヤ教徒たちは繁栄を謳歌する裕福な存在としてありつづけていた。と同時に、そのことの当然の帰結として彼らは、彼らの宿主であるイスラム教徒と、その後のカトリックの信徒にとって、莫大な経済的便益でもあった。「セファラド（*Sephardad*）」〔ヘブライ語で「イベリア」の意〕として知られる土地は、まちがいなくユダヤ教徒たちにとっては、まったく楽園ではなかった。彼らは、嫌がらせや中傷、ときには身体的な暴力にも苦しんだ。そしてカトリック教会は、「改宗ユダヤ人たち（コンヴェルソス）（*conversos*）」――いったんキリスト教に改宗してしまったユダヤ人たち――に本来のユダヤ教への復帰を唆（そそのか）しているとユダヤ教徒たちが告発されたとき、とりわけ敏感に関心を示した。加えて、ユダヤ教徒の政治的、法的権利は、つねに著しく制限されていた。しかし、にもかかわらずスペインのユダヤ教徒たちは、高い水準で優遇されていた。彼らを庇護した君主たちの中のある者は人道的な感情に突き動かされていたのかもしれないが、ほとんどの君主が、自らの政治的、物質的な私腹を肥やすこと以外、念頭になかった。その一人のアラゴン王〔フェルディナント〕は、彼自身の王国内に経済的に活発なユダヤ教徒の共同体を抱くことの実益を認めていた。ユダヤ教徒は経験豊富な商人であり、遠方に及ぶ商業網を自在に操った。十四世紀末まではユダヤ教徒は、彼らの共同体にひじょうに大きな平和と安寧をもたらすことができた。彼らの中の博識のいく人かは、王宮に仕えさえした。

これらすべては、一三九一年、一変した。まず、中世スペイン最大の王国カスティーリャにおいて、猛々しい暴徒――大方が扇動的な神父に焚き付けられた下層階級出身の人々――は、いくつものユダヤ教の礼拝堂（シナゴーグ）（*synagogue*）に放火し、あるいはそれらを〔カトリックの〕教会に転用した。ユダヤ教徒は、即座に殺傷されるか、キリスト教への改宗を強要されるか、はたまた奴隷としてイスラム教徒に売られるかした。この反ユダヤ教の暴動は、瞬く間にカタルーニャ王国とヴァレンシア王国に広がった。このように、広範囲に及ぶ民衆的暴動に直面し、スペインの統治者たちは、何か対策を講じるでもなく、ただ静観しているだけだった。やがて、表面的には秩序はいくらか回復されたかに見え、ユダヤ教徒共同体のいくつかは、部分的に復興した。しかし、集団的な洗礼において強制的に改宗させられた者たちは、新たな宗教に帰依しなくてはならなくなった。正式にユダヤ教に復帰しようとし、あるいは隠れてユダヤ教の実践を継続しようとするいかなる試みも、異端と見なされた。

十五世紀になって、その最初の数十年間に再び新たな反ユダヤ教の活動が繰り広げられたが、今度の活動は、ユダヤ教徒に対し、キリスト教徒の信仰の真理をより徹底して受け入れさせるという情熱に突き動かされていた。かくして一四一四年、とりわけ大規模な集団改宗が挙行された。いったん改宗を済ませた者は、キリスト教会の権力領域の内側に落ちた。キリスト教に改宗したユダヤ人たちは、絶えず教会の監視下に置かれ、その役人たちは（いかなる状況下の入信であれ）彼らの教会員たちの心の中の状態をつねに気にかけていた。ユダヤ教徒の抵抗組織がなかったことは、さらなる暴力を誘発するばかりであり、次々と共同体は、猛襲の前に屈した。このときは諸国王が、自国の経済活動の屋台骨を失いたくないという一心で懸命に干渉し、何とか迫害を収束させることができた。しかし損失は、免れ得なかった。その世紀の中頃までに、スペインのユダヤ人口の十分の一が減少し、残りは道徳的に頽廃した。ユダヤ教徒共同体の活力に満ちた生活と文化は――その生産性は言うまでもなく――潰(つい)えた。その「幸福と繁栄の歳月」は、終わった。

ユダヤ教徒たちは、キリスト教に改宗したユダヤ人たちを、「アヌーシム（*anusim*）」（「強制された者たち」）、または、「メシュマーディム（*meshummadim*）」（「改宗させられた者たち」）と呼んだ。よりいっそう侮蔑的な呼称は、隠れユダヤ教徒として疑われている者たちを指し示すために主にキリスト教徒によって用いられたものであるが、「マラーノス（*marranos*）」、すなわち、「豚ども」だった。キリスト教に改宗したユダヤ人たちの数多くが真に忠実なキリスト教徒となったことはまちがいない。が、逆にその一部は、秘密裏にユダヤ教のいくつかの戒律を遵守しつづけていたものと思われる。【註1】これらのユダヤ教を実践する「新キリスト教徒たち」〔キリスト教徒のユダヤ人たち〕の一部がその慣行を隠すことに習熟するにつれ、監視者（あるいは密偵）たちには、表面的な改宗の裏側にある真相が把握しづらくなっていった。その結果、「旧キリスト教徒」〔従来からの正統的キリスト教徒〕たちは、キリスト教信仰における改宗ユダヤ人たちの不実を、つねに疑いの目で見るようになった。改宗ユダヤ人たちは、市井の民衆から絶えず嫌がらせを受けた。ほどなくして彼らは、異端審問所によって容赦なく迫害される身の上となった。

ユダヤ教徒たち、ならびに改宗ユダヤ人たちにとっての状況は、一四六九年のカスティーリャ王国のイサベラ女王とアラゴン王国のフェルディナント王の結婚、および一四七九年のその二つの王国の統一以降、悪化しつづけた。国王夫妻はスペインにおける〔カトリックによる〕宗教的統一とその純粋性を熱狂的に追求し、かくして国内に居住する改宗ユダヤ人たちに用心深いまなざしを注ぎつづけた。彼らはユダヤ教信仰へ復帰するよう説得を試みるユダヤ教徒たちの悪影響から改宗ユダヤ人たちを遠ざけようと、キリスト教徒の社会からユダヤ教徒を隔離する政策を採用した。一四七八年、教皇シクストゥス四世は、カスティーリャ王国における異端審問官の任命権をフェルディナントとイサベラに与えた。以後十二年間でスペインの異端審問所は――暴力的かつ有無を言わさぬ常套手段を通じ――一万三千人以上のユダヤ教信仰の改宗ユダヤ人たちを摘発したと主張した。（異端審問所の関心は当然、背教者のみに限定され、異教徒には向けられなかったため、れっきとしたユダヤ教徒は放置される傾向にあった。）

一四九二年、グラナダにおけるイスラム教徒の勢力を排除し、キリスト教徒によるスペインの国土再征服が完成した。「イスラム教徒問題」を首尾よく手中に収めたことにより、君主たちと（カトリックの）聖職者たちの同盟は、何にも邪魔されることなく彼らのすべての注意をユダヤ教徒に集中させることができた。これを境に、宗教的統一のための国家計画は、最終段階となる。一四九二年三月三十一日、フェルディナントとイサベラは、「ユダヤ教徒たちが改宗ユダヤ人たちに影響を及ぼすことを未然に防ぎ、なおかつキリスト教徒の信仰を純化するために」、カスティーリャとアラゴンの王冠下の全国土を覆う追放令に、署名をした。

我々は我々の王国内に、ユダヤ教に帰依し、そのことによって我々の神聖なカトリックの信仰を欺く邪悪なキリスト教徒たちが存在すると、報告を受けてきた。このような最悪の展開は、ユダヤ教徒とキリスト教徒が接触した結果として生じた。［……］我々の神聖な信仰が、これ以上損なわれるような、さらなる機会が与えられるべきではないと我々は判断した。［……］かくして、性別、年齢を問わず、この地であれ、かの地であれ、出生地に関わりなく、我々の王国と我々の所有になるあらゆる地域に居住するすべてのユダヤ教徒の追放を、我々はここに命じる。［……］これらのユダヤ教徒たちは、我々の王国から、そして我々の所有になるあらゆる地域から、ユダヤ教徒の息子たちと娘たち、ユダヤ教徒の使用人たちとユダヤ教徒の親類縁者たち共々、七月末日までに、立ち去らなければならない。〔……〕何処へ向かうにせよ、ユダヤ教徒が我々の王国と我々の所有になるあらゆる地域に逗留することは許されない。いかなる方法によっても、ユダヤ教徒は、我々の王国と我々の所有になるあらゆる地域に存在することは許されない。

実際のところ、ユダヤ教徒には選択肢が与えられた。すなわち、改宗か、追放か、である。数カ月以内に公式にはスペインにおいてユダヤ教徒は、もはや一人もいなくなった。

亡命者（約十二万人）の大多数は、ポルトガルに向かった。その他は、北アフリカ、イタリア、トルコへと出発した。スペインに居残ったユダヤ教徒たちは、先の命令の要求を呑み、キリスト教に改宗した。とは言え、改宗ユダヤ人としての彼らの生活は、ユダヤ教徒としてのかつてのそれ以上に、けっして簡単なものではなかった。彼らは執念深く猜疑心を抱く正統的キリスト教徒の隣人たちの干渉に悩まされつづけ、そしていまや異端審問所の抑圧にも苛まれていた。国外脱出に加わらなかったことを悔やんだ者たちは、数多くいたのにちがいない。

亡命を選んだ者たちにとって、ポルトガルは安全な避難所となったが、束の間だった。一四九六年十二月五日、ポルトガル君主マヌエルは、自らの領土からユダヤ教徒とイスラム教徒を締め出す王令を発布した。その動機は明らかに、スペイン君主の〔妻と同名の〕娘イサベラとの結婚を早々に実現しようと目論んだものだった。マヌエルはしかし、未来の義父ほど視野が狭くなかった。彼には、追放によって即座に得られる（ユダヤ教徒たちの財産の没収を含む）いかなる利益も、より大きな長期的損失によって相殺されるだろうことが分かっていた。かくして彼は、高利貸しと商人を自国の経済を支える一部として確実につなぎ止めるために、強制的な改宗をユダヤ教徒に与えられる唯一の選択肢とすると決定した。一四九七年三月四日、国王はすべてのユダヤ教徒の子供たちを洗礼式に出席させるよう命令した。とは言え、その頃のポルトガルにはいまだ異端審問所はなく、それゆえにこれらの新規の改宗ユダヤ人たちの多く——その数はスペインの異端審問所から逃れて来る改宗ユダヤ人たちのために増えつづける一方だった——は、大きな困難もなく、ひそかにユダヤ教を実践することができた。かくしてポルトガルの隠れユダヤ教徒たちは、しばらくの間は（国を去ることを公的に禁じられていたにもかかわらず）ある程度の寛容を享受し得たのであり、このことが、かえって根強い隠れユダヤ教の伝統を育むことにつながった。

猶予の歳月は、長くはつづかなかった。一五四七年、ローマ教皇の勅命により、「独立不羈（ふき）かつ不屈不絆（ふくつふばん）の異端審問所」が、満を持してポルトガルに設置された。一五五〇年代までに、ユダヤ教信仰の疑いをかけられている改宗ユダヤ人たち——彼らの誰がこのような疑いを逃れたか——の追跡は、スペインの状況と足並を合わせ、全力で行われた。とりわけ一五八〇年にその二国が一つの王冠下に統一して以降は、ポルトガルの異端審問所は、事実上スペインのそれよりもさらに残酷なものとなった。数多くの改宗ユダヤ人たちがスペインへと亡命の道を逆戻りし始め、そこにおいて彼らは名も無き存在として溶け込みつつ、おそらく以前の繁栄を再び手にしようと望んだだろう。が、ポルトガルから戻った改宗ユダヤ人たちには、ユダヤ教信仰者としての特に強い疑いがかけられ、このことは、スペインの異端審問所がその任務を遂行するにあたり、さらなる情熱を奮い立たせるものとなった。

十六世紀後半にかけて、ポルトガルおよびスペインの異端審問所がいっそう苛烈な活動を行うようになったとき、イベリア半島全土から亡命する改宗ユダヤ人たちの数は著しく増加した。それらの亡命者たちの大多数は、北方ヨーロッパに向かった。ポルトガルから直接出発する者もあれば、スペインに一時逗留した後、初めて北に向かう者もあった。さらに、最初からスペインを離れることのなかった家族からの亡命者たちもあった。これらの十六世紀の亡命者たちの中には、数多くのユダヤ教信仰者たち、すなわちユダヤ教の信仰にひじょうに強く献身し、それゆえに一四九二年に改宗よりも追放を選び、ポルトガルにおいては秘密裏に本来の宗教に従いつつ、変わらずユダヤ教徒として生きていた者たちやその末裔たちが含まれていたのにちがいない。いまや彼らは、異端審問所の勢力と影響力がより弱まるだろうという期待とともに、スペイン帝国の手の届かぬところへ歩み出した。ポルトガルにおいても、スペインにおいても、内面と違わぬ誠実なキリスト教徒となることを頑なに拒否し、彼らは、たとえ公的にはユダヤ教徒として生きることができないとしても、イベリア半島で直面した絶えざる嫌がらせとは無縁の、静かに自らの宗教に従って生きることができる、より寛容な環境を求めた。【註2】

ポルトガルの改宗ユダヤ人たちは、早くも一五一二年には、その当時いまだハプスブルク家（神聖ローマ帝国）の支配下にあった低地地方（その北部は一五七九年以降ネーデルラント連邦共和国となる）に移住し始めていた。彼らのほとんどは、新キリスト教徒（キリスト教徒のユダヤ人）たちに大きな経済的機会を与え、しかもこれらの人脈豊かな商人たちを受け入れることの財政的有利を知る市民の住む繁忙な中心的商業都市、アントワープに向かった。一五三七年、神聖ローマ帝国皇帝カール五世（スペイン国王カルロス一世にして低地地方の統治者）は、キリスト教に改宗したユダヤ人たちが公然とユダヤ教信仰に立ち返り、あるいは隠れてユダヤ教を実践しない限り、移住の継続を許可する勅許を公式に与えた。後に皇帝は、新キリスト教徒が北方の領土に定住することを禁止する命令の発布を余儀なくされるが、それは強硬に遂行されることはなかった。一五七〇年代までに、アントワープには、五百人前後の改宗ユダヤ人たちから成る共同体が一つあった。アントワープの「ポルトガル人」の大多数は、ユダヤ教信仰者ではなかったと思われるが、しかし少なからずが、疑いもなくそうだった。

❧「ポルトガル人」から「ユダヤ教徒」へ

アムステルダムにおける、れっきとしたユダヤ教徒の共同体の創設と、その最初期の発展についての信頼に足る情報は、多くはない。【註3】ユダヤ教徒の最初のアムステルダム定住のために歴史家たちが与えているそのいくつかの年号は、おおよそ一五九三年から一六一〇年までの範囲内にある。ある程度の正確さでこのばらつきを解消することをむしろ難しくしているものは、ネーデルラントにおけるポルトガルからの最初の新キリスト教徒〔キリスト教徒のユダヤ人〕の亡命者たちの到着を取り巻く伝説の、その数の多さである。

特に目立つのは、二つの物語である。一方の物語によれば、その出来事は、一五九三年から一五九七年の間でさまざまに年号を与えられているが、その頃スペインと交戦状態にあったイギリスは、ポルトガルから逃避中の多数の新キリスト教徒〔キリスト教徒のユダヤ人〕の亡命者たちを乗せた一隻の船を拿捕した。乗船客の中には「絶世の美女マリア・ヌニェス」とその親類たちのいく人かが含まれていた。船は丸ごと没収され、イギリスに連行された。イギリスの艦隊を統率する公爵は、マリアを見初めた。帰港した後、公爵はマリアの手を取り求婚したが、彼女はそれを辞退した。この一件を聞き付けたエリザベス女王は、そのうら若き女性を面前に連れて来るよう命じた。女王もまた、マリアの美しさと優雅さに強く心を惹き付けられ、彼女をロンドンの上流社会に見せびらかして回った。寛大な約束や求愛の申し出があったが、すべては彼女をイギリスに引き止めようとする考えから出たものである以上、勇敢にして不屈のマリアは、低地地方への旅を継続することに固執し、そこにおいてユダヤ教に復帰するつもりでいた。最終的に女王は、マリアに譲歩し、彼女とその一行がネーデルラントまで安全に航行できるよう取り計らった。一五九八年、マリアは、ポルトガルから母、妹フスタ、そして二人の兄が到着した後、アムステルダムで彼女の従兄マヌエル・ロペスと結婚した。かくして、アムステルダムにおける最初の改宗ユダヤ人（そしておそらくユダヤ教徒）の家庭が築かれた【註4】。

他方の物語は、より具体的に、アムステルダムにおけるユダヤ教信仰の導入の経緯を含んでいる。この物語は、一六〇二年頃、数多くのポルトガルの隠れユダヤ教徒たちと彼らの所持品を載せた二隻の船が、東フリースラント州のエムデンに到着したところから語られる。亡命者たちは下船し、そしてその町を歩き通した後、扉の上に（彼らには読むことのできない）ヘブライ語の格言が掲げられた一軒の家に遭遇した―― *'emet veshalom yesod ha' olam*（「真実と平和は世界の礎なり」）と。彼らはその家について繰り返し尋ねた末に、それがモーゼス・ウリ・ハレヴィという名のユダヤ教徒の家だということを知った。彼らはハレヴィの家へ引き返し、スペイン語で彼と対話を試みたが、ハレヴィは理解しなかった。ハレヴィはスペイン語の分かる息子アロンを呼んだ。その息子に向かって訪問者たちは、自分たちはつい最近ポルトガルから到着したばかりであり、「イスラエルの子孫である」がゆえに割礼を受けることを望んでいる、と伝えた。アロンは、エムデンのようなルター派の都市ではその儀礼を執り行うことができない、と答えた。アロンは彼らに、アムステルダムに行き、その地のヨンケルストラート通りに一軒の家を借りるよう指示し、アロンは父と一緒にすぐに彼らの後を追うと約束した。数週間後、モーゼス・ウリ・ハレヴィとアロンは、アムステルダムで彼らを見出し、その男性たちに割礼を施し、彼らを規律正しいユダヤ教の礼拝へ導いた。

しかしながら、プロテスタントの一都市でひそかに実践されているこれらの見慣れない行為に対し、アムステルダム市当局が疑いを抱くようになるまでには、長くはかからなかった。ある金曜日の夜、ユダヤ教徒たちが安息日（シャバット）（*Shabbat*）の礼拝を行っているさなか、その家から奇妙な言葉が漏れ聞こえて来ると、近隣の住人たちが通報した。治安の維持に当たる役人たちはみなカルヴァン主義者であり、耳に憶えのないその言葉はラテン語にちがいないと判断し、しめやかに〔カトリックの〕ミサが挙げられている光景を目にするものと想定しつつ、その家に突入した。礼拝は滅茶苦茶にされ、モーゼスとアロンは逮捕された。すぐに彼らは釈放されたが、そのときはポルトガルからの仲間の一人ヤコブ・ティラド（別名ハイメス・ロペス・ダ・コスタ）によって、その一件についての申し開きがなされた。ティラドは、彼らはカトリックではなく実はユダヤ教徒であり、奇妙な言葉の響きはラテン語ではなく、ヘブライ語のものであると釈明した。ティラドはまた、アムステルダムにユダヤ教徒の共同体を設立させることでアムステルダムが得ることになる経済的利益へと役人たちの注意を喚起した。その訴えは功を奏し、ティラドは、モーゼス・ハレヴィをラビ（*rabbi*）〔ユダヤ教の師〕とする共同体の設立を認められた【註5】。

これらの物語の内側には、それぞれに歴史的な真実の核が宿されている。主要な登場人物はみな実在し、十七世紀の最初の十年間にアムステルダムに生きていた人々なのである。例えば、マリア・ヌニェスの一五九八年の結婚記録があり、同様にポルトガル人商人たちと男装をした一人の若い女性の乗る拿捕船について、一五九七年四月にロンドンのオランダ人公使からネーデルラント連邦共和国政府に宛てられた報告書がある。ヤコブ・ティラドは妻ラケルと子供たちとともに一五九八年から一六一二年までアムステルダムに居住し、公正証書には「アムステルダムのポルトガル国民の商人」として身分証明されている。一五九八年から一六〇八年まで、エムデンからの船はイベリア半島とアムステルダムを定期的に往復し、しばしばそこにはポルトガルの新キリスト教徒〔キリスト教徒のユダヤ人〕たちが乗り合わせていた。極め付けは、早くも一六〇三年にアムステルダムにおいて〔ユダヤ教の戒律で〕「適法（*kosher*）」とされる肉を売っていたモーゼス・ハレヴィという名の男がいたのである【註6】。

しかし、アムステルダムにおけるポルトガル人ユダヤ教徒共同体の創設の裏側にある真実は、その大部分が、これらの示唆に富む物語が仄めかす以上に月並である。十六世紀末の数年間において、アムステルダムに居住する「ポルトガル人」の個人は多数存在したが、明らかにそのほとんどが新キリスト教徒〔キリスト教徒のユダヤ人〕たちだった。これらの移住者たちを一つの集団として記載した最初の公文書は、一五九八年九月十四日、「ポルトガル人商人」の市民権に関する市長会議によって採択された議決である。それによれば、彼らは「ポールタースイート（*poorterseed*）」（「市民としての誓い」）を立てることを許されると決定されたが、公認された教会以外において公的礼拝を行ってはならないという禁止が付け加えられた。【註7】アムステルダム市政を司る者たちの心の中では、ユダヤ人たち（あるいはたとえ彼らが隠れユダヤ教徒たちであったとしても）が市に定住するのを認めることは、彼らがその決意として、「ポルトガル人」は「キリスト教徒であり、自治都市の善良なる市民として、清く正しく生活を送るものである」と謳っている以上、明らかに問題ではなかった。これらの最初期の新キリスト教徒の住人は、どこから移住して来たのか。特に一六〇〇年以前について言えば、大多数は、ポルトガルとスペインからまっすぐアムステル川の土手まで旅をしたが、同時に相当数が、アントワープからやって来た。

アントワープは、東インドの香辛料やブラジルの砂糖を取り扱うポルトガルとスペインの貿易会社にとって、流通の拠点だった。これらの会社の現地仲買人は、ほとんど例外なく、その地にキリスト教徒として居住するポルトガル出身のユダヤ人たちだった。アントワープを基点にして、植民地の品物は、ハンブルク、アムステルダム、ロンドン、エムデン、ルーアンへと振り分けられた。この流通経路は、しばらくの間は、比較的順調に機能した。しかしながら、一五七九年の敵対的なユトレヒト同盟の締結後、健全だったアントワープの経済は悪化に転じ始めた。すなわち低地地方の北部七州（ホラント州、ゼーラント州、ユトレヒト州、ヘルダーラント州、オーファーアイセル州、フリースラント州、フローニンヘン州）から成る「連合州」が、公式にスペインの支配――スペインのフェリペ二世は一五五五年に父カルロス五世から低地地方を継承した――からの独立を宣言したとき、彼らは旧態依然とした武力的反乱を新たな舞台へと差し換えた。一五八〇年代と九〇年代に北部諸州が採用した多様な戦略は、北方ヨーロッパ貿易の物流に対して（依然低地地方南部の一部だった）アントワープの行使する統制力を骨抜きにし、アムステルダムの急速な経済成長を促した。しかしリスボンの貿易商人たちが彼らの仲買人たちをアントワープ以北の流通拠点へ派遣することになった決定的な要因は、低地地方南部の全面的な海上封鎖――効力としてはネーデルラント国籍および無国籍の船舶に対しフランドル地方の海港を閉ざすもので、それは一六〇八年まで解かれることはなかった――に由来する一五九五年の課税だった。当初、それらの貿易を仲介する仲買人たちは、ケルンやその他のドイツ北部の諸都市、さらにはボルドー、ルーアン、ロンドンにも向かった。が、結局その多くが、アムステルダムに落ち着くことになった。

このように、十六世紀が幕を下ろす頃にアムステルダムにいたポルトガル人の大多数は、商業的理由でアントワープから北上してきた新キリスト教徒〔キリスト教徒のユダヤ人〕の商人たちだった。これらの移民は、彼らの祖先の宗教（ユダヤ教）を信じていようと、現在の宗教（表面的なカトリック）を信じていようと、大体はつねに物質的な利点に興味を抱くオランダ人の諸都市に受け入れられた。【註8】と同時に、アムステルダムに居住する「ポルトガル人」たちの多くは、まちがいなく異端審問所に対する恐怖に動機付けられてもいた。このことは、特にポルトガルとスペインから直接到着した改宗ユダヤ人たちや、一五八五年のパルマ公によるアントワープ制圧後にその市を離れた改宗ユダヤ人たちについて当てはまる。ある者たちはユダヤ教に復帰する機会を求めてさえいたかもしれない。彼らはユトレヒト同盟協定第十三条によって明確に差し出された宗教的寛容の約束に魅了されただろう――

「いかなる個人もその宗教においてはつねに自由であり、いかなる者も神聖な礼拝の問題については批判も詰問もしてはならない」。この宣言とともに、当時としては異例なことに、調印者たちは、改革派教会以外のいずれの宗教についても公共の礼拝は禁止されるが、その信仰を理由に何人も迫害されない、と規定した。

十六世紀最後の数年間にアムステルダムに住んでいたユダヤ教徒の血を引く「ポルトガル人」――この呼称は広義にスペイン出身のユダヤ人についても用いられた――の間に、何かしらユダヤ教の戒律の遵守があったことを裏付ける資料は、一つもない。【註9】とは言え、わずか数年後には、いまだ私的な性格の強いものであったにせよ、ユダヤ教徒の共同体を創設するにあたり、重要な役割を果たした一握りの立役者たちがいた。この点において特に興味深い人物は、エマヌエル・ロドリゲス・ヴェガとヤコブ・ティラドであり、彼らはポルトガルの輸出業者に雇われた仲買人たちだった。

ロドリゲス・ヴェガは、一五九〇年頃に、アントワープからアムステルダムにやって来た。彼は一五九五年の公正証書において「アムステルダムの商人」として身分証明され、その二年後に市民権を購入することができた。一六〇〇年代早々に彼は、ポルトガル人ユダヤ教徒共同体の経済を支える主要な人物となり、ブラジル、イギリス、ポルトガル、モロッコ、さらにはゲルマン地方の諸都市や諸領邦を相手に、砂糖、材木、布地、穀物、塩、香辛料、金属、果物を取引していた。彼はスピノザ家とも多少は商業的なつながりを持っていた。一五九六年、彼は当時フランスのナントに住んでいたエマヌエル・ロドリゲス・デ・スピノザ（別名アブラハム・デ・スピノザ、すなわち〔哲学者〕バルーフの大伯父）に、スペイン兵によって差し押さえられた貨物船に積まれている織物の返還要求を一任した。【註10】「ポルトガル人」の共同体の基盤づくりと急速な発展を可能にしたものは、ロドリゲス・ヴェガのような男たちの財力と国際的な人脈だった。

他方、ヤコブ・ティラドは、アムステルダム（その市に彼はパレスティナに移住する一六一二年まで住んだ）にユダヤ教の礼拝を導入した主要な人物の一人であると、しばしば見なされている。連合州において隠れユダヤ教徒たちのいく人かが、一六〇三年頃以前に、彼らの真のユダヤ教徒としての色合いを顕わにし、しかもひじょうにゆっくりと、細心の注意をもってそのようにしたと信じるのには無理がある。まさにその年に、ハレヴィとその息子は、割礼の儀式を執り行うために、そしていくつかの記録によれば、「ショヘティム（*schochetim*）」すなわち「儀礼的屠畜者たち」として奉仕するために、アムステルダムに到着したとされているからである。ティラドは、商業的な目的にとどまらず、ハレヴィと接触があったものと思われる。おそらくこの頃、彼は自宅でユダヤ教の礼拝を司り、積極的に（しかし静かに）礼拝への参加を呼びかけていたのかもしれない。【註11】

連合州における二つの都市、すなわちアルクマール市が一六〇四年に、ハールレム市が一六〇五年に、事実上ユダヤ教徒を快く受け入れ、彼らの宗教の実践を正式に許可した（とは言え、ハールレム市の指導者たちは、彼らの市においてユダヤ教徒の共同体が発展することを実質的に阻むため、受け入れの条件にひじょうに多くの制限を上乗せした）。【註12】「ポルトガル人」の嘆願者たちはハールレムにアムステルダムからやって来たが、明らかに彼らはアムステルダムにおける以上のより多くの宗教的自由を得ることを希望していた。このことは、遅くとも一六〇五年までには、アムステルダムにおいてユダヤ教の礼拝――当然それは私的に行われていたにちがいないが、おそらく当局の把握するところであり、大目に見られていたのだろう【註13】――は、ある程度は日常化していたことを示唆している。ポルトガル人ユダヤ教徒たちは、一六〇六年と一六〇八年には、アムステルダム市が拒否した申請ではあるが、【註14】市の境界内に墓地用地の取得要求を行うほどに結束力を高め、人目をはばかることなくユダヤ教を信仰するようになっていた。

アムステルダムにおいて最初に組織されたユダヤ教徒共同体は、ヤコブ・ティラドを讃えて「ベト・ヤコブ（Beth Jacob）」と呼ばれた。【註15】一六〇九年、その共同体のラビ〔ユダヤ教の師〕となるべく、ヨセフ・パルドが息子ダヴィッドとともにヴェニスから到着した。一六〇八年、第二の共同体「ネヴェ・シャロム（Neve Shalom）」（「平和の家」）が設立された。【註16】彼らの最初のラビは、コンスタンティノープルから来たユダ・ヴェガだった。かくして、ポルトガル人ユダヤ教徒共同体が、アムステルダム近郊の——アウデルケルクの——ある敷地を墓地用地としてついに購入することができた一六一四年までに、〔アムステルダムには〕まとまった数の成員を抱える二つの共同体が存在した。ベト・ヤコブ共同体は、ハウトフラフト通りに面した一軒の古い倉庫（通称「アントウェルペン Antwerpen」）を〔礼拝堂として〕借り始める一六一四年頃まで、ティラドの家に集まりつづけた。ネヴェ・シャロム共同体は、モロッコからネーデルラントに大使として派遣されていたユダヤ人サミュエル・パラシュの家に、しばらくの間は集まっていた。ネヴェ・シャロム共同体のユダヤ教徒たちは、一六一二年に（同じくハウトフラフト通りに面した場所に）礼拝堂（シナゴーグ）を建設しようとし、この目的のために、金曜日の日没から土曜日の日没まで〔すなわち安息日（シャバット）の間〕はいかなる工事にも手を着けてはならないという契約とともに、地元のオランダ人建築家ハン・ヘリッツゾーンを雇った。しかしカルヴァン主義の牧師たち（彼らは彼らの懐で成長するユダヤ教徒共同体にますます神経質になっていた）の横槍で、市の当局はユダヤ教徒たちに対し、その建物の内装を整えることと、その使用をも禁止した。一六一六年以降、ネヴェ・シャロム共同体は、高名なオランダ人の市民から賃借した一軒の家で我慢しなければならなかった。一六三八年にそのオランダ人が世を去ったとき、彼の妻はその建物を共同体に売った。【註17】

❧改革派の分裂の狭間で

十七世紀の最初の四半世紀におけるユダヤ教徒とオランダ人の関係は、不安定なものだった。すなわち、双方ともその関係の経済的、政治的価値を理解してはいたが、それとは裏腹に、ある程度の疑いまじりの目で互いに見つめ合っていた。当然のことながら、保護のためには宿主の善意を頼みの綱とするしかない迫害された亡命集団の間には必ず見出されるだろう不安感を、「ポルトガル人」の共同体が拭い去るまでには、かなり時間がかかった。実際アムステルダム市は、「秘密の」(すなわち、控え目の)礼拝に対しては、はっきりと寛容の態度を示してはいたが、公然と彼らの宗教を遵守し、彼らの戒律に従って生きる権利を持つ宗教的共同体としてユダヤ教徒たちに正式の認可を与えることにおいては、逡巡しつづけていた。共和国の連邦議会——個々の州の代表者たちからなる連合州全体の立法機関——が、ユダヤ教徒の住人たちに彼らの宗教の実践を許可した一六一五年、アムステルダム市の方はと言えば、いまだ〔ユダヤ教徒の〕公共の礼拝を禁止していたのである。その同じ年に、ホラント州政府——十八の都市の代表団と特権階級の一代表団から成るその州の行政体——は、ユダヤ教徒の法的地位問題に関する諮問委員会を設置した。その委員会の顔ぶれはそれぞれ、アドリアーン・パウ、偉大なる法学者フーホー・フロティウス、そしてアムステルダム市ならびにロッテルダム市の法律顧問または主要な政治顧問たちだった。フロティウスとパウは慎重な態度を取った一方、アムステルダム市当局は、一六一六年、「ユダヤ教徒の臣民」への警告を発した。何よりもユダヤ教徒はキリスト教徒の宗教を批判することを慎み、キリスト教徒をユダヤ教に改宗させようとしてはならず、またキリスト教徒と性的交渉を持ってはならないと規定された。これらの命令の裏側には、さらなる宗教的「流派」がこの土地に住み付く様子を目にすることをあからさまに不快と感じていた当地のカルヴァン主義の教会による陰謀があった。牧師たちは、ユダヤ教徒男性とキリスト教徒女性とのさまざまな情事（それらのいくつかは姦通である）や、キリスト教からユダヤ教への度重なる改宗の事例について知るや、陰謀に費やす彼らの努力を倍増した。【註18】にもかかわらず、ユダヤ教徒とアムステルダム市民の関係は、ラビ・ウズィエルにとっては、「いまのところ人々は、アムステルダム市において平穏に暮らしている。当市の住人は、人口の増加を懸念して、法律と条例をつくるが、それにより宗教の自由が是認されるかもしれない」と、同じく一六一六年に書き記すほどに、ひじょうに穏やかなものだった。ただし彼は、「各人は自らの信じるところに従えばよいが、当市の住人と異なる信仰を持つ者であるということをあからさまに示すのは好ましくない」【註19】と付言している。

一六一九年、先の諮問委員会によって提出された条例案を検討した後、ホラント州政府は、フロティウスの推奨するユダヤ教徒とオランダ人の関係にかかわる諸制限の提案を却下し、【註20】ユダヤ教徒を認めるか否か、またいかなる条件下で認めるかということについては、各都市が独自に決定すべきであるという結論を下した。加えて、仮にある都市がユダヤ教徒を受け入れることを決定した場合、彼らに特別な居住区を割り当てることは許されるが、彼らに何らかの特別な目印や衣服の着用を強要することはできない、と規定した。フロティウスでさえ、改革派教会の利害を守ろうとする配慮や思惑にもかかわらず、（実利的な理由は言うまでもなく）神学的かつ道徳的理由から、ホラント州はユダヤ教徒に対し、彼らが求める避難所と彼らが受けるにふさわしい歓迎を与えるべきである、と譲歩した――「明らかに神は、彼らがどこかで生きることを望んでいるのである。ならばなぜ、他の地よりもむしろこの地であってはいけないのか。［……］その上、彼らの中の学者たちは、我々にヘブライ語を教えることにより、我々に資することがあるかもしれない」と。まさにその同じ年にアムステルダム市議会は前例に倣い、その市のユダヤ教徒に対し、彼らの経済的、政治的権利についての諸制限と、キリスト教徒との結婚や社会活動についての諸規定とともに、彼らの宗教を実践する権利を正式に認めた。【註21】市議会はまた、ユダヤ教徒に対し、モーセの律法に忠実に密着しながら、「創造者にして全能の神」が存在し、「[そして]モーセと預言者たちが神の息吹の下で真実を明らかにした信仰、なおかつ死後にもう一つの生があり、そこにおいて善良な人々は報われ、邪悪な人々は罰を受ける」という信仰から逸れることをけっして容赦せず、彼らの本来の教えを厳格に、頑なに遵守しつづけることを要求した。一六五七年――スペインがミュンスター条約の調印とともにネーデルラント連邦共和国の主権を正式に承認することに譲歩して九年後――に、事実上、初めて連邦共和国政府は、オランダのユダヤ教徒は共和国の臣民であり、それゆえ外国への渡航、および外国の企業ならびに政府との商業的取引において保護される、と宣言した。それ以前においては彼らはいまだ、「異邦の集団」【註22】だった。

ユダヤ教徒とオランダ人の関係間に横たわるいくつかの障害、とりわけユダヤ教徒に彼らの宗教の実践を正式に認めることに対するカルヴァン主義の聖職者たちからの反発は、そもそも十七世紀の二、三十年代にオランダの改革派教会内において席捲した宗教論争に端を発している。【註23】ユダヤ教徒を公認するにあたり、アムステルダム市が難色を示した理由には、少なくともその一部として、当時のその市に根強くあった〔改革派の〕保守的な神学の傾向〔カルヴァン主義〕と、そこにおいてカルヴァン主義の「牧師たち（プレディカンテン）(*predikanten*)」とその支持者たちが行使していた影響力の存在が考えられる。

一六一〇年、レイデン大学の自由主義的な神学教授ヤコブス・アルミニウスの弟子たち四十四人の聖職者集団は、『抗議書』を上梓し、そこにおいていくつかの精妙な神学の問題についての彼らの反抗的な見解を発表した。それと同時に彼らは、その反動としての妨害を危惧し、ホラント州に保護を要請した。この〔改革派内の〕アルミニウス派、すなわち「抗議派（Remonstrants）」は、カルヴァン主義の美徳と運命予定説についての硬直化した教条をきっぱりと否定した。彼らは、各人はその行いを通じ、自らの救済に寄与できる、と信じた。彼らはまた、良心が決定する問題と政治権力が決定する問題の分離を支持し、正統派の政治的野心に不信感を抱いた。数多くの宗教改革者たちと同様、抗議派は、道徳的な用語の中に彼らの改革を見ていた。彼らの目には、改革の真の精神は、改革派教会の、ますます独断的に、横柄に、狭量になる指導者たちによって、見失われてしまっていた。【註24】抗議派は、いくつもの州にまたがって所領を有する総督に次いで、共和国において最重要かつ最強の権限を持つホラント州の偉大なる擁護者にして政治顧問（後に「法律顧問」と呼ばれた）ヨハン・オルデンバルネフェルトの側にあった。（総督はネーデルラント共和国の全軍事力の最高司令官でもあり、伝統的にネーデルラント統一の象徴的存在だった。したがってその地位は慣例としてオラニエ＝ナッサウ家の一員に与えられた。）その政治顧問の干渉によって、当初は宗教的教義をめぐるカルヴァン主義の教会と大学学部（の抗議派）との内部論争だったものが、たちまち政治的な陰影を帯びた。ホラント州は、オルデンバルネフェルトに強引に迫られ、抗議派の諸要求を呑んだが、それは結果的に、抗議派の主張に対する反発を煽ることにしかならなかった。反抗議派の神学者たちは、抗議派をローマ・カトリック的であると批判し——それは直ちに抗議派が（反抗議派に対して）投げ返した批判でもある【註25】——、その一方で、数多く存在したオルデンバルネフェルトの政敵は、（オルデンバルネフェルトによる）自由主義者たち（抗議派）への支援の中に、カトリックの敵国たるスペインのために行動する裏切り者として名指す機会を見出した。時とともに、神学をめぐる抗議派対反抗議派の論争は、（市当局が教会に対して法律をつくり、教会が教える事柄を統制する権利を持っているのかどうかというような）内政問題と、（特にスペインとの戦争をいかに導くべきか、またカトリック国フランスにおける最近のプロテスタントの反乱にいかに対処するべきか、というような）外交政策についての相対峙する意見を巻き込んでいった。しばらくの間、アムステルダムは反抗議派の活動の牙城となり、その市の特権階級は、主に政治的配慮から、地元の保守的な聖職者たちの側に立つことを選んだ。抗議派に対する虐待は頻発し、ときにはひじょうに激しい虐待がなされた。彼らの多くが職務と献金を剝奪された。総督すなわちマウリッツ・フォン・ナッサウ公自身は、反抗議派の側に、一六一七年まで与(くみ)した。これは、スペインとの和平を追求し、フランスの問題からは距離を置こうとするオルデンバルネフェルトの政策に対する反対表明としての、総督による純粋に政治的な身振りだった。

一六一八年十一月から一六一九年五月まで、抗議派との論争の問題点を検討するべく、全州からオランダ改革派の聖職者の代表者たちが召集され、ドルト会議が開催された。最終的にその会議は、カルヴァン主義の教会から抗議派を追放することを決定した。会議に臨んだ聖職者の代表者たちは、良心の自由に捧げる彼らの献身を繰り返し強調しつつ、にもかかわらず公共の礼拝と職務の保持は、正統的なカルヴァン主義者のみに限定されると主張した。教会のあらゆる階層において粛清が行われた。ほどなくして、オルデンバルネフェルトは反逆罪に問われ、斬首された。抗議派に対する虐待は何年もつづいたが、とは言え一六二〇年代の半ばには、事態はいくぶん鎮静化した。アムステルダム市自体は、最終的には、抗議派に好意的な都市としての評判を得た。【註26】

カルヴァン主義の内側におけるこの危機の結果は、オランダ人の共和国に居住するユダヤ教徒たちにとっては、身体的にして心理的なものだった。確かに、正統的なカルヴァン主義者ではない者に対するいかなる反発も、改革派に敵対する者のみならず、ユダヤ教徒をも攻撃することはなかった。事実、ドルト会議で諮られた議案の一つは、「現在、我々の間に居住するユダヤ教徒の冒瀆行為の実践をいかにして制止させるか」というものだった。すなわち改革派の指導者たちの心には、ユダヤ教徒は改革派教会内の敵対者以上の大きな脅威としては映っていなかったのである。しかも、反抗議派でさえ、ヘブライ語の文献の聖なる言語への関心から、ユダヤ教徒は「旧約聖書」の民である古代イスラエル人の名残りとして、彼らの有用な文化遺産になり得ると考えていた。とは言え、全体としてこの内部論争は、しばらくはカルヴァン主義の教会内の不寛容な集団の影響力を強化した。正統的なカルヴァン主義からのいかなる種類の逸脱も、過剰なまでに睨まれるようになった。ユダヤ教徒も、カトリックの信徒も、さらには離反したプロテスタントの諸派も、そのいずれもが反抗議派の勢力によって醸（かも）し出（だ）される怒気を感じていた。【註27】一六一六年、アムステルダム市議会はユダヤ教徒に対する警告として、文書にせよ、口頭にせよ、キリスト教を攻撃してはならず、また自らの品行を正しくするよう命令を発し、さらに一六一九年には、ユダヤ教の律法を厳格に遵守しつづけるという条件とともに彼らを公認したのであるが、これらの決定は、部分的には、ユダヤ教徒は論争に対して距離を保ち、彼らの本道から外れる存在ではないという前提を、揺るがぬものにするための努力だった。【註28】

　ポルトガル人ユダヤ教徒たちは、宗教的な内部論争によって分裂した社会に身を落ち着けたばかりであり、明らかにいくばくかの不安を感じていた。彼らは――確かな根拠もなく、というのではなく――カルヴァン主義者たちの怒りが、いつでも何かにつけ彼らに向けられかねないということと、彼らがオランダで見出した保護が脆（もろ）いものでしかないということを危惧していた。このような不安は、ユダヤ教徒共同体の代表者たちによって定められたさまざまな内規――例えば、キリスト教徒をユダヤ教に改宗させようとした者を処罰する罰則【註29】――に反映された。このような措置によってユダヤ教徒は、つねに彼らは自らの品行を律し、彼らにはカルヴァン主義の問題を混ぜ返す意志はまったくないということを、彼らの宿主に確信させたいと願った。

　アムステルダムのポルトガル人ユダヤ教徒共同体の成員たちは、さまざまな法的制限を課せられていたにもかかわらず、ユダヤ教徒としてはばかることなく生活し、公的に自らの宗教を実践する権利をいったん勝ち得たからには、大きな自律を享受した。ポルトガル人ユダヤ教徒たちは、彼ら自身の取り決めに従って、彼らの務めを遂行することを許された。もちろん、ある程度の用心は必要だった。

アムステルダム市の行政官たちの前で共同体を代表する一般成員の指導者たちは、市によって発布されたユダヤ教徒に関する諸規定を遵守することを、仲間の成員たちに徹底させる義務を負った。そしてオランダ人は、刑事事件および社会的慣習では対処し切れない問題のほとんどにおいて、司法権を要求した。例えば、ラビ〔ユダヤ教の師〕は結婚式を執り行うことは認められてはいたけれども、非改革派のすべての結婚式には市当局の承認が必要だった。【註30】しかしながら、共同体の代表者たちは、宗教的、社会的な諸規定を遵守し、そしてそれらからの逸脱を罰するにあたり、実はオランダ人の法律ではなく、ユダヤ教の律法と（それと同様に重要なものとして）〔イベリア半島出身のユダヤ人としての〕彼ら自身の折衷的な伝統の、その両方に目を向けていた。

❧伝統への回帰とさまざまな反目

アムステルダムにおけるポルトガル人ユダヤ教徒共同体の創設時の成員たちのほとんどは、ユダヤ教に復帰したかつての改宗ユダヤ人か、いまや初めて晴れてユダヤ教の信仰を実践する新キリスト教徒〔キリスト教徒のユダヤ人〕だったため、共同体に受け継がれたユダヤ教は、特殊な、むしろ非伝統的な性質のものとなっていた。それは、数世紀にわたって形成され、その流れの中でイベリア半島におけるユダヤ教の実践は、カトリック社会に混入し、そして後には、カトリック社会の内部にそれ自体を沈潜させることを余儀なくされた。スペインとポルトガルでは、改宗ユダヤ人たちの共同体は、実質的にユダヤ教の正統から切り離されていた。模範的なユダヤ教の戒律や実践について把握されていた事柄は、特に後の世代になると、いくぶん綻び、不完全なものとなった。数多くの戒律と慣習は、記憶の中にのみ存在するようになり、一貫してそれらを遵守することはできなくなっていた。ある歴史家が記すように、十六世紀末までに隠れユダヤ教徒たちは、割礼、ユダヤ教の戒律で適法(コシエル)とされる儀礼的屠畜、葬送の数多くの礼式——すなわち隣人の注視の下では維持することが難しい公共的な行為——のみならず、聖句箱（tefillin）の使用、日常的なユダヤ教の祈禱（主に特定の賛美歌斉唱から成る祈禱）や、新年祭（Rosh Hashonah）などの特定の祝祭日の祝賀をも、断念した。【註31】改宗ユダヤ人たちはラビ〔ユダヤ教の師〕の権威的な知識に頼ることも、祖先の宗教の数多くの中心的な文献を参照することもできなかった。彼らは、モーセ五書（Torah）、口伝律法（Talmud）の書、聖書解釈（Midrash）の書、そしてラビたちの諸著作など、学問に熱心なユダヤ教徒の生活にとってはひじょうに中心的な部分を成すそれらの文献の研究にも、まったく手を着けることができなかった。かくして特別な戒律または戒律の一側面だけが促進され、その他はさほど重要ではないものとして無視された。

このような疲弊の不可避の成り行きに加え、文化的な同化の必然的な影響もあった。改宗ユダヤ人たちの隠れユダヤ教、そしてイベリア半島追放以前のユダヤ教さえ、その地のカトリックの儀式、象徴、信仰の数々から強く影響を受けた。例えば、イエス・キリストの教えではなく、モーセの律法を通じて獲得される永遠の救済への関心があった。また、ユダヤ教の「聖人たち」にまつわるさまざまな信仰があった。プリム祭（Purim）〔『エステル記』のための祭り〕においてその勇敢さが賛美される女主人公の「聖エステル」は、これらのユダヤ教徒たちにとっては特別な意味合いの存在であり、なぜならエステルは、夫のペルシャ王アハスエルスに対し、自らがユダヤ人であることを隠さざるを得なかった、一種の隠れユダヤ教徒だったからである。最終的に彼女は、王の側近ハマンの邪悪な計略から彼女自身の民族を救うために、自らの素性を明らかにした。【註32】

以上のような理由のために、アムステルダムの初期のユダヤ教徒たちは、彼らとその祖先たちが久しく遠ざけられてきたユダヤ教への再編入を図るにあたり、外部からの指導を必要とした。このことの最も伝説的な唯一の例が、エムデン出身の東欧系ユダヤ人のモーゼス・ハレヴィと息子アロンがいかなる後押しをしてポルトガルからの最初の商人たちの集団をユダヤ教の実践に復帰させたかという物語である。十七世紀前半のアムステルダムにおけるポルトガル人ユダヤ教徒共同体の指導的なラビ〔ユダヤ教の師〕たちのほとんどは、その外部からやって来た。ヨセフ・パルドは、生まれは〔ギリシャの〕サロニカであるが、〔イタリアの〕ヴェニスで暮らし、そのときに彼は、ベト・ヤコブ共同体のためにラビとして奉仕するべく旅立った。モーゼス・ハレヴィが彼らに教えたかもしれない事柄が東欧系ユダヤ人的なものだったとすれば、セファルディ〔ポルトガル・スペイン系を含む地中海周辺諸国出身のユダヤ人〕の習慣に生きる共同体の成員たちを再教育するにあたり、パルドがなすべき仕事は多かった。ネヴェ・シャロム共同体は、最初は〔トルコの〕コンスタンティノープルからユダ・ヴェガを招聘し、その後任として一六一六年、モロッコのフェズからイサーク・ウズィエルを招聘した。ウズィエルは、いずれも隠れユダヤ教徒の背景を持つメナッセ・ベン・イスラエルとイサーク・アボアブ・ダ・フォンセカ（順にマデイラ諸島とポルトガル本国の出身である）をそれぞれ教育した。当時の共同体全体にとっての最も重要なラビ、サウル・レヴィ・モルテーラは、少しもセファルディ的ではなかった。彼はヴェニスで東欧系ユダヤ人の家に生まれ、一六一六年にアムステルダムに到着し、その二年後にベト・ヤコブ共同体の最高位のラビとなった。改宗ユダヤ人の背景を持たないこれらのラビたち、すなわち「賢者たち（*chachamim*）」は、彼らにはユダヤ教の伝統とは相容れないものに映るさまざまな実践を矯正し、または完全に捨てさせ、共同体の活動が「律法の要求（*halacha*）」に一致するよう指導した。例えばパルドは、ベト・ヤコブ共同体の成員たちに対し、神殿の破壊を嘆くために、アブ（Ab）月〔西暦の八月頃〕の九日以前の三度の土曜日に礼拝堂に集まることを禁止したが、というのは、成員たちが習慣としていたその行為は、（パルドの主張するところでは）安息日の聖性を穢してい

たからである。【註33】

ヴェニスの共同体は、アムステルダムの「共同体（ケヒラー）（*kehillah*）」を組織し、矯正するその過程において、重要な手本としての役割を果たした。ヴェニスのセファルディ〔ポルトガル・スペイン系を含む地中海周辺諸国出身のユダヤ人〕共同体——当時の最大かつ経済的に最も豊かな共同体の一つであり、ユダヤ教に復帰しようとする亡命の隠れユダヤ教徒たちにとっては最重要の共同体の一つ——は、北方の同宗徒にラビ〔ユダヤ教の師〕を供給したのみならず、真新しい共同体を内部的に秩序付けるにあたっての一つの雛形となった。ベト・ヤコブ共同体とネヴェ・シャロム共同体は最初からヴェニスの職権機構を採用し、それにより共同体の実権を、ラビたちにではなく、成員の代表者たちに得られるようにした。理事会は政治、商業、司法、そして宗教の問題——儀礼的屠畜、およびユダヤ教の戒律で適法（コシェル）とされる肉の販売から、道徳的または宗教的な違背者に対する破門の宣告までのあらゆる事柄——をも統括した。ラビの権限は、少なくとも制度上は、むしろ狭く限定された。彼は理事会のために働くことで俸給を支払われる公人であり、主に精神的な指導者および教師として奉仕した。

この仕組みは、つねに円滑に機能したわけではなかった。一六一八年から一九年にかけて、権力の分割をめぐる争いが共同体の一つを分裂させた。この争いの正確な原因については、完全には明らかになっていない。そこには、内科医にしてベト・ヤコブ共同体の代表者の一人で、さらには自由主義的な男として知られ、はたまた（少なくとも彼の敵対者によれば）自由思想家でもあったダヴィッド・ファラルという人物に対してなされた、さまざまな糾弾が含まれている。分裂についての第三者による報告書では、ファラルは、後にラビがその資格なしと結論付けた一人の男を「儀礼的屠畜者（ショヘット）（*schochet*）」に任命し、糾弾された。伝えられるところによれば、ファラルは、その男の更迭を拒否したという。【註34】別の証言者によれば、問題となったものは、ファラルが提出したとされる——聖書の言葉やユダヤ教神秘主義（カバラ）（kabbalah）の実用的効力の解釈をめぐる――さまざまな異端的見解だった。（この第二の報告では、「儀礼的屠畜者（ショヘット）」についての問題は、ファラルその人ではなく、彼の義父アブラハム・ファラルのものとされている。）【註35】ファラルは、ネヴェ・シャロム共同体の厳格で保守的なラビ・イサーク・ウズィエルに表面的に支持されたベト・ヤコブ共同体のラビ・ヨセフ・パルドによって弾劾された（あるいは「破門（ヘレム）*cherem*」をさえ、宣告されたかもしれない）。この問題においてファラルは、彼自身の意見を貫き、そしてラビ〔ユダヤ教の師〕の権限を否定することにより、反発した。と同時に彼は、破門の宣告は、彼がその一人として成り立つ共同体の理事会――すなわち「理事たち（パルナッシム）（*parnassim*）」――の大権であると主張しつつ、一個人の上にそれを下すラビの権限に異議を申し立てたかもしれない。とは言え確かなことは、この争いの結末としてベト・ヤコブ共同体は、二つの集団に分裂した。すなわち、一方の集団は、「理事（パルナス）（*parnas*）」のファラルを支持し、他方の集団は、ラビ・パルドの後ろに立った。パルドの集団は、ベト・ヤコブ共同体からの脱退と、「エッ・ハイム（Ets Chaim）」（「生命の樹」）と呼ばれる新たな共同体の立ち上げを決定し、それは後にベト・イスラエル共同体となる。彼らが起こした最初の行動は、ベト・ヤコブ共同体が礼拝堂（シナゴーグ）として使用していた建物を封鎖し、その権利を握ったことであり、かくして共同体の財産をめぐる闘いが開始された。しばらくして、パルドの出発に伴い、サウル・レヴィ・モルテーラがベト・ヤコブ共同体の最高位のラビを引き継いだ。彼は、誰にも増して、その頃フランスのナントから到着したばかりのアブラハム・デ・スピノザ〔哲学者バルーフの大伯父〕によって、ファラルを支持する側に引き入れられた。

ベト・ヤコブ共同体の問題は、最終的にオランダの法廷が調停者たちを指名した後の一六一九年に決着を見た。【註36】「ベト・ヤコブ」の呼称を使用しつづけていたファラルの集団は、その名を彼らの礼拝堂（シナゴーグ）に与えた。しかし双方の集団とも、同時にヴェニスの共同体の権威者からの裁定を要請し、その催促のために代表団をヴェニスに派遣した。ヴェニスの共同体はパルドであれファラルであれ、いずれか一方を譴責することを拒否し、和解と譲歩の精神において、ファラルによるものとされる異説をめぐる一件と、財産をめぐる実務的、管理的な諸問題の両方を解決しようとした。【註37】この挿話――そしてヴェニスに要請がなされたのは一回限りではなかったということ――は、初期の共同体内における権限の問題をめぐって、成員の代表者たちとラビ〔ユダヤ教の師〕たちがときおり反目し合っていたことを具体的に示しているのに加え、イタリアの一共和国のセファルディム〔ポルトガル・スペイン系を含む地中海周辺諸国出身のユダヤ人たち〕が、アムステルダムのユダヤ教徒たちにとっては、法規的、宗教的権威の典拠となっていたその役割を明らかにしている。

一六一九年以降に存在した三つの共同体〔ベト・ヤコブ、ネヴェ・シャロム、ベト・イスラエル〕は、それぞれに固有の理事会とラビ〔ユダヤ教の師〕たちを抱えていた。個々の理事会には五名の役員が置かれた。すなわち三人の「理事たち（パルナッシム）」と二人の補佐役であるが、全員一まとめにして「パルナッシム」と呼ばれるようになった。（後に三つの共同体が〔タルムード・トーラー共同体として〕一つに統合したとき、それらの理事会は六人の「理事たち（パルナッシム）」と一人の「出納役（ガッバイ） *gabbai*」から成る単一の「理事会（マアマド） *ma'amad*」に集約された。）一六一八年以降のベト・ヤコブ共同体の最高位のラビは、モルテーラだった。彼はモーゼス・ハレヴィによって（彼がエムデンに戻る一六二二年までの間）支えられていた。一六二二年のイサーク・ウズィエル亡き後の時代におけるネヴェ・シャロム共同体の「賢者たち（ハハミーム）」の中には、メナッセ・ベン・イスラエルとサムエル・コーヘンがいた。ダヴィッド・パルドは父の死後、一六一九年にベト・イスラエル共同体の最高位のラビの地位を継ぎ、一六二六年から一六二九年までクレタ島出身のヨセフ・デルメディゴに支えられた。イサーク・アボアブ・ダ・フォンセカは、早々に共同体全体の傑出した人物となり、一六二六年に弱冠二十一歳でベト・イスラエル共同体の「賢者（ハハム）（*chacham*）」

にも任命された。

それぞれの運営上の独立にもかかわらず、ベト・ヤコブ共同体、ネヴェ・シャロム共同体、そしてベト・イスラエル共同体は、とりわけポルトガル人ユダヤ教徒共同体の全体にとってひじょうに重要になる事柄については、多くを協力し合うよう努力をした。当初、ベト・ヤコブ共同体とネヴェ・シャロム共同体には、それぞれにタルムード・トーラー協会という固有の教育組織があった。しかし一六一六年までに、それらは一つの教育組織として提携した。その他にも、病人を世話し、埋葬のために死者を運ぶ手助けをする合同組織として「ビクル・コリム（Bikur Cholim）協会」があった。融資のためには一六二五年に設立された「ホーネン・ドリム（Honen Dolim）協会」があり、孤児の少女と貧しい花嫁に持参金を提供するための慈善団体として、一六一五年に〔ヴェニスの同様の協会を雛形として〕設立された「サンタ・コンパニーア・デ・ドタール・オルファンス・エ・ドンゼラス・ポブレス（Santa Companhia de dotar orfans e donzelas pobres）協会」（略して「ドタール」）があった。【註38】「ドタール」はアムステルダムまたはネーデルラントに居住するユダヤ教徒女性のためにのみあったわけではない。「ポルトガルまたはスペイン国民の一員、すなわちヘブライの少女」である貧しい未婚女性は誰でも、たとえフランス、フランドル、イギリス、あるいはゲルマン地方に住んでいようと、援助を受ける資格を認められた。その際、割礼を受けたユダヤ教徒男性と「結婚の天蓋（フッパー）（*chuppah*）」の下でユダヤ教の婚礼を行う、ということが唯一の条件となった。

一六二二年までに、〔三つの共同体の〕代表者たちによる合同の理事会、すなわち「セニョーレス・デピュタドス（Senhores Deputados）」〔スペイン語で「代表者諸氏」の意〕が共同体全体の問題を検討するべく立ち上げられた。その理事会は、個々の共同体から二人ずつの〔合計六人の〕「理事たち（パルナッシム）」で構成されたが、特に重大な問題については、合計十五人の「理事たち（パルナッシム）」――「セニョーレス・キンゼ・

ドス・トレス・マアマド（Senhores Quinze dos tres Mahamad）」〔「三つの理事会からの十五名の代表者諸氏」という意〕）――が召集された。これらの「代表者諸氏（*deputados*）」には、何よりも共同体による課税（特に「インポスタ *imposta*」すなわち輸出入取引に課せられる税金であり、共同体の金庫にとっては極めて重要な資金源となった）を統制し、「儀礼的屠畜者たち」を指名し、またユダヤ教の戒律で適法とされる肉を供給し、「ベト・ハイム（Beth Chaim）協会」〔アウデルケルクにある共同体墓地の管理団体〕を通じての埋葬を行い、さらには移民を管理する権限があった。

　移民は、一六二〇年代の共同体にとっては、ひじょうに深刻な問題となっていた。一六〇九年、アムステルダムにおけるセファルディム〔ポルトガル・スペイン系を含む地中海周辺諸国出身のユダヤ人たち〕の人口は（市の全人口七万人中）約二百人だったが、一六三〇年までに（市の全人口が十一万五千人に増加したのに比例して）約一千人に跳ね上がった。そしてそれは、ますます雑多になった。依然大多数はポルトガル系またはスペイン系で、イベリア半島の隠れユダヤ教徒の文化的背景を持つ者たちだった。街路や家庭内における彼らの日常的な言語はポルトガル語であり、そこに多少のヘブライ語、スペイン語、さらにはオランダ語までが飛び交っていた。（スペイン語は高度な教養の言語と見なされ、ヘブライ語は礼拝のためにのみ使用された。というのは、一六三〇年頃までの共同体のほとんどすべての成人は、カトリックの環境で生まれ育ち、カトリックの学校で教育されたがゆえに、ヘブライ語に精通している者は、ほとんどいなかったという事情がある。）しかし同時に、その居住区を訪れる者は、フランス語、イタリア語、そしてわずかながらもラディーノ語〔ユダヤ的スペイン語〕をも、おそらく耳にしていたかもしれず、すなわち同様にその数多くが改宗ユダヤ人の背景の、フランス、イタリア、北アフリカ、近東からのユダヤ人たちが、まっさらの自由と富に魅了され、アムステルダムに到着していたのである。ポルトガル系がひじょうに驚愕したことに、これらのセファルディムの必ずしもすべてが、本来的な商人階級の文化と繁栄の水準に達していたわけではなかった。共同体の人口（そして婉曲的に、その性質）を調整する一つの方法は、これらの大体は貧しい新参の移民たちの多くに、どこか他の土地に移り住むよう促すことだった。「インポスタ」〔輸出入課税〕は事実、生活費がアムステルダムよりも安く付く土地に貧しいユダヤ人たちを送り出すための慈善的支援を、その目的の一つとして実施された。【註39】

さらに、よりいっそう困難だったのは、一六二〇年代にドイツとポーランドから到着し始めた東欧系ユダヤ人たちを同化することだった。【註40】これらのイディッシュ語〔東欧系ユダヤ人の言語〕を話す東部人のほとんどは、最初は強制居住区（ghetto）から少人数でやって来た。しかし三十年戦争〔一六一八～四八年までの国際戦争〕がゲルマン地方におけるユダヤ教徒の生活をより困難にし、さらにはユダヤ教徒に対する虐殺（pogrom）が激化し、頻発するようになると、アムステルダムにおける東欧系ユダヤ人たちの人口は著しく増加した。その世紀の終わりまでに、ドイツ系、ポーランド系、リトアニア系のユダヤ人たちの数は、ほぼ二対一の割合で、セファルディムの数を上回った。

この〔十七世紀の〕最初の数十年間の、アムステルダムにおけるセファルディム〔ポルトガル・スペイン系を含む地中海周辺諸国出身のユダヤ人たち〕と東欧系ユダヤ人たちの間の格差は、顕著だった。ポルトガル・スペイン系ユダヤ人たちは比較的裕福で高度に組織されていたのに対し、「トゥデスコス（*tudescos*）」〔スペイン語またはポルトガル語で「ゲルマン地方の」という意で、東欧系ユダヤ人たちを指す〕の方は、その大部分が貧しく、彼ら自身の共同体組織を欠いていた。一握りの例外（ラビ・モルテーラはその一例）はあるが、教育を受けた東欧系ユダヤ人たちは、アムステルダムに移住しない傾向にあった。その市に定住する者たちは、ほとんどが行商人か肉屋などの商売人たちだった。すぐに彼らは、経済的にも精神的にも、ポルトガル・スペイン系ユダヤ人の共同体に依存するようになった。ポルトガル・スペイン系ユダヤ人たちは、彼ら（東欧系ユダヤ人たち）を（屠畜者、肉屋、印刷工、あるいは家庭内の使用人としてさえ）雇い入れ、その共同体の礼拝堂（シナゴーグ）で祈禱させ、さらには（一六四二年まで）アウデルケルク墓地での死者の埋葬を許可した。が、徐々に東欧系ユダヤ人たちは、ポルトガル・スペイン系ユダヤ人たちの共同体から独立しつつ、社会的にも宗教的にも彼ら自身を組織化する自助努力をし、一六三五年には彼ら自身の最初の礼拝堂（シナゴーグ）を建設した。

たとえ特別に博識を持つ者ではなかったとしても、アムステルダムに定住した東欧系ユダヤ人たちは、ポルトガルとスペインの隠れユダヤ教徒たちのように、模範となる正統のユダヤ教から集団的に切り離されることも、地元のカトリック社会に同化を強いられることもなかった。対照的に、彼ら（東欧系ユダヤ人たち）とその祖先は、何世紀もの間、ユダヤ教徒の伝統的な生活をつづけ、周囲の文化からは孤立していた。彼らはモーセ五書（トーラー）の言葉と「律法の要求（ハラーハー）」を知っていた。このことのために、いく人かの東欧系ユダヤ人たちは、ポルトガル・スペイン系ユダヤ人たちの共同体において教師としての名声を獲得することができた。しかし、総じてセファルディム（ポルトガル・スペイン系を含む地中海周辺諸国出身のユダヤ人たち）は、心の底では、ドイツ系やポーランド系のユダヤ人たちをむしろ蔑んでいた。彼らのみすぼらしい衣服と、彼らの古風にして「粗野な」慣習と実践とを、不快に感じていた。十七世紀のアムステルダムの東欧系ユダヤ人たちは、ポルトガル・スペイン系ユダヤ人たちのような尊厳や地位を獲得することはけっしてできなかった。この二つの集団の差異は、彼らの住む地区の主要な通りを下って歩く者には、たちまち鮮明になった。この時代の腐食銅版画（エッチング）（そのいくつかはオランダの高名な芸術家たちによる）は、ポルトガル・スペイン系ユダヤ人たちの服装が洗練され、仕立てもよく、多くの点でオランダ人のそれと見分けが付かないことを示している。髪型、帽子、ケープから靴下やブーツに至るまで、ポルトガル・スペイン系ユダヤ人たちは、日常的な取引相手であり、また社会的にも接触する相手であるアムステルダムの商人階級の身だしなみに影響を及ぼした。それに対して、暗色の丈長の外套を身にまとい、無造作に鬚を生やし、流行とは無縁の帽子を被る東欧系ユダヤ人たちの存在は、明らかに浮いていた。

この二つの集団の間に介在する文化的、社会的な不均衡――東欧系ユダヤ人とポルトガル・スペイン系ユダヤ人の結婚は激しく反対された――に加え、オランダ人たちの面前で東欧系ユダヤ人たちがポルトガル・スペイン系ユダヤ人たちに与えていたあからさまな当惑にもかかわらず、ポルトガル・スペイン系ユダヤ人たちは中欧と東欧の貧乏なヨーロッパ人たち〔東欧系ユダヤ人たち〕に対し、金銭的には寛大だった。とりわけこれは「代表者諸氏（デピュタドス）」が東欧系ユダヤ人たちの貧困層に分配するために「インポスタ」〔輸出入課税〕からある程度の資金を取り分けておくことを決定した一六二八年以降の事情である。このような同情と寛大さは、しかし、長くはつづかなかった。ポルトガル・スペイン系ユダヤ人たちはすぐに彼らの貧しい隣人たちに我慢がならなくなった。一六三二年、すなわちスピノザの生まれた年のことであるが、「門前で手を差し出して物乞いする東欧系ユダヤ人たちによって引き起こされる傍迷惑と騒音を防ぐために」、彼らのための義捐金を集める募金箱を二つ設置する、という細則が決定された。

一六六四年、ドイツ系、ポーランド系、あるいはリトアニア系のユダヤ人たちへの個人的な寄付を行う〔ポルトガル・スペイン系の〕成員は、破門によって処罰された。いくつかの慈善事業としての支援は――最も大々的なものとしては「アヴォダト・ヘセド（Avodat Chesed）協会」を通じて――継続されはしたが、「我らが貧しき同胞たちを」それぞれの出身国に「送り還すため」にのみ、共同体の収入から相当な資金が特別に割り当てられた。【註41】

❧オランダ経済の奇跡

アムステルダムのポルトガル・スペイン系ユダヤ人たちがいかに裕福だったのかを正確に定めることは難しい。いくつかの家族はそれぞれにかなり裕福だったが、最も裕福なオランダ人に匹敵するほどの資産家ではなかった。

一六三一年の課税台帳によれば、ベント・オソリオの税引き前収入は五万フルデンであり、同様にクリストッフェル・メンデスは四万フルデンだった【註42】。一方、より裕福なオランダ人の企業家たちは六桁もの潤沢な収入を得ていた。そしてフレデリック・ヘンドリック総督が一六三七年に得た収入は、六十五万フルデンだった。ある歴史家の記述によれば、アムステルダムの証券取引所では「至るところにユダヤ教徒たちがいるが、いく人かが考えていた通り、彼らがそれを牛耳ってはいなかった。彼らの資本は不十分だった。大銀行家の間には一人のユダヤ教徒もいないし、しかも彼らの富など、大商人や貴族のそれと比べれば、微々たるものである【註43】」。さらにユダヤ教徒の富のほとんどは、彼らの世帯数の一割にも満たない手の中に集中していた。とは言え、このことによってポルトガル・スペイン系ユダヤ人の共同体〔の成員たち〕は、全体としては、その世紀の四分の三まで、アムステルダムの一般的な市民よりも高い水準の平均所得を得ることができていた【註44】。一六三〇年代において、ポルトガル・スペイン系ユダヤ人の家族のほとんどは、無難と思われる言い方をすれば、そこそこ満足な暮らしをしていた。

アムステルダムのポルトガル人ユダヤ教徒共同体の繁栄――そして十七世紀前半におけるオランダ経済の急速な成長に対する議論の余地なき彼らの貢献の範囲――の主要な源泉は、貿易だった。彼らの間には、ユダヤ教徒を排除しない同業者組合（ギルド）に依存する内科医、外科医、印刷工、学者などの職業の者たちがいた。が、断然、大多数は、商人と貿易仲介人だった。一六三〇年代まで、ユダヤ教徒はオランダの国際貿易のけっして小さくはない割合を担っていた。概算で、共和国全体の六〜八パーセント、アムステルダム市の一五〜二〇パーセントである。【註45】スペイン、ポルトガル、そしてその植民地とのユダヤ教徒による貿易は、オランダの東西インド会社にほぼ匹敵するものだった。一六二二年の「インポスタ」――商品、輸送費、税金、保険などを含む、総諸経費に基づいて算出される輸出入取引課税――の記録によれば、ユダヤ教徒の商人たちはその年、彼ら自身あるいは他者のために総額百七十万フルデンの取引を行い、翌年にその額は二百万フルデンを上回った。一六三〇年から一六三九年までの間、彼らの取引高は平均すると年間三百万フルデン近くにもなった。【註46】さらにいっそう印象的なのは、彼らが事実、商業行為の比較的狭く限定された領域にあるものを足がかりにして、オランダ経済の、比較的大きな実りのある取り分を切り出すことができたということである。その世紀の最初の三十年間、ユダヤ教徒の貿易商人たちにとっての最重要の通商経路は、オランダとポルトガル、およびその植民地（特にブラジル）間のそれだった。彼らの活動は、いくつかの厳選された生産物の上に集中していた。すなわち彼らは、北方からポルトガルに向けて穀物（特に小麦とライ麦）を輸出し、同様にオランダ本国のさまざまな品物を新世界にある共和国の植民地に向けて輸出した。そしてポルトガルからは、塩、オリーヴ油、アーモンド、無花果（いちじく）などの果物、（生姜などの）香辛料、木材、葡萄酒、羊毛、煙草を買い付けた。その時代において何よりも貴重だった生産物としてはブラジルからの砂糖があり、それとともにポルトガルの植民地からのその他の生産物（木材、香辛料、宝石、金属）があった。オランダ西インド会社の重役たちにとってはかなり迷惑だったことに、セファルディム〔ポルトガル・スペイン系を含む地中海周辺諸国出身のユダヤ人たち〕はブラジルとの砂糖貿易の大半を牛耳っていた。アムステルダムのユダヤ教徒の商人たちが――ユダヤ教徒の制する「航海と貿易によって諸州が享受する利益」をオランダ人に例示し、かくして西インド会社にのみ付与されているブラジル貿易の独占権からの〔正式な〕免除を得ようとして――一六二一年に作成したある資料によれば、過去十二年間の砂糖輸入の増加は、アムステルダムだけでも二十一の砂糖精製所が新たに建設されなければならないほどだった。【註47】連合州とスペインとの間で結ばれた（一六〇九年から一六二一年までの）十二年の停戦協定が発効している間は、植民地の生産物は、リスボン、オポルト、マデイラ諸島、アゾレス諸島、さらにはアムステルダムをはじめとするその他の北方の諸都市にも運ばれた。戦争の再開とともに、オランダの船舶がスペインとポルトガルの港湾から締め出されると、品物はしばしばブラジルから直接アムステルダムに向けられた。

アムステルダムのユダヤ教徒たちは、ポルトガル人の協力者たち――たいていは新キリスト教徒〔キリスト教徒のユダヤ人〕の商人たち――と一緒に仕事をし、彼らの金銭を、オランダの著名な会社にではなく、彼ら自身の会社と船舶に投資する傾向にあった。アムステルダムに定住する「ポルトガル人」たちはユダヤ教の伝統に復帰したとき、（今日のほとんどのユダヤ教徒が通常の姓名に加えてヘブライ語によるユダヤ人名を持っているのと同様に）共同体内の用向きではしばしばユダヤ人名を使用し、商取引およびその他の目的ではポルトガルの新キリスト教徒としての名前を携えつづけた。ほとんどのオランダ人の商人がヘロニモ・ヌネス・ダ・コスタ（Jeronimo Nunes da Costa）として知っている男は、その仲間のユダヤ人たちからはモセー・クリエル（Moseh Curiel）と呼ばれた。ベント・オソリオ（Bento Osorio）はダヴィッド・オソリオ（David Osorio）と呼ばれ、フランシスコ・ヌネス・ホーメン（Francisco Nunes Homem）はダヴィッド・アベンダーナ（David Abendana）と呼ばれた。しかしながら、ポルトガル（そして、ときおりはスペイン）における協力者たちとの連絡において、ポルトガル・スペイン系ユダヤ人たちは、異端審問官やその密偵の目からイベリア半島の出自を隠すために、しばしばオランダ語の別名を用いた。かくして、アブラハム・ペレラ（Abraham Perera）は

「ヘラルト・ファン・ナールデン（Gerardo van Naarden）」となり、ダヴィッド・ヘンリケス・ファロ（David Henriques Faro）は「レイエル・バレンツ・レリー（Reyer Barentsz Lely）」となり、そして（より逐語的な名前としては）ヨセフ・デ・ロス・リオス（Josef de los Rios）は「ミシェル・ファン・デア・リフィエレン（Michel van der Rivieren）」となり、ルイス・デ・メルカード（Luis de Mercado）は「ルイス・ファン・デル・マルクト（Louis van der Markt）」となった。【註48】彼らの本名は、アムステルダムに居住する「ポルトガル人」としての（そして、おそらくユダヤ教徒ではなかろうかというような）彼らの素性を明らかにするものとなり、それゆえに、彼らに協力する「ポルトガル人」たちや、イベリア半島においていまなお暮らしている親類たちをも危険に晒しかねないものとなった。いかなる種類のものであれ、ユダヤ人としての人脈は、あらゆる改宗ユダヤ人たちをぴったりと監視しつづける異端審問所の目の中に一つの疑念を生じさせた。（ときおり異端審問所はその守備範囲を超えて逃亡した人々にも依然手を尽くして接触し、深手を負わせることさえあった。アムステルダムの共同体は、一六四七年、その成員の一人であるイサーク・デ・カストラ＝タルトスの公開火刑の報告を受け取ったとき、戦慄した。青年の彼はアムステルダムを出発し、隠れユダヤ教徒たちをユダヤ教に再改宗させようと、スペインとポルトガルを遍歴していたのである。それは無謀な企てだった。当然、彼は捕えられ、簡単に彼の「罪」を告白した。薪の上に立ったとき、「聞け、イスラエルよ。主なる我が神、主は一なり」と、彼は「シェマ *shema*」〔ユダヤ教の最も基本的な信仰告白の祈り〕を絶叫したと報告された。彼のための葬式が、アムステルダムにおいて、ラビ・モルテーラによって執り行われた。）

　停戦協定が一六二一年に期限切れとなったとき、オランダとスペイン・ポルトガルを結ぶ直接的な貿易がスペイン国王によって公式に禁止されたため、オランダのユダヤ教徒の経済的機運は大きな苦難に見舞われた。このような状況下で、数多くのユダヤ教徒たちは従来通りの取引を継続するため、

（ハンブルクやグリュックシュタットのような）中立都市への移住を選んだ。しかしオランダのポルトガル・スペイン系ユダヤ人たちによるイベリア半島間の貿易は、いまや禁止されていたにもかかわらず、継続されていた。オランダの船舶に対する入港禁止の抜け穴としての中立船舶の使用と、そして特に、親類や改宗ユダヤ人たちの人脈を通じてのポルトガルとスペインとの秘密の連絡によって、アムステルダムにとどまったユダヤ教徒たちは、実質的には従来以下の取引高になったとは言え、それでも貿易を継続していたのである。彼らはこのような時期においても、レゴーンやヴェニス（絹とガラス）などのイタリアの諸都市に対するのと同様に、モロッコ（弾薬、銀）とスペイン（果物、葡萄酒、銀、羊毛）との貿易をさえ、手広く行うことができた。

ポルトガル・スペイン系ユダヤ人たちによって主導された国際貿易は、造船業や砂糖精製関連業を刺激することにより、オランダの国内経済に奇跡をもたらした。ユダヤ教徒たち自身は当地での職業の選択においてはむしろ厳しく制限されていた。彼らは、（内科医、薬剤師、書籍商を除く）同業者組合（ギルド）によって統制される伝統的な手仕事のほとんどから排除されたのと同様に、雑貨商にも小売商にもなれなかった。ユダヤ教徒の商人たちは市民権を購入することができたけれども、それによって市民としての全幅の権利が認められたわけではない（し、彼らの市民権は、相続はおろか、子供たちに贈与することさえできなかった）。一六三二年のアムステルダム市の条例では、「ユダヤ教徒は貿易のために市民権を与えられる［……］が、小売商になる資格は与えられない」と明確に規定されている。しかし、それでもなお彼らは、植民地貿易をはじめ、確立された同業者組合（ギルド）に囲われていない、あるいは凝り固まった利害によっては実行されない領域の、例えばダイヤモンドの切り出しと研磨、煙草の紙巻き、絹の紡ぎなどの、ごくわずかな仕事の結果として切り開かれた新たな機会によって、自国に利益をもたらすことができた。オランダのユダヤ教徒たちは苦心して〔正式に〕砂糖の精製にも関わろうとし

たが、しかしながらこれは、彼らが公的に排除されていた一六五五年までの貿易だった。【註49】

オランダのイェルサレム

十七世紀のアムステルダムにおけるユダヤ教徒の生活は、その大部分が、ひじょうに明確に区分された地域に集中していた。アムステルダムにはユダヤ教徒の居住が許される場所に関する法的制限は何もなかったが、旧来の市街地の土地不足に加え、ユダヤ教徒にとってはれっきとした正統派の共同体を発展させるために、互いに（そして礼拝堂（シナゴーグ）の）近くに住む必要があったことから、十七世紀の最初の数十年間にアムステルダムに到着したユダヤ教徒たちは一五九三年のその市の拡張政策によって生まれた新たな土地にまとまって定住する傾向にあった。そこには、何よりもまず、いくつかの運河とアムステル川に囲まれ、四つの橋を介して行き来が可能な最新の干拓地、すなわち四角い島のフルーンブルフ（Vloonburg）——あるいはフローイエンブルフ（Vlooienburg）——地区があった（かつては水浸しだったその地区は、その名を「洪水」を意味するオランダ語「フルート *vloed*」から取った）。フローイエンブルフ島は、島の中心で交差する二本の主要な通りによって四つの区画に大きく区分けされ、さらにアムステル川の側には二つの区画が付け足されていた。この一帯、すなわち今日では「ウォーターループレイン広場（Waterlooplein）」として知られる地域に、ニーウェ・ハウトマルクト通り（Nieuwe Houtmarkt）、ハウトフラフト運河／通り（Houtgracht）、レプロゼンブルヘルワル通り（Leprozenburgerwal）、ランゲ・ハウトストラート通り（Lange Houtstraat）、コルテ・ハウトストラート通り（korte Houtstraat）、そしてビンネン・アムステル運河（Binnen Amstel）があった。ユダヤ教徒が流入する以前から、この地域のほとんどが、高名なオランダの貿易船や軍艦の建造にひじょうに重要なものとなる木材（オランダ語で「ハウト *hout*」）の加工と売買に充てられていた。したがってそこは、ユダヤ教徒たちに加え、材木商人たちと倉庫群の地区だった。この島の上に建つ家々は、市の主要な運河沿いのより裕福な家屋のように、レンガ造りではなく、ほとんどが木で造られていた。一六三〇年代までに、より貧しい東欧系ユダヤ人たちは、内側の狭い通りや裏通りに居住していた。ポルトガル・スペイン系ユダヤ人たちの中の暮らし向きのよい者は、（特にハウトフラフト運河の両側の）外縁に沿って伸びる、道幅の広い開放的な大通りに住んだ。

ユダヤ教徒の居住区の、さらなる主要な通りは、フローイエンブルフ島の水平軸としての通りと平行して伸びるブレーストラート大通り（Breestraat）だった（後に「ヨーデンブレーストラート Jodenbreestraat」すなわち「ユダヤ教徒の大通り」と呼ばれるようになった）。ブレーストラート大通りとフローイエンブルフ島とは、幅の短い一区画と運河にかかる一本の橋を介して通じていた。共同体は一六七九年にブレーストラート大通りの西側の終点に壮麗な礼拝堂（シナゴーグ）を新築した。それはいまもなお、その場所に建っている。一六五〇年の時点でフローイエンブルフ島の百八十三軒の家屋中、三十七軒（または約二〇パーセント）は、一軒丸ごとか、もしくは部分的に、ポルトガル人ユダヤ教徒たちによって所有されていた。ポルトガル・スペイン系ユダヤ人たちはまた、ユダヤ人居住区全体の不動産所有者数の約二四パーセントを占めていたが、その地区に数多くのオランダ人が所有する家々はユダヤ教徒たちに貸し出されていたため、ポルトガル・スペイン系ユダヤ人たちはこの地区の住人の、さらに大きな割合を占めることになった。一五九八年から一六三五年にかけて、市の婚姻記録に記載されたポルトガル・スペイン系ユダヤ人たちの八〇パーセントは、フローイエンブルフ島／ブレーストラート大通りの地区に居住していた。【註50】

確かに、ユダヤ教徒の住む地区は強制居住区（ゲットー）ではなかった。数多くの非ユダヤ人たち（レンブラントをはじめ、ヘンドリック・アイレンブルフ、パウルス・ポッテル、ピーター・コッデ、アドリアーン・ファン・ニューラントなど、名の知られたその他数多くの芸術家たちや画商たち）も同様に、これらの通りに住み、仕事をしていた。一方、ひじょうに裕福なユダヤ教徒たちは、この地区を離れ、アムステルダムのより上流階級向けの運河地区に移り住む傾向にあった。例えば、マヌエル・バロン・デ・ベンモンテは、ヘレンフラフト運河／通り（Herengracht）に面して住み、デ・ピント一家はシント＝アントニスブレーストラート大通り（St. Anthoniesbreestraat）の豪邸に住んでいた。ポルトガル・スペイン系ユダヤ人の共同体は孤立したそれではなく、ポルトガル人ユダヤ教徒たちはオランダ人の隣人たちと、商業的にも、知的にも、社会的にも、緊密に接触する関係にあった。ユダヤ教徒の家庭内にはキリスト教徒の家政婦がおり（当然、あらぬ醜聞を生じさせた環境であり、そのいくつかは真実だった）、ユダヤ教徒とオランダ人による合同企業体の事業もあった。ユダヤ教徒たちはまた、アムステルダムの茶屋（カフェ）や酒場にしばしば通っていたことが知られ、そこにおいて彼らは、おそらく適法（コシエル）ではない葡萄酒や麦酒を口にしていた。【註51】

スピノザと同時代の彫刻凹版（エングレーヴィング）の銅版画には、十七世紀オランダの都市街区に期待される商業的、社会的活動のすべてとともに、整然とし、繁栄の活気を漂わせ、街路樹の植えられたユダヤ人居住区の主要な通りが示されているものがある。おおよそ典型的に背が高く、そして間口の狭いレンガ造りの家並は、アムステルダムの定評ある佳肴となっているが、反対に、豪邸のような造りの〔間口が広い〕家屋――まちがいなく、より裕福な家族の邸宅――もいくつかはある。すべての家屋が居住用というわけではなく、材木置場としての建物、倉庫、商船会社やその他の会社の社屋もあった。一日中、通りでは、それぞれの用向きを行う人々、遊歩する人々、あるいは――例えばハウトフラフト通りの「青物市場（フルーンマルクト）（*groenmarkt*）」に繰り出し――買い物をする人々で混雑し、その傍らでは、大小さまざまの舟や平底舟が通り沿いの運河に繋がれていた。アウデルケルク墓地への行程は、まっすぐの道で、アムステル川を遡る短時間の平底舟による旅だった。どこから見ても、スピノザが生まれたポルトガル人ユダヤ教徒たちの住む地区は、市のその他の地区と実際見分けが付かない。物音――話される言葉、あるいは歌われる歌詞――も、そしておそらく台所から流れてくるにおいさえもが、イベリア半島のものであり、その住人たちの肌色はより浅黒く、相貌はより地中海的だったが、見た目はまちがいなくオランダ人だった。ポルトガル・スペイン系ユダヤ人たちは、三十年にも満たない間に、アムステル川の土手に、百四十年前にスペインとポルトガルに置き去りにせざるを得なかったものを苦労して再創造した。すなわち、富裕で、国際的（コスモポリタン）で、しかし、まぎれもないユダヤ教の文化を。まったくそれにふさわしく、アムステルダムは、「オランダのイェルサレム」として讃えられてしかるべき都市となった。

第二章　大伯父アブラハムと父ミカエル

❧大伯父アブラハム

一六一〇年代の典型的なある一日、ブレーストラート大通り周辺の区画から四角いフローイエンブルフ島を隔てるハウトフラフト運河の両岸は、活気に溢れている。そこには、その地区の倉庫から出荷される材木を、平底舟に積み込み、運河を遡らせ、アムステル川へと送り出す材木貿易に加え、いくつもの絵画を売買する画商たちと同様に、日常的な用向きに立ち回るユダヤ教徒たちのせわしさがあった。共同体の三つの礼拝堂（シナゴーグ）は、いずれも運河に面していた。島の内側か、より高級なブレーストラート大通りの区画に住む、ある一人のポルトガル人の「自治体（ヘメーンテ）(*gemeente*)」の成員は、一日に何度かハウトフラフト通りに姿を見せる。彼は礼拝堂（シナゴーグ）へ向かっているのか、逆にその帰り道で、個別の共同体か共同体全体の取引の場に出席して他の商人たちと合意した後か、そうでなければ、彼の子供たちを共同体の学校に送って行った後かもしれない。

運河に沿ったその通りで、労働し、礼拝するのが見出されるポルトガル・スペイン系ユダヤ人たちの間にアブラハム・ジェスルム・デ・スピノザ（Abraham Jesurum de Spinoza）、別名エマヌエル・ロドリゲス・デ・スピノザ（Emanuel Rodriguez de Spinoza）という名の人物がいた。彼はしばしばアブラハム・デ・スピノザ・デ・ナンテス（Abraham de Spinoza de Nantes）という名で通したが、それは共同体の他の成員の一人、アブラハム・イスラエル・デ・スピノサ・デ・ヴィラ・ロボス（Abraham Israel de Spinosa de Villa Lobos）――別名ガブリエル・ゴメス・スピノサ（Gabriel

Gomes Spinosa）――から彼自身をはっきりと区別するためだった。「デ・スピノザ（de Spinoza）」（別様の綴り方としては、例えば「Despinosa」または「d'Espinoza」がある）という名は、ポルトガル語の「エスピノーサ（*espinhosa*）」に由来し、「茨の場所から」を意味する。本来はスペインに住んでいたと思われるその一家は、十五世紀に他の多くの者たちと同様、ポルトガルに難を逃れた。アブラハムは、私たちの知る限り、ポルトガルで生まれた。しかし彼に関係する現存の最初の記録は、彼を一五九六年のフランスのナントに置く。彼は一五九〇年代初頭のあるとき、姉サラと一緒にフランスに逃れたことは、ほぼまちがいない。そこには弟イサーク、そして彼の家族も一緒だったと考えられる。おそらく親類か友人かの誰かが、地元の教会裁判所にユダヤ教信仰者として告発されていたのだろう。貪欲な異端審問所は逮捕者一人では滅多に満足せず、役人たちは一人の逮捕者の舌を緩ませ、そこからより多くの名前を引き出す術を心得ていた。しばしばあったことだが、改宗ユダヤ人の家族の一人が当局に関心を抱かれた結果、その一家全員が疑われ、そうなるやいなや、いかに遠い土地に向かうことになるとしても、彼らは、一人残らず、集団で、しかも早急に出発した。

一五九六年十二月のこと、一五九〇年頃にはすでにアムステルダムにいたエマヌエル・ロドリゲス・ヴェガは、自らの代理人としての権限をアブラハム・スピノザ・デ・ナンテスに与え、スペイン兵によって押収された商品の奪回を委任した。それらの商品――ロドリゲス・ヴェガの二十二枚のベーズ（緑色の毛織地）、ロドリゲス・ヴェガとアントワープにいる彼の弟ハブリエル・フェルナンデスの八枚の野牛の毛皮と三十二丁の銃、アントワープのルイス・フェルナンデスとリスボンのアヌエル・デ・パラシオスの十枚のベーズ、リスボンのバルトロメウス・サンチェスの二十五枚のベーズ、ポルトのシモン・ダンドラーデの四枚のベーズ、（おそらくアムステルダム在住の）「ポルトガル人商人」バルトロメウス・アルヴァレス・オッコリドに帰属するいくつかのハールレム産の布地を含む船荷――は、オランダ商船「希望号（*De Hope*）」の上にあり、船長ヤン・ラッテンの舵取りで、ポルトガルのヴィアナに向かっていた。いまだオランダとスペインは戦争をしている最中であり、それゆえに船と積み荷は、スペイン兵によって没収され、フランスのブラヴェ港に持ち帰られた。「現在アムステルダム在住のポルトガル国民の商人」として身分証明されたロドリゲス・ヴェガは、「ブルターニュ地方のナントに住む尊敬すべきエマヌエル・ロドリゲス・デ・スピノザに［……］上述の品物を請求し、発見し、［そして］その受託者が、もしその場に立ち会うことになるのであれば、実行できる、あるいは実行するだろうすべてを、この一件において実行する権限」を与えた。【註1】ロドリゲス・ヴェガが、このように厄介な問題の処理を、なぜアブラハムに委ねたのかという理由は、正確には明らかになっていない。家族的なつながりがあったからだろうか。かつて一緒に仕事をしたことがあったからか。アブラハムはこの種の難題を取り扱うことにおいては、ことさら評判がよかったからなのか。いずれにせよこの一件は、ポルトガルのユダヤ教徒たち（と新キリスト教徒〔キリスト教徒のユダヤ人〕たち）が適切に保っていた幅広い人脈を明らかにしている。彼らはいくつもの国境線を国際的に乗り越え、ともに頼り合うことができた。アムステルダムのポルトガル・スペイン系ユダヤ人たちは、特に停戦協定が失効してからのスペインとの取引に及んだ場合には、さまざまな国において、ユダヤ教徒あるいは新キリスト教徒の代理人たちに彼ら自身のための行動を一任した。

アブラハム・スピノザ・デ・ナンテスとエマヌエル・ロドリゲス・ヴェガの関係のはじまりが何であれ、その後二十年以内に二人は、ともにアムステルダムの同じ共同体、すなわちベト・ヤコブに所属することとなった。アブラハムは一六一六年以前のあるとき、アムステルダムに居住するため、ナントを後にした。家族の他の者は、彼と行動を同じくしたか、付かず離れず彼の後に付き従ったか、そのどちらかである。アブラハムとサラは、アムステルダムに向かい、一方の「ナントから来た」イサーク・デスピノザという人物は、ロッテルダムでその生涯を終えた。【註2】一六一六年の時点で、アブラハムは、フランス滞在中に生まれたと思われる息子ヤコブ、娘ラケルと一緒に、ハウトフラフト通りに住んでいた。その年にすでに彼がアムステルダムにいたことを私たちが知っているのは、その六月十八日、「アブラハム・ジェスルム・デ・スピノザ・デ・ナンテス（Abraham Jesurum de Spinoza de Nantes）」は、孤児の少女のための慈善基金「ドタール」に二十フルデンの寄付金とともに加入し、「彼自身と彼の後継者たちのために、この神聖な協会のすべての規則を遂行し、遵守する義務を引き受ける」ことになったからである。いまや彼は、公正証書において「アムステルダム市のポルトガル人商人」として身分証明され、フランスにおいてアムステルダムの会社のために働くポルトガル人代理人であることを確認された人物だった。彼の事業は、少なくともその一部として、ポルトガルから果物や木の実を輸入することで成り立っていたにちがいない。一六二五年、彼は（エマヌエル・ロドリゲス・デ・スピノザの名によって）アントニオ・マルティネス・ヴィエガとのアーモンド貿易に賛同した。確かに彼は共同体のひじょうに裕福な成員ではなかったが、あらゆる点を鑑みれば、商売においてはまずまず成功していた。アムステルダム証券銀行における彼の預金残高は黒字であり、一六三一年のホラント州二〇〇分の一税（一千フルデンを超過した個人所得に対する〇・五パーセントの課税）への彼の納税額は、わずかに二十フルデンだった。このことは、その年に彼が四千フルデン近くを稼いだことを示している。オランダにおけるユダヤ人の歴史に関する今世紀最大の権威者の一人、A・M・ファス・ディアスによれば、「その当時においてさえ、そして特にポルトガル人商人に限らずとも、それは巨額ではなかった」。【註3】

アブラハムは、ベト・ヤコブ共同体に対し、さらにはアムステルダムのユダヤ教徒共同体全体に対しても、顕著にして重要な役割を果たし、一部は彼の努力により、事実スピノザ家は尊敬されてしかるべき地位を占めるようになった。一六二二年から二三年（ユダヤ暦五三八三年）まで、アブラハムは、アウデルケルクにある共同体の墓地管理団体、すなわちベト・ハイム協会へのベト・ヤコブ共同体からの代表者だった。一六二四年から二五年（ユダヤ暦五三八五年）、そして再び一六二七年から三〇年（ユダヤ暦五三八八年から九〇年）まで、彼はベト・ヤコブ共同体の「理事会（*ma'amad*）」すなわち一般の成員からなる理事会の「理事たち（*parnassim*）」の一人だった。このことはまた、彼が同時期に三つのポルトガル人ユダヤ教徒共同体の合同理事会（「セニョーレス・キンゼ・ドス・トレス・マアマド Senhores Quinze dos tres Mahamad」〔「三つの理事会からの十五名の諸氏」という意の合同理事会。略称「セニョーレス・キンゼ」〕）にも関与していたことを意味する。「セニョーレス・キンゼ」は、特別なことがない限り、召集されることはなかった。共同体全体の利害に関わる懸案事項のほとんどは、三つの共同体からの代表者たちによる会議、すなわち「セニョーレス・デピュタドス（Senhores Deputados）」で定期的に取り扱われた。アブラハムは一六二七年から二八年（ユダヤ暦五三八八年）および一六二八年から二九年（ユダヤ暦五三八九年）にかけて、ベト・ヤコブ共同体の「代表者たち（*deputados*）」の一人に選出された。

アムステルダムのポルトガル・スペイン系ユダヤ人の共同体におけるアブラハム・デ・スピノザの生活には、当然ながら、別種の、あまり喜ばしくない——そして、彼の仲間たちのいく人かの目には、あまり名誉ではない——逸話もあった。一六二〇年十二月三日のこと、アブラハムと彼の家政婦は、市当局による拘留から保釈された。その報告書には次のように読める。

ポルトガル人エマヌエル・ロドリゲス・デ・スピノザは、司法局の命において司法長官が彼を召還するときはいつであれ、再び彼は法廷に現れるという厳粛な約束とともに、またそのことを彼が保証人を提供することにより確実にするという条件を付し、司法局による拘留から保釈された。医師フランシスコ・ロペス・ロサとフランシスコ・ロペス・ディアスが保証人として立ち、それにより彼らが被告エマヌエル・ロドリゲスを出廷させ、また司法局の審判に応じることを約束した。以上のような事柄が、十二月三日、司法長官にして〔四人の〕市長たちの長フレデリク・デ・フライ閣下、ならびに司法局役人のヤン・ペータースゾーン・デ・ウィットとヨリス・ヨリスゾーンの立会いの下、約束された。ナントのタボダ・オケマ、すなわち被告人エマヌエル・ロドリゲスの家政婦は、上述のあらゆる観点から、保釈された。【註4】

私たちは、第一に、なぜアブラハムと彼の家政婦が逮捕されたのかを知らない。そもそもタボダは〔フランスの〕ナントから、あるいはポルトガルから、スピノザ一家と一緒にやって来たのかもしれないし、後にアブラハムが（やはり改宗ユダヤ人の人脈を利用することにより）彼女をオランダに呼び寄せたのかもしれない。彼らは愛し合う関係にあったのか。ファス・ディアスはそのように考え、これは（ラビ〔ユダヤ教の師〕たちをも含め）アムステルダムのポルトガル人ユダヤ教徒たちがしばしば罪に問われていた行為だったと記している。

「南方からやって来たイスラエル人たちの間には、厳格なカルヴァン主義のものとは異なる道徳的価値体系があった〔……〕ということは記憶されてよい」と、彼は注意を促している。【註5】主人と家政婦間の一夫多妻的な（そして姦通の）関係は、イベリア半島では異例なことではなく、長らくスペインとポルトガルの習慣になじんでいたユダヤ教徒たちは、このような行為を、モーセ五書（トーラー）の教えからの逸脱の中に忍ばせたのかもしれない。

一六一九年、アブラハムは、保釈される側の身の上とは逆の立場にあった。その年の八月、ラビ

〔ユダヤ教の師〕のサウル・レヴィ・モルテーラは、新しくベト・ヤコブ共同体の最高位のラビになっていたにもかかわらず、いまだ不明の理由によって、法的に拘留されていた。アブラハムは、共同体の最も裕福な成員の一人ヤコブ・ベルモンテとともに、モルテーラの保証人となった。それは単に、アブラハムが共同体のために行動し、彼を牢獄から出そうとしたにすぎない、ということだったのかもしれない。が、そのときアブラハムは、まだベト・ヤコブ共同体の代表者の一人にはなっていなかった。より賞賛すべき示唆としては、アブラハムとモルテーラが、おそらく親友とさえ考えられるほどに良好な間柄にあったということがある。

一六二五年、モルテーラは公証行為の証人となり、そこにおいて、「病床にあるが、思考と言動には何も支障のない」アブラハムは、アムステルダム証券銀行に対する彼本人の代理人として、「そこにおける彼の口座の貸付を帳消しにし、加算し、銀行に現金を持参し、それを引き出し、要求されるすべてを行い、必要な場合には代理人の権限を与えることができるとする」【註6】権限を、彼の甥にして義理の息子ミカエル・デスピノザに与えた。

このことは、アブラハムがミカエルに置いていた信頼のみならず、モルテーラとの親密な関係をも示し、すなわちこのような通常の商業的手続を証言するためにモルテーラは、わざわざ時間を割いてまで病人の家を訪れたのである。彼らの友情は、おそらく一六一八年のベト・ヤコブ共同体を分裂させた論争において始まった。アブラハムとモルテーラの二人は、エッ・ハイム／ベト・イスラエル共同体を設立することになったラビ〔ユダヤ教の師〕パルドと彼の支持者たちに従うよりもむしろ、ベト・ヤコブ共同体のより自由主義的なファラルの集団にとどまった。【註7】アブラハムは、彼の弟の孫息子〔バルーフ〕が破門されたとき、友人がタルムード・トーラー共同体の最高位のラビになっていようとは、つゆほども疑わなかっただろう。

父ミカエル

アブラハムがミカエル・デスピノザに代理人の権限を与えた際の公証行為は同じく、ミカエルが、遅くとも一六二五年には、アムステルダムにいたことを明らかにしている。事実すでに一六二三年には、アブラハムの甥にして未来の義理の息子がアムステルダムに身を置いていたということを信じる理由がある。その年の十二月三日に世を去り、アウデルケルクのポルトガル人ユダヤ教徒の墓地に埋葬された子供が一人おり、その子はベト・ハイム協会〔アウデルケルクの墓地管理団体〕の記録文書に「ミカエル・デスピノザの子」と記載されているのである。【註8】

ミカエルは、一五八七年か八八年に、ポルトガルのフィディゲーレ〔現在のフィゲーラス〕に生まれた。〔フランスの〕ナントからロッテルダムにやって来たイサーク・デスピノザという人物が彼の父だったことは、ほぼ確実である。ミカエルの父は、アブラハムの弟であり、同じ頃にデスピノザという姓の二人のユダヤ人、すなわちアブラハムとイサークによって遂行されたポルトガルからナントへの、次いでネーデルラントへの逃避行には、まちがいなく単なる偶然の一致以上のものがある。イサークはロッテルダムにおいて（一六二七年四月九日に）世を去ったにもかかわらず、おそらくアムステルダムの〔三つの〕共同体の一つに近親者（すなわち、兄と息子）があったがゆえに、彼はアウデルケルクの墓地に埋葬された。さらにミカエルは——一六四九年に、若くして世を去る——自らの長男にイサークと名付けており、最初の男子に父方の祖父にちなんだ名を与えるその行為は、ユダヤ教徒の一般的な風習である。とすれば、ロッテルダムに住んでいたイサーク・デスピノザなる人物がアブラハムの弟であり、同時にミカエルの父だったことは、ほぼまちがいないだろう。さらにそのことはまた、彼を哲学者の祖父にもするだろう。【註9】

おそらくそのように考えて差し支えないと思われるのであるが、イサークとアブラハムが同じ頃にポルトガルを後にしたとするなら――そしてそれが、ミカエルが生まれた一五八八年からアブラハムがナントで商業に従事する一五九六年までのその間の出来事だったとするなら――一家が逃避行をしたそのとき、ミカエルは少年だったことになる。【註10】ミカエルが一六二三年かそれより少し以前に、アムステルダムに到着したのは、おそらくナントから、そしておそらくロッテルダムを経由してのことだったと考えられる。定住後すぐにミカエルは、アブラハムの娘ラケルと結婚した。彼らの結婚にまつわる記録は何も残っていないが、おそらく婚礼は一六二三年か、彼らが子供を亡くした一六二三年の早々に執り行われたのだろう。その亡き子の名前は、ベト・ハイム協会〔アウデルケルク墓地の管理団体〕の記録文書には見当たらず、そのことは、その死が生後八日目の命名以前だった可能性を示唆している。第二子は、一六二四年四月二十九日、未熟児で死産だった。【註11】不幸なラケルは、若くして、そして一人の子もなく、一六二七年二月二十一日に世を去った。

そもそも、いったい何が、ミカエルをアムステルダムに向かわせたのか。おそらくそれはアブラハムの仕業であり、彼は自らの娘と弟の息子の結婚を整えようとしていた。あるいはミカエルの方が、商業において頭角を現そうと望んでいたということもあり得る。アムステルダムにおける経済的機会は、特にユダヤ人（あるいはユダヤ教に復帰しようとする隠れユダヤ教徒）たちにとっては、ナントやロッテルダムにおけるよりもはるかに有利だった。おそらく伯父のアブラハムは、ミカエルに娘を娶らせるだけではなく、彼が商売を始める手助けをした。この二人の男たちは事実、人間的、財政的に緊密な関係にあった。このことのおかげで私たちには、アブラハムがアムステルダム証券銀行の彼の口座についてミカエルに代理人の権限を与えている証言資料がある。そしてアブラハムが彼自身の事業の協力者としてミカエルを引き入れたということを示す資料はないが、実際に二人は、〔北アフリカの〕バーバリー海岸からの商品を取り扱う「貿易において、協力し合う関係」を結んでいた。

後に、この共同貿易事業は、一六三七年のアブラハムの死後まもなく、ミカエルとアブラハムの息子ヤコブとの間の対立の火種となった。従兄弟同士のその二人の関係は、最初は、どこから見ても誠意に満ちていたように見える。その対立から生じた公正証書によれば、ヤコブ・デスピノザは、活力あるユダヤ教徒共同体が存在する「パレスティナのグランカイロ」〔おそらくエジプトのカイロと思われる〕に住んでいた。その公正証書〔そこには、彼はカイロに「住み」、アムステルダムには「滞在」あるいは「現時点では」とのみ記載が見られる〕は、オランダにおける彼の居住は一時的だと指摘しているけれども、おそらく彼は、彼の父が亡くなった一六三七年に、アムステルダムに戻ったと考えられる。その年の十二月、ミカエルは、ヤコブが亡き父の代わりとして「ドタール」〔孤児の少女のための慈善基金〕の会員資格を引き継ぐ許可を求めた。ミカエル自身は、ほんの六カ月前に、「この神聖な協会のすべての義務を遂行する責任を負うべく」、要求された二十フルデンを支払い、その協会に加入したところだった。「ドタール」の委員会は、「その父に代わる唯一の合法的な息子として」ヤコブを迎えることに全員一致で同意した。【註12】

しかしながら、ミカエルとヤコブとの間には、ミカエルとアブラハムの商業的関係から生じた利益や商品をめぐって、不一致があったにちがいない。アブラハムの後継者としてヤコブは、バーバリー海岸の事業からいくらかの支払いを受ける権利があると感じていた。その問題は、一六三九年一月十四日、一見ヤコブが満足するように解決され、公証人ヤン・フォルカエルツゾーン・オリの立会いの下、ヤコブはミカエルをその債務から解放した。

上記証人［ヤコブ・デスピノザ氏］は、彼自身と彼の後継者のために、故人〔アブラハム・デスピノザ〕

の遺産および口座の最終残高として、当市のポルトガル人商人ミカエル・デスピノザより、二百二十カロラスフルデン・六ストイフェル・八ペニングを受領したと明言した。これらは、一部は彼すなわち証人の亡き父のために、後者が上記ミカエル・デスピノザとともにバーバリー海岸のサレとの間で行っていた貿易事業の関係から回収された金銭であり、上記ミカエル・デスピノザによって、彼すなわち証人に、彼の前述の資格において移譲されたこの関係からの商品と同様である。ゆえに彼すなわち証人は、彼の十全の満足のために、サレ間の上記貿易事業の関係から生じた金品について、上述の関係によって、最初から最後のペニングに至るまで、支払われたことを認めた。〔……〕ゆえに彼は〔……〕ヨセフ・コーヘンとヨセフ・ブエノの面前において、上記の誠意ある支払いと口座の決済について、上記ミカエル・デスピノザに謝意を表し、ミカエル・デスピノザが最終的に提示した額面を受領する。

つづけてヤコブは次のように明言している。

上記案件に関係するすべてについて、彼はミカエル・デスピノザとその後継者およびその子孫より申し分なく受領し、そして彼個人も、彼を通じて第三者も、上記ミカエル・デスピノザあるいはその後継者に対し、現在も後日も、直接的にも間接的にも、法的手段あるいはその他の方法により、一切申し立ても請求もしないことを約束する。

しかしこれで二人の従兄弟の関係が、すべて円満に解決されたというわけではない。十二日後、二人は再び同じ公証人のところに戻った。新たな公正証書は、ヤコブの相続財産の問題について言及している。ミカエルはおそらく、ヤコブが到着する以前からの、アブラハムのアムステルダムにおける最も身近な男性の親類として、伯父すなわち義理の父の財産の遺言執行者になっていたのだろう。あるいはこれは、バーバリー貿易に関係する金品をめぐる最初の対立の延長戦なのだろうか。はたまた、他の商業関連の利益や債権をめぐる新たな対立なのだろうか。「上記ヤコブ・デスピノザにより申し立てられた相続財産をめぐり［……］」、上記ミカエル・デスピノザより彼らの間に引き起こされた問題と口論」ゆえの「訴訟、係争、出費を回避するため」、二人は、「他のすべての問題と同様、上記相続財産に関する意見の相違、この案件に関わるすべての意見の相違と不服を」、調停者たちに付託することで合意した。彼らはポルトガル・スペイン系ユダヤ人の共同体に所属する、いずれも著名な市民である、医師ヤコブ・ブエノ、マッタティアス・アボアフ、ヨセフ・コーヘンに、その対立の裁定を要請した。彼らはまた、調停者たちの裁定に従うことを不服とする場合は、その者は「貧しき人々のために」四百フルデンを支払わなければならないとし、「半分を当市の市民の、もう半分をユダヤの民の、貧しき人々のために活用する」【註13】ことに同意した。

二カ月間、調停者たちは双方の意見をつぶさに聴取し、関係書類を逐一吟味し、いかなるものであれ公正な裁定を下すには有用と思われる新たな情報を考慮した。三月二十一日、調停者たちが感得するところによれば、「双方による友好的な同意と歩み寄りに影響を与えた」と宣言し得た。すなわち、一方でミカエルはヤコブに六百四十フルデンを支払わなければならず、それをヤコブは「彼の十全の満足と充足のために」受け取り、「それに関してヤコブは、上記ミカエル・デスピノザに対し、その誠意ある支払いについて、謝意を表する」。他方のミカエルには、「いかなる場所から、いかなる人またはは人々から集められたものであれ、上記ヤコブ・デスピノザの父とともに彼が従事していた共同貿易事業から生じたものであれ、あるいは上記ヤコブ・デスピノザの何らかの手段における他の事物、あるいは何らかの手段における事物、あるいはそこにあるかもしれない何かから生じたものであれ」、将来的ないかなる「遺産、負債、株式、預金」も、ミカエルと彼の後継者は、例外なく、「恒久的かつ世襲的に」、所有する権利を得た。すなわちミカエルがアブラハムと築いていた商業的関係の結果として以後生じるだろういかなる金銭も商品も、「上記ヤコブ・デスピノザ、または彼の親族に対し、支払いを行う必要はなく、彼自身の完全に無抵当の財産として」ミカエルに帰属することになった。調停者たちと公証人は、これを限りに係争を収束させるべく、そしていずれの側からもさらなる申し立てがなされないよう、明確な裁定を下すことに注意を払った。【註14】でなければ、ミカエルには、商業活動から何らかのさらなる利益が導かれることが分かっていたにちがいない。でなければ、彼がこのような割に合わない裁定に同意したとは、到底信じることができない。

アブラハムは、年上の、より揺るぎなき協力者として、義理の息子に幸先の良い事業の開始を与えたように思われる。ミカエルは、(スペインとポルトガルからは)乾燥果物や柑橘類、(アルジェリアからは)油、パイプ、その他の商品を輸入することにより、最終的には自らの才覚によって、まがりなりにも成功した商人となった。ミカエルがいつ彼自身の会社を設立したのか、私たちは正確に知らないが、一六二〇年代中頃にはすでにそれはあったと思われる。しかしながらその時代は、アムステルダムのポルトガル人ユダヤ教徒の商人たちにとっては苦労の絶えない歳月であり、彼は事業を軌道に乗せるために、粉骨砕身の日々を過ごしたことだろう。

一六〇九年から十二年間にわたって施行される停戦協定は、オランダ経済にとって、一つの恩恵となった。なぜならそれは、ポルトガルとスペインへの、直接的かつ制限のない航路を開放し、西半球におけるスペインとポルトガルの植民地への通商と、ヨーロッパの沿岸から北アフリカおよびイタリアへの通商をも容易にしたからである。停戦協定は、アムステルダムのポルトガル人ユダヤ教徒の商人たちにとっては、イベリア半島との貿易が彼らの事業の基幹部分となっていたことを思えば、特に重要なものだった。ユダヤ人の商運は、これらの航路に対してスペインが布いていた制限の撤廃とオランダの船舶に対する威嚇の停止とともに開花し始めた。アムステルダム証券銀行にポルトガル・スペイン系ユダヤ人たちが保有する口座数は、一六〇九年から一六二〇年にかけて、二十四口から百十四口に増加した。砂糖輸入は、ユダヤ人によって支配された一市場だったが、その急激な拡大は、この時代のアムステルダムにおいて、新たに二十箇所以上の砂糖精製所の建設を促した。【註15】オランダにおけるユダヤ人の経済史を専門とする歴史家ジョナサン・イスラエルが明らかにしたように、一六〇九年から一六二一年にかけての停戦期間は、アムステルダム全体にとって、そして特にポルトガル・スペイン系ユダヤ人の共同体にとって、最も急激にして最も活力に満ちた成長期となった。これはまさしく、オランダの黄金時代に勢いを与えた恩恵だった。【註16】

ミカエルがアムステルダムに到着する一年前か数年前の一六二一年、停戦期間が満了した。オランダ経済は全体的に振るわなくなり、必然的にそれは、アムステルダムのユダヤ人の繁栄に影響を及ぼした。スペイン王国によりオランダとスペイン・ポルトガル間の直接的な貿易が公的に禁止されたため、中立的な領土に移住することなくアムステルダムにとどまったユダヤ人たちは、商業活動を継続するにあたり、彼らがひた隠しにしていた改宗ユダヤ人たちの人脈や家族的なつながりを持ち出さなくてはならなくなった。彼らは、（スペインとポルトガルの両国におけるのと同様に、フランスのような中立国における）これらのポルトガル人（＝ユダヤ人）の連絡者たちの存在ゆえに、非ユダヤ系のオランダ人商人に対して有利な立場にあったが、にもかかわらず、ネーデルラントから商品を送り出す貿易事業にとっては、いずれにせよ困難な時代であることに変わりはなかった。それは特に商売を開始するにあたっては厳しい状況であり、一六二一年に設立されたオランダ西インド会社の最初の失敗は、このような大きな苦境の、少なくともその部分的な結果と見なすことができるだろう。

アブラハムとミカエルが取り扱っていた商品の品目が共同体の成員たちの典型とするなら、彼ら自身の商運にはその時代の重圧が記録されている。とは言え、彼らはごく最近まで〔フランスの〕ナントに住んでいたがゆえに、その主要な港湾都市の改宗ユダヤ人たちの共同体内に、家族や友人、あるいはひじょうに有力な商業的連絡者を持っていたかもしれない。ミカエルとその伯父には、イベリア半島とオランダ間の貿易に立ちはだかる障害を回避し、干し葡萄、アーモンド、その他の商品の輸入を容易にする一助として、フランス船舶あるいはフランスのポルトガル人（あるいはフランス人）商人を有利に活用することが可能だった。

一六三〇年代初頭までは、確かにミカエルにとって商売は、ユダヤ教徒共同体の成功した企業家として、そして信頼の置ける約束を守る男として彼自身を確立するには、申し分のないものだった。例えば彼は、この時期の多数の公証人の資料に証言者として現れる。一六三一年七月十五日のある公証行為の記録は、プリンセンフラフト通りに一軒の倉庫があり、「そこに、砂糖、ブラジルの材木、生姜の砂糖漬などのさまざまな商品が置かれていた」と伝えている。その倉庫はミカエルが所有するものではなかった。そこに置かれた生姜の砂糖漬はミカエルの輸入品目の一つだったかもしれないが、その倉庫はミカエルが所有するものではなかった。このにもかかわらず彼は、フィリップス・ペルトという人物と一緒に、倉庫の鍵を所持していた。このことは、ファス・ディアスによれば、ミカエルが共同体によって信頼に足る存在として認められていたということを示している。【註17】

貿易における商業取引には、当然のことながら、浮き沈みがある。一六三三年、ミカエルが待ち望んでいた〔スペインの〕マラガからの五十樽の干し葡萄の船荷が良好な状態で到着せず、彼はその損害を埋め合わせるために通常の法的措置に訴えた。【註18】そして一六四〇年代初頭には——共同体の他の成員の保証人となることにより進んで引き受けた負債を含め——ミカエルの財務状況は、支障をきたし始めた。しかしアムステルダム市におけるユダヤ国民のポルトガル人商人として身を立てようとしたミカエル・デスピノザにとって、一六二〇年代後半から三〇年代初頭の歳月は、全般的に良好だったと思われる。

❧名誉と負債

一六二七年に妻ラケルが死去したとき、ミカエルはおおよそ三十八歳だった。【註19】彼女の死後まもなく、彼は再び家庭を築こうと決意した。一六二八年頃、ミカエルは、商人エンリケ・ガルセス別名バルーフ・セニョールとその妻マリア・ヌニェスの娘、ハンナ・デボラ・セニョールと再婚した。彼女は三人姉弟の一人だった。彼女の弟たちは、ヨシュアとヤコブという名だった。私たちはハンナがどこで生まれたのか、また何歳でミカエルと夫婦になったのかさえ知らない。実際のところ私たちは、彼女の子供たちが生まれた日付と、彼女が死んだ日付以外、彼女については何も知らない。一六二九年、ミカエルとハンナは、娘を一人授かり、ハンナの母にちなんでミリヤムと名付けた。一六三〇年から一六三二年の初めにかけてのあるとき、息子イサークが生まれた。【註20】一六三二年十一月、ハンナは二人目の男子〔後の哲学者〕を産み、その子の母方の祖父にちなんで、バルーフと名付けた。

ミカエルの家族が大きくなるにつれ、ポルトガル人ユダヤ教徒共同体における彼の地位もまたそのようになった。一六三九年以前、いまだ共同体は三つあり、それぞれの共同体が五名の男性からなる固有の理事会を置いていたが、「パルナス（*parnass*）」（すなわち理事会の理事の一人）となることは、後に一つの大きな共同体への統合によりそれが真の名誉となるのとは違って、共同体の成員間で分担される共通の役回り程度のものだった可能性がある。近年のある歴史家が記述しているように、「カハル・コデーシュ（*kahal kodesh*）」すなわち「聖なる共同体」は、一六三九年以降のそれを特徴付ける位階的構造をいまだ十分に発達させてはいなかった。【註21】しかも共同体の数多くの役職は、最も裕福な、あるいは最も傑出した市民ではけっしてない成員たちによって占められた。この時期、延べ約七十人の経済人が「セニョーレス・キンゼ」（十五人の諸氏による合同理事会）の理事として奉仕したが、それは単に「あなたの出番ですぞ」というような事柄だったのかもしれない。【註22】それでも、理事会に奉仕することは、いくばくかの権力を伴う地位に就くことだったのであり、そして「理事たち（パルナッシム）」の一人となることは、共同体において比較的高い尊敬を獲得した存在であることの一つの指標となった。「十五人の諸氏（セニョーレス・キンゼ）（*Senhores Quinze*）」の一人となり、「セニョーレス・デピュタドス」（代表者会議）の代表者の一人となり、さらには教育協会の役員の一人となることは、それが単に一個人に置かれる信頼の反映でしかないとしても、やはり名誉であることに変わりはなかった。他の共同体と同様、ベト・ヤコブ共同体に所属する成員たちは、彼らの理事たち（パルナッシム）に、礼拝堂（シナゴーグ）とその付帯施設の運営のみならず、（「セニョーレス・キンゼ」の理事として）市当局との折衝が必要になる場合を含め、共同体の全体的な統括をも委ねた。「理事たち（パルナッシム）」はオランダ人の共和国に対するユダヤ教徒共同体の公的な代表者たちであり、そのような仕事が誰にでも託されたということは信じがたいことではある。最後に、これらの代表者としての役職に附帯するどのような名誉も、この方法で共同体に奉仕することが「ミツヴァ（*mitzvah*）」すなわちユダヤ教徒に負わされた義務の一つの遂行として受け止められていたという事実から生じている。言い換えれば、必ずしも全員に「出番」が得られるわけではなかった。

　一六三九年の（共同体の）統合以前の時代において、ミカエルは、共同体の指導や組織化を行うにあたり、一六四〇年代における以上に精力的だった。彼の伯父アブラハムを含む共同体の成功した商人たちと同様、彼は慈善活動を行い、一六三七年には（やはり二十フルデンの）入会金を支払って「ドタール」に加入し、北方ヨーロッパの貧しいポルトガル・スペイン系ユダヤ人の少女たちを助けるべく尽力した。彼は最初、「セニョーレス・キンゼ」〔十五人の諸氏による合同理事会〕の一役員として奉仕し、バルーフが誕生した翌年の一六三三年、かくしてベト・ヤコブ共同体の五人の「理事たち（パルナッシム）」の一人となった。それと同時に彼は、ヨセフ・コーヘンとともに、「セニョーレス・デピュタドス」〔代表者会議〕のベト・ヤコブ共同体からの代表者の一人として、二年の任期を務め始めた。一六三五年から三六年（ユダヤ暦五三九五年）に彼は、学校を運営し、奨学金給付を行う教育協会「タルムード・トーラー（Talmud Torah）」の理事会の六人の理事たちの一人となった。そして一六三七年から三八年（ユダヤ暦五三九八年）にかけて彼は――アブラハム・ダ・コスタ、すなわち著名な異端者ウリエル・ダ・コスタの弟とともに――再びベト・ヤコブ共同体の理事会に復帰し、かくして「セニョーレス・キンゼ」にも復帰した。【註23】

これらの歳月において、「理事たち（パルナッシム）」の時間の大半は、通常、個々の共同体と共同体全体の両方にとっての現下の問題に充てられた。彼らは、施しを目当てに絶えず戸口にいる東欧系ユダヤ人たちにより引き起こされる不都合ならびに「恥ずべき影響」、さらには共同体の成員によって「セニョーレス・デピュタドス」〔代表者会議〕の許可なく行われたヘブライ語とラテン語の書籍の出版やアウデルケルクの墓地の維持管理についても検討した。また彼らは、片や一般人に対し礼拝堂（シナゴーグ）内への凶器の持ち込みを禁止し、片やその成員たちに対し礼拝堂（シナゴーグ）の座席を持ち上げるという、他者による侮辱と受け止められ得る行為（おそらくそれはそのようなものとして意図されたのだろう）を禁止する規定を起草した。一六三一年、市当局の要請により、「代表者たち（デピュタドス）（*deputados*）」は、共同体の全成員に対し、キリスト教徒にユダヤ教への改宗を促すことを差し控えるよう命じ、それを侵した者を破門すると宣言した。一六三二年、「セニョーレス・キンゼ」〔十五人の諸氏による合同理事会〕は、ユダヤ教徒とその財産に影響を与える交渉の重要事項について、その頃スペインとの和平交渉に従事していた連邦議会での答弁役として三人の成員を指名することを決定した。同じ日に彼らは、律法歓喜祭《シムハット・トーラー》（Simchat Torah）すなわち一年をかけてのモーセ五書《トーラー》の朗読の一巡を祝福する祭日の、近年の祝い方の行き過ぎと思われるものに対し、いくつかの制限を発した。街頭において行われる祭事がオランダ人にはどのように受け止められているかということについて、明らかに彼らは危惧していたのである。一六三五年、東欧系ユダヤ人たちが彼ら自身の共同体と礼拝堂《シナゴーグ》を設立するほどに十分組織されるようになった後、代表者たちは「ポルトガル国民」の成員たちに対し、ポルトガル・スペイン系ユダヤ人の共同体によって「儀礼的屠畜者《ショヘット》」として活動することを審査され、委嘱された三人の男性、すなわちアーロン・ハレヴィ（モーゼスの息子で、彼自身は東欧系ユダヤ人である）、イサーク・コーヘン・ロバット、イサーク・デ・レオン以外の誰からも肉を買ってはならないとする勧告を出した。

一六三三年、すなわちミカエルにとってはベト・ヤコブ共同体の「理事《パルナス》」としての最初の年に、彼がその一員を務める「セニョーレス・キンゼ」〔十五人の諸氏による合同理事会〕がアブラハム・ファラルの家においてエルール（Elul）月〔西暦の九月頃〕八日に開かれた。彼らは「インポスタ」〔輸出入課税〕、すなわち貧しい東欧系ユダヤ人たちの移住を財政的に支援するために使用される税金の基金額を増やすことに合意した。同じ会議で彼らは、スペインの人々への手紙において、ユダヤ人の家族名を使用することに対し、厳重な警告を発した。この規定を破る者は例外なく破門の状態に置かれることになった。その一年間に、「インポスタ」による基金へのネヴェ・シャロム共同体からの出資の問題が取り上げられるべく、三回の「理事会《マアマド》」が持たれた。その共同体は、支払いが困難になっていた。「セニョーレス・キンゼ」は、ベト・ヤコブ共同体ならびにベト・イスラエル共同体がそれぞれ八分の三を支払い、ネヴェ・シャロム共同体は残りの四分の一のみを支払うということで合意した。一六三七年から三八年まで、再び「セニョーレス・キンゼ」の役員としてミカエルは、三つの共同体を一

つに統合するための初期の議論に関わったことだろう。【註24】

当時の公証人記録から判断すれば、これらの歳月はミカエルにとって多忙な歳月だった。彼は仲間のポルトガル人ユダヤ教徒たち、そしてオランダ人商人たちとともに、数多くの事業に関わっていたようである。これらには、彼自身の会社によって着手された輸入業務の他に、他社によって着手された業務の二次的な代理人として行動することも含まれた。一六三四年六月、彼はピーターならびにフィナント・フォルトリンクス兄弟とともに、「ポルトガル人商人」ダヴィッド・パラシェから、バーバリー海岸のサレからアムステルダムへ航行中の「ダヴィデ王号（*De Coningh David*）」（それはユダヤ人の所有する船だったのか）に積まれた全商品の移譲を受け入れた。ミカエルは公証人の言うところによれば、パラシェは、彼の負債を軽減するためにこの移譲を行ったが、ミカエルはパラシェを助けるためにその移譲を受け入れたのか、あるいはそれが賢明な取引であると判断されたからそのようにしたのか、判然としない。一六三六年、彼はアムステルダムの著名な自由主義的家族の一人ヤコブ・コッデに対し保険を付された商品をめぐる交渉に当たっていた。その商品は、船の難破で失われてしまい、公正証書においてミカエルは、それらの輸送の責任を負っていたと考えられるコッデから、保険金を受け取ったことを認めている。【註25】

ミカエルの名前はまた、彼が他人のために保証人として立ったがゆえに、一六三〇年代のいくつかの公正証書にも現れ、信頼に値する頼り甲斐のある男としての評判のさらなる裏書をしている。このことは同時に、彼の事業は順調で、彼の財務状況は良好だったことを示している。というのは、失敗した男を、あるいは自身の出費を賄うことのできない男を、誰も保証人になどしないからである。一六三七年九月八日、「ミガエル・デスピノサ（Migael d'Espinosa）」ならびに「同じくポルトガル人商人」アブラハム・ダ・フォンセカは、「彼ら自身の自発的意志から」、最近牢獄から保釈されたばかりの「内科医アブラハム・デ・メルカドのために、彼らの人物と商品を担保として」保証人になった。【註26】他人のために保証人として立つミカエルの善意はしかし、彼自身およびバルーフを含む彼の後継者たちに、まもなく大きな困難を引き起こすことになる。

一六三八年六月三十日、アムステルダムの公証人ヤン・フォルカエルツゾーン・オリは、「この市内のポルトガル人商人」アントニオ・フランシスコ・デ・クラストを連れて、最近死去したばかりの、「存命中は、同市の、同じくポルトガル人商人」の故ペドロ・エンリケスの家を訪ねた。デ・クラストはエンリケスの債権者であり、彼と公証人は、エンリケスの未亡人エステル・ステフェンに、支払いを要求する為替手形を手渡す目的でその家にいた。エンリケスはしばらく前にすでに請求書を受け取っており、いまや支払期限は過ぎていた。オリの記録するところでは、「上記未亡人は支払うことができないと言った」が、その翌日、「ミカエル・デスピノザは［……］手紙に敬意を払い、彼が上記の為替手形を受け取り、支払いを行うと宣言した」【註27】と、つづけて記されている。ミカエルは、二カ月前の四月二十五日に、故エンリケスのために同様の奉仕をした。六月八日までにミカエルは、医師ヨセフ・ブエノとともに、エンリケスの保証人として、アムステルダム市の当局から公式に指名を受けた。彼らは、最初に指名され、しかし後に辞退したディエゴ・カルドーゾ・ヌニェスの後釜に収まった。六月三十一日のミカエルの行動は、明らかに彼の負った保証義務の遂行にあった。彼の財務状況は芳しくなかったということは、エンリケスが死去する以前においてさえ、明らかだったにちがいないが、エンリケスに対するミカエルの関係がどのようなものだったのか、なぜ彼がこのような重荷を背負ったのかは、不明である。破産債権に対する二人の保証人の一人として立つことにより、時間を浪費し、複雑冗長な法的手続に巻き込まれるはめになるだろうことは、ミカエルには分かっていたにちがいない。それはまた、彼がエンリケスの債務を肩代わりする責任を負った以上、実質的に多額の金銭を失わせるものとなり得た。事実彼は、エンリケスの資産として計上されるべき――そして債権者の要求を満たす彼を助けるだろう――金銭をかき集めることに、多少の困難を伴っていたように思われ、それゆえ一六三九年一月二十六日、彼と医師ブエノは、第三者であるヤン・ヌニェスに、財産として計上されるべきいくつかの貸付を回収する権限を与えた。一月三十一日、ミカエルは〔フランスの〕ナントの商人ペドロ・デ・ファリア――おそらくナントに住んでいた頃からの旧友か商業的連絡者だろう――に代理人の権限を与え、「ナントに存在すると思われる、ハンブルク出身のガスパル・ロペス・エンリケスの全商品と財産を凍結するよう」指示を出した。私たちは、このガスパル・ロペス・エンリケスが、アムステルダムの故ペドロ・エンリケスと関係のある人物だったのかどうかを知らないが、おそらく多分にそのような人物だったのだろう。そしてこの行動は、破産債権を清算するための一助として、エンリケス一家の財産のいくらかを没収しようとするミカエルの側の試みを鮮明に浮き彫りにするものとなった。

エンリケスの財産の問題は、ある時期にかけてミカエル・デスピノザを窮地に追い込み、一六四〇年代後半か一六五〇年代初頭までには彼の財務状況に深刻な影響を与えるものとなっただろう。遅くとも一六五五六年には、ペドロ・エンリケスの財産の新たな管財人たちは、当然エンリケスの債権者たちへの支払いを済ませるために、ミカエル自身の財産に対し要求を突き付けていた。ミカエルの財産は、彼が彼の人生において引き受けることを決めた負債と義務を、埋め合わせる責任を負っただろう。これらすべての取引は、ミカエルの三人目の子供〔バルーフ・スピノザ〕にとって、特別な重荷となるだろう。

第三章　祝福されし者――ベント／バルーフ

❧バルーフ誕生

スピノザの死後まもなくの一六七七年、ネーデルラントに亡命したプロテスタントのフランス人ジャン・マクシミリアン・リュカスは、『ブノワ・ド・スピノサ氏の生涯と思想（*La Vie et l'esprit de Monsieur Benoit de Spinosa*）』の執筆を開始した。リュカスはスピノザとほぼ同じ年齢であり、個人的にスピノザと面識があった。その著述の冒頭で彼は、スピノザの最初の歳月について私たちが確実なこととして知っているすべてを、「バルーフ・デ・スピノザは、ヨーロッパ中で最も美しい都市アムステルダムで生まれた」【註1】と、簡潔に要点を書き記している。ヨハン・ケーラー（あるいは彼が知られるようになった名で言えば、コレルス）は、デュッセルドルフ出身のルター派の牧師であり、十七世紀末にはデン・ハーグで暮らし、同じくスピノザ伝を書き記した最初期のもう一人の作者であるが、さらにいくつかの事実を付け加えて与えている――「スピノザ、すなわちその名が世界を震撼させる哲学者は、生まれはユダヤ人だった。両親は、彼が生まれてまもなく、『バルーフ（Baruch）』と命名した。［……］彼は、一六三二年の十一月二十四日に、アムステルダムで生を享けた」【註2】。スピノザに共感を抱き、（彼を「聡明な友人」と表現しつつ）その思想を賛美したリュカスと違って、コレルスは――彼の同時代人たちと同様――彼自身の主題に対しては攻撃的だったが、そのことは、極力完全で正確な伝記を生み出そうとする彼の試みを妨げはしなかった。とは言え彼には、スピノザの少年時代の環境や出来事について、現存する情報の不備を補完することはできなかった。

仮にスピノザが一六三二年十一月二十四日に生まれたとするなら、その場合、すべてのユダヤ教徒男子がそうであるように、彼は八日後の十二月一日に執り行われた割礼の儀式、すなわち「ブリット・ミラー（*brit milah*）」において名前を受け取ったことになる。ユダヤ教徒共同体のスピノザの時代に該当するほとんどの内部資料と記録には、彼の名は「ベント（Bento）」となっている。ただしエッツ・ハイム教育協会の会員名簿、共同体への献金を記載した献納書、そしてその共同体において彼が追放を言い渡された「破門（ヘレム）（*cherem*）」の文書は例外で、それらはみな、「祝福されし〔者〕」を意味する「ベント」をヘブライ語に翻訳し、「バルーフ」と記している。

スピノザの誕生をまさに目の前にしていた頃、オランダ人の共和国は、発展途中の若き国家に拓かれた可能性を有利に活用する能力を、七十年にも及ぶスペインとの苦しい戦争によっていまだ抑制されていたとは言え、いわゆる黄金時代の幕開けを迎えていた。すなわち一六三二年、画家ヨハネス・フェルメールと顕微鏡の発展に多大な貢献をした科学者アントニー・ファン・レーウェンフックは、ともにデルフトに生まれた。ホラント州の法律顧問として、また連邦議会の主席顧問としても仕えたアドリアーン・パウはその年、スペインおよびネーデルラント南部との和平交渉の場へオランダ〔ネーデルラント北部〕の使節団を先導した。ウィレム一世（独立を賭けた共和国の闘いの民衆的英雄であり、ウィレム沈黙公としても知られるが、一五八四年に暗殺された）の息子にしてオラニエ家の王子フレデリック・ヘンドリックは、オランダの総督権を握っていた。前年からユダヤ人居住区のブレーストラート大通りの定住者となり、まもなくそこに自邸を購入するレンブラントは、非公式ではあるが――ユトレヒトのイタリア画派の一人ヘラルト・ファン・ホントホルストとともに――総督お抱えの画家たちの一人だった。一六三二年、彼は《エウロペの略奪》といくつかの自画像の他に、フレデリック・ヘンドリックの后アマリエ・ファン・ソルムス、そしてシャルロッテ・ド・ラ・トレモイユの肖像画を制作していた。【註3】一方、その目と鼻の先では、ラビ〔ユダヤ教の師〕のサウル・レヴィ・モルテーラがベト・ヤコブ共同体のために礼拝を行い、共同体の学校で教え、それらの職務の報酬として年俸約六百フルデンを支払われていた。彼はまた、その頃までには一六二九年創立の彼自身の「学塾（*yeshiva*）」、すなわち「叡智のはじまり（Roshit Chochma）」学院を運営していた。

　スピノザが誕生したとき、父ミカエルは、ベト・ヤコブ共同体の「理事会（*ma'amad*）」での最初の任期を務めていた。それはまた、ポルトガル人ユダヤ教徒共同体の「代表者たち（*deputados*）」の一人としての、ミカエルの最初の任期でもあった。それゆえ彼は、次男〔バルーフ〕が誕生したとき、共同体のための務めを果たしつつ、同時に大きくなる家族を食べさせてゆくためにも彼自身の商売に精を出し、多忙を極めたことだろう。そのことについて、彼がいかに首尾よくそれを成し遂げ、そしてその頃のスピノザ家がいかに裕福であったかということについて、リュカスとコレルスは否定的である。リュカスは、いくつかの理由から、その家族が貧乏だったと主張する。スピノザは「たいへん慎ましい家に生まれた［*d'une naissance fort médiocre*］」と彼は私たちに語っている――「彼の父はポルトガル系ユダヤ人だったが、彼に商売を始めさせる手立てを持っておらず、それゆえヘブライ文学を学ばせることにしたのである」【註4】と。十七世紀の哲学者ピエール・ベイルは、スピノザに対する苛烈な批判者であるが、「［スピノザ家が］貧しく、ほとんど取るに足りない［*pauvre et très-peu considérable*］ということを信じる理由がある」と譲らない。彼はこの結論を、スピノザがユダヤ教徒共同体からの出発後に一友人の厚意に依存して自らの生活を支えたという事実と、いくつかの記述によるものであるが、もし彼が正統の集団の中に戻るのであれば、ユダヤ教徒共同体は彼に年金を支給していたという事実から導き出している。【註5】

　とは言え、「彼［スピノザ］は貧乏で、取るに足りない家の生まれであると一般的には書き記されてはいるが、しかしながら、彼の両親が尊敬に値する裕福なポルトガル人ユダヤ教徒だったことは確実である」【註6】というコレルスの主張は、おそらく正確なものであり、それは一六三〇年代のミカエル〔スピノザの父〕の活動について、記録資料が明らかにするところと一致する。バルーフが生まれたとき、一家は（いく人かの書き手が考えているように【註7】）フローイエンブルフ島内の、ひじょうに数多くの貧しい東欧系ユダヤ人たちが居住する、けっして理想的とは言えない過密な裏通りにではなく、まさにハウトフラフト通りに面して住んでいたと考えられる。もしそのとき彼らが、一六五〇年に住む家――その家について私たちはミカエルの居住を確認できる納税記録を持つ――と同じ家に住んでいたとするなら、それを彼らは市のこの区画にいくつかの地所を所有するオランダ人、ウィレム・キークから借りていた。ミカエルは、私たちの知る限り、家を所有しなかった。【註8】彼らが向き合って住んでいた通りは、ときおり「ブルフワル（Burgwal）」とも呼ばれた。それは立派な大通りのことであり、スピノザの家――それをコレルスは「瀟洒な商館［*een vraay Koopmans huis*］」と言っている――は、ユダヤ人居住区の最も繁忙な、最も人通りの多い十字路の一つの近くにあった。そこには、何軒かのひじょうに魅力的な邸宅とともに、青物市場があり、多様な商業活動があった。

父ミカエルがキークから借りていた家は、ハウトフラフト通り／運河に面していた。すなわち、その「材木運河」を見下ろし、対岸に目を向ければ、一家はベト・ヤコブ共同体の礼拝堂（シナゴーグ）として使われていた「アントウェルペン（Antwerpen）」と呼ばれる建物を見ることができた。その礼拝堂（シナゴーグ）の隣には、共同体が借用し、教室にしていた二軒の家屋があった。したがって、バルーフが学校に通うようになったとき、実際彼には自宅前の橋を介してハウトフラフト運河を渡り、対岸のハウトフラフト通りを下って行くだけでこと足りた。ネヴェ・シャロム共同体が礼拝堂（シナゴーグ）として使っていた家は、スピノザの家から一軒下ったところにあり、一方のベト・イスラエル共同体の礼拝堂（シナゴーグ）――それは一六三九年以降の統合共同体の唯一の礼拝堂（シナゴーグ）として使われることになる——は、わずか八軒の家と、一つの倉庫と、一本の街路を隔てたところにあった。とすれば、スピノザの家族は、ユダヤ人居住区の懐で暮らしていたのである。玄関から出るだけで彼らは、礼拝堂（シナゴーグ）の一つか学校に向かう途中の誰かと、鉢合わせしないわけにはいかなかった。

スピノザの家の裏手には、同じ区画内ではあるが、対角線の反対側のブレーストラート大通りに面して、有名な画商でレンブラントの仲介人ヘンドリック・アイレンブルフの家があった。レンブラントは一六三二年、かつて徒弟時代を過ごしたこの市にレイデンから戻って来た後、アイレンブルフと一緒に住んだり、住まなかったりの数年間を過ごした。一六三九年、アイレンブルフの姪サスキアとの結婚後、レンブラントは、スピノザの家からは目と鼻の先の、メナッセ・ベン・イスラエルの家からは一投石のところの、そしてラビ〔ユダヤ教の師〕のモルテーラの家からはシント＝アントニススライス水門を隔てたところの、ブレーストラート大通りのアイレンブルフの家の隣に、家を買った。

ところで、バルーフの誕生までに、ミリアム〔バルーフの姉〕は三歳になり、イサーク〔バルーフの兄〕は——もし彼がハンナ〔ミカエルの二人目の妻で、バルーフの母〕の実の息子だったとすれば——さらに幼かった。ミカエルには、レベッカという名のもう一人の娘があったが、その娘がハンナの子なのか、ミカエルの三人目の妻エステルの子なのか、私たちは知らない。彼女〔レベッカ〕と彼女の甥が一六七七年のバルーフの死後にその遺産を要求したとき、請願書において彼女は、「バルーフ・デ・スピノザ」の〔異母姉ではなく〕実姉としてその続柄が証明された。[註9] このことは、ミカエルの長女はレベッカであり、彼女はバルーフの二人の姉の一人である、というコレルスの主張を支えるものとなる。[註10] エステル〔ミカエルの三人目の妻〕は、彼女の最後の遺書と遺言において、死に際し彼女のすべての財産を「一つの除外もなく」ミカエルに譲り、それゆえ「彼女の夫は、彼が自らの所有物を扱うように、誰からも反対されることなく、永遠に、すべてを所有し、すべてを享受する」と言い遺したことは、ファス・ディアスが指摘するように、同様に含みを残す。この資料には、エステルがミカエルとの間に授かることができたかもしれない子供たちについての言及はなく、このことは、ミカエルの三度目の結婚では、子供はなかったということを示唆している。【註11】最後に、そしておそらく最重要の事柄であるが、レベッカは彼女の娘を、おそらく彼女の（そしてバルーフの）母にちなみ、ハンナと命名した。【註12】一方、レベッカと彼女の最後の日々をともにした人々は、彼女はバルーフの異母姉であり、エステルの娘であるという印象の下にあったことは明らかである。一六七九年から一六八五年にかけてのあるとき、その頃までには二十年間も未亡人として生きてきたレベッカは、彼女の息子たち、すなわちミカエル（彼の父方の祖父にちなんだ命名と思われる）とベンヤミンを連れて、その当時オランダ領だった〔カリブ海の〕キュラソー島に移住した。そこには、西インド諸島におけるひじょうに重要な、アムステルダムの共同体と結ばれたポルトガル人ユダヤ教徒共同体があり、その成員の多くは〔ポルトガルとの戦いに〕敗北したブラジルの共同体からの避難民だった。レベッカと〔その息子〕ミカエルは、ともに一六九五年、黄熱病が伝染する中で死去した。キュラソー島のユダヤ人に関する公的な歴史書においてその著者は、「我らがリブカ（Ribca）〔ヘブライ語の綴りによるレベッカ〕は、哲学者スピノザの異母姉であり、ミカエル・スピノザと彼の三人目の妻エステル・デ・ソリスの娘だった【註13】」と記している。

　さらにまた、三男アブラハム（別名ガブリエル）がいた。おそらく彼は、バルーフよりも年下であり、一六三四年から一六三八年の間に生まれたと考えられる。その範囲における後寄りの年号が、より蓋然性が高いように思われる。というのは、三男アブラハムがミカエルの伯父すなわち彼の最初の妻の父アブラハム・デ・スピノザ・デ・ナンテスにちなんで名付けられたことは、ほぼ確実と考えら

れ、アブラハム・デ・スピノザ・デ・ナンテスは、一六三七年か一六三八年に、世を去ったからである。【註14】

一六三〇年代において、スピノザの家庭は、ほとんど満員で、おそらく落ち着く暇もなかっただろう。そこには四人、もしかすると五人の子供たちがいた。ミカエルは自らの輸入業務と共同体の務めに忙しかった。ハンナは家事のすべてを切り盛りしようと努めただろうが、彼女が健常ではなかったということを信じる理由がある。彼女はバルーフがそのような運命であったように、呼吸器系の疾患、おそらく結核に苦しんでいたかもしれず、バルーフを生んだ後、数年しか生きることができなかった。おそらくガブリエル〔三男アブラハム〕が生まれるまでには、ミリアム〔長女〕は一通りの家事をこなすことができただろう。一六三八年九月に作成されたある公正証書は、珍しいことに、彼らの家の中を一瞬ではあるが一瞥させてくれる。

本日、一六三八年九月の第八日、シモン・ベルクマン氏の依頼により、私ならびにその他は共々直々にミゲル〔ミカエル〕・デスピノザとその妻が病に伏している家を訪ね、為替手形の受領を求め、上記ミゲル・デスピノザに私はそれを示し、説明し、写しを取り、それについて、同じ部屋の別の寝台の上で病に臥している上記ミゲル・デスピノザの妻は、夫に降りかかった病気ゆえに、為替手形は受け取れないと、回答した。【註15】

一六三八年九月八日、ハンナは病床にあった。彼女はその後二カ月もせず、息を引き取った。スピノザ家で話されていた言葉は、言うまでもなくポルトガル語だった。その家の男たちは、スペイン語すなわち文学の言葉に多少なりとも通じていた。そして彼らはヘブライ語で礼拝した。共同体のすべての少年たちは、学校において、「聖なる言語」〔ヘブライ語〕を学ぶことを求められたが、その一方でカトリックの環境で育てられたより古い世代は、その言葉には音声的な親しみしかなかったかもしれない。その家族のほとんどの者は、おそらく同時に、オランダ語が市場でのやり取りや、商業に関係する会話と書類に欠かせなかった以上は、たとえユダヤ教徒の商人たちがしばしば世話になった公証人の一人がポルトガル語の分かる助手を持っていたとは言え、いくらかは読み方と話し方を学んだだろう。（が、どうやらミカエルにはオランダ語の話し言葉が十分に理解できていなかったようである。一六五二年八月、公証人がスピノザの家を訪ね、一隻の船の船長から彼に対して提出された抗議文――その船乗りは、フランスのルーアンとルアーヴルにおけるミカエルの代理人から、いかに酷い扱いを受けたかということについて不平をこぼしていた――を読み上げたとき、ミカエルの娘は、父のために通訳をしなければならなかったということが、公正証書に記載されている。【註16】）しかし、もしミカエル・デスピノザと彼の子供たちが、彼らの世俗的日常と聖なる営みにおいて、いくつもの言葉に通じていることが必要であったとしても、それでも、共同体のほとんどの家族と同様に、彼らが通りにおいて、そして家事をしながら使用していた言葉は、ポルトガル語だった。スピノザは、完璧なラテン語を流暢に話し、ヘブライ語についても豊かな知識を持っていたにもかかわらず、年齢を重ねてもなお彼は、他のいかなる言語にも増して、ポルトガル語においてより快適に感じていた。一六六五年、ウィレム・ファン・ブライエンブルフにオランダ語で手紙を書きつつスピノザは、「私は、私がその中で育てられた言語によって［*de taal, waar mee ik op gebrocht ben*］書くことをむしろ好みます。そうすれば私は、よりよく私の考えをお伝えできるでしょう」と締め括っている。そのとき彼は、ブライエンブルフにオランダ語における彼自身の誤りを訂正するよう依頼している。【註17】彼が言う「言語（タール）［*de taal*］」がポルトガル語のことであり、いく人かの学者たちが考えているラテン語ではないことは、ここに歴然としている。

❧戦争と、災厄と、チューリップの乱痴気と

一六三〇年代は、前年代と同様、連合州にとっては困難な時代だった。スペインとの戦争が長引くにつれ、財政的、物質的資源を消尽し、貿易には継続的に障壁を生じさせながらの、それは経済的な停滞、いや後退とさえ言ってよい時代だった。それはまた、政治的、宗教的闘争の時代でもあった。市場には理不尽な変動があり、疫病の深刻な伝染までもがあった。そしてそれらすべてを生き抜く中で、アムステルダムのユダヤ教徒たちは、外国人居住者集団としての彼らの位置をつねに意識しつつ、彼らの共同体内外の両方の発展に神経質なまなざしを向けつづけていた。

一六三二年の夏、スペインは、ネーデルラントにおいて強力な存在感を維持しようとする自国の軍隊の、相次ぐ深刻な撤退に苦慮していた。ネーデルラント北部の軍隊を統率するフレデリック・ヘンドリック総督は、連合州側に寝返った都市においてはカトリックの聖職者は居残ることも、彼らの教会でカトリックの信徒に奉仕しつづけることも認めない、とする彼の公約にもかかわらず、スペイン王国に対する反乱を低地地方南部〔ネーデルラント南部〕において刺激するには至らなかった。とは言え、総督によるマーストリヒト包囲は、初期のフェンローやその他の小都市の陥落につづき、その市の降伏をもたらした。南部諸州は戦意を挫かれ、少なからず動揺し、かくして南部諸州は、イサベラ――フェリペ二世の娘であり、宗主国スペインの君主フェリペ四世に代わってその地方を治める統治者――に対し、南部の連邦議会を召集するよう強く求めた。その議会の代表者たちは、一つのカトリック圏としての彼らの連邦の行く末を憂慮し、北部との和平会談を開くことに賛成票を投じた。その秋、デン・ハーグにおける会談は、始まった。

この和平への進展を快く思わなかったのは、フェリペ四世一人ではなかった。オランダ自体が分裂していた。一方の陣営は、オランダの共和国〔ネーデルラント北部〕が事実上もはや重大な危機にはな

く、いまや戦争は、ネーデルラント南部におけるハプスブルク家の権力の制限（あるいは排除）が問題になっているにすぎない以上、停戦する潮時だと感じていた。彼らは、平和であるに越したことはない、と主張した。それは確実に、経済活動の緊張を緩和し、貿易通商路を再び開放するだろうと。その上、フランスは独立独歩の主要な権力となりつつあり、ハプスブルク家に敵対する対抗勢力を後押しするだろうと。和平の強力な擁護者であり、抗議派と反抗議派の双方に受け容れられていたと思われる人物アドリアーン・パウは――もはや神学上の論敵ではなく、寛容な自由主義的陣営〔抗議派〕とも、狭量な保守的政治陣営〔反抗議派〕とも、それぞれ歩調を合わせつつ――オランダ〔ネーデルラント北部〕の使節団を会談の場へと先導した。最初の頃彼は、フレデリック・ヘンドリック自身により、そして同様にホラント州の主要二都市、すなわちその商人経済が平和によって最も大きな恩恵を受けていたアムステルダムとロッテルダムにより、支援された。対極に立っていたのは反抗議派の諸都市で、戦争の継続を肯定し、カトリック勢力の完全な打倒を目指し、軍備を拡充していた。

和平会談は――改革派教会の成員はネーデルラント南部において正式に活動を許可されるべきと主張する北部と、北部はブラジルの領有を放棄すべきと主張する南部との睨み合いになり――さほど前向きなものとはならず、それゆえにむしろ北部側の分裂は拡大した。パウと抗議派は、他の何よりも敵意の終焉を望み、和平のためには進んで北部側の条件を修正する用意があった。反抗議派は、特に宗教と領土の問題においては、南部に対するいかなる譲歩にも反対を表明し、かくして彼らは直ちに交渉の破棄を主張した。フレデリック・ヘンドリックは、強大な権力となりつつあるスペインに対し、特にフランスとの同盟が可能であると判断するや、次第に「戦陣」に傾いていった。一六三三年の遅くまでに、（反抗議派に支援された）総督と、（抗議派に同調した）法律顧問〔アドリアーン・パウ〕は、ホラント州の主導権をめぐる争いの中で、そして連合州全体におけるホラント州の権限を鑑みれば、ひいては共和国全体の政治的覇権をめぐる争いの中で、抜き差しならない状態に陥った。要するにそれは、スペインとの和平を追求するか否かという問題、あるいは外交政策全般をめぐる闘争というだけではなかった。焦点となっていたものは、北部連合諸州の政治的アイデンティティだった。パウとその支持者たちは、基本的に諸州の優位性を、かくして共和制による政府形態を擁護した。フレデリック・ヘンドリックとその反抗議派の支持者たちは、概ね君主制主義者ではなく、そして確かに共和国の機構を単純に放棄することには傾かなかったとは言え、代表者制のいかなる組織体よりも、第一に総督の地位、すなわちオラニェ家の優位性を擁護した。パウは、まったくオルデンバルネフェルト〔かつての法律顧問〕とは違っていた。そしてフレデリック・ヘンドリックは、マウリッツ〔フレデリックの兄で、前総督〕の冷酷無情さを持ち合わせていなかった。しかし総督とホラント州の自由主義的陣営との間で、その法律顧問によって主導された対立は一六一〇年代の事例と同様、一六三〇年代におけるオランダの政治を決定付ける主因となった。抗議派のみならずカトリックにも注がれる傾向にあったフレデリック・ヘンドリックの寛容を鑑みれば、反抗議派は総督に対しいくぶん懐疑的でありつづけたとは言え、彼らは——共和国内の抗議派に対する新たな抑圧への要望を含め——総督の栄達に彼ら自身の動機を結んでいた。

彼ら〔反抗議派〕はまもなく、優勢になった。一六三五年までにネーデルラント北部は、その五月にスペインに宣戦布告をしたフランスと同盟を結んだ。オランダ人がスペイン領ネーデルラント〔南部〕を北から攻め、南からはフランスが撃ち、かくして和平のための運動は、力一杯振り戻された。一六三六年、総督は、ホラント州法律顧問職からのパウの更迭と、穏健派で現実的な政治的意見の男（であり、それゆえ総督の政策に協力的になりやすい）と目された有名なオランダの詩人ヤコブ・カッツによる交代を確実にした。【註18】さしあたり、少なくとも一六五〇年までは、命令を下したのは総督と厳格なカルヴァン主義者たちだった。しかしながら、諸州の〔優位性を擁護する〕陣営〔すなわち抗議派〕が蚊帳の外に出されたわけではけっしてなく、相対峙する両陣営の緊張は、その世紀の残りのオランダの政治を左右する大きな要因の一つとなる。振子はまもなく、より寛容で、共和的な陣営の方に、再び力一杯振り戻されるだろう。

一六三〇年代の、軍事、政治、宗教的領域におけるこれらの闘争には、同時に、社会的、経済的な、さまざまな災厄が組み合わさっていた。一六三五年と一六三六年に、ひじょうに深刻な疫病の大発生があった。一六二四年から二五年にかけて、アムステルダムだけでも一万八千人の命を奪った最後の疫病から、すでに十年が経過していたが、最近のそれは、はるかに致命的だった。アムステルダムにおいては（その市の人口の二〇パーセントにあたる）二万五千人以上がその二年間で死去し、そこにレイデンにおける（その市の人口の三〇パーセントにあたる）一万八千人の死が伴った。【註19】疫病の感染は宗教を差別せず、アムステルダムのユダヤ教徒が――従来通り、市の人口の残余として同化しつつ――他の集団と同様に激しく打撃を受けたことは、疑いようもない。フローイエンブルフ島の隙間なく密集する区画に居住する東欧系ユダヤ人たちが、とりわけ高い感染率に苦しんだということは、あり得ることである。

しかしながら、この時期にオランダ人によって経験された災難の中でも、おそらく最もよく知られ――そしてまちがいなく最も色彩豊かなものは――その十年間の半ばに点火したチューリップ熱だった。

チューリップは、ネーデルラントの原産ではない。それは十六世紀に近東――正確にはトルコ――から移植され、たまたまオランダの、特にハールレム周辺の土壌と気候において、ひじょうによく開花した。瞬く間にそれは、北方ヨーロッパ「随一の」流行の花となり、絶大なる審美的、科学的賞賛の的となった。オランダ人が、チューリップを育て、栽培することに熟達するまでにはそれほど長くはかからず、彼らは、花の色、大きさ、形に手を加えることにより、信じられないほど数多くの変種を発達させた。チューリップへの関心は、まもなく、園芸専門家や職業的造園家たちの輪を越え出て、中層および下層階級にも拡大し、彼らはその花の中に、小さな庭に彩りを添え、住宅を飾るための魅力的な手段のみならず、金銭を投入すべき商品性を見るようになった。より珍奇な、あるいはより高価な商品と異なり、チューリップ——特にさほど奇抜ではない変種——の取引は、潤沢な資金を持つ投資家よりは規模は小さくなるが、たとえ資産家ではなくても一買い手として参加することができる場だった。あるときは籠の単位で、また一個の単位で、チューリップの球根を買い付け、そして売ることは、数フルデンを得る一般的な手段となった。

しかし、一六三〇年代半ばには、球根の市場は商品と金銭の明瞭な交換の場ではなくなり、よりいっそう投機的な場となりはじめ、数多くの人々が、ますます危険度を増してゆく賭博の実践に引き込まれていった。提案された配達日の何カ月も前から、人々は球根を買い、季節外の契約を取り交わした。取買い手が球根の現物を、あるいは約束された変種の見本をさえ確認しないことはしばしばだった。取引に署名し、その後に球根が配達されるまでの間に、数多くの買い手は、それらの球根に潜在する利益を第三者に対し、より高値で転売した。チューリップの未来を取引するこの市場は、ますます多くの人々が駆け引きへの参加を決断するにしたがい、急速に拡大した。一つの配達の取引をめぐる手続の数は、したがって関心を持つ第三者の数は、二次的な買い手が一方から一方へ向き直り、その利益を他者に売り渡すにつれ、危険なまでに膨れ上がった。受け渡しはつねに約束手形によって行われ、それゆえ現金が手渡しされることはほとんどなかった。紙を介して行われるこの活動が、それ自体で一つの市場として確立するのは単に時間の問題だった。一六三七年までには利益そのものが、むしろいかなるチューリップの球根よりも真の投機の対象となった。これらすべては、言うまでもなく、チューリップの球根の価格を急騰させた。そして配達日が近付くにつれ、紙の上の利益の額面は、劇的に上昇した。とりわけ優良に見える取引には、参加しようとする人々が極端なまでに殺到した。ヤコブ・カッツは、挿絵を通じて道徳的意味を表象する彼の著書『寓意と愛の図像（*Sinne-en Minnebeelden*）』において、おそらく農夫と思われる一人の男が、たった一個の球根のために、二束の小麦、四束のライ麦、四頭の肥った雄牛、八頭の豚、十二頭の羊、二樽の葡萄酒、四トンのバター、一千パウンドのチーズ、一台の寝台、いくつかの衣類、そして一個の銀製の大杯のかたちで、総額二千五百フルデンを支払ったということを、私たちに伝えている。【註20】そして暴落――それは確実にやって来る――となったとき、多くの人々が痛い目に遭うことになった。

結局それは、いわゆる「ホット・ポテト」〔子供向けの言語学習ゲーム〕の児戯に等しかった。すなわち配達日がやって来るとき、人は紙を持ったまま捕まることを望まなかった。儲けるどころか、最後の買い手は、一束のチューリップの球根とともに行き詰まってしまった。ホラント州の高等裁判所は、いつもは冷静沈着な共和国の市民たちがこの狂乱のさなかで身を滅ぼしてゆく有様を静観していることに、もはや耐えかねた。当局が介入しようとしているという噂が広まり始めたとき、人々はチューリップの球根を急いで処分しようとしたため、価格は急激に下落した。一六三七年四月、裁判所は、一六三六年の植え付け後のすべての取引を無効にし、抗争中のいかなる契約も地元の判事によって有無を言わさず召し上げるという強硬な手段に出た。かなりの数の家族および財産が、結末としての暴落の中で破滅した。数多くの人々が、率先してその熱狂に油を注いだとしてチューリップ栽培業者を非難し、それゆえ彼らが自らの金銭的損失と傷付いた評判を回復するまでには多少の時間を要した。【註21】

ユダヤ人たちがこの熱狂にどの程度まで掃き上げられたのか、私たちは知らない。彼らがオランダ経済における、短期間とは言え、強大なこの危機の間接的な影響を感じ取ったのは確実であり、そしてもし、彼ら自身が、彼らの商業的本能によって、その乱痴気に加わる気にならなかったとするなら、それはいくぶん驚きに値するだろう。なぜなら、チューリップの栽培は、比較的新しい事業であり、確立されたいかなる同業者組合（ギルド）によっても統制されてはいなかったからである。それゆえ、フランシスコ・ゴメス・ダ・コスタが、フィアネンの郊外でかなり大規模に打って出たように、それはユダヤ人たちが運を天に任せることのできた自由な領域だった。

❧共同体の分裂と統合

一六三〇年代は、同様に、アムステルダムのポルトガル人ユダヤ教徒共同体にとっても試練の歳月だった。分裂と統合の、その両方があった時代だった。「ナシオン（*naçion*）」〔ポルトガル国民〕におけるその最大の内部危機はおそらく、そもそも共同体全体を教導する立場にあるベト・ヤコブ共同体およびネヴェ・シャロム共同体の二人のラビ〔ユダヤ教の師〕の神学的論争だったものを含んでいる。が、その問題の複雑さは、彼らの論争を律法の厳密な解釈についての単なる不一致以上のものにし、ポルトガル人の「共同体（ケヒラー）（*kehillah*）」の成員たちにとっての、ひじょうに深刻かつ切実な、いくつかの不安を表現した。分裂は事実、一方のラビのアムステルダムからの出発につながったかもしれない。同時にそれは、一六三九年に三つの共同体が一つに統合する際の意思決定に寄与したかもしれない。

一六三六年頃のあるとき、ベト・イスラエル共同体のラビ〔ユダヤ教の師〕、イサーク・アボアブ・ダ・フォンセカは、『生命の息吹（ニシュマト・ハイム）（*Nishmat Chaim*）』と題する論文を執筆した。論争の中心にその論文があり、それはサウル・レヴィ・モルテーラの見解とヴェニスのラビたちの判断の両方に対する彼の不一致を反映した。ラビ・アボアブは、一六〇五年にポルトガルでキリスト教徒のユダヤ人〔新キリスト教徒〕として生まれた。彼の家族は、フランスにしばらく滞在した後――おそらくユダヤ教に復帰するために――イサークがまだ子供の頃の一六一二年、アムステルダムに移住した。アムステルダムで彼は、ネヴェ・シャロム共同体の保守的なラビ、イサーク・ウズィエルに学んだ。アボアブは早熟な学生だったにちがいなく、一六二六年には弱冠二十一歳にしてすでにベト・イスラエル共同体の「賢者（chacham）」〔ユダヤ教の師〕の一人となった。彼には共同体の他のラビたちと比べてはるかに神秘的な傾向があり、「ユダヤ教神秘主義（kabbalah）」への深い関心があった。この点において、彼は論争における彼の敵対者、すなわち宗教に対して合理的かつ哲学的に接近するベト・ヤコブ共同体のラビ・モルテーラと、まったく相容れない間柄だった。しかもアボアブと違ってモルテーラは、東欧系ユダヤ人であり、したがって隠れユダヤ教徒の経験を直接その身に知る由もなかった。アムステルダムにおいて彼は、かつての改宗ユダヤ人たちの間で生活を営み、流暢なポルトガル語で礼拝を行ったが、容易に想像されることは、共同体の成員たち（あるいは彼らの祖先たち）が耐え忍んできたものに対する彼の同情の欠如と、そしておそらく、ユダヤ教のいくつかの信仰と実践についての成員たちによる不正確で非伝統的な接し方に対する彼の苛立ちである。二人の生い立ちにおけるこの違いは、アボアブとモルテーラの対立を説明する一助となる。

アムステルダムのユダヤ教徒たちにとっての重要な問題の一つは、スペインとポルトガルに居残り、ユダヤ教徒の血を引くにもかかわらずユダヤ教徒としてではなく、キリスト教徒として生活を送る同胞たちの、神学的、黙示録的位置付けだった。厳密に考えて、それでも彼らはユダヤ教徒だったのか。そうであれば、彼らの継続的な背教は、彼らの死後の彼らの魂の運命に対し、何を意味したのか。『サンヘドリン（*Sanhedrin*）』（十一章一節）のモーセ五書に関する註釈や議論（「ミシュナー *Mishnah*」）

は、「すべてのイスラエル人は『次なる世（*olam ha-ba*）』の分け前を得る」と明言している。それはすなわち、イスラエル民族に属する者であれば誰でも、いかにその罪が重大であろうと、いかに長くその者がその罪とともにあろうと、究極の報酬として、次なる世に永遠の居場所を約束される、という意味なのか。ユダヤ教徒はその罪のためにけっして永遠の罰に苦しむことはないというのか。モルテーラは、そのようには考えなかった。彼によれば、「イスラエル人」とは、正しき人間のことを言う。そしてモーセ五書（トーラー）の掟に傅く（かしず）くことができず、信仰の原理をあからさまに否定した者は、正しき人間ではなく、その逸脱ゆえに永遠の罰を与えられるだろうと。一人の人間がユダヤ教徒の魂を持つからと言って、彼が地獄においてその罪に対する永遠の罰を免れるという保証はどこにもないと。

アムステルダムの共同体の若い世代の成員たちの大多数は、明らかにその逆の考えを信じたようであり、声を大にして彼らは、すべてのユダヤ教徒の魂の、無条件の救済を主張した。その考えに従えば、以前の国においてカトリックの教え——おそらく、思い当たる限りのひじょうに深刻な罪——を一度でも実践したか、いまなお実践しているユダヤ教徒もまた、「次なる世（オラム・ハ＝バ）」に居場所を約束されるということになり、それゆえかつての隠れユダヤ教徒たち（いまだ彼らはイベリア半島に隠れユダヤ教徒の親類たちを持っていたかもしれない）にとっては、魅力的な命題となった。モルテーラ自身による論争の報告書をはじめとするさまざまな資料によれば、一六三五年早々のあるとき、「重大な罪を犯しつつも、改悛なく死去する邪悪な者は、永遠の罰を受ける」というモルテーラの主張に憤った「何人かの青年たち」が、彼の説教を妨害した。【註22】これらの——「ユダヤ教神秘主義者たち（カバリスト）」（それがアボアブとその他に言及するときの彼の流儀なのだろう）によって堕落させられたとモルテーラが主張する——「年若き反抗者たち」または「未熟な弟子たち」は、モルテーラに対し永遠の罰の教義についての説教を禁止する命令を出すよう、共同体の指導者たちに求めた。このような教義は、報酬と罰についてのキリスト教徒の信仰に危険なまでに近接している、とモルテーラの敵対者たちは主張した。と同時に彼らは、彼らの隠れユダヤ教徒の親類たちにとっての、このような厳格な教義の結末を懸念した。

事態はおそらく共同体の指導者たち自身が学習中の、特に正統性の問題を含むがゆえに、あまりにも重大であり、比較的若い共同体には自力で解決することができなかった。再び彼らはヴェニスの方を向き、その地のユダヤ教徒共同体のベト・ディン〔ラビ（ユダヤ教の師）たちによる法廷〕にこの論争の裁定を要請した。モルテーラならびに彼の敵対者は、それぞれに嘆願を具申したが、モルテーラにあっては――聖書と口伝律法（タルムード）からの、同様にマイモニデスなどのユダヤ教徒の哲学者たちの著述からの――多量の文献的例証を取りまとめて添え、たとえユダヤ教徒であったとしても、改悛なき罪人が受けるべき永遠の罰の教義について、強く訴えた。ヴェニスのラビたちには、この問題は、ひじょうに微妙なものに思われた。彼らはそれをベト・ディンに諮ることを逡巡したが、その理由の一つには、実際のところそれが回答困難な問題であり、双方とも一理あるがゆえに彼らはその論争に判断を下すことを望んでいなかったということがあった。彼らの最初の助言は、アボアブには公式にその見解を棄てさせ、そして――実際のところ彼の弟子たちが彼の指示に従っていたにすぎないのであれば――彼の若い弟子たちの範となるよう促し、そのようにすることにより、アムステルダムの共同体の指導者たちが彼ら自身の間で解決策を見出す努力をするように、というものだった。この方策は、うまく行かなかったようであり、そこでヴェニス人たちは、一六三六年早々に、直接アボアブに手紙を書いた。「我々は和解の知らせが来る日を待ち望んでおりました〔……〕が、我々の期待は挫かれてしまいました。というのは、論争が継続され、永遠の罰の信仰を否定する者たちの筆頭が他ならぬ貴殿であり、かくして貴殿が、はばかることなく公衆に説教をしておられるという報告を、再び我々は受け取ったからです」【註23】。彼らはアボアブに対し理性的になるよう、そして口伝律法(タルムード)の賢者ならびにその他の権威的なラビたちによってきっぱりと否定された見解を棄てるよう、紳士的かつ慇懃に、しかし確固たる言葉で訴えかけた。

手紙は、当て外れの結果となり、かくしてその返答としてアボアブは、『生命の息吹(ニシュマト・ハイム)』を執筆したのだった。その論文の中で彼は、「魂の永遠の罰はあるのかないのか、そして『その追随者〔罪人〕は次なる世に居場所はない』と述べることにより、我らが亡きラビ〔ユダヤ教の師〕たちは何を言わんとしていたのか」と、率直に問いかけている。これらの問いの真の答えは、〔モルテーラが主張するところの〕哲学や口伝律法(タルムード)の中にではなく、ユダヤ教神秘主義(カバラ)の中に見出され、そして「すべての」ユダヤ教徒の魂は、最終的には救済されるということを、ユダヤ教神秘主義(カバラ)の文献は、〔曖昧な部分がなくはないが〕厳然と示していると、彼は力説した。罪の結果として、魂の多くは、長期間あるいは短期間の輪廻転生の道を辿り、苦痛に満ちた浄化の過程を経なければならないだろう。が、依然それらはイスラエルに帰属した。すなわち、「すべてのイスラエル人は単一の身体であり、彼らの魂は、その単一体の場から切り出されるのである【註24】」。

ポルトガル人の共同体を構成するユダヤ教徒たちの圧倒的大多数の背景を鑑みれば、数多くの成員たちがアボアブの考えに共鳴したことはまちがいない。反対に、その成員たちが大きな尊敬の目を向けていたヴェニスのラビ〔ユダヤ教の師〕たちは、この問題についてのひじょうに明快な彼らの独自の判断をまとめた。すなわち、モルテーラは正しい、アボアブはまちがっていると。アボアブが自説を撤回したということを証明するものは何もないが——少なくとも現実の事態として——モルテーラは三年もしないうちに統合共同体の最高位のラビとなり、アボアブに対し〔ダヴィッド・パルドとメナッセ・ベン・イスラエルよりも下位の〕最下位となることを説き伏せた。一六四二年、アボアブは、ブラジルのレシフェに定住したアムステルダムのユダヤ教徒に奉仕するべく旅立った。彼のアムステルダムからの出発は、その頃、物事を取り仕切っていたモルテーラとの間に停滞しつづける確執の、その結末だったのかもしれない。

と同時に、この論争が、アムステルダムのポルトガル・スペイン系ユダヤ人の一般成員の代表者たちに気付かせたかもしれないものは、三つの共同体を教導する、かくも気質も信念も異なる三人のラビ〔ユダヤ教の師〕たちを置くということはひじょうに問題の多い状態であり、さらなる論争の——そしておそらく、分裂の——潜在的な可能性を増大させる結果にしかならない、ということだった。彼らは、五つのスペイン系と三つのポルトガル系の共同体を擁するサロニカ（そこでベト・イスラエル共同体のラビ・ヨセフ・パルドは生まれた）の、ポルトガル・スペイン系ユダヤ人たちの分裂状態から引き起こされた事態を、まちがいなく意識していた。いまや一千人を優に越す成員を抱える共同体の、ますます煩雑になってゆく問題を処理することも、ひじょうに難しくなりつつあったようである。個々の共同体と共同体全体の両方を同時に代表する「代表者たち（デピュタドス）」、あるいはセニョーレス・キンゼ〔十五人の諸氏による合同理事会〕の理事たちにも、彼らの仕事をうまくこなすことができなくなりつつあったのかもしれない。ポルトガル・スペイン系ユダヤ人の共同体の、より集権化し、より効果的に構造化された組織体が必要だった。

三つの共同体の理事会間でのたび重なる意見交換と協議の後、おそらくヴェニスの共同体の助言とともに、一六三八年九月（ユダヤ暦五三九八年エルール月二十八日）、セニョーレス・キンゼが召集され、三つの共同体——ベト・ヤコブ、ネヴェ・シャロム、ベト・イスラエル——を一つに統合し、それを〔ヴェニスのセファルディ〔ポルトガル・スペイン系を含む地中海周辺諸国出身のユダヤ人〕共同体にちなんで〕「タルムード・トーラー（*Talmud Torah*）」と呼ぶことについて、合意に達した。一カ月以内に、それぞれの共同体の成員たちはその合意を承諾し、一六三九年春、それは署名された。【註25】かくして一六三八年の時点でアムステルダムに居住していたか、あるいはその年以降にその市に定住した「ポルトガルおよびスペイン国民」のユダヤ教徒たちは、一人残らず自動的に統合共同体の成員となった。言い換えれば、セファルディではない者〔すなわち東欧系ユダヤ人〕が成員になることはできず、彼らは特別な許可なくして礼拝に参加することもできなかった。ベト・イスラエル共同体の礼拝堂（シナゴーグ）として使用されていたハウトフラフト通りに面した家――三つの中の最大の建物であり、スピノザの家から八軒下ったところの家――は、以降、タルムード・トーラー共同体の礼拝堂（シナゴーグ）として使用された。同時代のあるオランダ人の訪問者は、その「礼拝の館」について描写している。

> ポルトガル人は、二軒の家を合体させた、かなり大きな建物を持っている。一階で、あなたは広間すなわち蛇口を回すことのできる水桶のある大きな吹きさらしの玄関間に入る。水桶の上に、あなたは手拭を見出すだろう、というのは、ユダヤ教徒は、礼拝堂に入る前に手を洗うからである。どちらの側にも、階段があり、そこを通って礼拝堂の中に入る。女性は、男性と隔てられ、男性によって見られてはならず、物見台に上がってゆく。礼拝堂の一方の突き当たりに、二枚の扉の付いた大きな木製の箪笥がある。そこにはさまざまな貴重品が収められているが、その一つに、珍しい刺繍の施された布に包まれたモーセの諸書がある。それらを教える賢者たちは、他の会衆よりも一メートルほど高い位置にある壇上に立つ。男性は、帽子の上から白いショールを被り、それは肩から胴に垂れ、そしてそれぞれが手に書物を持ち、それらはすべてヘブライ語である。【註26】

三つの共同体のラビ〔ユダヤ教の師〕たちは全員、タルムード・トーラー共同体の「賢者たち（ハハミーム）」となったが、しかしながら彼らは、はっきりと格付けされた。ベト・ヤコブ共同体からのラビ・モルテーラは、いまや共同体全体の最高位のラビにして、その学校の校長だった。彼は月に三度の説教と上級生への口伝律法(タルムード)の講義を求められた。彼は年俸六百フルデンと、併せて暖房用として百籠の芝を支給された。ラビ・ダヴィッド・パルド（ヨセフ・パルドの息子）は、ベト・イスラエル共同体出身で、第二位のラビだった。彼の職務には、アウデルケルクの共同体墓地の管理団体「ベト・ハイム（*Beth Chaim*）」の役員として奉仕することが含まれ、五百フルデンを支払われた。位階の第三位には、元ネヴェ・シャロム共同体のラビ・メナッセ・ベン・イスラエルがいた。彼は月に一度の安息日(シャバット)において説教をし、百五十フルデンを支払われた。そしてラビ・イサーク・アボアブ・ダ・フォンセカは、年俸四百五十フルデンで、初等学校で教鞭を執ることと生徒たちに夕べの説教をする職務を担った。〔第三位の〕メナッセの俸給と〔その下位の〕アボアブの俸給の説明の付かない乖離は、二人の緊張の原因となり、メナッセと共同体の関係間のしこりともなった。）四人のラビたちは、礼拝の間、指定の座席に全員一緒に位階順に座り、一方、「朗詠者(ハザン)（*chazzan*）」――一六三九年はアブラハム・バルーフが務めた（年俸は三百九十フルデン）――は、共同体の礼拝を導き、モーセ五書(トーラー)を朗読した。彼らは共同体内に生起する「ハラハー（*halacha*）」すなわち律法の要求のすべての事項を、多数決によって決定する連帯責任を負った。

　しかしながらラビ〔ユダヤ教の師〕は、共同体を主体的に運営する立場にはなかった。共同体の日常業務を行うことは彼らの役目ではなく、彼らは世俗の事柄において判断を下す権限も、共同体の宗教的生活を方向付ける権限もなかった。管理的、法制度的、非ハラハー〔律法の要求〕的、司法的なすべての権限は――成員を破門する権限を含め――一般成員からなる理事会にあった。統合とともに、三つの共同体からの十五人の「理事たち(パルナッシム)」は、七人すなわち六人の「理事たち(パルナッシム)」と一人の「出納役(ガッバイ)

(*gabbai*)」から成る単一の「理事会（マアマド）」に集約された。この刷新された理事会は事実上、立憲的な委員会として機能し、三つの共同体の元来の「アスカモ（*ascamot*）」〔ポルトガル・スペイン系ユダヤ人の法規〕を補充する五十六の追加規定を新たな共同体のために起草した。そしてその新法規の冒頭には、『理事会（マアマド）』は絶対的かつ不可侵の権威であり、それはすなわち、いかなる者もその決定を避けることは許されず、「不服従は」『破門（ヘレム）』でもって処罰される」という規定が、はっきりと明記された。【註27】

名誉の役職である理事会の理事となるためには、協力がなければならなかった。すなわち、理事会の椅子に坐る七人の役員によって選挙され、過半数が必要だった。理事たちによる「理事会（マアマド）」の選挙には第三者による諮問も監視もなかった。唯一の限定は、少なくとも三年間はユダヤ教徒でありつづけなければならなかったことであり、その三年は理事会の最後の任期を過ぎれば満了した。さらに（血縁あるいは婚姻による）近親者同士は、一緒に理事会に奉仕することはできなかった。すなわち「父と子、兄と弟、祖父と孫、伯父と甥、義理の兄と義理の弟あるいはその親は、同時に『理事会（マアマド）』に選ばれることはできない」。そして最終的に理事会に選ばれた者は、けっして奉仕を拒否することはできなかった。「理事会（マアマド）」は日曜日ごとに開かれ、審議内容はいっさい秘密だった。

理事会は共同体における最高権威だった。その決定に対し、何も異議を申し立てることはできなかった。その多岐にわたる職務として「理事会（マアマド）」の理事たちは、共同体の税金を課し、共同体の事務員や雇用者との契約を取りまとめ、学校を運営し、「賢者たち（ハハミーム）」の票決が真二つに分かれた場合には裁定を行い、ポルトガル人ユダヤ教徒同士の商業的諍いを解決し、慈善金を分配し、共同体の成員間での武器の携帯を許可し、儀礼的屠畜ならびに「儀礼的屠畜者たち（ショヘティム）」の訓練を監視し、書籍の出版を認可し、ユダヤ教に復帰しようとするポルトガル人の割礼を許可し、離婚の申請を認め、律法歓喜祭（シムハット・トーラー）の祝日のために「モーセ五書の花婿（ハタン・トーラー）（*chatan torah*）」〔モーセ五書（トーラー）の最後の箇所を朗詠する者〕を任命し、さらには基本的に祝祭日を監督した（「律法歓喜祭（シムハット・トーラー）あるいはその他の機会においても礼拝堂（シナゴーグ）では遊戯や判じ物をいっさい行ってはならない」「プリム祭〔『エステル記』のための祭り〕の日には、共同体のすべての成員は『慈善（ツェダカー）（*tzedakah*）』のためにプリム祭を記念する献納（maot Purim）を行わなければならない」）。

共同体の内政を組織化するための、その着想のほとんどは、まちがいなくヴェニスから来たが、特にその社会面における権力機構は、カルヴァン主義者たちによるアムステルダム市のそれと酷似していた。「理事会（マアマド）」の理事は、高名で――最も裕福ではないとしても――そこそこ裕福な家族から輩出された。通常、彼らは専門的職業階級（特に医師）からと同様に、共同体の成功した商人たちの集まりからも引き抜かれた。新たな理事を選ぶ時期になると、共同体を維持するためにはどこに当たればよいか、現職の理事たちはよく心得ていた。それは単純に、富と地位、または富か地位の問題だった。共同体は事実上、一つの上流階級――むしろ寡頭制と言うべきか――である自己永続的な経済界の上流人士たちによって牛耳られ、彼らが自らの後任者の人選を行いつつ、同時に他の役員や役員会にあらゆる根回しを行った【註28】。この意味において、それはアムステルダム市の政治の縮図だった。その市にとっても、同様に民主主義はなかった。その市議会は、一般市民によって選出され、アムステルダムの数多くの社会的、経済的階層の利益を代弁し、万人に開かれた役職に就く代表者たちによって構成されていたのではなかった。十七世紀アムステルダムの――そしてその時代のオランダのほとんどの都市についても当てはまるが――政治権力は、「特権階級（regents）」として知られる、比較的少数の、矛盾なく理由付けされた家族たちに与えられた。特権階級は、基本的に、その市の最も裕福ないくつかの家族の者たちであり、市の寡頭制を支えていた。特権階級の家族の背景には、専門的職業をはじめ、商業、工場経営があった。ユダヤ教徒の文脈においてと同様、彼らは必ずしも市の最も裕福な家族ではなかった。事実、財力は、特権階級としての資格の必須の条件だったが、金銭的なものだけでは十分ではなかった。数多くの裕福な家族は、その集団への入場券をけっして手にすることはできなかった。それは、社会的地位、政治的、家族的なつながり、歴史的偶然性に係わるものでもあった。ある歴史家によれば、特権階級とは、孤立した社会的、経済的階級ではなく、「上流資産家階級の中の政治的に特権付けられた一角」だった。【註29】彼らは貴族ではないが、経済的に成功した家族であり、もっぱら政治権力をほしいままにした。そこには現時点で「フルートスハップ（*vroedschap*）」すなわち「市議会」に現職の議員を輩出している家族と、過去に議員を輩出し、将来再びそれをすることがまちがいない家族の、その両方が含まれた。一概に言って、それは排他的な集団だったが、政治的動乱と転覆の時代――いわゆる「転換点《ウエッヘルツエッティンヘン》（*wetsverzettingen*）」――の間に、特権階級の資格に大きな変化が生じた。特権階級の家族と縁組をし、かくして生まれながらの血縁関係による人脈を改変することが可能になった。

　特権階級の家族の者たちは、アムステルダムにおける重要な、権力の付帯する要職を独占した。「スクート（*schout*）」すなわち警察隊長と検察官は、「市長たち《ブルヘメーステルス》（*burgemeesters*）」がそうだったように、通常は地元の特権階級の家族から選出された。これらは日常的な市政を担当する役人たちであり、普通は「市議会《フルートスハップ》」から選出された。アムステルダムは、ほとんどの都市と同様、四人の「市長たち《ブルヘメーステルス》」がおり、それぞれが一年か二年の公職に就いた。特権階級制度の真の中枢である「市議会《フルートスハップ》」は、日常的な行政を行うより以上に全体的な政策決定に力を注いだ。市議会は通常、三十六人の議員から成り、彼らは、州全体にとっての、特にアムステルダムに影響するような重要事項――彼らにはホラント州に送り出す市の代表団に投票指示を出す役割があった――と、市の内部経済および政治的生活のその両方に関与した。立法的、行政的機能とその権限の範囲において似通っていたユダヤ教徒共同体の「理事会《マアマド》」とは異なり、「市議会《フルートスハップ》」の議員は終身的に奉仕した。「市議会《フルートスハップ》」

に一つの空席ができると、「理事会（マアマド）」におけるように、「市議会（フルートスハップ）」の現職議員によって補充者が選出された。さらに、彼らの審議内容は（「理事たち（バルナッシム）」の審議内容と同様）秘密にされた。またポルトガル人ユダヤ教徒のそれと似て、「父と子、兄弟、そして（婚姻による親類ではない）他の血のつながりのある親類同士は、同時に市議会に奉仕することは認められない」【註30】とする「血縁関係」についての制限もあった。審議の言葉がそうであるように、当然、彼らの名も――クリエル（Curiel）、ファラル（Farar）、ダ・コスタ（Da Costa）、コーヘン（Cohen）に対して、ビッケル（Bicker）、シックス（Six）、ファン・ブーニンヘン（Van Beuningen）、デ・フラーフ（De Graeff）といったように――それぞれ異なってはいた。しかし、政治権力の集権的性質は、その本質において、オランダ人とポルトガル人ユダヤ教徒の間では、顕著なまでに類似していた。

七歳のバルーフとその教育

一六三九年、すなわち統合が実施に移されたその年の秋、バルーフ・デ・スピノザは七歳になっていた。すなわち彼は、共同体に所属するほとんどの少年が共同体の初等学校で義務教育を受けはじめる年齢に達していた。彼の母は前年、一六三八年十一月五日に死去し、その頃のスピノザ家の中は、おそらく明るいものではなかっただろう。ミカエルは再び寡夫となったが、今回は、養育する五人の子供たちがあった。

子供のバルーフは、学校の履修過程の年次を繰り上がるにつれ、学力において群を抜いて秀で、そのことは彼の父の鼻を高くしたにちがいないと、私たちは確信することができる。スピノザの父は、「彼に商売を始めさせる手立てを持っておらず、それゆえヘブライ学を学ばせることにしたのである」【註31】とリュカス〔伝記作者〕は語っている。初期の別の伝記的記述によれば、ミカエルは商売よりも学問を好む息子の嗜好をひじょうに不愉快に感じていたという。【註32】これはほとんどあり得ないと思われる。まちがいなくミカエルは——彼と違って、繁栄する宗教的共同体にユダヤ教徒として生まれた——その息子に、正規のユダヤ教の教育を確実に受けさせようとしていた。彼は、共同体の教育施設を統括する理事会の「理事（パルナス）」として（一六三五年から三六年、および一六四二年から四三年の）二度にわたって奉仕し、それゆえ彼は、明らかに教育について大いに配慮していた。また彼は彼自身と三人の子供たちを教育友愛組合たるエッ・ハイム協会の会員として、一六三七年の協会設立早々に登録した。その施設は、第一に、優秀な生徒たちに奨学金を与える責務を負っていた。入会金としてミカエルは十八フルデンを支払い、同時に五十二フルデンの寄付を行った。【註33】これらの事実は、十七世紀の最も重要な哲学者の一人に与えられた教育が、行き詰まった父親による不承不承の譲歩でしかなかったという説を、信じがたいものにしている。

第四章　タルムード・トーラー学校

❧共同体の学校教育

一六四〇年頃、フランクフルトのラビ・サバッティ・シェフテル・フルヴィッツは、ポーランドへ向かう旅の途中、アムステルダムを通るべく行く道を逸れ、回り道をした。その地のユダヤ教徒たちの間で彼は、「数多くの著名で博識の人々」に出会った、と私たちに語っている。彼はポルトガル人〔ユダヤ教徒〕共同体の学校へ見学に行き、「我々の土地では、この種のものにはけっしてお目にかかれない」【註1】という現実を嘆かわしく思うほどに、目にしたものに大きな感銘を受けた。別の機会にアムステルダムを訪れたポーランドの学者、シャッベタイ・バスも、次のように語っている。

ポルトガル・スペイン系ユダヤ人たちの〔学校において〕〔……〕私は、「〔学識における〕神童たち、すなわち飛蝗（バッタ）のように小さく、華奢な子供たち」「雄山羊になった子供たち」を見た。聖書全篇および文法についての非凡な知識ゆえに、私の目に彼らは神童のように見えた。彼らは長大な散文と詩を綴り、純粋なヘブライ語を話す能力を備えていた。これらすべてを見たこの目は、何という幸せものだろう。【註2】

つづけてバスは――明らかに彼が目にしたものに感激し――、学校生活の仕組みと教育水準について説明している。彼は教室から溢れんばかりの生徒たちについて述べ（「願わくば、彼らの数が増えつづけんことを！」）、進級する毎に生徒たちが獲得する学問的進歩について記録している。

アムステルダムのユダヤ人居住区を訪れるユダヤ教徒たち（と異教徒たち）に強く印象を与えた教育制度のための基礎は、早くに整備され、すなわち一六一六年、ベト・ヤコブ共同体とネヴェ・シャロム共同体は、タルムード・トーラー協会を設置した。そもそもその協会は、個人的に教師を雇う余裕のない家庭の子弟に学問を授けるために捧げられた教育友愛団体だった。その協会が設立した学校は、一六二〇年以降、ハウトフラフト通りに面したベト・ヤコブ共同体の礼拝堂（シナゴーグ）の隣に借りることのできた家屋を学舎とした。一六三九年、共同体が統合した際、タルムード・トーラー共同体は、同じくタルムード・トーラーと呼ばれるその学校のために、先の家とその隣家を贈り物として与えられた【註3】。授業料は、初等教育については無料で、裕福な家族も貧しい家族も、ユダヤ教の要点を学ばせるべく子供たちを通わせた。スピノザが一六三九年頃から通うようになったのは、彼の家からは比較的短距離の、運河を渡って対岸の通りを下ったところにある、この学校だった。

一六三七年、第二の教育協会エッツ・ハイムが設置された。当初これは、主に学術振興のための組織となるはずだった。すなわち、ひじょうに優秀な生徒に奨学金を与え、彼らがさらに高い水準の教育を受けつづけることができるよう、寄付で補いつつ、利子を生み出すだけの十分な財源を確保することに、その協会は捧げられた。しかしながら、まもなくエッツ・ハイム協会は年長の少年たちのための口伝律法（タルムード）の学校として機能するようになり、ラビ〔ユダヤ教の師〕を育てるための正規の訓練を与える役割を担った。

ポルトガル人〔ユダヤ教徒〕共同体の学校教育は、六学年に分けられていた。四学年までが低学年で、七歳から十四歳までの少年たちが全員一緒に学び、教養あるユダヤ教徒であれば当然知っていることが求められる、宗教、文化、文学的教養の基礎が教えられた。おそらく一六三九年にスピノザが学び始めたとき、モルデカイ・デ・カストロが第一学年を教えていた。他の初等学校の教師たちと同様、カストロは「助手（Rubi）」として振る舞った。彼はヘブライ語のアルファベットとその書き方を教えることにより、年俸百五十フルデンを得ていた。シャッベタイ・バスは、いかにして「ひじょうに小さな子供たちが第一学年で祈祷書が読めるようになるまで学び、その後第二学年に進級する」かについて説明している。第二学年に進級すると――ただし生徒にとって進級はいかなる学年においても彼が習得する学問的進歩にのみ依存し、たいていは一年以上つづいた――、最初に生徒たちは、ヨセフ・デ・ファロから、ヘブライ語のモーセ五書を朗読するための基礎的な方法を教わった。その後に彼らはヤコブ・ホメスから毎週、モーセ五書の一部を（「語調とともに」）学びつつ、一学年の残りを過ごした。シャッベタイ・バスによれば、（年俸二百五十フルデンの）ホメスであれ、あるいは彼の訪問時にこの第一学年を受け持っていた他の教師の誰であれ、「少年たちがモーセ五書に最後の一文にいたるまで精通するようになるべく」、ヘブライ語の章句の朗詠に重点を置きつつ、旧約聖書を一通り教えた。彼らはまた、モーセ五書を部分的に翻訳し始めてもいた。

生徒たちは、第三学年を終えるまでには、アブラハム・バルーフの指導の下、一週間分のモーセ五書の章句、すなわち「パラシャー（*parshah*）」をスペイン語に翻訳していた。バルーフは「朗詠者（*chazzan*）」として仕えた人物でもあり、それゆえモーセ五書の朗読に際し、彼がその音律的側面を強調しただろうことはまちがいない。同時に、第三学年の生徒たちは、一週間分のモーセ五書の章句（「パラシャー」）に関するラシ〔十一世紀のラビ〕の註釈を学んだ。第四学年では、シャロム・ベン・ヨセフが預言者の書とラシの註釈を教えた。バスが語るところによれば、この教室（彼が訪問した時点では、シャロム・ベン・ヨセフは教えていなかったかもしれない）においては、「少年の一人が高い声でヘブライ語によるモーセ五書の章句を朗詠し、その後にそれをスペイン語で解説し、その間、他の少年たちは耳を傾け、それが順々に繰り返される」【註4】。

初等課程の授業は事実上、世界中のすべてのポルトガル・スペイン系ユダヤ人共同体と同様、主にスペイン語で行われた。ポルトガル語を母語とするユダヤ人にとってもスペイン語は、教養と（聖なる文献を含む）文学の言葉だった。タルムード・トーラー学校の全生徒が精通していることを期待される聖書は、一五五三年のフェラーラによるスペイン語の翻訳版だった。隠れユダヤ教徒についての歴史家セシル・ロスが記すように、「ポルトガル語は話された。しかしスペイン語は、半ば聖なる言葉であり、学ばれた」【註5】。事実、共同体の数多くの教師たちは、ユダヤ世界のラディーノ語（ユダヤ的スペイン語）圏の出身者たちだった【註6】。ちなみにアムステルダムの共同体におけるこの初期の段階で、実際にヘブライ語を会話の言葉として理解し得た生徒は、ひじょうに稀だっただろう。

授業は、朝の八時に開始された。教師と生徒は、午前十一時の鐘が鳴るまでの三時間、勉学に勤しんだ。おそらく昼食（および短時間の休憩も含まれただろう）のために彼らは帰宅し、再び午後二時に学校に戻った。夕刻の五時に、彼らは下校した（冬季は例外で、授業は「しかるべき頃合に」開始され、礼拝堂（シナゴーグ）で夕刻の礼拝が始まるまで彼らは居残るしかなかった）【註7】。数多くの家庭は、この公的教育を、自宅での個人授業によって補ったかもしれない。「子供たちが家にいる間は、父親が個人教師となり、ヘブライ語などの言葉や詩作を教え、学校で教えられた事柄を一緒に復習し、学習を方向付け、特に彼の興味を引き付ける事柄を教えたかもしれない」【註8】とバスは記している。十六歳以下のすべての生徒はまた、夕刻の礼拝と賛美歌斉唱のために、毎夕礼拝堂（シナゴーグ）で待機していることを求められた。

第四学年の修了——その頃には生徒は十四歳前後になっていた——は、初等課程の終了を意味した。その後の二つの学年は、何よりも口伝律法（タルムード）の書、ミシュナー（Mishnah）〔一～三世紀の賢者たちによる聖書註解書〕ならびにゲマラ（Gemara）〔三～六世紀の賢者たちによる聖書註解書〕、そしてその他の古典的文献の研究に充てられた。上級学年への進級者数は、初等課程の終了者数に比して、かなり少なかった。

いまや前方に広がる学問の道程は、少なくとも六年を要するものであり、それは実質的にラビ〔ユダヤ教の師〕になるための訓練期間となった。「賢者たち（*chachamim*）」の職務についての共同体の「アスカモ（*ascamot*）」〔ポルトガル・スペイン系ユダヤ人の規定〕の条項は、「賢者イサーク・アボアブは、ヘブライ語文法を講義し、ゲマラ〔三〜六世紀の賢者たちによる聖書註解書〕の基礎を教導する」と定めている。第五学年について、バスは次のように描写している。

少年たちは自発的にメシア的律法〔救済に重きを置く律法〕を研究することを訓練され、知識と知性を兼ね備えた「学生（*bocher*）」としての身分に到達する。この教室において彼らは、スペイン語で律法を説明する場合を除いては、ヘブライ語以外の言葉をまったく口にしない。彼らはまた、徹底的に文法学を研究する。日課として彼らは、一つのメシア的律法をそのゲマラ〔三〜六世紀の賢者たちによる聖書註解書〕の註釈と併せて学びもする。

（バスが書き記しているのは、スピノザが通学し、そして、アボアブがゲマラ〔三〜六世紀の賢者たちによる聖書註解書〕を教えていた年代以降のある時期についてであり、それゆえ彼の描写する事柄が、スピノザが生徒だった当時の教室で教えられていたことを知る方便として厳密にどれほど妥当なものなのか、正確に判断することは難しい。特に、一六四〇年代の生徒たち、あるいはアボアブ自身——すなわちかつての〔スペイン、ポルトガルの〕隠れユダヤ教徒たち——が、「〔ヘブライ語〕以外の言葉を〔まったく〕口にしない」ほど、ヘブライ語で自由に会話をし得たのかどうか、そしてその原典の言語によって口伝律法の研究を行えるほどに、ヘブライ語とアラム語の十分な読解力を備えていたのかどうか、定かではない。とすれば、それらの文献の主要な部分は、スペイン語に翻訳されていたのかもしれない。【註9】）

第五学年――一六四二年にアボアブがブラジルに去った後、しばらくメナッセ・ベン・イスラエルによって教えられていた――は、いまや若者となった生徒たちが、ユダヤ教の祝祭日についての律法の要求を学ぶところでもあった。

休日あるいは祭日が近くなると、すべての生徒たちは『シュルハン・アルーフ（*Shulchan Aruch*）』〔ラビ・ヨセフ・カロによる十六世紀のユダヤ教律法の大綱〕の該当箇所を学ぶ。すなわち、過越祭には過越祭の規定を、仮庵祭には仮庵祭の規定を。すべての少年たちがいくつもの休日の諸規定に精通するまで、これはつづけられる。

第六学年すなわち最高学年は、共同体の最高位のラビ〔ユダヤ教の師〕のサウル・レヴィ・モルテーラによって教えられた。彼は、最高学年の生徒たちに口伝律法（タルムード）を講義し、必ずしも彼ら自身全員に「賢者（ハハム）（*chacham*）」になる意志はなかったとしても、基本的にそのための訓練を与える義務を負った。モルテーラの射抜くようなまなざしの下、彼らは、三〜六世紀の賢者たちによるモーセ五書（トーラー）の註解（ゲマラ）、ラシ〔十一世紀のラビ〕の註釈、口伝律法（タルムード）の註解〔トサフォット〕、併せてマイモニデス〔十二世紀のラビ〕の註釈やその他のラビたちの哲学的諸文献の研究に数年間を費やした。

スピノザがタルムード・トーラー学校に第四学年まで、すなわち十四歳頃まで通いつづけたということは、まちがいない。また彼が、ラビになるための教育を受け、かくして上級学年に進級したということは、ほとんど全世界共通の了解事項になっている。事実、彼がモルテーラの賞賛する学生の一人だったということが遍く、そしておそらく空想的に信じられた。その一人のリュカス〔最初のスピノザの伝記作者〕の主張では、「ユダヤ教徒間の著名人にして、彼の時代のすべてのラビたちの中でも最も無視し得ないモルテーラは、彼の弟子の行動と天才に感心した。［……］モルテーラの賞賛は、人々がその弟子について抱く評価をいっそう高からしめた」【註10】。しかしながら、スピノザのユダヤ教徒としての教育が第四（あるいは、せいぜい第五）学年を越えて行われ、かくして彼はラビとなるべく学びつづけたということを疑うに足る確かな理由がある。

スピノザは、ヘブライ語を自由に操る——後年、彼自身のヘブライ語文法書を綴ることができるほどの十分な——能力と、聖書ならびにラビたちによる重要な基本文献についての確かな知識を兼ね備え、学問においては突出して優秀だったにちがいない。彼は異様に知性に溢れた若者であり、仲間の生徒たちからは難なく浮き上がっていただろう。コレルス〔伝記作者〕によれば、「スピノザは生まれ付き聡明な知性と認識の速さに恵まれていた」【註11】という。実際、彼がいかに聡明で、いかに呑み込みが速かったのかということについては、リュカスが語る物語が明らかにしてくれる。その話はおそらくいくぶん都合がよく、いかにもそれらしく描写されている（が、スピノザとのリュカスの個人的な面識を考えれば、その話は哲学者自身からリュカスに語られたものかもしれない）。とは言えそれは、一六四〇年代初期の年若き早熟のスピノザへの一瞥を私たちに与えてくれる。ミカエルすなわち「自らの息子に、迷信を純粋な信仰と混同しないよう教えた善良なる男」は、ある日、その頃弱冠十歳のベント〔バルーフ〕を試してみる気になった。

彼〔ミカエル〕は、アムステルダムに住むある老女のところに、彼女が彼に負っている借金の一部を回収して来るよう、彼〔の息子〕に指示を出した。彼が老女の家に入り、彼女が聖書を朗読しているのを見出したとき、彼女は祈祷を終えるまで待つよう、彼に合図した。彼女がそれを終えたとき、その息子は、彼女に用件を伝え、そしてこの善良なる老女は、彼に差し出すお金を数えた後、机上を指で示し、言った——「私があなたのお父上にお借りしたものはここにございます。あなたもいつか、お父上と同様、正直なお方におなりになるのでしょう。いままで彼はけっしてモーセの律法から離れることはありませんでしたし、唯一天は、あなたが彼を真似るその程度に応じて、あなたを祝福されることでございましょう。」

もし本当にミカエルが、自らの息子の天分を診断するためにその能力を試したのであれば、彼は失望しなかった。

老女は講釈を終えつつ、お金を取り上げ、それを少年の鞄の中に収めようとしたが、彼の父がかつて彼に忠告したように、老女が偽りの敬虔さのあらゆるしるしを持っていることを看破した彼は、彼女がしつこく拒むのにもかかわらず、彼女につづいてそれを数えることを申し出た。はたして、信心深いその未亡人が机の天板に特殊な細工をし、その隙間から引出の中に落とし込んだデュカド金貨〔貿易で使用されていた金貨〕二枚を、彼はさらに請求しなければならないことを悟った。彼は自らの洞察力に自信を持った。【註12】

❧異端者ウリエル・ダ・コスタの反抗

一六四〇年代は、ブレーストラート大通り周辺のユダヤ教徒たちにとって、幸先のよいすべり出しとはならなかった。統合した共同体としての彼らの成長する力と、数を増す成員たちの上には、大きな興奮と期待があった。ヨーロッパのさまざまな地域と地中海周辺から——東欧からの無数の東欧系ユダヤ人たち〔アシュケナジム〕は言うまでもなく——、ますます多くのセファルディム〔ポルトガル・

スペイン系を含む地中海周辺諸国出身のユダヤ人たち〕が「自由都市（エレウテロポリス）（*Eleutheropolis*）」すなわちアムステルダムに移住していた。しかし共同体にとって、その年代は、異端と悲劇の暗い影の下で動き出した。一六四〇年、共同体の著名で尊敬される家族の一人、ウリエル（またはガブリエル）・ダ・コスタは、自らの頭を銃で撃ち抜いた。ダ・コスタ家の人々は商人であり、ポルトガル出身のかつての隠れユダヤ教徒たちだった。情緒不安定なウリエル――実際〔その情緒不安定は〕彼の家族による本来的なユダヤ教への復帰に部分的な責任があると思われる――を除けば、彼らは新たな祖国におけるユダヤ教徒の伝統的生活の中に安心して身を落ち着け、早々に共同体の傑出した成員として自己を確立していた。ウリエルの弟アブラハムは、一六三七年から三八年にかけて、ミカエル・デスピノザとともにベト・ヤコブ共同体の「理事会（マアマド）」の役職にあり、同じく一六四二年から四三年にかけて、ミカエルとともにタルムード・トーラー学校の評議員の椅子に座っていた。おそらくその二つの家族間には親密な関係があったように思われるが、私たちにはそれを裏付けることができない。少なくとも北ポルトガルにおける彼らの日々に遡れば、ウリエル・ダ・コスタの家族とスピノザの母ハンナの家族との間には、何らかの関係があったと考えられる。【註13】いずれにせよ、スピノザ自身がその当時の共同体の他の成員たちと同様、ダ・コスタの異端的な諸見解について聞き及んでいたことはまちがいなく、おそらく彼は、それらについて長く、そして激しく、静かな考えをめぐらせたことだろう。

ウリエル・ダ・コスタは、一五八五年、〔ポルトガルの〕ポルトの貴族階級の家に生まれた。彼の父ベント・ダ・コスタは、ウリエル自身によれば、一人の「まがうことなきキリスト教徒」【註14】だったが、母ブランカは、ユダヤ教の実践者だったようである。ウリエルは正規のキリスト教徒の教育を受け、最終的にコインブラ大学で教会法を修めた後、カトリック教会の財務係として奉仕した。彼の人生は、どこから見ても、完璧に敬虔なものだった。すなわち彼は、永遠の罰を恐れ、定期的に罪を告白した。

しかしそこには疑念があった。彼は次のように自伝に書き記した――

これらの事柄について考えれば考えるほど、私の中により大きな困難が生じるのだった。結果として私は、困惑と不休と困難が縺れ合った状態に陥った。悲哀と苦悩が私をなめ尽くした。確実な赦免を得ようとローマ法に従って罪を告白することも、私に要求されるすべてを完遂することも、その両方を私は、不可能だと思った。同時に私は、自らの救済を絶望視するようになった。〔……〕ゆりかごの頃より久しく慣れ親しみ、自分自身の中に深く根を下ろしている宗教を棄てることは私にはできない以上、私はこれらの疑念を（二十二歳頃に）吐露した。来世についての言説は絵空事なのだろうか、そのような言説に付与されている信仰は、理性と一致するのかと。数多くの事柄と絶えざる囁きを直に私にたたみかける理性によって、〔信仰に向き合う〕態度はすっかり覆った。【註15】

人間的理性とキリスト教の教義の整合性についてのいくつかの疑念を、少なくとも自分自身に対して明らかにしたウリエルは、彼が主張するところでは、安らぎを見出し、引きつづき聖職者としての日常を送った。しかし彼はまもなく、ユダヤ教が提示する必要のあったものを知ろうと欲し、モーセ五書と預言者の書をひも解き始めた。かくして彼は、モーセの律法こそ神によって開示されたものであるということを真実として信じるようになり、以来それに従うことに決めたと言っている。もちろん公然と（あるいは秘かにさえ）ユダヤ教徒として生きることは、ポルトガルでは許されてはいなかった。彼は教会の職を辞し、彼の父が市の裕福な区画に建てた家を棄て、母と二人の弟たちとともにポルトガルを去った。彼らは北に向かい、一六一二年、アムステルダムに定住し、そこで「恐れることなくユダヤ教徒として生きているユダヤ人たちを見出した」。ウリエルと弟たちは割礼を受け、正規のユダヤ教徒の生活を形づくる儀式と慣習に慣れ始めた。
失望が、すぐ後につづいた。ウリエルは、無意味で余計な諸規定でもって改変されたラビ〔ユダヤ教の師〕が主導する宗教ではなく、聖書のままの宗教、言い換えればモーセの律法への純粋な献身を求めていたと言っている――「一方のユダヤ教徒の慣習と性癖、他方のモーセによって筆記された律法、その二つの間に大きな矛盾があるということを、数日もしないうちに私は、自らの経験からはっきりと悟った」。ここにおいて時間的経緯は若干短縮されるが、彼が看取した矛盾の本質は、対比される言葉の緊張の要求を持続させている。すなわち、彼が「絶対的な法」と呼ぶものに対し、「その法とはまったく関係のない付け足し」としての、いわゆるユダヤ教の賢者たちの「発明」があったと。
この知見について叙述するダ・コスタはおそらく、いくぶん純真になっていた。ある学者が記述したように、ウリエルが純真であるあまりに、十七世紀のヨーロッパのどこかに、純粋に聖書的なユダヤ教に基づく共同生活を見出すことができると考えていたというのは、あり得ないし、彼はラビ主導のユダヤ教の教義に沿って形づくられた同時代のユダヤ教徒の生活様式にまったく驚きもしなかっただろう。【註16】ユダヤ教実践者の彼の母などから実際的な水準でダ・コスタが慣れ親しんでいただろうユダヤ教は事実、隠れユダヤ教徒の特殊なユダヤ教だったが、聖書が書かれた後の、ラビが主導する宗教の、小さいながらも、その疑い得ない痕跡をとどめた宗教だった。【註17】
実際にウリエルが期待していたものが何であれ、彼はアムステルダムで見出したユダヤ教によって、気力を失った。彼の目には、それは後代のパリサイ人〔律法学者〕たちによって導かれている一派閥以外のものではなかった。彼はハンブルクに移り、一六一六年、何よりも口伝えの律法（すなわち口伝律法（タルムード））の有効性を攻撃し、そして「パリサイ人の伝統と諸規定の空虚と無効」を例証する十編の論文集『伝統に対する反論（*Propostar contra a Tradicao*）』を出版した。

もし我々が口伝えの記録書に従ってモーセ五書の命じるところを解釈しなければならず、そしてモーセ自身による聖書（モーセ五書）を信じるのと同様、それらの解釈を信じなければならないとすれば、それはそれ自体で、聖書の土台の崩壊を引き起こすに十分である。それらを真実であると受け止めることによって、我々は聖書の中に変化を生み出し、そして事実、本物のそれに相対する新たな聖書をつくり出す。［しかしながら］口伝えの聖書が存在することは不可能である。［……］我々が聖書の言葉を守るべきであるのと同様に、我々が口伝律法のあらゆる法を守ることを義務付けられていると言うことは、人間の言葉を神のそれに等しいものにしているのである。【註18】

彼はまた、いまだ魂の不死と死後の永遠の生についての疑念に苛まされていたようであり、そのような疑念を生じさせる教義は、彼の後の著述において、冗長な攻撃が及ぶところとなる。

ウリエル・ダ・コスタの著作の出版に対し、ヴェニス〔の共同体〕は、一六一八年八月十四日、ラビ・レオン・モデナにより彼〔ウリエル〕に下された「破門（*cherem*）」でもって応酬した。モデナは、「我々の賢者の言葉に楯突き、そしてイスラエルのまなざしにもかかわらず、何よりもモーセ五書の周りの垣根を破壊し、我々の賢者のあらゆる言葉を混乱であると主張し、これらの言葉を信じるすべての人々を馬鹿者と呼ぶ」者たちを弾劾した。【註19】モデナの判断は、ハンブルクとアムステルダムにおいては、それらの共同体とヴェニスの共同体の間に存在した師弟的関係を考え合わせれば、大きな強制力を持っただろう。ラビ・モデナは同時に、自らダ・コスタの見解を論駁する行動を開始し、「知恵者と自惚れ、その名は不浄で、道に迷った愚かな男から我々の賢者たちを護るため」【註20】、『盾と大盾』（「主よ、私と争う者と争い、私と戦う者と戦い給え。盾と大盾を取り、私を助けるべく立ち上がり給え」

『詩篇』三十五篇2節〕）と題する著作において、口伝律法を擁護した。

ダ・コスタは、ハンブルクにおいても破門の状態に置かれた。その後まもなく、彼はアムステルダムに戻り、そこにおいて自らの見解を提出しつづけた。アムステルダム共同体のラビたちによりダ・コスタの見解に反論することを委嘱されたハンブルクの内科医サムエル・ダ・シルヴァによれば、ダ・コスタは――

> 口伝律法は嘘にして偽であり、書かれた律法はかような解釈を要さず、彼と彼のような者たちは、それを与えることができると〔主張していた〕。彼は、イスラエルが統治され、いまなおそれ自身を統治する法はすべて、野心的で邪悪な男たちの発明であると確信する。〔……〕イスラエルのすべては奇妙な信仰を実践し、彼はそれを破壊するつもりでいると主張する。【註21】

ダ・シルヴァの付言では、ダ・コスタは、割礼の儀式を否定し、「テフィリン（*tefillin*）」（聖句箱）、「タリート（*tallitot*）」（祈祷用ショール）、「メズザー（*mezuzot*）」（門柱に取り付ける聖句箱）など、ユダヤ教の儀礼のさまざまな小道具の使用を侮蔑した。

しかしながら、ダ・シルヴァの目に最も深刻なものとして映った問題は、ダ・コスタによる魂の不死の否定だった。ダ・コスタは、人間の魂は死すべき運命にあり、肉体の死を越えては存続しないと力説した。一つの魂は、本来的にその両親によって生じる、と彼は主張する。すなわちそれは、神によって個別に創造され、そして肉体に置かれるのではない。それは肉体そのものと一緒に、現実にまさしく肉体の一部として、すなわち血に住まう活力に満ちた精神として存在に宿る。この観点において、人間の魂は動物の魂と異なるものではない。人間の魂の唯一際立った特徴は、それが道理をわきまえているという点である。かくしてそれは、必然的に、人間の（あるいは、いかなる）肉体と同様、死に絶え、腐敗する。したがって、死後の生は存在せず、永遠の報酬も罰もない。「人は、いったん死ねば、その人の何も残らないし、二度と生き返ることもない」【註22】。「この」生を保存することは、神とその戒律に跪かせるための口実であり、人が収穫する果実は唯一、現世における労働の対価のみだろう。モーセ五書（トーラー）は、魂は不死であるとも、死後に報酬か罰かによる何らかの生があるとも、述べてはいない、とダ・コスタは主張する。モーセ五書は逆に、人間存在とは、単なる生身の身体ではなく、「塵であり、塵に還るべき」（『創世記』）と言っている。彼はまた、魂の不死を信じるがゆえに生じる——私たちの最も非理性的な恐怖と希望に根差す——誤謬、邪悪、迷信的行動が数多く存在する、と結論付けた。

ダ・コスタがハンブルクとヴェニスで置かれた破門は——驚くべきことではないが——一六二三年五月十五日、アムステルダムの共同体によって念押しされた。

> ポルトガル国民の代表者諸氏（デピュタドス）は、彼らがウリエル・アバドト（ウリエル・ダ・コスタ）と名乗る男の当市への到着を知ったということをお知らせする。彼は、我々のひじょうに神聖な律法に対して向けられた、数多くの不正確な、邪悪な、異端的な意見を携えている。加えて、すでに彼は一人の異端者として扱われ、ヴェニスとハンブルクで破門された。彼を真理に立ち返らせようと、彼らはさまざまな機会に、最大限の礼儀と寛容でもって、上記代表者諸氏（デピュタドス）の立会いの下、「賢者たち（ハハミーム）」とポルトガル国民の長老たちの仲裁を通じ、必要な処置を行ってきた。彼が真の傲慢と強情で自らの邪悪と誤謬に固執することを知り、彼らは共同体の「理事会（マアマド）」および上記「賢者たち（ハハミーム）」とともに、次なる命令を下す。彼は神の法に呪われた病人として隔離される。身分を問わず何人も、男性であれ、女性であれ、実の親であれ、見ず知らず

の者であれ、彼に話しかけることはない。同じく「破門（ヘレム）」の下に含まれる罰により、彼を共同体から隔離し、何人も彼が占める家に足を踏み入れることはなく、善意を示すこともない。彼の肉親たちの都合を配慮し、我々は彼らが彼と離れるべき日までに彼らに八日間の猶予を与える。ユダヤ暦五三八三〔西暦一六二三〕年のオメル〔三十三日節〕の第三十日、於アムステルダム。サムエル・アバルバネル、ビンハミン・イスラエル、アブラハム・クリエル、ヨセフ・アベニアカル、ラファエル・ジェスルン、ヤコブ・フランコ。【註23】

この破門に対してダ・コスタは、反抗的だった。「かくなった上は」と彼は書いている、「私は、自らが主張するところの正しさを例証し、律法それ自体についての私の議論を根拠に、パリサイ人の伝統と慣習の空虚、そして同時にその伝統ならびに慣習とモーセの律法との間にある不一致を明示する本をつくることを心に決めた【註24】」。ダ・シルヴァによる攻撃の書『不死性に関する論文』を出版したのと同じオランダの版元により、一六二四年に出版されたダ・コスタの『パリサイ人の伝統の検証』は、魂の不死についての当初の彼の否定を練り直したもので、口伝えの伝統に対する猛攻撃である。彼の――ユダヤ教徒に対してのみならず、キリスト教徒に対する侮辱も同然の――異端思想のために、彼はアムステルダム市によって逮捕された。十日間、彼は監獄で過ごし、千五百フルデンの罰金を科された。著書は焼却され、それゆえ私たちに伝わっている彼の著書のすべては、たった一冊のみである。【註25】

ウリエルの母はしかし、彼の傍らで彼を支え、そしてこのことは、アムステルダムのユダヤ教徒の指導者たちにとっては微妙な問題を引き起こした。サラ（旧名ブランカ）・ダ・コスタは異端者ウリエルの母であるのみならず、共同体において影響力を持ち、大きな尊敬を受けている二人の成員の母だった。ウリエルの弟たちは、「破門（ヘレム）」の言葉の要求に耐えた。彼らは兄を非難し、彼とのあらゆる関係を絶った。しかし彼らの年老いた母は、ウリエルと同じ家に住みつづけ、彼の手に触れ、彼がその手で捌いた肉を口にし、彼の説くところに従いもした（と言われている）。共同体の規定によれば、理事たちに反発し、改悛なく死んだいかなる者とも同様、彼女はユダヤ教徒の墓地における埋葬の場を拒否されなければならないはずだった。このような造反の状態のまま、仮に彼女が亡くなった場合、彼らはいかに対処すべきか。この問題について、アムステルダムのラビ〔ユダヤ教の師〕たちは、ヴェニスのラビ・ヤコブ・ハレヴィに宛てて手紙を書き、意見を求めた。ハレヴィは、「ユダヤ教の律法に照らし合わせれば、誠実な女性に対しイスラエル人墓地に居場所を拒否することはできない」と、慈愛に満ちた回答を返した【註26】。

　しばらくして、ダ・コスタの考えは、よりいっそう極端になっていった――「律法は、モーセに由来するものではなく、世界中のその他の数多くの発明とまったく同様、人間による発明でしかないという結論に私は達した。それは数多くの観点において自然の法則と矛盾し、そして自然の法則の作者である神は自己と矛盾し得ず、私たちがその作者を知っている自然に反する戒律の遂行を彼が人間に命じたとすれば、彼はあえてそのようにしたのにちがいない」【註27】と。ここに来て、しかしダ・コスタは、特に金銭的な見通しから、孤独な生活を努力してつづけていることに、もはや意味はないと判断した。彼は自尊心を押し殺し、ユダヤ教徒共同体と和解を試み、「彼らの言いなりに、再び自らを彼らと結び合わせ、足並を合わせ、彼らの要望に沿って行動し、猿たちの猿真似をする」【註28】と決意した（彼がそのようにしたのは結婚への願望からかもしれず、彼がまもなく受け取る二度目の「破門（ヘレム）」は、彼がその頃結んだばかりの婚約を解消させることにもなった）。彼は公式に自説を取り下げ、伝統に則して生きようとした。服従しようとするその努力は彼にはかなりの重荷となり、その振る舞いは長くはつづかなかった。ウリエルの甥は、ウリエルが食事規定を侵犯し、「私はユダヤ教徒にはあらず」という疑念をかき立てると、当局に通報した。さらに深刻なことに彼は、一人はスペイン出身の、もう一人はイタリア出身の、二人のキリスト教徒〔のユダヤ人〕を説得し、ユダヤ教への改宗と共同体――「その二人は彼らが首を向け変えようとしていたその軛(くびき)については知らなかった」――への帰属を思いとどまらせようとしているところを捕らえられ、ラビ〔ユダヤ教の師〕たちと一般成員の指導者たちの前に連行された。一六三三年、伝えられるところによれば、以前にも増していっそう厳格なものとされる新たな「破門(ヘレム)」が、彼に対して宣告された。【註29】彼は鞭打ちに甘んじることによる改悛のための機会を与えられたが、それに耐えることを、彼は拒否した。しかしながら七年後、貧しく、孤立無援の彼は、考えを変えた。

私は礼拝堂(シナゴーグ)に入った。そこは、見世物のために集まった男性たちと女性たちで満員になっていた。礼拝堂(シナゴーグ)の中央に位置する、公的な朗詠とその他の活動に使用される木製の講壇［ビマー（*bima*）］に上がるときが来た。私は、彼らが組み立てた懺悔文を、はっきりとした声で読み上げた。私の行為は一千回の死に値し、私は安息日(シャバット)を冒瀆し、信仰を保持せず、ユダヤ教徒になろうとする他人たちを思いとどまらせようとさえした。彼らが満足するのであればと私は、彼らが私に課した命令に従うことと、私に差し出された義務を果たすことに同意した。要するに私は、あのような愚行と罪に逆戻りしないと約束した。私は読み終え、講壇から下り、そして最高位のラビが私に近付き、彼は声を落として礼拝堂(シナゴーグ)の所定の一角に引き下がっているように言った。私はそこに行き、そして付添い人は私に服を脱ぐように言った。私は腰まで裸になり、頭を布で覆い、裸足になり、柱に腕を回した。私の監視役が近付き、柱に回した私の腕を縛った。これらの準備が済むと、「朗詠者(ハザン)」が近付き、鞭を取り、伝統が要求する通り、私の側面に三十九回の鞭打ちを加えた。［……］この鞭打ちの間、賛美歌が歌われていた。鞭打ちが終わると私は床に腰を下ろし、「朗詠者(ハザン)」あるいは「賢者(ハハム)」が近付き、私をあらゆる破門から解放した。［……］それから私は服を着、礼拝堂(シナゴーグ)の入口に移動した。そこにおいて私は、体を伸ばして横たわり、私の付添い人は私の頭を支えた。そして礼拝堂(シナゴーグ)を出て行く誰もが、私の下半身を片足で踏みながら、私を跨いで行った。老いも若きも、全員が、この儀式に参加した。猿たちでさえ、かくも衝撃的な行為または馬鹿げた行動を、世間の耳目に晒すことはあり得ないだろう。一人残らずそれを済まして儀式が終わり、私は起き上がった。私の傍にいた人々は、私から砂埃を払ってくれた［……］かくして私は家に帰った。【註30】

これはウリエルが耐え得る以上のものだった。数日後、「パリサイ人たち」による不正から彼を保護しなかったアムステルダム市の行政官に対する批判で結ばれる自伝『人間的生涯の一例（*Exemplar humanae vitae*）』を書き著し、彼は自ら命を絶った。

学者たちは、ウリエル・ダ・コスタの回想録の信憑性を、特に彼に対する最後の制裁すなわち前年にひじょうに意気揚々と統合を実現させた共同体の、おそらく最初の主要な行為をめぐる描写を疑問視してきた。【註31】その自伝のある個所が、ユダヤ教徒の共同体を悪く見せるために、反ユダヤ主義的な課題を持つ誰かの、すなわちウリエルの本来の原稿に手を加えた——か、そのほとんどを書きさえした——かもしれない、あるキリスト教徒の仕業のような印象を受けると示唆されてきた。【註32】そして疑いの余地なく、ウリエル・ダ・コスタの著述は、アムステルダムの共同体を哀れな光の中で描き出すために活用された。【註33】しかし共同体においてこの種の処罰の前例がまったくなかったのかというと、そうではない。一六三九年、ちょうどウリエル・ダ・コスタが共同体と最後の和解を試みる前年、アブラハム・メンデスが、結婚に関する共同体の一規定を侵し、それが元で彼に対して下された破門の撤回を願い出たことがあった。彼が赦しを請い求めたとき、彼は「講壇に上がり、『理事会(マアマド)』の理事が彼に与えた宣言文を読まなければならなかった。それから彼は、共同体の面前で鞭打たれるだろう。そして共同体の成員たちが彼を跨ぎ越すことができるように、階段のところに横たわるだろう」。【註34】

ウリエル・ダ・コスタの自殺当時、八歳にすぎなかったスピノザは、ウリエルを悩ませた種類の疑念や異端的思想とは、いまだ縁遠いところにいた。にもかかわらず、魂の不死、モーセ五書（トーラー）の――それが神と言葉を交わしたモーセによって筆記されたものなのか、あるいは単にその少し後の数多くの人々による「発明」なのかどうかという――真相、そして組織化された宗教の迷信的自然についてのウリエル・ダ・コスタの見解は、共同体内において広く議論され、末長く記憶されるものとなり、そしてそれは、スピノザの知性の発達に影響を及ぼしたことは疑いもない。一方で、十九世紀の誇張されたある絵画に表現されているように、スピノザがウリエル・ダ・コスタの膝の上に座りながら、自らの思想形成を行ったという示唆はいずれも、まったくの幻想である。

❧継母エステル

一六四〇年、スピノザ家には、一人の異端者の自殺以上に考えなければならないより切実な問題があった。ハンナが亡くなって二年が過ぎ、ミカエルはおそらく、家事を切り盛りし、子供たちを世話してくれる新たな妻を得ようと懸命になっていただろう。長女のミリアムはせいぜい十一歳か十二歳で、一番下の子供はわずか三歳になるかならないかくらいの幼さだった。翌年の四月二十八日、五十二歳のミカエルは、エステル（ヘステル）・フェルナンド、別名ジオマル・デ・ソリスと再婚した。エステルはその当時、四十歳前後だった。彼女はちょうどその年にリスボンからアムステルダムに到着し、妹のマルグリエタと暮らしていた。彼女らの両親はいずれもすでに他界していた。おそらくミカエルは、共同体を通じて知り合ったと思われるマルグリエタの助けを得て、結婚を前提にその姉を、責任を持ってアムステルダムに招来したのだろう。ミカエルとエステルが彼らの結婚の意志をアムステルダムの役所に届け出たのと同じ日に、マルグリエタは、「両親はブラジルに住み、彼自身はアイレンブルフ通りに住む」【註35】ファーロ出身のエマヌエル・デ・トゥヴァルとの来るべき彼女自身の結婚を宣言した。

　このように、私たちがエステル〔継母〕について知っていることは、ミカエルの二人の先妻よりもはるかに少ないが、いまなお資料そのものがひじょうに乏しい。彼女は共同体における重要な家族の傑出した一人アブラハム・ファラルと血縁関係にあったかもしれない。彼女はおそらく一度もオランダ語を学んだことはなく、なぜなら彼女の遺言と遺書――オランダ人の公証人（この場合は、ポルトガル語の出来る助手を持っていたがゆえに、ミカエルが頻繁に使っていた公証人ヤン・フォルカエルツゾーン・オリ）の前で作成しなければならなかった法的文書であり、それゆえにオランダ語で作成されていただろう――は、ポルトガル語によるものだからである。【註36】しかしながら、私たちは、その継母とスピノザとの関係の性質がいかなるものだったのかということや、彼が彼女について抱いていた想いなどについて、一つも手がかりを持っていない。彼女が八歳から彼の面倒を見、かくしてその少年の上にまちがいなく強い影響力を持った以上、これは不運である。レベッカ〔バルーフの姉〕が本当にハンナの子供だったとすれば、エステルは彼女自身の子供を、一人も持たなかったのである。

❧レンブラントとスピノザ

　ウリエル・ダ・コスタの一件の後、タルムード・トーラー共同体の精神はおそらく、高揚させる必要に迫られただろう。一六四二年、フレデリック・ヘンドリック総督がハウトフラフト通りを訪れ、その存在でもってポルトガル人共同体の礼拝堂（シナゴーグ）に栄光を付与するという決断は、彼らを少しは元気付けたにちがいない。

総督という地位は、低地地方がブルグンディ公爵の所領の一部だった頃の名残りであり、かつては公爵が、北部の領民に目を光らせておくために、つねに統治者を指名していた。ハプスブルク家がその領地を引き継いだとき、スペイン王家はひじょうに位の高い貴族の者を指名し、国王に代わって行動することを慣例化した。オランダ人がその地位を保持し、そして皮肉にもそれは、スペインに対する彼らの優位のために利用された。最も人気のある、そして重要（かつ伝説的）な総督は、ウィレム一世であり、彼は一五七〇年代と一五八〇年代に、スペインに敵対する連合州の反乱を導いた。総督は各州によって行われる州のための任命であり、通常はオラニエ家出身者がいくつかの州の総督を同時に兼ねていたが、戦争開始後から十七世紀を通じてオラニエ家出身の二人が七州の総督職を分け合っていた。しかしながら（一六五〇年から一六七二年にかけての無総督時代を除いて）つねにどちらか一方が支配的な総督となり、すなわちホラント州、ゼーラント州、ユトレヒト州、オーファーアイセル州、ヘルダーラント州のその地位を一身に占めた。その一人が、何ら君主と異なるものではないが、実質的に国家元首であり、何よりもオランダ統一の一つの――事実上「唯一の」――象徴的存在となった。総督は、職権上ホラント州裁判所の裁判長であり、その州の公的秩序ならびに公的正義を維持する責任を負った。彼はまた、「真の宗教」すなわち改革派教会を擁護する義務をも負った。実際的な観点における、おそらく最も重要な任務としては、彼はオランダ共和国の陸・海軍の最高司令官だった。一六二五年から一六四七年まで、ホラント州をはじめとする諸州の総督は、ウィレム一世の息子、フレデリック・ヘンドリックだった。

タルムード・トーラー共同体の礼拝堂（シナゴーグ）を訪問するというフレデリックの決断は、瞠目に値するものだった。共和国においてユダヤ教徒は、いまだ公の認識では「外国人居住者」であり、一六五七年になってようやく「ネーデルラント連邦共和国の真の臣民かつ居住者」として宣言された。【註37】彼らはまた、改革派教会の数多くの教区においては「歓迎されざる」居住外国人と見なされていた。ユダヤ教徒の礼拝の館を訪問することによって総督は、一部のカルヴァン主義者たちの不寛容が蔓延る（はびこる）ことに対し、実質的に彼の拒否を表明しようとした。オランダの経済成長における重要な要因として認識していたにちがいない共同体に、彼は賛同の太鼓判を押し、少なくとも無言のうちに彼の保護を与えようとしていた。

総督による礼拝堂（シナゴーグ）訪問――オラニエ家の一員によるものとしては最初である――にきっかけを与えたのは、イギリスのチャールズ一世の后ヘンリエッタ・マリア女王のネーデルラントへの到着だった。イギリス女王は、フレデリック・ヘンドリックの嫡子ウィレム二世との結婚のために、十歳になる娘メアリーを連れていた。ヘンリエッタ・マリアは、一二九〇年にユダヤ教徒住民を追放し、その後長きにわたって彼らを公式に再認しなかった彼女自身の国では目にすることの叶わないものとして、礼拝中のユダヤ教徒たちを見ることを希望した。しかしその訪問には、物質的にひじょうに差し迫った動機があった。女王はイギリスから王家の宝石を携えて来ており、それらを担保にして彼女にユダヤ教徒の商人たちが現金を、すなわち四面楚歌の彼女の夫が緊急に必要としていた現金の貸付に応じてくれることを願っていた。伝えられるところによると、アムステルダムのユダヤ教徒たちは、もし総督が保証人となるのであれば、貸付に応じると答えたという。かくして国際政治と家族的関係（十七世紀においてその二つが関係しないことは滅多にない）を動機の一部とし、フレデリック・ヘンドリックは礼拝堂（シナゴーグ）への訪問にあたり、彼女を同伴し、同様にウィレム二世と彼の未来の花嫁メアリー王女を同伴した。五月二十二日、王家の訪問者たちは、ポルトガル人〔＝ユダヤ人〕の共同体によって熱烈に歓迎され、タルムード・トーラー共同体の「ベイト・ハ＝ミドラシュ（*beit hamidrash*）」〔礼拝堂（シナゴーグ）〕の中に案内された。ユダヤ教徒共同体の代表団は総督に、彼らが長年にわたって与えられてきた庇護について謝意を表明し、そしてホナス・アブラバネルはこの機会のために彼が綴った詩を朗読した。しかし公的に歓迎の辞を述べる光栄を授けられたのは、ラビ・メナッセ・ベン・イスラエルだった。

我々はもはやカスティーリャとポルトガルではなく、ネーデルラント共和国を祖国と見なす者たちであります。我々はもはやスペインあるいはポルトガルの王ではなく、総督閣下ならびに殿下を我らの指導者と仰ぐ者たちであります。その御腕によって我々は庇護され、そしてその御剣によって我々は守護されております。それゆえ、総督閣下ならびに殿下、そして世界に名を馳せる本市の高貴な指導者たちのために、我々が日々祈りを捧げることを、誰もが当然と見なしております。【註38】

フレデリック・ヘンドリックが、自国のポルトガル人商人たちによって表明された感情に満足したのはまちがいなく、そしておそらく彼らが財政的な援助を差し出すことにやぶさかではなかったことにも、彼はさらに満足しただろう。かくして十三年後、メナッセがイギリスに渡ったとき、彼はその国で再びユダヤ教徒の定住が許可されるべく、チャールズ一世と交代したオリヴァー・クロムウェルを説得するにあたり、包括的な経済の議論の使用が有効なものになることを願った。

たとえ礼拝中であっても、ユダヤ教徒の礼拝堂（シナゴーグ）を訪れるオランダ人は、この頃、実際にかなり一般的になっていた。一六四八年十月二十九日、市長たちと市の行政官たちの一行は、ハウトフラフト通りの建物を訪れた。彼らの間には、影響力のある裕福な商人で、アムステルダムにおける傑出した特権階級の家族の一人アンドリエス・ビッケルと、フランス・バニンク・コック隊長がいた。六年前、《夜警》として知られる絵画においてレンブラントが不朽のものとしたのは、（ニーウェ・ゼイデ通りの第二分署の）コックの市民警備隊だった。

　レンブラントは一六四〇年代のブレーストラート大通り界隈において、もはや仮初（かりそめ）の住人ではなかった。いまや彼はその通りに面した高級な——その後の彼の財政的問題に照らし合わせればあまりにも贅沢な——邸宅に住んでいた。彼はアムステルダムに到着してまもなくの頃から、彼の身近にいるユダヤ教徒たちを、彼自身の芸術的目的とユダヤ教徒たち自身のために、素描画にし、腐食銅版画（エッチング）にし、油彩画にした。例えば、彼の通り向かいに住んでいたメナッセ・ベン・イスラエルの肖像を描いたものと思われる、一六三六年制作の腐食銅版画（エッチング）がある。彼はまた、メナッセの友人であり、傑出した碩学にして医師エフライム・ブエノに似た人物を描いてもいる。（彼ら二人は、オランダ人の画家たちに人気のあったモデルだったように見える。例えば、ブエノの肖像画はレンブラントのかつての同僚ヤン・リーフェンスによっても制作され、メナッセのそれはレンブラントのかつての弟子ホフェルト・フリンクによって一六三六年に制作された）。さらに、通りにいるユダヤ教徒たちを手早く描写したいくつかの素描画と同様、いく人ものポーランド系の年老いたユダヤ教徒たちが彼らの礼拝堂（シナゴーグ）の外に寄り集まっている情景を描いたものと思われる、一六四八年の腐食銅版画（エッチング）がある。しかしながら、一六七〇年代にユダヤ教徒と彼らを取り巻く環境を描写したロメイン・デ・ホーホと違って、ポルトガル・スペイン系ユダヤ人たちや東欧系ユダヤ人たちを描くにあたってのレンブラントの意図は、日常生活における彼ら（と彼らの建築物）を単に記録することではなく、聖書を主題とする宗教画や歴史画のための予備的な作品を蓄積することにあった。老若のユダヤ教徒男性を記録した彼の素描画において私たちが目にするいくつかの顔と身体は、旧約聖書の情景やその主要人物を描いた絵画、すなわちポルトガル・スペイン系ユダヤ人たち自身が熱心に買い求めていた絵画に再び登場する。

　ポルトガル人ユダヤ教徒たちは、オランダ人たちと同様、芸術作品の収集に熱心だった。例えば、イサーク・ピントの家には、「総額で一トンの金に値する貴重な絵画群」が収まっていた。【註39】フランスのルイ十三世と彼の宰相リシュリュー卿のアムステルダムにおける代理人として行動したアルフォンソ・ロペスは、一六二六年のレンブラントの《預言者とバラム》を——あるいは注文しさえして——購入した。さらにはディエゴ・ダンドラーデとの、うまくまとまらなかった取引もあった。ダンドラーデは、レンブラントにある若い少女の肖像画を依頼し、それに対して代金を前払いした。しかしダンドラーデはそれを見たとき、その肖像画には「少女の人となり、あるいは面立ちに、いささかたりとも似たところがない」と主張した。レンブラントに対し彼は、それを手直しするか別のものを描くか、いずれか一方を求めた。レンブラントはいずれをも拒み、ダンドラーデは受け取りを拒否した。ダンドラーデが返金を求めたとき、レンブラントは、ダンドラーデが手間賃を加算した全額を前金で支払うのであれば、手直しに応じるだろうと言った。かくして彼は、それが似ているか似ていないかの判断を、聖ルカ同業者組合（ギルド）——画家の同業者組合（ギルド）——の役員たちに委ねることになった。【註40】

レンブラントが彼の周りの家々に住むユダヤ教徒たち——具体的には、一方の隣に住んでいたタバコ商人ダニエル・ピントや、もう一方の隣のサルヴァトール・ロドリゲス一家のような——といかに数多くの接触を持っていたかという、まさにその点については、単純に観察的なものを超えて、実にさまざまな議論がなされてきた。特定の個人が肖像画のモデルとなる機会と同じ数ほどに、芸術作品をめぐる商業的取引と匿名のユダヤ教徒のモデルの使用があった。さらには、否定できない事実として、レンブラントはラビ〔ユダヤ教の師〕のメナッセと仕事上でかなり緊密な関係にあった。一六三五年、彼は《ベルシャツァルの宴》を描くにあたり、聖書解釈の要点（および、おそらくヘブライ文字の書き方の指導）についてメナッセに相談したにちがいなく、その油彩画の中でバビロニア王は、その出来事についてのメナッセ自身の考えに沿った綴り方で、霊妙な警告を（アラム語で）受け取っている。【註41】レンブラントはまた、メナッセの著作『輝ける石、あるいはネブカドネザルの像（*Piedra gloriosa de la estatua de Nebuchadnesar*）』の協力者として、メナッセの文章に添える四点の挿絵を彫刻凹版（エングレーヴィング）の銅版画によって提供し、メナッセはその著作を一六五五年に出版した。さらに、隣人同士が不運にも、しかしながら必然的に落ち込む種類の諍（いさか）いもあった。一六五四年五月、レンブラントとダニエル・ピントは、彼らの家に対して行われた補修作業と地下で引き起こされていた騒音をめぐって言い争いをしたが、レンブラントはその作業に係わる彼の分担金を支払うことはけっしてなかった。【註42】

このように、レンブラントと「アムステルダムのユダヤ教徒たちとの関係」【註43】について語り、レンブラントをユダヤ教徒たちとの相互の緊密なつながりにおいて描出することは、事実に反するものではない。【註44】しかしながら、ある一人のレンブラント研究者は、これを「情緒的憶測」と呼び、「レンブラントはユダヤ教徒共同体内に深入りすることはなく」、彼の付き合いは「キリスト教世界の最果てまで旅をした」わずかな数の個人に限られると主張する。【註45】確かに、メナッセとブエノの肖像画やメナッセとの共作以外に、いずれにせよ資料的証拠と言えるものはほとんど存在しない。とは言え、一方のユダヤ的な文物へのレンブラントの紛れもない興味と、他方のポルトガル・スペイン系ユダヤ人共同体の国際的な気質とに照らし合わせれば、先の制限的な意見を受け入れるのは困難である。レンブラント自身はまさにアムステルダムのユダヤ世界の懐に住んでいるというのに、なにゆえに彼が「キリスト教世界の最果てまで旅をした」ユダヤ教徒たちだけに付き合いを限定する必要があったというのか。レンブラントは彼の周辺に住んでいる知的で芸術的感性を備えた数多くのポルトガル人ユダヤ教徒たちと、まちがいなく当たり障りのない関係以上のものを持っていた。

しかしながら、最高に魅力的な問題は、スピノザ自身がレンブラントを知っていたかどうかということである。十七世紀のオランダ文化における二人の偉人が顔見知りだったと仮定することは、実に興味深いことである。この点において、レンブラントがスピノザと知り合うことに少しでも関心を抱いていたということの根拠は何もないが、通りで偶然に行き交う以上の顔見知りになるきっかけには、事欠かなかったはずである。いく人かの研究者は、メナッセが仲介者となり彼らを引き合わせたと憶測してきた。【註46】おそらくレンブラントは、メナッセ（あるいはモルテーラかもしれず、その肖像画をレンブラントは描いた可能性がある）と一緒に礼拝堂（シナゴーグ）か学校を訪れ、そのラビ〔ユダヤ教の師〕により学校のひじょうに優秀な学生の一人の若きスピノザを紹介されたかもしれない。あるいは彼らは、メナッセの家で顔見知りになったかもしれない。残念ながら、これらの想像には、まったく裏付けがない。メナッセ・ベン・イスラエルを「スピノザの師」と呼ぶことは一般的になっているが、スピノザはタルムード・トーラー学校で正式にはメナッセに教えられたことは一度もなかったように思われる。メナッセは一六四二年、ラビのアボアブがブラジルに出発したとき、すなわちスピノザが少なくとも第二学年になっていたと考えられる時点で、第五学年を引き継いだ。メナッセはスピノザが上級学年に進級する年齢に達した頃になっても第五学年を教えていたが、まもなく彼はユダ・ヤコブ・レオンと交代させられた。【註47】スピノザとメナッセが一度でも近い関係にあったということを裏付けるには単純に確固たる根拠がないのであり、かくして特に一六四〇年代について言えば、メナッセがレンブラントとスピノザを引き合わせたと信じることには無理がある。

一六五〇年代のある時点において、スピノザがレンブラントに出会ったというのは、同様にまったくの憶測ではあるが、なきにしもあらずと言える。レンブラント工房の徒弟の一人レーンデルト・ファン・ベイエレンは、一六四九年に死去するまで、スピノザのラテン語の個人教師フランシスクス・ファン・デン・エンデンの家に寄宿していたと伝えられている。ファン・ベイエレンはレンブラント絵画の複製を制作し、絵画の競売においてはレンブラントのために入札者としての務めを果した。芸術に変わらぬ興味を持ちつづけるファン・デン・エンデン——アムステルダムに移り住んだばかりの頃の彼は画商だった——は、彼の下宿人の高名な画家の親方との関係を切り拓こうとしただろう。もし彼がファン・ベイエレンの死後もその関係を継続したなら、一六五〇年代半ばにスピノザが折りにふれ〔ファン・デン・エンデンの家を〕訪れたとき、その新星のごとき弟子をその画家に引き合わせたかもしれない。【註48】しかしそれは手元のいかなる資料をもはるかに越え出ている。結局は、「レンブラントをスピノザに関係付けようとする幾多の淡い期待には何ら歴史的な根拠がない」【註49】と書き記した、あるレンブラント研究者の判断には、何も異議を差し挟むことはできないのである。

ある空白

一六四一年のミカエル〔父〕によるエステル〔継母〕との結婚から、一六四九年の彼の息子イサークが死去するまでのスピノザとその家族については、一六四二年から四三年にかけてミカエルが共同体（それはいまや「タルムード・トーラー・エ・テソレイロ・デ・エッ・ハイム Talmud Torah e Tezoureiro de Ets Haim」〔「タルムード・トーラー共同体ならびにエッ・ハイム財務部」という意〕と呼ばれるようになっていた）の教育理事会において、「理事（パルナス）」としての第二期目（統合した共同体においては最初の任期だった）を務めていたということ以外に、私たちは何か意味のある情報を持っていない。そこには時折、一六四四年にミカエルがアブラハム・ファラルならびに「ロンドンの商人」アントニオ・フェルナンデス・カルヴェハル（彼はユダヤ教徒の居住に対するイギリスの公式の禁止にもかかわらずロンドンに住み付き、そこにおいて最初のユダヤ教徒の礼拝堂（シナゴーグ）の設立者の一人となる）【註50】と合意した貿易のような、単発的な商業的取引がある。しかし、アムステルダムの保守的なユダヤ教徒共同体における若者の生活について、支障のない範囲でめぐらされる想像はさておき、この年間のベント〔バルーフ〕の活動について知られている事柄は、何もない。集中的な勉学と訓練の歳月の後、ベントは、十三歳になった一六四五年に、自らの成人式（バール・ミツヴァ）（bar mitzvah）を祝福しただろう。しかし、ミカエルが彼の息子の教育の将来について何を心に思い描いていたか、私たちには分からない。学校の初等課程を終えれば、彼は自らの息子を家族の会社に参加させようとしていたのか、あるいは息子が上級学年で学びつづけ、ラビ〔ユダヤ教の師〕となるだろうことを望んでいたのか。予見し得ぬ出来事がまもなく、この問いを未決にした。

第五章　アムステルダムの商人

❧商人スピノザ

ミカエルの長男イサークが一六四九年九月に死去したとき、スピノザは十七歳になろうとしていた。このことは、もしすべてが順調に推移していたのであれば、彼はタルムード・トーラー学校の上級学年の一年目、すなわち第五学年に入っていただろうことを意味している。このときその学年は、ラビ〔ユダヤ教の師〕のメナッセ・ベン・イスラエルが教えていたのであるが、ほどなくして彼は、ユダ・ヤコブ・レオン（彼はソロモン神殿の建築模型を組み立てることへのほとんど病的な没頭ゆえに「神殿（テンプロ）templo」という綽名で知られてもいる）と交代させられた。二十世紀初頭までは、その上級学年でスピノザは学びつづけ、かくしてラビとなるための訓練を受けたと考えられていた。まさしくこれは、彼の父〔ミカエル〕が彼の次男〔バルーフ〕について思い描いていたことだったかもしれない。共同体の教育施設の理事会への彼の奉仕ぶりから、ミカエルが教育についてひじょうに気にかけていたということと、そしてベント〔バルーフ〕が生来の優秀な生徒だったということを、私たちは知っている。かつての隠れユダヤ教徒にとって、自らの息子を「賢者（ハハム）（*chacham*）」にすること以上により大きな名誉と誇りの源泉が何かあっただろうか。一人のユダヤ教徒の若者にとって、スピノザの知性という偉業以上により偉大なものが何かあっただろうか。

もしスピノザが本当にラビ〔ユダヤ教の師〕になろうとする願望を抱いていたのであれば、神の恩寵からの結果的な転落の物語に、多分に劇的な要素が付け加わっただろう。しかしながらファス・ディアスは、一九三〇年代にアムステルダムのユダヤ教古文書館において発見した資料に基づき、実際のところスピノザは、彼がそうなっていたはずの一六五〇年代初めに、上級学年の――ラビ・モルテーラによって教えられ、ゲマラ〔三～六世紀のラビたちによる聖書註解書〕の高等学習とラビ的・哲学的文献の講読を含む――授業、すなわち「メドラス（*medras*）」に出席していなかったということを示してきた。エッ・ハイム協会が上級学年の「メドラッシム（*medrassim*）」〔授業（「メドラス」の複数形）〕に出席する生徒に給付した奨学金（ならびに非出席の生徒に対する罰金）を記載した帳簿が、エッ・ハイム友愛団体によって保存されていたのである。十八歳のスピノザがモルテーラの教室にいただろう一六五一年のその帳簿において、おそらく初めて、彼の名前が消えていると考えられる。【註1】同様に、その前年あるいは翌年の帳簿にも彼の名前は記入されていない。このことは、スピノザがサウル・レヴィ・モルテーラとともに、もはや口伝律法（タルムード）やユダヤ哲学を学ばなかったということを意味しているのではなく、エッ・ハイム神学校が規定する履修課程における彼の公的教育が断ち切られたということを、まざまざと指し示している。スピノザは、ラビになるための訓練を、受けなかったのである。

学校の記録からスピノザ〔の名前〕が消えたことについての最も高い水準の明瞭な説明は、イサークの死後、ミカエルが家業の貿易会社におけるバルーフ〔ベント〕を必要としたということである。かくして一六五四年までには公証人の資料において「アムステルダムのポルトガル人商人」として言及されるスピノザは、一六四九年の遅くかそれより少し後に、おそらく正規の学問を放棄し、父の輸出入会社に入った。もしかすると、それより以前の、ちょうど初等課程の終了後（一六四六年かその前後のあたり）から彼は授業に出席することを止め、十四歳頃になって速やかに仕事に就いたのかもしれない。一六四七年から五〇年（ユダヤ暦五四〇七～五四一一年）にかけてのエッ・ハイムの「タルムディム（*talmudim*）」〔口伝律法を学ぶ学生たち〕のための記録に彼の名前がどこにも現れない以上、彼が第五学年の授業に出席したということを証明できるものは何もない。【註2】おそらくミカエルは、ベントが上級学年で学び始める以前に、若き彼を学校から引き抜いたのかもしれない。もしそうであれば、彼の父は、その息子がラビ〔ユダヤ教の師〕の道へ進むことを、けっして第一には考えていなかったということになる。彼自身と同じく、その息子は、一商人となる（とは言え、ラビになることが商業活動への従事を妨げるというわけでもなく、サウル・レヴィ・モルテーラ、メナッセ・ベン・イスラエル、サムエル・デ・カセーレスなど、共同体のすべてのラビ〔ユダヤ教の師〕は、副業的に貿易を行っていた）。

ミカエルは、一六四九年、タルムード・トーラー共同体の「理事会（マアマド）（*ma'amad*）」に選出され、そのことは、いまだ彼が仲間内から高い尊敬を受けつづけていたということを示している。物事は、比較的順調に進展していたのにちがいない。いくつかの負債——特に、難題を抱えるエンリケスの資産について彼が負っていた長期的な債務——にもかかわらず、彼には十分な銀行預金があった。【註3】さらに、いまやベントを傍らに置いて彼が采配を振るう商売は、特にオランダ人（そして特にオランダのユダヤ人）の貿易に重大に影響する政治的展開ゆえに、数年来上向きになりつつあった。

一六四〇年十二月、ポルトガルは、スペインとの政治同盟から手を引き、独自の外交および経済路線を歩んだ。このことは、アムステルダムのポルトガル・スペイン系ユダヤ人たちにとっては、ポルトガルとその植民地との商業的連携を再び確立し始めることへ門戸を開いた。それらの通商圏は、共同体初期の経済発展にとってはひじょうに重要なものとなっていたが、一六二一年にスペインとの停戦協定が期限切れとなってからは切り離されていた。この圏域をオランダの船舶が再び自由に航行できるとなれば、それはユダヤ人たちに勢いを回復させるものとなり得た。このような機会の到来は、ポルトガル南端のアルガルヴェ地方からの木の実や果物を取り扱うミカエルにとっては、何よりも有難い知らせとなっただろう。ポルトガル・スペイン系ユダヤ人たちは、ネーデルラント、ポルトガル、ブラジル間における自由貿易を確実にするために懸命に立ち回りつつ、〔対スペインを目的とする〕ポルトガルとネーデルラント間の同盟交渉において、積極的な役割を果した。彼らはまた、オランダによって統治されるブラジルの居住区に住むユダヤ教徒のために、保護を求めて奔走した。一六四四年までにブラジルには、主にレシフェを中心に千四百人のユダヤ人たちがいた。これらのオランダからのユダヤ人移民は、ブラジルとネーデルラント間の直接的な商業交通を容易にし、戦争が〔オランダ船舶の〕ポルトガルとスペインの通過を不可能にしたときにはひじょうに重要な存在となった。【註4】しかしながら、ネーデルラント連邦共和国とポルトガル間の和平は、結果的にはそれほど長くはつづかなかった。一六四五年、ネーデルラント領ブラジルにおけるカトリックのポルトガル人入植者が反乱を起こした。彼らのためにポルトガルは加勢し、数カ月以内にオランダが支配していた領土のほとんどすべてを再征服した。このことは、ユダヤ人たちが統制していた砂糖貿易を麻痺させ、【註5】そして〔レシフェのユダヤ人を含む〕オランダからの入植者を、カリブ海の島々、ニューアムステルダム〔現在のニューヨーク〕、オランダ本国への帰路に、離散させた。

一方で、スペインとの和平は、最終的に一六四八年のミュンスター条約署名により、保障された。十二年間の停戦協定によって唯一中断されたとはいえ、八十年間の敵意の後で、ネーデルラント連邦共和国、低地地方南部諸州、そしてハプスブルク家は、戦争終結の協定に賛同することができた。これは、一六四七年三月のフレデリック・ヘンドリックの死去の間際の発案だったが、にもかかわらず、彼の息子ウィレム二世とその側近のカルヴァン主義の政治顧問たちはそれに反対し、戦闘を継続し、南部諸州を「解放する」ことを欲望した。父の死後すぐにウィレム二世は支配的な総督の地位を引き継ぎはしたが、ホラント州――その法律顧問アドリアーン・パウ、そしてアムステルダム市長の一人アンドリエス・ビッケルによって主導されていた州――は、連合州を手堅く操り、かくして共和国の政治的方向性をも操作した。彼らが一六四八年春、ミュンスター条約七十九項の批准を確実にし、その流れの中で、一時的とは言えオラニエ家に対する彼らの優位を動かぬものにした。新総督〔ウィレム二世〕は和平には反対したが、しかしそれについて彼になし得ることは、単純に何もなかった。

連邦共和国とスペイン王国間の諸々の合意の署名によって、スペインと〔特にカリブ海における〕その植民地との刷新された貿易を通じ、ユダヤ人たちは、一六四五年以降のポルトガル貿易による損失を埋め合わせる以上のことをなし得た。一六四八年の戦争終結は「オランダのポルトガル・スペイン系ユダヤ人の黄金時代」【註6】のさきがけとなったと、概ね歴史家たちの意見は一致している。以後、スペインの港は、オランダの船舶に開放され、そして〔フェリペ四世の命により〕オランダの臣民たるユダヤ人〔ユダヤ教徒〕はスペインとの貿易を許可されることになるが、ただし、カトリックかプロテスタントの代理人を仲介させることが必要だった。まもなくユダヤ人は、葡萄酒、干し葡萄、オリーヴ油、糖蜜、アーモンド、柑橘類と引き換えに、北方ヨーロッパからは木材と穀物を運び出すことにより、スペインとの交易の比較的大きな割合——二〇パーセント以上——を手中に収めた。【註7】このことは、交戦中の経済不振期後のミカエルの商売にとって、一つの大きな弾みとなっただろう。スピノザが父の会社において大きな役割を担い始める頃には、彼らの取り扱う貨物が容易に輸送可能となったその容易さゆえに、いまや取引量は拡大し、その利益は増加していたはずである。

総督派と議会派

スペインとの和平は、共和国内において、万事が順調だったことを意味しはしなかった。反対に、条約締結に至るまでの和平をめぐる議論は、オランダの政治的、宗教的諸派間の緊張を悪化させる一方だった。何年にもわたって、アムステルダムならびにその他諸都市は、軍事支出の縮小と、もしそれが唯一経済的に有益なものになるのであれば、敵国との何らかの協定の締結を強く要望していた。和平が締結されたとき、ホラント州を支配する（そして和平賛成派でもある）比較的穏健な特権階級層と保守的なカルヴァン主義者たち（彼らの側に総督はあった）との間の確執は、いっそう激しくなり、共和国の基礎を成す政治的原理が問題にされた。

スペインとの和平問題では敗者の側にあったとは言え、ウィレム二世は屈服するような人物ではなく、迅速に彼は、ホラント州とその他諸州との軋轢に付け込み、その関係に楔を打ち込もうとした。一六四九年から五〇年にかけての政治的危機の間、焦点となった問題はさまざまにあった。共和国はその住民であるカトリックと抗議派（アルミニウス派）の信徒たちに対しどの程度まで寛容であるべきか。戦争が終わった現在、かくも大規模な軍隊を現実に維持する必要があるのか。ウィレム二世は、いくつかの州とともに、（約三万五千人から成る）軍隊の現状維持に賛同した。彼はまた、保守的なカルヴァン主義者たちの間に自らへの支持を固められると期待しつつ、連邦共和国によって包括的に統治される土地（いわゆる直轄地）におけるすべての職からのカトリックの信徒の排除命令――ホラント州からは反対されていた――を後押しした。それに対して彼らカルヴァン主義者たちは、総督の友好的な態度の中に抗議派への反撃を再開する機会を見出した。全般的な経済不振、オランダ東インド会社の失敗（その支援要請に対するホラント州の拒絶を数多くが非難した）、悪天候、高騰する主食の価格、全体的な沈滞を助長するだけの哀れな収穫。しかし、これらすべての個別の問題の背後に横たわる真の問題は、共和国の政治的性質に係わるものだった。いわゆる議会派――ホラント州の六都市、すなわちアムステルダム、ドルトレヒト、デルフト、ハールレム、ホールン、メデムブリックに集中していた――は、ネーデルラント連邦共和国とは主権を有する諸州の連合であると力説した。彼らに敵対する総督派（すなわち「オラニエ派」）は、それは中央集権制の連邦国家であり、諸州は連邦に参加した時点で主権を連邦議会に委ねたのであると主張した。議会派は、総督という、共和国における形式的な君主の必要性を疑問視した。オラニエ派〔総督派〕は、「聳え立つ頭」すなわち公共の教会を守護し、共和国の比較的大規模な常備軍の総司令官としての役目を担うことのできる統一的存在が果たす政治的、軍事的に重要な役割を強調した。【註8】

ウィレム二世は最終的にホラント州に対する支配を手にしようと望み、その欲望のためにその州をより従順にしようとした。これを実現するには、彼はその州との対立をやわらげる必要があった。彼はそこで、議会派を率いる特権階級（特にパウとビッケル兄弟）の逮捕を企てた。彼はまた、アムステルダムにおいて特権階級を支持する抗議派（アルミニウス派）の牧師たちを、より忠誠心に溢れ、さほど寛容ではないオラニエ派〔総督派〕の牧師たちと交代させようとした。一六五〇年五月、その危機は、ホラント州が総督の探し求めていた口実を彼に与えてしまったのを機に、最高潮に達した。その州が一方的に軍隊のいくつもの部隊の撤廃を提案したとき、ウィレム二世は、連邦議会の後ろ盾とともに、攻撃に打って出た。連邦議会（ホラント州とヘルダーラント州は不参加だった）は、撤廃に賛成票を投じたホラント州全市への入場権限を彼に認めた。六月、ウィレム二世はアムステルダムに入り、その市長たちから手荒く扱われた後、連邦軍が市街を行進する中、対立する特権階級の指導者たちを逮捕した。ビッケル兄弟と彼らの同志たちは「市議会（フルートスハップ）（*vroedschap*）」から追放され、そしていまや一万二千人の兵士たちによって包囲されたアムステルダムは、軍の部隊数についての総督の要求を呑んだ。

オラニエ派〔総督派〕の陣営にとって、その勝利はつかの間だった。一六五〇年十一月六日、ウィレム二世は天然痘により死去し、彼の支持者たちは心底狼狽した。総督によってアムステルダムおよびホラント州に植え付けられた政治的変化は、もはや根を張る機会を持たなかった。直ちにアムステルダムは、堅実に市を統治する自由主義的な抗議派（アルミニウス派）とともに、元の政治的均衡へ回帰した。一六五〇年の危機の後、共和国における実権は、各市、各町のそれぞれの特権階級に再び委ねられた。ホラント州の方は、いまや法律顧問ヤコブ・カッツの下で、州固有の問題を処理することに立ち返り、いかなる連邦主義者の要求に対してもその主権独立を押し通した。ホラント州は、再び連邦議会を支配し、総督の政治的、軍事的役割の多くを引き継いだ。ウィレム二世の息子ウィレム三世が、一六五〇年の総督の死の直後に生まれたという事実にもかかわらず、一六七二年までフリースラント州とフローニンヘン州を除く諸州には、総督はなかった。

これらの騒然たる出来事の後もなお、数多くの問題が残り、そのいくつかは直接ユダヤ教徒にかかわるものだった。共和国の政治的状況についての討論を行うために一六五一年早々にデン・ハーグで開催された全州代表者会議の議題の中には、宗教的寛容の問題があった。保守的なカルヴァン主義者たちは、たとえ信仰告白的に統一されていないとしても、やはり神学によって統治される州を希望した。彼らはカトリック信仰の台頭、非改革派あるいは異議を唱える改革派内のプロテスタント諸派（特にルター派、メノー派、抗議派）の信者数の増加を懸念した。【註9】しかし彼らは、ユダヤ教徒に対しては、彼らの特別な憤りを抑えた。これらの「イエス・キリストに対する冒瀆者たち」については、共和国のいかなる場所においても公的に彼らの宗教の実践が許されてはならない、という主張はあった。【註10】ホラント州は、改革派教会によるその会議にいくらかの譲歩をし、正統ではない改革派または非改革派の諸派は「今後、彼らがすでに実践を認められている場所以外ではそれを許されない」とすることに同意したが、その一方でユダヤ教徒は、平穏のままに残された。

❧ベントとガブリエル・デ・スピノザ商会と借金の取り立て

一六五〇年代の初期は、スピノザ家においては、感情的にも、物質的にも、不安定な時期だった。一六五〇年、ミカエルは共同体の慈善協会「ビクル・コリム（Bikur Cholim）」の管理者に任命されてはいたが、もはや「理事会（マアマド）」における身分はなかった。一六五〇年六月、スピノザの姉ミリアムは、タルムード・トーラー学校のラビ〔ユダヤ教の師〕志望の学生サムエル・デ・カセーレスと結婚した。ミカエルは、何らかの理由で、二人が市に結婚の意志を届け出たとき、立ち会うことが叶わなかった。しかし、エステル〔ミカエルの三番目の妻〕が彼らに付き添い、「父ミカエル・デ・スピノセ（Michael de Spinose）はこの結婚に彼の許可を与えた」と書き記されている。【註11】「すでに両親とも亡くなり、バタヴィアストラート通りに住む」デ・カセーレスは、結婚当時、二十二歳だった。彼はいまだ最上級の「授業（メドラス）」でラビ・モルテーラに学び、さらにその先には二年があった。スピノザとは異なり、彼は学問を修め、ラビとなった。サムエル・デ・カセーレスは、事実モルテーラの弟子の一人であり、一六六〇年に師のために弔辞を述べたが、それは彼自身が世を去る直前のことだった。彼はタルムード・トーラー共同体のラビの一人として奉仕したことは一度としてなく、共同体の「ソフェル（*sofer*）」すなわち書記官として奉仕した。彼はまた商人でもあり、彼とミカエルは、一六五二年、いくつかの取引に共同で参画した。

一六五一年三月から九月にかけてのあるとき、ミリアムとサムエルは、息子ダニエルを授かった。一六五一年九月六日——すなわち結婚から一年と少しを過ぎて——、ミリアムは、おそらくダニエルを出産したことが原因で、世を去った。サムエルは、幼い息子のために母親の必要を感じ、ミリアムの妹（すなわち義妹）レベッカと再婚した。【註12】サムエル自身が一六六〇年に世を去ったとき、レベッカはサムエルとの間に儲（もう）けた三人の子供たち（娘ハンナ、長男ミカエル、次男ベンヤミン）とともに、彼女の甥すなわち義理の息子〔ダニエル〕を養育する責任を、一身に引き受けた。ダニエルは一六七八年、アムステルダムにおいてユディト・デ・ダヴィッド・モレノと結婚したが、その結婚は離婚に終わった。その後まもなく、レベッカと彼女の二人の息子は〔カリブ海の〕キュラソー島に移住した。

長女ミリアムの死から二年後、ミカエルは三度目の寡夫となった。一六五三年十月二十四日、エステルは、世を去った。彼女はひじょうに長きにわたって病床にあったものと思われ、というのは死去する前年に彼女は、最後の遺言と遺書を作っておくことを思い立ったからであるが、そのとき彼女は重篤で、その書類を確認することができなかった〔「衰弱のために署名することのできない遺言者は、彼女に代わって確認するよう、我々〔公証人〕に依頼した」〕【註13】。スピノザの父ミカエル・デスピノザ自身は、彼の妻が埋葬されたとき、おそらく病状が思わしくなく、その五カ月後に世を去った。

これらの歳月は、ベント〔スピノザ〕にとって、重苦しいものとなっていたにちがいない。彼は父を、義理の母を、姉を、三年間で立てつづけに失った。彼の両親は、おそらくしばらくの間、病に臥していたのであり、二十一歳になる一六五四年以前にすでにスピノザには、いずれにせよ両親はなかった〔ファス・ディアスが指摘するように「自己形成期に彼は父的指導をほとんど与えられなかった」〕【註14】。と同時に、その家族は、おそらく財政的困難を抱えていたにちがいなく、スピノザが相続した遺産は、深刻な債務状態にあった【註15】。そして、望むにせよ望まないにせよ、いまや彼は、おそらく困難な歳月を経てきたばかりの、しかも債権者たちに苛まされながらの商売を経営していた。

ミカエルの最晩年において、彼の会社が再開されたスペイン貿易の結果としていかなる利益にまみえようと、まさに彼の商売の圏域と通商路でのオランダの船舶に対するイギリスの妨害の逆作用によって、それらの利益は相殺されたかもしれない。というのは、スペインとの関係が正常化されるや否や、イギリス議会は一六五一年の航海条例を通過させ、それによりオランダの全船舶に対し、南ヨーロッパの生産物をイギリスの港に運ぶことを禁止し、カリブ海にあるイギリスの植民地からオランダの商業活動を締め出した。公海水域におけるオランダの船舶への妨害と併せて、敵意を煽るイギリスのこのような施策は、オランダ側からの軍事的報復に行き着く以外にはあり得なかった。一六五二年、第一次英蘭戦争は、勃発した。この戦争は、オラニエ派〔総督派〕による大きな興奮とともに歓迎され、彼らはその対立にチャールズ二世をイギリスの王座に復帰させ、次期総督としてウィレム三世にその父を継がせるための後ろ楯となる機会を見出したが、特権階級とアムステルダムのポルトガル・スペイン系ユダヤ人たちがそうだったように、貿易に携わる者たちはみな、ひどく意気消沈した。

英蘭戦争は、ベント〔スピノザ〕が父の跡を継ぐまでには、終結していた（まもなく英西戦争に取って代わり、それはオランダの取引にとっては好都合なものとなった）が、会社の負債は、依然残っていた。ベントとは言えスピノザには、一人の相棒があった。すなわち弟ガブリエル（アブラハム）である。ベントとガブリエル・デ・スピノザ（Bento y Gabriel de Spinoza）商会は、ほとんどがミカエルの貿易事業の延長と思われ、そこにおいてベントは（そしておそらくガブリエルも同様に）、少なくとも数年間の経験を積んだ。

これらの、いまだスピノザが商売に従事していた頃の、初期の年月における会社の活動についての現存する資料は、ベントを、つねに「彼自身、および彼の弟にして相棒であるガブリエル・デ・スピノザのために」行動する筆頭代理人として言及している。【註16】しかしながら、一六五六年のスピノザ〔ベント〕のユダヤ教徒共同体からの追放後、共同体のすべての成員は――事実「イスラエル民族」に帰属する誰もが――話し言葉であれ、書き言葉であれ、そのいずれによっても彼と言葉を交わすことを禁じられた。当然このことは、共同体の内側からの、そして共同体とつながりのある、あらゆる人脈から恩恵を受ける会社の経営を不可能にしただろう。もし弟のガブリエルが会社を存続させたいと望んでいたのであれば、そして彼自身が破門されることなくそのように望んでいたのであれば、彼は破門を宣告された兄なしでそれを経営しなければならなかっただろう。これはまさに、彼がアムステルダムを去り、イギリス領西インド諸島に向かう一六六四年か一六六五年までの間――なおベントとガブリエル・デ・スピノザ商会の代表者として彼自身を名乗り出つつ【註17】――彼が為したことである。十七世紀の中頃までに〔イギリス植民地の〕バルバドスとジャマイカにはポルトガル・スペイン系ユダヤ人のまとまった人口があった。彼らは、一六六〇年代にオランダと戦争を再開したイギリスの王室がひじょうに仰天したことに、アムステルダムのユダヤ人たちと貿易を行い、オランダのユダヤ人の会社のためにカリブ海における代理人として行動した。それらの島々においてわずかな年月を過ごした後、ガブリエルは、政治的な順風がどの方角へ吹いているのかということを的確に察知する感覚を持っていたにちがいない。一六七一年、バルバドスからジャマイカに移動した後、首尾よく彼は、イギリスに帰化し、その臣民となることができた。彼がオランダに戻ることは、もはやなかった【註18】。

会社のためのスピノザの行動に関係する一六五五年四月と五月のいくつかの公証人の記録は、商売人としての彼の性格と洞察力について、興味深い一瞥を与えてくれる。アムステルダムに、アントニー、ガブリエル、イサークのアルヴァレス三兄弟がおり、ポルトガル人ユダヤ教徒の彼らはパリから移民し、その頃はアイレンブルフ通りに面した「金色の隼（De Verguld Valck）」と呼ばれる一軒家に住んでいた。宝石商の彼らは、明らかに卑劣な性格の持ち主たちだった。スピノザは、アントニー・アルヴァレスによって支払われる予定の額面五百フルデンの為替手形――基本的に貸付書か借用書――を保有していた。この手形は、一六五四年十一月に遡るものであり、最初は著名なユダヤ人家族の一人マヌエル・デュアルテが所持していたものだった。デュアルテは自らの署名とともにその手形をスピノザに譲渡し、いまやその回収は彼の役目となっていた。（デュアルテもまた宝石商であり、おそらくスピノザとデュアルテとの間のこの取引は、スピノザが家業を宝石の売買を含むものへと拡大したことを示している。【註19】、、、、、富裕層向けの取引はこの時代においては特に好調に行われ、それは賢明な行動だったのである)。アルヴァレスは「二、三日あるいは一週間以内に支払うだろうと口にしつつ」、しばらくの間、手形の支払いを延期した。ついにスピノザが支払いを迫ったとき、アントニーは、弟ガブリエル・アルヴァレス名義の二百フルデンの為替手形をスピノザに差し出し、近日中に残りの差額を支払うという約束とともに、借金の完済を申し出た。スピノザは、どうしたわけか、この申し出を呑んだ。驚くべきことではないが、弟ガブリエル・アルヴァレスは協力を拒み、彼の兄が彼の名を記した手形の支払いを行うことはなかった。それゆえスピノザは、アントニーのところに戻ってガブリエル名義の手形を彼に突き返し、五百フルデンの全額返済を要求した。アルヴァレスは、「毎日の支払いの約束」にもかかわらず、さらに支払いを先延ばしにした。スピノザは、辛抱を失い始め、支払いを受けるか担保として宝石を預けられるか、そのいずれか一方を主張したが、この申し出に対しアルヴァレスは、遅きに失するまで前向きになることはなかった。しかもアルヴァレスは、さらなる策略をひそかに準備してもいた。彼は彼が負っている手形原本はアントワープにおいてのみ換金が可能であり、そこにおいてペドロ・デ・パルマ・カリーリョなる人物によって支払われるだろうと主張した。スピノザは、もう結構であると、そして彼に対して法的措置を開始したと、基本的にそのような内容のことを言い渡した。

悪ふざけ――そしていまやそれは数カ月間に及んでいた――に辟易し、スピノザは、一六五五年五月、ついにアントニー・アルヴァレスを逮捕させた。アルヴァレスは「四人のオランダ人(De Vier Hollanders)」という屋号の宿屋に連行され、スピノザに負っている全額を支払うまで拘禁された。つづけて起きた出来事については、公証人の資料そのものがよりよく語ってくれる。すなわち、「するとアントニー・アルヴァレスは、合意を取りまとめるにあたり、［スピノザに］宿屋に来るように依頼した。［……］［スピノザが］到着したとき、上記アントニー・アルヴァレスは、一言も口答えさせることなく、そして請求人［スピノザ］に手出しをさせることもなく、その場において請求人の頭を拳骨で殴った」。しかしながらスピノザとアルヴァレスは、明らかにスピノザの方が逮捕費用を支払うという条件を含むものであるにもかかわらず、何らかの合意に達した。スピノザはその支払いに充てるいくらかの金を取りに出かけ、そして彼が宿屋に戻って来たとき、アントニーの弟ガブリエルが彼を待ち受けていた。「上記宿屋へ彼［スピノザ］が戻ると、上記アントニー・アルヴァレスの弟でもあるガブリエル・アルヴァレスは宿屋の前に立ちはだかり、何ら理由もなく原告の頭を拳骨で殴り、それゆえ彼の帽子はずり落ちた。かくして上記ガブリエル・アルヴァレスは、請求人［スピノザ］の帽子を拾ってそれを溝に投げ捨て、さらにそれを踏み付けた」。このような、いくぶん乱暴な扱いにもかかわらず、スピノザにはまだアントニーと進んで交渉しようとする余裕があり、同じ日に、宿屋の主人ならびに暴行を目撃したその他全員を複数の証人として、彼らは合意に達した。アントニーは、彼がスピノザに負っている五百フルデン分の担保――それが何だったのか私たちには語られていないが、おそらく宝石だろう――を差し出すことになった。一方、スピノザとしては、いまや自ら進んで逮捕費用を支払う意志を失くしていたのであるが、しかし――驚くべきことに――彼はアルヴァレスにそれらの費用に充てる金を貸すことに事実同意した。この金は、「支払いの不履行ならびに彼が上記金額の返済を行われなかった結果として［スピノザが］被った損害および利息」を合わせ、イサーク・アルヴァレスが支払うと約束した。彼はまた、スピノザに帽子の弁償を約束した。

はたして、アルヴァレス兄弟が負っていた金のいくらかでもスピノザが目にしたのかどうか、それは分かっていない。【註20】

❧「律法の冠（ケテル・トーラー）」学院

いまやスピノザが一介の商人であるからと言って、それがそのまま彼の学問の終わりを意味したわけではなかった。彼はタルムード・トーラー学校の上級の「授業《メドラッシム》」に出席しなかったかもしれないが、ポルトガル・スペイン系ユダヤ人の共同体には高等教育への数多くの筋道があった。その中でも最も重要にして最も組織化されたものは「学塾《イエシヴァ》（*yeshiva*）」だった。「学塾の学生たち《イエシボト》（*jesibot*）」は、宗教的、文学的な研究を行う成人の研究集団だった。彼らは共同体の「賢者《ハハム》（*chacham*）」によって指導され、通常は週一回の集まりを持ち、そして仲間のポルトガル・スペイン系ユダヤ人たちが生涯にわたってモーセ五書《トーラー》とその他の宗教的文献を研究しつづけるという「ミツヴァ（*mitzvah*）」〔ユダヤ教徒としての義務〕の遂行に力を貸したいと望む友愛精神に溢れる裕福なユダヤ人によって、ときに個人的に資金が提供された。一六二九年、ラビ・モルテーラは、彼の最初の「学塾《イエシヴァ》」となる「叡智の始まり《ロシット・ホクマ》（Rosit Chochma）」学院を設立した。そして一六四三年までには彼は「律法の冠《ケテル・トーラー》（Keter Torah）」学院の研究集団を主宰していた。レンブラントによって描かれた肖像画を持つまさにその医師エフライム・ブエノと裕福な商人アブラハム・イスラエル・ペレイラは一六五六年、アボアブが指導に当たる「律法は光なり《トーラ・オル》（Tora Or）」学院を設立した。この研究集団は、どちらかと言えば神秘主義的な傾向を持っていたと思われ、アボアブはブエノが愛好したスペインの文学や詩と一緒に、ユダヤ教神秘主義の文献の講読を、その集団に指導していたと思われる。

「律法は光なり《トーラ・オル》」は、ペレイラ一族による最初で最後の「学塾《イエシヴァ》」運営への参画ではなかった。アブラハムとその弟イサーク——二人ともスペインにおいて隠れユダヤ教徒として育てられ、異端審問所から逃れた後、ネーデルラントで再会した——は、一六四三年、アムステルダムに到着し、ユダヤ教に再改宗して後まもなく、同市に学校を設立した。メナッセ・ベン・イスラエルがその集団の長となり、彼には一緒に仕事に当たる一人の事務職員と潤沢な資金が与えられた。【註21】そして一六五九年、アブラハム・ペレイラは、パレスチナのヘブロンにラビ〔ユダヤ教の師〕を養成する「学塾（イェシヴァ）」の設立を目的とする財団を立ち上げた。アブラハム・ペレイラは、さらに、彼自身が博識で深遠な思想家だった。彼は（一六六六年の『確かな道 *La Certeza del Camino*』をはじめ）スペイン語による道徳的著作を多数出版し、一六七〇年のスピノザの著作〔『神学=政治論』〕の出版後に、その思想を個人的に攻撃したポルトガル人ユダヤ教徒共同体内部の数少ない一人だった。

スピノザの知的天分、ならびに学問への大きな意欲と言うべきものを鑑みれば、一六五〇年代の早くに彼が商人として行動すると同時に、共同体の数ある「学塾（イェシヴァ）」のうちの一つに通っていたことは、ほとんど確実である。ファス・ディアスは、事実スピノザが通った「学塾（イェシヴァ）」は、ラビ・モルテーラの主宰する「律法の冠（ケテル・トーラー）」学院だったと信じている。アムステルダムのポルトガル・スペイン系ユダヤ人共同体に所属する詩人にして歴史家のダニエル・レヴィ（別名ミゲル）・デ・バリオスは、彼の『一般市民による政治とオランダの遺跡の勝利（*Triumpho del govierno popular y de la antiguedad Holandesa*）』において、モルテーラの「学塾（イェシヴァ）」について描写している。

> 律法の冠〔Corona de la ley すなわちケテル・トーラー〕は、その喜ばしき設立の年よりこの方、宗教を護り、無神論と闘うことにおいて、最高の賢者〔*Sappientisimo*〕サウル・レヴィ・モルテーラによって書き記された教義的諸頁のおかげで、叡智の助言に彼の知を、瞑想の手に彼の筆を貸しつつ、学問の藪においてけっして炎を絶やすことはなかった。「茨」〔*Espinos*〕は、不信心の「野」〔*Prados*〕において、それらを焼き尽くす火とともに輝くことを目指し、そしてモルテーラの熱意は、宗教の藪に燃える、

けっしてかき消されることのない一つの炎である。【註22】［強調としてのイタリック体はスペイン語原文による］

スピノザおよび、スピノザの後にほどなくして破門された共同体のもう一人の異端者ファン・デ・プラドへの（デ・バリオス自身のイタリック体による）言及は、ファス・ディアスによれば、その二人が「律法の冠（ケテル・トーラー）」学院に関係し、かくしてモルテーラが彼らの学問を指導していたことを仄めかすものであるという。スピノザが「律法の冠（ケテル・トーラー）」学院に通ったとする仮定にさらに根拠を与えるものは、ベト・ヤコブ共同体の日々に遡るモルテーラとスピノザ家との古くからのつながりである。すなわち、アブラハムとミカエルは彼らのラビ〔モルテーラ〕とかなり親しい関係にあったのである。これはひじょうに可能性の高いものと思われるが、もしスピノザが学問のための何らかの場所を探していたとするなら、家族の古い友人によって運営されるその「学塾（イエシヴァ）」を選びはしなかっただろうか。彼の義兄サムエル・デ・カセーレスが通っていたのは、やはりその「学塾（イエシヴァ）」だった。【註23】スピノザは、タルムード・トーラー学校には在籍していなくとも、引きつづきモルテーラの「学生」または「弟子」であったということは、おそらくあり得る。このことは、モルテーラ自身がスピノザの背教を知ったときに個人的な憤慨と落胆を大いに感じたと、リュカス〔伝記作者〕たちが想像するに至った理由を説明する。

サウル・レヴィ・モルテーラは、共同体の他のラビ〔ユダヤ教の師〕たち、すなわちメナッセやアボアブと違って、隠れユダヤ教徒としての背景を持ってはいなかった。事実彼は、ポルトガル・スペイン系ユダヤ人でさえなかった。彼は、一五九六年、ヴェニスの東欧系ユダヤ人の家に生まれた。【註24】彼はレオン・モデナ――ダ・コスタ裁判について相談役となったのと同一のヴェニスのラビ――に学び、ラビになるための厳格で伝統的な訓練をひじょうに早くに終了した。モルテーラは、一六一二年、モデナがユダヤ教に改宗させた内科医で、マリー・ド・メディシスの公式の宮廷医師としての任に就こうとしていたエリアス・ロドリゲス・モンタルトとともにヴェニスを発ち、パリへ向かった。モルテーラはモンタルトの秘書として仕えることに加え、モンタルトと彼の子供たちにヘブライ語とユダヤ教の法典を個人的に教え、モンタルトはモルテーラにポルトガル語を教えた。モンタルトが一六一六年に死去したとき、モルテーラは埋葬のためにその亡骸をアムステルダムに運んだ。彼はそのままその市にとどまることを決意し、（その頃リスボンからナントを経由して〔アムステルダムに〕到着したばかりの）エステル・ソアレスと結婚し、そして一六一八年にはベト・ハイム共同体が分裂し、ラビ・ジョセフ・パルドと彼の支持者たちがベト・イスラエル共同体を新しく設立するために去った後、ベト・ヤコブ共同体の「賢者（ハハム）」を引き継いだ。

アムステルダムの共同体への奉仕を始めた当初より、モルテーラは、彼の同僚たちから博識の口伝律法（タルムード）の学者にしてユダヤ思想の碩学として一目置かれていた。一六二一年、早くも弱冠二十五歳にして彼は、その学校において（金曜日と土曜日を除く）毎日、二、三時間の口伝律法（タルムード）の講義を与えていた。金曜日の午後、すなわちヘブライ語文法の講義後、彼は一週間のモーセ五書（トーラー）の割り当てを二時間をかけて生徒たちとともに翻訳し、土曜日には礼拝において説教を与える職責を負った。モルテーラの説教は雄弁の手本であり、つねにその週のモーセ五書（トーラー）の割り当てからのヘブライ語の章句を導入部として成り立ち、そしてそれはほとんどの聴衆が理解できるようにポルトガル語に翻訳され、その後に口伝律法（タルムード）あるいはラビ〔ユダヤ教の師〕の著作などからのいくつかの章句がつづけられた。彼はこれらの文献の間に関係性を導き、解釈を与え、そして最終的に他の聖書的あるいはラビの著作からの引用に支えられつつ、実用的、または道徳的教訓を生み出しただろう。【註25】同時に、基本的に彼は共和国におけるユダヤ教の「律法の要求（ハラハー）（*halacha*）」の問題についてのまさしく権威であったがゆえに、彼の時間のほとんどは、ネーデルラント各地のユダヤ教徒たちからの律法の要点についての質問に応じることに費やされた。一六三〇年代半ば、アントニオ・ホメス・アルコバカ（別名アブラハム・ジェスルン）は、ユダヤ教徒の家庭において絵画を所有し、それらを掛けることは、刻まれた像を否定する戒律を犯すことになるのかどうか、モルテーラに尋ねた。そのラビは、その絵画そのものが非ユダヤ教徒による礼拝の対象ではなく、あるいは非ユダヤ教徒によって礼拝される存在や物体を描いていない限り、それには当たらない、と答えた。一六四〇年代までに、彼は絶大な国際的名声を享受し、そしてヴェニスにおける彼の師〔レオン・モデナ〕と同様、外国のラビたちにとっての道徳的、法律的な問題についての相談役となった。

モルテーラは、厳格ではあったが、ひじょうに慕われた教師だった。彼は自らの生徒たちのために――教えることを貴重な時間を奪う一つの必要悪と見なし、教師としてはいくぶん適任ではなかった血の気の多いメナッセ・ベン・イスラエル以上に――献身し、生徒たちは彼に純粋な愛着を抱いていた。【註26】しかしながら彼は学生たちに対し、彼が規則として定める教室における礼節を破ったことに対しては（例えば、実際にある学生が侵したように、彼の授業の一つで三位一体説を持ち出したことに対し）、一時的な破門によって処罰せずにはおかなかった。彼はまた、教義に関わる事柄にはひじょうに厳格な態度を取った。フランスのルーアンに住むあるスペイン人の聖職者からの問い合わせに答えて彼は、「そうすることが許されていない土地において、割礼を受けず、そして律法を遵守しないユダヤ教徒たちは」、永遠の罰の危険に瀕している、と手厳しく警告した。彼らが（たとえ「彼らの願望に反して」であれ）キリスト教の信仰を告白しつづけ、偶像を崇拝し、ミサに出席し、彼らが「心の内側において真の彼らであるときに」ユダヤ教徒であることを否定するのであれば、そのとき彼らは「神の前において有罪」となる。彼はユダヤ教律法の適切な理解となるとまったく寛容ではなかった。全般的に、「律法の要求（ハラハー）」、道徳、宗教への彼の接し方は、（神秘主義的で精神主義的なラビ・アボアブや、よりメシア主義的なメナッセとは対照的に）厳格で、冷ややかで、高度に理知的だった。しかしながら、宗教的正統性に対する彼の責任は、彼がその時代の最先端の哲学的、科学的思想に興味を持つことを妨げはしなかった。モルテーラは、彼の批判者たちが――おそらくスピノザに対する彼の敵意を説明するために――彼をあたかもそうであるかのように仕立て上げた、無教養で無文化な反啓蒙主義者などではなかった。彼が育ったヴェニスの共同体は、強制居住区（ゲットー）として閉ざされていたにもかかわらず、その成員たちは彼らを取り巻く国際的（コスモポリタン）な文化の多くを吸収しないわけにはいかなかった。モルテーラは、しばしば旅に出（彼は四年間をパリで過ごした）、幅広く読書し、単にユダヤ教の伝統的な文献にとどまることなく、それ以上の物事に精通していた。彼の著作には、権威的なラビ〔ユダヤ教の師〕たちへの言及と同様に、初期キリスト教教父の著述家たち、古代と中世の（ユダヤ教徒と非ユダヤ教徒の）哲学者たち、そしてイタリアの人文主義者たちへの言及が見られる。彼はまた、キリスト教徒との神学的対話や知的なやり取りを好んだ。例えば、彼の『モーセの律法の真実についての論文』（一六五九〜六〇年刊）は、洗礼派間の三位一体説を否定する者たちに宛てられた奇妙に全教会的な著作である。これらの「ソッツィーニ派（Socinians）」〔反三位一体主義者たち〕の考えは、実際（ノアに開示された七つの法に基づく）ノアの真の宗教にひじょうに似ていると彼は信じた。彼らが彼らの教義を純化し、それらをヘブライ語の聖書の宗教〔ユダヤ教〕において一致させるなら、彼らは――彼らがユダヤ教へ改宗することはおそらくあり得ないとしても――少なくとも「イスラエルの神」を崇めることになり、ユダヤ教徒とプロテスタントとの間の一つの架け橋となり得ると。この目的へ向けてモルテーラは、自らの論文において、モーセの律法は神を起源とし、完璧に自足しているということと、「新約聖書」によって補完される必要のないものであるということを論証しようとした。

モルテーラの主宰する「律法の冠（ケテル・トーラー）」学院の研究集団は、主に（おそらく書字と口伝の）「律法」の研究に専心したが、その一方で、共同体におけるユダヤ教の宗教的文献の最も厳格な知識を有するラビ〔ユダヤ教の師〕としてまちがいなく彼は、モーセ五書(トーラー)と口伝律法(タルムード)についてのそれらの授業を、その他のラビの文献についての授業でもって補っただろう。彼はまた、より自発的で優秀な学生たち――その中に確実に彼はスピノザを含めていた――には、中世ユダヤ教の〔特にラシとイブン・エズラによる〕聖書についての注釈と古典的ユダヤ哲学の講読を与えたかもしれない。宗教に対する合理的な接近への彼の執着――そこに律法が理性であり、何らかの神秘的あるいは非合理的な直感ではないとする認識への鍵がある――を考えれば、モルテーラは彼の学生たちに何よりもマイモニデス〔十二世紀のラビ〕、サアディア・ガオン〔十世紀のラビ〕、ゲルソニデス〔十四世紀フランスのユダヤ人哲学者〕の著作を紹介しただろう。

この「学塾(イエシヴァ)」〔「律法の冠(ケテル・トーラー)」学院〕であれば、スピノザは、彼が学校に残っていれば最上級学年の授業を通じて受けたであろうモルテーラの宗教的、哲学的教育の、少なくともその一部に接することができた。スピノザは聖書と聖書の主要な注釈を詩にすることに驚くほど長けていた〔彼自身の聖書の書写には、ヘブライ語によるラシの注釈が含まれる〕【註27】。彼はまた、偉大なユダヤ人の哲学者たちを丹念に研究しており、彼らへの精通のその始まりを、私たちはほぼ確実に彼の人生のこの時期に位置付けることができる。とは言え、「聖書の検証の後、〔スピノザは〕同じ丹念さでもって口伝律法(タルムード)の書を繰り返し読んだ」とするリュカス〔伝記作者〕の主張は、ひじょうに疑わしい【註28】。週一回の研究集団への出席は、人をして深甚な口伝律法(タルムード)の学者にはしない。商業活動に携わりながら、彼がアラム語の学習は言うに及ばず、ミシュナー〔一～三世紀のラビたちによる聖書註解書〕とゲマラ〔三～六世紀のラビたちによる聖書註解書〕の個別研究に捧げるためのまとまった時間を持っていたということは、あり得ないと思われる【註29】。スピノザは、彼自身の著作において、稀にしか口伝律法(タルムード)を引用しておらず――『神学=政治論』では、わずかに六回——、しかも彼の引用は、ぞんざいで使い古されたものでさえある。【註30】スピノザの口伝律法(タルムード)についての精通は、(スピノザが本当に「律法の冠(ケテル・トーラー)」学院に通っていたのであれば)モルテーラの下の毎週の集まりにもかかわらず、せいぜいのところ、表面的なものにとどまった。

❧メナッセ・ベン・イスラエルとの接触

スピノザは、モルテーラの弟子であることに加え、おそらく最も世界的な——そして特にキリスト教徒の間では広く知られていた——十七世紀のラビ〔ユダヤ教の師〕であり、しかしアムステルダムの「賢者たち(ハハミーム)(*chachamim*)」の間では第三位だったメナッセ・ベン・イスラエルから絶大な影響を受けたと、つねに主張されている。

一六〇四年、マデイラ諸島〔カナリア諸島から遠くないアフリカ沖合のポルトガルの一植民地〕にマノエル・ディアス・ソエイロとして生まれ、メナッセは最初、家族と一緒にフランス南西のラ・ロシェルに移住し、その後一六一〇年頃のあるとき、アムステルダムに移住した。彼らは異端審問所の新キリスト教徒〔キリスト教徒のユダヤ人〕に対する抽象的で漠然とした脅威ではなく、家族の特定の人物に対する具体的な迫害を逃れていた。彼の父は、スペインに住んでいたとき、彼を担当する異端審問官の流儀によって深刻な傷を負わされ、まもなく彼は再び逮捕されるだろうことを確信する理由があった。かくして彼らはオランダに行き着き、「セニョール」・ディアスとその息子たちは割礼を受け、一家はベン・イスラエルと名乗るようになった。彼らはベト・ヤコブ共同体に所属し、そしてマノエル、いまやメナッセは、共同体の学校でモルテーラとラビ・ウズィエルに教えられた。彼は早熟な学生であり、特にポルトガル語とヘブライ語の両方を流暢に話した。「若かりし頃」と彼は書き記している、「私は修辞学にひじょうに没頭し、ポルトガル語をとても流暢に話したがゆえに、十五歳のとき、私の演説はたいへん喜ばれ、賞賛され、大いに歓迎された」【註31】。一六二二年、ウズィエルが他界したとき、メナッセは、すでに初等課程を教えており、ネヴェ・シャロム共同体の「賢者（ハハム）」としてウズィエルの後任に選ばれた。メナッセは彼の説教（数多くの非ユダヤ教徒が彼の説教を聴きに礼拝堂（シナゴーグ）にやって来た）と聖書の知識を高く評価されたが、口伝律法（タルムード）の学者としての彼の能力については、疑問を抱く者がいく人かあったようである。実際に彼は、他のラビたちからの高い尊敬の中には一度としてあったためしがなく、三つの共同体が統合した一六三九年、モルテーラとアボアブの下の第三位を与えられ、彼はそれを大いなる屈辱として受け止めた。彼と共同体の指導者たちとの関係は、どちらかと言えばぎこちなく、彼の尊厳を傷付けるものと彼には思われる諸制限に対し、彼は憤りを押し殺していた。

一六四〇年、メナッセが「理事会（マアマド）」によって破門の状態に置かれたとき、共同体に対する彼の関係は最悪の状態の一つに落ち込んだ。何者かが礼拝堂（シナゴーグ）の門と共同体の至る所に貼り紙をし、そこにおいて共同体の指導的な立場にあるいく人かの成員たちの商業行為が批判されたのである。貼り紙は、匿名のその張本人（たち）に破門が宣告された後もなお、別の言葉を伴って出現しつづけた。それらは、メナッセの義弟ホナス・アブラヴァネルとモーゼス・ベルモンテによって書かれていたことが後日発覚した。その犯人たちは謙虚に赦しを請い、罰金を支払い、かくして破門は撤回された。メナッセはしかし、彼の親類が取り扱われたその方法にかっとなって反発した。ある日の礼拝後、彼は（いくつかの侮辱の中でも、彼の義弟が事件の一部始終を伝える公的な報告書において「セニョール *senhor*」の敬称を省かれて言及されたことに特に触れながら）礼拝堂（シナゴーグ）における共同体の集まりの前で彼の言い分をぶちまけ、誰の目にもまったく傍迷惑な存在となった。「理事会（マアマド）」の理事の二人が彼に近付き、彼を破門すると脅し、冷静を保つよう諭したにもかかわらず、彼の大演説はつづいた。「理事会（マアマド）」の威厳をないがしろにするこの反発に対し、彼らは憤懣やる方ないそのラビに破門を下す以外に選択肢はないと判断したが、それに対してラビの方は、「私を破門するだと？　君たちに破門を宣告することができるのはこの私である！」と反駁したと言われている。【註32】その「破門（*cherem*）」――それはメナッセに対し、礼拝堂での礼拝に出ることを禁じ、他の者には彼と会話をすることを禁じた――は、たった一日のみのものだったが、それでも十分にメナッセの屈辱の感覚を倍加させた。おまけに彼は、一年間公的なラビとしての職務を解かれもした。アムステルダムにおける彼の経歴を通じて、メナッセには、共同体の成員たちがラビ・モルテーラのために彼らの賞賛を示そうとするその努力と比べて、彼に対する尊敬の欠如を彼らはわざわざ見せ付けようとしているかに思われた。

この二人のラビ〔ユダヤ教の師〕の仲は、まったく犬猿のそれだった。彼らは彼らの知的業績――メナッセはモルテーラがそうだった口伝律法の学者ではけっしてなかった――のみならず、宗教への接近の仕方においても異なっていた。より保守的なモルテーラと違ってメナッセは、メシア主義的な主題に特別な魅力を感じていた。またメナッセは、彼が持つ数多くのキリスト教徒との接触によって、ユダヤ教の律法の遵守となると、さほど厳格ではないかもしれないと噂された。その点において彼は、確かに不注意だったかもしれない。すなわち、あるとき、非ユダヤ教徒の集まりの中で、彼は手にペンを取り、その段になってようやくその日が安息日だったことに気が付いた。【註33】メナッセとモルテーラは、それぞれの説教において互いに攻撃し合ったと伝えられ、共同体の指導者たちはある時点で――おそらくさらなる分裂を恐れて――仲裁に入らなければならなくなった。これを機会に双方のラビは罰せられ（しばらくの間、彼らは説教を行うことを禁じられた）、その一方で指導者たちは、彼らの相違に折り合いを付け、絶えざる反目に終止符を打とうとした。【註34】

メナッセのラビ〔ユダヤ教の師〕としての職務の狭い範囲と、その対価として彼が受け取っていたわずかな報酬（モルテーラの六百フルデンに対して百五十フルデン）を鑑みれば、彼が他の数多くの仕事に多大な精力を傾注したのは、驚くべきことではない。彼はペレイラの「学塾（イェシヴァ）」において運営と教育を担うことにより、何とか首尾よくやっていたにちがいないが、とは言えそこでの彼の仕事は、おそらく彼が望ましく思っていた以上のより多くの時間を奪ったことだろう。この時点での彼の日常は、むしろ手一杯だった。ある書簡に、彼は書き記した——

> 私が誇張をしていないことをあなたにご理解いただくために、私がどのように時間を割り振りしているか、ご説明いたしましょう。毎日のことですが、私は礼拝堂（シナゴーグ）で二時間、共同体の学校で六時間、私が校長を勤めるペレイラ兄弟の「学塾（イェシヴァ）」で一時間半を公的授業に、そして同じく一時間半を個人的な仕事に、そしてその後一人になると二時間を私の原稿の校正に費やします。それからまた、午前十一時から正午までの一時間、私に助言を求めてやって来るすべての人々の相手をします。これらはみな欠かすことのできないものなのです。さらには我が家における雑事にも時間を割かねばなりませんし、一週間に溜まる五、六通の手紙にも返事を書かなくてはなりませんが、それらについては、あなたのご想像にお任せいたします。【註35】

メナッセはまた、他のラビ〔ユダヤ教の師〕たちと同様——彼の場合は、実弟と義弟との共同で、ブラジルにおいて——いくつかの商業活動に関与していた。しかし彼は、このような方法でラビとしての報酬に上乗せを得ることを屈辱と感じていた。「現在、私の尊厳が完全に軽視される中で、私は貿易に携わっている。［……］が、私に他に何ができるというのか」【註36】。

メナッセが最も大切にしていたものは、彼の印刷機だった。いくつかのヘブライ語の聖書、モーセ五書（トーラー）、祈禱書（およびそれらのスペイン語による翻訳版）、ミシュナー〔一〜三世紀の賢者たちによる聖書註解書〕の一版、そしてスペイン語、ポルトガル語、ヘブライ語、ラテン語による論文を多数出版することにより、短期間で彼は、国際的に著名な書店主にして印刷者となった。彼はまた、彼自身の著作によってキリスト教徒の間に大きな名声を得ており、それらの著作のいくつかは直接彼らに宛てられていた。まちがいなく彼は、彼の時代において最も有名なユダヤ教の弁解者であり、おそらく他の誰にも増してユダヤ教の教義と信仰をキリスト教徒の世界に向けて説明する責任を負った。彼についてアヴランシュの司教にしてユダヤ教徒に対してはまったく非友好的だったピエール・ダニエル・ユエは、「第一級のユダヤ人〔……〕宗教的主題について、私は彼と長時間の対話をしばしば行った。彼は――柔軟で、節度があり、鋭敏な理性を備え、数々のユダヤ教の迷信とユダヤ教神秘主義の虚妄とは無縁の――卓越した人格者である【註37】」と高く評価した。

メナッセの最も広く読まれた著書の一つは、『調停者（*El Conciliador*）』だった。執筆に約二十年を費やし、一六五一年にようやく書き上げたこの著作の中で、彼は聖書における明らかな矛盾点を古代と現代の註釈の助けを借りて調停しようとした。隠れユダヤ教徒たちが何よりもユダヤ教の基本的文献が矛盾に満ちたものではないということを理解することができるように、彼は『調停者』をスペイン語で書き著した（とは言え、それはすぐにラテン語に翻訳された）。一方、『イスラエルの希望』（一六五〇年刊）は、数多くの読者に届くように、スペイン語とラテン語の両方によって同時に出版された。その書は、ユダヤ教徒のメシア〔救世主〕主義者たちとキリスト教徒の千年王国論者たちの間で、大騒動を引き起こした。メナッセはそれを、イスラエルの失われた諸支族のいくつかが新世界で発見されたという最近の風聞に対する一つの応答として組み立てた。アントニオ・モンテジノス（別名アーロン・レヴィ）はポルトガルの新キリスト教徒〔キリスト教徒のユダヤ人〕であり、南米を旅した後、一六四四年にアムステルダムにやって来た。彼は「新グラナダ」（現在のコロンビア）においてルベン族の末裔からなる原住民の集団を発見したと主張した。その報告において彼が言うところによれば、これらの原住民は、彼に「シェマ（*shema*）」〔ユダヤ教の最も基本的な信仰告白の祈り〕を披露し、「我々の父祖たちは、アブラハム、イサーク、そしてヤコブとイスラエルであると主張し、彼らはこれらの四人を三本の指を立てて示し、それから彼らはその三本の指にもう一本の指を加えつつ、それをルベンとして含めた」【註38】という。メナッセは、モンテジノスがアムステルダムに滞在している間に面談の機会を得た。彼はアメリカの原住民こそイスラエルの失われた十支族であるという一部の同時代人たちの間で人気を博した通俗論は信じなかったけれども、まさにその「彼」が遭遇した原住民が失われた諸支族の一つのその一部を成すというモンテジノスの主張は、実際受け入れてもよいと考えていた。そしてメナッセにとって——同じく彼の著書の数多くの読者たちにとっても——新世界にユダヤ教徒が存在したというその事実には、メシア主義的な含意があった。

　ユダヤ教徒たちにとって、メシア〔救世主〕すなわちダヴィデ家の末裔の到来が、聖なる土地におけるユダヤ教徒の再定住を実現し、普遍的平和の時代の幕開けを告げるということは、共通して信じられている事柄である。しかしながら、メシアによって訪れる時代が何に依拠するのかということについては、ユダヤ教徒の権威者たちと思想家たちの間では、数多くの不一致がある。例えばマイモニデス〔十二世紀のラビ〕は、あの世の楽園を待望することを人々に思いとどまらせた。すなわち彼は、メシアとはダヴィデの王国を修復し、神殿を再建し、彼の統治下にイスラエルのあらゆる離散を集結させる、むしろ普通の人間的存在であるだろうと主張した。彼は口伝律法（タルムード）【註39】を引用しつつ、「現在とメシア的日常との唯一の違いは、外国の諸勢力への隷従からの解放である」と主張した。メシアがもたらすだろうものについてのメナッセの考えは、より強硬である。「刹那的にメシアを待望する者は、肉感的な楽園を待望するムーア人同様、過ちを犯している」【註40】と。

の政治的復活を含むのみならず、同様に精神的救済をも意味し、そして敬虔な生活を営んで来た人々にとっては、真の幸福を伴うものとなるだろうと。

メナッセは、救済がいつ訪れるのか、明言することができなかった――一六四八年が一部のユダヤ教神秘主義者たちによって意見が戦わされた一つの年号だった――が、彼は、それは手の届くすぐそこまで来ていると信じていた。「なぜなら我々は、数多くの予言が実現したのを目撃したからである」【註41】。すなわち、メシア〔救世主〕の到来には、イスラエルの諸支族の完全な離散が先立たなければならず、そのときに彼が彼らをイスラエルに連れ戻すことになる以上、はるか遠くの土地にそれらの失われた諸支族の内の少なくともそのいくつかが存在することは、決定的に重要と考えられたのである。しかもユダヤ教徒だけがそのように考えていたのではなかった。すなわち、キリストの再来は、キリスト教千年王国論者（その到来は千年間の統治を打ち立てるだろうと考えるがゆえにそのように呼ばれる）によれば、イスラエルの十支族が再集結し、彼らの王国に帰還するまで生起することはないのである。

メシア主義者としてのメナッセの信条は、彼が人生最大の偉業となるよう希望していたものを後押しした。すなわち、イギリスへのユダヤ教徒の再入国を調整することであり、一二九〇年以降彼らはその国から締め出されてきたのである（とは言え、少なくとも非公式には、一六五〇年代にはかなりの数のユダヤ教徒たちがロンドンにいた）。【註42】ユダヤ教徒の離散は、伝統によれば、彼らがあらゆる国家に居住し、あらゆる民族の間に生きるまで、完成されることはない（「そして主は汝らを、一方の果てから他方の果てのすべての国家に散らすだろう」『申命記』二十八章64節）。イギリスのキリスト教千年王国論者たちには、再入国の計画においてメナッセと一緒に仕事をするにあたり、彼ら自身の動機があった。というのは、〔キリストの〕再来には同時にユダヤ教徒の改宗が必要とされるからである。もしユダヤ教徒がイギリスに戻ることを許されたなら、彼らの離散が拡大するのみならず、彼らの改宗も容易になり、至福千年はより近くにやって来ると、これらの千年王国論者たちは信じた。

メナッセは、ユダヤ教徒の再入国を申し出るために、イギリスの友人たちとその他の人々から多大な激励を受けた。彼は交渉を開始するため、一六五三年早々にも海峡を渡る準備をしてはいたが、英蘭戦争によって足止めされていた。一六五五年、息子サムエルを同伴し、ついに彼が海を渡ることができたとき、彼はオリヴァー・クロムウェルに挨拶に出向いた。メナッセは彼に神学的議論および（おそらくより重要な）経済的議論の両方によって訴えを行った。特に彼は、護国卿〔クロムウェル〕の注意を、一国の中の繁栄するユダヤ教徒の共同体の存在につねに付随する財政的利益に向けようと努力した。「商売を営むこととは、言うなれば、ユダヤ民族に固有の生業でございます」と註釈した後、「いかに彼らが奇妙な民族であろうと、彼らが住まう土地のその君主には例外なく確実に大きな利益、商品と収入が生じるのです」【註43】と、引きつづきメナッセは、クロムウェルの注意を喚起しつづけた。クロムウェルはネーデルラントのそのラビ〔ユダヤ教の師〕にすっかり魅了され、彼の言葉に共感しつつ耳を傾けた。しかし世論は、再入国の方へは実はそれほど好意的に傾いてはいなかった。ユダヤ教徒に対しては強力で屈辱的な制約が科されるべきと、（例えば、司法的ないかなる組織への参画も、キリスト教徒の使用人を雇うことも、あるいは彼らがネーデルラントにおいて数十年間享受してきたその他の特権や権利のその数多くを与えられることも、認められるべきではないと）主張する者たちがあった。その問題を考えるためにクロムウェルによって招集された会議は、数度の会議を繰り返した末に、行き詰まってしまった。すなわち、何らかの結論が出される前に、休会となったのである。【註44】メナッセは、特にこの計画には彼の人生の数年（その内イギリスにおいて二年）を捧げたがゆえに、実りのある結論を欠いたことにひどく落胆した。一六五七年九月、イギリスで息子サムエルが死去したとき、その精神的打撃は、彼にとって、あまりにも大きかった。メナッセ自身は、息子の肉体をオランダに連れ帰った後、二カ月後に世を去った。

メシア主義的な関心を抱き、進取の気風に満ち、国際的で、人脈豊かなラビ〔ユダヤ教の師〕が、ある時点においてスピノザの師であったということは、おそらくあり得る。もしスピノザが第五学年に在籍し、その間メナッセがいまだラビ・アボアブの代わりに教えていたとするなら、彼らの道筋は唯一タルムード・トーラー学校において交差しただろう。が、ここでの機会には小さな窓しかなく、というのはスピノザが――もし本当に彼がそのようにしたのであれば――上級学年の最初の学年の「授業（メドラッシム）」に出席し始めたと思われるのは最も早くて一六四八年であり、メナッセは一六四九年にユダ・ヤコブ・レオンと交代させられたからである。【註45】スピノザはメナッセが校長を務める「学塾（イエシヴァ）」に通ったかもしれないが、彼がそうしたと立証するものは何もない。もしかするとミカエル〔スピノザの父〕は、家族の会社を手伝わせるためにバルーフを学校から引き抜いた後の息子の継続的な教育を慮って、彼に個人的な教師を付けようと――絶えず収入の不足を補おうと心がけていた――メナッセを雇ったかもしれない。あるいはメナッセは一六五〇年代早々において、特にもしスピノザ――すでに彼は共同体の外の世界に目を向け、証券取引所ではキリスト教徒の商人たちと交流していた――がこのとき、より保守的なモルテーラがおそらく彼に教えようとしなかった（あるいはできなかった）と思われる種類の事柄、例えばカバラ（kabbalah）すなわちユダヤ教神秘主義、ユダヤ教とキリスト教の異端的思潮、あるいは非ユダヤ人の哲学について、より多くを学ぶことに興味を抱いていたとするなら、その若者にとっての非公式の知的助言者となったかもしれない。メナッセはイサーク・ラ・ペイレールの著作に親しみ、そのカルヴァン主義のフランス人は、モーセはいわゆる五書の著者ではないと、アダムとイヴ以前の実在として数多くの人間（彼らは聖書において言及されておらず、なぜならその聖書は唯一ユダヤ教徒の歴史書であり、全人類のそれではないからである）が存在したと、そしてユダヤ教徒によって待望されているメシア〔救世主〕の到来は差し迫っていると、考えていた。メナッセは、一六五六年に「先アダム」理論に対する反論を執筆したが、ラ・ペイレールの考えをユダヤ教徒共同体の「若き反乱者たち」に紹介する責務を負っていたかもしれない。【註46】その集まりの中に確実にスピノザは身を置くことができた。彼は『先アダム（*Prae-Adamitae*）』を一冊所有し、また彼自身の聖書批判においてその著述の素材を使用しもし、それゆえラ・ペイレールの論題への彼の精通は、おそらく彼がまだユダヤ教徒共同体に所属していた頃に由来すると思われる。スピノザはまた、一六二八年にメナッセが編纂したラビ・ヨセフ・ソロモン・デルメディゴによるユダヤ教神秘主義的著作『セフェール・エリム（*Sefer Elim*）』を一冊所有していた。デルメディゴは、生まれは〔ギリシャの〕クレタ島で、ガリレオとともに〔イタリアの〕パドゥアで学び、一六二〇年代にはアムステルダムの共同体において、短い期間ではあるがラビ〔ユダヤ教の師〕として奉仕した。彼はネヴェ・シャロム共同体におけるメナッセのよき友人であり、おそらくこの人物の著作を手に取ることを最初にスピノザに奨励したのはメナッセだったと思われる。さらにスピノザは、メナッセ本人による著作にも親しんでいた。すなわち彼は、『イスラエルの希望』（それはタルムード・トーラー共同体の「理事会（マアマド）」に献呈され、その書が出版された年にミカエル・デスピノザはその理事を務めていた）のスペイン語版を所有し、そして確実に『調停者』を精読していた。これらすべてが、性格や関心といったさほど実体のはっきりしない要素とともに示唆する――しかしけっして確証するわけではない――ことは、スピノザの知性の水平線を広げることにおいて、メナッセがある種の育成者としての役割を果たしたということである。【註47】キリスト教徒たちとの接触によってメナッセは、商人スピノザが興味を育んだにちがいない、より大きな神学的、哲学的世界への申し分のない導火線となったものと思われる。【註48】

❧「私はついに決意した」――ファン・デン・エンデンのラテン語学校へ

言うまでもなく、ひじょうに大胆な人間であったなら、ユダヤ教徒共同体を出て世界そのものに赴き、そこにおいてその学問を追求することができただろう。キリスト教徒の学者とともに学ぶことをユダヤ教徒に禁じるものは何もなかった――「何も」とは、言い換えれば、ラビ〔ユダヤ教の師〕としての不名誉以外は、ということである。数多くのオランダ人の学者たちがユダヤ教徒から学ぶことに熱心であり、ヘブライ語とユダヤ教の基本的文献について教えを請うために彼らを求めた一方、ユダヤ教徒の指導者たちはと言えば、（医療や法律におけるような専門的な訓練を目的とするものではない限り）共同体の成員たちがさらなる教育のために非ユダヤ教徒の世界の方に目を向けることに、まちがいなく眉をひそめた。スペインの世俗的な詩や古典文学に親しむことは、それらが彼ら自身の遺産の一部であるがゆえに別物である。しかし、同時代のキリスト教徒の学問および自然科学の領域へ深く踏み込み過ぎることは、批判される危険を招くことにもつながっただろう。

スピノザは、共同体におけるすべての、そして完璧に因習的な彼のそれまでの学問に対し、「難解な事柄も、満足も、何も見出すことはなかった」【註49】とリュカス〔伝記作者〕は書き記している。実際にスピノザを知り、彼と会話をしたある人物によって書かれた唯一の詳細な伝記の記述によれば、彼が「ユダヤ教徒間の最高の知恵者にも解決することの困難な」問題に遭遇し始めたのは、十五歳の頃だった。バルーフは、しかしながら彼の疑問が彼の師を困惑――あるいは、さらに悪いことに激怒――させないよう彼自身の内に彼の疑念を押しとどめ、「師の回答にたいへん満足しているふりをした」。彼は学校の授業――あるいは、もし彼がすでに学校に通っていなかったとすれば、「学塾（イェシヴァ）」における議論――に、十分な注意深さでもって従いつづけたけれども、にもかかわらず彼は、「それ以来、彼自身で思考し、彼自身で真実を発見することに努力を惜しまないだろう」と結論するに至った。その後のわずかな月日の間にスピノザは、彼が受けた教育の内容に対してひどく物足りない思いを感じていくようになっていたのにちがいなく、しかもユダヤ教の教義と実践の両方に対してもいくつかのむしろ深刻な疑問を抱えつつ、他所で教えを請う準備をしていた。バルーフが二十二歳になるまでには、実際、彼は三十五年以上前にウリエル・ダ・コスタが経験したものと似た、ある種の精神的知的危機を耐え忍んでいたのかもしれない。おそらく正しいユダヤ教徒の生活の規律と期待は、彼の父が死去したいまとなっては、彼にはその重みも関心も減じてゆくばかりだった。しかも、彼がひじょうに多くの時間を捧げた伝統的な学問は、思想への彼の生来の好奇心を満足させるには狭隘に過ぎた。オランダ人の世界における彼の人脈、特に彼が「ブルス（*bourse*）」すなわち証券取引所で得た商業的関係から育んだだろう交友は、おそらく彼の知的探求の拡大を後押しせずにはおかなかった。そこにおいて彼が出会う商人たち——彼らの多くはメノー派のような不満を抱えるプロテスタントの諸派であり、かくして正統のカルヴァン主義者たち以上に、読書においては幅広く、思想においてはより開かれていた——の間を行き来することにより、スピノザは開放的なさまざまな神学的見解に晒され、医術と数学におけるデカルトの最近の発明のような、哲学と自然科学の新展開についての数多くの会話にも接したと考えられる。スピノザはこのとき、十七世紀のアムステルダムにおいて増殖していた自由思想家たちの集団のいずれかの集会に顔を出し始めてさえいたのかもしれず、また宗教、哲学、政治についての彼らの議論に参加していたのかもしれない。

しかしながら、哲学と自然科学を通じ、世界のより広い知へとスピノザに探求の欲望を目覚めさせたものは、ユダヤ教徒共同体における彼の教育と宗教的生活に対する満足の欠如、および漠然とした知的好奇心のみではなかった。彼はまた、哲学的使命を選択する者の背後で歴史的にその主要な動機の一つとなるにちがいないものを経験し始めた。すなわち、一般的な追求、特にアムステルダムの一商人の物質的追求の「虚栄（ヴァニタス）（*vanitas*）」に対する深い洞察であり、「真実」――自然についての単に経験主義的な諸真実ではなく、より重要なこととして（ソクラテスの言い回しを借りれば）人間的生活の「善なるもの」の認識――への欲望である。『知性改善論（*Tractatus de Intellectus Emendatione*）』においてスピノザが言及していたのは、おそらく彼の人生のこの時期についてのことだったのだろう。そのとき彼はこのように書き記した――

一般的な生活において間断なく生じるすべてのものが空虚で無益であることを経験が私に教え、そして私の恐れの原因あるいは対象だったすべてのものが、〔私の〕心がそれらによって動かされた場合を除いて、それ自体では善あるいは悪の何ものも持たないということを知って後、それ自体で心を通わせることが可能な、真に善なるもので、また他のすべては却下され、それのみが単独で心に影響を及ぼす何かが存在するのかどうか見出そうと、私はついに決意した――いったん見出され、獲得された以上は、私に最高の喜びを永久に与えつづける何かが存在するのかどうかを。

彼は、この新たな計画に含まれる危うさに気が付いていない、というのではなかった――

「私はついに決意した」と私は言う――というのは、不確実なもののために確実なものを進んで手放すということは、最初の一瞥では、無分別に思われたからである。無論私は、名誉と富がもたらす諸利点を知っていたし、〔それらの追求とは〕別の、新たな何かに真剣に献身しようと欲すれば、私はそれらの諸利点の追求をあえて断念しなければならないことも知っていた。さらにもし偶然にそれらの中に最大の幸福が存するのであれば、それ〔最大の幸福〕なくして済まさなければならないことも私は知っていた。

けれどももし、それ〔最大の幸福〕がそれらに存せず、かつ私が私の精力をそれらの諸利点の獲得にのみ傾注したとしても、その場合においても私はやはり、同等にそれなしで済ますことになる。【註50】

この時点までにスピノザは、「最高の幸福」は規律正しいユダヤ教徒として生活を送る商人の営みにはないのではないかと訝しむ、疑念以上のものを抱いていた。

とすれば、一六五四年か、一六五五年早々までには、スピノザの教育は、決定的に非宗教的な——そしてラビ〔ユダヤ教の師〕の目には厄介な——方向に転向したということは、おそらくまちがいない。そして彼が何よりもまず考えただろうことは、さらに彼の学問を追求するためには、彼はラテン語、すなわち後期古代以来、事実上、自然科学、哲学、神学のあらゆる重要な著作に使用されてきた言語が必要となる、ということである。単にラテン語を学ぶだけであれば、何も共同体の外に出てゆく必要はなかった。ラビのモルテーラとメナッセ・ベン・イスラエルは、二人ともラテン語に精通していたし、同様にポルトガル・スペイン系ユダヤ人共同体にはポルトガルとスペインにおいてキリスト教徒として育てられ、ラテン語を教育の言語とする大学に通った数多くの成員たちがいた。しかし彼の関心は、ラテン語そのものを学習することだけではなく、いくつかの非宗教的な学問の指導を得ることにもあった以上、彼は外部の助力を必要とした。さらに彼がラテン語を学ぶ決心をしたこの頃、そしてこれを初期の伝記作者たちのほとんどが彼の破門以前に位置付けるのであるが、スピノザは、彼の商業活動に必要とされる事柄と、共同体の誉れ高き成員に最低限期待される事柄を超えては、ユダヤ教徒共同体とほとんど関係を持っていなかったのかもしれない。このときまでに彼は、もはやモルテーラの「律法の冠（ケテル・トーラー）」学院には通っていなかったように思われる。

リュカス〔伝記作者〕は語っている——

彼があえてキリスト教徒たちと関係するようになったあるときから、彼はユダヤ教徒たちとはほとんど交流を持たなくなり、そして彼は、彼がヘブライ語では上手に散文を綴るのにもかかわらず、ギリシャ語とラテン語を知らないのは残念であると彼に告げた知的な人々との友情の絆を育てた。［……］これらの教養の言語を彼がどれほど必要としているかは彼自身が十分に知っていた、が問題は、彼にはお金も、家柄も、彼を助ける友人たちもないがゆえに、それらを学ぶ手立てを見出すことにあった。【註51】

スピノザの最初のラテン語の教師は、コレルス〔伝記作者〕によれば「あるドイツ人の学生【註52】」であり、別の伝記作者は「ある教養豊かな処女【註53】」だったと伝えている。しかしながらスピノザのラテン語への最初期の取り組みの裏側にある真相がいかなるものであれ、それらの経験は、後に彼がまちがいなく単なる語学の教師以上の存在となる男性から学ぶだろうものとは、まったく比較にもならない。

アムステルダムの中心から放射状に広がる同心円状の大きな運河の一つ、シンゲル運河に面した一軒の家に、自宅をある種の予備的学校とするラテン語の教師がいた。いくつもの著名な家族が、厳格なカルヴァン主義者の運営する公共のラテン語学校に息子たちを入れることを嫌って、大学での学問に必要となるラテン語の知識と人文学的素養を彼らの息子たち（そしてときおりは娘たち）に与えるために、その教師を雇っただろう。が、教師の生業は、アムステルダムで生計を立てようとしたフランシスクス・ファン・デン・エンデンの最初の試みではなかった。一六四〇年代半ばのあるとき、彼とその家族がその市に移住した当初、彼は「テ・ネス（The Nes）」と呼ばれる市街地の一区画にある家の外で画廊と書店――「イン・デ・コンストヴィンケル（*In de Konstwinkel*）」（「芸術商店の中で」）と呼ばれた――の経営を試みた。これは長くはつづかず、一六五二年、大家族と失敗した商売を抱える五十歳の男性ファン・デン・エンデンは、安定した収入源を見出す必要に迫られていた。かくして彼は、ラテン語を教え始めた。

実際、明らかに彼は、ひじょうに優秀なラテン語教師であり、著名な家族からたくさんの生徒たちを引き付けた。ファン・デン・エンデン自身は、一六〇二年に彼が生まれたアントワープにおいて、最初はアウグスティヌス会、次いでイエズス会においてラテン語で教育を受けた。【註54】彼は十七歳で正式にイエズス会に入会したが、二年後に知られざる理由により放逐された。彼の人生についての同時代の記述によれば、若きファン・デン・エンデンは「女性に対する強い執着心を持ち」、著名な陸軍将校の妻との疑われてもしかたがないような状況を目撃されたことが原因で放逐されたと、私たちに伝えている。【註55】しかし彼は、すぐに会と和解したのにちがいなく、なぜなら彼は、その頃の数年間を、ルヴァンにあるイエズス会の大学において、哲学および古代の古典作品を研究しながらやり過ごしたからであり、その後に彼は、アントワープに帰郷し、ラテン語、ギリシャ語、古典的な純文学を教え、同時にそれは、文法学の学位の取得が目的だった。

フランドルの数多くの町々において、文法学、詩作、雄弁術の指導を与えた後、一六二九年に彼は、神学を研究するためにルヴァンに戻り、イエズス会の僧侶となった。しかしながら、またもや彼は、(「いくつかの過ちにより」)イエズス会から放逐され、ここにおいてついに宗教的生活へのいかなる計画をも断念するに至った。一六四二年にアントワープにおいて(ダンツィッヒ出身の)クララ・マリア・フェルメーレンと結婚する以前のあるとき、ファン・デン・エンデンは「医学博士(*medicanae doctor*)」の学位を取得したが、実際に彼がいつ、どこで医学を学んだのかということについては、何も記録がない。一六四三年に同じくクララ・マリアと命名される最初の娘が生まれた後まもなく、一家はアムステルダムに移住し、そこにおいて一六四八年、双子のアンナとアドリアナ・クレメンティナが生まれ、一六五〇年にはヤコブス、一六五一年にはマリアンナが生まれた（アンナとヤコブスはひじょうに幼くして亡くなった）。その一家は高度に知的で、芸術的で、そして音楽的な家庭であり、ファン・デン・エンデンは確実に彼の娘たちが高い水準で教育され、彼の男子生徒たちとともに彼女たち自身の教育を継続することができるように取り計らった。伝えられるところによると、彼の娘たちは、ラテン語の授業を行うにあたり、父の助手を務めたという。

ファン・デン・エンデンの一家は、しかしながら、かつてその家に寄宿した者たちの一人による記述を少なくとも私たちが信じる限り、宗教的な家庭ではなかった。一六七〇年代に彼がラテン語学校をパリに移転させた後にその一家と一緒に住んだフランス人の若き将校デュ・コース・ド・ナゼルによれば、ファン・デン・エンデンは、おそらく人を傷付けるものではない非教条的なある種の理神論を除いては、無宗教の人だった。コレルス〔伝記作者〕は、スピノザの悪徳の根を探しつつ、少々辛辣に、「彼の若き生徒たちに無神論の最初の種を蒔き、その土台を与えた」【註56】として、ファン・デン・エンデンを非難している。

ファン・デン・エンデンは、一六七一年までアムステルダムで教えていた。彼は彼を受け入れた国を気に入っており、その国を、たとえ罅（ひび）割れていたとしても、共和主義の素晴らしき一例と見なした。彼自身の嗜好はしかし、真の民主主義を求めた。おそらく一六六〇年代の早くに書かれた二つの政治論、すなわち『自由な政治的提案と国家に関する考察』ならびに『新たなるネーデルラントの状況、美徳、生来の基本的権利および全人口のための特殊技能に関する短論文』【註57】〔以下『短論文』と略す〕において彼は——スピノザが彼自身の政治論において行ったのと同様に——政治的権威と神学的信仰の間の線引きを尊重し、そこにおいては宗教的指導者たちが政府にとってはまったく用をなさない、根本からの民主主義国家を求めて訴えている。このような自由な国家のみが、市民の生活においてその役割を確実に遂行するに足る真の安定と強さを持っと。『短論文』は、北アメリカのオランダ人入植者のための憲法制定の提案を含み、そしてそのことに絡めてファン・デン・エンデンは、彼が理想とする政治形態の青写真を提示する機会を得ている。彼は、国家のあらゆる成員間での市民的、政治的、法的に厳正な平等、および言論、宗教、思想についての完全無欠の自由、ならびに「哲学すること」の自由を主張する。彼はまた、「あらゆる人々の個人的な意見を刺激し、凝り固まらせ」、かくして「あらゆる平和と調和に破滅をもたらす悪疫」を吹き込む牧師たちは、植民地から追放されるべきであると、提案しさえする。いかなる者も他者を支配するべきではなく、国家の指導者たちは教育を受けた市民（男性と女性）によって限定的任期のために選出されるべきであると。特に重要な問題に関しては、市民たちは、彼ら自身のための彼らの不賛成を多数決によって解決すべきであると。

確かにファン・デン・エンデンは、ネーデルラント連邦共和国が彼の理想に合致するとは考えていなかった。その理由の一つには、改革派教会の指導者たちが諸州の政治的問題の解決においてあまりにも大きな役割を果たし過ぎていたということがあった。さらに彼は、特権階級が市と町を牛耳るその寡頭的な方法——ネーデルラントの政治的権力の真の中枢——が民主主義的で平等主義的と言うには不十分であると考えていた。フランスにおける彼の反政府活動の最中、彼は「三種類の共和国が存在する、すなわちそれらはプラトンのそれ、フロート（Groot）のそれ［すなわちネーデルラント連邦共和国］、そして享楽的とされるムーア人のそれである」と述べたと報告されている。彼は「美徳がつねに報われる」第四種の国家を建設しつづけてきたと主張した。【註58】彼は「オランダにおいて自由な共和国を樹立する手段」、そしてその国を民主主義国家に移行させるための手段を他者と議論しさえした。オランダの政治状況に対するいくつかの失望にもかかわらず、ファン・デン・エンデンは、敵国によって脅かされ、それゆえに君主国が一丸となったとき、国家の防衛において積極的な役割を果たそうとした。一六六二年、イギリスとの戦争における短期間の中断の間、彼はホラント州法律顧問ヨハン・デ・ウィットに書簡を認め、オランダ船舶の攻撃能力の改善についてのいくつかの発明を伝えた。一六七二年、ルイ十四世の軍隊によって共和国が侵略されたとき、伝えられるところによると彼は、その王を廃するための陰謀に参画するという、よりいっそう強硬な手段に走った。

ファン・デン・エンデンのネーデルラント連邦共和国に対する愛着は、しかしながら、報われることはなかった。彼の極端な民主主義的着想は、カルヴァン主義の指導者たちから敵意に満ちた反発を受けた。一六七一年、おそらくルイ十四世の相談役兼医師としての任務を全うするためだったと考えられるが【註59】、彼はパリに移住し、その地にオテル・デ・ミューズ（Hôtel des Muses）と呼ばれる上流階級向けの、もう一つのラテン語学校を設立した。一六七二年に彼は、五十三歳の未亡人カタリナ・メダーンスと再婚し、彼とその新たな妻は、彼らの家を知的な社交場（サロン）にした。しばらくの間、彼は自宅の集まりにパリの哲学的、科学的精鋭に数えられる人々を引き付けることに成功した（ドイツ人の哲学者ライプニッツはフランスの首都での歳月においてファン・デン・エンデンの家にしばしば通ったと言われている）。しかし老境――いまや彼は七十二歳になっていた――においてさえ彼は、隠居的な人生を送ることに満足しなかった。彼の政治的情熱は、彼を行動に駆り立てたと思われるが、その結果は、結局、悲惨なものに終わった。

一六七四年、ファン・デン・エンデンは、フランス王家に対する陰謀に関係した。謀略者たちがファン・デン・エンデンの家に集合し、策略を練っているところを偶然耳にしたと主張するド・ナゼルによれば、その計画はルイ十四世を廃し、フランスに共和国形態の政府を打ち立てようとするものだった。その主犯格はフランスに加勢する狩猟隊総隊長ルイ・ド・ロアン騎士と、かつてアムステルダムにおいてファン・デン・エンデンに学んだことのあるノルマンディ地方出身の退役将校ジル・ドゥ・

アメル・ド・ラトレオーモンだった。彼らは最近の戦局、特に一六七二年のフランスによるネーデルラント侵攻を不服とし、国土拡張主義者としてのルイの野望に対する最近の〔フランスの〕国内諸問題を非難した。そしてロアンは、彼らの計画が成功すれば実現されるブルターニュ地方の主権の約束に刺激されてもいた。一方のファン・デン・エンデンを突き動かしていたものは、その大部分は、彼が故国と見なすネーデルラント連邦共和国の安全保障に対する懸念と、フランスによる共和国侵略の背後に潜む大臣たちへの憎しみだった。このような不当な戦争は、人権を侵害し、いかなる個人の気紛れにも左右されない民主主義形態の政府によっては、けっして遂行されたためしはないと、彼は訴えた。オランダ人（そしておそらくスペイン人さえも）がその陰謀を支持し、謀略者たちに物質的支援を約束したという噂があった。すなわち、事実オランダの船舶は陰謀が発覚したとき、ちょうどフランスの沖合に横たわっていたのであり、にもかかわらずオランダの指導者たちは、国王に対する陰謀についてのいかなる把握をも否定した。ド・ナゼルが彼の知っていることをルイの国防大臣に暴露したとき、その陰謀は挫かれた。謀略者たちは逮捕され、ロアンは斬首された（ラトレオーモンは逮捕に抵抗する中、銃殺された）。ファン・デン・エンデンは、外国人にして密偵である――そしておそらく、より重要なことに、貴人ではなかった――がゆえに、絞首刑に処された。

スピノザの伝記において大きく正確さを欠く箇所の一つは、彼がファン・デン・エンデンと一緒に学び始めた頃に関係する。それは、一六五七年の遅くのことだったということもあり得る。しかし、ユダヤ教的な学問に対して募る彼の不満と、哲学と自然科学（特にその分野における同時代の進歩）についてより多くを学ぼうとする大きな意欲、すなわち彼がまだ商人であった頃の二十歳代前半に頂点近くに達した変化を鑑みれば、スピノザが一六五四年か一六五五年――すなわちユダヤ教徒共同体からの破門「以前」――のあるとき、ラテン語の学習のためにかつてのイエズス会員に頼ったと考える方が、納得が行くのである。【註60】彼をファン・デン・エンデンへ導いたのは商売を通じて知り合った友人たちだったかもしれず、その友人たちは同時に、一六五〇年代後半には彼とはひじょうに親しい関係にあり、スピノザに彼の思想を鍛えることを励まし、彼の哲学とその他の哲学について議論することに熱中していた集団の親しい仲間たちだった。ファン・デン・エンデンは、まちがいなくこれらの個人――彼らの間には、ピーター・バリング、ヤリフ・イェレスゾーン、シモン・ヨーステン・デ・フリース（彼は、ファン・デン・エンデンと同様、シンゲル運河に面して住んでいた）、そしてヤン・リューウェルツゾーン（彼は、デカルトの『哲学原理』についてのスピノザ自身による研究（『デカルトの哲学原理』、一六六三年刊）を出版して二年後、そして論争的な『神学=政治論』（一六七〇年刊）を出版する五年前の一六六五年に、ファン・デン・エンデンの『短論文』を印刷したかもしれない）がいた――と親しい関係にあった。ファン・デン・エンデンの政治的、宗教的意見とこれらの神学的反体制者ならびに自由思想家たちの開放的な意見の類似を鑑みれば、この頃にときおりファン・デン・エンデン――そしておそらくスピノザさえ――が（離反したメノー派、抗議派、クエーカー教徒などの参加する）コレギアント派の集会に参加していたとしても、驚くべきことではない。コレギアント派（そして、後年のスピノザ）と同様、ファン・デン・エンデンの主張では、宗教的信仰は個人的な事柄であり、いかなる組織、あるいは権威によっても、統制されるべきではない。真の敬虔とは神の愛と隣人愛にのみ存し、すなわちそれは――『神学=政治論』においてスピノザが書き記したのとひじょうによく似た表現で――「法と予言者の書の総量」【註61】である。その愛の外向きの表現、すなわち公共の宗教的実践においてそれがまとう所作は、不適切であり、しばしば迷信的な態度と隣り合わせになっていると。

ファン・デン・エンデンの学校――そこでスピノザは共同体からの追放と商売人としての経歴の終わりの後、寄宿し、授業を手伝ったと考えられる【註62】――へのスピノザの入学は、彼の知性と個性の発展にとって決定的に重要なものとなった。スピノザは、ラテン語の学習を開始するまでに、すでに彼自身の思想をかなり推し進めていたことはまちがいない。その時点までに彼は、少なくとも心の中では宗教を否定するかのような考えを明確にし、そしておそらく数人の他者に対しても同様のことをしていたのにちがいない（このことが彼の破門につながったとも言える）。彼はまた、たとえ不完全なかたちではあっても、過激なまでの政治的、倫理的、形而上学的な諸原理を構築しつつあったにちがいなく、それらについて最終的に彼は、理路整然たる〔幾何学的な〕表現を与えることになる。したがって、スピノザの思考形成におけるファン・デン・エンデンの役割は、過大視されるべきではない。【註63】スピノザが比較的年若くして唯一無二の独立した思想家だったということは、ほとんど疑う余地がない。その上で、彼の人生のこの時点において、彼は学ぶべき多くを持ち、ファン・デン・エンデンの学校で彼は、重要な諸文献、諸思想、そして個性的な人々の印象的な連なりに接したものと思われる。

一六五〇年代半ばにファン・デン・エンデンが生徒たちに何を教えていたのかということを、正しく知るための資料は何もない。しかし、例えばそれが他の何らかの「大学予科」あるいは予備的学校のようなものだったとすれば、その場合、ラテン語文法の授業は、芸術と自然科学の一般的な概論によって補われていただろう。このことは、ファン・デン・エンデンのかつての生徒だったある一人の証言によって確実なものとなっている。すなわちディルク・ケルクリンクは、スピノザとほとんど同時期にその学校に在籍し、おそらくそこには一年か二年の歳月の重なりがあると考えられる。彼は、一六三九年にハンブルクの裕福な家庭に生まれ、ラテン語とその他の予備的科目の学習のためにファン・デン・エンデンに学び、かくして彼は、一六五九年に入学したレイデン大学において、医学の研究に着手することができた。数年後に彼が上梓する解剖学の著作の中で、彼はファン・デン・エンデンを讃え、学問への情熱を彼に吹き込み、そして「一般的教養と哲学を私に紹介したこと」【註64】を、彼のかつての師に帰している。

ケルクリンクは医学の学位のための彼の研究を全うすることはなかったが、彼はアムステルダムで医術を実践しつづけ、解剖学と化学についての諸著作によってその名を知らしめた。（あるとき彼は、アムステルダム市に発生してきたさまざまな疫病の原因としてその市の飲料水の調査に乗り出した。）彼とスピノザは、スピノザがアムステルダムを去った後も、その関係を保った。ケルクリンクは自らの顕微鏡にスピノザが研磨したレンズを使用し、スピノザの方は自らの書棚にケルクリンクによるいくつかの著作を置いていた。しかしながらコレルス〔伝記作者〕によれば、この知的な職業的交友は、そもそもファン・デン・エンデンの娘クララ・マリアの愛情をめぐる敵対関係として始まったという。

> ファン・デン・エンデンには唯一（ママ）の娘があり、彼女は音楽と同様、ラテン語にも完璧に精通し、それゆえ彼女は父の生徒たちを指導することができた。スピノザは、自分は彼女に恋をし、彼女との結婚を望んでいるとしばしば口にした。彼女はどちらかと言えば身体的に虚弱で器量はよくなかったが、にもかかわらず彼は、彼女の鋭敏な精神と並外れた学識に魅了された。しかしながら、ハンブルク生まれの彼の同窓生ケルクリンクは、これを知って嫉妬した。【註65】

ケルクリンクは恋愛において出し抜かれることを自らに許すつもりはなかった。彼は努力を倍増し、真珠の首飾りの助けを借り、その娘の心を勝ち取った。

スピノザの人生において、これは恋愛への関心についての唯一の報告である。そして、不幸にもこの物語は、眉唾物に思われる。ケルクリンクは一六五七年にファン・デン・エンデンの学校に入ったが、そのときクララ・マリアはまだ十三歳にしかなっていなかった——すなわち、その時代でさえ、おそらく、スピノザのような二十五歳の男性の関心を引き付けるには、少々若過ぎた。しかしながら十八歳のケルクリンクにとっては、若過ぎるということはなかった。彼とファン・デン・エンデンの娘は、お互いに何らかの種類の愛情――時代と別離の重圧を耐え抜くことのできるそれ――を育んだにちがいなく、というのは、一六七一年二月、ケルクリンクがファン・デン・エンデンの学校を巣立って十二年後のこと（そしてケルクリンクのルター派からカトリックへの改宗の後、と私たちには伝えられている）、彼らは結婚した。【註66】

ケルクリンクが「一般的教養と哲学」という言葉によって言わんとしていたものは、彼らの子供たちをその学校に入学させる都会の上流資産家階級の家族によって期待され、そして文法学、統語論、とりわけ文体における生徒の能弁さを改善するためにその当時のラテン語教師たちによって一般的に活用されていた、人文主義的教育の類だった。ファン・デン・エンデンは、ルネッサンス時代の新古典主義的作品と並んで、詩、演劇、哲学の古典的作品――すなわちギリシャとローマの文学的遺産――を、生徒たちに読ませただろう。彼らは、少なくとも大まかには、プラトン、アリストテレス、ストア派の哲学に、そしてセネカ、キケロ、オヴィディウスに、さらにはもしかすると古代の懐疑主義の基本的な考えにさえ、接したかもしれない。同じく彼らは、偉大な叙事詩、悲劇、喜劇、古代の歴史書にも目を通したかもしれない。スピノザの著作には古典ラテン語の著者たちへの言及が溢れており、比較的小さな彼の本箱には、ホラティウス、カエサル、ヴェルギリウス、タキトゥス、エピクテトス、リウィウス、プリニウス、オヴィディウス、ホメーロス、キケロ、マルティアリス、ペトラルカ、ペトロニウス、サルスティウスなどの諸著作――すなわち、ファン・デン・エンデンとの歳月において芽生えただろう情熱の証――が収められていた。

ファン・デン・エンデンは、とりわけ演劇芸術を愛好し、彼の生徒たちに演劇への嗜好を喚起した。

しばしば彼は、ギリシャ語とラテン語における彼らの弁舌を上達させる一つの方法として、演劇の台詞を稽古させた。これは十七世紀のオランダの学校においては異例な稽古事ではなかった。ラテン語の演劇からの台詞を生徒たちに演じさせることによって、雄弁術の成功にはひじょうに重要なものとなる発音、句節法、そして（身体的かつ発声的な）「身振りと抑揚（ジェスチャー）」の能力を彼らはよりよく獲得するだろうと信じられていた。彼らは単に暗唱するのではなく、執筆し、記憶し、その後に自演する台詞をしばしば割り振られた。[註67] ときおり、いくつかの演劇を公的に上演する機会には、その稽古は猛特訓に発展することがあった。前例としては一五九五年のレイデンにおいて、その市のラテン語学校——後年、レンブラントが通うのと同じ学校——の生徒たちが、ベーズの『アブラハムの犠牲』を上演した。[註68] 一六五四年、ファン・デン・エンデンの監督により、新顔の若き悲劇役者たちは、〔四人の〕アムステルダム市長たちのうちの一人の、その娘の婚礼の祝賀において上演した。一六五七年一月十六日と十七日、市立劇場において、彼らはテレンティウスの『アンドロス島の女（*Andrea*）』を上演し、ある期間にかけて彼らはそれを稽古していた。その同じ月、同じく市立劇場において、彼らはファン・デン・エンデン自身の演劇『フィレドニウス（*Philedonius*）』の二度の公演に出演した。このことはファン・デン・エンデンの教育者としての経歴における高い到達点となったにちがいない。彼の新古典主義的な寓意劇のその公演は、大きな成功を収め——その演劇において配役を演じた息子たちの親たちである二人の市長たちが誰よりも絶賛し——、そしてその劇作の脚本は後に出版された。翌年、彼の学校は、「ギリシャの一笑劇」[註69] とともに、テレンティウスの劇作『宦官（*Eunuchus*）』を上演した。（しかし、誰もがその上演に熱狂していたわけではなかった。カルヴァン主義の牧師たちは、いくつかの女性の配役が「変装をした（*en travestie*）」少年たちによってではなく、ファン・デン・エンデンの女子生徒たちによって演じられたというその事実に憤慨し、一六五七年のその上演を中止に追い込もうとした。[註70]）

スピノザがテレンティウスの〔劇作の〕上演に参加していたということは、かなり確実なことである。いく人かの学者たちが示してきたように、スピノザの著作には、テレンティウスの作品への個人的な体験を通じての理解が顕わになっている。ラテン語の言い回しや章句はローマ時代の演劇作品から、特に一六五七年と一六五八年にファン・デン・エンデンが彼の生徒たちに上演させた二つの喜劇から直接採られているときがある。【註71】スピノザは彼の受け持つさまざまな箇所をよく覚えていたのにちがいなく、かくしてそれらを記憶にとどめ、彼自身の著作や書簡のために必要に応じて組み込んだのである。スピノザが彼の教師から獲得した演劇へのこの愛着は、同時に、彼の破門以前に起きたとされる、ぞっとするような事件のための背景にもなり得ている。ピエール・ベイルは、十七世紀の彼の主著『歴史批評辞典（*Dictionnaire historique et critique*）』のスピノザについての有名な記事において、スピノザは、ユダヤ教の躾や教育に対し距離を感じつつあったその頃、「徐々に礼拝堂（シナゴーグ）から彼自身を遠ざけ」るようになった、と語っている。にもかかわらず、とベイルはつづけて言っている。スピノザは、「劇場から立ち去ろうとする彼を刃物で切り付けるという一ユダヤ人による卑劣な襲撃がなされなかったならば」、少なくともその後しばらくの間は、おそらく共同体との接触を真に自発的に保つつもりでいた。「そのときの傷は浅かったが、暗殺者の意図は彼の殺害だったと彼は確信した【註72】」。

この物語にどれほどの信用を置くべきか、それを定めることは難しい。おそらく、ある学者が示唆するように、ユダヤ教徒共同体の中にはこの頃のスピノザが初期的な、しかし疑い得ない兆候を示していた棄教を執拗に敵視する風潮があった。共同体内の最近のキリスト教への繰り返しの改宗に失望させられ、ポルトガル人ユダヤ教徒たちが、変節したか、あるいはそのようになりつつある共同体の成員たちに対し、「感情的で殺人的な行為を採用することに駆り立てられ」たということはあり得る。【註73】これらの改宗は、宗教間の跳躍を果たしたユダヤ教徒にさまざまな報酬をしばしば約束したカルヴァン主義の牧師たちによって唆されているという噂があった。例えば、モーゼス・ベン・イスラエルは洗礼後に軍隊からの注文を与えられた。サムエル・アボアブは改宗以前、彼の叔父の相続財産を接収するにあたり援助を求めた。【註74】これらの事例はともかくとしても、スピノザは、伝えられているところのあの暗殺未遂事件が起きたとき、ファン・デン・エンデンの学校による公演の一つに出演していたか、随行していたのかもしれない。

古典文学と哲学について彼らが受けた教育に加え、ファン・デン・エンデンの生徒たちが自然科学における最近の発達を含むより現代的な主題に接したことはほぼまちがいない。十六世紀と十七世紀の思想家たちへのスピノザの精通は、ファン・デン・エンデンの指導の下に始まったように思われる。彼の師は彼に「新しい科学」についての授業を与え、ベーコン、ガリレオ、そしてイタリア・ルネッサンスの哲学者ジョルダーノ・ブルーノを読ませたかもしれない。ファン・デン・エンデンは同時にスピノザを、エラスムスやモンテーニュのような人文主義者たちへ、そして十六世紀オランダの精神主義者ディルク・コールンヘルトへ、導いたかもしれない。そしてスピノザの政治的、神学=政治的な問題への関心は、政治思想史に精通した一人の急進主義者たるファン・デン・エンデンが、マキアヴェッリ、ホッブズ、フロティウス、カルヴァン、トマス・モアを読むように薦めたときに、まちがいなく芽生えた。

しかしながら、スピノザの知的徒弟時代についての最も興味深い問題は、十七世紀の最も重要な哲学者にして、スピノザの哲学的成長に疑問の余地なく絶大な影響を与えたデカルトを、彼がいつ、いかなる方法で読み始めたのか、ということについてである。スピノザはファン・デン・エンデンと関係して以降、「人文諸科学を前進させることについてのみ考えていた」【註75】とリュカス〔伝記作者〕が述べるとき、彼が仄めかしているものは、自然へのデカルトの探求に他ならない。デカルトは、コレルス

〈伝記作者〉が書き記すように、スピノザの「最良の師（*Leermeester*）」だったのであり、その諸著作は、スピノザの知への探求において案内役を果たすものとなる。【註76】

ルネ・デカルトは、一五九六年にフランスで生まれたにもかかわらず、成人してからのほとんどの人生をネーデルラントで過ごした。その国の商業の豊かさと種類の多さ、その住人の無邪気さ、その気候の穏やかさゆえに彼は、（一六二八年の遅くか一六二九年の早くに）そこに定住することに決めたと、きっぱりと言った。「地球上の他のどこの土地であなた方は、この地におけるほど容易に、人生のあらゆる便宜と目にしたいと願うあらゆる珍品を、見出すことができるだろうか。他のどの国において、かくも完全なる自由、あるいはより不安の少ない睡眠を得ることができるだろうか、あるいはあなた方を守る準備のある軍隊を得、さらには毒を流すこと、裏切り、あるいは人殺しを、あまり目にせずにいることができるだろうか」。そしてより重要なことに、彼はネーデルラントにおいて、彼の仕事を妨げられることなく追求するために彼が得たいと望みつつも、パリでは叶わなかった平穏と孤独を手にすることができた。「私が住んでいるこの大都市［一六三一年頃のアムステルダム］で、私以外の誰もが貿易に携わり、かくして自らの利益について細心の注意を払っているがゆえに私は、この地であれば一つの魂にも気付かれることさえなく、人生を全うすることができよう」。【註77】デカルトは彼自身の哲学的諸著作をアムステルダムにおいて出版し、オランダの共和国には、彼に対する最も辛辣な批判者たちと同様に、彼の最も熱心な支持者たちがあった。

一六五四年から翌年にかけての頃、哲学と自然諸科学を学ぼうとするスピノザの欲望が、私たちが信じさせられているほどに真に熱を帯びたもの――そしてあらゆる徴候はそうである――だったとすれば、まちがいなく彼の好奇心は、まっすぐにデカルトならびにオランダにおけるその弟子たちによる著作へ向かっただろう。医学、生理学、幾何学、気象学、天文学、そして言うまでもなく形而上学についてのデカルトの諸著作は、大学と都市部の知的会合において大いに議論され、論争された。それはまた、より保守的なカルヴァン主義の指導者たちによって、激越に批判されもした。一六四〇年代半ば以降、デカルト学派をめぐる論争は、オランダ社会を分断していた根本的なイデオロギー的不一致と絡み合うようになり、その政治的、神学的世界の成員たちを相対立する論陣へと基本的に分裂させた。彼らが支持していようと、反対していようと、デカルトの名前は――一六五〇年の彼の死後もなお――事実上共和国の教養あるすべての市民の唇に上った。

　デカルトの哲学に対し、スピノザの関心が初めて刺激されたその方法には、さまざまなものがある。アムステルダム証券取引所における彼の友人たちのほとんど――イェレスゾーンやバリングなど――は、デカルト哲学の心酔者たちだった。【註78】スピノザは、「証券取引所（ブルス）」において、そして――もしスピノザがそこに顔を出していたとすれば――しばしば哲学的議論のための会合として機能したそれらの友人たちのコレギアント派の集会において、彼らが「新しい哲学」について語るのを耳にしただろう。その一方で、彼にはファン・デン・エンデンという、デカルトの哲学を体現した教師があった。ファン・デン・エンデンは、一人の無神論者であると同時に、事実一人のデカルト学派としての名声を得ていた。【註79】かくして、彼が彼の優秀な生徒たちのいく人かに対し、少なくとも個人的に、かつ慎重に手ほどきをした「自然諸科学」の学問の中にデカルト的な性格のものが含まれていたことはまちがいないと思われる。もしかすると彼は、デカルトの『方法序説』とそれに付随する数学的、科学的な随想集の『省察』、ならびに人間生理学と人間の感情についての諸論文、そして何よりも『哲学原理』すなわち、アリストテレス学派＝スコラ学派的原理よりもむしろ、デカルト学派の原理を基礎とし、形而上学の最も一般的な要素とともに開始されつつ（磁性や人間の知覚のような）特殊な自然現象の機械論的解明において絶頂に達するという、哲学の包括的な教科書を作成しようとするデカルトの随想をも、読ませたかもしれない。

これらの事柄は、デカルト哲学へのスピノザの精通がこの頃〔一六五四年か一六五五年〕に由来し、かくしてユダヤ教徒共同体からの彼の破門に一、二年先行するということを、一つの疑念を超えて、証明するものではない。はたして、アムステルダムのコレギアント派の集会における議論に定期的に参加し、またレイデン大学のデカルト学派の教授たちの下で学んでいたかもしれない一六五〇年代の遅くになって初めて、その〔デカルトの〕体系についてのスピノザの深遠な考察と批判的な分析は実行されるのである。しかしもし、彼の初期の伝記作者たちが主張するように、哲学的、自然科学的啓示への彼の探求が一六五〇年代早々に始まったとするなら、その場合、ネーデルラントにおいてその当時、あのような論争を巻き起こしていたそれらの諸著作に向き合うまで、延々と彼が待っていたというのは、信じることが難しい。しかしながらもし彼が本当に、一六五六年の「破門(ヘレム)」以前に、彼のメノー派の商人の友人たちと、時々とは言え交流し、なおかつファン・デン・エンデンに学んでいたとすれば、その場合、彼はデカルトの諸著作について耳にし、そしてそれらを読みさえできる、あらゆる機会を持っていたことになるだろう。

さらにいっそう興味をかき立てる一つの仮説は、スピノザが、ラテン語、文学、近代哲学、自然諸科学への精通に加え、ファン・デン・エンデンが彼に政治思想の読んでおくべき古典的諸著作〔アリストテレスの『政治学』、マキアヴェッリの『君主論』と『論考(ディスコルシ)』、ホッブズの『市民論』、フロティウスの共和主義関連の諸著作など〕を与えたという意味においてのみならず、スピノザの世俗的で、寛容で、民主主義的な国家への関わりが、彼の教師自身の思想とシンゲル運河のその家で出会ったかもしれない人々によって影響されたという意味において、政治的な教育をファン・デン・エンデンの家において受けた、ということについてである。スピノザの自由主義的な思想はおそらく、彼がファン・デン・

エンデンのところで学び始める頃までには、少なくとも一般的な手段によって、かなりまとまっていた。しかしファン・デン・エンデンの『自由な政治的提案と国家に関する考察』および新しいネーデルラントのための立憲的諸提案としての『短論文』に見受けられるのとよく似た点が（『神学=政治論』と『国家論』における）彼〔スピノザ〕の成熟した政治思想には数多く存在する。さらに、スピノザが生徒だった年月の間、ファン・デン・エンデンは、その政治的な理想を共有するアムステルダムの数多くの自由思想家たちによる訪問を受けていたと考えられる。いく人かの歴史家たちの主張とは反対に、スピノザがファン・デン・エンデンのところで急進主義者のアドリアーン・クールバハと出会ったのは、この頃ではなく、というのは一六五三年以降、クールバハとその弟ヤンはアムステルダムを離れ、まずはユトレヒト大学で学び、次いで一六五六年からはレイデン大学で学んでいたからである。その後にクールバハ兄弟は悪名高き扇動的な作家となるのであり、実際のところアドリアーンは、一六六〇年代の早い頃にスピノザならびにファン・デン・エンデンと親しい間柄にあった。しかしファン・デン・エンデンと軌道を交差させ、そして彼の気鋭の弟子、すなわち彼の政治思想の数多くを分かち合っているかに見える知的に成熟した若者を彼が紹介しただろうその市の自由主義的で急進的な共和国主義者は、他にもいた。一例として、スピノザは著名な政治論者にして寛容の提唱者ピエール・ド・ラ・クール（ピーター・ファン・デン・ホーヴ）と面識があり、彼らの交友はそもそもファン・デン・エンデンによって仲介されたと、ときおり仮定されてきた。【註80】

影響とは、無論、つねに相互交通的なものとなり得る。スピノザは、ファン・デン・エンデンに学び始めたとき、もはや子供ではなかった。実際彼は、その学校の他の生徒たちよりも年長だっただろうし、まちがいなく彼は、彼らを教えることを手伝ってもいた。【註81】そして、もしかすると彼は、ファン・デン・エンデン自身にヘブライ語とスペイン語を教えたのかもしれない。ファン・デン・エンデンはパリに学校を設立した際、通常の科目に加え、これらの二つの言語を教えていたのであり、そこにおいてスピノザは、同時におそらく他の分野（聖書の註釈とユダヤ哲学など）においても、気軽に彼の教師となり得た。スピノザはラテン語の学習に専念するようになった頃、もはや知的初心者ではなかった。さらに、たとえ彼が一六五四年早々にはファン・デン・エンデンと一緒にいたとしても、それによって彼が求める学問において前進することが可能な付加的な方法は、（メナッセ・ベン・イスラエル、ならびに一六五〇年代の半ば頃に彼が一緒に過ごしていたのを私たちが知っている、より異端的な個人たちの助けとともに）ポルトガル人ユダヤ教徒共同体の内部にも、そして（彼のメノー派の友人たちとともに）その外部にも、いくつかあった。にもかかわらず、ファン・デン・エンデンはおそらく「スピノザの天才の背後に隠れる黒幕」【註82】ではなかったとは言え、そして彼がスピノザ扮するプラトンにとってのソクラテスの役割を果たしたと述べるのは大袈裟だとしても、まちがいなくスピノザは、その元イエズス会員の授業からひじょうに多くの恩恵を受けたのである。ラテン語の知識に加え、ファン・デン・エンデンの学校において彼は、健全な人文主義的教育を、同時におそらくは政治的、宗教的な見解における強度を増した洗練をも、獲得したのである。

❧ラビたちの懸念

スピノザは、正式なかたちでは、口伝律法（タルムード）やラビ（ユダヤ教の師）になるための訓練における高度な教育を追求することはなかったけれども、ユダヤ教徒共同体から漂流し始めたとき、彼はユダヤ教徒の哲学的、文学的、神学的伝統について確実な知識を備えていた。これは、その時代の他の主要な哲学者たちが持っていない何かである。そしてどこから見てもスピノザは、その伝統についての関心を――彼自身の哲学的進歩のためにではあるが――生涯にわたって持続させた。彼が死去したとき、その本箱には、ジュダイカ〔ユダヤ教関連の諸文献〕の中でも、ヨセフ・デルメディゴ、モーゼス・キムチ、メナヘム・レカナーティによる諸著作、そして口伝律法(タルムード)の用語集、さらには過越祭の式次第(ハガダー)(Haggadah)があった。【註83】彼はまた、共同体がその文化的遺産と見なしていたスペイン文学を味わいつづけたように思われる。セルバンテス、ケヴェード、ペレス・ド・モンタルヴァンの諸著作が、ヘブライ語聖書とラテン語の喜劇作品の隣に立っていた。

一六五四年（おそらくそれ以前）から、スピノザは、彼のユダヤ教の教育と、国外追放されたイベリア半島の作法を、古代の古典的諸著作ならびに同時代の哲学と自然科学についての基礎的学習でもって補っていた。商人スピノザは、哲学的な生活の選択が物質的用語を通じて彼に意味しているものにまちがいなく気が付いていた。が、彼は、「名誉と富がもたらす諸利点」は、知と認識の、そして（再びソクラテスを持ち出せば）「人間として生きる価値のある生活」を営むことの対価と比較するとき何も益はないと、おそらくすでに心に決めていた。同じく重要なこととして彼は、ハウトフラフト通りとブレーストラート大通りの垣根を越える知の探求の結果が、ユダヤ教徒共同体との彼の関係にとって、どのようなものになるかということにも気が付いていたのにちがいない。ファン・デン・エンデンの無神論者としての、それゆえ市の青年たちを堕落させているという悪評は、おそらく遅くとも一六五四、五年になるまで広まることはなく、そのとき彼は、アムステルダムの知的、政治的舞台にとっては、どちらかと言えば、いまだ新参者だった。しかしスピノザが、商売に携わらなくなり、かつてのイエズス会員とともにラテン語と哲学――おそらく悪名高きデカルト！の著作さえも――を学ぶことによって共同体をはみ出していたという事実は、ラビ〔ユダヤ教の師〕たちにとっては心労の種となっていたにちがいない。一六五六年早々までに彼らは、よりいっそう強い心労の原因を抱えた。

第六章　破門（ヘレム）

❧ネーデルラント領ブラジルの崩壊

オランダのポルトガル人ユダヤ教徒たちにとって、一六五四年から五六年にかけては、全般的に繁栄の歳月だった。スペインとの戦争終結後に始まった経済成長は、イギリスとの停戦協定によっていまや勢いを得て持続し、彼らは穏やかな歳月が差し出すさまざまな機会を大いに有効活用した。にもかかわらず、共同体の上には新たな重圧がのしかかっていた。一六五四年、新世界における最も重要な、そして利益をもたらす領有地のすべてがポルトガルにより再征服され、かくしてオランダによるブラジル植民地統治の終焉は、アムステルダムのユダヤ教徒にとってはきわめて痛烈な一撃となった。それは、砂糖貿易の決定的な壊滅のみならず、オランダとポルトガルの友好関係の悪化に伴うポルトガルとの商業的連絡の凍結をも意味したが、しかしタルムード・トーラー共同体は、ペルナンブコやレシフェ（そこにおいて彼らのラビ・アボアブは奉仕していた）といった、発展途上のユダヤ教徒共同体に大きな希望を託してもいた。そこには、異端審問所の勢力圏外に新キリスト教徒〔キリスト教徒のユダヤ人〕たちを移住させ、ユダヤ教に復帰させ得る機会があった。一六四四年の時点で、ネーデルラント領ブラジルのユダヤ人口は、千四百人をわずかに上回る程度だった。それが一六五四年までには、レシフェだけでも五千人になり、異例なまでの自由、特権、保護を与えられた環境の中で暮らしていた。【註1】彼らの多くは辺鄙な地域に農園（プランテーション）を所有し、オランダ人居住区の小さな村々にはいくつかのセファルディム〔ポルトガル・スペイン系を含む地中海周辺諸国出身のユダヤ人たち〕の共同体が存在した。

しかし一六五四年までにレシフェは、ブラジルに残された最後のユダヤ世界の前哨地となった。その年の早くに、その地がポルトガル人の手に落ちたとき、徹底的な人口の流出があった。新世界にとどまることもなく、カリブ海の島々やニューアムステルダム〔現在のニューヨーク〕にも向かわなかったレシフェのユダヤ教徒たちは、ヨーロッパに舞い戻った。

アムステルダムのポルトガル・スペイン系ユダヤ人たちは、ブラジルの事業からの帰還者のその数の多さに圧倒された。これらの人々が、一六四五年以降のスペインにおいて、苛烈な活動を復活させた異端審問所からの大勢の新キリスト教徒〔キリスト教徒のユダヤ人〕亡命者の絶えざる流入に、付け加わった。帰還者の多くはアムステルダムに長居はせず、イタリアや（非公式ではあるが）ロンドンに移住し、あるいは踵を返しカリブ海に戻った。ネーデルラントにとどまった者たちのその大半は、アムステルダムではなく、ロッテルダムとミッデルブルフに定住した。【註2】アムステルダムのユダヤ教徒たちは、この経験豊富で生産的な流入が彼らの経済に与える押し上げはもちろん、おそらく彼らの人口増加を歓迎したと思われるが、にもかかわらず、彼らの市にとどまった者たちのための居場所を確保する必要に迫られた。

一六五〇年代早々に数を増しつつ到着していた東欧系ユダヤ人たち〔アシュケナジム〕は、さらに大きな問題だった。これらのより貧窮した集団は、ゲルマン地方とポーランドにおけるユダヤ人排撃の新たな波を逃れていた。と同時に、神聖ローマ帝国内の（アウグスブルグ、リューベック、ラウインゲンなどの）数多くの都市もまた公式にユダヤ教徒を追放した。アムステルダムのポルトガル・スペイン系ユダヤ人たちは東方からの増大する移民を受け入れる用意がなく——と同時に気が進まず——、そしてその市にあった東欧系ユダヤ人たちの共同体は、単純に彼らを迎え入れる資金を持っていなかった。この頃、アーメルスフォールトやマールセンといったいくつかのオランダの都市は、ユダヤ教徒に門戸を開いていた。このことは、アムステルダムの負担をいくぶん軽減した。しかしタルムード・トーラー共同体の成員たちは、いまだ大きな問題として〔東欧系ユダヤ人の〕再移住を抱えていた。

疫病は、一六五五年と一六五六年において、特に深刻だった。最後に発生してから約二十年の休止の後、アムステルダムは一万七千人以上の死に苦悩し、一方でレイデンは一万二千人近くの消失を見た。【註3】この頃、その市〔アムステルダム〕のポルトガル・スペイン系のユダヤ人口は、市の全人口の一パーセントを若干上回る約二千人だった。その疫病によってどれほどの数のユダヤ人の命が奪われたのかを伝える記録はまったくないが、再度、彼ら、すなわちとりわけいまだフローイエンブルフ島のより貧しい中心部に住んでいた人々〔東欧系ユダヤ人たち〕の間に、ある程度の比例した感染者数を見込んでおくのが妥当である。

❧共同体への納税と献金

ユダヤ暦の第一月と第七月――すなわちティシュリ（Tishri）月〔西暦の九月または十月〕とニサン（Nisan）月〔西暦の三月または四月〕――が来るごとに、タルムード・トーラー共同体は税金を徴収し、その成員たちが負う〔献金の〕約束を取り付けた。その期間に個人が行った貿易の総額に基づいて査定される商業税「インポスタ（*imposta*）」〔輸出入課税〕に加え、すべての成員に（一種の義務的な支払いとして）期待され、個人資産に基づいて査定される共同体への寄付金「フィンタ（*finta*）」〔スペイン語で「非常時の上納」の意〕、および主に慈善のための基金に組み込まれる任意の献金「プロメーサ（*promesa*）」〔スペイン語で「約束」の意〕すなわち「ツェダカー（*tzedakah*）」があった。「プロメーサ」は礼拝堂（シナゴーグ）において集金され、「ガッバイ（*gabbai*）」すなわち共同体の出納役によって徴収される「フィンタ」〔資産に基づく寄付〕と「インポスタ」に加算された。

ユダヤ暦五四一四年の最初の月〔西暦一六五四年九月〕の父の死後、スピノザは、家族への報酬の支払いと彼らの会社を引き継いだ。それ以降、その一年間にスピノザは、九月に十一フルデン・八ストイフェル、三月に四十三フルデン・二ストイフェルという、多額の献金を慈善基金に約束した〔加えて二度の「フィンタ」〔資産に基づく寄付〕にそれぞれ五フルデンを支払い、ブラジルの貧しきユダヤ人たちのための基金に五フルデンの寄付を一回行った〕。【註4】合算すると高額になるこれらの献金は、彼の父を追悼しての献納を意味しているのかもしれない。と同時にそれらは、依然一六五五年の半ばにおいてはスピノザが――必ずしも熱心ではないとしても――少なくとも名目上は、体裁を取り繕い、すべての「イェフディ〔*yehudi*〕」〔ヘブライ語で「ユダヤ人」の意〕に期待される基本的な義務を遂行するにあたり、積極的に自らの分担を果たそうと心がける共同体の一成員だったということを示している。その一年間に、スピノザは最低限「ミニヤン〔*minyan*〕」すなわち定数十人のユダヤ教徒男性を必要とする亡き父への「カディッシュ〔*kaddish*〕」〔死者への祈り〕を唱えるために、むしろ定期的に礼拝堂（シナゴーグ）に通っていたものと思われる。【註5】翌年、すなわちユダヤ暦五四一五年〔西暦一六五五年九月〕の新年祭（ロシュ・ハシャナー）〔Rosh Hashonah〕において彼は、前年よりも目立って少ない額の四フルデン・十四ストイフェルを約束した〔併せて再び「フィンタ」のために五フルデンの支払いを行った〕。三カ月後、ハヌカー祭〔Hannukah〕〔光の祭り〕の安息日（シャバット）において彼は、六個の金の小片を拠出した。【註6】その年のニサン月〔一六五六年三月〕には、彼はわずかに十二ストイフェルの「プロメーサ」〔慈善のための献金〕を約束し、それはけっして支払われることはなかった。

これらの数字を、反抗的なスピノザの、タルムード・トーラー共同体に対する、事実ユダヤ教に対して薄れてゆく関係の表れとして、なおかつ共同体の指導者たちとの緊迫した関係の反映として、読みたくなる誘惑に駆られる。【註7】スピノザの信仰心は実際、一六五五年の終わりまでには、深刻な傾斜に苦しんでいたのにちがいないが、その一方で、共同体への彼の支払いの急激かつ顕著な減少は、単に財政的理由によるものだったとも考えられ得る。同時期の彼の「インポスタ」〔輸出入課税〕の支払いもまた、半年で十六フルデンから六フルデンにまで落ち込み、さらにその半年後には無になったという事実は、急速に会社の経営が悪化し、彼の貿易の額か量のいずれかが激減していたことを物語っている。そして一六五六年三月の「フィンタ」〔資産に基づく寄付〕の支払いが行われなかったことは、彼の個人的な資産がひじょうに少なくなったか、あるいは彼の収入がひじょうに心もとなくなったがゆえに、査定課税を保証できなかったということの、一つの目印となるものかもしれない。

スピノザの目減りしてゆく支払いの記録をめぐるこの経済的解釈は、一六五六年三月に、彼が父の財産とともに相続した複数の負債から彼自身を解放するために大胆な措置を講じた、という事実によって支えられている。【註8】それらの負債の中には、おおよそ十八年も前に父ミカエルが引き受けたエンリケスの資産に対する継続的な責任が含まれていた。スピノザはそれらの負債のいくつかを帳消しにし、それにより（アムステルダム法廷の高等判事に提出されたある資料によれば）【註9】「以後彼は、より容易に（たとえこれがわずかな出費でなされ得たとしても）父の後継者として振る舞うことが可能になった」。このような行動に出ることにより、当初の彼は、父の遺産の彼の受領と、父の債権者の要求を満たそうとする彼の自発的な意思を表明した。しかし「上記相続財産は、上記ベント・デ・スピノザに多大な損害を与えるものとなりかねない程度までに、上記相続財産は多数の滞納金を負っている」がゆえにその相続財産を拒否し（「あらゆる観点においてそれを断ち切り」）、債権者たちへの彼の責任から彼自身を退けようとすることが、現時点における最良の措置であると、彼は結論付けた。彼の主要な関心は、彼の母の遺産からの彼に与えられるべき金銭——伝えられるところでは、「かなりの額だった」——をいかなるものであれ確保することであり、元来それは、彼女が他界したときにミカエルの財産として組み入れられたものだった。スピノザは「彼の父の存命中にこの果実〔彼の母の金銭〕から彼の満足のために一度として何も受け取ったことはなかった」と主張した。事実、彼はミカエルの負った債務の責任から彼自身を清算し、父の遺産に対する特権的債権者として彼自身を確立しようとした【註10】。彼は両親を失った未成年の子供を保護するオランダの法律を有効に活用しようと決断した。二十五歳の誕生日には一年と数カ月足りないがゆえに、彼は制度上ではいまだ未成年者だった。かくしてスピノザは、一人の孤児であることを法的に宣言するための請願書を提出することができた。アムステルダム市の孤児院はそのとき、彼の後見人として、後にレンブラントの息子にしてその画家の財産相続人となるティトゥス・レンブラントの権利の保護に努めたのと同じ人物ルイス・クライエルを任命した。三月二十三日、クライエルが法廷に提出した短い報告書は、以下のように訴えている――

ベント・デ・スピノザ（Bento de Spinoza）は〔……〕上記彼の父からの相続財産に対し、何らかの方法によって彼が関係する上記のいかなる行為からも、ならびに彼が何らかの方法によって冒した怠慢と失敗からも、解放される。すなわち上記ベント・デ・スピノザは、彼の母の財産に対する彼の要求とともに、上記ミカエル・デ・スピノザの財産に関係する他のあらゆる債権者たちに対し、特にデュアルテ・ロドリゲス、ラメゴ・アントニオ、ロドリゲス・デ・マライス、およびペドロ・エンリケスの財産の債権者たちに対し、特恵が与えられる。

スピノザは、一六五六年の早々から半ばにかけて、まちがいなく寒々しい財政状況にあった。ユダヤ教徒共同体への支払いの急速な目減りは、この事実の反映以上のものではないのかもしれない。実際、彼の弟ガブリエル――彼は〔兄ベント・デ・〕スピノザが共同体を去った後、支払いの義務を引き継いだが、私たちの知る限り、彼に対しては異端のいかなる嫌疑もなかった——は、アムステルダムから西インド諸島に移住するまでの以後十年間、唯一「プロメーサ」〔慈善のための献金〕の貢献のみを標準的に行い、「フィンタ」〔資産に基づく寄付〕あるいは「インポスタ」〔輸出入課税〕については何も支払いをしなかった。【註11】

しかし、一六五六年三月二十九日にスピノザによって約束されたあのわずか十二ストイフェルと、そのすぐ後につづく出来事との間に、何も関連がなかったとは、やはり信じることが難しい。

❧極刑としての破門

一六五六年七月二十七日、次の文書が、ハウトフラフト通りの礼拝堂(シナゴーグ)の聖櫃(せいひつ)の前で、ヘブライ語で読み上げられた——

「理事会(マアマド)」の理事たちは、久しい以前からバルーフ・デ・スピノザの邪悪な意見と行動の数々を知り、悪の道から彼を連れ戻すため、さまざまな手段により努力し、約束もしてきた。しかし、それらの努力は何一つ実を結ぶには至らず、それどころか、彼が現に実践し、かつ（他の人々に対して）教唆した唾棄すべき異端思想の数々と彼のなした神をも恐れぬ行為に関する深刻な知らせが日を追って増え、またそのような事実を裏付けるための数多くの信頼に足る証言が寄せられ、その件について上記スピノザの面前で証言され、確認されたがゆえに、かかる事実に相違なしとの確信に基づき、その一切を敬うべき「賢者たち(ハハミーム)」各位の臨席の前に検証したるを以て、理事会はその見解に従い、上記スピノザに対し、破門を宣告し、イスラエルの民から追放することを決定した。天使たちの意志により、聖人たちの命令により、我々は、褒(ほ)むべき神の同意とともに、聖なる共同体全体の同意とともに、そして六百十三個の戒めの記されたこれらの聖なる巻物の前で、バルーフ・デ・スピノザを破門し、追放し、弾劾し、呪詛する。ヨシュアがエリコを追放したその破門とともに、エリシャが子供たちを呪詛したその呪詛とともに、律法の書に記されたあらゆる戒めとともに、彼を呪う。昼も呪われてあれ、夜も呪われてあれ、また寝るときも呪われてあれ、起きるときも呪われてあれ。家を出るときも呪われてあれ、家に入るときも呪われてあれ。主は彼を赦し給わず、また主の怒りとその恨みはこの男に対して燃え上がり、この律法の書に記されたあらゆる呪詛が彼の身に降りかかり、主は天の下より彼の名を消し去らんことを。そして主は、この律法の書に記された契約のあらゆる呪詛に従い、イスラエルのあらゆる支族から悪の上にある彼を切り離されんことを。然るに汝ら、主なる汝らの神に従う者たちよ、皆もろともに今日を生きよ。

この文書は、「話し言葉であれ、書き言葉であれ、何人も彼とは言葉を交わすことのないように、何人も彼に好意を示すことのないように、彼と一つ屋根の下に泊まることのないように、彼から四キュービット〔約二メートル〕以内に近付くことのないように。同じく彼によって作成され、あるいは書き記されたいかなる論文も読むことのないように」という警告で締め括られている。この文書は後にポルトガル語に翻訳され、共同体の記録文書の中に加えられた【註12】。この宣言文を通じ、一六五六年、共同体の「理事会（*ma'amad*）」の椅子に座る「理事たち（*parnassim*）」により、バルーフ・デ・スピノザに対し、「ヘレム（*cherem*）」——すなわち追放または破門——が宣告された。それはけっして撤回されることはなかった。

ユダヤ教徒共同体によって、不服従の、あるいは反抗的な成員に対して行使される一つの懲罰または強制的手段としての「ヘレム」は、少なくとも紀元一世紀から二世紀にかけてのミシュナー〔一〜三世紀の賢者たちによる聖書註解書〕を発達させたタンナイーム（tannaim）〔パレスティナで活躍したユダヤ教の賢者たち」の時代にまで遡ることができる。元来「ヘレム」という用語は、聖書における使用においては、通常の事物から隔離され、通常の使用あるいは接触が禁止される何か、または何者かを意味する。【註13】それはまた、「破壊され」ということをも意味する。隔離の理由には、その事物あるいは人間が、神聖な（holy）、あるいは捧げられた聖なるもの（sacred）であるから、という場合もあれば、あるいは——そしてこれが破壊の根拠となる——それが穢れており、神にとっては忌むべきものであるから、という場合もあるかもしれない。例えばモーセ五書（トーラー）は、イスラエルの民の神以外の何らかの神に犠牲を捧げるいかなる者も「ヘレム」であると宣言している（『出エジプト記』二十二章19節）。すなわちその者は破壊され、そしてその者が崇拝したその偶像は焼かれるべきであると。『申命記』（七章1～2節）では、神がイスラエルの民に約束した土地を占める諸国民は「ヘレム」であり、かくして破壊されなければならないと宣言される。一方、主（「ヘレム・ラドナイ *cherem l'adonai*」）に捧げられてきた何かは「主にとってきわめて神聖（「コデーシ・カダーシム *kodesh kadashim*」）（『レヴィ記』二十七章29節）であり、かくして売られることも、質入れをすることも、いずれも許されないとされる。同じく聖書には、隔離あるいは破壊が、命令に従わない者を懲らしめ、罰するために適用されるくだりが見出される。イスラエルの民はヤベシュ・ギルアデ（Yavesh-gil'ad）の住民がベニヤミン族に対する戦闘の呼びかけに応じることができなかったがゆえに、彼らの破壊（「タハレム *tacharemu*」）を命じられる（『士師記』二十一章5～11節）。出エジプト後の時代にエズラは、三日以内にイェルサレムに集結せよとの布告に従わない者たちは、「そのすべての財産を失い（「ヤハラム *yacharam*」）、そして［……］流亡の民の共同体から隔離される」（『エズラ記』十章7～8節）と宣言した。

ミシュナー（Mishnah）（一～三世紀の賢者たちによる聖書註解書）の賢者たちの間では、「ヘレム」（あるいは、より正確に言えば「ニッドゥイ *niddui*」）は、いくつかの破門の中の一形式として適用された。

何らかの法規あるいは命令に違反した者は「メヌッダー（*menuddeh*）」すなわち「穢れた者」として宣言されることにより処罰される。彼または彼女はそれゆえ、共同体の残余から隔離され、侮蔑でもって取り扱われる。同時に「ニッドゥイ」は、より狭義には、パリサイ人あるいは律法学者の地位からのある種の追放を意味していたかもしれない【註14】。時とともに「ヘレム」は、「ニッドゥイ」〔破門の一つ〕よりも重い形式の懲罰と見なされるようになっていった。マイモニデス〔十二世紀のラビ〕は、罪を犯した一人の「賢者（*chacham*）」の事例について説明している。まずは「ニッドゥイ」が彼に下される。三十日が過ぎて、もしその博識の「メヌッダー」〔穢れた者〕が自らの行為を悔い改めていないのであれば、彼にはさらに三十日が加算される。彼が「ニッドゥイ」の下にある間は、彼は喪中の者のように行動し、またそのような者として取り扱われなければならない。すなわち、彼は髪を切ることも許されず、衣服あるいは身体をさえ洗うことを許されず、そしていかなる者も彼から四キュービット〔約二メートル〕以内に近付いてはならない。もし彼がいまだ「ニッドゥイ」の発効中に死去したなら、その場合、彼の棺を埋葬するための随伴は許されない。もし「ニッドゥイ」の下の〔合計〕六十日の後、その罪人がそれでも改悛しない場合は、彼には「ヘレム」が下される。かくしていまや彼と商業的取引を行うことは禁じられ、すなわち彼は何かを売ることも、買うことも、そして交渉することも、値切ることも、許されない。彼はまた他人に教えることと、他の誰かによって教えられることを禁じられる（ただし彼は、「自らの教育を忘れないよう」、独習することは許される）【註15】。また、警告および謹慎を目的とする、さほど厳重ではない形式の懲罰があった。「ネズィファー（*nezifah*）」は訓戒にとどまるもので、七日間をかけてその罪人に自らの犯した罪を振り返らせるためのものだった。そして「ナルダファ（*nardafa*）」は肉体的懲罰、おそらく鞭打ちを含んだと考えられる。律法の要求の権威者たち、すなわちユダヤ教律法の裁定者たちの間では、懲罰についての用語、定義、順序、程度をめぐって、多くの不一致が絶えず存在しつづけてきた。いく人かの主張によれば、「ニッドゥイ」はより穏やかな形式の懲罰では効果が得られなかった場合において初めて宣告され、そして「ニッドゥイ」と「ヘレム」〔この場合は「ニッドゥイ」よりも重い破門〕――その両方が一時的な執行猶予を与えるものだった――のいずれによっても期待される懺悔の念を生じさせることに成功しなかった場合には、最終的な段階として、最高の厳罰である「シャムタ（*shammta*）」が下される。【註16】一方、マイモニデスは〔例えば、ラシ〔十一世紀のラビ〕とは異なり〕、「ベシャムタ（*b'shammta*）」（すなわち「シャムタ」〔最高の厳罰〕の罰の下にある者）と「メヌッダー」（すなわち「ニッドゥイ」の罰の下にある者）との間に、何も区別を設けてはいない。【註17】

「ニッドゥイ」が適用される諸罪の中には、マイモニデス〔十二世紀のラビ〕によれば、――ラビ〔ユダヤ教の師〕の権威に楯突くこと、――面と向かってラビを侮辱すること、――ユダヤ教の律法下では回収されない金銭を回収するためにキリスト教徒の法廷を利用すること、――過越祭の夕刻前の午後に仕事をすること、――他人の戒律の実践を妨害すること、――適法（コシェル）とされる肉の準備と消費についての何らかの規定を破ること、――意図的に自慰行為をすること、――犬あるいはその他の潜在的に危険な動物を飼う場合に十分な対策を施さないこと、――日常的な会話において神の名を口にすること、がある。【註18】セファルディム〔ポルトガル・スペイン系を含む地中海周辺諸国出身のユダヤ人たち〕の共同体にとっては、特別な重みを持っていた十六世紀のユダヤ教律法の大綱『シュルハン・アルーフ（*Shulchan Arukh*）』の著者ラビ・ヨセフ・カロは、「ニッドゥイ」に値するその他の行動として、――誓いを破ること、――町に死体が埋葬されずに横たわっている間に仕事を行うこと、――不可能な事柄を実行すること、――教師の職務をその生徒たちの一人が引き受けることなど、その他数多くを付け加えている。【註19】

敬虔なユダヤ教徒にとって、「破門」の状態に置かれることは、ひじょうに深刻な結果を招くものとなった。それは世俗的かつ宗教的な領域のいずれにおいても、当事者とその家族の人生に影響を及ぼした。「破門」を下された者は、程度の差はあれ、共同体の儀式に参加することからも、かくしてユダヤ教徒にとっては人生を意義あるものにする日常的な務めの数多くを実践することからも、切り離された。懲罰の厳しさと継続期間は、通常、当人の犯した罪の重さに準じた。会話をすることについては言うまでもなく、商業的取引と価格交渉に対する禁止ゆえに、その「ムハラム（*mucharam*）」〔罪人〕は、何よりも、一般的な商業行為と社会的接触から隔離された。彼はまた、「ミニヤン」として要求される定数十人の男性の一人として奉仕することも、あるいは礼拝堂においてモーセ五書に近付くことも、あるいは共同体の指導的な地位において奉仕することも、あるいは「ミツヴォト（*mitzvot*）」すなわちすべてのユダヤ教徒に負わされる律法の要求の義務を満たす行為の、その数々を行うことも禁止された。極端な場合には、懲罰は罪人の親類たちにも及んだ。すなわち彼が「破門」の下にある限り、彼の息子たちは割礼を受けられず、彼の子供たちは結婚に踏み込めず、そしてその家族の誰もがユダヤ教の正規の葬礼を与えられなくなった。「破門」は明らかに、戦慄するほどの感情の衝撃を伴うものだった。ある歴史家が書き記すように、「破門されたその個人は、この世と次なるそれの両方において、自らの居場所が失われていることを自覚した【註20】」。

一個人を破門する権限は、伝統的には、共同体のラビ〔ユダヤ教の師〕たちによる法廷すなわちベト・ディン（Beth Din）に授けられた。しかし中世の時代に、さまざまな共同体の傑出した一般成員たちが、かつてはラビのために確保されていた指導的役割の数多くを担ったがゆえに、これはむしろ異議を生じさせる問題となった。厳罰の「破門」を宣告するためのその儀式は通常、礼拝堂において執り行われ、そこにおいて一人のラビまたは「朗詠者（*chazzan*）」が、開帳された聖櫃の聖書の前か、あるいは講壇から、禁令を読み上げた。「角笛（*shofar*）」が吹き鳴らされ、その間、共同体の成員たちはそれぞれに（黒い、と形容されることもある）蝋燭を手に保ち、「破門」が宣告された後、それらはかき消された。【註21】このような圧倒的に象徴的な劇がスピノザの「破門」の場合に演じられたことを裏付けるものは何もない。リュカス〔伝記作者〕は事実、スピノザの破門の儀式はこの手順に沿ったものではなかったと主張している。

> 人々が礼拝堂に集まったとき、彼らが「ヘレム」と呼ぶ破門の儀式が、いくつもの黒い蝋燭の灯と、そこに律法の諸書が安置されている聖櫃の開帳でもって開始される。その後に、朗詠者が、いくぶん高くなった場所から、重苦しい声音によって破門の言葉を唱え、そしてもう一人の朗詠者が角笛を吹き鳴らしているその間、蜜蝋は上下を返され、血で満たされた容器の中へ雫となって一滴一滴、落下する。そのとき人々は、この黒い光景を目前に神聖な恐怖と聖なる憤怒に駆られ、荒々しい声でアーメンと応唱し、その行為は、もし彼らが破門された者を八つ裂きにすることができるのであれば、彼らは神に心からの献身を示すことになると信じているということと、そしてまさにいまこのときに、あるいは礼拝堂から立ち去るときに彼らが彼と出くわすのであれば、彼らは疑いもなくそのようにするということを、証明するものである。この点について注意されなければならないことは、角笛を吹き鳴らすこと、蝋燭の上下を逆さにすること、そして血で満たされた容器は、瀆神の場合にのみ見られる道具立てであるということである。その他の場合は、彼らは単に破門を宣告するだけで満足し、瀆神ゆえではなく、モーセと律法に対する尊敬の念の欠如ゆえに、罪を問われたスピノザの場合と同様である。【註22】

破門の文書は、ラビ・モルテーラによって読み上げられたと考えられるが、しかしながらコレルス

〔伝記作者〕は、いく人かの「アムステルダムのユダヤ教徒たち」が「老賢者アボアブ」――その頃彼が偶然にベト・ディン〔ラビ（ユダヤ教の師）たちによる法廷〕を統括していた――がこの務めを負ったということを彼に話したと言っている。【註23】しかし、公的宣言を行う務めがラビに与えられていたとしても、「破門」を下す権限は、アムステルダムのポルトガル・スペイン系ユダヤ人たちの間では共同体の一般成員の指導者たちの手にしっかりと握られていた。この点についてタルムード・トーラー共同体の諸規定は何も曖昧な点を残していない。すなわち、「理事会」は、勝手な判断によって何らかの諸規定に違背した共同体の成員を罰するための絶対的かつ唯一の権限を有すると。【註24】もちろん彼ら〔理事たち〕は、誰かに対して禁令を発する前に、特にその申し立てられた罪が「律法の要求（*halacha*）」の問題を含む場合は、ラビたちの助言を得ることを認められ、またそれを奨励されてさえいた。とは言え、このような相談は無用だった。共同体の成員を破門するという「理事会」のその排他的な権限は、十七世紀においては実質的に異論が提出されたことはなかった。唯一ラビ・メナッセ・ベン・イスラエルだけが、一六四〇年に彼ならびに彼の家族が「理事会」の手によって受けた扱いに憤慨し、破門の権限は正式にはラビに帰属するものであると抗議した。その無礼のために――そしておそらく彼が要点を理解することを確実にするために――彼は、わずかに一日だけだったが、破門に処された。【註25】

タルムード・トーラー共同体の「理事会」が活用することのできる懲罰には、さまざまな程度のものがあった。彼らは、何よりもまず、単なる警告を与えることができた。とは言え、罪人は、贖罪の日（Yom Kippur）に礼拝堂への立ち入りを拒否されることがあったかもしれず、礼拝堂における すべての儀式に参加することをも禁止されたかもしれない。彼らは一週間分のモーセ五書の割当ての朗読を求められること、すなわち「アリヤー（*aliyah*）」と呼ばれる大きな名誉と特権の伴う義務の遂行を禁止されたかもしれない。彼らは共同体の金庫からの慈善を受けられず、共同体の職にとどまることも禁止されたかもしれない。あるときのこと、「朗詠者（ハザン）」のアブラハム・バルーフ・フランコは、鞭打ち刑の宣告による延長された懲罰の下にあり、その刑は二年間にわたって新月になる前毎に執行された。かくして共同体の指導者たちは、少なくとも暗黙裡に、「ネズィファー」〔単なる戒め〕から「ナルダファ」〔肉体的懲罰〕への懲罰の段階を認識した。しかし究極の懲罰は、破門だった。そしてアムステルダムのポルトガル・スペイン系ユダヤ人の共同体においては、破門の形式やその強度に何も区別を設けていなかったように見える。いくつかの破門は、事の事実として〔宣告文の事実ではなく〕、他のものよりも期間が長かった。宣告文の文面にはそれぞれ〔付け足しとしての呪詛を含めて〕相違があった。そして破門された者が従わなければならない長期にわたる懲罰の性質には、いくつかの種類があった。赦しを請い、過料を支払うことによって済まされる場合も、ときにはあった。別の場合には、破門された者は、共同体と和解した後、一定期間にわたって数々の「ミツヴォト（*mitzvot*）」〔ユダヤ教徒としての義務〕を果たすことを禁止された。とは言え、隔離の期間や懲罰の厳しさがいかなるものであれ、それぞれの破門の制裁は単純に「ヘレム」として一まとめにされた。「ニッドゥイ」「ヘレム」「シャムタ」の間の差異化は、この共同体においては、機能していなかったと考えられる。【註26】

懲罰のこの形式の濫用に対するマイモニデス〔十二世紀のラビ〕の説諭を軽視しつつ、アムステルダムのポルトガル・スペイン系ユダヤ人の指導者たちは、秩序を維持し、共同体内部の遵奉を強化するために、広く「破門（ヘレム）」を活用した。多くの場合において破門は、共同体の諸規定により、さまざまな法規の違背に直接結び付けられていた。事実それに違背することが必ず破門を招くことになる数々の規定があった。すなわち、——共同体の外での通常の祈祷のために「ミニヤン」〔定数としてのユダヤ教徒男性十人〕を集めること、——「理事会（マアマド）」の命令に従わないこと、——礼拝堂（シナゴーグ）内であれその周辺であれ、殴打を意図して仲間のユダヤ教徒に手を上げること、――武器を携帯して礼拝堂（シナゴーグ）に入ること（とは言え、キリスト教徒と喧嘩をしている人々や、護身のために武器を携帯する必要を感じている人々については、例外が考慮された）、――「理事会（マアマド）」の許可なく非ユダヤ人に割礼を施すこと、――「理事会（マアマド）」の許可なくユダヤ民族の名において言葉を発すること、――「理事会（マアマド）」の許可なく離婚の書類を取りまとめること、――禁制の貨幣によって取引を行うこと、――過去に共同体の成員だったことがなく、あるいは共同体から反抗的に立ち去った者との共通の祈祷に参加すること、があった。【註27】

破門は、礼拝堂（シナゴーグ）への参拝、適法（コシエル）とされる肉の購入、祝祭日の遵守のような、宗教的かつ祈祷についての諸規定の侵犯に付随していた。例えば、東欧系ユダヤ人〔アシュケナージ〕の肉屋から食肉を買うことはできなかった。【註28】さらに倫理的な規定があり、例えば賭博や街頭での猥褻行為に対しては破門が宣告され得た。破門が保護する社会的な禁忌には、秘密の結婚、すなわち両親の同意も、またラビ〔ユダヤ教の師〕の立ち会いもない結婚に反対する規定が含まれた。共同体の政治的、財政的仕組みに由来する規定もあった。例えば、税金を支払わずにいたり、（メナッセ・ベン・イスラエルがすばやく学んだように）「理事会（マアマド）」の成員の面前で不敬を顕わにしたりすれば、破門が宣告され得た。

破門に値するその他の行為としては、――共同体のその他の成員たち、とりわけラビ〔ユダヤ教の師〕たちを嘲笑する公的発言をすること、――（少なくともブラジルをめぐる危機以前まで維持された一規定として）ポルトガル人（ただしスペイン人ではない！）の大使を公的に中傷すること、――受取人を隠れユダヤ教徒としての嫌疑の下に置き、彼または彼女（それが改宗ユダヤ人の家系の者であればなおさらのこと）を危険に晒すものとなるユダヤ教への何らかの言及または参照を含む手紙をスペインに書き送ること、――「理事会（マアマド）」の許可なく本の出版を行うこと、――許可なく共同体の図書室から本を持ち出すこと、が含まれた。女性は、破門に対する恐れの下で、キリスト教徒の女性の髪を切ることを禁止され、そしてユダヤ教の神学的な議論にキリスト教徒を引き込むことを禁止された。【註29】同様に、ある種の――モーセ五書の神的な由来を否定したり、神の法の戒めを軽んじたり、ユダヤ民族の評判を貶めたりするような――異端的または冒瀆的な意見の（口頭または文書による）公的表明が、破門を正当化するものとなったことは、言うまでもない。

一六三九年、イサーク・デ・ペラルタは「理事会」の理事の一人に反抗し、侮辱し、さらには街頭で彼に危害を加えたことにより、破門された。一六四〇年、ヤコブ・シャミスは、許可なくある一人のポーランド人に割礼を施したがために数週間にわたって破門され、自らを弁解して彼はその男性がユダヤ人ではないとは思いもよらなかったと主張した。【註30】一六七七年、ヨセフ・アバルバネルは、適法とされる肉を買い、しかしそれを東欧系ユダヤ人の肉屋から買ったがために「破門」に処された。姦通ゆえに破門を宣告された人々もいた。【註31】要するに、一六二二年から一六八三年の間、歴史家ヨセフ・カプランが明らかにしたように、三十九人の男性と一人の女性が、スピノザが所属する共同体によって破門され、それらの破門の期間はそれぞれ、一日から十一年間に及んだ（ちなみにその一人の女性は、一六五四年、夫と一緒に破門されたヤコブ・モレノの妻であり、規定を無視して夫ヤコブの留守中にダニエル・カステルが家に入るのを許し、共同体に醜聞を引き起こした）。稀に――スピノザの場合におけるのと同様に――けっして撤回されない破門があった。これらのすべてが示していることは、アムステルダムのユダヤ教徒共同体にとって破門とは、定義としては、宗教的かつ人間的なあらゆる関係についての無期限の断絶とは受け止められてはいなかった、ということである。場合によっては、スピノザのときのように、そのような結果に終わることもあり得た。しかし通常は、共同体との和解が成立する条件を果たすまでに、どれほどそれが継続するのかを決定するのは、罰せられているその個人の力量に依ったと思われる。

「破門（ヘレム）」とは、このように、規律正しいユダヤ教徒共同体にふさわしいものとされる社会的、宗教的、倫理的行動を強化するために、そして儀礼的な実践の問題のみならず、日常的な行動および思想表明の問題における逸脱を阻むためにも活用された。これらすべては、そのほとんどが久しくユダヤ教の文献と実践から切り離され、最近になってようやく正統に向き合い、そしてユダヤ教の規範の中で教育されるようになったかつての改宗ユダヤ人たちとその子孫からなる共同体にとっては、特に重要な問題だった。タルムード・トーラー共同体の指導者たちは、イベリア半島でのカトリック信仰との交わりの経験に由来する、依然不確実な、そしてしばしば非伝統的な色合いに染められているいくつかの信仰と実践を携えるユダヤ教徒たちから成る共同体の宗教的結束力を維持するために、懸命に尽力しなければならなかった。さらに、このような共同体は、そのユダヤ教について不安を抱いていたかもしれず、かくしてその反動として、物事を適法（コシェル）に保つために、とりわけ最も厳格な手段に頻繁に訴えるようになったのかもしれない。アムステルダムのポルトガル・スペイン系ユダヤ人たちは事実、ハンブルクとヴェニスのような他の共同体が極刑的懲罰を滅多に適用しなかった罪人たちに対し、破門という制裁で臨んだのである。【註32】

❧呪詛にまみれた破門の動機

スピノザの「破門（ヘレム）」の文書は、その激情と激怒において、ハウトフラフト通りにおいて宣告された他のすべてを凌駕している。この時期に共同体から発行された他の破門文において、スピノザが共同体から追放された際の、彼に向けられたあの激怒に達しているものはない。実際、ペラルタの「破門（ヘレム）」の文書の調子こそ、むしろ典型的である。

検討すべきは、イサーク・デ・ペラルタが、上記「理事会（マアマド）」による命令に違背し、そしてその件についてペラルタは否定的な言葉で返答し、しかもそれでは満足せず、ペラルタは外に出、通りにおいて「理事たち」を探し出し、彼らに暴行したという事実である。上記「理事会（マアマド）」は、これらの行動と問題の重大さを考慮し、以下を決定した。上記イサーク・デ・ペラルタを、彼がなした行動のために、破門に処す［*post em cherem*］ということを全員一致で承認した。彼は「穢れた者」として宣言されたからには、誰も彼と言葉を交わし、取引を行ってはならない。ただし彼の家族と彼の家のその他の成員については、彼と言葉を交わすことを許される。【註33】

四日後、ペラルタは赦しを請い、六十フルデンの過料を納め、かくして破門は解かれた。一六六六年、ダヴィッド・クリエルは、「彼が共同体から外れていたその長い期間、および貧しい者たちの差し迫った必要を考慮し【註34】」、共同体の慈善基金に一千フルデンを納めることにより、「破門（ヘレム）」を解くことができた。しかしスピノザの「破門（ヘレム）」の文書においては、改悛の十分な印として彼が何かを示し、あるいは共同体と和解し得る手段として彼が何かをしたというような言及は、どこにも見当たらない。スピノザの友人にして一六五六年に〔スピノザと同様の違背を罪に問われたと思われる〕「ムハラム」〔罪人〕の仲間のファン・デ・プラドの〔二度目の〕「破門（ヘレム）」の文書さえ、スピノザのそれと同様、異例に長文であり、和解のための予備的提案は何も記されていないが、にもかかわらず、その調子においてはむしろ節度があり、穏やかでさえある。プラドは、再度赦しを請うことを許されない中、自らの態度の悔い改めを公言するだろう。かくして理事会は、彼と彼の家族にアムステルダムから立ち去り、できれば海の向こうに移住するように求めた。しかしそこには、スピノザに対する彼らの弾劾を特徴付ける怒りと激しさは、微塵もない。【註35】

スピノザの「破門（ヘレム）」の文書の定式は、ラビ・モルテーラが彼の師レオン・モデナから与えられ、ヴェニスから持ち帰ったものと考えられる。一六一八年、モルテーラは、ベト・ヤコブ共同体の他の成員ならびにラビ・パルドの導く分裂集団〔まもなくベト・イスラエル共同体を設立する〕の代表者たちと、ヴェニスに旅をした。これらはファラルの問題をめぐって二つに分裂した派閥であり、彼らはヴェニスの〔共同体の〕助けを借り、和解を生み出そうと、あるいは少なくともヴェニスのセファルディ〔ポルトガル・スペイン系を含む地中海周辺諸国出身のユダヤ人〕のラビたち、および指導者たちの判断を仰ごうとしていた。ヴェニスのタルムード・トーラー共同体の「理事たち（パルナッシム）」はアムステルダムの同宗徒たちにそれぞれの差異を友好的に解決するよう助言を与えたが、にもかかわらず、「分裂の種子を撒いた」者には「破門（ヘレム）」を宣告すると威嚇した。モルテーラが自らアムステルダムに持ち帰ったそのときの「破門（ヘレム）」の文書——おそらくモデナの手によるものである——は、一四九〇年頃にナポリで印刷された十三世紀末か十四世紀初頭のユダヤ教徒の民間伝承と風習の集成本『すべては内側に（コル・ボ）（*Kol Bo*）』の第一三九章から転用された【註36】。モルテーラのヴェニス人の師〔レオン・モデナ〕は、一つの「呪詛（マルディシオン）（*maldicion*）」からさらなるそれへと、呪いの言葉と呪いの誓いに満たされた文書を生み出した。しかもその総量は、比較をすれば、実際にスピノザのために使用された「破門（ヘレム）」の文書を穏やかに思わせるほどである。おそらくその破門文から、ヴェニスの共同体が一六一八年にウリエル・ダ・コスタに「破門（ヘレム）」を宣告した際に使用した破門文の定式が採られた。その〔ウリエル・ダ・コスタの破門文の〕ヘブライ語原文からのスペイン語訳には、後にスピノザに向けられるのと同一の、または類似する複数の呪詛が見出される。すなわち、——「我々は破門し、追放し、隔離し、破壊し、呪詛し〔……〕」、——「彼を呪う〔……〕ヨシュアがエリコを破門したその破門とともに、エリシャが子供たちを呪詛したその呪詛とともに〔……〕律法の書に記されたあらゆる誓いと呪詛とともに」、——「神は天の下から彼の名を消し去らんことを、そして神は、この律法の書に記されたあらゆる呪詛に従い、イスラエルのあらゆる支族から悪の上にある彼を切り離されんことを」、さらに（スピノザの「破門（ヘレム）」の文書のように）『申命記』二十八章19節の有名な言葉、すなわち「入るときも呪われてあれ、出るときも呪われてあれ［……］寝るときも呪われてあれ、起きるときも呪われてあれ」を反響させている。「主なる汝らの神に従う者たちよ、皆もろともに今日を生きよ」という『申命記』四章4節の言葉は、いずれの文書においても最後に来る。モルテーラがヴェニスから持ち帰った文書は、禁令を要求する事件が特に深刻なものとなった場合に、アムステルダムのポルトガル・スペイン系ユダヤ人たちが頼ったまさに雛形だったにちがいない。一七一二年、ダヴィッド・メンデス・ヘンリケスとアーロンならびにイサーク・ディアス・ダ・フォンセカが、「カライ派〔ラビ的ユダヤ教を忌諱するユダヤ教の一派〕に従うこと」と、かくして口伝律法の有効性を否定することを信じさせられたがゆえに破門を宣告されたとき、同一の文書が再び共同体によって使用された。【註37】

ここにおいて明らかとなる問題は、なぜスピノザはあのように極端な偏見とともに破門されたのか、ということである。彼の「破門（ヘレム）」の文書も、この時期のいかなる文書も、彼の「邪悪な意見と行為［*más opinions e obras*］」がいかなるものであったと考えられていたのか、また彼が教唆したとされる「唾棄すべき異端思想［*horrendas heregias*］」あるいは彼が取ったとされる「神をも恐れぬ行為［*ynormes obras*］」がいかなるものだったのか、正確に私たちに語っていない。そのときの彼は二十三歳にすぎず、まだ何も出版してはいなかった。同様に、私たちの知る限り、彼は一篇の論文も執筆してはいなかった。スピノザは彼の現存の手紙において彼の人生のこの時期にまったく言及しておらず、かくして彼がなぜ追放されたのかについては、彼自身は書簡（あるいは私たち）には何も手がかりを残さなかった。彼が他の場所で哲学的、自然科学的学問を追求するためにユダヤ教の学問から

——そしておそらく「律法の冠（Keter Torah）」学院からも——飛び出したことは、ユダヤ教徒共同体内の彼の「師たち」、特にモルテーラを刺激したかもしれない。そしてラビたちは、ファン・デン・エンデンの家で行われる授業への彼の出席を、もし本当にその頃に彼がそのようにしていたのであれば、まちがいなく快く思っていなかっただろう。さらに、父の喪の期間が終わった後に、彼が礼拝堂への定期的な出席と（おそらく安息日の尊重や食餌規定の適応に関して）ユダヤ教律法の正規の遵守から漂流し始めたとするなら、「理事たち」は彼を正統の領域に連れ戻すために「破門」による威嚇に訴えたかもしれない。が、このことは、彼の破門の激越さを説明するには十分ではない。

スピノザは、伝統的な振る舞いに対する弛緩した遵奉において、唯一というのではなかっただろう。共同体には彼らの宗教的義務の遂行にあたり、いくぶん熱心ではなかった少なからぬ数の個人がいたのにちがいない。アブラハム・メンデスはロンドンにいたとき、その地の「ミニヤン」〔定数としてのユダヤ教徒男性十人〕に加わることもなく、一定の基準で祈祷を行うこともなかった。一六五六年の彼に対する懲罰は、二年間にわたってモーセ五書に近付くことを許さないというものだった。別の男性は、その息子の割礼をしなかったために、破門でもって脅された。ヨセフ・カプランが指摘したように、「その種の行為は共同体の日常生活ではよくあることである」[註38]。かくしてスピノザの激情的な追放は、単にユダヤ教の行動規範からの逸脱にある、というようなことが、当てはまるとは思われない。キリスト教徒の施設に足繁く通い、非ユダヤ人との学問的、知的つながりを保つことにおいて彼が唯一だったわけでもない。これらのポルトガル人ユダヤ教徒の商人たちは、オランダ人の隣人たちや商売仲間と絶えず商業的、社会的に接触する環境にあった。彼らは、おそらく適法ではないと思われる葡萄酒や食べ物を提供する市の茶屋や食堂を訪れることでよく知られていた。そしてキリスト教世界におけるメナッセの幅広い知的な人脈は、一方で他のラビ〔ユダヤ教の師〕たちにとっては関心の的であり、また軽蔑の対象ともなったが、それ自体、けっして懲罰を招く恐れのあるものではなかった。したがって問題は、スピノザの非宗教的な学問の追求そのものではなかったはずである。アムステルダムのポルトガル人ユダヤ教徒たちは、文化的、知的な囲いの中に閉じ籠る反啓蒙主義者などではなかった。ラビたちは皆、ギリシャとローマの異教徒の古典作品をよく読み、同様にオランダ、フランス、イタリア、スペインの近代の名著にも親しんでいた。彼らは、共同体の数多くの成員たちのように、同時代のヨーロッパの教養に興味を示した。ユダヤ教神秘主義的なアボアブでさえ、マキアヴェッリ、モンテーニュ、ホッブズのような、地に足の付いた思想家たちの諸著作を所有していた。【註39】

そうすると、答えは、むしろスピノザの「異端思想」と「邪悪な意見」にあるのにちがいない。【註40】そのように考える根拠は、トマス・ソラーノ・イ・ロブレスという名のアウグスティヌス会派の修道僧が、一六五八年の遅くにアムステルダムに彼を向かわせたある遍歴を終えてマドリッドに戻り、一六五九年になって異端審問所において行ったある報告の中に見出すことができる。スペインの異端審問官たちは、かつてはその勢力圏内におり、いまなお故国の改宗ユダヤ人たちとのつながりを保つ北方ヨーロッパの元隠れユダヤ教徒たちの間で起きている事件に、まちがいなく興味を示していた。トマスは、アムステルダムにおいてスピノザとプラドに出会い、二人はそれぞれの破門の後、明らかに互いに親交を保っていたと異端審問官に報告した。二人は彼に、彼らはいずれもユダヤ教の律法を遵守していたが、「心変わりをし」、彼らは神、魂、律法についての彼らの諸見解ゆえにユダヤ教徒共同体から追放されたと語ったと主張した。彼らは、共同体の見方では、「無神論の地点に到達していた」。【註41】

「無神論」の告発は、近代初期のヨーロッパにおいては、悪名高くも不透明であり、告発の対象者が正確なところ、実際に何を信じ、あるいは何を口にしたのかということについての手がかりを滅多に提供しない。しかし、そのほとんどが生前には出版されなかったスピノザの諸著作を私たちが私たちの案内役とするなら、そして特にトマス修道士の報告書の助けと、さらにもう一人の同時期のアムステルダム訪問者である海軍大佐ミゲル・ペレス・デ・マルトラニーリャが〔トマスの報告の〕翌日に異端審問所において行った報告の助けとともに、一六五五年の遅くから一六五六年の早くにかけてスピノザが考えていた――そしておそらく口にしていた――にちがいない種類の事柄を推察することは、さほど難しいことではない。というのは、〔後の論文を含め〕彼が完成したものと彼が未完のままにしたものとの両方を含めたスピノザの諸著作のすべては、一六五〇年代後半以降、絶えず彼が構想しつづけていた体系的な労作についての着想を含んでいるからである。

一六六〇年代の早くに着手されたスピノザ哲学の代表的著作『倫理学（エチカ）（*Ethica*）』、ならびに事実上十全に書き表された『倫理学（エチカ）』の思想を数多く含む、その著作よりも少し前の（おそらく破門からわずか四年後！の一六六〇年早々に、執筆され始めたと考えられる）萌芽的な形態の著作『神、人間および人間の幸福に関する短論文』の両方においてスピノザは、人間の魂は死後の生を享受するという意味において不滅である、という〔伝統的な〕考えを基本的に否定している。彼は、精神（あるいはその部分）は永遠であり、肉体の死後もなお、神の中に存続するということは進んで認めているのであるが、個人の魂についてはその肉体とともに消滅すると、彼は信じている。【註42】かくして、永遠の報酬あるいは罰の観点では、獲得したいと希望するものも、恐れの対象とするものも、何も存在しない。実際、希望と恐怖は、宗教的指導者たちが彼らの会衆たちを敬虔な服従の状態に保つために操作する単なる感情にすぎない、と彼は示唆する。報酬と罰を分配する自由な審判者としての神の概念は、愚かな擬人化に基づくものである。「神々は、人間をすべての事物に結び付け、人間をして最高の栄誉を抱かせた状態に保つために、すべての事物の使用を人間に向けるのだと、彼らは言い張る。それゆえ彼らの一人一人が神を崇拝するためのさまざまな方法を自らの気質から考え出すようになった」[註43]（『倫理学(エチカ)』）。かくして、迷信、無知、偏見が、組織的宗教の基礎にある。実際、神は単純に無限の実有であり、かくして自然と同化する、と彼は主張する。[註44] その他のすべては絶対的必要とともに神の性質から生じると。スピノザはまた、人間存在はいかなる重大な意味においても自由であるという考え、あるいは彼らが自らの救済と福利に貢献するべく「彼ら自身によって」何かを行うことができるという考えをも否定している。[註45]

後年の『神学=政治論』における主要な論点の一つは、モーセ五書(トーラー)、すなわちヘブライ人の聖書の最初の五冊は、実のところ、モーセ本人によって書かれてはおらず、神に由来するそのままの教えではなかった、という主張である。言い換えれば、その道徳的な教えによって運ばれる「神の伝言」が実際に存在する一方で、その聖書は後世の多数の著者と編者による作品だったのであり、それゆえ私たちが持っているその文献は、歴史的伝達の自然な成り行きの結果ということになる。スピノザはまた、もしユダヤ民族が何らかの深遠な意味において「選ばれ」ているとするなら、それは彼らが「つかの間の物質的幸福」と自立的な政府を与えられてきたということでしかない。神の助力とともに、彼らは一つの民族として、数々の法の下の一つの社会的集団として、時代の長きにわたって彼ら自身を保ちつづけることができた。「選ばれし民」としてのユダヤ教徒の概念は、形而上的な、あるいは道徳的な意味を何も持たない。そしてこのような選出は、必ずしも彼らに特有のものではない。ユダヤ人は道徳的に優れている国民でも、知恵において他のすべてを凌ぐ民族でもない。

それゆえ（神がすべての人間に対して等しく慈悲深く、そしてヘブライ人たちが彼らの社会的組織と政府の観点において彼によって唯一選ばれている限りでは）、個々のユダヤ教徒は、彼の社会的組織と政府から離れれば、他の人々の頭上の神の贈与の何も所有せず、そしてユダヤ教徒とキリスト教徒の間に何も違いは存在しない。〔……〕それゆえ、現時点において、ユダヤ教徒が他の人々を超越して彼ら自身を詐称するものはまったく何も存在しないと、我々は結論する。【註46】〔『神学=政治論』〕

彼は、もしユダヤ教徒の宗教の「基盤」が「〔ユダヤ教徒の〕精神を去勢〔割礼〕」し過ぎることがないのであれば、いつの日か彼らは「彼らの帝国を再び興す」かもしれない、と付言している。【註47】

これらは、十七世紀のユダヤ教徒共同体のラビ〔ユダヤ教の師〕たちにはおそらく気に入られることのない意見である。そして最も少なく見積もっても、一六六〇年までにスピノザが執筆に取りかかり始めるこれらの意見のいくつかは、一六五六年までにすでにかなり発展させられていたと考えるための、説得力を持ついくつかの根拠がある。いくつかの文献の主張するところによれば、ユダヤ教徒共同体から追放された後すぐにスピノザは、ユダヤ教からの彼の「出発」のための『アポロギア（*Apologia*）』すなわち「弁明書」を作成したという。【註48】伝えられるところでは、（ベイルによれば）スペイン語で書かれ、『ユダヤ教徒共同体からの彼の退去を弁護するための弁明書（*Apologia para justificarse de su abdicacion de la sinagoga*）』という題名を持っていたとされるその伝説的な草稿は、けっして印刷されることはなく、そしていまなお発見されてはいない。もしこのような著述が存在したのであれば、現実的にそれは共同体の「理事たち（パルナッシム）」からラビたちに送り付けることを意図して書かれてはいなかったと考えてほぼまちがいないだろう。すなわちスピノザが彼を破門した人々に宛てて公式に声明を出す試みをした、あるいはそれを意図してさえいたと考える根拠が何もないのである。【註49】この書かれた文字による彼の意見の初めての表明には、おそらくはモーセ五書（トーラー）の神的な由来の否定と「ヘブライ民族の選出」についての主張をはじめ、後の『神学=政治論』で現れる素材が数多く見出されたはずであると言われている。ベイルの典拠の一つであり、この問題について私たちに証言を与えてくれるユトレヒト大学の神学教授サロモン・ファン・ティルは、一六八四年に次のように書き記した——

> この宗教の敵［スピノザ］は、旧約ならびに新約聖書の権威を根底から覆そうとする大胆不敵さを持った前代未聞の者であり、彼はこれらの記述がいかにして人間の行為によってたびたび変形され、修正され、そしていかにしてそれらが神聖な記述の権威にまで高められてきたかを、世に示そうとした。彼はこれらの考えを、スペイン語によって、『ユダヤ教(ジュダイズム)からの私の出発の弁明』と題する、旧約聖書に異論を提出する論文において、詳細に明らかにした。しかし、彼の友人たちの助言に基づき、彼はその著述を留保し、一六七〇年に彼が出版した『神学=政治論』と題する別の著作において、より巧みに、そしてより簡潔に、その論文を組み込もうとした。【註50】

実際、ファン・ティル、そしてベイル、さらにはその他の人々が言及している論文は、『神学=政治論』の聖書を取り扱う部分の初期の草稿（または、そのための覚書）だったのかもしれない。おそらく早くも一六五〇年代後半にはスピノザは、何らかのかたちでその論文を綴っていたものと思われる。事実このことは、ロッテルダムの代理人アドリアーン・ピーツからアムステルダムの抗議派神学校の教授アルノルト・ポーレンベルクへの手紙において示唆されている。ピーツは抗議派の主張に共感する教養人であり、宗教的寛容の支持者として知られていた。一六六〇年三月三十日付の彼の手紙において、彼は一冊の「冊子(リベルム)（*libellum*）」を目にしたと記している——

『神学＝政治の論文』〔*tractatum theologico-politicum*〕、それはあなたのまったくご存知ない、ある一人の著者によるものですが、いまはその名を伏せておきましょう。〔その論文は〕この時代においては極めて有益な議論を含み、それらのほとんどは他に類を見ないものです。しかもその著者は、立憲的な法と自然の法との間の差異を精妙かつ周到に問題にしているのです。感情と醜悪な偏見によって血迷い〔……〕、〔自分たちには〕理解できない一冊の書を個々に大いに中傷するだろう、神学者たちを中心とする数多くの人々がいるものと私は予想しています。【註51】

　ここにおいて実際にピーツがスピノザの『神学＝政治論』の初期形態について語っているとすれば、彼はその著作に対する結果的な大衆の反応を予見していたことになる。その草稿の内容についての彼の描写は、スピノザの論文の政治的信条の、少なくとも、そのいくつかを踏まえており、しかも十七世紀のネーデルラントで出版された著作の中に「神学＝政治」という言葉を含む題名のものは明らかに他には存在しなかった。【註52】スピノザの著作における政治思想は彼の神学的結論と密接な関係にある以上、その「論文」のいかなる草稿も、たとえ未発達の形態でしかなかったとしても、彼の聖書批判と組織的宗教に対する批評の主要な考えを含んでいただろう。ピーツの手紙においてはスピノザによる聖書に対する紛れもなく大胆な発言についての言及がないのが特徴的であるが、彼とファン・ティルは、やはり同じ著作（あるいはそれの異なる部分）について言及しているものと思われる。【註53】

　スピノザは、モーセ五書（トーラー）の起源についての彼の考えを、早くに、すなわちユダヤ教徒共同体における――正規の、そして非正規の――学問を終えるまでには、確実に形成し始めていたのにちがいない。モーセ五書の地位付けについてのあのような結論に彼が到達したということは、事実ユダヤ教に対する彼の幻滅を説明する一助となるだろう。モーセは伝統的に彼のものとされている聖書をすべて自分で手がけたわけではない、と主張した中世のユダヤ哲学者イブン・エズラによる聖書の註解についての彼の精通は、おそらく彼の破門の前に生じている。この頃、彼はまた、イサーク・ラ・ペイレールによる先アダムについての著作を読んでいたかもしれず、その著作はメナッセの友人の一人であるラ・ペイレールがアムステルダムに滞在中の一六五五年に出版された。そこにおいて、とりわけラ・ペイレールは、何よりも我々が所有する聖書は現実的にさまざまな情報源からの寄せ集めであると主張しているのである。したがって、これらのすべては「破門（ヘレム）」を下される頃までにはすでにスピノザがモーセ五書（トーラー）の神的由来ならびにその原著者をモーセとする考えを現に否定していたという蓋然性を指し示している。実際、彼自身、『神学=政治論』における聖書の議論の真只中で、「私は、長く考えていない事柄を何一つ書き記さない」【註54】と言っている。

　久しく失われている論文の噂に加え、スピノザの——特に、神、魂、モーセ五書（トーラー）に関する——著述の構想が、すでに一六五〇年代の半ばには彼の頭の中（そしておそらく舌の上）にあったと信じるための、より具体的な根拠がある。一つ目は、スピノザを個人的に知っていたと主張する、ある年配の男性の証言である。一七〇四年、ドイツ人旅行者ゴットリーブ・シュトーレは、スピノザと対話をし、スピノザは自らが破門されたのは「モーセの諸書は人為的な書〔*ein Menschlich Buch*〕であり、ゆえにモーセによるものではない」と力説したからであると主張した。【註55】次に、共同体の仲間の学生たちによるスピノザに対する「尋問」の物語がある。「破門（ヘレム）」に至るまでの出来事についてのリュカス〔伝記作者〕の年代記においては、スピノザの意見をめぐって共同体にはさまざまな風評が飛び交い、それゆえ共同体の成員たち、そして特にラビ〔ユダヤ教の師〕たちは、その青年が考えている事柄を知りたがっていた。リュカスがそれ——そしてこの逸話は他のいかなる資料によっても裏付けられていない——を語るように、「最も熱心に彼と関係を持ちたがっていた者たちの中に、スピノザの最も親しい友人であると公言する二人の若者がおり、彼の偽りのない意見を彼らに打ち明けるよう懇願した。彼らは、彼の意見がどのようなものであろうと、彼らに対して恐れを抱くには及ばず、というのは彼らの関心は、彼ら自身の疑念を払拭すること以外にないのであるからと、彼らは彼に約束した[註56]。彼らは、もしモーセ五書と預言書を丹念に読むなら、魂は不死ではなく、そして神は実体であるという結論に至るだろうと、仄めかした。「君にはそれはどのように思われるか」と彼らはスピノザに問い質した。「神は肉体を持っているのか、霊は不死か」と。いくぶん躊躇した後、スピノザは餌にかかった。

正直なところ、と〔スピノザは〕言った、聖書の中には〔神が〕非物質的あるいは非肉体的ということについての言及は何も見出されない以上、神が一つの肉体であると信じることを否定するものは何もありません。まさに預言者が言うように、神は偉大だからこそなおさらそうであり、その大きさを、広がりなく、それゆえ肉体なくして理解することはできないのです。精霊に関して言えば、これらは実在するとも、永久的な実体であるとも、聖書が言っていないことは確実ですが、神が自らの意志を伝達するために彼らを使用するがゆえに、単なる幻影が天使と呼ばれるのです。すなわち、天使たち、ならびにその他のあらゆる精霊は、それらの質料がひじょうに細かく、かつ透明に近いがゆえに、不可視であり、それゆえ人が鏡の中に、夢の中に、夜の中に幻影を見るようにしてのみ、唯一目にし得るという類の存在に過ぎないのです。

人間の魂については、「聖書においてそれについて語られるときはいつでも、『魂』という言葉は単に生命か、あるいは生きている何かを表現するために使用されています。その不死性を裏付ける何らかの章句を探し出そうとしても無駄になるでしょう。その反対の意見については、百もの箇所に見出され、それを証明することほど容易なことはないでしょう」。

スピノザは彼の「友人たちの」関心の背後にある動機を――正当な理由によって――信用せず、彼は隙を見計らいつつ、直ちに会話を中断した。最初、彼の対話者たちは、彼は自分たちを単にからかっているのか、あるいは単に不謹慎な考えを表明することによって彼らに衝撃を与えようとしているのかと思った。しかし彼が真面目だということを彼らが知ったとき、彼らは他の者たちにスピノザについて触れ回り始めた。「彼らは言った、人々はこの若者がユダヤ教徒共同体の支柱の一つになるだろうと信じ込まされてきたのであり、彼がモーセの律法に対して憎しみと軽蔑しか抱いていない以上、彼がその破壊者となることは、おそらくまちがいないだろう」。リュカス〔伝記作者〕は、スピノザが陪審員たちの前に呼ばれたとき、これらの同じ若者たちが彼に対して証言を行い、彼は「ユダヤ教徒のことを『神が何であるのかを知らず、にもかかわらず、他の諸民族の軽蔑することに、神の民として彼ら自身を語る大胆不敵さを持っており、したがって無知の中で生まれ、かつ育まれた迷妄的な人々』として嘲笑（あざわら）った」【註57】と語っている。

最後に、トマス修道士とマルトラニーリャ船長による、より信頼に足る報告がある。異端審問所に対して行われた彼らの報告によれば、スピノザとプラドは二人とも一六五八年に、魂は不死ではなく、そして律法は「真実ではなく〔*no hera verdadera*〕」、さらに神は「哲学的な」意味において以外存在しない、と主張していた。その証言記録において、トマスは言っている――

彼〔トマス〕は、プラド博士とエスピノザなる人物の両人を知り、前者はアルカラで学んだ内科医であり、その名前はファン（Juan）であるがユダヤ人名については彼は知らず、一方後者はオランダの都市の一つで生まれたと思われ、というのは、彼はレイデンで学び、一人の優れた哲学者だったからである。

これら二人の人物は、モーセの律法を信仰しており、そして彼らは無神論の地点に到達してしまったがゆえに、ユダヤ教徒共同体は彼らを追放し、隔離した。そして彼ら自身が証言者に語ったところでは、彼らは割礼を受け、ユダヤ教徒の律法を遵守し、そして彼らには上記の律法が真実のものではなく、魂が肉体とともに死に絶え、哲学的に、という意味以外では、神は存在しないと思われたがゆえに、彼らは考えを変えた。そしてそのことが、彼らがユダヤ教徒共同体から追放された理由である。そして彼らは彼らがユダヤ教徒共同体から受け取っていた慈善金と他のユダヤ人たちとの意志の疎通がなくなってしまったことを後悔する一方で、神は哲学的にのみ存在し〔……〕魂は肉体とともに死に絶え、かくして彼らは信仰の必要を持たないがゆえに、無神論者であるということに満足していた。【註58】

一六五八年にスピノザが、神、魂、律法についてのこれらの考えを——まったく面識のない人物に！——漏らしていたとするなら、二年前に彼がそれらを口にしていた可能性はひじょうに高くなり、それゆえそのことは、特に共同体の指導者たちが「異端思想」と「邪悪な意見」と断定したその重大さを説明する一助となる。

モーセ五書（トーラー）の「真実」、ならびに自由な創造者であり、律法の授与者であり、なおかつ審判者でもある——単なる「無限の実体」というのではない——神の存在は、ユダヤ教の両輪にして（マイモニデス〔十二世紀のラビ〕によれば）必須の教理である。それらの事柄は、マイモニデスがいかなるユダヤ教徒にも要求される教理であると主張する十三項目の信仰原理に見出される。彼は第一の基本的原理として、創造者たる神の存在を主張する。そして第五の原理として、神はすべての自然の成り行きから切り離されており、彼のみが総体的に自由な作因であると規定する。第八の原理として、モーセ五書（トーラー）は神から生じたと宣言する。【註59】『ミシュネー・トーラー（*Mishneh Torah*）』において彼は、

「モーセ五書(トーラー)は神的由来のものではないなどと口にする者」は「隔離され、破壊され」る運命にあると主張する。【註60】アムステルダムの「賢者たち(ハハミーム)」、とりわけモルテーラとメナッセは、マイモニデスを最も高い尊敬の中に置きつづけていた。そして最高位のラビ〔モルテーラ〕は「律法の要求(ハラハー)」の問題において確実にその偉大なる十二世紀の「賢者(ハハム)」〔マイモニデス〕を手本としていた。【註61】

　同様に重要で、そしておそらく、より大きな現実的関係性を持つものとして、タルムード・トーラー共同体のラビたちにとっては、魂の不死性、ならびにモーセ五書(トーラー)の神的由来は、切実な懸念を含む問題だったという事実がある。ウリエル・ダ・コスタに対する激烈な対応を引き起こしたものは、何よりも彼による魂の不死性と口伝律法の有効性の否定だったことはまちがいない。さらに、一六三〇年代半ばのアボアブとの議論において、モルテーラが改悛なき罪人の魂に対する永遠の罰を肯定する主張をしていたとき、彼は〔魂の〕不死性についての根強い教義への深いかかわりを明らかにしていた。このような罰にとっては当然、肉体の死後の魂の永遠性が前提とされるだろう。事実、モルテーラは十数年前に魂の不死性を擁護する長大な著作を執筆していた。【註62】そして一六五二年、メナッセ自身は『生命の息吹(ニシュマト・ハイム)（*Nishmat Chaim*）』を出版し、そこにおいて彼は、「魂の不死性の信仰」はユダヤ教信仰の「基礎にして根本的原理」であると主張した。【註63】

　律法〔すなわちモーセ五書〕の「真実」について、もしスピノザが一六五六年にこの問題に対する熟考の上の意見を表明していたとするなら、モーセ五書(トーラー)の神的由来とその「真実(ヴェルダーデ)（*verdade*）」の弛(ゆる)まぬ擁護を人生最大の大仕事とするモルテーラからの途方もなく大きな憤激を、彼は一身に受け止めるはめになっただろう。モルテーラは一六五九年になるまで『モーセの律法の真実に関する論文』の執筆を開始することはなかったが、その著作の中で彼が論じた〔モーセの律法の神的由来の「証明」をはじめとする〕諸問題が、ある期間にかけて彼の心を占めていたものであったことは疑いない。それら

の主題は彼の説教においても何度となく繰り返されているのである。【註64】

かくして、もしスピノザが、一六五五年から五六年にかけて、魂の不死性（およびそれに関連する永遠の報酬と罰の教義も併せて）とモーセ五書（トーラー）の神的由来を否定していたとするなら――そして数多くの証拠が彼はそのようにしていたことを示唆している――、彼はこれ以上の危険な問題の組み合わせを取り上げることはできなかっただろう。と同時に彼は、その危険に気が付いていなかったというのではなかっただろう。彼の学識と経験を考え合わせれば、「賢者たち（ハハミーム）」の間の彼の意見に対する反応がどのようなものになるのか、彼が知り得なかったということはあり得ない。リュカス〔伝記作者〕によるもう一つの、信憑性に欠け、しかもあり得ないと思われるものではあるが、にもかかわらず印象的な物語において、モルテーラがスピノザに彼の意見について尋問した青年たちからの報告を聞いたとき、彼は最初は信用せず、いずれ彼らは間違っていたことが分かるだろうと、青年たちに彼らの尋問を継続するように促した、ということを語っている。しかし、スピノザがベト・ディン〔ラビ（ユダヤ教の師）たちによる法廷〕の前に連行されたと彼が連絡を受け取ったとき、彼は「彼の弟子が置かれている危険」を不安に思いつつ、礼拝堂（シナゴーグ）に駆け付けた。すぐに彼は、噂が事実、本当だったことを理解した。

> 彼は尋ねた、彼が彼のために定めた模範を心にとどめていなかったのかどうか。彼の反抗は彼が教育についてかけてきた配慮の果実なのかどうか。生ける神の御手の中へ転ぶことを恐れたのかどうか。「彼は言った――」醜聞は大きいが、改悛のための時間ならばまだあると。【註65】

スピノザに対するモルテーラの関係の性質とその親密さ、およびその訓練過程における彼の役割については、いくつかの議論がある。最高位のラビ――まさにその絶頂期においてはひじょうに恐れられていた人物――によって、彼の愛弟子の運命に対してこのような感情的な反応があったとすれば、展開される物語に情緒的な要素が付け加わることは必至だろう。ユダヤ教からのその若者の離反に対するモルテーラの悲しみの感情は、彼を教育し、向上させるための彼の努力がそのように無駄にされてしまったという事実の上で、裏切りに対する怒りの感情と混ざり合ったと想像することはできる。が、残念ながら、スピノザの破門において、モルテーラがどの程度まで積極的な役割を果したのか、あるいはスピノザの背教についての彼の個人的な感情がどのようなものだったのかということについては、何も正確に言うことはできない。おおよそ四十年も前にモルテーラ自身がヴェニスから持ち帰った異様なまでに辛辣な「破門(ヘレム)」の文書の埃が払われ、スピノザに対して使用されることになるのは、最終的には、彼の要求によるものだったと思われる(が、興味深いことに、スピノザの後まもなく、そしておそらく事実上同様の罪によって破門されるプラドに対しては、それは使用されなかったのである)。

❧犯人探し――スピノザ/プラド事件

宗教、神、魂、政治、聖書についての、スピノザの「異端的な」諸思想に責任のある人物たちを特定するべく推測するという、スピノザ学者たちが打ち興じる一種の遊びがある。それは本質的に、スピノザを「堕落させた人物たち」の捜索になり、それが拡大してユダヤ教徒共同体からの彼の強制的な出発の遠い原因探しにまで発展している。ある者たちによれば、スピノザの非正統的な思想は、ポルトガル・スペイン系ユダヤ人共同体の外側からのさまざまな影響によって早くに形成されたものであるとされる。他の者たちは、アムステルダムのユダヤ教徒共同体自体の内側のある種の非正統的傾向を超えてまで私たちは遠くに目を向ける必要はないと主張する。ある意味において、その探求全体が見当違いであり、というのは、私たちがその答えを正確に知ることがけっしてできないからというばかりではなく、より重要なこととして、申し分のない調査ということになると、スピノザ自身の独習的な学識、ならびに否定し得ない独創性と同等に、多様な文脈の「すべて」を考察の対象としなければならないからである。二十歳代の初めまでにスピノザは、すでにひじょうに複雑に絡み合いつつも相互に補強し合う、知的、精神的な数多くの影響の網目の中の住人となっていた。キリスト教徒の哲学者たちについての研究に本格的に転向するようになる以前、彼はおそらく、マイモニデス〔十二世紀のラビ〕の『迷える者への手引き』、十六世紀のプラトン主義者ユダ・アブラバネル（レオーネ・エブレオ）の『愛についての対話』――そこには後にスピノザの諸著作に現れる数多くの要素が見出される[註66]――、ヨセフ・サロモン・デルメディゴ〔十七世紀のラビ〕の『セフェール・エリム（神々の書）』、さらにはメナッセによって出版されたガリレオの科学についての論文なども読んでいただろう[註67]。そして、スピノザがユダヤ教の哲学的諸文献の読書からと、ユダヤ教徒共同体における非正統的な性格の知己たちから獲得しただろう人間の魂の本質、あるいは聖書の地位、さらに神と創造の関連性についてのいかなる見解も、一六五四年以降から接触するようになったさまざまに異議のあるキリスト教徒たちを通じて聞き知っていた「真の」宗教と徳についての事柄を支え（そして逆に、支えられ）たと考えられる。

確かにファン・デン・エンデンは、スピノザの哲学的、政治的教育においてある役割を果たしはしたけれども、宗教と聖書についてのスピノザの啓発された意見は、おそらく別の環境内における、より大きな滋養から引き出されたものと思われる[註68]。アムステルダム証券取引所での商業的な交友関係を含め、この時期のスピノザの親しい友人たちの間には、一六四六年頃からアムステルダムで開催されていたコレギアント派の集会に定期的に出席する数多くの個人がいた。これらのコレギアント派――

彼らの隔週の日曜日の会合が「コレーゲ（ス）」（college[s]）と名付けられたがゆえにそのように呼ばれる――の信徒たちは、離反したメノー派、抗議派、ならびに礼拝のより教条的ではない、非階級的な形態を求めるがゆえに異論を持つ別種の改革派の成員たちだった。彼らの集まりは、その平等主義的で非権威主義的構造においてクエーカー教徒の「集会」に似ており、コレギアント派の信徒たちはいかなる公的な神学をも締め出し、牧師たちによって導かれることさえも拒否した。彼らの礼拝＝研究会において心を動かされた成人たちは誰でも聖書の意味を念入りに吟味しようという気になった。

一六一九年、最初のコレギアント派の共同体が、改革派教会から抗議派を追放したドルト会議の保守的な決議の部分的な反動として、ヴァルモントに出現した。すぐにその集団は活動の本拠地をレイデンから数キロほどの距離のラインスブルフに移転させた。一六四〇年代までに、フローニンヘン、ロッテルダム、そして何よりもアムステルダムをはじめとするネーデルラント各地のいくつかの都市には、「コレーゲス」が存在した。アムステルダムの集団は、「殉教者の本」という屋号のヤン・リューウェルツゾーンの書店や（カルヴァン主義の牧師たちによる嫌がらせから逃れ、息抜きを得たいと思うときには）アナバプティスト派〔再洗礼派〕の共同体の祭器保管所に集まったことが知られているが、用心深くあろうとし、たいていはその成員の家で集会を持った。ともに彼らは、祈り、聖書を読み、解釈し、彼らの信仰についての自由な議論に加わった。彼らは、公的な改革派教会も、異論を持つ組織化された改革派教会も、いずれも教条的派閥主義に行き着いた時点で、カトリック教会以上のものではないと信じた。真のキリスト教とは非宗派的なものである、と彼らは確信した。それは、その人の仲間たちと神に対する福音に基づく愛と、いかなる神学的解釈によっても媒介されないイエス・キリストの本来の言葉への服従の中にあった。イエスの教えに含まれるいくつかの単純で普遍的な真実の上で、それぞれの個人は、彼または彼女が欲するものを信じる権利を持ち、そして信じるもののために他者を傷付ける権利はなかった。救済は、迷信的な儀式や合図を通じてではなく、また組織化された宗派に所属することによってではなく、心の奥深くの内的信仰によってのみ獲得された。コレギアント派は、牧師を使用しなかった。すなわち集会で話したくなれば、いつでもそのようにすることが許された。彼らはキリスト教の自由とは相容れない運命予定的な教義を否定し、（その多くがコレギアント派の成員からなるアナバプティスト派と同様）同意する成人のみに自由に洗礼を施すことを奨励した。徹底して非聖職的なコレギアント派は、制度化された宗教によって礼拝と行為の上に置かれた諸制限からのキリスト教の解放を求めた。道徳的行為は、これらの平和主義的な（クラコウスキーの有名な言葉を借りれば）「教会なきキリスト教徒たち」にとっては、教条のいかなる連なりよりも重要なものだった。その行為に付随する真の宗教的感情と善行は、感情、思考、発言が、いかなる教会権力によっても抑制されない場所においてのみ、開花することができた。【註69】

アムステルダムのコレギアント派の創設者たちの中に、誠実で率直な態度で信仰を表明することを願うすべての人々の自由と平等を守ろうと決意する、教養豊かな筋金入りの闘志アダム・ボレール（一六〇三～六五）がいた。ボレールにとって、精神的な問題において唯一承認される権威は、自らのために読み、解釈（かつ議論）するために、あらゆる人々に開かれた聖書の直接的な言葉である。聖書の言葉は、日常的な礼拝がまとう固有の形式に照らせば、単純で中立的だった。ボレールは、メナッセ・ベン・イスラエル――彼はスピノザにボレールを紹介したかもしれず、スピノザはポルトガル語かスペイン語でボレールと会話をすることもできただろう【註70】――の親友であり、ユダヤ教徒、ルター派の信徒、クエーカー教徒によるその運動への参加を熱心に奨励する全教会的存在だった。【註71】

正統的なカルヴァン派が、コレギアント派に対して疑念を抱くようになるまでには、長くはかからなかった。彼らは――おそらくいくつかの事例においては正当に――反三位一体論者として告発された。改革派の聖職者たちは、特に彼らがコレギアント派の集会が反三位一体主義の教義の中でも、おそらく最も軽蔑され最も迫害されたと考えられるソッツィーニ派の牙城であることに気が付いたときに、数十年前に抗議派に対して行ったのと同様に、彼らを打倒しようとした。十六世紀のイタリアの神学者ファウスト・ソッツィーニの支持者たちは、父、子、聖霊としての神の三位一体性を否定することに加え、改革派教会の指導者たちによってキリスト教の基盤として考えられていたキリストの神性と原罪の教理の、そのいずれをも否定した。一六五三年、ソッツィーニ派に対する反対運動の最中に、カルヴァン主義の「牧師たち（プレディカンテン）」は、反三位一体論者（ならびに、特にソッツィーニ派）の「秘密集会」を開くことを禁止する——主にコレギアント派に向けた——禁令を発布するよう、ホラント州と西フリースラント州を説得することに成功した。【註72】ボレールの集まりの会員たちは低姿勢を保ち、アムステルダムの特権階級の全般的に寛容な態度から恩恵を得ることを願った。しかしコレギアント派に対する迫害は、いくつかの州では次の世紀になってもなお継続された。

スピノザがユダヤ教徒共同体からの破門以前に、早くとも、おそらく一六五四年の遅くには、コレギアント派の集会に出席していたということは、まったくあり得ないことではない。ひじょうに少なく見積もって、共同体との決別の前に彼は、ある程度の人数のコレギアント派の者たちと親密な関係にあったのであり、彼らの中のいく人かは、一つか二つの集会に彼を誘ったかもしれない。【註73】スピノザの最も親密で長くつづいた交友の多くは、この頃に始まったものであり、そこにはシモン・ヨーステン・デ・フリース、ピーター・バリンク、そしてメノー派のヤリフ・イェレスゾーンとヤン・リューウェルツゾーンといった人々が含まれ、その全員がボレールによるアムステルダムの「コレーゲ」の会員たちだった。スピノザは、ヘブライ語とモーセ五書（トーラー）の知識によって、これらの聖書を深く読み込もうとする者たちにとっては、まちがいなくひじょうに有用な存在となった。代わりにスピノザは、ボレールとその仲間たちの道徳的、宗教的な意見に大いに興味を抱いただろう。政治においては自由主義的で、宗教においては寛容で、聖書の解釈においては非教条的にして概ね反聖職者的なコレギアント派の友人たちは、スピノザにとって、大きな魅力となっていただろう。【註74】

正課外の興味にもかかわらずスピノザは、一六五六年七月までは、いまだ名目上は（そしてどこから見ても、積極的な）タルムード・トーラー共同体の一成員だった。と同時に彼の思想は、おそらくコレギアント派との接触から滋養を得つつも、異端、懐疑主義、そしてあからさまな不信仰さえ珍しくないフローイエンブルフ地区の中に、共感を得られる場所を見出していたようにも思われる。「聖なる共同体（*kahal kodesh*）」のラビ〔ユダヤ教の師〕たちは、改宗ユダヤ人たちの移民によっていまなお成員数を増やしつつあるユダヤ教徒の集団の宗教的結束と教条的優位を保つために、最善を尽くしていた。ダ・コスタの悲劇をつねに念頭に置きつつ、彼らは、魂の本質や律法の地位などのユダヤ教の最も基本的な教理に敵対する異端的な見解には、特に警戒していた。しかし、その若い共同体の国際的な性格とその数多くの成員たちの背景を考え合わせれば、彼らの仕事は必然的に難しいものとなった。かつての隠れユダヤ教徒たちは世代を超えて家族の中で守られてきた信仰と実践を容易には手放さず、また（ダ・コスタのように）彼らはしばしば、彼らが「復帰した」ユダヤ教が、彼らが思い描いていた（あるいは希望していた）ものとは必ずしも一致しないことを知った。

アムステルダムに新たに定住した最近のユダヤ教への復帰者たちの間に、ファン・デ・プラドという人物がいた。【註75】プラドは一六一二年にスペインのアンダルシアにおいてユダヤ教を実践する改宗ユダヤ人の家に生まれた。彼はトレドの大学で医学を学び、一六三八年に博士号を取得した。一六三九年にすでに彼は、他の隠れユダヤ教徒たちにユダヤ教の律法を遵守するよう奨励しており、当然その活動は異端審問所の注意を引いた。プラド自身は異端審問所には一度も逮捕されなかったが、彼の妻と彼の家族のその他の者がある局面において拘留された。そのことはその後数年間は彼らがスペインに住みつづけることを妨げるものとはならなかったが、一六五〇年代早々までにはプラドは、異端審問所の勢力圏内で生活することは、ひじょうに危険になりつつあると判断した。決定的な出来事はおそらく、彼の親類の一人が拷問の最中に、プラドが彼にユダヤ教に復帰するよう説得したと告白したときだった。プラドは、枢機卿会の成員としての新たな義務を果たすべくローマに旅立っていたセヴィリアの大司教ドミンゴ・ピメンタルの侍医としての任命を獲得した。これによって彼は、彼の妻と母とともに、永遠にスペインを去ることができた。彼はしかし、ローマに長くは滞在せず、一六五四年までにはハンブルクにおり、そこにおいて彼は名前を「ダニエル」に改名し、その地のセファルディ〔ポルトガル・スペイン系を含む地中海周辺諸国出身のユダヤ人〕共同体の活動的な成員の一人となった。とは言えその市における彼の滞在は短く、一六五五年のあるとき、彼はアムステルダムに到着し、タルムード・トーラー共同体に加わり、その市の「医学学校(コレギウム・メディクム)（*collegium medicum*）」に医術の実践を届け出た。彼の医療はあまり芳しくなかったようであり、というのは、彼は共同体による「フィンタ」〔資産に基づく寄付〕を一度も課されたことがなく、しばしば共同体の慈善金による支援を受けていたからである。【註76】

プラドは、スペインにおいてはユダヤ教のための活動的な改宗推進者であり、その後（ハンブルクとアムステルダムにおける当初）は彼自身はれっきとした敬虔なユダヤ教徒ではあったけれども、その正統性に対しては、そしてその実践と彼自身の宗教観の一致をめぐって、いくつかの疑念が生じるのである。伝えられるところによれば、彼は一六四三年頃、理神論的な意見を友人たちに表明し、すべての宗教はその信者たちに救済をもたらすことができ、また神の認識を与えることができ、したがってこの観点においてユダヤ教は、キリスト教やイスラム教以上の権威付けを持たない、と主張してい【註77】

た。アムステルダムにおいて彼は、モルテーラの「学塾（イェシヴァ）」、すなわち「律法の冠（ケテル・トーラー）」学院に在籍し、そこで彼は初めてスピノザと出会ったが、ほどなくしてユダヤ教の原理に対する哲学的異論を育み始めたと、博識のI・S・レヴァは信じている。スペインにおいてプラドと知り合い、プラドが共同体から追放されて後、彼の宗教観の発展について関心を募らせ、彼と論争的な書簡を取り交わしたアムステルダム共同体の傑出した成員イサーク・オロビオ・デ・カストロによれば、プラドは晴れてユダヤ教への復帰を果たした後、すぐに無信仰の深みに落ち込んだ。【註78】彼の「邪悪な意見」は、「理事会（マアフド）」からの警告（そしておそらく破門か、少なくともその威嚇）を受け取らせるに足るほど深刻なものだったのであり、「理事会（マアマド）」は彼に対し、意見の撤回と改悛を命じた。その結果、一六五六年夏、スピノザの「破門（ヘレム）」と同じ頃に、ダニエル・デ・プラドは礼拝堂（シナゴーグ）の「講壇（テーヴァー）（*theba*）」に上がり、以下の文面を読んだ――

> 邪悪な諸意見を抱き、神への礼拝と聖なる律法への熱意の欠如を示し、私は「理事会（マアマド）」の「諸氏（セニョーレス）」の命により、この壇上に上がり、そして私自身の自発的意志により、褒（ほ）むべき神と聖なる律法、ならびにこの聖なる共同体の全成員の前で、私は言葉においても行動においても、褒むべき神と聖なる律法に対し、罪を犯し、道を誤り、そしてこの聖なる共同体に醜聞を引き起こしたことを、告白いたします。私はこのことを深く懺悔し、私が引き起こした醜聞について、神と聖なる律法、ならびにこの共同体の全成員に対し、平に赦しを請い願います。私はラビ各位の定める償いを進んで行い、かような罪深い過ちを二度と繰り返さないことを約束いたします。私は、この宇宙の主に私の罪をお許しくださるよう、そして私に慈悲を垂れてくださるよう、祈ります。イスラエルの上に平和のあらんことを。【註79】

プラドの反応は、しかしながら、さほど誠実なものではなかったようであり、彼は逸脱行為を継続したらしい。「理事会（マアマド）」は彼の素行について、併せてプラドの友人で共同体が貧しい生徒たちのために設立した特別な学校で非宗教的な事柄を教えていたダニエル・リベラの素行についても、同様に調査を依頼した。その学校のいく人かの生徒は、プラドとリベラを、礼拝堂（シナゴーグ）に向かう途中のユダヤ教徒たちを嘲笑し「理事会（マアマド）」に不敬を示すなどの「あるまじき行為」ゆえに、非難した。「これらの小さなユダヤ教徒たちは、アムステルダムに異端審問所を設立したがっているように見える」とプラドは言ったと伝えられている。彼らはまた、生徒たちの証言によれば、いくつかの「不謹慎かつ不道徳な」書簡を作成し、その写しをモルテーラの家と彼の「学塾（イエシヴァ）」に置いて来る計画を持っていた。これらの挑発に併せ、プラドならびに旧キリスト教徒の家柄の出ではあるが一六五三年にユダヤ教に改宗したリベラ（彼の本名は、ホセ・カレーラス・イ・コリゴだった）は、生徒たちに数々の異端的な言動を与えたともいう。ある青年は、何よりもプラドは安息日（シャバット）に髪を櫛で梳いたり、お金を運んだりすることは禁止されていないと彼に言った、と主張した。その証言によって、「理事会（マアマド）」の理事たちは、ラビのモルテーラとアボアブとともに、何か対策を講じる必要があると判断するに至った。リベラはその調査が進められている間にアムステルダムから出発したようである（彼は生徒の一人にブリュッセルにおいて肉親と一緒に生活するという彼の希望を明らかにしていたのにもかかわらず、レヴァが発見したように、実際には彼はイギリスにおり、英国国教会の一員となっていた）【註80】が、一方のプラドは、いまだ巷をぶらぶらしていた。かくして彼に対し、一六五八年二月四日、一つの——おそらく二度目の——「破門（ヘレム）」が宣告された。

ダニエル・デ・プラドは、「理事会（マアマド）」の「諸氏（セニョーレス）」の前において、さまざまの証言者たちにより、ひじょうに不謹慎にも逆戻りし、我らが聖なる律法に反する唾棄すべき意見によって再びさまざまの人々を惑わせようとしたことを有罪とし、「理事会(マアマド)」の「諸氏(セニョーレス)」は、ラビ各位の助言とともに、上記ダニエル・デ・プラドを破門し、民族から隔離することを全員一致で決定した。上記破門の処罰により、聖なる共同体のいかなる成員も、話し言葉であれ、書き言葉であれ、当市の内においても外においても、彼と言葉を交わすことを禁じることとするが、ただし彼の家族の成員は例外とする。神が彼の民族を邪悪から免れさせんことを、そしてイスラエルの上に平和を。【註81】

プラドはうろたえた。スピノザと異なり、彼は共同体を去りたいとは少しも思っていなかった。同じくスピノザと異なり、彼はネーデルラントにとってはどちらかと言えば新参者であり、大きな家族的なつながりも、商業的な人脈もまったくなく、おそらくオランダ語もほとんど解さなかったと思われる。さらに重要な事柄として、彼は共同体からの金銭的支援に依存していた。異端審問所に報告を行ったアウグスティヌス会派のトマス修道士は、プラドが彼に語ったこととして、どれほど彼〔プラド〕が「ユダヤ教徒共同体から受け取っていた慈善金がなくなったことを残念がっていた」かということに言及した。【註82】「理事会(マアマド)」は彼の状況の困難さと彼の家族の必要を感じ取り、海の向こうの「ユダヤ教が実践される他の地域」に移住するにあたり、彼らに援助を申し出た。プラドはその申し出を拒否し、代わりに彼の潔白を主張し、破門の撤回を要求した。彼の息子ダヴィッドは、共同体の指導者たちに手紙を書き、彼の父の正統的信仰を弁護しつつ、彼の父に対してなされた処置の不当さについて抗議した。特に彼は、教示と改善ではなく侮辱と攻撃を選択したラビ・モルテーラがプラドを取り扱ったその方法に憤慨した。【註83】プラド自身はかつて彼が所属していたハンブルクのセファルディ〔ポルトガル・スペイン系を含む地中海周辺諸国出身のユダヤ人〕共同体の「理事会(マアマド)」に彼のために執り成してくれるよう訴えたが、ドイツの共同体はそれを拒否した。一六五九年以降のあるとき、プラドはアムステルダムを去って行った。結果的に彼は、共和国の外の、ポルトガル人ユダヤ教徒共同体の存在するアントワープに落ち着いた。

プラドは、ユダヤ教の律法の実践についての明らかな逸脱を告発されなかった（それゆえそれは誤りであり、リベラの生徒たちが主張したように、両人とも、「トレイフ（*treyf*）」〔非適法〕な料理を口にし、キリスト教徒の商人から肉、菓子、チーズを買い、さらには安息日（シャバット）の間のさまざまな活動についての諸制限を破ってもいた）けれども、自らを弁護する中で彼は、「無意識の内に」異端的な意見を表明していたのかもしれないと自白した。【註84】それらの意見がいかなるものだったのかということを私たちは、トマス修道僧とマルトラニーリャ船長の異端審問所への証言から推察することができる。その修道僧――彼はプラドについて「背が高く、痩せており、大きな鼻、褐色の顔色、黒い頭髪、黒い瞳を持っていた」と描出している――によれば、彼は（スピノザと同様に、とトマスは彼の証言において断言している）一六五八年に「モーセの律法の真実」を否定し、神は「哲学的にのみ」存在することを確信し、そして魂は不死であるというよりもむしろ肉体とともに死に絶える、と主張していた。【註85】共同体の調査官たちがリベラの生徒たちから収集した情報は、まさしくこれらの意見が二人によって数年前に表明されていた種類のものだったことを裏付けている。プラドは、モーセ五書（トーラー）の神的由来と合わせて、魂の不死性も肉体の復活も否定した、と彼らは告発した。さらにリベラと一緒に彼は、モーセの律法は他の諸宗教によって遵奉される一連の法と異なるものではなく、それらすべては子供および理知の適切な段階に達していないその他の個人のためにあると主張していた。プラドの見解に対するオロビオ・デ・カストロの攻撃からも、他の資料と同様に、プラドが、書字または口伝律法は神からの啓示にその起源を持つという考えを否定し、そして今日存在するところの聖書は人間の著述の寄せ集めにすぎない、ということを断言していたことが証明される。彼は神の「選民」であるというユダヤ教徒の自負を嘲り、またモーセ五書（トーラー）を擬人観の無益な連なりとして愚弄した。さらにプラドは、伝えられるところによれば、世界が時間において一つの始まりを持つということは例証不可能であり、かくして創造についての聖書の記述は否定されると主張した（しかしながら、陪審員たちに宛てて作成した弁明書において彼は、そのような意見を持った覚えはないと否定した）。最後に、オロビオによる反論は、神は宇宙の創造者でも統治者でも審判者でもなく——一言で言えば、トマス修道士が告発したように、神は「哲学的にのみ」存在する、ということをプラドが断言していたことを示している【註86】。

　したがって、ここにおいて、プラドが一六五五年から五七年頃にかけて表明していたとされる意見と、スピノザが同じ時期にほとんどまちがいなく抱いていた意見とが強力に呼応し合うのである。この二人の背教者たちの間には、緊密な知的かつ個人的なつながり——モルテーラの「学塾（イエシヴァ）」での相互のつながりに根を持つ関係——さえ存在したということは、詩人ダニエル・デ・バリオスの示唆するところである。一六八三年、彼は絵画的に、しかし疑いようのないかたちで、スピノザとプラドを一組にして表現している——

> 律法の冠［Corona de la ley すなわちモルテーラの学塾］は、その喜ばしき設立の年よりこの方、宗教を護り、無神論と闘うことにおいて、最高の賢者サウル・レヴィ・モルテーラによって書き記された教義的諸頁のおかげで、叡智の助言に彼の知を、瞑想の手に彼の筆を貸しつつ、学問の藪においてけっして炎を絶やすことはなかった。「茨」［*Espinos*］は、不信心の「野」［*Prados*］において、それらを焼き尽くす火とともに輝くことを目指し、そしてモルテーラの熱意は、宗教の藪に燃える、けっしてかき消されることのない一つの炎である【註87】。［イタリック体による強調はスペイン語原文による］

バリオスは十七年前にアブラハム・ペイレラによって筆記された章句をただ繰り返しているだけである。すなわち、「不毛の大地、一面、薊（アザミ）と茨［*espinos*］の荒れ野、毒蛇だらけの緑の野［*prado*］を除き、この世界は何ぞ」[註88]。

トマス修道士とマルトラニーリャ船長の、さほど婉曲的ではない言い回しの証言によって、スピノザとプラドがユダヤ教徒共同体から追放された中、アムステルダムで交友関係を保っていた――彼らとその他の者たちはカナリア諸島出身の貴人ヨセフ・ゲラの家に定期的に集まっていたとマルトラニーリャは主張した――ということが明らかになる以上、一六五六年七月以前においてさえ、両者はいまだタルムード・トーラー共同体の成員であった一方で、互いに親密な関係にあったとすることに対するいかなる理に適った疑念も、ここにおいて一掃されることになる。オロビオ・デ・カストロ（彼はこれらすべての出来事の収束後の一六六二年までアムステルダムに到着しなかった）、ペイレラ、バリオス、そして共同体の他の成員たちにとって、スピノザとプラドの背教が連結したものであるということには、まったく何も疑問はなかった。プラドの懺悔の態度と弁明は共同体の記録書においてスピノザの「破門（ヘレム）」のすぐ前の頁に差し挟まれ、おそらくそれは二人の男が「理事会（マアマド）」によって同時に（プラドのみが赦しを願いつつ）追放されたことを示している。最近のある歴史家は、十七世紀アムステルダムのポルトガル人ユダヤ教徒たちにとっては、事実、「スピノザ」事件なるものはけっして存在せず――唯一「スピノザ／プラド」事件のみが存在したとまで言っている[註89]。

そうすると、スピノザの異端思想は、コレギアント派から大いに歓迎され、さらにはアムステルダムのポルトガル人ユダヤ教徒居住区の曖昧なユダヤ教の慣習を携える、いく人かのかつての隠れユダヤ教徒たちの間に――たとえその源流ではないにせよ――勇気をさえ見出したかもしれない[註90]。宗教と道徳に対する考えにおいてスピノザと数多くの共通点を持つコレギアント派は、魂の不死性を疑問視することもなければ、神は「単に哲学的に」存在すると断言することもなかった。【註91】私たちの知る限り、彼らはモーセ五書（トーラー）の神的由来を否定することもなかった。実際のところ、スピノザよりも二十歳ほど年上の、より国際的な医師プラドが、その若者を「堕落させた者」だったのかどうか、それを正確に言うことはできない。【註92】もしかするとその逆の方が正しいのかもしれない。スピノザは、（中断されはしたが）学校に通ったがゆえに、聖書の解釈については（ヘブライ語をほとんど、あるいはまったく知らない）プラドからは学ぶべきものをほとんど持たなかったはずであり、この時点までの彼の（ユダヤ教的なものやその他の）哲学的教育は、魂と神の性質についての思考にとっては、彼の探求精神に十分な滋養を与えていたと思われる。

政治的に過激な元イエズス会員たち、ソッツィーニ派〔反三位一体主義〕の傾向のあるコレギアント派の信徒たち、背教のユダヤ教徒たち、さらにはクエーカー教徒たちと自由思想の自由人たち――もしスピノザを「堕落させた者」を探さなければならないとすれば、その場合、ある意味で真の黒幕はアムステルダムそのものである。非正統的な諸思想はその比較的自由で寛容な都市において開花した。著述家たちと出版人たちは、彼らが十分に注意し、進んで規則どおりに活動するのであれば、さほどの困難もなく、彼らの思想と書物を普及させることができた。そして宗教的に不満を持つあらゆる種類の者たちは――その当時は、カトリックでさえ――つねに低姿勢を保ち、そして平和を乱さないのであれば、彼らがふさわしいものと思う彼ら自身の礼拝（あるいは無礼拝）を追求することができた。より厳格なカルヴァン主義者たちは異端と無信仰に対し、絶えず警戒しつづけ、しばしば彼らは特権階級をその無教条的な無為から揺り起こそうとした。その市の支配者階級の成員たちは、彼らの側では、（文化的活気は言うまでもなく）アムステルダムの経済的成功にとってはひじょうに重要な、比較的平穏な政治的、社会的均衡を脅かす気にはなれなかった。商業、そしてラテン語の知識を求めてハウトフラフト通りの外へと冒険をしたスピノザは、その市が彼に提供した知的機会を明らかに有利に活用した。ファン・デン・エンデンの学校で読んだものと、一緒に時を過ごした不満を抱く改革派の間に観察したもののその両方によって、彼が刺激を受けたことはまちがいないが、その一方で、共同体には、ユダヤ教の律法、神の意志、魂の不死性についての彼の疑念を分かち合う、その他のユダヤ教徒たちがいたのである。

❧スピノザ破門の政治的文脈

スピノザの「破門(ヘレム)」には、ポルトガル・スペイン系ユダヤ人共同体がその教条的逸脱と不服従の行為ゆえにその成員の一人に懲罰を下していたという、単なる「内輪」の問題を超えた、より大きな文脈が存在する。この時代の他の破門と同様、スピノザの破門は、確かに共同体内部の宗教的正統性と道徳的遵奉を維持する目的で「理事会(マアマド)」によって行使された懲罰的手段としての役割、すなわちヨセフ・カプランが呼ぶところの「破門(ヘレム)」の「社会的機能(social function)」なるものにおいてその説明の一部を見出す。スピノザの行為と言論が、「共同体(ケヒラー)(*kehillah*)」の指導者たちとラビ〔ユダヤ教の師〕たちによる秩序ある均質な共同体の設計、すなわち伝統的なユダヤ教の中において、その成員たちを教育し、そしてその内側へ新参者を再統合するという共同体の機能の一つを脅かした限りにおいて、彼は彼らの最も激烈な非難を受けるのである。しかしながら同時に、この事例には政治的な側面が存在する。

これがそのようなものである、ということには、ひじょうに直接的で、しかも明白な意味があるかもしれない。スピノザの成熟した、そしておそらく彼の初期に属するものでさえある政治的見解は、まったく民主主義的だった。国家と社会をめぐる彼の思想において、彼は主権を国民の意志にあるとする自由主義的な共和主義者だった。彼は思想と言論の自由を求め、そして市民の権利がいかなる権力の濫用に対しても保護される施策を求め、精力的に訴えた。一方、アムステルダムのポルトガル人ユダヤ教徒の指導者たちは、裕福な商人たちでもあり、独裁的な手法で共同体の問題を解決した。彼らは、オランダの現状――寡頭制――に強力かつ経済的な利害関係を持っており、彼ら自身の政治的意見は、どちらかと言えば保守的だったにちがいない。彼らのいく人かは、オランダ政治において擬似的専制君主たる総督職の回復を求めるオラニエ派の支持者たちだったかもしれない。スピノザの民主主義的信念、およびファン・デン・エンデンのような自称革命家やコレギアント派（彼らの多くは資本主義に対してかなり批判的だった）といった社会的急進派との彼の接触は、まちがいなく「理事たち（パルナッシム）」の神経を尖（とが）らせるものとなっただろう。【註93】

しかし、スピノザの一件にはより興味深い、さらに大きな政治的側面がある。かつての亡命者の一集団として――しかも共同体の成員たちの数多くは最近イベリア半島から到着したばかりだった――ユダヤ教徒たちは、オランダの宿主の善意への彼らの依存を意識していた。オランダ人の共和国における生活は、表面的にはライスダールによる平らかな風景画やフェルメールとデ・ホーホによる秩序立った社会的内部図に似ていたかもしれないが、十七世紀のオランダ社会の表面下にかすかに走っている政治的緊張と神学的分裂、そしてその潜在的な危機を、ユダヤ教徒たちは敏感に察知していた。カルヴァン主義の教会のさほど寛容ではない陣営が――一六一八年と再び一六四〇年代の遅くに彼らがそうなったように――優勢に転じたときにはいつでも、ユダヤ教徒たち、カトリックの信徒たち、異論を持つプロテスタントの信徒たちはみな、敵対勢力の前で彼らの脆弱さを痛感させられた。

一六一九年にユダヤ教徒が正式にアムステルダムにおける定住を許可されたとき、その市議会は、書き言葉であれ、話し言葉であれ、キリスト教に対するいかなる攻撃も行わないよう、そして彼ら自身の行動を規定し、共同体の成員間においてユダヤ教の律法が厳格に遵守されつづけることを確実にするよう、はっきりと彼らに命令した。これは、厳格なカルヴァン主義者たちが抗議派を排斥し、改革派教会に対する彼らの支配を強固にしたドルト会議の直後のことだった。ユダヤ教徒に対するこのような法的指導は、少なくとも部分的には、いやしくも宗教的な事柄においては、彼らが本道から外れないことを確実にするための努力だった。かくして最近〔アムステルダムに〕定住したばかりのポルトガル・スペイン系ユダヤ人たちは、彼らが心許ない状況にあることを自覚した。彼らは宗教的分裂によって引き裂かれた一つの社会に住む亡命者たちだった。彼らは大目に見られ、彼らの宗教の実践を許されてさえいた。しかし、アムステルダム市は彼らに対し、つねに品行を正しくし、ユダヤ教の正統性を強化し、彼らの問題をオランダの葛藤の舞台に紛れ込ませないよう、公式に、かつ率直に伝えた。このことは、ユダヤ教徒たちに、言い知れぬ不安の感覚と、共同体においてはアムステルダムの公的権力の目を引き付けるような真似は何も許さない、あるいは不適切な意見は何であれ彼ら自身において片付けるために注意深くあろうとする、ひじょうに強い欲求を残すものとなったにちがいない。

その後、約二十年が過ぎても、ポルトガル・スペイン系ユダヤ人たちの間ではいまだに、彼らがオランダ人によってどのように見られているのか、ということについての過敏な感覚が顕著だった。三つの共同体が統合した一六三九年に採択された諸規定の中には、公共の面前での結婚式や葬式の行列に対する禁止があり、非ユダヤ人たちがその露呈によって気分を害されないよう、そしてその結果として起きる揉め事ゆえにユダヤ教徒が非難されないようにしている。同じく市の意向と合致して、ユダヤ教徒に対し、キリスト教徒と宗教的な議論を行うこと、ならびに彼らをユダヤ教に改宗させようとすることを禁止する規定もあり、というのは、これらの行為は「我々が享受する自由を掻き乱す」【註94】かもしれないからである。アムステルダムにおいて憚ることなくユダヤ教徒として生きる権利を認められて以降、五十年以上が経過した一六七〇年においてさえ、彼らは品行方正と一社会内の秩序ある一社会を維持することに注意を払った。その年の十一月十六日、ラビ・アボアブは、新たな礼拝堂(シナゴーグ)――ヨーデンブレーストラート大通り〔ユダヤ教徒の大通り〕の終点にある、いまなお活用されている堂々たる建造物――を建設するためのポルトガル人ユダヤ教徒たちからの要求を、アムステルダム市に提出した。彼らは数を増す成員を収容するための十分な広さを持つ建物を必要とし、その時点で彼らの人口は二千五百人を超えていた。人々は、とアボアブはその要求の中で言っている、椅子を求めて闘争し、その「不愉快さ」たるや、礼拝の邪魔になるほどであり、それゆえ「我々は、我々の創造主に祈りを捧げることに専心することができない」【註95】。まさにその翌日、共同体の長老たちは、市の行政官たちのところに別の嘆願書を持って行き、今度は一六三九年に共同体によって採択された諸規定の再認可を彼らに願い出た。この第二の要求の中に、彼らは「規則に従わない反抗的な人々」【註96】を破門する「理事たち」(パルナッシム)の権限を包含し、はっきりと引き合いに出した。この要求は、アムステルダムの特権階級に対し、拡大する一方の、それゆえに新たな礼拝堂(シナゴーグ)の建設を欲するまさに同一の共同体が、強力な懲罰的権限をその指導者たちに授けもしてきたということと、彼ら〔アムステルダムの特権階級〕は彼らの市の懐に存在する大きく活動的なユダヤ教徒共同体については従来同様、何も懸念するものはないということを、如才なく、しかもはっきりと心に刻ませるもののように思われる。

この頃、ユダヤ教徒たちは、有名なオランダの寛容にも限界があることを知り、しばしば彼らは、彼らの共同体は統率された正統的なものであるということを彼らの宿主に再認識させるための手段を探し求めていた。おそらく彼らの抱いた不安には、いく分大げさなところがあり、彼らの恐れは、彼らの置かれた位置に対する実際的な危機にとっては、多少釣り合いが取れていなかった。アムステルダムの特権階級は、彼らのポルトガル人居住者たちが市の経済生活に与えている重要な貢献について熟知していた。彼らは一四九二年にスペインの君主たちによって実行されたひじょうに大きな失策に、手を着けるつもりも、あるいは彼らに代わって他の誰かに手を着けさせるつもりもなかった。一六五〇年代において、特に新たな法律顧問ヨハン・デ・ウィットの下の「真の自由」の時代の幕開けとともに、カルヴァン主義の教会の不寛容な陣営の政治的権力は、制限された。一六五六年、すなわちスピノザの「破門（ヘレム）」の年、共和国は、敵対するオラニエ派〔総督派〕がひじょうに驚いたことに、アムステルダム市によって堅実に統治されるようになった。それでもユダヤ教徒は、ネーデルラントの政治はオランダ人が「転換点（ウェッヘルヘッテインヘン）」と呼ぶところの危機的状況下で起こる権力の移行を含め、突然の、しばしば革命的な変革に晒され易いということを知っていた。彼らは、一六五〇年にアムステルダムとその他の諸都市で何の前触れもなく手早く行われたように、市の統治機構の仕組みを丸ごと組み替え、その政策の方向性を反転させることができた。アムステルダムのユダヤ教徒の用心深さ——と同時に歴史的教訓——は、寛容という現在の気象状況の持続に多大な信頼を置くことを彼らに禁じただろう。彼らの破門の適用は、内部的な規律を維持するための機能に加え、オランダの公的権力に対し、ユダヤ教徒が規律ある共同体を運営し【註97】、なおかつ彼らが——市によって彼らの定住が正式に認可された際に規定された諸条件に一致して——正しいユダヤ教徒の行動や教義においていかなる違背も容赦しない、ということを伝えるための、一つの公的行為だった。

さらに、「理事たち（パルナッシム）」がスピノザに対し「破門（ヘレム）」を発効させたとき、彼らはその考えがユダヤ教徒のみならず、キリスト教の主派によっても異端と見なされる、そのような考えの持ち主を破門に処した。魂の不死性、ならびに全幅の神の摂理は、ラビ〔ユダヤ教の師〕にとってと同じほどに、カルヴァン主義の牧師にとっても重要である。したがってスピノザの破門は、ユダヤ教の正統性におけるいかなる違背も容赦しない、というだけではなく、ユダヤ教徒共同体は、いかなる種類の異端者にとっても避難場所ではけっしてあり得ない、ということを具体的に示すための、一つの手段となった。スピノザに対する破門の異様なまでの憎悪とはおそらく、ユダヤ教の原理のみならず、キリスト教のそれをも否定する異端者を繋ぎ止める共同体に対して、オランダ人たちがとりわけ厳しい視線を向けるだろうと懸念した「理事会（マアマド）」の不安の反映である。

加えて、ユダヤ教徒の指導者たちは、彼らの共同体はデカルト学派にとっての避難所でもない、ということをオランダ人たちに対し、明確に示したかったのかもしれない。一六四〇年代、デカルトの哲学をめぐる公開論争がオランダの諸大学において吹き荒れた。その紛争は最終的には、知的、宗教的、そして政治的社会に遍く広がり、抗議派の論争によって引き起こされたそれに似ていなくもない分裂を生み出した。

一六四二年、ユトレヒト大学は、保守的神学者の筆頭（にして大学総長）フィベルトゥス・フォエティウスの扇動で、デカルト哲学の考えを非難した。その「新しい自然科学」は、キリスト教の原理を覆す恐れがある、とフォエティウスは訴えた。地球ではなく、太陽が星雲と惑星軌道の中心であるとするコペルニクスの見解（それについてデカルトはけっして明確には議論しなかったが明らかに支持していた）は聖書に一致するものではなく、かくしてデカルトの形而上学はさまざまなキリスト教の教義に一致しないと思われ、何よりもそれは学校の標準的な科目である「古代哲学」とは一致しない、と彼は主張した。一六四六年、レイデン大学は、アリストテレスの哲学のみが学生に教えられるべきであると告示しつつ、先例に倣った。その大学の評議員会は哲学部と神学部の教授陣に対し、彼らの論文や討論においてデカルトとその斬新な思想に言及することさえ禁止した【註98】。まもなく、高等教育を行うその他の施設もそれぞれに独自の禁令を発するようになり、それはちょうどスピノザの破門の直前の、ホラント州と西フリースラント州による一六五六年の宣言において、最高潮に達した。州議会は、あらゆる哲学の教授は「平和と静寂のために」「今日数多くの人々の気分を害しているデカルト哲学の原理の提出の中止」を約束するという誓いを立てることを要求されると布告した。【註99】

デカルトの考えに対する攻撃は、時と場所により、強弱があった。禁止の強制は、いくつかの大学では、悪名高くも手ぬるいものだった。教授陣が大学管理側からの援助を受けている場合でさえ、禁止は曖昧な性質のものだった。デカルト哲学は、ホラント州の法律顧問――そして一六七二年までの共和国の主要な政治指導者――ヨハン・デ・ウィットが、彼自身れっきとした数学者であり、新しい自然科学の原理に理解を示したという事実にまちがいなく鼓舞され、次第に大学学部に浸透していった。レイデンとユトレヒトの、デカルトに対する攻撃に先鞭をつけた二つの大学においては、一六五〇年初頭までには、デカルト学派の教授たちが数多くいたことが知られている。

デカルト哲学が、なぜこのような反応を引き起こし、なぜこのように感情を逆撫(さかな)でしたのか、という理由は、その敵対者から見れば、それが彼らの知的、宗教的建造物を丸ごと転覆しかねなかったからである。数世紀間、学校と大学学部における哲学と神学は（少なくとも、中世の注釈者たちによって解釈されたものとしての）アリストテレスの哲学と深く結ばれていた。新しい哲学および自然科学は、アリストテレスの思想の概念や範疇の数多くを不要にした。ガリレオとデカルトの数学的な哲学に従えば、物質的世界は主に運動する物質の微粒子で成り立っている。自然科学におけるあらゆる説明は、形状、大きさ、運動が、純粋に数学的な用語によって描出される、運動中の物質の諸部分（とそのような部分の集まり）のみについて言及するべきである。肉体においては、アリストテレスの科学的世界観に数多く棲む魔術的力も、精神的原理も、精神主義的傾向も、何も存在しない。物質的世界には、大学の教授陣が一般的な物質的物体の行動を理解するために活用し、そして神学者たちが聖体の全質変化〔パンとワインがイエスの肉体になるという奇蹟〕のような超常的現象を説明するのに用いる、魂に似た霊媒のための余地はない。物質の領域と心の領域の間のこの革新的な分割——いわゆる「心身二元論」——は、デカルトの形而上学の中心的命題である。後のいく人かのデカルト学派は、この新たな世界観は、その厳格に機械論的な決定論とともに、聖書への文字に依らない接近を要求する、という考えを提出しさえした。なぜなら、聖書において描写された奇蹟は、自然の普遍的な数学的法則に一致しないがゆえに、このような出来事を物語る段落は、比喩的に読まれなければならない、と彼らは主張した。フォエティウスならびに彼と考えを同じくする者たちは、デカルトの「方法的懐疑」は、正しく哲学をすることが、それまですべての人々に受け容れられてきた事実に対する懐疑による差し止めと批判的考察とともに開始されるがゆえに、懐疑主義にしか至り得ず、あるいは無神論にさえ至り得る、と反論した。かくして、デカルトをめぐる論争は、単なる学術上の哲学的、神学的原理についての論争以上のものとして膨らんでいった。厳格なカルヴァン主義者たちにとっては、彼は宗教と一般の人々の道徳を破壊する危険な哲学者だった。

一六五六年、デカルト哲学への反対運動は、その一時的な絶頂の一つにあった。一六五〇年代後半までにスピノザは、彼の友人たちの間ではデカルトの思想の解説者として有名だった（しかも賞賛されてさえいた）。もし、コレルス〔伝記作者〕が主張するように、【註100】スピノザが、実際に、彼の「破門（ヘレム）」の頃よりも数年前に——おそらくファン・デン・エンデンの指導の下で、あるいは最新の知的な発展につねに遅れを取らないようにしているメノー派の友人たちのいく人かの薦めにより——その新しい哲学について読書し、またそれについて議論していたとすれば、そのことは、ユダヤ教徒共同体の指導者たちの間にいくばくかの懸念を生じさせずにはいなかっただろう。オランダにおける反デカルト学派の活動に配慮する必要のあった「理事会（マアマド）」によって断行された、紛れもない一人の「デカルト学派」の追放は、破壊的な哲学はホラント州全土においてと同様、タルムード・トーラー共同体においてもけっして許されはしない、ということを公的権力に訴えるための、身振りだったのかもしれない。

後悔なき出発

共同体のラビ〔ユダヤ教の師〕たちと指導者たちが、一致協力してスピノザを改悛させ、そして共同体の成員として踏みとどまらせるために粘り強く説得することもなく、簡単に彼を切り離した、などということは高い確率であり得ない。その「破門（ヘレム）」の文書は、事実「理事会（マアマド）」の理事たちが「悪の道から彼を連れ戻すため、さまざまな手段により努力し」たことを明らかにしている。リュカス〔伝記作者〕によれば、モルテーラ自身は、彼の弟子の反抗についての連絡が本当かどうかを確かめるために礼拝堂（シナゴーグ）に馳せ参じた後、「語気を荒くし、改悛か懲罰かを決断するよう彼に迫り、もし彼がいまここで改悛の印を示さなければ、自ら彼に破門を下すと誓った」。それに対するスピノザの答えは、ラビを窮地に押しやるものだった。「〔私は〕脅しの引力を知っておりますし、〔先生に〕ヘブライ語をご指導いただいたお骨折りのお返しとして、〔私は〕破門の仕方を〔先生に〕お教えすることができるということも知っております」。そのラビは真っ赤になり、「雷（いかずち）を手にせずにはここには戻っては来ぬぞ、と宣言しつつ」、礼拝堂（シナゴーグ）を出て行った。【註101】

もし「理事会（マアマド）」がマイモニデス〔十二世紀のラビ〕によって明文化された懲罰の段階に倣ったとすれば、スピノザは懺悔し、態度を改めるための警告を与えられ、つづけて謹慎のための二度の三十日間が与えられただろう。その六十日間の終わりにおいて初めて、もし彼が赦しを請うことを依然拒むのであれば、最終的な懲罰が実施されただろう。【註102】タルムード・トーラー共同体が正式にこのような段階的な過程を踏んだということについては資料的な裏付けは何もないが、さまざまな資料は、「理事会（マアマド）」の成員たちがスピノザを更生させようとし、あるいはスピノザに共同体の傑出した一成員として、少なくとも体裁を保たせ、行動させようと、最大限の努力を惜しまなかったと語っている。伝えられるところによれば、彼らは彼を買収して礼拝堂（シナゴーグ）に出席させ、表面的に彼らの行動規範に従わせようとさえした。かくして、とベイルは主張する、「ユダヤ教徒たちは、彼が彼の外面的な振る舞いを彼らの礼拝の実践に合わせるのであれば、彼を赦し、彼に年金を約束しさえしたと言われている」【註103】。デン・ハーグのスピノザの大家は、コレルス（伝記作者）との会話の中でこれを事実であるとし、スピノザ本人が、彼らは「彼が礼拝堂（シナゴーグ）にときおり姿を見せるならば」【註104】、彼らは一千フルデンを申し出たと語ったと主張した。スピノザは、「たとえ彼らが一万フルデンをくれようとも」、彼はそのような偽善を受け入れはしない、「というのは、彼が求めているのは、真実であって、体裁ではないからである」と答えたという【註105】。

　七月二十七日（ユダヤ暦のアブ月六日）、「破門（ヘレム）」が礼拝堂（シナゴーグ）に集まった成員たちに読まれたとき、おそらくスピノザはその場にはいなかった。もし彼が不当に、あるいは過度に厳しい懲罰を受けていると思ったのであれば、彼は市の行政官に訴えを起こす権利を持っていた。市は、一六三九年に共同体の規定を承認したとき、ユダヤ教徒共同体の指導者たちが不服従の成員を破門する権限をはっきりと認めはしたが、もし破門された当人が正式に仲裁を求めるのであれば、明らかに彼らは進んで介入し、裁判をする用意があった【註106】。が、スピノザはそのようにはしなかった。また、プラドと違って、彼は自らの執り成しのために別の共同体にすがりもしなかった。事実、彼は、タルムード・トーラー共同体自体にもその判定を再検討するよう求めさえしなかった。素直に彼は、共同体から立ち去った。トマス修道士は、二年半前に共同体から追放されたアムステルダムにおける二人のユダヤ人の知人を描写しつつ、「彼らは礼拝堂（シナゴーグ）から与えられていた慈善金と他のユダヤ教徒たちとの会話がなくなったことをひじょうに残念がっていた」と異端審問所に伝えている。【註107】しかしここにおいて彼が言及しているのは、ただプラドのみであって、ほぼまちがいなくスピノザではないだろう。というのは、プラドだけが金銭的支援を受けていたからである。スピノザは、対照的に、何ら後悔することなく出発したように見える。そのような追放への彼の態度はおそらく、リュカス〔伝記作者〕によってスピノザのものとされている言葉に最もよく捉えられている。「いいだろう、私が醜聞を恐れないとしても、私が自ら進んでしようとすることを、彼らはそれをするなと言う。が、いまや彼らがそれをしろと望んでいる以上、私は私に開かれた道を喜んで行こう。私の出発は、太古のヘブライ人たちのエジプト脱出よりも、罪のないものである、という慰めとともに」。【註108】

第七章　ラテン語の名において——ベネディクトゥス

❧破門後の行方とクエーカー教徒たちとの接触

一六五六年末までに、スピノザは二十四歳になっていた。それから三年後にトマス修道士とマルトラニーリャ船長によって〔異端審問所に〕提出された供述から判断すれば、彼は明らかに地中海的な相貌の、なかなか男前の青年だったと見える。修道士によれば、スピノザは「小柄な男で、美しい顔をしており、顔色は青白く、黒い頭髪、黒い瞳を持っていた」。航海士の付け加えるところでは、彼は「均整のとれた身体付きをしており、痩せ型で、頭髪は長く黒く、同じ色の小さな口髭を生やし、美しい顔立ちをしていた」【註1】。一六七六年にスピノザを訪問したドイツ人の哲学者ゴットフリート・ヴィルヘルム・ライプニッツは、彼を「オリーヴ色の相貌で、その顔にはスペイン的な何かがあった」と描写した【註2】。この頃のスピノザを描いたものとされる複数の肖像画（同時代の文化人を記録したことで有名な画家、すなわちオランダのヴァザルリと言うべきサムエル・ファン・ホーホストラーテンの一点を含む）には、面長で、華奢で、先の報告どおりの色合いの、髭のない顔が見られる【註3】。スピノザは、健康面ではけっして丈夫ではなかった。その人生のほとんどを彼は呼吸器系の疾患——おそらく彼の母の早期の死を引き起こしたのとよく似たもの——に苦しみ、彼が痩せていたことと、青白かったこと（トマスは彼を「ブランコ *blanco*」（スペイン語で「白」の意）と表現している）は、まちがいなくその疾患のせいである。

破門後のスピノザは、すぐにフローイエンブルフ地区から立ち去った。あるいは、彼に対して破門（ヘレム）

が宣告される以前にすでに彼は、その地区を離れていたのかもしれない。破門(ヘレム)の言葉によって、彼の家族と彼の友人たちは、彼とのあらゆる関係を断ち切ることを要求された。もし彼と彼の弟ガブリエルが、一緒に商売に携わりながら同じ屋根の下で暮らしていたとすれば、その同居を終わらせなければならなかった。この時期、彼がどこに住んでいたのかということを、正確に私たちは知らない。（リュカス〔伝記作者〕の主張するように）ファン・デン・エンデンの家にまだ寄寓していなかったとすれば、彼が〔破門を機に〕その家に転がり込んだということは、大いにあり得る。そうすれば彼は、学問を継続することができ、その傍ら、少しは教える立場に就くことで、部屋代と食事代を稼ぐこともできただろう。一六五七年と五八年にスピノザがラテン語学校によって上演された演劇に参加していた――おそらくテレンティウスの喜劇の一つにおける配役を演じていた――とする彼の諸著作からの証明は、その年月において彼はまだファン・デン・エンデンと一緒にいたということを示唆している。【註4】とするとスピノザは、数ある市街地の運河の中でもより上流階級向けの一つの、ハウトフラフト通りからは十分に隔たっている、シンゲル運河に面して住んでいたということになる。【註5】

リュカス〔伝記作者〕は、ユダヤ教徒たちを狭量で執念深く描こうとする、おそらく偏見まじりの叙述において、モルテーラと共同体の指導者たちにとっては、スピノザを彼らの懐から追放しただけでは足りなかったと主張している。彼らは彼を市の外に追い出したかったのであり、というのは、アムステルダムにその背教者が存在し、生活を送っているというだけでも、絶えず彼らの癪に障りつづけたからである、とリュカスは言っている。「モルテーラは特に、彼が彼の弟子から受けたと見なした侮辱の後で、彼の弟子と彼が同じ市に住んでいるという現実に我慢がならなかった」。彼らは「彼らの律法の埒外で、そして彼らの援助なく暮らしている」スピノザを見ることに耐えられなかった。

ユダヤ教徒たちはたいそう動揺［した］、というのは、彼らの脅しは失敗し、彼らが取り除きたいと欲したその彼は、彼らの権力の及ばないところにいたからである。［……］しかし、彼を［アムステルダムから］追い出すために［モルテーラは］何をなし得たか。彼〔モルテーラ〕は市の指導者ではなく、礼拝堂（シナゴーグ）の指導者だった。しばらくして、その年老いた男は彼の目的を達した。しばらくして、邪（よこしま）な熱意をまとった悪意はひじょうに大きくなり、その年老いた男は彼の目的を達した。彼は同じ気質の一人のラビ〔ユダヤ教の師〕を得、連れ立って市長たちのところに出向き、彼はスピノザを破門したけれども、それは陳腐な理由からではなく、モーセと神に対する忌まわしい冒瀆からであると彼らに訴えた。彼は、神聖な憎しみが頑なな心に示唆するあらゆる手段でもってその冒瀆を誇張し、最終的に、その被告人〔スピノザ〕はアムステルダムから追い払われるべきであると要求するに至った。【註6】

リュカス〔伝記作者〕の語るところによれば、アムステルダムの市長たちは、これは敬神と正義の問題というよりも個人的敵意と復讐の問題である、と判断した。彼らはこの問題をカルヴァン主義の牧師たちに送り、憤懣やる方ないその者たちをやり過ごそうとした。牧師たちは、彼らの立場からは「その被告人〔スピノザ〕が取った行動には不敬なところ」を何も見出すことはできなかった。しかしながらラビ〔ユダヤ教の師〕の職責の重さに対する敬意（そして、おそらく彼ら自身に照らしてもその重みはほとんど同じようなものだろうとの配慮）から彼らは、その被告人に対しては数カ月間アムステルダム市からの追放が下されるべきであると、市長たちに提言した。「かくして」とリュカスは締め括っている、「ラビの信念は報復を遂げた」。

これは劇的な挿話であり、そしてリュカスのスピノザとの個人的な面識は、その挿話にいくらかの信憑性を与えている。しかしながら、リュカスの報告は別として、市の行政に対するこのような訴え、または追放が、実際に行われたという裏付けは何もない。スピノザに対する何らかの強制的な追放に関する法的記録も、成員の一人をこのように処罰させるためにユダヤ教徒共同体によってなされた訴えの記録も同様である。さらに、共同体の規定によれば、唯一理事会（マアマド）のみが共同体の公的な商業取引について市当局と交渉する権限を持っていた。一人のラビ〔ユダヤ教の師〕にこの程度の重要度の問題で直接アムステルダム市長たちのところに出向く権限があったというのは、ほとんどあり得ない。【註7】

にもかかわらず、いく人かの歴史家たちは、ラビ〔ユダヤ教の師〕たちがスピノザを追放するよう実際に市長たちに働きかけたと信じている。【註8】モルテーラかアボアブであれば、異端者としてのスピノザがキリスト教徒をはじめ、その他の人々に影響を及ぼすだろうと、説得力のある訴えを行うことができたと彼らは主張している。しかし、この当時に市を統治していた比較的自由主義的な特権階級〔市長たち〕が、カルヴァン主義の聖職者によって、ましてやユダヤ教の聖職者によって、何も出版していない者に対して追放を宣告するよう説得させられるなどということは、おそらくあり得ない。カルヴァン主義の宗教法廷の主張によって市長たちが人々を市から追放するということは前例のないことではなかったが、それは通常、危険と判断される著作の出版に対して、しかもそれがオランダ語で著され、かくして一般市民の敬神を脅かす一助となった場合に対してだった。追放が単に宗教上の異端的な信条または活動ゆえに要求されたときでさえ、その理由は、その被告人が思想信条においてひじょうに影響力のある評判を確立したか、あるいは（ソッツィーニ派のように）公的権力によって疑いの目で睨まれた運動に何らかのかたちで関与していると判断されたか、そのいずれかである。一六五七年、数多くのイギリスのクエーカー教徒たちは、定期的な集会を持つようになってまもなく収監され、アムステルダムから追放された。【註9】しかしながら彼らは、おそらくコレギアント派とその他の反三位一体論者たちに対する大きな活動に巻き込まれたのであり、当局の心の中では、クエーカー教徒はしばしば

しばしば彼ら〔反三位一体論者たち〕と結び付けられていた。一概に言って、市の指導者たちは、宗教的正統性の問題で人々を追放することに（あるいはより穏やかな懲罰を与えることをさえ）躊躇した。彼らは改革派の聖職者たちの要請で、一六六八年、スピノザの友人の一人アドリアーン・クールバハをその「冒瀆的な」見解ゆえに投獄した。彼は十年の刑期を終えれば追放される運命にあったが、逮捕されたその年に獄中で死去した。スピノザと同様、クールバハは聖書が神によって書かれたとする考えを否定した。しかし逮捕される前年にクールバハは、その国の言葉で彼の思想を綴った本を出版していた。さらに一六六〇年代後半までに、政治的状況は著しく変化していた。デ・ウィットの「真の自由」の上にあった太陽は沈み始め、息を吹き返したオラニエ派〔総督派〕とカルヴァン主義の牧師間のその支持者層は、以前よりも影響力を持つようになった。一方、アドリアーンの弟ヤンは、兄と一緒に逮捕されたが、彼は市長たちにより警告のみを与えられ、釈放された。共和国においては、たとえ異端的な思想を保持していたとしても、彼らが著作を書き著し、集会を組織したのでないならば、処罰することはできない、というのが当局の主張だった。【註10】

そうするとスピノザは、アムステルダムから追放されることはけっしてなかった、と言っておくのが無難だろう。スピノザが破門された一六五六年から現存する書簡が開始される一六六一年まで、すなわちその間の彼の活動と居場所についてはほとんど詳らかになっていないがゆえに、しばしば彼の人生の「暗黒時代」と呼ばれるそのほとんどの期間、実は彼は、アムステルダムにいたと考えられるのである。レンズ研磨職人としての技術を習得した後、スピノザは、もはやアムステルダムにとどまる必要もなくなり、その市を離れ、アウデルケルクに至る街道沿いの、ある友人の家に寄寓したと、コレルス〔伝記作者〕は主張している。【註11】ポルトガル・スペイン系ユダヤ人の墓地のある、アムステルダムの郊外約十六キロメートルに位置するその小さな村〔アウデルケルク〕への街道は、アムステル川に沿ってまっすぐに伸びている。沿道にはいくつかの広壮な「別荘」が建ち並び、市の上流人士とその家族の者たちは、庭を手入れし、新鮮な空気と雑多な市街地（そして夏場にはいくつもの運河の悪臭）からの息抜きを楽しんだだろう。スピノザは、アムステルダムの裁判官で市の最も裕福な紳士の一人コンラート・ブルフの家に滞在していたかもしれない。ブルフはコレギアント派に同情的で、スピノザとの人脈はブルフ自身のメノー派の知己を通じて得たものかもしれない。スピノザはまた、ブルフの息子アルベルトと親しかった。二人はおそらく、一六五〇年代後半にファン・デン・エンデンの学校で出会い、そこでアルベルトはレイデン大学に入る前にラテン語を学習し、その学校が上演した演劇のいくつかにおいて、ともに役柄を演じもした。【註12】

実は、コレルス〔伝記作者〕の記述を裏付けるものは何もない。そしてアウデルケルクにおいてか、あるいはその近くにおいてか、はたまた「〔アウデルケルクに〕至る街道の上で」か、そこにおいてしばらく生活し、あるいは単にいく人かの友人たちを訪れてゆっくりと過ごすために、仮にそこにスピノザの滞在があったとしても、いずれにせよこの時期の彼の主な活動と主な居場所は、アムステルダムにあったのである。（とりわけ「アウデルケルクに至る街道の上で（*op de weg naar Ouwerkerk*）」という表現によって、コレルスがその街道沿いの、とは言えアムステルダム市の境界近くの、まさしく一軒家以外の何も意味していないとすれば、川伝いにその市〔アムステルダム〕に出かけることは、ごく短時間の移動でしかなかっただろう。）演劇やその他の活動を通じてのファン・デン・エンデンとその学校とのスピノザの継続的な関わりも、そして（マルトラニーリャ船長の証言するように）ヨセフ・ゲラの家を定期的に訪れていたこと〔これについては後述される〕も、すべては次のことを指し示している。すなわち、スピノザは、ラインスブルフに移る直前の一六六一年五月下旬までは、まだアムステルダムにいたのであり、そしてそのことは、博学のデンマーク人旅行者オラウス・ボルフのその月の日記の記載によって示唆されている。レイデンに滞在中、ボルフは、ある一人の友人から、「アムステルダムに何人かの無神論者たちがいる。彼らの多くがデカルト学派であり、彼らの間には一人の生意気な無神論者のユダヤ人がいる」と耳にした。【註13】これはまちがいなく、スピノザへの言及である。

同様に、アムステルダムにおいてクエーカー教の教団を率いていたイギリス人、ウィリアム・エイメスも、一六五七年四月、しばしば「クエーカー教徒の母」と呼ばれるマーガレット・フェルに宛てて手紙を書き記しつつ、おそらくスピノザに言及していたものと思われる――

> アムステルダムに、（彼自身およびその他の者たちの言うところによれば）光以外に師を持たなかったがゆえに、ユダヤ教徒たちによって追放された一人のユダヤ教徒がおります。彼は私を呼び止め、私は彼に言葉をかけました。彼はひじょうに繊細で、話される内容のすべてを理解しました。そして彼はモーセ五書と預言者の書を読むことは、それを内側において理解するようになるという以外、彼には無意味であり、それゆえ彼は、キリストの名前もそのように理解していると言いました。私はあなたの著書のオランダ語版が彼に与えられるべく指示を出しました。彼は我々の集会に来ると言っていましたが、しばらくして私は、投獄されてしまったのです。【註14】

ここにおいてエイメスが、事実スピノザについて言及していたとすれば、この手紙は、破門後のスピノザが、依然アムステルダムにいた、ということのみならず、その一件の後、しばらくして――あるいは、おそらくそれ以前においてさえ【註15】――クエーカー教徒たちと接触していた、ということを明らかにしている。クエーカー教徒へのスピノザの紹介は、彼のコレギアント派の友人たちを通じてなされたと考えられる。アダム・ボレールの「コレーゲ」（コレギアント派の集会）における異論を唱えるメノー派ならびに抗議派は、そのイギリス人の教団との間に数多くの共通点を持っていた。礼拝への反権威主義的接近、そして「内なる光」と神の言葉の解釈における個人の自立の重視に対する彼ら〔クエーカー教徒たち〕の強調ゆえに、先の二つの分派とは、宗教、敬神、そして道徳についてさえ、考えを類似させていた。クエーカー教徒はさらに、ユダヤ教徒と関係を築くことにも関心を抱いていた。一六五六年という年号は、その当時の千年王国論者たち――その誰もがイエス・キリストの再来を期待していた――により、ユダヤ教徒がキリスト教に改宗する年号、すなわち千年王国の間近の到来を告げる、欠かすことのできない一段階として広く予言されていた。【註16】事実、クエーカー教団がアムステルダムに置かれた理由の一つには、その市の大きく、かつ閉ざされていないユダヤ人居住区の存在があった。その使徒たちは、その市のユダヤ教徒たちと接触し、彼らの歴史的使命を呼び覚まそうとした。彼らは礼拝堂(シナゴーグ)に顔を出し、ユダヤ教徒たちの家々を訪ね、彼らと議論し、彼らを説き伏せようとした。フェル自身も、メナッセ・ベン・イスラエルが一六五五年から五七年にかけてイギリスに滞在している間に、すなわち彼がその国へのユダヤ教徒の再入国許可のための活動を行っている最中に、彼との文通を開始しようと、弛まぬ努力をつづけていた。彼女は『メナッセ・ベン・イスラエルのために――囚われし者への寛容と自由、および監獄の扉の開放の吉報たるバビロニアからのユダヤ教徒の召還』という題名の、そもそもは公開書簡だった彼女の改宗推進派としての小冊子を、メナッセがユダヤ教徒共同体の成員間に広めてくれることを期待していた。けれどもメナッセは、彼自身の救世主(メシア)主義への信念ゆえに、数多くの親ユダヤ的千年王国論者たちと親密な関係を保ち、もっぱら救世主(メシア)の到来を主題に彼らと議論を行うことしか頭になかった。すなわち彼は、ユダヤ教徒の改宗を推進することにはまったく関心がなかったのである。いずれにせよ彼は、ネーデルラントに帰国してまもなく世を去り、フェルの希望など気にもとめていなかったように思われる。

スピノザは、クエーカー教徒によって、彼らの動機の推進に力を貸すことのできる有能な人物と見なされていた。というのは彼らには、彼は何ら後悔もなくユダヤ教徒共同体を出発したがゆえに、おそらく改宗推進派の計画に対してラビ〔ユダヤ教の師〕が抱く疑念のいささかも共有してはいないだろうと思われたのである。そして彼は、ヘブライ語の知識によって、フェルの著作をユダヤ教徒間に広め得る言語に翻訳するという彼女自身の希望を実現させることができた。スピノザとエイメスを初めて引き合わせた人物は、ピーター・セラリウス（ピエール・セリュリエ）だったかもしれず、彼はアムステルダムの千年王国論者にしてボレールの家におけるコレギアント派の集会の変わらぬ顔ぶれの一人だった。【註17】セラリウスは（その千年王国論の見解ゆえに）クエーカー教徒と、そして（歴史の「終わり」において果たすことになる重大な役割ゆえに）ユダヤ教徒の、その両方に興味を示し、スピノザはアムステルダムの「コレーゲ」〔コレギアント派の集会〕の会員間において彼と初めて知り合ったかもしれず、彼とは友好的な関係を発展させた。一五八〇年にロンドンのユグノー〔改革派〕の家に生まれたセラリウスは、一六三〇年の結婚後まもなくアムステルダムに移住し、かくして彼にはその二国にまたがって数多くの親しい友人たちがあった。彼はメナッセ——彼とは終末論の傾向を共有し、またメナッセが初めてスピノザにセラリウスを紹介したのかもしれない——とエイメスの両方と親しかった。おそらくスピノザは、救世主（メシア）を自称する一人のイギリス人クエーカー教徒によって引き起こされた最近の騒動についてボレールがセラリウスの家に集まったコレギアント派とクエーカー教徒たちに文書を配布したとき、その場に居合わせてさえいたかもしれない。【註18】

　エイメスは、フェルによるメナッセへの手紙を英語からオランダ語に翻訳した後の一六五七年早々のあるとき、ヘブライ語への翻訳のためにそれを彼の〔協力者の〕ユダヤ人に渡した。フェルはその出来栄えにひじょうに喜んだように思われ、というのは、一六五七年が暮れようとする頃、彼女はアムステルダムの別のクエーカー教徒ウィリアム・ケイトンに、彼女の第二の小冊子をヘブライ語に翻訳するよう依頼したからである。ケイトンは返信した――

私はユダヤ人と一緒におり、彼にあなたの本を見せ、それにはいかなる言語が最も適しているか彼に尋ねましたところ、彼はポルトガル語かヘブライ語であると私に答え、もしそれがヘブライ語であれば、イェルサレムをはじめ、その他の世界中のほとんどの場所で理解されるだろうというのがその理由です。そしていくつかの言語の専門家である彼は、私たちのためにそれに取り組んでくれようとしています。【註19】

数カ月後にケイトンがフェルに宛てた手紙によれば、その著作をヘブライ語に翻訳することになっていたそのユダヤ人は「英語からは翻訳ができなかった」がゆえに、エイメス同様、彼はそれをひとまずオランダ語に翻訳させせなければならなかった。「いまや彼はそれを手に入れ、彼が他のそれ［すなわち、メナッセの手紙］に行ったのと同様に、それを翻訳しているところです」。さらに彼〔ケイトン〕は「それを翻訳しているそのユダヤ人は、彼の流儀においてつねにひじょうに友好的です【註20】」と付言している。

この第二の著書、すなわち『地の表に遍く離散したユダヤ教徒間のアブラハムの子孫への愛ある救済（*A Loving Salutation, to the Seed of Abraham among the Jews, where ever they are scattered up and down upon the face of the Earth*）』〔以下『愛ある救済』〕は、ユダヤ教徒たちが温かく迎えられるだろう「新約」の中に彼らを歩み入らせるための、彼らに対する母性的な、とは言え強制的な嘆願である。フェルはユダヤ教徒に対し「［彼らの］邪悪を清め」、「汝らの内なる光に帰り」、罪から離れ、そして正義を目指すよう、説き勧めた。そこにおいて、すなわち「愛と光の契約」において、彼らは

「けっして消滅することのない永続的な富と遺産」の分け前に与ることができるだろうと。彼女は、ユダヤ教徒がその正義に参加することで享受する報酬を示すために、クェーカー教の愛情溢れる希望についてしばしば語っている。「それゆえここにあなた方に見返りなく差し出された主の愛があり、もしあなた方がその『光（*light*）』の中に来るのなら、その光によって、主である神は『彼の民を教化するのです（*teacheth his People*）』。すなわちその『光』の導き、教え、案内に、純粋に従うことにおいて、『罪（*Evil*）』と『悪徳（*Sinne*）』を悟らせるのです。ここにおいてあなた方はあなた方の心に『割礼を受け（*Circumcised*）』るに至り、心の包皮は取り去られるのです【註21】」。

フェルはユダヤ教徒たちに対し、温もりのある優しさと心配のみを抱き、彼女の永遠の幸福は調和の中に休らっている。改宗に対する〔ユダヤ教徒の〕根強い抵抗への威嚇は、サミュエル・フィッシャーによるユダヤ教徒への手紙のために留保され、その手紙はフェルの著作が出版された際にその翻訳版に収められた。フェルが神の愛を説いた一方、しばしばユダヤ教徒を論争に関与させたアムステルダムのクエーカー教徒間の指導的な論客であったフィッシャーは、神の怒りを強調した。手紙においてフィッシャーは、「神が呼びかけつつも従わなかった」者たちに起こるだろう事態を警告する。ユダヤ教徒たちは、と彼は主張する、「神の目の中で悪事をなし〔……〕神が汝らに望んでいないことを選択した」。彼らは法に耳を傾けるよりもむしろ、それを軽蔑してきた。彼は不穏に締め括る。「イスラエルの子らよ、賢くあれ、そして助言を受けよ！　汝らが反逆者であることを忘れるな！【註22】」と。

ケイトンは、フェルの『愛ある救済』の翻訳に協力したユダヤ人がエイメスの翻訳者と同一の人物、すなわち「アムステルダムにおいて〔……〕ユダヤ教徒たちによって追放された一人のユダヤ教徒」だったと特記している。もしその人物が実際にスピノザだったとすれば、それらの小冊子は、ある学者が「スピノザの最初期の刊行物」と呼ぶものに該当する。一六五七年と一六五八年における短い期間、スピノザは、彼らのために翻訳を行い、おそらくアムステルダムのユダヤ教徒たちに接近する最良の方法について彼らに助言を与えるなどし、クエーカー教徒に協力するユダヤ教徒担当の専門家にして相談役のような存在となっていたのだろう。クエーカー教徒の指導者ジョージ・フォックスがユダヤ教徒に向けた「彼の」論文のヘブライ語訳をエイメスに依頼したとき、再びエイメスは最初にオランダ語に翻訳させるという措置を取った。しかし「ユダヤ教徒であった者と一緒に」――おそらく、再び、スピノザと――それをやり遂げた後、彼〔エイメス〕はアムステルダムのユダヤ教徒のほとんどがそもそもヘブライ語を理解しないがゆえに、それを彼らが読み、話すことのできるオランダ語のままにしておくのが賢明であると結論付けた。【註23】今回はユダヤ人の相談役がその件について何らかの意見を述べ、エイメスの目には改宗推進主義者の期待に心を開いたと映ったかもしれない者たちはヘブライ語の文献によってはその趣旨が理解できなかった以上、ヘブライ語を読むことの「できる」者は説得される可能性がほとんどないだろうということを、明確にエイメスに伝えたにちがいない。

スピノザの人生のこの時点での、アムステルダムの共同体との敵意に満ちた関係は言うまでもなく、ユダヤ教との断絶した関係に照らしてさえ、ユダヤ教徒を改宗させるために積極的に活動するキリスト教分派に奉仕する彼を見ることは――もし彼がエイメスとケイトンの報告【註24】とは反対に、スピノザは、ユダヤ人だったとすれば――驚くべきことだろう。いく人かの十七世紀の著述家たちの報告とは反対に、スピノザは、ユダヤ教からの彼の「出発」後、教会通いをするキリスト教徒にはならなかった。そして彼が正式にクエーカー教、すなわち礼拝の平等主義的見解と「真の」信仰の内なる自然という寛容な概念以外にほとんど共通点のない熱狂主義者たちの集団に加わったということは、絶対にない。事実、彼がクエーカー教徒と結んでいたいかなる関係も、救世主（メシア）を自称するイギリス人クエーカー教徒ジェイムズ・ネイラーの主張をめぐってアムステルダムの教団が激しく分裂した一六五八年までには、おそらく終わりを迎えたのである。ボレールとセラリウスのようなコレギアント派たちは、クエーカー教徒たちの中にいる血迷った救世主(メシア)主義者たちを嘲笑し、その教派に対する彼らの態度によってスピノザを彼らの傍らに引き寄せただろう。【註25】しかしながら、宗教と聖書についてのこの頃の彼の意見は、コレギアント派の意見がそうだったのと同様に、クエーカー教の信仰と実践にひじょうによく一致し、そもそも彼をクエーカー教に引き付けたものは、もしそのようなものがあったとすればだが、おそらくそれらの教条的一致ゆえだったと考えられる。

さらにクエーカー教徒と一緒に活動をするということは、スピノザにとっては有益な、そして知的にも重要な一つの経験となっただろう。もし彼が、フェルの第二の小冊子に与えた協力を通じてサミュエル・フィッシャーと接触していたなら、そのとき彼は、その時代における聖書についての最も過激な見解に晒されていたことになる。フィッシャーはヘブライ語に精通しており、一六五六年以降のイギリス、フランス、オランダにおいて数多くのキリスト教徒の学者たちと聖職者たちの関心を引き付けた、聖書の起源とその地位をめぐる論争の中心的存在だった。フィッシャーは、聖書の言葉は神による最初の啓示からまったく無疵のままで受け継がれてきたということはほぼあり得ない、と主張した。事実、書かれた文献は、ほぼ確実に、信ずべき最初の対話以後何度も書き写されてきた。私たちが持っているものは、単なる写しの、その写しの、そのまた写しであり、すべては（誤りを犯しやすい）人間の手によって生み出された。フィッシャーは、神の永遠かつ超自然の言葉と、それが歴史的に被って来た必然的な変形との区別を明確にし、すなわち時代を経て神の言葉が我々に受け継がれ、その過程においてそれは、その編纂者たるラビ〔ユダヤ教の師〕たちと律法学者たちによって成し遂げられた偶発的な列聖化の手続きを含め、さまざまな変形と加筆を被ったとしている。さらにまた、モーセはいわゆるモーセ五書(トーラー)の全編の原著者であるということもあり得ない、と彼は主張した。かくして

「内なる光（*inner light*）」は、神の言葉にとっては、書かれた聖書よりもいっそう誠実な導き手となる。【註26】一六五七年にスピノザが接していたフィッシャーおよびその他のクエーカー教徒たちの議論の中に、彼自身の聖書の原著者と編纂についての過激な考えの多くにとっての補強――あるいはその源泉さえ――を見出したということは、大いにあり得ることだろう。【註27】

❧レイデン大学とデカルト学派

オランダのクエーカー教徒たちに関係する先の資料において言及されるあの「ユダヤ人」がスピノザだったとすれば、そのことは、一六五七年から五八年にかけての間中、ずっと彼がアムステルダムにいたということを裏付けている。【註28】しかしながら、一六五九年早々以前のあるとき、（最も少なく考えて）彼がアムステルダムにおいてトマス修道士とマルトラニーリャ船長と話をしていた頃であるが、彼はレイデン大学で学問をするためにその市に滞在していたか、あるいは断続的に訪れていたかの、そのいずれかだったようにも思われる。この情報を提供しているのはトマス修道士自身である。すなわち、異端審問所への報告において、彼はスピノザが「レイデン大学で学び、一人の優れた哲学者だった」と語っている。事実スピノザは、まさしく彼の哲学的教育を補完するためにこそ、レイデン大学で学び始めたと思われる。もはや彼は商人ではなく、かくして彼の精力のより多くを哲学に傾注することができる身となったがゆえに、いまこそファン・デン・エンデン、コレギアント派の友人たち、そして彼自身の読書から得ただろうデカルト哲学の知識を拡充する好機と判断したのはまちがいない。彼がその大学に正規の学生として入学したという記録は何もないが、いずれかの学部における正式な許可はなくとも、彼が授業を聴講することはできなくはなかっただろう。（ベネディクトゥス［Benedictus］という自らの名前のラテン語表記の使用へと最初にスピノザを向かわせたものは、大学生活

――そこではすべての教育と高度な議論はラテン語で行われた――への彼の関わりだったかもしれない。）スピノザにとって、一六三〇年にデカルト自身も数学を学んだレイデン大学をとりわけ魅力的にし、そして彼自身の目的のためには必然的な選択としたにちがいないものは、それが共和国における最古にして最良の大学であるという事実のみならず、そこにおいて数多くのデカルト学派の教授たちに接することができるという、その評判だった。

かつて一六四六年に大学評議会によって、最近では一六五六年にホラント州によって発布されたデカルト哲学の講義に対する禁令にもかかわらず、レイデン大学の哲学、神学の両学部には、デカルト哲学とそれを応用する自然学〔自然を研究対象とする学問〕、医学、論理学、数学に、誰はばかることなく携わる者が数多くいた。東洋諸言語の教授にして数学者のヤコブ・ホリウス、一六四八年に神学教授に任命されたアブラハム・ヘイダヌス（アブラハム・ファン・デル・ヘイデン）がいた。そしてデカルトの『方法序説』の補遺のための挿図を描いたフランス・ファン・スクーテン〔弟の方で、同姓同名の数学者の兄がある〕がおり、彼は死去する一六六〇年まで、レイデン大学で数学を指導した。しかしスピノザにとって、聴講することに最も興味のあった授業は――論理学、自然学、数学、心理学、そして倫理学の教育を担当する――哲学部の教授たちのそれだっただろう。この大学では事実上デカルト哲学が開花したが、ここでは哲学を教える者たちに対し、神学の領域に踏み込まない限り彼ら自身の方法を通させる傾向があったがゆえである。そのような取り決めは、少なくとも理屈の上では、哲学の教授たちにとっては受け容れることができたものであり、彼らはつねに信仰と〔哲学をするための正しい道具としての〕理性を区別しつづけることの重要性を力説した。

レイデン大学哲学部の教授たちの中に、一六五〇年代前半までにデカルト哲学への折衷的な取り組みでよく知られるようになっていた論理学教授アドリアーン・ヘーレボールト（一六一四〜六一）がいた。ヘーレボールトは、アリストテレス学派の同僚たちを、彼らが自然の真の探求者であるよりもむしろ、他者の意見の盲目的な追従者であるがゆえに、嘲笑する傾向にあった。彼はデカルト哲学の方法、ならびにあらゆる知にとっての最初の真実であり、またその基盤としての「コギト・エルゴ・スム（*cogito ergo sum*）」（「我思う、ゆえに我在り」）が果たす認識の役割に特に魅了されていた。ヘーレボールトは、彼の授業および彼が学生たちの間に立って主導する学問的討論において、「方法的懐疑」が果たす役割をはじめ、知の探求における理性の適切な行動に関するデカルト哲学の数多くの命題を紹介した。デカルト自身はヘーレボールトが「私〔デカルト〕への支持を公言し、レジウス〔アンリ・ル・ロワ、すなわちユトレヒト大学におけるデカルトのひじょうに熱狂的な弟子〕がかつて行った以上の賞賛でもって〔デカルト哲学を〕引用している【註29】」ということを知っていた。一六四七年、大学管理側が再び哲学部と神学部の全教授に対し、デカルトと彼の哲学についての講義を差し控えるよう通達したとき、ほとんどそれはヘーレボールトに向けられたのも同然の警告だった【註30】。彼はその命令を無視した。

一六五〇年代後半頃、ヘーレボールトはまだ大学で教鞭を執ってはいたが、すでに飲酒が元で問題を起こし始めており、最終的に彼は教壇に立つ職責を解かれた【註31】。いずれにせよデカルト哲学の指導的な敷衍者としての彼の重要性は、その頃までにはヨハンネス・デ・レーイ（一六二二〜一七〇七）の存在によって影が薄くなっていた。レイデンに来る以前のデ・レーイは、ユトレヒト大学においてレジウスに学んでいた。彼はレイデン大学において哲学の教授となり、自然学のみならず、その他の学科（医学部が大いに驚嘆したことに、一六五八年からは医学）についても講義した。オランダの弟子たちを鼓舞しようとつねに気配りを怠らなかったデカルトは、伝えられるところによると、デ・レーイは他の誰よりも上手く彼〔デカルト〕の哲学を教えた、と評価したという【註32】。一六四八年、レイデン大学で人文学と医学の学位を取得した後まもなく、そしていまだ学生たちに個人授業を与えていた頃、デ・レーイもまた、大学評議会から戒告を食らった。デカルト哲学がしっかりと織り合わさっていたにちがいない彼の個人授業は、それゆえそれまで以上に厳しく監視されることが決定された。すなわち、「個人授業は評議員ならびに全学部の教授陣との審議を経て初めて与えられるものとし、かつまたデカルト哲学のいかなる講義も許可されないということを、管理者諸氏の名の下、デ・レーイ氏に申し渡される」。【註33】デ・レーイは、デカルトへの彼の忠誠において全教会的だった。デカルトの体系は伝統的な哲学からの聖像破壊的決別などではないということを示すために彼は、アリストテレスの哲学と目的の諸要素を進んで組み込もうとした。後に彼は、「急進的な」デカルト学派として認知されたスピノザとその他の者たちからは距離を保った。一六五八年頃——おそらくスピノザがまだ大学にいた頃——デ・レーイは、レイデン大学でアルノルト・ゲーリンクス（一六二三〜六九）と親交を結んだ。ゲーリンクスはネーデルラント南部のルーヴァン大学から、ほぼまちがいなくそのデカルトへの傾倒ゆえに、立ち去ることを余儀なくされた。レイデンに到着した彼は、カトリックから改革派に改宗し、ヘイダヌスの後ろ盾を得て、すぐに大学のデカルト学派の輪の中に入った。ゲーリンクスの思想とスピノザのそれとの間には共通点が数多くあり——事実、彼〔スピノザ〕の死後、ゲーリンクスは、スピノザ主義の「罪」の中に落ちたとして、あるカルヴァン主義の大臣によって告発された——、それゆえ彼らがレイデン大学で顔見知りだったという可能性はある。

スピノザは、大学で聴講しただろうデカルト哲学の科学、方法論、形而上学についての授業のために、事前の読書によって、おそらく十分な備えをしていた。『省察』（一六四一年刊）と『哲学原理』（一六四四年刊）をはじめとするデカルト哲学の主著は、すべてラテン語で出版されていた。その科学的（だが、数学的ではない）随想とともに広く読まれた『方法序説』（一六三七年刊）も、最初はフランス語（すなわちスピノザがほとんど精通していなかったと思われる言語）【註34】で出版されたものの、一六四四年以降はラテン語版が入手可能になっていた。これらの著作をすべて収録するデカルトの『哲学著作集（*Opera Philosophica*）』の一六五〇年版を、スピノザは一冊所有していた。同様に一六五七年、デカルトの書簡のいくつかが初めて出版され、スピノザはその内容豊かな哲学的書簡に目を通すことができるようになった。ただし、哲学的方法に関する未完のままの初期の重要な論文『精神指導の規則（*Regulae ad directionem ingenii*）』は、手稿のまま少数の崇拝者たちの輪の中で読み回され、一七〇一年になるまで出版されなかった（オランダ語版は一六八四年に出版された【註35】）。

スピノザはまた、必ずしもデカルト本人がそのすべてを認めたわけではない方法によってではあるが、その師自身の形而上学と科学的思考を進化させつづけている同時代の重要なデカルト学派たちによる諸研究に対しても、時間を割いた。スピノザが出席したにちがいないデカルトの『方法序説』と『哲学原理』についての講義を行い【註36】、そしてヨハンネス・クラウベルクの諸著作へ最初にスピノザを方向付けた人物は、デ・レーイだったかもしれない。一六四〇年代にレイデン大学でデ・レーイに学んだドイツ人のクラウベルクは、一六五〇年代後半までには、一六五二年刊行の『デカルト哲学の擁護（*Defensio Cartesiana*）』（その一冊をスピノザは所有していた）をはじめ、すでに数多くの重要な哲学論文を出版していた。数学の教育においてスピノザは、フランス・ファン・スクーテン（兄）の文献をひじょうに信頼していたように思われ、デカルトのひじょうに忠実な弟子の一人でもある彼は、一六四九年に『方法序説』の幾何学についての随想のラテン語版の訳者にもなった【註37】。

そうすると、一六五〇年代後半にスピノザは、デカルトの諸著作（あるいは彼の親友ヤリフ・イェレスゾーンが書き記したように「崇高にして至高の哲学者ルネ・デカルトの哲学的著述（*Scripta Philosophica Nobilissimi & summi Philosophi Renati des Cartes*）」【註38】）、ならびに故国を棄てたそのフランス人哲学者の体系の根幹をなす要点を敷衍しようとする弟子たちの諸著作の中に、すっかり浸っていたのである。デカルトによって言われた（あるいは、たいていは言われなかった）ことの数多くが、スピノザには、開放的で、より善なるもので、真正に思われたにちがいない。身体と精神を完全に分離する二元論による理念的な新しい世界図は、純粋に機械論的な物理学のための基礎を提供し、自然――すなわち純粋に数学的な用語によって把握され得る構造と運動を持つ自然――の現象の有益で明快な、そして魔術的ではない説明を可能にした。そのあらゆる次元におけるデカルトの科学的企ての全体は、さまざまな教育において、確実性の探求を刺激し、個々の科学において実りのある実験的仕事の可能性を拡大した。同じく、知る心、すなわち自然の内なる働きを洞察しようとする理性の能力についてのデカルトの楽天的な観念があった。デカルトにとって知性とは、もし正しい方法によって導かれるならば、それ固有の概念的道具、すなわち「明晰かつ無謬の思考」を通じて、世界を、そのすべての微細な部分において真正に（そして有用に）知るものとなり得た。さらに重要なことに、少なくともスピノザにとっては、その思考は世界における自身の位置を知ることができた。

伝統に束縛されたユダヤ教の、形式的には宗教的ではあるが、ラビ〔ユダヤ教の師〕による註釈の学習とユダヤ教（ジュダイズム）の哲学的諸文献の宇宙論的瞑想を含む、旧弊な――というのは、偉大なるマイモニデスさえ本質的にはアリストテレスの体系とつながっていたからである――学問とは異なり、ここには、スピノザが快適と感じる進歩的で哲学的な場所があった。デカルト哲学はどちらかと言えばまだ日の浅い哲学であり、なされるべき仕事は多かった。他の者たちがプラトンやアリストテレスに縛られていたような方法で、彼〔スピノザ〕が自らをデカルトに縛り付けていたわけではない。いまだ彼がその無邪気な弟子だったとしても、それはひじょうにわずかな期間のことでしかなかった。スピノザは、一人の思想家としてはひじょうに独創的で独立心に富み、しかもその精神においては鋭敏でありすぎたがゆえに、無批判的な追随者になることはできなかった。

おそらく彼に分かっていたことは、何よりも彼自身の哲学的課題、すなわちこの頃にますますはっきりと輪郭を示し始め、そして彼自身の経験から必然的に生起するように思われる企ての追求を、彼は基本的にデカルト哲学の枠組み内において開始することができるということだった。スピノザに興味を起こさせたものは、人間存在の性質であり、世界におけるその位置だった。彼自身と彼がその一部であるところのこの世界について知っているこの生命体とは何なのか。自由、可能性、幸福をめぐって、その存在のその他の自然との関係から何が導かれ得るのか。世界に対する彼の感情と、世界内における彼の行動の性質は、いかなるものなのか。

スピノザは、彼の哲学的徒弟時代において急速な進化を遂げていたのにちがいない。というのは、一六六一年早々までに、彼は「デカルト哲学に秀でた」【註39】人物として、すでによく知られるようになっていたからである。彼にはまた、彼の企てにおいて優れた仲間たちがあり、というのは「新しい科学(*scientia nova*)」はアムステルダムにおける彼の仲間内ではしばしば議論の的となっていたからである。デカルト哲学についての、しばしば批判的な——おそらくレイデンにおける彼の最近の経験のみならず、単純に彼が彼らよりも知的に優(まさ)っていたがゆえに——【註40】専属の権威者のような存在として振舞うスピノザと一緒に、哲学的、宗教的な意見を議論するために、彼らは定期的に研究会を持っていたように思われる。リュカス〔伝記作者〕によれば、「ほとんどがデカルト学派の彼の友人たちは、彼らが彼らの師の諸原理によってのみ解決されると主張する難題を彼に提出していた」という。彼〔リュカス〕はまた、スピノザは「博識の男たちが〔デカルトのものとは〕全く異なる説明でもって彼らを満足させることによって犯していた誤りを彼らに悟らせた」と付言している。【註41】これらの個人たちの間には、彼が数年間にわたたって交際をつづけていたコレギアント派とその共鳴者たちがいたことは言うまでもないが、そこには最近になってアムステルダムかレイデンで新しく知り合いになった、いく人かの友人たちも含まれていた。

一六五〇年代前半、アムステルダム証券取引所において、スピノザはおそらく最初、気の置けない生涯の友人となるヤリフ・イェレスゾーン［Jarig Jellesz］（Jellesz は Jelleszoon の短縮形で「イェレ［Jelle］の息子［zoon］」の意）と出会った。イェレスゾーンは、一六一九年か一六二〇年にアムステルダムのフリジア〔フリースラント〕系の裕福な家に生まれ、主に香辛料と乾燥果物を取り扱う食料雑貨商人となった。彼は卸売りと小売りの両方に携わり、しばしばポルトガル人ユダヤ教徒たちと取引を行った。彼はスピノザ家の会社の一顧客だったかもしれない。というのは、一六五五年、彼はシモン・ロドリゲス・ヌニェスから干し葡萄を買っており、それらはミカエル・スピノザとその息子たちによって輸入された商品の一つだったからである。イェレスゾーンの著作『普遍的キリスト教信仰の告白』に伝記的記述を寄せた一友人によれば、「金銭と物の蓄積は彼の魂を満足させることはないと悟った」とき、イェレスゾーンは、比較的若くして商売に見切りを付け、「かくして店を誠実な男に売り、そして一度も結婚をすることなく、神の真の性質を探求しつつ静寂の中で真実の知を実践するため、そして叡智を得るため、世間の喧騒から離れた【註42】」。おそらくイェレスゾーンはアムステルダムのコレギアント派の集会のひじょうに熱心な会員の一人であり、家族はアムステルダムのメノー派のフラマン人共同体に所属していた。彼は、信仰とは個人的な事柄であると、すなわち内面的な信念ならびに宗教的経験の問題であると強く信じ、結果的に彼は、外的権威、組織化された信仰告白、そして神学的教条主義を否定した。人間的な幸福とは、単純に神の認識の中に、聖なる存在の理解との純粋に理性的な交わりの中にある、と彼は主張した【註43】。

イェレスゾーンの『普遍的キリスト教信仰の告白』は、一六八四年に、他の出版者が手を触れない著作を手がける革新的で大胆な出版者兼書店主の、ヤン・リューウェルツゾーン［Jan Rieuwertsz］（「リューウェルト［Rieuwert］の息子［zoon］」）によって出版された。一六一六年に生まれたリューウェルツゾーンも同じくメノー派の家柄だった。彼がスピノザと知り合ったのは、彼が世に送り出していたコレギアント派の著者たち（おそらくイェレスゾーン自身）を通じてか、あるいはファン・デン・エンデンを通じてだったかもしれず、ファン・デン・エンデンとは彼もスピノザも知的関心の多くを一致させ、特にデカルト哲学と急進的政治理論を分かち合っていた。リューウェルツゾーンは、スピノザとその友人たちのデカルト哲学についての研究会に加わった頃の一六五七年、デカルトの諸著作のオランダ語訳を出版し始め、それは以後約三〇年を要する偉業となった。それらの諸著作の翻訳者は、デカルト学派の「円卓会議」のさらなる出席者の一人で、後にスピノザの諸著作のほとんどのオランダ語訳を手がけたのと同じ人物、ヤン・ヘンドリック・フラゼマケルだった。フラゼマケルも、一六二〇年頃にアムステルダムのフラマン人メノー派の共同体に所属する家族に生まれ、かくしておそらくイェレスゾーンを幼い頃から知っており、彼はその食料雑貨商人を通じてスピノザと知り合ったと思われる。【註44】

スピノザはまた、同じくコレギアント派の人脈を通じ、まもなく彼のひじょうに忠実な弟子の一人となるピーター・バリンクと知り合いになったかもしれない。バリンクは高等教育を受けたメノー派の商人であり、そのスペイン語の知識でもって、おそらくポルトガル人ユダヤ教徒たちとも取引をしただろう。というのは、ある時期に彼は、数人のオランダ商人たちのためにスペインにおける代理人を務めたからである。彼はスピノザを熱烈に崇拝する一人であり、アムステルダムにおける哲学的議論の熱心な参加者だった。彼はスピノザの諸著作を広めるためにはできる限りの力添えをする傍ら、自らスピノザ哲学についての論文を執筆し、彼はそれを一六六二年に匿名で出版した。数多くの人々が――その題名の「光」に対する強調ゆえに――クエーカー教徒のエイメスによって書かれたものと想像した著作『蠟燭の上の光』においてバリンクは、宗教的礼拝への個人的で、非告白的で、寛容な接近を主張している。イェレスゾーンよりもいく分か神秘主義的な接近を採用しながら、聖なる存在の自然的、洞察的、「内的」経験は、誰にでも可能であると彼は主張する。いかなる個人も、聖書の知識や信仰告白的背景に関わりなく、その人自身の理性の能力を通じ、神と触れ合うことができる。「蠟燭の上の光」とは、理性であり、「真実についての明瞭判然な認識」であり、彼はそれを聖書の言葉、キリスト、そして神の心と同一視する。【註45】やはりその著作もリューウェルツゾーンによって出版された。

コレルスは、その伝記の中で、シモン・ヨーステン・デ・フリースからのスピノザへの愛情と献身に特に注目している。【註46】彼〔コレルス〕の報告は、二人の手紙のやり取りによって裏付けられ、現存するスピノザの往復書簡においては珍しく、ときおり個人的な温かさと親密さをかいま見させてくれる。デ・フリースは一六三四年頃、上層中産階級に属するメノー派を背景とする商人の大家族に生まれた。彼も同じくコレギアント派の環境においてスピノザと知り合ったのかもしれない。一六六〇年代、その哲学者〔スピノザ〕はデ・フリースの親類縁者との彼らしからぬ親密な関係を発展させた。一六六七年に若くして世を去る前にシモンは、彼の友人が経済的に困らないように尽力し、彼の妹と義理の弟による生活費の支払いの約束を確実にした。

イェレスゾーン、バリンク、そしてスピノザの知的集団のその他の会員たちの数多くが、その集団が「無神論的デカルト学派」【註47】であるという評判を得ていた事実にもかかわらず、主に宗教的な改革と寛容、そして自らの流儀によって――すなわち自らの知的能力のみによって導かれ、いかなる教義や儀式によっても縛られず、神学的あるいはその他のいかなる権威によっても苛まれずに――神を崇拝する個人の自由を訴えたことは明らかである。彼らは、スピノザとともに、デカルト哲学への情熱を共有した。彼らは特にその理性を重視する考えに興味を抱き、より高みの真実に到達するための独立した理性の能力の強調に魅了された。スピノザと同様、彼らもまた——古代ギリシャの人々が「エウダイモニア（*eudaimonia*）」すなわち「最高の幸福」と呼び、そしてキリスト教徒たちが「救済」と呼ぶものの強い意味において——人間の幸福とは、その正しい対象に方向付けられた融通無碍の、とは言え訓練された知性の使用にあると確信した。スピノザは、彼としては、「内的経験」、道徳、寛容についての彼の友人たちの意見に興味を持っていたことはまちがいない。しかしスピノザと異なり、彼らの動機は、濃厚に宗教的で、彼らが理性によって導かれる真実とは、つねに献身的なキリスト教徒のそれだった。アムステルダムのデカルト学派の議論集団は、ときおりボレールの「コレーゲ」〔コレギアント派の集会〕に似たところがあったのではないかと訝られる。

哲学的研究会にやって来る人物には、これらのコレギアント派やメノー派の家柄のスピノザの友人たちに加え、レイデン大学での聴講を通じて彼が知り合いになったと思われる、いく人かの個人たちもいた。例えば、政治と宗教についての急進的思想家アドリアーン・クールバハは、一六五六年から一六六一年までレイデン大学で学んでいた。彼はその医学部に在籍したけれども、数年前にはユトレヒト大学で哲学の教育を受けており、スピノザが出席したデ・レーイによるデカルト哲学の講義に、同じく出席していたかもしれない。デ・レーイは一六五八年からは医学も教えており、それゆえクールバハは、おそらくは純粋に哲学的な文脈において彼の医学講師の声咳に接したいと思うほどにデカルト的傾向に興味を抱いたと思われる。クールバハとスピノザは、民主主義的政治形態への関心を分かち合っていた共通の友人ファン・デン・エンデンを通じて知り合いになったのかもしれないが、レイデン大学におけるつながりの方が、むしろ蓋然性が高いように思われる。

次第にスピノザとクールバハは、互いに強い影響関係を発展させた。彼らは政治的見解と宗教に対する態度において一致していた。クールバハの形而上学的教条にはスピノザ哲学の紛れもない特徴が縦横に走っており、その一方でスピノザの『神学=政治論』は、クールバハによる国家と聖書についての大胆な考えの多くを共有している（クールバハは、スピノザが一六六五年から執筆に取りかかっていたその著作の初期草稿に確実に目を通していたと考えられる）。事実スピノザが『神学=政治論』の出版を決意したことには、カルヴァン主義の宗教法廷の訴えにより、冒瀆を廉（かど）にクールバハが市当局に逮捕された後の一六六九年のその獄死に、多少なりとも鼓舞されたところがあった。スピノザが思想ならびに言論の自由、そして社会的、政治的領域における教会権力の非干渉を求めたとき、彼の心の中には、まちがいなくその友人の非業の死があった。

クールバハは、特に宗教的な人間ではなかったように思われるが、にもかかわらず、少なくとも彼自身においては、名目的には神を中心に据えるものの、人間の幸福についての理性主義的な考えをイェレスゾーンやバリンクたちと共有していた。すなわち、人間存在は神の認識において自らの「至福（ベアティテュード）（*beatitudo*）」を見出す。聖なる存在についてのこの理解は、何らかの神秘的洞察ではなく、一つの永遠不変の本質についての理性による知的認識である。この前提の上で、クールバハは、非合理な神学と迷信的な宗教儀式に対し、異議を唱えた。真の宗教とは個人の内的な問題である、と彼は主張した。神の真の教えとは、単に神の愛と神への服従、そして隣人への愛である。その他のすべては偶発的か表面的である。クールバハの見解にはまた、明らかにソッツィーニ派の要素もある。すなわち、彼は三位一体論とイエスの神性を否定した。【註48】彼はスピノザの他の友人たちの間に身を置くことを快適に感じていたにちがいなく、おそらくアムステルダムのコレギアント派との交流から強い影響を受けたものと思われる。

彼らとは対照的に、ロデウェイク・メイエルは、スピノザの友人たちの敬神を共有する素振りさえもなかった。彼はルター派の出身であり、メノー派の家柄ではなかった。しかも、彼がコレギアント派と親しくし、彼らの集会のいくつかに参加しさえしたかもしれない中で、彼が本当に好んだものは、哲学と芸術作品、特に演劇と文学だった。彼は一六六五年から一六六九年までアムステルダム市立劇場の監督を務め、一六六九年には演劇文芸協会「好きこそものの上手なれ（ニル・ヴォレンティブス・アルドゥム）（*Nil Volentibus Arduum*）」の創立者となった。メイエルは幅広い人文学の教養を備える知識人で、いやしくも彼が宗教の問題について口を開いたとすれば、それは共和国の平和を激しくかき乱す神学論争を終わらせる一助としてだった。彼のスピノザへの個人的かつ知的な献身は、（特にデカルトについての）共通の哲学的関心のみならず、メイエル自身が真実の探求の共同の取り組みと考えていたものに支えられていた。かくして彼は、誰にも増して、スピノザが存命中も彼の死後も、彼の個々の著作と、没後の著作集の出版を実現させることに責任を負った。

　メイエルは、一六二九年にアムステルダムに生まれた。彼は最初ルター派の牧師を志望していたが、その志は長くはつづかなかった。青年時代に彼は、言葉に強い関心を抱くようになり、一六五四年、十七世紀のオランダで使用されていた何千語もの外国語単語を解説する一冊の本を編集した。同年、彼はレイデン大学に入学し、最初に哲学を学んだ後、一六五八年からは医学を学んだ。そして彼は一六六〇年にその両学部で学位を取得した。レイデン大学で、彼とクールバハは、彼らが同じ学部に所属し、同じ授業に出席していただろうことを考えれば、おそらく顔見知りだったにちがいない。メイエルが初めてスピノザと知り合ったのも、（ほとんどの学者たちが考えているように）ファン・デン・エンデンのところではなく、おそらくレイデン大学においてだった。スピノザがファン・デン・エンデンの学校に通っていた一六五四年から一六五八年早々までの間、メイエルは、アムステルダムには身を置いてさえいなかった。すなわち彼は、レイデンにいたのであり、そのときスピノザはその市で過ごしていた。

メイエルの哲学的重要性は、彼がスピノザの親しい友人にして奨励者であるという以上に、聖書解釈についての彼自身の革新的な理性主義的理論にある。ネーデルラントの市民社会の幸福を脅かす宗教的派閥主義を終わらせるためにメイエルは、聖書解釈学的方法を提唱し、それにより、聖書の真に明瞭判然な意味、すなわち「天上の真実の不朽の教義を確信させ、伝播させ、そして私たちの魂に救済と幸福を与える」ものが明らかにされると、彼は信じた。その方法は、メイエルの『聖書解釈としての哲学（*Philosophia S. Scripturae Interpres*）』の中に見出され、徹底してデカルト的なその著作を彼は「自由都市（エレウテロポリス）（Eleutheropolis）」〔アムステルダム〕において匿名で出版した。それは知性の明晰かつ無謬の思想にのみ頼ることの重要性を強調する。すなわち、信仰あるいは制度的な権威ではなく、「愛と知（*Philosophia*）」、言い換えれば理性が、聖書解釈の適切な案内役であるとする。メイエルが聖書の章句の「真意」と呼ぶもの、すなわちその著者が意図した意味または趣旨を受け取るためには、単に伝統や教会会議や法王が命じるものに頼るのではなく、自然の理性によって明確に、疑いようのないかたちで知覚されたものにのみ頼らなければならない。というのは、聖書の著者——我々が手近にそれを持っているような書かれた章句の直接的な著者ではないとしても——は、究極的には神だからである。神は全能であり、真実を語る存在であり、それゆえ神が伝えようとした提案は何であれ、彼の言葉の「真意」のみならず、まさしく「真実」そのものである。理性は——論理的、自然的、精神的な——真実を発見するための能力であるがゆえに、そして聖書の「真に意味するところ」は絶対的な真実であるがゆえに、理性は聖書の趣旨に到達するための正しい道具なのである。【註49】

理性はまた、聖書の言葉が文字どおりに読まれ、そしてそれらが比喩的に読まれるのであれば、本来的に神に属し得るものとそうではないものとを判別しつつ、私たちに語りかける。例えば聖書は、神の足、神の指、神の怒りについて語る。しかし私たちは、足や指や感情を持つことは肉体を要求し、肉体を持つということは、神のようなこの上なく完全で永遠の存在とは矛盾するということを、理性を通じて知っている。それゆえ、このようなかたちで神に言及している章句は、比喩的に読まれなければならない。【註50】

メイエルの著作はスピノザの『神学=政治論』とともに発禁となった。（ある人々は〔メイエルではなく〕スピノザ自身が〔メイエルの〕『聖書解釈としての哲学』を書いたとさえ誤解していた。【註51】）彼〔メイエル〕に対して憤慨を顕わにした批評家たちは、メイエルはデカルトによる理性と信仰の分離を濫用し、実際に神学を哲学に従属させたと信じた。デカルト自身は彼の方法を神学の問題に適用することをひじょうに嫌っていた。メイエル自身の躊躇のなさは、聖書の章句は矛盾、混乱、誤りに満ちているという結論に彼を導いた。憤慨したのは〔デカルトに批判的な神学者〕フォエティウスに共感する正統のカルヴァン主義者たちだけではなかった。レイデン大学教授のヘイダヌスのようなデカルト学派や、セラリウスのような普通は温厚な性格の人々さえ、彼らの非難を声に出した。【註52】

哲学への真の情熱と多大な精力を兼ね備えていたと思われる遅参者【註53】メイエルは、アムステルダムの集まりにおいて活力漲る存在だったのにちがいない。同等に幅広い文学的、哲学的、科学的関心を抱く彼の「忠実な旧友」ヨハンネス・ブゥメースステル【註54】——一六五一年から一六五八年まで彼も同じくレイデン大学で哲学と医学を学び、そこにおいて彼は個人的に、あるいはメイエルの紹介により、スピノザと知り合ったかもしれない——を伴い、ロデウェイク・メイエルは、少なくとも部分的には、「自由思想的」というその集団の評判に一役買ったのはまちがいない。そのような漠然とした形容が妥当か否かはともかく、一六五〇年代末から一六六〇年代初頭の一年半にかけて、スピノザのアムステルダムの友人たちは、最近大学の学位を取得したメイエルとクールバハを仲間として迎え入れ、情熱と個性のせめぎ合う折衷的な集団をかたちづくっていた。敬虔で非告白的な改革者たちと聖像破壊の聖書批判者たちから、教養ある人文主義者たちと急進的な民主主義者たちまで、その全員が、さまざまな動機によって、デカルト哲学およびその他の哲学的、宗教的問題についての議論に興味を示していた。

❧スピノザと隠れユダヤ教徒の仲間たち

マルトラニーリャ船長による異端審問所への証言が発見される以前、スピノザはユダヤ教徒共同体からの破門の後、もはやアムステルダムのポルトガル・スペイン系ユダヤ人たちとはまったく接触を持たなかったと、つねに考えられていた。そしてコレルス〔伝記作者〕の主張するところでは、スピノザは「それ以来、彼らとは話をすることも交際することもなかった」と公言していたという。さらにコレルスは、「いく人かのスピノザをよく知るアムステルダムのユダヤ教徒たちは、私に対してそれは周知の事実であると語った」と付言している。【註55】しかしスピノザとプラドはその頃、医師のミゲル・レイノソならびに菓子職人にして煙草商人のパチェコという名の人物と一緒に、「定期的にヨセフ・ゲラの家に通っていた」と、スペイン人の船長が一六五九年に報告したとき、彼〔マルトラニーリャ船長〕は、何人かのポルトガル人ユダヤ教徒たちが進んで破門の掟を無視し、追放されたその異端者たちと同じ輪の中にいたということを明らかにした。レイノソとパチェコは、二人ともセヴィーリャ出身で、いずれもタルムード・トーラー共同体の傑出した成員だったことは、マルトラニーリャの報告から——そしていくつかの個別の資料からも——明らかになっている。その船長に彼らは、自分たちは「律法を遵守するユダヤ教徒であり、かつて彼らは豚の肉を差し出されたことがあったけれども、それを口にすることを差し控えた」と告白した。【註56】一方、ゲラ氏は裕福な非ユダヤ教徒で、カナリア諸島の出身だった。彼はハンセン病の治療を期待してアムステルダムにいた。ネーデルラントには医療を求める外国人たちがしばしば訪れており、【註57】まちがいなくゲラは一言もオランダ語を話すことができなかったがゆえに、スペイン語を話す医師を探していた。レイノソは、おそらく彼の主治医であり、ときおりの往診時にスペインにおける隠れユダヤ教徒の日々の旧友パチェコを伴ったと思われる。

一六五八年から五九年にかけてのスピノザとプラドの仲間としてのレイノソの存在は、特に興味深いものである。イベリア半島においてユダヤ教信仰の改宗ユダヤ人としての生活を送っていた彼は、バルタザール・オロビオ・デ・カストロ――まさしくポルトガル人ユダヤ教徒共同体の（イサークという名で通していた）成員オロビオ・デ・カストロであり、レイノソと同じセヴィーリャ出身で、同じくアムステルダムの医師でもあり、破門されたプラドとスピノザを痛烈に非難した――によって、一六五五年に異端審問所に告発された。一六五五年にオロビオとレイノソは、プラド同様、明らかにセヴィーリャの隠れユダヤ教の仲間内だった。オロビオが投獄され異端審問所により拷問を受けたとき、彼はいくつかの名前を漏らし、その中にレイノソとプラドの名前が挙がった。このことは、ゲラの家の訪問者であるレイノソとプラド、そしておそらくパチェコも、かなり長い期間にわたって、そしてひじょうに異なる状況の下で、互いに通じ合っていたということを示している。レイノソとプラドにとって幸運だったのは、オロビオの自白――死去したか消息を絶ったかを知っている者のみを告発するのが共通の了解だった【註58】――までに、彼らはすでにスペインを出発しており、もはや異端審問所の手の届かないところにいた。レイノソ（アブラハムというユダヤ人名で通っていた）【註59】とオロビオが後にアムステルダムにおいてさまざまな医療行為を一緒に行っていたことを考えれば、彼らの間には険悪な感情は残っていなかったように見える。しかしながらオロビオが、プラドの思想と、そして後にはスピノザに対して聖戦を開始したとき、彼の医師仲間とかつての隠れユダヤ教の仲間が共同体をないがしろにし、数年前からその二人の異端者たちと交際をつづけているということを、はたして彼が知っていたのかどうか、不思議に思われる。レイノソとパチェコは、ちょうどスピノザの破門の頃にアムステルダムに到着したが、そうするとスピノザは、共同体からの出発後のあるとき、プラドにより、セヴィーリャ出身の彼のかつての隠れユダヤ教徒の仲間を紹介されたと考えられる。レイノソとパチェコは、スピノザから四キュービット〔約二メートル〕以内に接近したことを理由に理事会（マアマド）から破門でもって一度も処罰されたことはなく、おそらく彼らだけで彼との交際をつづけていたのだろう。

❧『知性改善論』

スピノザの最初の哲学的著述の執筆は、アムステルダムにおける最後の年――彼がゲラの家を訪れ、そして依然デカルト学派の友人たちの研究会に（手紙によってのみならず）実際に出席していたまさにその頃――に開始されている。一六六〇年三月、ロッテルダムの代理人アドリアーン・ピーツが抗議派の神学校教授へ宛てた手紙の中で、「あなたのまったくご存知ない、ある一人の著者による」『神学=政治の論文』（*tractatus theologico-politicus*）について言及したそのとき、実際にスピノザの小論のことを指していたとすれば、一六五〇年代末までにその哲学者は、まさに彼の破門を引き起こした――聖書の原著者とその解釈の――いくつかの問題と合わせて、政治と宗教の権力ならびに自然と市民の法に関するさまざまな問題について、すでに彼の考えを紙の上に綴り始めていたことになる。【註60】（同様にこのことは、彼が一六七〇年に出版した『神学=政治論』が、単に一六六〇年代後半のオランダの政治危機、あるいは一六六九年のクールバハの獄死に対する個人的な精神的外傷に由来する反応などではなく、むしろ国家、自由、寛容、そして言うまでもなく、宗教についての狙いの定められた長期計画の完成だったということを示唆している。）と同時に、明らかにスピノザの心は、倫理学、認識論、形而上学の幅広い問いへと向かっていた。ピーツが手にした「小さな本」の上の仕事がいかなるものだったにせよ、事実一六五八年から一六六五年頃までのスピノザの神学的=政治的関心は、重要性としては二次的なものであり、その一方で彼は、ほとんど衝動的に、本格的な哲学体系の構築に取り組んでいた。

『知性改善論（*Tractatus de intellectus emendatione*）』は、方法と認識についての、未完の著作である。それはつねづねスピノザの初期小論の一つと考えられてきたが、にもかかわらず学者たちによって、お決まりのように（彼の代表作『倫理学（エチカ）』についての初期の仕事を含む）その他の著述よりも後の一六六二年頃に位置付けられてきた。しかしながら、『知性改善論』を事実、現存するスピノザの独創的な哲学的論文の最初のものと見なすためのいくつかの確実な根拠がある。その主題、その用語、認識と人間の精神の諸機能についてのその明快な理論、考えられ得るその源流、さらにはさまざまな哲学的問題についてのより体系的な対処方法への導入部分としてのその役割の、それらすべてが、おそらく一六六〇年の遅くか一六六一年の早くのある時点から執筆が開始されたと思われる『神、人間および人間の幸福に関する短論文』よりも前の年号を指し示しているのである。【註61】

スピノザは、何らかの浩瀚な著作の一部——あるいはおそらくその導入部分——として『知性改善論』を構想していた。この論文では、哲学的方法についての予備的な問題、認識の性質と種類についてのいくつかの基本的問題、一個の人間にとっての「善」をかたちづくるものという大きな概念の文脈におけるすべてが取り扱われる予定だった。と同時に、これらの諸問題は、その著作の〔これから書かれるはずの〕後続部分において、より深く取り扱われることになっており、それをスピノザはまさに『知性改善論』において「私たちの哲学（*nostra Philosophia*）」と言っている。彼が『知性改善論』に取り組んでいた段階ではまちがいなくまだ執筆されていないこの「哲学」は、知性、形而上学、自然学、道徳ならびにその他の諸問題への、徹底的で体系的な探求となるはずだった。が、生起したように思われることは、何らかの理由のために彼は、一六五九年末か一六六〇年早々に『知性改善論』を断念し、『神、人間および人間の幸福に関する短論文』に向けての再出発を決心したということであり、後者におけるの方法論についてのいくつかの章には、『知性改善論』で使用された素材と重複する箇所がさまざまに見出される。【註62】

『知性改善論』は、真実の探求において従われるべき適切な方法のための序論としてはっきりと意図されたものであった一方、一部は（デカルトの『方法序説』のように）スピノザ自身の知的計画書の自伝的素描でもあり、また一部は読者——少なくとも大まかにはデカルト哲学に親しんでいると思われる人々——への、哲学的生活に至る同じ道を行くことの、あるいは転換することの奨励でもある。

このような転換が熟慮され始めるにあたり要求されるものは、おそらく十分に言葉にされ得るものではないとしても、営まれている生活に対する不満の感情である。それまで行動の指針として従っていた価値観を問い直し、人間のための「真の善」すなわち「最高の喜びの永久の源泉」が求められなければならない。言い換えれば、ソクラテスが言うところの「吟味された人生」を送らなければならない。スピノザに分かっていたことは、善へのこの探求は、生活の営み方に根本的な変化を要求するということだった。名誉、富、肉欲的な快楽などの一般的な「事物」（英語原文においては"goods"）の追求は中止されなければならない。よくよく考えれば、これらはそれ自体において、はかなく、不安定であることは明らかであり——つまるところ、人間にとっての真の善（英語原文においては the true good）として期待されるものではまったくない。さらに、このような消滅する定めにある事物は、しばしば没落と破滅へと導きもする。

富のために死に至る迫害を被り、あるいは富を獲得するためにひじょうに数多くの危険に身を晒した末に、それまでの愚行の報いを自らの命で贖ったという人々の例は、あまた存在する。同様にこれらに劣らず存在するのが、名誉を手にし、あるいはそれを守るためにひじょうに悲惨な目に遭った人々の例である。さらには肉体的な快楽を求め過ぎたがために、死を早めた人々の例は数知れない。【註63】

反対に、真の善は、永遠不変の存在の愛である。そしてそれは、けっして悲しみや危険や苦しみの原因にはならず、唯一喜びの源泉となる。

この真の善が存するところは、人間にとって自然な、と同時に人間的本質の完成を象徴する確かな状態において、確かな「本質」を把握することである。人間とは本来的に知る者——通常の哲学的定義を使用すれば、理性的動物——である以上、私たちの善、すなわち私たちの完成は、ある種の認識を持つことの中にある。私たちが獲得に努力すべきその認識が何かと言うと、自然における私たちの位置についての把握である。あるいは、スピノザが書き記すように、それは「精神と全自然との合一の認識」【註64】である。人間は、自然の外側に立っているのではなく、その内側にしっかりと結び合わさった一部であり、そのすべての法則に支配されざるを得ない。これがそのようにしてあるその仕組みを理解するとき、そしてその他の人々もそれを理解するように努力するとき、人間にとっての善、すなわち「人間的な最高の完成」が成し遂げられることになる。

真の善は、実現されるためには、自然そのものと人間的本質の両方についての十分な認識、ならびに事物と心の形而上学をはじめ、身体の自然学、私たちの思考の論理学、私たちの情熱の原因についての明晰かつ該博な知識が必要となる。が、これらのいずれかを研究する前に——そしてこれらは「哲学」として構想された著作の後続部分において、より詳細な検討の対象となる——、何らかの方法の必要が生まれる。これは無闇に遂行されてよい企てではない。知性を純化し、自然の内部への探求という難題に備えなければならない。方法なくしては「首尾よく事物を理解する」という私たちの最終目標——私たちの幸福が存する最終目標——に到達するという希望は、潰えることになる。

スピノザは、「事物を知覚すること」には四つの異なる方法があると主張している。私たちはある種の事物を、単に伝聞あるいは記号を通じて知る。これはむしろ間接的な方法であり、かくして（絶対的な言い方をすれば）認識の不完全な方法である。私たちは伝聞や慣習的な記号を通じ、私たちの誕生日がいつなのかとか、私たちの親たちが誰かということを知る。これらは私たちが直接的に、そして直ちに確かめることのできるものではない。「無作為の経験」、すなわち導かない経験、あるいは知性か理性によって批判的に吟味されなければならない経験によって、私たちは別種の事物を知り、知覚する。これらは私たちと事物との気まぐれな出会いである。ただし私たちの経験が矛盾しないときには、数多くの類似例から一般的な推論を引き出すことができる。しかし、このような推論の結果が実際に真実であり得るとしても、それらは（再び絶対的な言い方をすれば）不確実であり、変更を被る可能性がある。スピノザは、彼自身が死ぬだろうことを知っているのはもっぱら無作為の経験を通じてであるとし、「なぜなら私は、私と同じようなその他の人々が、必ずしも彼ら全員が同じ時間の長さを生き、同じ病気で死んだわけではないとしても、死ぬのを目にしたがゆえにこれを確信する」と書き記している。同様に、無作為の経験によって私（スピノザ）は、油が炎を養い、水がそれを鎮めるということや、犬は吠えるということ、すなわち「生活に役に立つほとんどすべての事柄」を知る。

無作為の経験に欠如しているものは、事物についての完璧な認識である。私たちは、事物がいかなる方法によって、いかなる秩序において、なおかつその他の事物とのいかなる外見的な（過去の）関係とともに生じるのか、ということをも知る必要がある。すなわち、それらの事物が「何」であり、「いかにして」存在し、「なぜ」それらはそれらとしてあるのか、ということを知る必要がある。これはスピノザが事物の「本性」についての認識と呼ぶものである。その認識は、事物の本性としての諸属性（それらなくしてその事物としては存在しない諸属性）を知ることと同時に、自然の中に遍く存在する諸原因と自然の誕生を説明するその諸法則について知ることを含んでいる。私たちは、これらの事象の認識における確実性を何よりも必要とし、それは唯一私たちの感覚的な経験がけっして差し出すことのできないものである。

事物の本性を認識するようになるためには、二つの方法がある。第一は、何らかの別の事物からの本性の推論である。この推論あるいは類推による「知覚」は、ときおり私たちがいかなる方法で経験から何らかの意味を引き出すことによって原因を知るのか、あるいはいかなるときに普遍的な真実や一般的な仮説から何らかの特別な事実を推論するのかを説明する。もし私が（まったく同一の事物が遠くからでは接近するよりも小さく見えるというような）視覚の性質に関する一般的な法則のみから推論するがゆえに、太陽は現実にはそれがそのように見える以上に大きいということを知覚するならば、太陽の大きさについての私の認識は、確実かつ真実である一方で、やはり推論にすぎない。スピノザにとっては、類推的に推論することの核心で、いまだ不十分なものが残る。それは「その本性のみを通じて」事物を認識するよりも劣る。この第四の認識（本性のみを通じて事物を認識する方法）は、直接的で、洞察的で、非推論的な事物の本性の把握にある。私は、魂が肉体と一体化しているということを、肉体が何らかの方法で影響を受けるいかなるときも魂において感覚があるという事実から推論することによって、知ることができる。とは言え、魂の本質を理解し、肉体に結び付けられるのはそれが魂の本性であるということを理解しさえすれば、魂が肉体と一体であるということを直ちに知ることができるのである。

したがって、私たちの最終目標は、私たち自身の本性を、それがそれ自体においてあるとおりに、正確に——最も適切で、洞察的で、完璧な意味において——知ることであり、そして諸事物を個々に識別し、それらの行動と受容性がいかなるものかを知り、さらにはそれらを自然および人間の能力と比較するにあたり必要となる、できるだけ多くの諸事物の本性を知ることにある。

この方法の目的は、自然とその秩序および規則正しい（偶発的ではない）法則支配の仕方での因果関係について、いかにしてこの種の認識へと到達するかを私たちに示すことにある。それは私たちが現に持っている認識に対する反芻から開始される。その基礎の上で私たちは、「真の観念」——事物の本性を示す観念——と虚構とを、すなわち「明瞭判然たる」知覚と混乱したそれとを見分ける方法を学ばなければならない。私たちは、私たちの抱く諸概念が事物の本来的な性質に属さないものは何も含まないと確信し、その事物に本来的に帰属する諸属性が個々に識別され、その事物の本性から辿り直して理解されるようになるまで、私たちの抱く諸概念における正確さと明晰さを求めて努力しなければならない。この方法によって、例えば三角形の内角の合計は百八十度に等しく、魂は物質的な部分を持つことができないということを、私たちは知覚することができる。言い換えれば、私たちの認識——さらに究極的には、幸福——の追求において、私たちは、想像力や五感ではなく、知性に頼らなければならない。もし知性そのものの信頼性に対して検証がなされ、そして私たちの明瞭判然たる概念が、ただ主観的に確実というのではなく、本当に客観的に真実であると、いかにして私たちは確信することができるのかという認識論的疑問が提出されなければならないとすれば、その場合スピノザは（彼以前のデカルトのように）直接的に神の徳と真実性に訴える。【註65】なぜなら第一に私たちに知る能力を授けた最高に完璧な神は、裏切るはずがなく、私たちがそれらの能力を適切に利用するのであれば、私たちは真実に到達すると。

心の中の概念が真正かつ適切に事物の本性を表象し、そして自然の秩序を反映するとき、そのとき私たちは、完成のための理想的な状態に到達している。しかし、私たちが自然の中の諸事物のすべての概念を全自然の源泉であるあの存在の概念に連結させてこそ、初めて完成が実現すると、スピノザは主張する。

それゆえその目標は、肉体の偶発的な動きからではなく、純粋な心から生まれるそれのような、明瞭判然たる概念を持つことである。そしてまた、あらゆる概念は一つの存在に遡り得るがゆえに、私たちは、私たちの心が、自然の外見上の性質を、その全体とその諸部分の両方について、可能な限り客観的に模倣するよう、それらを連結させ、秩序付ける努力をしなければならない。〔……〕あらゆる存在の原因であり、それゆえその客観的な本性は、私たちのあらゆる概念の原因であり得、そしてまた私たちの心が（すでに私たちが述べたように）どこまでも自然を模倣することになるような、特定の存在が存在するのかどうか、それと同時に、その種の存在とは何なのか、ということを、私たちはできる限り速やかに探求することを要求され、そして理性がそれを要求する。というのは、それ〔私たちの心〕は自然の本性、秩序、そして客観的な合一を持つだろうからである。【註66】

自然、ならびにその中の私たちの位置を知るということは、自然が一つの最も完全な存在の中にその起源を持つということを知覚することである。結果的に、私たちは、私たちがこの完全なる存在についての明瞭な概念を持っているということだけではなく、私たちのその他の概念はこの〔完全なる〕存在の考えに由来する適切な秩序に従っているということをも確信するために、私たちは最善を尽くさなければならない。「私たちの心にとって、自然の外観を完全に模倣するには、全自然の源泉と起源を象徴し、それゆえ他の諸概念の源泉にして起源である概念からその諸概念のすべてを導き出さなければならないことは、明らかである」【註67】。『知性改善論』においてスピノザは、この存在をけっして「神」とは呼ばなかったが、明らかにそれは暗示されている（あるいはそれはこの著作の後続部分において明確にされることになっていたのかもしれない）。自然には、その諸法則とその最も一般的な諸事物の本性を含め、ある確実な「永遠不変」の側面がある。自然的な全存在と全現象、全原因の連関と「一様の、変化しやすい諸事物」は、これらの普遍にして一定の要素から必然的に生じる。これが真相であり、諸事物が「第一原因」すなわち「自然の源泉と起源」――神とその諸属性として『倫理学（エチカ）』においては明確に同一視されるもの――から、いかにして因果的に流れ来るかを理解するとき、私たちはすべてについての最高の真実を把握したことになる。

なぜスピノザが『知性改善論』を未完のままに残したのか、詳らかにはなっていない。その著作の――いかなるものもそれ自体では善でも悪でもなく、人間の目的に対して相対的にそうであるにすぎないという斬新な倫理的概念と、さらにはより高次の存在にその源泉を持つ不変不可侵の自然の秩序の概念を含む――内容の多くは、より成熟した著作においても再び現れ、それゆえその主要な論旨に根本的にまちがった何かがあると彼が感じていたからというのではないことは、確かである。おそらく彼は、提示の仕方における不適切さか、あるいは議論における不備な点を感じたのかもしれない。あるいは、『知性改善論』【註68】を放棄した後すぐに彼が執筆に取りかかった『神、人間および人間の幸福に関する短論文』は、その著作〔『知性改善論』〕の本論における方法論の内容を含むがゆえに、スピノザは、別の論文で発表した方法論についての素材のすべてを繰り返す必要はまったくないと、ただ結論しただけかもしれない。

❧ラインスブルフへ

デンマーク人の旅行者オラウス・ボルフの日記によれば、アムステルダムの「無神論的デカルト学派」の集まりの中の「生意気なユダヤ人」スピノザは、一六六一年五月の遅くまではまだその市にいた。【註69】しかしながら、現存するスピノザの往復書簡の最初の手紙――一六六一年八月二十六日付のロンドンのヘンリー・オルデンブルグからの短い手紙――は、その日付の時点でスピノザがすでに約一カ月間ラインスブルフに住んでいたことを明らかにしている（オルデンブルグは「ラインスブルフのあなた〔スピノザ〕の閑居へ」の先頃の訪問を慈しむかのように思い出しつつ、手紙を書き始めている）。すなわち、一六六一年の夏にスピノザは、レイデンの近郊数キロメートルに位置するその小さな村に移り住んだ。彼の友人のイェレスゾーンが示唆するように、おそらく彼は、「真実の探求」に専念し、「省察をあまり邪魔されたくないために」、田舎の平穏と静寂と、彼の友人たちによる絶えざる干渉からの休息を求めていた。【註70】このことは数年後に彼がリュカス〔伝記作者〕に語ったことのように思われ、リュカスは、「〔スピノザは〕人々が彼に面倒をかけ始めたとき、都会の喧騒から自らを解放したいと願った」と書き記した。スピノザをアムステルダムからラインスブルフへ出発させたのは「孤独への愛着」であり、「そこにおいて、逃避によってのみ克服することのできる〔彼の研究にとっての〕あらゆる障害から遠ざかり、彼は完全に哲学に専心した」【註71】とリュカスは言っている。おそらくそこには彼〔スピノザ〕の生まれた都市に存続する家族的な性質のつながりは、もはや何も存在しなかっただろう。彼の弟ガブリエルは、まだアムステルダムに住んでおり、姉（義姉）レベッカも同様だった。しかし破門（ヘレム）の言葉によって彼らは彼と会話をすることを禁じられていたが、彼らがその禁止をどれほど忠実に守っていたのか、私たちには分からない。もはやスピノザは家族の会社――それをガブリエルは西インド諸島に出発するまで彼一人で経営したように見える——に属していなかった以上、アムステルダムにとどまることに財政的な誘引は何もなかった。

スピノザは、コレギアント派の友人たちによってラインスブルフに導かれたのかもしれない。その村は、数年前はオランダにおけるコレギアント派の本拠地だった。けれども、一六六〇年代の早くまでにはそこは彼らの活動にとっては重要ではなくなりつつあった。いまやその地の「コレーゲ」〔コレギアント派の集会〕は年に二度しか持たれていなかった。【註72】さらなる旅行者で、ドイツ人のゴットリーブ・シュトーレの同伴者のハルマンという名の男性は、その日記に、ラインスブルフは寛容で大きな評判を得ており、宗教的自由を求める亡命者たちにはとりわけ居心地のよい場所となっていると報告している。【註73】そのことは、スピノザに何らかの影響を与えたかもしれないが、しかしながらまちがいなく彼は、亡命者ではなかった——そしてラビ〔ユダヤ教の師〕たちによってもその他の誰によっても彼は、アムステルダムから追い出されはしなかった。彼がラインスブルフを選択したことをよりよく説明するかもしれないことは、レイデンまでのその近さである。そのことは、彼が大学を訪れることを容易にし、そこにはかつて彼が学んでいた頃からの友人たちがまだいただろう。このように、ラインスブルフは、彼の哲学的仕事にとってはなおさらよいことに、田舎の静かな閑居という美点と、大学町の近隣の村という地の利を兼ね備えていたのである。

第八章　ラインスブルフの哲学者

❧妥協なきレンズ職人

一六六一年の真夏の頃までに、スピノザはラインスブルフに住んでいた。彼は、村の中心地から離れた静かな通りのカトウェイクラーンに建つ、化学者で外科医のヘルマン・ホーマンの家に下宿していた。ホーマンは、地元の「コレーゲ」〔コレギアント派の集会〕の一員であり、スピノザはおそらく、アムステルダムのコレギアント派の友人たちを通じてその新たな家主に紹介されたのだろう。その家は、いまもなおそこに建ち、（スピノザが下宿を引き払った後の）一六六七年以降、その家の通り側の壁面には、ディルク・カンプハイゼンの演劇からのオランダ語の台詞を刻んだ石板が飾られた。

ああ、誰もが賢明だったならば
　より善良だったならば
この世は楽園だろうに
　なのに、いまや地獄も同然である

その家の裏手に、スピノザがレンズ研磨のために自らの道具を設置した部屋があった。その技能は、まだ彼がアムステルダムに住んでいた頃に習得され始めたものにちがいなく、というのは、彼がラインスブルフに定住するまでには、彼はそれにかなり習熟し、いつでも仕事に取りかかれる準備ができていたからである。一六六一年の秋口までには、彼はレンズのみならず、望遠鏡と顕微鏡の製作でも知られるようになっていた。【註1】スピノザは、そもそも自らの生計を支えるために、レンズと光学器械を製作し始めたのかもしれない。彼がユダヤ教徒共同体とのあらゆる関係を完全に断ち切ることを強いられ、そしてそれゆえに輸入業務に携わることができなくなったとき、彼は別の方法によって生活手段を確保しなければならなくなった。しかしながら「ベントとガブリエル・デ・スピノザ」商会は、いずれにせよ一六五五年以降は、まちがいなく父から相続した負債を埋め合わせるのにも足りない僅かな利益しか生み出しておらず、しかもスピノザは、商業取引からの強制的な退場をさほど緊急を要する損失と感じてはいなかった。加えて、『知性改善論』の冒頭の段落から、スピノザが、金銭などの移ろいやすい富の追求から「真の善」の探求に向き直るために、商人の世界を去る確固たる哲学的理由を持っていたことは明らかである。すなわち「私は、人生のこの新たな計画に身を捧げ、古いものを諦めたなら［……］私はある種の善のためにある種の悪を諦めなければならないということが分かっていた」。【註2】彼は生涯、物質的必要を最小限に保つように努力し、そして彼の友人たちは、財政的な援助を少なからず提供した。

そうすると、なおさらレンズの上の仕事は、金銭的必要からではなく、主に科学的関心から生じたもののように思われる。スピノザは、新しい機械論的科学への大きな情熱とともに、生物学と化学における主要な進展の最近の詳細と、天文学の大きな現象の絶え間なく進化する観察、そしてそのような発見を可能にした光学理論に興味を持っていた。一六六五年、彼はヘンリー・オルデンブルグに宛てて手紙を書き、オランダの科学者にして数学者のクリスティアーン・ハイヘンスから聞いたいくつかの新しい光学器械のことを喜々とした様子で伝えた。「彼は私に、これらの顕微鏡について、さらにはイタリアで製作された望遠鏡についても、すばらしい話をしてくれました。それでもって、土星の上にその衛星の介在によって生じた蝕と、一つの輪によって引き起こされたかのように見える土星の上の影が観察されたのです【註3】」。

スピノザ自身は、自然学または数学の分野においてひじょうに重要になる独自の著作を手がけなかった。実際のところ彼は、光学理論と当時の最新の光の自然学を確実に理解しており、屈折の数学の微細な点について書簡で高度な議論を行うほどの十分な能力を備えていた。一六六六年、スピノザは、レンズの研削と研磨に関心のあった数学者ヨハンネス・フッデに手紙を書き、なぜ凹凸レンズよりも平凸レンズを有用と考えるかについて幾何学的な議論を提出した。【註4】しかし、「死によって妨げられなかったならば、彼は光学の最も美しい秘密を発見していたと信じる理由がある」【註5】というリュカス〔伝記作者〕の主張にもかかわらず、科学へのスピノザの理論的貢献については、彼の同時代人たちの間では、特に注目されなかった。とは言え、顕微鏡と望遠鏡による観察への彼の情熱と同様、実用的な光学にまつわる彼の才能は、事実よく知られていた。時とともに、レンズと光学器械の製作に関する彼の職人技は、いく人かの著名な研究者たちから賞賛を受けるまでになった。ハイヘンスは、〔スピノザが〔ラインスブルフから〕フォールブルフに〔移り〕住んでいた頃の〕一六六七年、パリから自らの弟に宛てて手紙を書き、「フォールブルフのユダヤ人が彼の顕微鏡に用いているそれら〔レンズ群〕は実によく研磨されている【註6】」と書き記した。一カ月後にも彼は――文中、しばしば「私たちのイスラエル人」と言い換えつつ――依然どことなく軽蔑的な呼称を使用し、「フォールブルフのユダヤ人は、彼の小さなレンズを精巧な道具によって仕上げ〔*achevoit*〕ており、このことがそれらを優れたものにしている【註7】」と書き記した。一六七〇年代の早くまでに、スピノザの評判は広く伝わるところとなり、ドイツ人の哲学者ライプニッツはスピノザを「卓越した光学器械製作者であり、実にすばらしい鏡筒の製作者」と呼び、さらには製作者を訪ね、「国境を越えてその評判が伝わっているあなたの他の業績の中でも、光学におけるあなたの技術はひじょうに優れているものと理解しております。［……］この分野における研鑽をよりよく評価できる人は簡単には見付からないでしょう」と直接伝えた。【註8】ファン・デン・エンデンの学校のかつての級友で、いまや有能な医師として身を立て、かつての彼の師の娘と結婚したディルク・ケルクリンクさえ、スピノザの手業を賛美した。「私はかの高貴な数学者にして哲学者ベネディクトゥス・スピノザによって製作された第一級の顕微鏡を所有し、それは私にリンパ管の束を見ることを可能にしてくれます。［……］さて、私の驚くべき光学器械によって私が白日の下に引き出したこの発見自体、さらに驚くべきものなのです【註9】」。

レンズの研削と研磨は、スピノザの時代において、静謐で、一心不乱な、鍛錬と忍耐を要する孤独な生業――要するに、スピノザの気質に完璧に合致する職業だった。と同時に、不幸にもそれは、彼の体質にはあまり適しておらず、製作過程で生じる硝子の粉塵は、おそらく彼の呼吸器系の疾患を悪化させ、彼の死期を早めることになったと思われる。

❧『神、人間および人間の幸福に関する短論文』

カトワイクラーン通りに暮らし始めてまもなく、スピノザは、大陸へのときおりの旅の途中のヘンリー・オルデンブルグによる訪問を受けた。一六二〇年頃に父が哲学を教えていたブレーメンで生まれ（そしてそこにおいて本来はハインリッヒと名付けられ）たオルデンブルグは、一六三九年に神学の学位を取得した後のあるとき、イギリスでの長期の滞在を開始し、おそらくその目的は、ある裕福な家族の個人教師を務めることだった。一六四八年までに彼は、旅をすることと、最終的に故郷〔ブレーメン〕でしばらく過ごすために大陸へ戻った。一六五三年、ブレーメンの市議会は、まちがいなくオルデンブルグのイギリスとのつながりを重要視し、第一次英蘭戦争中のブレーメンの中立についてオリヴァー・クロムウェルにかけ合うためにその国を再訪するよう彼に依頼した。かくして彼は、一六五〇年代半ばの歳月のほとんどをイギリスで過ごし、その間にオックスフォード大学で学び、貴族階級の青年たちを教え、さらにはクロムウェルのラテン語担当秘書官でもあった詩人ジョン・ミルトンや哲学者トマス・ホッブズなどの著名な知識人たちと親しくなった。

　学生として過ごす間、オルデンブルグは科学的問題に興味を持つようになり、その情熱は、後にフランス科学院とパリのアンリ゠ルイ・アベール・ド・モンモールの家に集まっていた著名な知識人たちを訪れたことにより、さらに大きくなった。一六六〇年代半ばに彼は、ロンドンに帰り、「自然の秘密の中への実験的な探求」を主導するグレシャム・カレッジの学者たちの集まりに加わった。オルデンブルグはこの集団の活動的な一員となり、彼らを中心に一六六二年に王立協会（Royal Society）が設立されたとき、彼は事務長としての役職を与えられた。ハイヘンスをはじめとする彼の科学的分野における広範囲の国際的人脈は、その役職にとって彼を適任者とした。彼は大陸の仲間たちと交わされる協会の書簡を絶やさぬようにし、遠隔地のさまざまな研究者たちから送られてくる情報や観察結果を取りまとめる責任を負っただろう。

　新設の協会での役職に就く前に、オルデンブルグは、ブレーメンとネーデルラントへの旅に出た。彼は今日までのイギリスにおける科学的発展についての知らせを携え、ハイヘンスを訪問するつもりでいた。しかしながら〔ハイヘンス家の別荘のある〕デン・ハーグに到着する前に、彼はアムステルダムとレイデンに立ち寄った。【註10】それらの市のいずれか【註11】――あるいは、もしかすると両方――において彼は、ピーター・セラリウスやヤン・リューウェルツゾーンなどのアムステルダムのコレギアント派またはデカルト学派の共通の知人たちか、あるいは彼の親友にしてレイデン大学の穏健な神学教授ヨハンネス・コセイウス【註12】のいずれかから、スピノザへの言及を耳にした。彼の好奇心は刺激され、七月半ば、彼はレイデンからラインスブルフへ向かい、その地に移り住んだばかりの哲学者に会いに行った。はたして二人は、意気投合した。その訪問後の彼らの最初の往復書簡には、温かな気遣いと、できる限りの早い再会への期待が満ち溢れている。スピノザは、来訪者に対し強い印象を与えたのにちがいなく、オルデンブルグは、「おいとまするのがひじょうに辛く、それゆえ私はイギリスに戻ったいま、性急ながらも、たとえ書簡を通じてであれ、一日でも早くあなたに再会したいと考えた次第です」と書き送った。オルデンブルグは、自分たちは「互いに心からの友情を結び合い、その友情をあらゆる種類の善意と献身によって深めようではありませんか【註13】」と積極的にスピノザに申し出た。それに対してスピノザは、「あなたの友情は、私にとってどれほど嬉しいものでしょう」と応じながらも、より世情に通じ、より経験豊かなオルデンブルグの目に熱烈に見え過ぎないように自制している――

あなたとの友情の中にあえて踏み入りますことは、（特に友とはすべての事柄を、とりわけ精神的な事柄を互いに分かち合わなければならないと私は考えておりますので）私にはむしろ分が過ぎるように思われるのです。しかしながらこの階段は、私に対してよりもむしろ、あなたの思いやりと善意に対して上られなければなりません。あなたの思いやりはひじょうに大きくあるがゆえにあなたご自身を控え目に見せつづけ、またあなたの善意はあまりにも溢れているがゆえに私を高めようとしてくださるからには、あなたが私に差し出しつづけ、そしてもったいなくも、私からもそれをお求めになる親密な友情を結ぶことに、何の躊躇がありましょう。私は大切にそれを深めたいと切望しております。【註14】

スピノザの部屋で彼らは、神とその諸属性、人間の魂と人間の肉体との合一、デカルトとベーコンの哲学――すなわちスピノザにとっては身近な関心のあらゆる話題――について語り合った。それまでの数カ月間、彼は体系的な哲学的論文の執筆に取り組みつづけ、そこにおいて、かねてより熟考を重ね、『知性改善論』において（「哲学」として）わずかに仄めかした形而上学的、倫理学的、神学的、心理学的、方法論的、自然学的、認識論的な諸問題を検討していた。

一六六一年九月、スピノザがオルデンブルグに最初の返信を書いたとき、『神、人間および人間の幸福に関する短論文』は、依然精力的に（オランダ語による）改訂が進められていた。【註15】その著作は、彼がまだアムステルダムにいた頃に、友人たちの働きかけで執筆されたと考えてほぼまちがいない。彼らはスピノザが他者の――特にデカルトの――学説について単に彼らと議論をしているのではないということを見抜いていたのにちがいなく、彼らはスピノザ自身の発展途中の哲学的観念について、できれば彼らが研究し議論することができるよう、紙の上に記された平易な概説を求めていたのだろう。スピノザは彼らの要望を聞き入れ、おそらく一六六〇年の半ば頃からラインスブルフに出発する（一六六一年夏）までの間、ラテン語でその著作を執筆した。が、おそらくラテン語ができない仲間たちのためにオランダ語版が必要とされたとき、スピノザはその著作を一から書き改め、ときおり友人たちからの疑問や提案に答えつつ、所々に加筆と修正を行った。【註16】書き改めと改訂のこの作業は、一六六一年の丸一年間、継続された。スピノザはその論文を最終的に広く世に問うつもりでいたようである【註17】が、結びの言葉は、その著作が実際には、主に彼の友人たちのための彼自身の哲学の開示だったことを明らかにしている。

これらすべてを結ぶにあたり、私がこれを書いた相手である友人たちに私から伝えておきたいことが一つだけ残っている。これらの斬新さに驚いてはならず、というのは、数多くの人々によって受け容れられていない事柄の真実に至るのに何も障害はないということを君たちはたいへんよく知り、そして私たちが生きている時代の性質がいかなるものかを君たちは知っている以上、これらの事柄を他人に伝えるにあたっては、細心の注意を怠らぬよう、切にお願いする。【註18】

スピノザは、自らの考えの異常な独創性のみならず、オランダのカルヴァン主義の権威者たちの目にはそれがまちがいなくひじょうに過激に映るということを、はっきりと意識していた。『神、人間および人間の幸福に関する短論文』は、ひじょうに純粋に、神の存在のためのいくつかの証明とともに開始されている。そして『知性改善論』と同様、人間の幸福と喜び、すなわち私たちの本当の「至福」は、神ならびに自然の全事物が神に依存しているその方法の認識にあるというのがその著作の結びである。この著作は、私たちの最高かつ真の善としての神を愛することの奨励を伴っている。しかしながら、存在が証明される神は、改革派教会をはじめ、いずれの宗教の成員たちにとっても、なじみのある神ではない。スピノザが言っている神は、慈悲深く、自由な創造者としての神ではない。彼の神は、いかなる伝統的な意味合いにおいても、法の付与者でも、審判者でもない。その神は、慰めや報酬や罰の源泉ではないし、祈りを捧げる対象でもない。スピノザは神が慈悲深く、そして賢明であるという考えをはっきりと否定する。むしろ神とは、「その無数の諸属性が語られる一つの存在である」。神は、スピノザが「実体」と呼ぶものである。実体とは、簡単に言えば、現に存在するものである。それは、定義と証明によってどこまでも完全であると同時に、その種類においては無限にして唯一である。すなわちそれは、その他の同じ本質のいかなる実体によっても限定されない。それは、それ自体の外側にあるいかなるものからも因果的に独立している。実体は、偶発的にではなく、必然的に存在する。

かくして、思惟する実体、その思惟が一つの属性または本質である実体は、無限にして唯一である。

すなわち、唯一の思惟する実体がある。同様のことが、延長した〔拡がりを持つ〕実体、言い換えればその延長が一つの属性（あるいは面的に事物の本性）である実体についても当てはまる。事実、思惟と延長は、一つの無限かつ完全な実体のまさに二つの属性であり、また本質である。思惟を一つの属性とする実体は、延長を一つの属性とする実体と数的に同一である。自然の中の諸属性のすべて——そして私たちはそれらの二つのみについて認識を持つ——は、実体の外見的な多様性にもかかわらず、単一の存在の単に異なる諸様態である。自然は一つの集合体であり、その外には何もない一つの全体である。しかし、自然がまさに無数の諸属性からなる実体、すなわちあらゆる事物に潜在する生産的統一体であるとすれば、その場合、自然は神である。自然の中のあらゆる事物は「内在し、神の内側で理解される」。自然の外に神は存在しない。神は何らかの遠隔の原因ではない。むしろ神は、存在するものすべての内在的、持続的な原因である。神はまた、あらゆる事物の制限のない原因でもあるが、けれどもこのことは、諸事物が実際の生じ方とは異なる方法で生まれ得たということや、諸事物が多かれ少なかれ完全だったということを示唆しない。あらゆる事物は、永遠の必然性とともに、神から——すなわち自然から——流出する。自然の中のいかなる事物も、不確定的あるいは偶発的ではない。突発的で原因のない事象はない。すべてはそれが生じたように生じるしか「なかった」。すべては「あらかじめ運命付けられ」、神の永遠の諸属性によって必要とされるのである。

スピノザは、神を「ナトゥーラ・ナトゥーランス（*Natura naturans*）」すなわち「能産的自然」——自然の活動的な、永遠不変の側面——と呼んだ。この意味での「自然」は、不可視である。すなわちそれは、思惟と延長——存在するすべてについて私たちに知られている二つの本質——の、目には見えないが普遍的な諸属性の中に、そしてその諸属性のそれぞれを支配する法則、すなわち思惟の法則と延長の法則（すなわち、幾何学）とともに存する。私たちが知っているような世界、すなわち（物理的な肉体を含む）物体と運動、および（肉体の観念または概念を含む）知性の世界は、「ナトゥーラ・ナトゥラータ（*Natura naturata*）」すなわち「所産的自然」である。この世界とは、それを生じさせ、持続させる無限の実体の生み出したものに他ならない。個別の事物とその諸属性は、スピノザがその実体の「（諸）様態」――すなわちその実体の諸属性がそれら自体を表現する方法――と呼ぶものである。潜在している実体そのものとは異なり、それらは自然の不変の法則に従って、存在に入り込み、存在から出て行く。

以上が、スピノザの倫理学と人間学の形而上学的背景である。自然の中のあらゆるものは単に「存在し」、必然的に神から生じるがゆえに、スピノザの過激な決定論の結論の一つには、善と悪とはそれ自体では何ら現実的ではない、ということがある。すなわち「善と悪は、自然の中には存在しない」のであり、「理性の本質」、言い換えれば精神の営みのみがあると、彼は主張する。あらゆる善と悪は、私たちの概念にとって相対的である。これらの道徳的範疇は、事物が私たちの理想に一致するか、または一致し得ないときに、私たちが事物に貼り付ける単なる表示に過ぎない。「善良な」人間とは単純に、完全な人間についての私たちの基準に一致する人間であり、粗悪な金槌が完全な金槌についての私たちの理想に合わない金槌であるのと、事情は同様である。

人間は、魂と肉体が組み合わさった存在である。しかし、デカルトの形而上学の二元論と異なり、人間の魂と人間の肉体は、スピノザにとっては、二つの明確な実体ではない。私たちの魂は、実体としての神の諸属性のまさしく一様態、すなわち思惟なのである。それは事実、思惟における様態であり――一つの観念または認識であり――、まさしくその肉体が存するところのすべてである神の延長の属性における個別の様態に一致する。【註19】

人間は、精神（思惟の一様態）と肉体（延長の一様態）に存するがゆえに、必然的にさまざまな認識を伴う多様な感情によって、「知覚」（あるいは認識のいくつかの方法）と感情の両方の主体である。私たちの知覚について言えば、スピノザは、『知性改善論』において彼が行ったように、伝聞や無作為の経験を通じて獲得された判断材料を精査し、推論の方法による正しい認識と、（すべての中の最良の方法としての）明瞭判然な概念による事物そのものについての洞察的認識とを区別する。間接的な知識や無秩序な経験とは異なり、理性的な認識は、それが推論的あるいは直感的なものであるとしても、誤謬に晒されていない。それは確かな認識の状態であり、その対象の本性〔精髄〕についての理解を提供する。対象がよりよいものであれば、知識もよりよくなる。知識がよりよくあれば、知る者の条件もよりよくなる。「最も完全な人間は」、と彼は主張する、「最も完全な存在である神と一体化し、かくして神を享受する者である【註20】」。

認識のためのこれらの異なる方法は、それぞれに明確な感情的結果を伴う。スピノザは、人間のさまざまな感情――愛、喜び、嫉妬、悲しみ、憎悪、恥、欲望、感謝、呵責など――を、慎重に分類し、分析し、評価し、そしてそれらのいずれが人間の幸福に最も資するものであり、それらのいずれが私たちの破滅に与するのかを証明する。私たちが、私たちの想像力と感覚の移ろう対象を、伝聞や無作為の経験に基づいて評価し、追求する限り、私たちは、欲望、嫉妬、愛、悲しみ、驚き、渇望、恐怖、絶望、希望という諸感情によって、支配されることになる。邪悪な諸感情に対しては私たちにはまったくなす術もない。私たちはそれらを統御できず、そしてそれらがいかなる性質のものとなり、いかなる感情を私たちが抱くかということには、さまざまな偶然が左右する。この種の愛や確執は、悲惨にしか行き着き得ない。反対に真の信念は、諸事物の秩序についての明解な認識を私たちにもたらし、私たちの統御できないすべての事物が実際にいかにしてそれらの究極の原因と起源に依存するかを知的な方法によって私たちに知覚させる。その結果私たちは、神自身を知り、神に直接依存する「永遠不朽の諸事物」を知るようになると同時に、これらから邪悪な諸事物が生じる方法をも理解するようになる。

神についての十全な認識とは、その最も広大な範囲において、自然の認識である。そしてこの認識は、あらゆる事物が依存する至高の存在の愛に至る。この認識によって私たちは、憎しみや妬み、すなわちいずれにせよ諸事物に対する誤解や誤認、さらにはそれらの必然性に対する洞察の欠如に基づくすべての感情から逃れた状態で行動することへ、私たちを向け変えることができる。理性の正しい利用は、私たちの生活からそれらの有害な感情を排除する。私たちは一つの不変の存在の、その安定した思惟の中にとどまるだろう。「人間が、つねに存在し、他の影響を受けない神を愛するようになれば、彼が感情の沼地に落ち込むことはあり得ない。そして、それゆえに私たちは、神が私たちのあらゆる善の最初にして唯一の原因であり、私たちのあらゆる悪から私たちを解放する存在であるということを、不変不動の規則として保持する【註21】」。

同様に、私たちが認識するようになる事柄は、人間という存在そのものが自然の一部であり、事物の秩序についての因果的な関係性の中に分割され得ないかたちで連結しているということである。私たちもまた、私たちの行動と感情において決定されている。すなわち、自発性として理解される自由は、一つの幻想である。「なぜなら人間は、自然全体の一部であり、それに依存し、それによって支配されている以上、彼自身からは、救済と幸福のために、何もなすことはできない【註22】」。私たちは、私たちの肉体が、そしてそれを通じて私たちの精神が、その他の事物と同様にまさに同じ自然の法則に支配されているということを学ぶ必要がある。「このような存在の仕方において私たちは、全体すなわち彼［神］の一部として最も完全なものに依存し、数多くの秩序立った完全な作品が彼に依存するのと同様に、いわばその完全性に対する私たちの割り当てに寄与するのである」。この認識は、「それ自体が現実の地獄であるところの［……］悲しみ、絶望、嫉妬、恐怖、その他の邪悪な感情から、私たちを自由にする」。何よりも私たちは、「彼自身が至高の善であり、そして彼を通じてその本性のいくらかを分かち持つすべての事物――そして彼の中に生きる私たち――をあるべくして存在させる」神を、もはや恐れなくなる。

これは安寧と幸福へ至る、まさにその道である。この認識と神の愛は、私たちの肉体が私たちに対して行使する力を減少させることにより、障害物となる諸感情から私たちを免れさせるとともに、（「私たちの知性が神との直接的な合一を通じて獲得する一つの確かな根拠」であり、かつ外的な諸原因からの解放として理解される）私たちの「真の自由」を最大限にする。私たちの「至福」は、ここにこそ【註23】ある。

スピノザによる神学的言語、ならびに正統的な宗教感情への譲歩のように思われる言説（「神の愛は私たちの最大の至福である」）にもかかわらず、彼の意図するところには一点の瑕疵(かし)もない。彼の目指すところは、宗教とその諸概念の完全な脱神聖化と自然化に他ならない。すなわち「人間は、自然の一部である限り、自然の法則に従わなければならない。それが真の宗教である。彼がそのように行動する限り、彼は自らの幸福を得る」【註24】。神の存在と本質および（スピノザによって、自己保存する諸存在の自然の慣性にまで簡素化された）神意、運命予定説（すなわち現世的な因果的必然性）、救済、「人間への神の愛」は、実体、その諸属性と諸様態、自然の法則の用語で、いずれも自然主義的な解釈が与えられる。魂の不死でさえ、「永遠の持続」にすぎないと見なされる。魂が唯一肉体と合体している限り、それは死すべき運命にあり、肉体もろとも死滅する。しかしながらそれが（神あるいは実体を知るときに起こるように）一つの不変の事物と合体すれば、魂もまた不変性の分け前を得る。それは多量の安楽を得ることのできる個人的な不死性ではない。

『神、人間および人間の幸福に関する短論文』は、難解で複雑な著作である。スピノザはその内容と提示を明確にし、修正を施すことに多大な精力を傾注した。一六六一年の夏にオルデンブルグがラインスブルフに立ち寄ったとき、彼は真新しいラテン語原稿の一冊を部分的に見せられたのかもしれないが、スピノザは彼の訪問者に詳細を明らかにし過ぎることには慎重だったように見える。オルデンブルグは「私たちは格子越しに会話をしているかのようです」と述懐する。【註25】オルデンブルグは自らが耳にし、あるいは目を通したものに強く興味を引き付けられはしたが、それと同時に特にその思想体系の形而上学に困惑した。何よりもそれは、デカルト哲学の用語であると思われるものによって著述されてはいたが、普通にデカルトの学説を提出しているようには見えなかった。スピノザは新たな友人の問題解決に積極的に手を差し伸べたが、しかしながら「あなたには私が何を追求しているのか簡単に理解することができるでしょう」というスピノザの言葉に反して、オルデンブルグはそれらをすべて理解することに困難を伴っていたように見える。

一六六一年の丸一年と一六六二年にかけてスピノザは、オルデンブルグに語ったように、【註26】「それを書き写し、手直しをしながら」、『神、人間および人間の幸福に関する短論文』に取り組んでいた。しかしながら、それが未完成であるからではなく──たとえさらなる洗練が必要だったとしても、事実一六六二年の早くまでには彼は、それを完成したものと見なしていたようである──、「私たちの時代の神学者たちが憤慨し、彼らのいつもの憎しみでもって絶対的に諍いを嫌う私を攻撃するかもしれない」【註27】ことを危惧したがゆえに、彼はその著作を出版することに躊躇した。一六六三年七月になっても彼は、まもなく出版されるデカルト哲学の諸原理についての批評的概論に対する世評がどのようなものになるのかが明らかになる日を待ちつつ、その原稿を手元にとどめていた。【註28】『神、人間および人間の幸福に関する短論文』の一冊を所有することを切望するオルデンブルグにも、彼はその要約さえもまだ渡してはいなかった。【註29】にもかかわらず、王立協会の事務長〔オルデンブルグ〕は、前進へと繰り返しスピノザを勇気付けた。「愚かな神学者たちの間にどのような不満があろうと、是非、それを出版させましょう。あなたの共和国はひじょうに自由であり、哲学をすることに大きな自由を与えています」。【註30】オルデンブルグは、オランダの寛容の現状をいくぶん大げさに考えていたのか、そうでなければ彼は、スピノザの著作のより深い神学的含意を汲み取っていなかったか、そのどちらかである。

質問と激励の傍ら、オルデンブルグは、スピノザが科学的な問題に関心を抱いていることを知り、一六六一年の秋、王立協会の事務長の職務の一環として、十七世紀イギリスの偉大な科学者で気体膨張の法則の発見者ロバート・ボイルによる『化学的論文集』のラテン語訳の一冊をラインスブルフに送った。元来ボイルは化学者であり、機械論の理論的枠組みの強力な擁護者だった。彼の研究上の主要な関心は他の自然科学と同様に、化学もまた、アリストテレス学派の科学者たちの主張する魔術的な性質や神秘的な力とは無縁の、純粋に機械論的な用語で追求され得るということを例証することと一体化していた。化学的反応、物理的変質、そして事物の質的、原因的特性はすべて、形と大きさの異なる事物の微細な粒子（すなわち「微粒子」）の、運動、休止、関係性、衝撃の結果として説明することができた。雪の冷たさは、その中の「冷澹さ（*frigiditas*）」という特性、すなわち「冷酷無情さ」や、あるいはひじょうに名高くもモリエールがアリストテレスの説明法を風刺したように、人を眠りに就かせる阿片の力は「休息的効力」によってはもはや理由付けされない。これからの科学的説明は、事物の量的特徴にのみ訴えかけつつ、明晰かつ明快な方法において進展することをボイルは希望した。すなわち、ある種の混合物が塩味あるいは苦味を舌に感じさせるものであるとすれば、唯一それは、その混合物を構成する諸要素の極小の粒子が舌の細孔と影響し合うその方法ゆえであると。

オルデンブルグは、ボイルとスピノザを科学的真実の探求という点では同じ動機に裏付けられた仲間として見ていた。彼はスピノザとの往復書簡において、その二人の友人たちの仲を円満に取り持つ役割を果たし、個別の現象の微細な点について彼らが抱くいかなる相違も平滑にし、大枠の全体的な原理についての一致へと導こうとした。彼にとって最も重要に思われたものは、彼らによる新しい科学への共同の参画だった。彼は、その二人が独自の、しかし相互に補完し合う才能によって、その計画になし得る貢献を期待していた。

> 私は［……］あなた方お二人が、純正で強固な哲学を熱心に追求することにおいて、あなた方の才能を協力させることを奨励します。私が我が高貴な友人ボイル氏に、繰り返し正確に行われる実験と観察によって、この哲学を確実にし、説明するよう、絶えず勧めておりますのと同様に、私があなた「スピノザ」にお願いしたく思っておりますことは、特にあなたの数学的認識の正確さによって、事物の原理を確立しつづけることなのです。【註31】

オルデンブルグがスピノザに送った著作の中の小論の一つの「硝石論」においてボイルは、硝石すなわち硝酸カリウム（potassium nitrae）が「気化しない部分（potassium carbonate）」と「気化する部分（volatile parts）」（「硝石精」あるいは硝酸）から成り、その両方が相異なると同時にそれらが形づくる全体とも異なる、いわば「異種交配の（heterogeneous）」混合の性質を持つものであると、推論と実験に基づき、主張した。すなわちボイルは、坩堝（るつぼ）〔湯呑み状の耐熱容器〕の中で硝石を液状にし、そこに真っ赤な炭火を入れ、燃えるようにした。彼は「気化する部分」がすべて無くなるまでその混合物を熱しつづけた。かくして「気化しない部分」だけが残り、次に彼はその残滓に硝石精の雫を加え、その溶液を気化させ、凝固させることによって、硝石を復元した。これによって彼が証明したいと望んだことは、この特定の混合物が相異なる粒子からできているということ（すなわち硝石精の粒子は気化しない硝石の粒子と根本的に異なるものであるということ）のみならず、より一般的に、硝石とその構成諸要素の（味やにおいのような）――そして事実、あらゆる物質の――固有の諸特性は、それらの粒子の形、大きさ、関係性、運動における差異によって、すべて説明され得るということだった。オルデンブルグによれば、ボイルは、何よりも「哲学の機械論的原理に対する化学の有用性を示すために」、これらの論文を執筆した。【註32】

スピノザは、ボイルによる機械論的哲学、ならびにその他の化学的、物理的、感覚的な諸現象についての微粒子的説明への取り組みを全面的に共有した。しかしスピノザは、機械論の一般的な原理の確信がボイルの最終的な目標であれば、彼は数多くの実験的困難を経験するのではないかと首を傾げた。というのは実験が、私たちに硝石そのものの固有の性質についての何かを語るとは言え、硝石の性質が第一に機械論的なものであるという――そしてより重要なことに、全般的に自然は主に機械論的な哲学の原理に従って活動するという――ことは、実験によってではなく、デカルトとベーコンが見事に示したように、知性によって明らかにし得るものだからである。【註33】さらにスピノザは、ボイルによる硝石の異種交配的性質についての結論自体、彼〔スピノザ〕自身が行った実験では裏付けられないと反論した。それらの実験結果は、硝石の構成諸要素を均質なものと考える仮説にまったく矛盾しないと彼は主張した。彼は自らの実験結果を提供し、実際のところ、硝石と硝石精は、要するに同じ物質であり、同種の微粒子によってできているという仮説を支持した。唯一の差異は、それらの粒子が休止しているときは硝石となり、それらが運動しているときは硝石精となる、ということである。硝石の「復元」は、単に硝石精の粒子の残余の到来である、と彼は主張した。ボイルが「気化しない部分」と呼ぶもの、すなわち硝石精が加熱されて取り除かれたときに残る塩分は、最初の硝石の不純

物に他ならないと。【註34】

ボイルの論文をめぐるオルデンブルグとの往復書簡においてスピノザは、ボイルのような経験豊かな化学者ではなくとも、実験を導き、仮説の定式化のために科学的方法を活用し、さらにはそれらを実験結果と照合することにおいて、彼の才能を発揮している。化学への彼の関心、最新の化学理論についての彼の精通、化学的実験の材料と道具、そして実験過程における彼の手際のよさは、おそらくアムステルダムにおける日々に遡るものである。その市には、ポール・フェルヘンハウエルやヨハンネス・フラウベルなど、そこで仕事をする数多くの著名な化学者たちと錬金術師たちがいた。ファン・デン・エンデンとセラリウスは、フラウベルの実験室で行われる化学実験の議論に頻繁に出席しており、一六五〇年代後半にはその実験室において硝石をめぐる数多くの研究が行われていた。【註35】スピノザがかつてのラテン語の教師に付き添ってそれらの議論に参加していたということは――一六六一年の硝石の実験についてのスピノザのそつのなさを考えるだけでも、まちがいなく――なきにしもあらずと言えるだろう。

❧カセアリウスと『デカルトの哲学原理』講義

時とともに、特に伝記作者たちの心に、人里離れて淋しく暮らし、自らの哲学に依拠した孤独な流儀で生きる隠遁者スピノザの伝説が生まれた。しかしながら、ラインスブルフにおける彼の生活について私たちが知っている事柄から判断すれば、実際にはこれほど真実からかけ離れている憶測はないと思われる。彼には一緒に楽しく過ごし、そして尊敬もする、いく人かの献身的な親友たち、そして数多くの知人たちがあり、彼らの中のいく人かとは、哲学的に実りの多い手紙が活発に交わされていた。

ラインスブルフの住人は、寛容で、気立てがよかったとは言え、教養ある仲間たちと交流し、知的な刺激を得るという点では、大きな源泉とはならなかったかもしれない。スピノザがその村のコレギアント派の人々とどれほど親密な関係にあったのか、そして彼が彼らの集会に出席していたのかどうか、あるいは彼らと交流していたのかどうかということさえも、分かっていない。ラインスブルフから発信された現存する彼の手紙には、一六六〇年代早々にはかなり優勢になっていた「コレーゲ」〔コレギアント派の集会〕についての言及は見られない。彼らの中に彼が宗教と道徳について議論する相手を持っていたことはまちがいないだろうし、非信仰告白的なアムステルダムの友人たちを通じて知り合った当地の仲間たちとも、親しく、とは言えないまでも、少なくとも友好的な関係にあったことは確かである。しかし、この頃の彼は、執筆と研究とレンズ研磨にかかりっきりであり、いく人かが示唆してきたように、彼がラインスブルフのコレギアント派の正規の会員になったということは、あり得ないと思われる。

スピノザは、しばしば眠気を誘うラインスブルフと自らの「隠棲」の静けさから離れ、友人たちに会いにいくつかの都市に出かけた。おそらく一六六二年の遅くに彼は、少なくとも一度はデン・ハーグに身を置き、そこにおいてシモン・デ・フリースと語り合った。【註36】彼はまた、アムステルダムへもしばしば出かけ、まちがいなくデ・フリース、イェレスゾーン、メイエルをはじめとする仲間たちと過ごし、ときに滞在は数週間に及ぶこともあった。そしてさらに、近場（ちかば）のレイデンへも頻繁に出かけていたのにちがいなく、おそらく（その頃にはレイデン大学の哲学教授となっていた）デ・レーイか、彼の同僚のデカルト学派のアルノルト・ゲーリンクスによって行われている講義のいくつかを聴講し、さらにはその町の知的生活を分かち合っていたとも思われる。オラウス・ボルフ〔デンマーク人の旅行者〕がこの近辺の観光名所を訪ねていたとき、ある一人の医師から彼は、「ユダヤ教徒からキリスト教徒に転身し、いまやほとんど無神論者としてラインスブルフに住み、デカルト哲学に秀で、なおかつその明晰で可能性豊かな思想によってデカルトを凌駕してさえいる「スピノザ」なる人物についての話を耳にした。【註37】

ラインスブルフとアムステルダム間、あるいはラインスブルフとレイデン間の行き来は一方的なものではなく、オルデンブルグだけがカトウェイクラーン通りの角の家を訪問した人物ではなかった。スピノザは、彼とアムステルダムの仲間たちとの間のある種の急使のような役割を果たしたピーター・バリンクと頻繁に会っていたように見える。バリンクはスピノザと語り合い、そしてスピノザとその他の友人たちの間でやり取りされる手紙を運ぶために、しばしばラインスブルフへ出かけた。レイデンにおけるスピノザの知人たちの間には、おそらくデ・レーイの講義に触発され、デカルト哲学のより詳細な点について啓発を求めるためにラインスブルフへ出かけることを習慣としていたように思われるレイデン大学の学生たちが何人かいた。まずはもう一人のデンマーク人であり、やがて博学の解剖学者になるだろうニールス・ステンセン（レイデン大学のラテン語の登録簿においては、ニコラウス・ステノ）がいた。一六七一年の著述においてステノは、スピノザを「かつて親友だった一人の男性」として回想し、また別のところでは「ネーデルラントの数多くのスピノザ主義者たち」【註38】をひじょうによく知っていると主張した。同じく大学の記録は、ヤン・クールバハの弟アドリアーンが、神学を修めるために、一六六二年にアムステルダムからレイデンに戻ったということを明らかにしている。【註39】まちがいなく彼は、彼の兄の友人を一度か二度は訪ねる機会を得ただろう。クールバハ兄弟の友人アブラハム・ファン・ビルクケルは、レイデン大学で医学を学んでいた。彼はスピノザならびにアドリアーン・クールバハと政治哲学における問題意識を共有していた。一六六七年、彼は政治思想史の重要な著作の一つ、トマス・ホッブズの『リヴァイアサン』（一六五一年刊）をオランダ語に翻訳するという大役を果たした。ディルク・ケルククリンクも、おそらく医学の学位を取得しつつ、レイデン周辺にまだ住んでいた。彼もまた、一人で、あるいは数人で、ファン・デン・エンデンのラテン語学校の旧友に会いに行ったかもしれない。

さらに、ブルヒャルト・デ・フォルデルという名の青年がいた。一六四三年にアムステルダムのメノー派の家に生まれた彼が初めてスピノザと出会ったのは、彼らがまだアムステルダムに住んでいた頃だったかもしれない。デ・フォルデルも、ファン・デン・エンデンのところで、おそらく助手のスピノザからラテン語を学んだものと思われる。その後に彼は、ユトレヒト大学で哲学と数学を学び、次いでレイデン大学で医学を学んだ。彼がレイデンにいたのは一六六四年までであり、学位を取得したその年、彼は医者として身を立てるためにアムステルダムに帰った。他の人々と同様、デカルト哲学についての関心から、デ・フォルデルは学生時代にラインスブルフを訪れ、その村に住むデカルト哲学の専門家と語り合った。確かなことは、一六六〇年代中頃までには、デ・フォルデルとスピノザは親友の間柄だったということである。事実、ハルマン博士——彼は、旅仲間のシュトーレと一緒に、後にデ・フォルデルがレイデン大学の哲学教授になって以後、実際に対話をした——は、その日記に、リューウェルツゾーンの息子がデ・フォルデルのことを「スピノザの特別な友人」【註40】と彼らに語ったと記している。シュトーレとの対話が明らかにしているように、デ・フォルデルはスピノザの著作にひじょうによく親しんでおり、彼はそのユダヤ人の友人のものとよく似た意見を持ってさえいたかもしれない。【註41】医師としての彼の仕事は、絶えず彼を多忙にしたけれども、デ・フォルデルは数学的、科学的問題に変わらぬ関心を抱きつづけた。彼は哲学の著書を数多く出版し、その内の一冊がフランスの司教ピエール・ダニエル・ユエの激しい非難に対するデカルト擁護の書である。そして彼は、ライプニッツ、ハイヘンスなどと、知的な書簡のやりとりを活発に行っていた。一六九七年、彼はレイデン大学総長に選ばれたが、一六四〇年代のその大学における最初のデカルト哲学に対する批判からすれば、隔世の感を禁じ得ない。デ・フォルデルをその地位に推挙した者たちは、アムステルダムから移り住んで来た、非難を浴びた異端者との長きにわたる彼の親密な関係には気付いていなかったと思われる。

スピノザには、さまざまな哲学的問題に対して彼が発言しなければならなかった事柄を傾聴し、議論したいと欲する同志たちを引き付ける才能があったようであり、彼がラインスブルフにいる間に、アムステルダムにおける研究会と並行して、おそらくレイデンにおいても研究会が発展していたかもしれない。スピノザは、彼独特の静かな物腰によって、カリスマ的な強い個性を放っていた印象がある。リュカス〔伝記作者〕は次のように書くとき、まさにそのことを伝えようとしている。

〔スピノザの〕会話は、ある種のやわらかな雰囲気をまとい、彼の仲間たちはひじょうに公正であるがゆえに、誰もが無意識の内に彼の意見に引き込まれた。流麗で優雅な言い回しに頼らずとも、彼の言葉には説得力があった。彼は自分の考えを分かり易く語り、彼との談話は良識に溢れていたがゆえに、誰もが充足感とともに彼の話に聞き入った。これらの繊細な才能は、あらゆる理性的な人々を彼の近くに引き寄せ、そしていかなるときにおいても彼は、公平な、快い気分の中にいるのが見出された〔……〕。彼はひじょうに洞察的な精神を持ち、愛想もよかった。彼は抑制の効いた機知に溢れていたがゆえに、最も紳士的な人々も、最も厳格な人々も、そこにひじょうに個性的な魅力を見出した。【註42】

レイデン大学の学生の一人が、スピノザを定期的に訪ねた挙句、長期学習のために居付くことになった。このことはしばらくの間、スピノザに絶えざる、とは言え招かれざる友人にして同居人を与えることになった。その人物ヨハンネス・カセアル（あるいはカセアリウス）は、一六四二年にアムステルダムに生まれた。彼はそもそも一六五〇年代半ばにファン・デン・エンデンのところでスピノザと出会ったのかもしれない。おそらくそこにおいて彼はスピノザから最初にラテン語文法の授業を受けたのだろう。彼は、スピノザがラインスブルフに移り住んだのと同じ頃に神学の勉強のためにレイデンに向けてアムステルダムを離れた。カセアリウスは、レイデン市自体にはサロモンステーフ通りのヤコブ・ファン・デル・アスの家にわずかな期間のみ下宿し、しかしすぐにその町を離れ、スピノザと同じ屋根の下に移り住んだ。彼の目的は、デカルト哲学の徹底的な教育を受けることだった。スピノザが〔ラインスブルフから〕フォールブルフに移り住んで数年後、カセアリウスは、ユトレヒト大学でしばらく学んだ後、故郷の市に帰り、そこにおいて改革派の牧師としての経歴を開始した。しかしながら彼には、異国の地に赴任したいという大きな願望があった。一六六七年末、オランダ東インド会社が植民地における牧師の必要を訴えたとき、カセアリウスはその好機に飛び付いた。かくして彼はインド南西の海岸地方マラバルに赴き、そしてそこにおいて植物の生態に興味を持ち始めた。牧師の務めに専念しなくてよいとき、彼は原生植物を分類しながら植民地総督の仲間たちとともに多くの時間を過ごした。そこにおいて彼は一六七七年、赤痢のために若くして世を去った。

カセアリウスへの個人授業において、スピノザは、デカルトの『哲学原理』の第二部と第三部に焦点を当てた。この著作は、デカルトの「哲学大全（summa philosophiae）」、すなわち彼の哲学と科学を網羅する体系的な解説書として構想された。方法論、形而上学、自然の哲学におけるすべての一般的な問題を取り扱う野心的な試みとして『哲学原理』は、基本的にデカルト哲学の教科書であり、その意味で彼がいつの日か大学の履修において取って代わることを夢見ていた――徹底的にアリストテレス的な――スコラ哲学の教科書とひじょうによく似ている。実にさまざまな現象にデカルトが与える科学的説明は、すべて機械論的であり、全般的にその自然学は、彼の二元論的形而上学、すなわち精神の世界と事物の世界の間の限定的で包括的な存在論的分割を基礎とする。一六四四年にデカルトが実際に出版したものは、当初彼が考えていたものには及ばないものだったのかもしれず、彼は彼の計画のいくつかの重要な側面の完成について不満を抱えていた。とは言え『哲学原理』は、彼の成熟した思想の最も広範で詳細な提示となっている。

第一部において最初にデカルトは、神は存在し、そして欺くものではなく、かくして私たちの理性の能力は正しく使用されるとき、真実への信頼すべき手段となるという証明を含む、『省察』においてすでに論じ尽くされた基本的な認識論的材料を取り扱っている。次に、心身二元論と実体の形而上学についての基礎的範疇を紹介した後、彼は第二部として、自然の法則、および運動中の肉体と休息中の肉体の間の衝撃を支配する規則を含む、事物と運動の本質、ならびに自然学の最も一般的な原理の考察に移る。その論文の第三部「可視的宇宙」は、彼の天体論の概説に当てられている。デカルトは慎重に、しかし確信的に、コペルニクスと運命を共にする。そこにおいて何よりも彼は、天空についての彼の有名な革命的説明を開示し、それによって、いかにして諸惑星が太陽の周囲を公転するかを説明し、太陽の黒点が何かを叙述し、さらには流星の運動の原因論を提出する。第四部において、彼は地上の世界に舞い戻り、新しい自然科学の言葉で、そして運動中の微粒子のみを彼の仮説に用いつつ、重力や磁力などの現象を説明し、デカルト的化学と物質的科学の基礎を築く。

スピノザの下宿における授業は、デカルト科学の最も重要な要素を含む『哲学原理』の第二部と第三部のいくつかを中心に、デカルト哲学の正確な、とは言え批判的な解説を、直々に生徒に与えることから始まった。自らの講義においてスピノザは、事物、運動、その法則についての問題を、より厳格な「幾何学的様式」に練り直し、公準、定義、公理、証明された命題に突き合わせる。【註44】彼はまた、カセアリウスに、「いまだデカルト自身によっても解決されていない、形而上学において論争中のより難解な主要問題のいくつか」を紹介した。[註45] これらの問題には、ほぼまちがいなく、神の本質、本性と存在の区別、神の存在の問題が含まれていた。しかしながらスピノザが行わなかったことは、彼自身が発展させている途中の哲学体系の原理にカセアリウスを引き込むことであり、というのは、彼は自らの生徒がその用意ができているとは考えていなかったからである。

スピノザがデカルト哲学についての授業を与えているということと、しかもこれらの受益者がスピノザと同じ家に住んでさえいる者だということをアムステルダムのスピノザの友人たちが聞き付けたとき、彼らは嫉妬した。シモン・デ・フリースは、一六六三年二月にスピノザに手紙を書き、（冬の天候が依然いかなる旅も困難にしていたにもかかわらず）すぐに彼に会いたいと伝え、彼ら二人の間に横たわる距離について不平を漏らした。彼は自らの嫉妬を隠そうとはしなかった。「あなたと同じ屋根の下に住み、朝食のときも、夕食のときも、散歩のときも、最も重要な問題についてあなたと語り合うことのできる同居人のカセアリウスが、羨ましく、本当に羨ましくてなりません」[註46]。翌月のスピノザの返信から、私たちは、カセアリウスが熱心ではあるが、むしろわがままな弟子だったということを知る。スピノザは彼を未熟で、辛抱が足りず、教導困難と見ていた。このような人物に彼自身が克服した哲学を教えること——あるいはスピノザが収入のために行ったかもしれない仕事——は、明らかに重荷と言ってよかった。にもかかわらず、おそらく彼自身の若い頃の学問への情熱を思い出しつつ、彼はこれらの欠点を単にカセアリウスの年頃の短所と考えていた。スピノザ自身の形而上学的思想を明らかにするには——あるいは誰かが明らかにするには——いまだカセアリウスには時期尚早だったとしても、スピノザはその若者を高く買い、彼の中に何らかの真の才能を見ていた。彼はデ・フリースに返事を書いた——

あなたがカセアリウスに嫉妬するには及びません。私には彼ほど厄介な者はなく、彼ほど警戒しなければならない者もいないのです。それゆえ私は、あなたをはじめ、私たちの友人たち全員に、彼がより大きく成熟するまで、彼に私の思想を伝えないようにすることをお願いしなければなりません。彼は現時点では未熟で、不安定で、真実よりも新奇さに気を取られています。しかし数年もすれば、彼はこれらの青年期の欠点を正すのだろうと私は期待しています。実際、彼の生来の能力から私が判断し得る限りでは、私は彼がそうするだろうことをほぼ確信しています。それゆえ彼の才能は私に彼を受け容れさせるのです。【註47】

❧幾何学的形式への目覚め

カセアリウスにデカルト哲学の個人教師として奉仕することは、スピノザにとって、彼自身の哲学的体系を提出するための執筆のような、より集中力を要する計画からの息抜きでもあったにちがいない。一六六二年早々において、依然彼は『神、人間および人間の幸福に関する短論文』を書き改めていた。本性的な観点での神、本質、人間の幸福についての彼の考えは、その頃までにはかなりまとまっていた。とは言え彼は、精神と肉体の関係性の本質、認識の種類の区別、感情の一覧表などの、いくつかの重要な細部についての修正にかかりっきりだった。しかしこの時点において彼が特に意識していたものは、彼の考えを説明するための形式だった。『神、人間および人間の幸福に関する短論文』の現存する原稿の巻末の、おそらく本論の完成後のある時点において書き添えられたと考えられる「補遺」の中に、実体とその諸属性および因果関係についての七つの公理が見られる。これらの公理につづいて、実体の唯一性、独立性、無限性、そしてその存在についての四つの命題の証明――すなわち、幾何学的なその形式以外は本質的に『神、人間および人間の幸福に関する短論文』第一部における最初の二つの章と同じ素材——がある。この補遺は、事実、『神、人間および人間の幸福に関する短論文』からの最も重要な諸原理のすべてと、併せてより数多くの題材が完璧に幾何学的なかたちで提出される哲学書の大作（magnum opus）、すなわち『倫理学（エチカ）』の初期草稿の一部だったのかもしれない。一六六一年秋以降スピノザは、彼の思想の数学的に構造化された説明を考えつづけていた。その九月、オルデンブルグにスピノザは、補遺（おそらくそれはこの時点ではまだ書かれていなかったと思われる）に若干違ったかたちで現れる諸命題の三つに言及しつつ、伝えている——

> いったん私が三つの諸命題を証明しさえすれば、（もしあなたが神の定義に注意を傾けてくださるのであれば）あなたには私が何を追求しているのか簡単に理解することができるでしょうし、それゆえこれらの事柄について、より率直に話すには及びません。とは言え私は、これらの事柄を幾何学的な流儀で証明し、あなたの理解に委ねる以外に、より明解かつ簡潔に証明する方法を思い付かないのです。【註48】

『神、人間および人間の幸福に関する短論文』の手直しを行っている最中に、スピノザは、自らの体系をより効果的で厳密に提示するための、より大きな規模の著作を構想——そしておそらく執筆しようとさえ——していた。

十七世紀におけるある種の認識の雛型は、数学だった。その命題は明確に公式化され、その議論は（正しく受け止められるのであれば）曖昧さがなく、その方法論は（正しく利用されるのであれば）誤解を招く余地がなかった。その修練のための最も一般的な模範がエウクレイデス〔ユークリッド〕の『原論』であり、それは二十三の基本的定義（「点とは部分を持たない」「直線とは点がまっすぐに並んだ線である」）、五つの公準（「すべての直角は等しい」）、そして五つの「共通概念」あるいは公理（「同じものに等しいものは互いに等しい」「等しいものに等しいものを足せば、また等しい」）で始まる。命題としてのこれらの単純な道具を使って、エウクレイデスは、平面図形とその諸属性についての実に数多くの命題の証明に取りかかり、それらのいくつかは極めて複雑なものとなっている。（例えば、第一巻の最初の命題は、随意の直線に基づき正三角形を作図する方法を展開するというものであり、五番目の命題は二等辺三角形における底辺の角度は互いに等しいというものである。第十巻までに、彼は一つの正方形に還元される二本の有理の直線を見出す方法を証明する。）個々の命題の証明には――定義、公準、公理の他に――すでに確立された命題のみが使用される。未証明の命題は証明には導入されない。すなわち、自明な命題、あるいは証明済みの命題以外は、命題としては必要とされない。この方法において、結論は絶対的に確実なものとして保証される。

この雛型を念頭に置きつつ、スピノザは、科学における最大限の確実性を思い描いたデカルト自身の夢を拡大し、実現しようとした。その先達と同様、（今日、自然科学、人間科学、社会科学の下に、より整然と区別されている領域のほとんどを含むものとして幅広く理解される）哲学は、数学によって、数学ほどではないとしてもそれに匹敵する正確さと確実さの度合いに到達することができると、彼は考えた。【註49】要するにスピノザは、形而上学、認識論、自然学、心理学、倫理学のために、エウクレイデスが幾何学に与えたものを与えようとした。唯一この方法によって哲学すなわち、言い換えれば人間のために幸福と福利へ至る道を処方するにちがいない鍛錬は、真に体系的なものになり、その結論は真正なものとして保証される。この目的を完遂するための手段は、形而上学とその他の領域を、そっくりそのままエウクレイデスが彼の題材を編成したのとまさに同じ鋳型の中に入れ込むことだった。それらのようにするとき、それらの提示の明晰さと鮮明さは、明快かつ説得力のある流儀で、それらの真実を明らかにするだろう。ここにおいて、スピノザは、デカルト自身が思い描いていたものを乗り越えた。【註50】まちがいなくデカルトは、哲学における秩序と厳密さの必要性を認識していた。生涯を通じて彼が繰り返し主張したことは、有効性が確認された方法によって、疑う余地のない最初の原理から、確実にそれから派生するものへと体系的に進まなければならないということだった。そして彼は、数学はあらゆる科学のための適切な方法論的雛型を提供すると信じた。

最も難易度の高い証明に到達するために、幾何学者たちが習慣的に使用する、ひじょうに単純で簡単な推論から成るそれらの長い連鎖は、人間の認識の下に落ちるすべての事柄は同じ方法で関係し合っている、ということを私に考えさせる機会を与えた。［……］これまで科学において真実を追究してきたあらゆる人々の中で、数学者だけが何らかの証明――すなわち、確実にして明証的な推論を見出すことができた。【註51】

彼は「私たちに正しい秩序に従うこと、そしてすべての正しい要因を正確に列挙することを教える方法は、算術の規則に確実さを与えるすべてを含む」と主張し、この同じ方法は同様に他の諸科学の問題を解決することにも応用が利くと信じた。『哲学原理』の巻末で、デカルトは、自らによる特定の自然現象の詳細な機械論的説明さえ、絶対的に確実であると考えている。「数学的証明はこの種の確実性を持ち［……］そしておそらく、私のものであるこれらの結論さえも、もし人々がいかにしてそれらが最初の最も単純な人間の認識から途切れることのない連鎖において演繹されるかを考えるのであれば、絶対的な確実性の部類に属することを許されるだろう【註52】」。

しかしながらスピノザにとって、デカルトは手ぬるかった。デカルトは、哲学と科学への「幾何学的方法」の応用が、エウクレイデスの著作の形式の上にそれらをそっくりそのまま引き込むことを要求するとは考えていなかった。彼が、真剣には彼の結論を真に幾何学的な形式によって提示しようとしなかった所以である。そしてこのことは、スピノザがカセアリウスへの授業において部分的に修正しようと試みたことである。彼は自らの『神、人間および人間の幸福に関する短論文』に対しても同じ手ぬるさを感じたのにちがいなく、神と実体についての彼の原理の明確な幾何学的提示が彼の知的情熱の多くを要求し始めたのは、オルデンブルグへの手紙が書かれた頃だった。言い換えれば、一六六一年末までにスピノザは、すでに『倫理学(エチカ)』の最初の部分となる予定の原稿を手がけていた。

その著作の進捗に興味を抱いていたのは、その著者自身だけではなかった。スピノザがアムステルダムを離れてまもなく、彼の友人たちは哲学を議論するための研究会を定期的には持たなくなったように見える。スピノザはまちがいなくその会の指導者であり、彼が稀にしかその町に姿を見せないいま、その研究会は要因となる人物を欠いていた。しかし一六六二年の遅くか一六六三年の早くのあるとき、その研究会は復活した。しかしながら今回は、デカルトのための集団というよりもスピノザのための集団だった。というのは、新たに研究会を刺激したものはスピノザ自身の著作だったからであり、彼はそれをアムステルダムの友人たちに送り、彼らの質問と批評を求め始めていた。「私たちの肉体はかくも離れ離れになってはいますが」とデ・フリースは一六六三年二月にスピノザに書いた、「にもかかわらずあなたは、特に私があなたの著作について考え、それらを手に持っているときに、私の心にひじょうにしばしば姿を見せます」。【註53】デ・フリースが所持し、彼の仲間たちと共有していたものは、『倫理学(エチカ)』第一部「神について」となるだろう初期草稿の一部だった。バリンクは、ラインスブルフへの旅の一つから戻ったときに、デ・フリースのところにその草稿を持って行った。デ・フリースらはその草稿を読み通し、かくして彼らの不在の友人への賞賛は、それを議論し、スピノザの思想をより深く理解するべく、彼らが集まり始めるほどのものとなった。「私たちの集団の全員にとって、必ずしもすべてが理解可能ではなく――そのことが再び私たちが集まり始めた理由です」とデ・フリースはスピノザに報告した。これらの研究会で、出席者たち――そこにはおそらくデ・フリース、メイエル、イェレスゾーン、リューウェルツゾーン、ブゥメーステル、バリンク、そしてもしかするとクールバハ兄弟も含まれていたかもしれない――は、順番制で最新の課題を読み込み、その基本的な意味をそれぞれが「自らの考えにしたがって」説明し、そして全員のために、「あなた〔スピノザ〕の命題の進め方と順序に従って」証明を行った。より不鮮明な部分はその後に意見が交換され、議論された。誰もが行き詰まったとき、彼らは説明のためにその著者に頼った。

［私たちの］一人が他の仲間［たち］を満足させることができないということが起これば、私たちはそれを記録し、できればそれが私たちに明らかにされるように、そしてあなたの案内の下で迷信的に宗教を信じるキリスト教徒の人々に対して私たちが真実を守ることができるように、そして一般世論の攻撃に屈しないためにも、あなたに手紙を書くに値すると考えました。【註54】

アムステルダムの集まりは、その形態としてはコレギアント派のそれと似ていなくはなかったが、議論される文献は、もはや「聖」書ではなかった。そしておそらく、これほどまでに熱心で、献身的な弟子たちに恵まれた哲学者は、他にはいなかった。

第九章　「フォールブルフのユダヤ人」

❧『デカルトの哲学原理』

一六六五年、デン・ハーグ市のすぐ外側に横たわるフォールブルフは、地元教会の次期牧師の人選をめぐる悪質な市民論争の渦中にあった。その一派閥によって作成され、フォールブルフを管轄内に置くデルフト市当局に提出された請願書の中に、「ユダヤ教徒の両親の下に生まれ、いまや（噂によれば）無神論者、すなわちあらゆる宗教を侮蔑し、したがって本共和国の有害分子となっている、ア［ムステルダム人?］・スピノサ（A[msterdammer?]. Spinosa）という名の男性」を自宅に下宿させているダニエル・ティーデマンなる人物についての言及が見られる。請願者たちは、数多くの教養人たち、ならびに牧師たちが、これらの事実を証言することができると付言している。【註1】

ティーデマンは、画家の親方であると同時に、永遠の軍人だった。彼は、おそらく村の中心地の近くと思われる教会通り（ケルクストラート）の家で、妻マルガリータ・カレルスと一緒に暮らしていた。彼らは改革派教会に所属していたが、しかしながらティーデマンにはコレギアント派の傾向があったようである。【註2】このことは、一六六五年の市民論争において事実彼が敗者の側に身を置いていた理由だったと考えられる。スピノザが一六六三年春にラインスブルフからフォールブルフに移り住むにあたり、彼がティーデマンの家に部屋を借りることを選択した裏には、彼自身のコレギアント派の友人たちからの薦めがあったのかもしれない。

フォールブルフは、ラインスブルフよりも実質的には大きな村だったとは言え、スピノザが求めていた平穏と静寂の点から見れば、申し分なく小さな村だった。【註3】その村とデン・ハーグとの距離――四、五キロメートル――は、レイデンとラインスブルフ間のそれよりも長くなく、それゆえ主要都市とその社会的、知的資源に近いという利点があった。コレルス〔伝記作者〕によれば、スピノザはデン・ハーグに「ひじょうに数多くの友人たち」を持っていた。すなわちフォールブルフ在住中にスピノザは、再び一群の崇拝者たちを獲得したように見える。「彼らはしばしば研究会を持ち」――おそらくスピノザがデン・ハーグに出かけるのと同じほどに彼らはフォールブルフを訪ね――、「彼の議論に耳を傾けることに大きな喜びを感じていた」。後にスピノザがデン・ハーグ市内に移り住んだのは、彼らに促されてのことだったと考えて、ほぼ差し支えないだろう。【註4】ハイヘンスの一族はフォールブルフの近郊に別荘を所有し、コンスタンティン・ハイヘンス――すなわちクリスティアーンの父にしてデカルトの友人であり、さらにはデン・ハーグに議会を置いたフレデリック・ヘンドリック総督のかつての秘書官――は、フォールブルフを「比類なき村」と呼んだ。【註5】おそらく一六六五年の早い頃に、スピノザとクリスティアーン・ハイヘンスが友人の間柄になって以後、ハイヘンスが科学的な用向きのためにロンドンやパリに出払っていないときには、スピノザは下宿先から歩いて数分の「ホフウェイク（*Hofwijk*）」と呼ばれる別荘でときおり過ごしたにちがいない。

スピノザは、ティーデマンを介してフォールブルフの地域社会に参加し、かくして牧師についての論争に関与することになったのみならず、美術作品についても学んだように思われる。コレルスは彼の所有物の中にスピノザが描いた素描の画帖があると主張し、それを彼は、画家でもあったデン・ハーグにおける彼〔コレルス〕の（同じくスピノザの）家主から手に入れたと言っている。その哲学者は肖像画を好んでいたように見える――

彼は素描の技術を独習し【註6】、インクや木炭で人物を写生することができた。私はこれら、つまり彼の素描を一まとめにした画帖を持っており、そこには彼の手による、彼と面識があり、そしてときおり彼を訪問したさまざまな著名人たちの肖像画が見られる。その他［の素描］としては、四枚目に、ちょうど有名なナポリの反逆者マサニエロが歴史を主題とする版画で一般的に表現されるように、網を右肩にかけた肌着姿の一人の漁師の素描がある。スピノザの最後の家主ヘンドリック・ファン・デル・スパイク氏は、ここに描かれている人物はスピノザ本人とひじょうによく似ており、おそらく彼自身の顔を見ながらそれを描いたにちがいないと私に語った。【註7】

それらの素描画のまとまりは、いまだ発見されてはいない。

フォールブルフは、アムステルダムからは、ラインスブルフ以上に隔たってはいたが、スピノザはアムステルダムの友人たちと、手紙のやり取りと直接会うことの両方によって、親交を保った。その中の友人たちの一人デ・フリースは、一六六三年、スピノザがその土地に移った最初の夏の間に彼を訪ね、以後数年間にわたって訪問を重ねた。スピノザの方は、アムステルダムに帰ることを楽しみ、実際にしばしばそのようにした。事実彼は、四月の終わりにティーデマンの家に家具やレンズ研磨道具を運び込むや否や、アムステルダムに引き返し、数週間滞在した。このように、フォールブルフに引越を済ませた直後に、性急にその村を留守にした理由は、彼がカセアリウスに与えたデカルト哲学の講義録の出版を準備するためだった。アムステルダムの友人たちは、いまだカセアリウスの幸運を羨んでおり、デカルトの哲学原理についてのスピノザによる説明の彼ら自身のための概説書を欲していた。この時点においてその著作は、カセアリウスが口述筆記したかたちでしか存在していなかった。スピノザがその市〔アムステルダム〕にやって来たとき、彼らはスピノザに増補版をまとめるよう求め、さらにはその論文をリューウェルツゾーンの印刷機によって出版する許可を願い出た。七月末に書かれたオルデンブルグ宛の手紙においてスピノザは、〔四月初旬の〕オルデンブルグからの最後の手紙に速やかに返事をしなかったことを詫び、それを受け取ったままにしていた事情を説明している。

私の友人たちのいく人かが、幾何学的な方法で証明された、デカルトの『哲学原理』第二部、および形而上学において取り扱われている主要な問題についての平明な解説を含む論文の写しをつくるように私に求めたのです。私は以前にこの論文を私自身の考えを詳らかには教えたくないと考えたある一人の青年に口述し、筆記させました。彼らはできる限り早急に〔『哲学原理』の〕第一部も同じ方法でまとめるように私に依頼しました。友人たちをがっかりさせないためにも私は、すぐにそれに取りかかり、二週間で仕上げました。私はそれを友人たちのところに届け、最後に彼らは、それらを一冊の著作として出版することについて私の同意を求めました。彼らの一人が、私の立ち会いの下、それをより洗練された文体にし、さらには短い序文を付し、そこにおいて、私がこの論文に私の抱いている考えと正反対の事柄を少なからず書き記した以上、そこに含まれるすべての考えを私自身のものとして認めているわけではないということを読者に銘記させ、そしてそのことをいくつかの事例によって証明もするという条件でもって、彼らは簡単に私の同意を得ました。この小著の出版を確実にするために骨折ってくれた友人たちの中の一人が、これらすべてを引き受ける約束をしてくれ、このような次第で、しばらく私はアムステルダムに滞在していました。いまは私が住んでいるこの村に戻ってはいるのですが、親切にも私を訪ねてくれる友人たちがおりますゆえに、私はほとんど自由な時間を持てずにいたのです。【註8】

スピノザのラテン語の文体を洗練させる手助けをすることと、その著作に序文を寄せることにひじょうに好意的に賛同したその友人は、ロデウェイク・メイエルであり、彼はその論文の出版を推し進める第一の強力な裏方でもあった。メイエル自身もデカルトの原理を幾何学的な文体に「翻訳」したいと考えていたのであるが、より緊急のその他の諸事情がそれを阻んでいた。【註9】彼は、「数学者の方法」は、その定義、公理、導かれた命題とともに、哲学と科学における数多くの果てしない議論を解決し、「人間の認識の全体的な体系を構築するための」最善の手段となると信じていた。【註10】さらに彼は、彼が大きな尊敬を寄せていたデカルト（「私たちの時代の最高に輝ける星」と彼は呼んだ）がこの方法を十分に活用しなかったことを残念に思っていた。それゆえ彼は、スピノザの計画を知ってひじょうに嬉しく思い、『アムステルダムのベネディクト・デ・スピノザによって幾何学的方法に基づいて証明されたルネ・デカルトの「哲学原理」第一部および第二部』が出版されるのをその目にするまで、懸命に立ち働いた。メイエルは、友人への務めのみならず、「私に託された」その著作を「印刷し、出版するためのすべての仕事」の責任を重く受け止めた。【註11】原稿の準備中に彼はスピノザにさまざまに文体についての助言を行い、そして——ある箇所については、ソッツィーニ派〔反三位一体論者〕の徴候をつねに警戒している神学者たちを憤慨させないように、「神の子は父自身である」という断定は削除した方がよいのではないかとスピノザに提案しつつ——本質的な問題についても助言を与え、スピノザはしばしばメイエルの考えに従った。「あなたにとって最善と思われる通りにお進めください」と、スピノザは一度ならずメイエルに伝えた。【註12】序文を綴りながらメイエルは、スピノザの懸念を汲み取り、確実に彼の希望に沿うように配慮した。

スピノザが出版に同意したのは、「形而上学の総論部分に共通して生起する、存在とその諸影響をはじめとする主要な諸問題が簡潔に説明される形而上学的思想（*Cogitata Metaphysica*）」を含む補論を付した論文であり、そのようにすることによってスピノザは、オルデンブルグに打ち明けているように、一つには自らの思想にとっての望ましい受容がいかなる種類のものかを示そうとし、さらには影響力のある人々の間にある程度の好意的な評価を得たいとも考えていた。

おそらくこの著作は、私の国の重要な地位にあるいく人かを、私が自らのものとして認めているその他の著作へ誘うことになり、それゆえに彼ら〔友人たち〕はそのようになることを見据え、私が危険な不都合を被ることなく出版することができるように気遣ってくれています。もしそのようになれば、まちがいなく私は、直ちにその他の著作を公にすることができるでしょう。けれどもそのようにならなかった場合、私は自らの考えを私の国の意志に反して人々に突き付け、人々を私の敵とするよりも、むしろ沈黙を守るべきであると考えています。【註13】

ここにおいてスピノザが言及している「その他の著作」とは『神、人間および人間の幸福に関する短論文』であるのかもしれないが、むしろその著作の題材を幾何学的方法によって練り直したより最新の「哲学（*Philosophia*）」、すなわち初期の『倫理学（エチカ）』であるようにも思われ、一六六三年の半ばにおいてスピノザは、ひじょうに楽観的に、それをほぼ完成したものと見なしていたのかもしれない。【註14】

事実スピノザは、あえて『倫理学（エチカ）』の執筆をしばらく中断してまで、『デカルトの哲学原理』を完成させた。彼はこの著作に対する世間の反応を懸念しさえし、「私は二週間足らずでこれをまとめました。それゆえ、このことに注意を促してくだされば、最初から私がこれらの事柄を明確に提示しているとは誰も期待しないでしょうし、それゆえにそれらは、それ以上明確に説明され得ないものであり、またそれゆえに所々に曖昧な点を生じさせている箇所があるとしても、一言、二言によって〔理解を〕妨げられることはない【註15】」ということを人々に知ってもらおうとした。しかしながらフォールブルフに戻った後になってもなお、彼が手紙によって序文についてメイエルと打ち合わせをした一六六三年夏の終わりまで、多かれ少なかれこの著作は、彼の心を占めつづけた。

スピノザにとって、この二つの論文――スピノザが生前に実名で出版したのはこれらのみ――の意図は、補論「形而上学的思考」において現れ、そして本論『デカルトの哲学原理』そのものにおいてもいくぶんより微妙に見え隠れする彼自身の形而上学的、倫理的思想のための試験液として役立たせることに加え、「万人の利益に資する」ことにあった。彼は、その出版の背後の動機が、「真理を広めたいという願い」と、「人々を真の哲学の研究へと誘い、〔……〕あらゆるものから恩恵を得ようとする善意」にあるということが知られるように願った。[註16] さらには「真の」哲学、すなわち人間性にとってまぎれもなく最も有益なものが、近代的なものであるということも。スコラ哲学の旧弊で無理解な図式に妨げられないこの著作は、その目的において進歩的であり、その着想において濃厚にデカルト的だった。

しかし、一六六三年のスピノザは、デカルトの無批判的な弟子ではけっしてなく――事実かつては確かにそうだったとしても、そのことが申し分なく当てはまるのは一六六一年以前のことだった――、『デカルトの哲学原理』において彼は、彼が自らの考えを提出してはいないということを明確にし、そのことを要点としてメイエルに強調させてもいる。

彼は一人の弟子にデカルトの哲学を教えることを約束した以上、デカルトの意見から毛幅ほども離れないように、また彼の教条と一致しない、あるいはそれらと食い違ういかなる事柄も、その弟子に口述しないように、自らに強いた。したがって本書において彼が、自らの考え、または自らが賛同する〔デカルトの〕考えのみを説いているわけではない、ということを銘記していただきたい。

その序文においてメイエルは、スピノザの意見とデカルトのそれとの最も顕著な相違のみを指摘している。すなわちスピノザは、「意志が知性とは別物であり、ましてや多大な自由を授けられているとは考えていない」し、精神はそれ自体では実体であるとも考えてはいない。デカルトに対しときおり批判的な、しばしばスピノザの真の思想を仄めかすその著作が、彼がカセアリウスに口述したものをどの程度反映しているのか、それは知り得ない。彼自身の考えを開陳するには、彼はカセアリウスを成熟に達しているとは考えていなかったがゆえに、その若者への授業においてどれほどのデカルトに対する批判が含まれていたのか、疑問が残る。おそらくそれらの授業のほとんどにおいて、事実彼はデカルトの考えからは「毛幅ほども離れ」ることはなかったのだろう。

とは言え、ヤン・リューウェルツゾーンが一六六三年秋に出版したものは、まちがいなくデカルト哲学の単なる要約ではなかった。その題材の多くはデカルトの著作——『哲学原理』そのものを主体に、『省察』およびその著作に対してデカルトが受け取った反論に対する回答——から直接採られたものではあるが、何よりもそれは、幾何学的提示の要求に沿って組み替えられ、再構成されている。そして、スピノザがメイエルの手紙に記しているように、ときおりスピノザは、デカルトが断言するのみで済ませた事柄を証明し、さらにはデカルトによって活用されたものとは異なる論拠を使用し、デカルトが省略した事柄を付け加えさえする。【註17】しかし、幾何学的な方法によってスピノザは、デカルトが語った事柄とデカルトがいかに議論したか（あるいは議論すべきだったか）を、いくぶん補足されてはいるとは言え、正確に描写することだけに興味を抱いていたわけではなかった。彼はまた、デカルトが適切に取り扱うことのなかったと彼には思われるいくつかの問題を解決するために、彼自身がデカルトの原理を使用することも辞さなかった。メイエルが書き記しているように、その論文における多くの事柄は、デカルトによって明確に語られたわけではないが、にもかかわらず、「彼〔デカルト〕が残した基礎から有効に推論し」得るものである。スピノザは、説明し、解釈し、分析し、展開し、証明し、正しい見解を示し、証明済みの命題を加え、議論を改善し、要するに彼は、十七世紀において多かれ少なかれ保守的な数多くのデカルト学派の哲学者たちの顰に倣いつつ、ときおり誠実な、しかし創造的な一人のデカルト学派として振舞うのである。が、同時に彼は、疑問を提出し、批判し、結論を保留にし（「属性を創造〔または保存〕することよりも、実体を創造〔または保存〕することが偉大な仕事であるのかどうか私は知らない」）、訂正し、さらにはデカルトが確信した事柄を完全に否定する。ときに彼は、デカルトに懐疑の恩典を与え（「私が思うに、デカルトはひじょうに理知的であるあまりにそれを指し示すことができなかったのである」）、また一方ではデカルトを非難しもする。

『デカルトの哲学原理』におけるスピノザの業績は、単に彼によるデカルト哲学の幾何学的表現のみに目を向けることで、過小に評価されるべきではない。そもそもその素材がさほど優秀ではない学生に資するために、あるいは粘り強い友人たちを納得させるために手がけられたものだったとしても、やはりそれは、片手間に書き進められた偶発的で無味乾燥な著作などではけっしてない。スピノザによるデカルトの哲学体系の最も重要な要素の選択と「翻訳」は、彼自身の哲学者としての評価を高めることになったのみならず、その哲学体系の厳密かつ批判的な研究に興味を抱く数多くの人々にとって、大いに役に立った。

スピノザはまず、デカルトが『哲学原理』第一部および『省察』において取り扱っている認識論的問題を振り返ることから開始する。「懐疑の方法」は、デカルトにとって、哲学行為の出発点において、「科学の基礎を発見する」ための適切な手段である。最初に懐疑的な態度を取ることによって、真理の探求者は、「あらゆる偏見を免れ」、誤りの原因を暴き、最終的にあらゆる事物の明瞭判然な認識への道筋を見出すことができる。あらゆるものの中の最初の確実性は、ひじょうに有名なデカルトの証明の通り、私たち自身の経験である。最も過激な懐疑的疑念を前にしてさえ、「私は現にある、私は存在する」（あるいはデカルトが別様に表現したように、「我思う、ゆえに我在り」）という命題の絶対的な疑いのなさを、私は認識せざるを得ない。しかしデカルトが単純かつ洞察的な真理として提示したもの――「私は存在する」と思惟するのみで、その真理が想像される――を、スピノザは幾何学的に証明してみせる。

命題二　私は現にある、**ということはそれ自体で認識されなければならない**。

証明　もしこれを否定するなら、そのことは他のものを通じてしか認識され得ないだろうし、そのような他のものの認識と確実性は（公理一〔「私たちが、未知の事物の認識と確実性に到達するには、認識と確実性においてそれに先立つ他の事物の認識と確実性による以外にない」〕により）「私は現にある」、というこの命題において、私たちに先立つものとなる。しかし（命題一〔「私たちは私たちが存在するということを認識しない限り、いかなるものについても絶対的に確実ではあり得ない」〕により）これは不条理である。それゆえ、それ〔私は現にある、ということ〕はそれ自体で認識されなければならない。【註18】

私自身の経験の確実性から、私はまた、私を創造した欺くことのない一つの神のその存在の何らかの部分となることができ、かくして神が私に付与した理性的能力の何らかの部分となることができる。私が事物についての明瞭判然な認識のみを頼りとする限り、私は真理に到達する。

本筋から外れたこれらの予備知識とともに、最初にスピノザは、『哲学原理』第一部と第二部において展開されているデカルトの科学の形而上学的基礎を考察する。ここには、実体の存在論、思惟と延長の本質、精神と肉体の差異と関係性、そして神が含まれる。いったん適切な形而上学的命題が確立されれば、その後につづくものは、その大半がカセアリウスへのスピノザの授業をかたちづくっていたものである。ここには、世界の普遍的形相とデカルトの自然学の最も一般的な原理、すなわち事物の本質、運動、（デカルトが純粋に学術的な用語で物体の量と速度の産物として定義したところの）力、物理的な物体の組成と属性、運動中の固体と液体の両方の物体を支配する法則が含まれる。デカルトは物体の問題をもっぱら延長の問題と同一視する。すなわち物体は、それが占める空間と見分けが付かない。そして一つの物体のあらゆる属性は、それゆえに延長の諸様態、すなわち形状、大きさ、分割性、運動または休止のような数量化される側面にあらねばならない。このことから、真空はあり得ないことになる、とデカルトは信じた。すなわちそこには空間があり、物体がある。かくしてデカルトは、物質に満たされた空間を肯定する一方、機能的な機械論的世界の特定の雛型——言い換えれば、空虚な空間において不可視の諸原子は運動し、衝突し合うとする原子的雛型——を否定した。すなわち空虚な空間というものはどこにも存在せず、したがってある事物が運動するときに、その事物は他の事物の場所を占め、そして他の事物によって移動させられる。事物（一つの物体）の一粒子が他の事物の一粒子を動かすその方法は、唯一それを押し出すことによってである。

　物体間におけるこのような衝突が、物体に備わる個別の運動に起因するものであるにもかかわらず、宇宙における運動の普遍的かつ持続的な最初の原因は、神である。神は、事物に運動をもたらし、そして（不変数として）その内側の運動量を一定に維持する。このことによってデカルトは、神の性質から最も一般的な自然の法則、すなわち宇宙における運動の総量は不変であるという保存の法則を導き出した。この法則から、神は運動中の物体をいかにして持続させるのか、というさらなる前提と連結したかたちで、他の法則が導かれる。かくしてスピノザは、デカルトの言葉に密着しつつ、慣性についてのデカルトの原理を証明する。

命題十四　「それぞれの事物は、それが単一なものとして分割されず、そしてそれ自体で考察される限りにおいて、つねに可能な限り同じ状態を保とうとする」。この命題は多くの人々にとって、一つの公理のようなものである。が、にもかかわらず私たちはそれを証明しなければならない。

証明　いかなるものも神の作用がなければいかなる状態においても存在せず（第一部、命題十二）、そして神はその営みにおいて絶対的に不変である以上（第一部、命題二十の証明により）、もし私たちが外的原因、すなわち個別的原因にまったく注意を払わず、事物をそれ自体において考察するならば、可能な限り事物は、つねに現状を維持するということを確信せざるを得なくなる、証明終了。【註19】

この著作の第三部は、科学的方法に関するデカルトの批評の要約、および無数の現象の説明を可能にすると彼が信じる、世界についてのいくつかの一般的な仮説の提示で始まっている。かくして読者は、宇宙の渦理論と、地上界と天上界の両方を構成する普遍的事物に関するいくつかの細論に導かれる。しかしその論述は、事物が分割されるところの微粒子についてのわずか二つの命題の後で、むしろ唐突に終わっている。スピノザはカセアリウスへの授業において、おそらくこれ以上先に進むことはけっしてなかったと思われる。友人たちのための著作の執筆を第一部へと広げながらアムステルダムにおいてすでに二週間以上を過ごしていた彼は、第三部からのこれらの断片を越えて『デカルトの哲学原理』を追求するべく、『倫理学（エチカ）』の執筆から離れ、より多くの時間と労力を割くことはしないと決めたにちがいない。

ある時点においてスピノザは、自らの『デカルトの哲学原理』には、デカルトが適切に表明しなかったと彼には強く思われる古典的な形而上学的問題の議論を含む、哲学的補論を添える必要があると判断した。補論「形而上学的思想」――それは〔デカルトによる〕『哲学原理』が幾何学化される以前にすでに書き始められていたのかもしれない――におけるスピノザの目的は、かつての哲学者たちによって無視され、あるいはさらに悪いことに、不透明なものにされてきたと彼には思われる哲学の主要な概念、範疇、差異を、明確化することだった。彼の批判のほとんどは、スコラ学派すなわち中世の思想家たちと、レイデン大学のヘーレボールト教授のような比較的最近の新アリストテレス学派の両方に向けられている。ときおり彼の手法はあからさまにデカルト的であるが、しかしそれ以外では、注意深い読者には、スピノザ独自の形而上学的思想を見分けることができる（「『所産的自然（ナトゥーラ・ナトゥラータ）』の全体は一つの存在でしかない。このことから、人間は自然の一部であるということになる」）。一つの全体的存在の本質と多様性、本性と存在の差異、必然的存在、可能的存在、依存的存在の間の差異の、そのすべては拡大されて取り扱われる。神とその諸属性――永遠性、単独性、認識、偏在、万能、意志、力――は、かつての著述家たちによって伝えられてきたいくつかの混乱を取り払うために、個別に分析される。スピノザは、スコラ哲学が植物に与えてきた植物的霊魂と、いく人かの思想家たちが神に帰してきた持続などを「愚かなもの」として退ける。『デカルトの哲学原理』と「形而上学的思想」には、明らかにスピノザのものではない意見――例えば、語られたとされる真実を吟味することこそ、聖書の意味を解釈する最良の方法であるとする推奨【註20】――が見られ、そしてメイエルが記すように、彼は一見、人間の意志は自由であると信じているようにも映る。

予備知識のない、あるいは不慣れな読者は、この二つの著述における主張のいずれがスピノザの賛同するものであり、いずれが彼の否定するものなのか、見分けるにあたり多少の困難を伴っただろう。実際、スピノザの文通相手の一人のオランダ人商人ウィレム・ファン・ブライエンベルフは、まさにこの混乱に悩まされた。しかしその著作は、その意図された目的、すなわち彼がオルデンブルグに語っている通り、少なくとも彼自身を教養ある人々と高い地位にある人々の注意の中に引き入れ、彼自身の著作の出版に対する興味（かくしてそれに対する保護の獲得）を刺激するという目的に、おそらくひじょうによく合致したと考えられる。その論文は、特にレイデン大学において広く読まれ、また議論もされ、さらにはスピノザにデカルト哲学についての優れた解釈者としての評判を獲得させたようにも見える。【註21】その著作の受け止められ方は申し分なく勇気付けられるものであり、早速スピノザの友人たちはラテン語版第二版を計画した。その出版は実現しなかったが、ヤリフ・イェレスゾーン（彼はラテン語版初版の出版資金も提供した）によって粗訳され、ピーター・バリンクによって翻訳されたオランダ語版が、翌年に上梓された。スピノザは実質的に別版となるその著作の実現にかかわった。【註22】彼は原稿を読み直し、訂正を入れ、おそらくバリンクによる翻訳を詳細に吟味しもしただろう。翻訳版が世に出たとき、ようやくスピノザはこれらすべてを脇に置くことができた。一六六五年初めのブライエンベルフ宛の手紙においてスピノザは、「デカルト哲学に基づく著作については、いまやそれがオランダ語で出版された以上、私は何も考えてはおりませんし、もはや気にも留めておりません」と打ち明けている。このことの理由として、彼は付け加えている――「ひじょうに長くなるので、話すことはやめておきましょう【註23】」。

❧招かれざる出来事――疫病と死とブライエンベルフ

一六六三年の夏、北方ヨーロッパで疫病が再発した。それが猛威を振るうようになるまでにはしばらく時間がかかったが、それは強力な毒でもって襲いかかり、六年間以上も収束することはなかった。一六六六年、オルデンブルグはスピノザに手紙を書き、ロンドンでは疫病がひじょうに「暴力的」になっているがゆえに、科学者たちは田舎に避難し、その間は王立協会の会合は中止されていると伝えた。「私たちの哲学的協会はこの危険な時期にまったく公的な会合を開いておりません」と。ある者たちは国王と一緒にオックスフォードに避難し、他の者たちは英国各地に散った。協会員の多くは「自らの本分をわきまえ」、個人的に実験を継続した。【註24】恐れを知らぬオルデンブルグは、王立協会の事務長としての連絡業務を遂行するため、ロンドンにとどまった。このような危機の最中においてさえ、彼はスピノザに彼の思想を著書として出版するよう、促すことを忘れなかった――「私はあなたが私の要望を聞き入れてくださるまであなたを説得することを止めるつもりはありません」と一六六三年八月の疫病が発生する直前に彼は書いた――が、むしろ少なくともそこにはスピノザの著述のいくつかに目を通したいという願望があった。「あなたが主要な成果のいくらかを私と分かち合ってくださるなら、どれほど私はあなたに魅了されるでしょう！ どれほど私はあなたのそばに結び付けられていると考えるようになることでしょう！」【註25】オルデンブルグは『デカルトの哲学原理』の一冊を受け取りたいと熱烈に希望していた。彼はスピノザに、二人がときどき接触し、オランダ在住中はスピノザの国際書簡のためのアムステルダムを本拠地とする郵便局長（そしてさらには彼がイギリスに旅行をしているときは、郵便配達夫）のような役割をしばしば果たしたセラリウスを通じて、その著書を送るように依頼した。

疫病の元凶の地とされるアムステルダムでは、一六六三年に約一万人の死者があった。そして翌年には、死者数は二万四千人以上に達した。

イギリス人外交官サー・ジョルジュ・ダウニングは、一六六四年七月、「アムステルダムでは先週、七百三十九人が亡くなり、疫病は、小さな集落や村を問わず、国中に遍く広がり、アントワープやブリュッセルにまで及んでいる」と報告した。【註26】

一六六四年六月、ピーター・バリンクの息子は、まだ幼い子供だったが、亡くなった。バリンクとは心を通わせる間柄にあったスピノザは、明らかにその友人の喪失に心を傷め、デカルトに基づく彼の著作を翻訳し終えたばかりのその男性を慰めた。

そのことは私にけっして小さくはない悲しみと不安を引き起こしましたが、けれども運命が、いやむしろ世論が、その最強の刃（やいば）でもって襲いかかろうとも、その一撃を鼻で嗤（わら）うことのできるあなたの思慮分別と性格の強さを考えると、ずいぶん和らぎました。とは言え、私の不安は日に日に募り、それゆえ友情にかけて私は、あえて長い手紙をお書き下さるよう、あなたに心からお願いをする次第です。

バリンクは、彼が我が子の差し迫った死について、一回ならず「虫の知らせ」を受け取っていたと信じ――「あなたの子供がまだ健康で潑剌としていたときに、あなたは子供が病気のときのような合図を受け取り、その後すぐに彼は亡くなった」とスピノザは回想している――、それらの予兆についての解釈を求めようと、スピノザに手紙を書いた。その返信の中でスピノザは、いくらかの慰めとなるように願い、父の魂と子のそれを結び付ける共感的な絆についての言葉を書き付けるのみならず、彼が一年以上も前に見た夢について語っている――「ある朝、すでに空が白けている頃に、私はとても深い夢から覚め、その夢の中で私に訪れたいくつかの映像は、まるでそれが実在するかのように鮮明に目の前にとどまりつづけました――特に、私が一度も出会ったことのない、黒く、疱疹のある一人のブラジル人［の映像］」。【註27】この夢の内容にスピノザがいかなる意味を持たせていたのか、そしてバリンクが友人の言葉にどれほどの慰めを得ていたのか、いずれも判然としない。これは私たちが知っているスピノザとバリンクとの間に交わされた最後の手紙であり、おそらくその年にバリンク自身が疫病で世を去った。スピノザの悲しみはまちがいなく大きかったが、その悲しみのいかなる表出も、その他の個人的な往復書簡と一緒に、スピノザの死後の書簡編集者たちによって、おそらくは火の中に投げ込まれてしまった。

疫病の歳月の間、それが可能な都市居住者たちは、オランダの田舎に避難した。フォールブルフはデン・ハーグにひじょうに近く、それゆえに感染の危険性はひじょうに大きかった。かくしてスピノザは、ほぼ確実にシモン・デ・フリースの嘆願に促され、デ・フリース家の人脈を頼り、一六六四年の冬の数カ月間、その村から離れた。彼はロッテルダムに近い中規模村のスヒーダム郊外の農家で過ごした。「デ・ランゲ・ボーヘルト（De Lange Boogert）」（「長い果樹園」）と呼ばれるその農家は、シモン・デ・フリースの妹の義父ヤコブ・シモン・フェイセンが所有していた。フェイセン家は鰊と塩で富を築いたアナバプティスト派の商人たちの中のさらなる裕福な一族だった。スピノザが彼らと最初に知り合ったのは、おそらく十年前のことだった。シモンの妹トレインチェがアレウェイン・フェイセンと一六五五年に結婚したとき、何としてでもシモンはその結婚式に最も親しい友人の一人を招待せずにはいられなかった。アレウェインの父はその農園を所有し、その若い夫婦と彼らの子供たちがそこに暮らしていた。事実フェイセン家とデ・フリース家は血縁関係にあり、ヤコブ・フェイセンはシモンの母方の祖母の弟すなわちシモンの大叔父だった。疫病の発生後、両一族は感染の危険を避けてその農家に引き籠もった。スピノザは十二月に彼らに加わり、一六六五年二月まで滞在した。それは川にかかる果樹と広大な敷地に農家の建つ美しい場所だった。とは言え、その滞在は、さほど幸福なものとはなり得なかった。一六六四年早々に、おそらく疫病が原因と考えられるが、アレウェインの弟が亡くなった。同じく、トレインチェとシモンの母マリア・デ・ウォルフ、そして彼らの弟フランス・ヨーステン・デ・フリースとその妻シーティエン・ヤコブス・ウイエンも、立てつづけにその六月に亡くなった。【註28】しかしながら、スピノザと一緒に濃密な時間を過ごすことができることは、シモンにとっては、たとえ彼らの同居の状況が喜ばしいものではなかったとしても、心の満たされるものとなったにちがいない。

一六六五年一月、スヒーダムにおけるスピノザの平穏は、「真理の探求者」の仲間を自称する人物からの一連の手紙によってかき乱された。その人物ウィレム・ファン・ブライエンベルフは、ヨーロッパ各地と新世界へ穀物を送り出すためのバルト海の主要な港であるドルトレヒトの穀物商人にして仲買人だった。彼の時間の大半は商売に費やされたが、彼は神学と哲学に変わらぬ愛着を持ち、スピノザのような公刊された著作のある知識人との哲学的問題についての議論の機会を明らかに楽しんでいた。彼自身は一六六三年に出版された『無神論者たちの怒りに対して護られた神と宗教の認識、ならびにその認識における明晰で自然な理性によって神が宗教を創造し、開示し、そして同じく神はこの宗教に合致して奉仕されることを望み、なおかつキリスト教は神によって開示された宗教のみならず、我々の内なる理性にも一致するということの証明』の著者だった。この著作のことをスピノザが何も知らなかったのは確実であり、したがって長い手紙のやり取りを——すぐに後悔しつつ——開始したばかりのその相手の男性の信念については、何も分かっていなかった。

はたして、『デカルトの哲学原理』とその補論「形而上学的思想」しか読んでいないブライエンベルフは、当然のことながら、スピノザが彼自身の意見を差し出しているときと、彼が単にデカルトのそれを要約しているときとを区別するにあたり、いくらかの困難を伴っていた。何とか区別することができたときでさえ、スピノザが正確には何を言っているのかを理解するのに苦労した。すなわち彼は往復書簡の相手の中でも最も鋭敏でも最も寛容でもなかった。とは言え彼は、スピノザによるデカルト哲学の説明とスピノザ自身の説くところについて、いくつかのひじょうに興味深い重要な疑問を提出した。「私は［あなたの論文］中に私の趣味にひじょうによく合致する数多くの事柄を見出し、同様に簡単には要約できない事柄もいくつか見出しました【註29】」。手紙においてブライエンベルフは、善と悪（スピノザによれば、それらはこの世においては現実的なものではない）の位置付けと、特に罪に対する神の関係について、スピノザを悩ませている。もし神があらゆる事物とその諸影響の恒久的な保存の原因であるとすれば、神はあらゆる「運動」の原因であり、魂の意志でもなければならない。いまやそれらの意志のある部分は罪である。「この確信から、魂の運動または意志にはいかなる悪もないか、あるいは神自身が直接的にその悪を行うかのいずれか一方が、必然的に結論されるようにも思われます」。

彼はまた、スピノザが言うように、すべてが不変の神の意志から必然的に派生するのであれば、人間の自由にどれほどの余地があるのか疑問に思った。そして彼は、スピノザの著作の読者にとっては少なくとも精神と肉体についての彼自身の形而上学的思想と考えられるものを前提にすれば、魂が不死であるということを認識するにはいくぶん困難が生じると、敏感に悟っていた。

この短く儚い人生を考えるとき、そこにおいて私は私の死がいかなるときにも起こるだろうということが分かっているのですが、もし私が終わりを持ち、神聖で輝かしい観想から切り離されるということを信じなければならなかったとして、確実に私は、終わることを知らない被造物の最も哀れなものでしょう。というのは、私の死以前に、私の死の恐怖は私を惨めにさせ、私の死後、私は完全に存在することを止めるのであり、したがって私は「私が再度存在するだろう」あの神聖な観想から切り離されるがゆえに惨めになるのです。ここにおいて私が終わりに至るとき、すなわち私は永遠の終わりに至るということ、すなわちこれは、あなたの意見が導くところであるように私には思われます。【註30】

最初の返信においてスピノザは、私たちの概念に関連して、いかにして神が事物における能動的な部分についてのみ原因となるのか、そしていかにして悪が事物のより完全な状態の欠如としての窮乏または堕落でしかないかを、ブライエンベルフに慎重に説明しようとした。彼はその真新しい文通相手に対し、世俗に共通する神についての不正確で誤った語り方に騙されないように、私たちが私たち自身の行動によって神を「怒らせ」得るとは考えないように、注意を与えた。しかしながら、ブライエンベルフのさらなる質問は、彼が了見の狭い知的地平の人間だったということを示している。彼の手紙は冗長で、饒舌で、退屈で、しかも明らかに彼は、スピノザの哲学的命題の多くを共有してはいなかった。第二の返信においてすでにスピノザの忍耐力は、彼が向き合っている相手がいかなる種類の人物かを理解するにつれ、減退していった。「あなたの最初のお手紙に目を通しましたとき、私はあなたのお考えがほぼ賛同のものであると思っておりました。しかし第二のお手紙から［……］私はまったく誤解していたということと、私たちは第一原理から派生する究極の事物についてのみならず、第一原理そのものについても考えを一致させていないということを理解いたしました」。スピノザは丁重に、しかし決然と、手紙のやり取りの打ち切りを提案した。「私たちが手紙を交わすことによって相互に益するものがあるとは思われないのです」、と切り出し、ブライエンベルフが彼の思想を理解しなかったということのみならず、彼にはそれらを理解する「能力がない」ということを伝えた。【註31】その二人には共通するものはほとんど何もなかった。スピノザには、自分たちは思想の一致を見出し得ない部分に固執しているかに思われた。ブライエンベルフは、神学と哲学のあらゆる問題において、聖書の権威に依存した。

いかなる証明も、いかにそれが証明の法則に従って信頼に足るものであろうと、それがあなた〔ブライエンベルフ〕やあなたに知られている神学者たちが神聖な聖書に帰している説明と一致しない限り、あなたに重みを与えることはないと私〔スピノザ〕は理解しております。しかしながら、自然の知性の光――それを神は私たちにも授け、その神聖なる叡智でもってつねにそれを強固に、損なわれないように保つのです――よりもむしろ、神聖なる聖書を通じて、より明瞭判然と神は語るということを、もしあなたが信じるのであれば、あなたはあなたの知性を、あなたが神聖な聖書に帰している意見に服従させる強い理由を持っていることになります。

理性と信仰が衝突するとき、ブライエンベルフの考えにおいては、引き下がるのは理性でなければならない。スピノザの意見が、より違ったものにならないわけがなかった。彼にとって、理性の上には、いかなる権威もなかった。スピノザ自身の知的、精神的方向性をひじょうによく示すくだりにおいて、彼はブライエンベルフに言っている――

私自身について、率直に、そして婉曲なしに告白すれば、私は、聖書に基づく生活を何年も過ごしてきましたが、それを理解しているわけではありません。そして私は、事物についての確実な証明を獲得すれば、それを疑うことのできるような思考に陥り得ないということをよく知っております。それゆえ私は、知性が私に示すものに完全に満足し、そこにおいて私が欺かれているとか、聖書がそれと矛盾しはしまいかという疑念を一つも抱くことはありません［……］と言いますのは、真理は真理と矛盾することはないからです［……］そして自然的知性からすでに収集した結果が真ではないと、もし仮に私が発見することがあるとしても、現に私はそれらを享受し、送るべき私の人生を悲しみや溜め息の中にではなく、平穏、喜び、快活の中に求めている以上、それらが私を幸福にしてくれることに変わりはないでしょう。そのようにすることで、私はさらに向上するのです。とにかく私は、私に最高の充足と心の平穏を与えてくれるもの、すなわち最高完全な実体の力とその実体の絶対不変な決定によって、いっさいが生起しているということを認識しています。【註32】

スピノザが、聖書を真理の源泉として見ていないということではない。むしろ実際に聖書が含んでいる真理に目を向け、そしてそれが受けるに値する権威をそれに付与することができるように、最初に人間は「偏見と子供じみた迷信」から自己を解放する必要がある。とりわけ人間は、人間的用語によって神を思考することを止め、その振舞いを擬人化することを止めなければならず、そのことをスピノザは、ブライエンベルフが彼の考えを正しく理解することのできなかった理由の一部と考えている。神は審判者ではなく、神学者たちが――一般人の希望と恐怖に付け込もうとして――愚かにも神に帰している感情と情熱（怒り、嫉妬、欲望など）の主体でもない。

なぜなら、神学はつねに――そして根拠なくというのではなく――神を一個の完全な人間として表現してきたがゆえに、神学にあっては、神は何かを望んでいるとか、神は無神論者の行為に嘆きを見、敬虔な者のそれには喜びを得ると言うのが適切とされている。が、哲学の中にいる私たちは、人間を完全ならしめる「諸属性」を神に帰することは、象や驢馬を完全ならしめる諸属性を人間に帰せようとするのと同様、誤りであると明快に理解している。それゆえ、哲学的に言えば、神が何かを望んでいるとも、その何かは神にとっての喜びであり、悲しみの原因であるとも、私たちは言うことができない。というのは、それらはみな人間的な「諸属性」であり、神の中に場所を有するものではないからだ。【註33】

ブライエンベルフは、スピノザの語気と、ブライエンベルフ自身が真に哲学的とするにはそれ未満の存在であるという、遠まわしな表現に当惑した。「あなたのご要望とお約束とに照らして、私は友好的で教導的なお返事を期待しておりました。しかし、実際に私が受け取ったものは、少しも友好的には響かない手紙でした【註34】」。とは言え、ブライエンベルフは、そのことに固執する素振りもなく、スピノザがいくつかのさらなる質問に答えてくれさえすれば、先の一時的な礼儀の欠如を進んで水に流そうとした。彼はレイデンに行こうとし、三月早々に哲学者を訪問するつもりでいることをスピノザに手紙で伝えた。スピノザは、その穀物商人のために自らの研究から離れ、さらに多くの時間を割くことにあまり乗り気がしなかったにちがいないにもかかわらず、丁重に彼を迎え入れた。彼らは自由、罪、魂の本質について語り合った。ブライエンベルフはスピノザの家を辞した後にそれらを紙の上に書きとめようとしたとき、何について彼らが議論し、スピノザが彼に答えてくれたものが何だったたか、思い出すことができなかったということを、後にスピノザがブライエンベルフから知らされることは、けっして小さくはない困惑の種となったにちがいない。「実のところ、そのときの私は、議論された内容の四分の一さえも頭にないことに気が付いたのでした。それゆえ私は、あなたのご意見についてはっきりと理解できなかった点や、よく憶えられなかった点について、あなたにもう一度ご質問させていただくことをお許しいただかなければなりません【註35】」。スピノザはもうたくさんだった。彼は慇懃に、しかしきっぱりと、誤解の余地のない言葉でもって、自らを一人にしておいてくれるようにブライエンベルフに伝えつつ、返書を送った。「私はあなたが［意見のさらなる証明のための］要求を中止するようお願いするために、最も友好的な方法であなたに申し出る機会を求めておりました【註36】」。

この時点までに、いくらブライエンベルフが鈍重とは言え、彼らの違いについて、もはや何も幻想を抱いていなかったはずである。九年後、すなわちスピノザが聖書に対する彼の考えを拡大させつつ『神学=政治論』を出版して以降の一六七四年、ブライエンベルフは『不敬な議論、あるいは「神学=政治論」なる題名の冒瀆の書の反証に対して確信されたキリスト教徒の宗教の真実と聖書の権威』と題する五百頁の反駁の書をレイデンで出版した。彼との往復書簡はしかし、スピノザにとっては最終的には少しは資するところがあったのかもしれない。というのは、最近のある研究者が指摘しているように、スピノザの思想をブライエンベルフが理解できなかったことと、それに対する彼の偏った反応は、スピノザに彼自身の考え、特に『倫理学（エチカ）』を出版するには、実際のところ、まだ機は熟していないということを悟らせることになったからである【註37】。ブライエンベルフとの往復書簡は、スピノザの考えが一般大衆によって、そしてとりわけ改革派教会のあまり哲学的ではない考えの成員たちによってどのように受け止められるだろうかということについて、唯一彼の認識を深めることにつながった。

❧さらなる災禍を乗り越えて

まるで疫病が一六六〇年代半ばのオランダ人の共和国における生活を困難にしなかったかのように、一六六四年、ネーデルラント連邦共和国とイギリスとの戦争が再び水平線上に浮上した。イギリス海軍は、一六六〇年、チャールズ二世が国王の座に復帰し、スペインとの敵対関係に終止符が打たれて以降、拡大しつづけていた。このことは、イギリスの軍事的散漫に付け込んで海運に対する統制力の強化を図ろうとしてきたオランダ人たちにとっては、都合のよいものではなかった。オランダ人たちは海上航路を安定させる平和を評価し、ネーデルラントへのけっして消えることのない敵意を抱くクロムウェルが廃されることを概ね歓迎する一方、その商人たちは、増大するイギリスの経済力と軍事力に神経質になっていた。デ・ウィット〔アムステルダム市長たちの一人〕と特権階級層は、当座はウィレム三世に対するチャールズ二世の意向を気にかけていた。その青年の母親はチャールズ二世の妹メアリー・ステュアートであり、父親は亡き総督ウィレム二世だった。オラニエ派は、いまだ若年のウィレム三世に、その父の後継の総督としての正統な権利を与えるべく、ホラント州に圧力をかけていた。彼らはチャールズ二世が彼の甥の後ろ盾をすることを望んでいた。

一六六二年秋、締結までに長い歳月を要した友好条約が、イギリスとネーデルラント連邦共和国との間で、ついに署名された。しかし、友好条約と言うには名ばかりのもので、二国間の同盟関係はあまりにも毒され、何も意味のあるものを生み出すことはできなかった。第一に、南太平洋におけるオランダ東インド会社とイギリスのその商売敵との覇権をめぐる熾烈な競争があった。そしてチャールズ二世がイギリス沖合における外国人漁業権に対して敷いた制限は、特にオランダの水産業に深刻な打撃を与えた。さらに、カリブ海、北アメリカ、西アフリカの植民地をめぐる確執もあった。一六六四年までにニューアムステルダムはイギリスに侵略され、いまやニューヨークとなっていた。特にイギリス船舶が公海水域においてオランダ船舶を妨害し、挑発し始めたとき、オランダ人はイギリスに対する正当な反感を目に見えて抱くようになった。しかしイギリスは、正義や法に向き合う雰囲気にはなかった。まさに二つの大海軍の間に渡された友好の薄い板の下で、かねてよりわだかまっていた恨み、不満、敵意が、復讐心とともに表面化し始めた。明らかにイギリスが軍事的に優位にあり、早期かつ有益な決戦への確信は、日に日に彼らを大胆にした。サミュエル・ピープスによれば、イギリスは「狂ったようにオランダとの戦争に突走っ【註38】」た。

一六六五年三月、戦争の口火が正式に切って落とされた。オランダの戦い方は、当初は悠長なものだった。二万一千人の水兵を乗せた百隻を超える艦隊が海上に横たわり、行動開始の潮時を待っていた。共和国の数多くの市民は海軍の指揮官たちにやきもきし、スピノザ自身は彼らは注意深くなりすぎているのではないかしらと思った。「イギリスとの問題についてはいろいろと聞いていますが、確かなことは何もありません」と彼は、一六六五年六月、アムステルダム在住のブゥメーステルに宛て〔フォールブルフから〕手紙を書いた。

人々はあらゆる種類の邪推を止めません。艦隊がなぜ出発しないのか、誰もその理由を知らないのです。そして現実に、いまだ事態は予断を許さぬように思われます。私は、我が軍人たちが過剰に思慮深く慎重になろうとしているのではないかと思います。にもかかわらず、彼らが心に何を思い、彼らが何を求めようとしているのか、最終的にはこれから起きる出来事そのものが明らかにするでしょう。神々が出来事をよい方向に向かわせてくれますように。そちらの人々が考えている事柄や確実に知っている事柄をお知らせいただけましたら幸いです。【註39】

出来事が最終的に明らかにしたものは、敗退だった。その月末、オランダ艦隊は、逃げ帰った。そしてそれは、繰り返しの敗退のまさにその最初でしかなかった。ようやく一六六六年になってオランダは、フランスとデンマークの加勢を得、実質的に戦争の形勢を立て直すことができた。チャールズ二世は、彼の国の港が封鎖され、彼の国の艦隊が数多く拿捕され、そして東インドの彼の国の植民地が征服される段になるまで、和平へのいかなる意志も明確に示すことはなかった。一六六七年七月のこと、財政的に行き詰まり、士気の低下に苦しむ中、イギリスはブレダでネーデルラントとの和平協定に署名した。イギリスはニューヨーク〔の領有を〕を維持したが、オランダから奪い取ったその他のいくつかの重要かつ有益な植民地については、返還を余儀なくされた。

オルデンブルグとスピノザが最後に手紙を交わしてからいくらかの歳月が過ぎ、いまや戦争はフォールブルフとロンドン間の連絡を困難にしていた。とは言え、一六六五年四月、オルデンブルグはセラリウスを通じ、スピノザが「健勝にしており、オルデンブルグを懐かしんでいた」ということを聞き、いかに彼が変わらぬ気持ちでいるかを示そうと、彼の方から先に手紙を差し出した。例のごとく、すぐに彼は、出版の懇願を新たにした。「ボイル氏と私は、しばしばあなたについて、すなわちあなたの学殖と深い洞察力について話をしました。私たちはあなたの認識の果実が出版され、有識者の抱擁に委ねられますことを楽しみにしております。このことについて私たちは、あなたが私たちを失望させないだろうと確信しております【註40】」。スピノザは、イギリスの友人からの便りを受け取り、友人が健在と知って純粋に喜んだ。その夏の間中、彼らは書物、科学的な新知見、共通の友人たち、そして戦争の進展について、手紙を交わした。オルデンブルグは誰よりも愛国的な感情を備えていた。ボイルに対し、彼は戦争責任がまるでオランダ人の非妥協的態度にあるかのように書き記した。「もし彼らが彼らの高みから降りて来るなら、彼らは彼らにこのような条件を与え、それによって彼らは彼らの国の快適な支えのために立派に彼らの貿易をつづける多くの寛容と平等を、あなたのイギリスに見出すことでしょう。私の意見では、それ以上を彼らは受けるに足るとは思われません【註41】」。しかしながら、同じ月（一六六五年九月）のスピノザ宛の手紙の中で、彼は全般的な節操の無さに、ほとほと辟易しているかに見える。

この恐ろしい戦争は本物の悲痛な『イリアス』を引き連れ、世界からあらゆる文化を抹殺せんばかりです。[……]こちらでは、あなたの国の艦隊が再び港に逃げ込みでもしない限りは、毎日のように第二の海戦の報告が入ってきます。あなたの国で議論の的になっているとあなたが示唆した勇気は、動物的な種類のものであって、人間的なものではありません。実際、もし人間が理性の指導に従って行動するとしましたら、誰にも分かり得ますように、これほどまでに徹底的に貶し合うことはないでしょう。が、不平を言っても仕方がありますまい。人間が存在する限り、悪意もまた存在する。とは言え、たとえそうであっても、悪意が休みなく跳梁することはないでしょうし、ときおりは善なるものによって均衡が図られるのです。【註42】

国際政治の現状に対するオルデンブルグの鬱屈をスピノザは分かち合った。その中において彼もまた、彼自身の哲学的信念に完全に適合させられた「血にまみれた戦士たち」についての彼の考えとともに、人間の本性について省みる機会を見出した。

もしあの有名な嘲笑家[すなわち五世紀のギリシャの哲学者デモクリトス]が現代に生きていたとしたら、きっと笑い死にしただろうと思います。私について言えば、これらの難事は、私に笑いや、増してや涙を生じさせるものではさらさらなく、むしろただ哲学することに、そして人間の本性をより間近に観察することに駆り立てるばかりです。というのは、人間がその他の諸事物と同様に自然の一部分にすぎないことを反省し、またどのように自然の各部分がその全体と調和し、どのようにそれがその他の諸部分と連結しているかは私には知られていないことを思うとき、人間の本性を嘲笑することは私に許されず、ましてやこれを悲嘆するなど許されないと考えるのです。そして自然の中の一定の諸特徴――それらを私は部分的に、そして断片的な方法によってのみ把握し、かくしてそれらは、精神についての私たちの哲学的態度にまったく一致しなくなっているというわけです——がかつての私には空虚で無秩序で不条理であるように見えたのは、唯一このような認識の欠如によるものと私は理解しています。しかしいまのところは私は、各人を各人の思い通りに過ごさせておきましょう。また望む者は自らが善なるものと信じるもののために死ねばよいでしょう、ただ私が真理のために生きることを許されさえすれば。【註43】

スピノザとオルデンブルグは、いまやスピノザとは熟知の間柄にあるクリスティアーン・ハイヘンスについて、手紙を通じて多くを語り合った。彼ら〔スピノザとハイヘンス〕はおそらく同じ集まりに顔を出し、あるいは仲介者を通じて、デン・ハーグで気軽に会っていたのかもしれない。しかしながら、スピノザがフォールブルフに移り住んだ直後にハイヘンスとの交友を求めたという可能性もある。数年前にオルデンブルグがラインスブルフにスピノザを訪ねたとき、彼はその新たな科学的同僚にハイヘンスについて話すことを忘れなかった。いずれにせよ彼〔オルデンブルグ〕はネーデルラントにおいてハイヘンスを訪ね、そしてスピノザと対話した後、この二人には共通点が数多くあると感じたにちがいない。【註44】自然哲学の、特に多彩なデカルト哲学の多岐にわたる領域の共通の関心のみならず、両者とも数学、光学、そしてレンズ研磨に熟達していた。【註45】その二人の男は、事実ひじょうに近い関係にあった。しばしば、スピノザはデン・ハーグに出向くときはハイヘンスを訪ね、ハイヘンスの方はしばしばフォールブルフ近郊の一族の別荘に滞在中は、きっとスピノザを訪ねたことだろう。彼らの哲学的交流は、疫病がデン・ハーグを襲い、ハイヘンスとその弟のコンスタンティンが「ホフウェイク（別荘）」に長期間滞在した一六六四年の夏と秋において、よりいっそう容易になった。一六六三年から一六六六年まで、スピノザとハイヘンスは、天文学、ならびに運動の法則についてのデカルトの誤算などの自然学の数多くの問題について議論しながら、多くの時間をともに過ごしたように思われる。【註46】

光学理論の重要な著作『屈折光学』を執筆したハイヘンスは、スピノザによるレンズと器械を賞賛し――「フォールブルフのユダヤ人が彼の顕微鏡に用いているそれら［レンズ群］は実によく研磨されている」と一六六七年に自らの弟に宛てて手紙を書いた【註47】――、その一方でスピノザは、光学の領域におけるハイヘンス自身の進歩に関心を寄せつづけていた。彼はオルデンブルグに「ハイヘンスは、これまで望遠鏡用のレンズの研磨に熱心に従事してきましたし、いまもそのことに変わりはありません。この目的のために彼は、磨き皿を回転させる機械を製作しましたが、それはなかなかの代物です。とは言えこの機械によって彼がどのような結果を得たか、私はまだ知りませんし、実を言えば特にそれを知りたいとも思わないのです。というのは、球面レンズの場合は、いかなる機械を使うよりも、直接手で磨いたほうがより安心で、よりよい結果を生むということを私は経験から知っているからです」と伝えている。【註48】ハイヘンスの「機械」は、研磨工が可動式の装置の上にレンズを設置し、それが回転する旋盤のところへ移動する仕組みになっていた。スピノザは、ペダルを足で踏んで動かす木製の大がかりな旋盤ではなく、むしろ自らの手でレンズを保つことを好んだ。

スピノザとハイヘンスというのは、あり得ない組み合わせだった。一方は、簡素に生きることを好み、手仕事によって生計を立てる、商人の家の出のユダヤ人だった。もう一方は、レンズの研磨を手がけはするが、それを売ることを彼の階級の下の職業と見なして拒否したオランダの貴族だった。それゆえ、その知的な交友にもかかわらず、彼らの間には本当の意味での温かさと親密さはなかったように思われる。ハイヘンスは、パリから弟に宛てて手紙を書いたとき、スピノザをその名前によってではなく、「フォールブルフのユダヤ人」または「イスラエル人」として言及している。さらに、どれほど彼がレンズについてのスピノザの実用的技能を賞賛しようと、理論光学についてのその知識を重視してはいなかった。また一六八二年にガロワ神父がハイヘンスにスピノザの『神学=政治論』と

『没後著作集』を依頼したとき、ハイヘンスは「あなたに喜びを与えるために、私があなたのためにできるもっとよいことがあると思うのです」[註49]と返答した。スピノザの側からは、ハイヘンスに対し、彼が他の友人たちのいく人かに抱いていた感情や信頼を寄せている様子はなかった。その二人の間には一定の隔たりがあり、数年後にスピノザがアムステルダムの医師ゲオルグ・シュラーに残したいくつかの寸言に明白である。一六七五年、スピノザとシュラーの共通の友人ワルター・エーレンフリート・フォン・チルンハウスは、シュラーとスピノザに薦められた通りに、パリでハイヘンスと知り合いになった。ハイヘンスはスピノザから送られた『神学＝政治論』を読んでおり、もしスピノザが何か他のものを出版しているなら彼に教えるよう、チルンハウス――彼は『倫理学（エチカ）』の草稿に目を通していた――をせっついた。これはスピノザが『倫理学（エチカ）』の出版によって必ずや起きるだろう非難を回避したいという思惑から、その出版を延期したまさに数カ月後の出来事だった。スピノザの用心ぶりを知るチルンハウスのハイヘンスに対する返答は、彼が『倫理学（エチカ）』に目を通すことを許される代わりにそれを秘密にするという約束の通り、シュラーによれば、「彼は『デカルト哲学の第一部と第二部の証明』以外には知らない。ただでさえ、それ以外のことではあなた〔スピノザ〕について何も知らないと彼は言い、この答えがあなたの気を悪くしないように願っていた」[註50]という。スピノザはチルンハウスが「ハイヘンス氏との会話において慎重に振る舞った」[註51]ことに満足しているとシュラーに言った。スピノザは、むしろクリスティアーンよりもその弟のコンスタンティンの方と親しい関係にあったかもしれず、彼とはレンズ――そして絵を描くこと！――についての興味を共有し、一六六六年にクリスティアーンがパリに出発した後の数年間にわたって交流をつづけたように思われる[註52]。

スピノザには、ハイヘンス兄弟以外にも、デン・ハーグを訪れる理由があった。彼はその市に徒歩で出かけさえした――すなわち、ダニエル・ティーデマンが所有し、その弟メサクが住むバギーネストラート通りの「アダムとイヴ」と呼ばれる家である。【註53】国際的（コスモポリタン）な文化という点ではアムステルダムの足元にも及ばなかったが、デン・ハーグには、談話し、意見を交換し合う知識人たちの重要な集まりがあった。パリに移り住む前にクリスティアーン・ハイヘンスは、おそらく彼の仲間の数学者にして光学理論家で、さらにはレンズ研磨も手がける（と同時に『眼鏡小論 *Parva dioptrica*』の著者でもある）ヨハンネス・フッデに、スピノザを紹介したものと思われる。【註54】一六二八年、アムステルダムの特権階級の家に生まれたフッデは、一六五〇年代後半にレイデン大学で医学を修めた（そこにおいて、ロデウェイク・メイエルの同窓生として、初めて彼はスピノザに出会ったのかもしれない）。彼は二編の数学論文を執筆し、科学ならびにデカルトの幾何学の問題について数多くの著名人たちと書簡を交わしたが、最終的には政治のために哲学的生活を断念した。一六六七年、彼はアムステルダムの「市議会（フルートスハップ）」の一議員となり、一六七二年からはその市の市長（ブルヘメーステルス）たちの一人としてたび重なる任期の最初を開始した。彼とスピノザは、一六六六年前半の短期間、主に神の存在と単独性（『倫理学（エチカ）』からの証明で、フッデにスピノザはその予行演習をした）、ならびに屈折の幾何学の問題について手紙を交わした。スピノザはフッデが紛れもなくその一人だった政治上層部の保守的な牧師たちからのある程度の保護を得ようとつねに気を配っていた以上、フッデとの良好な交友関係は、長きにわたって実質的価値を潜在させるものとなった。彼がフッデとの関係を保とうとしたのは、単にその理由のためだけだったのかもしれない。

❧ブゥメーステルと「赤薔薇の砂糖煮」

一六六五年春、オランダの艦隊が敗退する以前のこと、スピノザは再びアムステルダムに滞在し、今回は数週間に及んだ。彼はおそらく、デ・フリース、ブゥメーステル、セラリウス、同じくいまやアムステルダム市立劇場の監督を務めていたメイエルをはじめ、古くからの友人たち全員に会ったと思われる。【註55】彼は、いまやローキン通りの自宅でコレギアント派の集会を主宰するボレールに会いに行ったかもしれないし、【註56】自由思想の領域で新しいものが出版されているかどうかを確認するためにリューウェルツゾーンの書店にも立ち寄ったかもしれない。が、ブゥメーステルはどことなくよそよそしかったように思われ、スピノザは、フォールブルフに戻るにあたり、その友人の奇妙な態度に多少なりとも心を傷めた。最初、その医師〔ブゥメーステル〕は、スピノザがアムステルダムを去るにあたり、送別の約束を果たすことができなかった。次に彼は、スピノザがデン・ハーグにいるときに、あえて彼を訪ねようともしなかった。

私のことを、あなたがすっかりお忘れになってしまったのかどうか、私は存じませんが、このような疑念を育てる出来事が一度ならず起きております。まず、まもなく私が「アムステルダムを」出発しようとしていたとき、私はあなたにご挨拶を申し上げたいと思い、それにあなたご自身が私を招待してくださったからには、私はあなたにご自宅でお会いできるものと、疑いもしませんでした。しかし私が知ったのは、あなたがデン・ハーグにご出発なさったということでした。私はフォールブルフに戻り、あなたが少なくとも通りすがりに私を訪ねてくださるのではないかと期待しておりました。しかしながらあなたは、神のご意志なのか、あなたの友人に挨拶をするでもなく帰ってしまわれました。最後に、私はあなたからのお手紙を三週間ずっと待ちつづけておりましたが、その間にお手紙を頂戴することはありませんでした。【註57】

とは言え、すべては水に流される。ブゥメーステルの気立ての優しさを思いやるスピノザは、「精力的に、真の情熱でもって重要な仕事を追求し、あなたの知性と精神の開拓にあなたの人生の最良の部分を進んで捧げるように」と、ブゥメーステルを励ましている。ブゥメーステルは、最初は内向的に、信頼関係の長引く危機を耐え忍んでいたように思われる。スピノザは、継続的な哲学的書簡のやり取りを通じて、友人の自尊心を立て直したいと願った。「以前から私は疑問に思い、いまやほとんど確信しているのですが、あなたはあなたご自身の能力を本来あるべきよりも過小に評価されておられるということをあなたは知るべきです」。ブゥメーステルは、スピノザが手紙を友人に見せ、それによって軽蔑されたりしないように、彼自身の考えを価値のないものと見なしつつ、それを書き記すことを躊躇していたようであるが、スピノザは気軽に書き記すように伝えている。「私はあなたに私の言葉を預けます」とスピノザは約束した、「これからはそれらを注意してしまっておいて、あなたの許可なくいかなる人物にも読ませたりはしません」と。ブゥメーステルがフォールブルフの近郊に滞在していたときにスピノザを訪れることができなかったのは、おそらく、ますます有名になるその博識の友人を前にしての、このような劣等感ゆえだったと思われ、それゆえスピノザは、彼の心を楽にしようとし、この点には気を遣っていた。彼は友人たちが彼を心配するのと同じほどに、友人たちを思いやり、彼らの身体面の健康のみならず、彼らの知的、感情的充足についても大いに気配りをしていたように思われる。しかしながら、スピノザ自身の健康は、勝れなかった。アムステルダムから帰った後、彼は発熱を下げるために瀉血をした。「出発後、一度私は静脈を切開したのですが、熱は治まりませんでした（とは言え、瀉血する前と比べれば、少し元気になりました——思うに空気が変わったせいでしょうか）」。【註58】一六六五年六月に書かれたブゥメーステル宛の手紙において、おそらくスピノザが彼の母から受け継いだと思われ、そして十二年後に彼を死に至らしめることになる呼吸器系の疾患についての最初の言及が見られる。彼は医者から勧められた「赤薔薇の砂糖煮」をブゥメーステルに依頼している。これは薔薇の蕾——ビタミンCの源——を同量の砂糖と一緒に摺り潰し、濃厚なとろみが付くまで水で煮詰める混和物である。これは呼吸器系疾患の滋養にとっての薬の一つと考えられていた。スピノザはしばらくの間は良好な状態がつづいていると主張しているが、おそらく彼は、いつか襲って来るさらなる発作を予感していただろう。同様に彼は、繰り返し三日熱——熱が原因の発作をしばしば伴う一種のマラリア——に苦しんだと言っているが、「十分な食事によって私はそれを取り除き、私の知らない何処かへ送り出してやりました」と付言している。

❧『倫理学（エチカ）』——「注意せよ！」

戦争、疫病、病気、そしてブライエンベルフの手紙による邪魔立てにもかかわらず、形而上学的、心理学的、倫理的思想——『神、人間および人間の幸福に関する短論文』において、さほど厳格ではない形式で取り扱われ、「形而上学思想」において用心深く暗示された題材の多くを含む——の壮大な幾何学的提示についての仕事は、一六六四年の丸一年と一六六五年前半にかけて、着々と進められた。一六六五年六月までにスピノザは、彼の「哲学（*Philosophia*）」、すなわち後に『倫理学（エチカ）』と呼ばれるものの、ほとんど完全に近いかたちの原稿を書き上げたと考えていたように思われる。この時点において、彼は——おそらく三つの主題（「神、人間、人間の幸福」）に分けられた『神、人間および人間の幸福に関する短論文』に対応するものと思われる——三部からなる著作を構想していたが、一六七五年頃に彼の手元にあり、そして彼の友人たちが彼の死後にようやく出版した最終版には、増補と改訂がなされ、しかも第三部として書かれていたものが第三部から第五部までの三部に拡大された、五つの部分（神、人間の精神、感情、感情に対する隷属、知性の力を介しての自由）が認められる。【註59】現在、ラテン語とオランダ語の両方の言語によって存在し、一六六三年に友人たちの間で読み回されていた

第一部「神について（*De Deo*）」の原稿は、第二部（「精神の本質と起源について *De natura & origine mentis*」）と同様、すべてバリンクによって翻訳された。【註60】一六六五年三月、彼はブライエンベルフに、出版本における後ろから二つ目の第四部の末尾に現れる題材について語っているが、【註61】現時点ではそれは第三部のものである。六月までに、彼はこの部分の終わり近くに取りかかっていた。依然そこにはさらに書き継がれるべきいくつかの事柄があった一方、彼は、第三部のほとんどはいつでもオランダ語への翻訳が始められる状態にあると判断していた。その月（一六六五年六月）のブゥメーステルに宛てた手紙には、ほぼまちがいなくバリンクが死去したためと思われるが、ブゥメーステルにその翻訳を行う意志があるかどうか、それとなく探ろうとしたくだりが見られる。【註62】

私たちの哲学の第三部について、近いうちに私は（『倫理学(エチカ)』の）その一部分を（もしあなたがその訳者となることを望むのであればですが）あなたか、友人のデ・フリースにお送りしようと思っています。私はそれを書き終えるまでは何もお送りしないと決めていたのですが、しかしながら、思いのほか長いものになってしまいましたので、あまり長くあなた方の出足を遅らせまいと考えたのです。【註63】

一六六五年の時点における第三部は、出版本の第四部と第五部の題材の多くを含んでいたのにちがいない。スピノザが、「知性の能力」、人間の自由、至福、そして出版本の第五部において取り扱われる最も重要なその著作の結びとすべての問題をまとめる以前に、たとえ下書きの状態でしかなかったとしても、その最終部（第三部）を翻訳が開始される準備のできているもの――かくして、推測すれば、おそらく事実上完成したもの――と見なしていたというのは、到底信じ難い。【註64】とすると、一六六五年秋にスピノザが『神学=政治論』に取りかかるべく『倫理学(エチカ)』の第三部を脇に退けたとき、その時点において、つづく年月において重要な修正がなされるとは言え、最終版を大まかに指し示すものであるような、実質的に彼が完全原稿と見なしていたものが、ほぼまちがいなく彼の手元にあったと考えられる。

『倫理学（エチカ）』は、野心的で、多面的な著作である。それはまた、大胆なまでに挑発的であるがゆえに、人はそこに、神についての伝統的な哲学的概念、人間、宇宙、そしてとりわけ宗教とそれに根ざす神学的、道徳的信仰に対する系統的で容赦のない批判を予想する。過去の思想家たちへの直接的な言及が欠如しているにもかかわらず、その著作は、膨大な博識を開陳する。古典古代、中世期、ルネッサンス期、および近代の著述家たち——すなわち異教、キリスト教、ユダヤ教の著作群——についてのスピノザの教養は、至るところに顕著である。プラトン、アリストテレス、ストア派、マイモニデス、ベーコン、デカルト、そして（とりわけ）ホッブズはみな、この著作の知的背景に属している。と同時にそれは、哲学の歴史における最も過激にして独創的な論文の一つである。

さらにそれは、その形式ゆえではまったくなく、最も難解なものの一つでもある。最初の接近で、『倫理学（エチカ）』の単なる表層は、威圧的で、哲学者ではない者には、恐れさえ抱かせる。定義、公理、公準、命題、評註、帰結のエウクレイデス〔ユークリッド〕的な構造とともに、それはまったく侵入を許さないもののように見える。しかしながらスピノザが一六六一年後半以来携わってきた幾何学的構成は、より近付きやすい別様の方法で提示されてきたかもしれない題材のための、表層的な固い殻などではない。彼の結論——それらの「演繹」はスピノザの主題のための議論を構成する——の確実性と説得力にとっては方法論上、本質的（そしておそらく修辞的、教授法的にも有効）であることに加え、その幾何学的方法は、スピノザの形而上学、ならびに認識論の内容と、密接な関係性を持っている。諸観念の構造が、その論理的に必然的な関連付けとともに、宇宙の構造を、その因果的に必然的な関連付けでもって、鏡のように映し出すのである。さらに、その理想的な形態における認識、すなわち事物の本性の洞察的な認識を構成するものについてのスピノザの概念は、最初から動的かつ合理的に推論的な認識を含み、『倫理学(エチカ)』の命題が語られるその方法と異なるものではない。【註65】

その著作の難解さにもかかわらず、明らかにスピノザは、十分な自己修練と知的注意力を備える者であれば——そして私たちはみな同じ認識能力を授けられている——、誰もが最も高い次元において真理に到達することができると信じていた。このことはおそらく、「真理」を多くの人々に近付き得るものとするべく、スピノザが最初から『倫理学(エチカ)』のオランダ語訳を容易に入手可能なものとなることを確実にしようとした理由であると思われる。というのは、賭けられているものは、私たちの必然的な「エウダイモニア(*eudaimonia*)」、すなわち私たちの最高の幸福または充足だからであり、スピノザにとってこれは、『倫理学(エチカ)』の諸命題において具体化される認識の中にあった。

認識が存するところのもの——そしてスピノザが証明（その語の最も強い意味合いにおいて）しようと意図したところのもの——は、神、自然、そして私たち、言い換えれば社会、宗教、人生についての、真理である。第一部から第三部を通じて取り扱われる多量の形而上学、自然学、人類学、心理学にもかかわらず、スピノザはその著作の決定的な言説を本質的に倫理的な方向に定位させた。その著作は、私たちの幸福と充足が、感情や、私たちが日々追求する移ろいやすい品物に隷属する生活にではなく、宗教として通っている迷信がらみの非反省的な付属品にもなく、理性的な生活にこそ存するということを示すことにある。しかしながら、これらの大まかな倫理的帰結を明確にし、支えるためにスピノザは、最初に宇宙を脱神秘化し、実際にはそれが何であるかを明示しなければならない。このことは、いくつかの形而上学的基礎の提示を要求し、その要求を満たすことが第一部の計画となる。「神について」は、十七世紀の哲学者であればよく知っていただろう、一見単純そうに見えて実はそうではない、いくつかの用語の簡潔な定義から始まっている。――「実体を私は、それ自身の中に存在し、それ自身を通じて概念されるもの、と理解する」。――「属性を私は、知性が実体のその本性を構成するものとして認識するもの、と理解する」。――「神を私は、絶対的に無限の存在、すなわち個々の属性が永遠無限の本性を表現する無限数の諸属性からなる実体、と理解する」。彼の批評家たちのいく人かは、第一部の諸定義をすでに十分すぎるほどに推論されていると批判したけれども、前提としてはスピノザの絶対的出発点である。しかしながらシモン・デ・フリースによる質問に対して彼は、定義とは真実または確実のものである必要はなく、「私たちが事物を概念し、あるいは概念することができるように、事物を説明する」にすぎないと答えている。【註66】事実それらの定義は、彼の体系の残りを基礎付ける、単純明快な概念である。それらは、哲学的に言説を与えられることによって明瞭で問題がないものになると見なされる、と彼が仮定する数多くの公理を従える（「いかなるものも、それ自身の中か、他のものの中に存在する」「所与の決定的要因からその影響が必然的につづけて生じる」）。これらの定義から、最初の命題が必然的につづけて生じ、そしてそのようにしてつづく命題は、いずれもそれに先立つもののみを使用しつつ証明される。

命題一から十五によってスピノザは、神についての彼の概念の基本的な要素を提示する。神は無限であり、必然的に存在し（すなわち原因を持たない）、宇宙の単独の実体である。宇宙には一つの実体しか存在しない。すなわちそれが神であり、それ以外のすべてはすなわち、神の中に存在する。

命題一　実体は、その本質においてその変状に先立つ。

命題二　異なる諸属性を持つ二つの実体は、互いに共通点を持たない（言い換えれば、二つの実体がその性質において異なる場合、それらは共通点を何も持たない）。

命題三　事物が互いに共通点を何も持たない場合、それらの一つはその他の原因となることはできない。

命題四　二つ、あるいはそれ以上の数の個別の事物は、実体の属性［すなわち、本質または本性］における違いによって、あるいは変状［すなわち、それらの偶発的な特性］の違いによって、互いに区別される。

命題五　性質上、同じ本質または同じ属性を持つ二つ、ないしそれ以上の実体は、存在し得ない。

命題六　ある一つの実体は、別の実体によっては生み出され得ない。

命題七　存在することは、実体の本質に属する。

命題八　すべての実体は、必然的に無限である。

命題九　個々の事物がより多くの実在性または存在を持つようになれば、それだけ多くの属性がそれに帰属する。

命題十　実体の各属性はそれ自身を通じて考えられなければならない。

命題十一　神、あるいはその個々の属性が永遠無限の本性を表現する無限数の属性からなる一つの実体は、必然的に存在する。（この命題の立証は、単なる古典的なもので、「神が存在することのための存在論的立証」からのものである。「これを否定するなら、できれば神は存在しないと考えよ。ゆえに公理七［一つの事物が存在しないと考えられ得る場合、その本性は存在することを必要としない］により、その本性は存在することを必要としない。しかしこのことは、命題七により、不条理である。ゆえに、神は必然的に存在する、証明終了」とスピノザは書いている。）

命題十二　ある一つの実体をその属性のゆえに分割可能であるとするような考え方は、実体のいかなる属性についても当てはまらない。

命題十三 一つの絶対的に無限の実体は、分割されない。

命題十四 神以外に実体は存在し得ず、また概念されない。

神——無限で、必然的で、原因を持たず、分割されない存在——とは、宇宙の唯一の実体である、とするこの証明は、その簡潔さと有効性の点で、緻密に組み上げられた論理的推論に特有の単純さの美とともに、魅力的である。最初に、二つの実体が一つの属性または本性を共有することはできない（命題五）ということが証明される。次に、無限数の諸属性を持つ一つの実体（すなわち神、命題十一）が存在するということが証明される。そのことから、その無限の実体の存在は、その他のいかなる実体の存在をも排除するということが帰結として導かれる。というのは、もし第二の実体となるべきものが存在「した」ならば、それは「何らかの」属性か本性を備えていなければならない。しかし神は、潜在的な「あらゆる」属性を持つがゆえに、この第二の実体によって帰属させられるその属性は、すでに神によって所有されている諸属性の一つということになる。しかし、同じ諸属性を持つことができる実体は、二つは存在しないと、すでに証明されている。それゆえ、神とは別個に、このような第二の実体は存在し得ない。

もし神が唯一の実体であり、そして（公理一〔「すべて存在はそれ自身の中にあるか、他のものの中にある」〕により）存在するいかなるものも、一つの実体か、あるいは一つの実体の「中に」あるのであれば、そうするとその他のすべては、神の中にあらなければならない。「存在するものは何であれ、神の中にあり、神なくして存在することも概念されることもできない」（命題十五）。

この予備的帰結が確立されるや否や、スピノザは、間髪入れず彼の攻撃対象を明らかにする。彼が唱える神の定義——ユダヤ教徒共同体からの彼の追放以来非難が向けられた「哲学的な意味のみにおいて存在する神」——は、神聖な存在のいかなる擬人化をも排除しなければならない。命題十五の評註において彼は、「人間と同じく肉体と精神を持ち、そして感情に支配される神を捏造する人々」を批判する。「しかし、彼らが神の真の認識からどれほど遠く彷徨(さまよ)っているかということは、すでに証明された事柄から、十分に明らかにされる」。このような神の擬人的概念は、誤りであるばかりか、人間の自由と行動の上に有害な影響しか及ぼすことができない。

第一部の技術的用語のほとんどは、全面的にまさしくデカルトから受け継がれたものである。しかし、最も忠実なデカルト学派でも、一から十五までの諸命題の趣旨を十全に理解するには、頭を抱えなければならなかっただろう。神は実体であり、その他すべては神の「中に」あるとは、いったい何を言おうとしているのか。スピノザは、石も、机も、椅子も、鳥も、山も、川も、そして人間も、(ちょうど人がその机は「赤い」と言うのと同様に)すべては神の「属性」であり、それゆえ神の一部として断定され得ると言っているのか。個々の物体と人間——通常私たちが独立した「事物」として、それらについて考えているもの——が、実際に、一つの事物の単なる属性にすぎないと考えることは、たいへん奇妙に思われる。スピノザはこの種の議論が引き起こす哲学的問題は言うに及ばず、その奇妙さを自覚していた。ある一人の人間が痛みを感じるとき、その痛みは究極的には神の一つの「属性」にすぎず、かくして神は、痛みを感じるということになるのか。このような問答は、命題十六についてのように、なぜスピノザの言語に微妙で無視し得ぬ揺らぎがあるのかを説明するものかもしれない。神はいまや、あらゆる事物の潜在的な実体であるばかりではなく、存在するものすべての普遍的、内在的、支持的な原因として記述される。すなわち、「神の本質の必然性から、無限大に数多くの様態において無限大に数多くの事物(すなわち、無限の知性の下に落ち得るあらゆるもの)が存在することになるのにちがいない」。

神の性質についての伝統的なユダヤ・キリスト教の概念によれば、神は超越的な創造者、すなわち無からの創造によって彼とは別の世界を生じさせた存在である。神はその世界を自由意志の瞬間的行為によって創造し、同様に簡単には彼自身の外側には何も創造しなかったのだろう。対照的に、スピノザの神は、あらゆる事物の原因であるがゆえに、あらゆる事物は因果的に、そして必然的に、神の本質から生じる。あるいは、彼が書き記しているように、「三角形の性質から、その三つの角は二つの直角に等しいということになるのと同じ必然性によって、かつ同じ方法において、あらゆる事物は」、神の無限の力または本質から、「永遠から永遠へ必然的に流れ、あるいはつねに生じたのである」【註67】。かくして、世界が存在することは、数学的に必然的である。神は存在し、しかし世界は存在しないというのは、あり得ない。このことは、神の「外の」いかなるものも存在を生じさせるために彼を含まない以上、神は自由に世界を生じさせてはいない、ということを意味しない。とは言えスピノザは、神が自由意志に基づく何らかの無根拠な、未決定の行動によって世界を創造したという考えを、事実否定する。神がそのようにしか行動し得なかったわけがない。現に存在する世界には何も選択肢はあり得ず、そして絶対的に世界の内側には偶然性も自然発生もない。すべては絶対的に、そして必然的に決定されている。

命題二十九 自然の中には、まったく偶発的なものはいっさい存在せず、すべては神の性質の必然性から存在し、そして一定の方法によって効果を生み出すべく、決定されてきた。

命題三十三 事物は、それらが生み出された以外のその他の方法、ならびにその他の秩序でもって、神によって生み出されることはできなかった。

しかしながら、事物が神に依存する方法には、さまざまなものがある。宇宙のいくつかの特徴は、必然的に神のみから——あるいは、より厳密には、神の諸属性自体の一つの絶対的な本質から——生じる。これらは、普遍の、無限の、永遠の、世界の形相であり、それらは、存在を生じさせることも、廃れさせることもない。それらは、宇宙の最も一般的な法則を含み、あらゆる方法によってあらゆる事物を支配する。延長の属性から、あらゆる延長された物体を支配する法則（幾何学の真理）と、物体の運動と休息を支配する法則（自然学の法則）が生じる。そして、思惟の属性から、思惟の法則（論理）と「神の知性」とスピノザが呼ぶものが生じる。個別の独立した事物は、因果的に神からより遠い位置にある。それらは、限定的な「神の属性の作用、または神の属性が一定の限定的な方法において表現される様態【註68】」に他ならない。

個別の諸事物が生じることとそれらの事物が行動することを支配する二つの因果的秩序または次元がある。一方でそれらは、神の性質から直接的に生じる宇宙の一般的な法則によって決定される。他方でそれぞれの個別の事物は、その他の個別の事物によって、行動し、行動させられることを決定される。かくして、運動中の物体の実際的な行動は、運動に関する宇宙の法則のみならず、運動し、それの周りで休息し、それと接触するその他の物体との関係によっても影響される【註69】。

神についてのスピノザの形而上学は、『倫理学（エチカ）』のラテン語版（オランダ語版ではない！）に出現する一つの言い回しに簡潔に要約される。すなわち、「神、あるいは自然（*Deus, sive Natura*）」である。「私たちが神、あるいは自然と呼ぶその永遠無限の存在は、それが存在する必然性と同じ必然性によって行動する【註70】」。これは曖昧な言い回しであり、スピノザは、自然を神格化しようとしているとも、神を自然化しようとしているとも、受け止められ得る。しかし注意深い読者には、スピノザの意図を誤解するべくもない。この同一視が自国の読者たちの間に引き起こすだろう反発を予想し、彼の死後に彼の著述を出版した友人たちは、より広く入手可能なオランダ語版において「あるいは自然」という言葉を削除しなければならなかった。

自然には二つの側面がある、とスピノザは主張する。第一に、宇宙の能動的、生産的な側面——神とその諸属性であり、そこからすべてが流れ出る——がある。これは、『神、人間および人間の幸福に関する短論文』で用いられたのと同じ言葉で、スピノザが「能産的自然（ナトゥーラ・ナトゥーランス）」と呼ぶものである。厳密に言えば、この側面が神と同一視される。宇宙のもう一つの側面は、能動的な側面によって生産され、支えられるところの「所産的自然（ナトゥーラ・ナトゥラータ）」である。

> 「所産的自然（ナトゥーラ・ナトゥラータ）」を私は、神の本質の必然性または神の諸属性のいずれかから流れ出るいかなるもの、すなわち事物が神の中にあり、神なくしては存在も概念されもしないと考えられる限りにおける、神の諸属性のあらゆる様態、と理解する。【註71】

第一部におけるスピノザの基本的認識は、自然とは不可視で、無原因で、潜在的な全体——事実、それは「唯一無二の」潜在的な全体——である、というものである。自然の外には、何も存在せず、存在するすべては自然の一部であり、決定論的必然性とともに自然によって生じさせられる。この統一的、単独的、生産的、必然的存在は、神によって意図されたものとして単に「ある」。自然の中に内在する必然性ゆえに、宇宙には何も目的論はない。自然はいかなる目的のためにも行動せず、事物はいかなる定められた目的のためにも存在しない。そこには（一般的なアリストテレス学派の言い回しを用いれば）「目的因」はない。神はその他のいかなるもののためにも事物を「生じさせ」ない。事物の秩序は、不可侵の決定論とともに、他ならぬ神の本性から流れ出る。神の目的、意志、目的地、嗜好、あるいは計画についてのあらゆる会話は、擬人化された空想にすぎない。

ここにおいて私が暴き出そうと企てているあらゆる偏見は、以下に基づくものである。すなわち、すべての自然の事物は、人間がするように、ある目的のために行動すると、全般的に人々が考えていることである。実際、彼らは、神自身があらゆる事物に何らかの特定の目的を指示しているのは確実であると主張し、それゆえに彼らは、神は人間のためにすべての事物をつくり、神を崇拝する人間をつくったと口にする。【註72】

神は、彼の目的に事物がいかに首尾よく従ったかによってそれらを審判し、何らかの目的地を指し示す計画者ではない。事物は自然とその法則ゆえにのみ存在する。「自然はその前に定められた目的を何も持たない［……］すべての事物は自然の永遠不変の一定の必然性によって生じる」。それ以外を信じることは、組織化された宗教の懐にあるのと同様、迷信の犠牲になることである。

［人々は］――彼ら自身の中と彼ら自身の外に――彼ら自身の有益を求めるにあたりひじょうに役に立つ多くの手段、例えば、見るための目、噛むための歯、食のための植物と動物、光のための太陽、魚を泳がせるための海［……］を見出す。かくして彼らは、すべての自然の事物を自らの利益のための手段として受け止めるようになった。そして、これらの手段は彼らの発見したものではあるが、彼ら自身が彼らに与えたものではないということを自覚するに及び、彼らの使用のためにこれらの手段を用意した他の何者かが存在すると、信じる理由を持った。というのは、彼らが事物を手段として考えた後、彼らは

それらの事物がそれ自体で成り立っているとは信じることができず、彼らが彼らのために用意することに習熟した手段から、彼らは、人間に自由を付与し、彼らのためにあらゆる事物を世話し、彼らの使用のためにあらゆる事物をつくった、一人または複数の自然の支配者が存在すると推論しないわけにはいかなかった。

そして彼らは、これらの支配者の気質については何も聞いたことがなかったがゆえに、彼らは彼ら自身に即してそれを判断しなければならなかった。かくして彼らは、神々が神々に対して人々を盲目にし、最高の栄誉において人々によって崇められるために、彼らの使用のためにあらゆる事物を差し向けたと主張した。その結果、彼らのそれぞれが、神がその他のいかなる存在よりも彼らを愛してくれるように、自然をまるごと彼らの盲目的な欲望と飽くことなき貪欲に応じて演出してくれるように、彼ら自身の気質から神を礼拝するさまざまな方法を思い付いた。かくしてこの勝手な思い込みが迷信に変わり、彼らの精神に深く根を張った。【註73】

計画し、目的を持って行動する審判者としての神は、従われ、宥(なだ)められる神である。軽薄な牧師たちは、このような一つの神の方に向き合いつつ、私たちの希望と恐怖を弄(もてあそ)ぶことができる。彼らはその神によって罰せられることを回避し、神の報酬を得られると計算される行動様式を画定する。しかし、とスピノザは主張する、神あるいは自然を目的のために行動する存在として見ること――すなわち自然の中に目的を見出すこと――は、自然を曲解し、真の原因の前に効果（最終結果）を置くことにより「それを転覆させている」のである。

神は、奇蹟を演出しない、というのは、自然の必然的な成り行きにはいかなる種類の逸脱もないからである。奇蹟の存在を信じることは、現象の真の原因についての無知のみに由来する。

もし石が屋根から誰かの頭の上に落ちてその人が死んだとすれば、彼らは、以下のような手順によって、石がその人を殺すために落ちたということを示そうとする。すなわち、それがその目的のために落ちたのではないとすれば、神がそれを望んだのであり、そうでなければ、いかにしてかくも多くの状況が偶然に重なることができたのかと（というのは、しばしば多くの状況が実際に一時に起きるからである）。おそらく風が強く吹き、そしてその人がその方角に向かって歩いていたからそれは起きたのだと、あなたは答えるかもしれない。しかし彼らは、そのとき風はなぜ強く吹いていたのか、そのときその人はなぜその方向に歩いていたのかと、つづけて問うだろう。それに対して再びあなたが、その前日に、穏やかな天候だったが海が荒れ出したために風が吹き、その人は友人宅に招待されていたからだと答えたとしても、それでも彼らは、なぜ海は荒れていたのか、なぜそのときその人は招待されていたのかと——問われ得る問いには終わりがないがゆえに——執拗に迫りつづけるだろう。このように、彼らは原因の原因を問うことを止めないだろう、あなたが神の意志の避難所、すなわち無知の至聖所にすがるまで。【註74】

これは辛辣な言葉であり、明らかにスピノザは、自らの立場の危うさを意識していないわけではなかった。私たちの軽信を利用する同じ牧師たちは、暗幕を引き寄せ、自然の真理を顕わにしようとする者に対して非難を浴びせるだろう。「教養ある者として奇蹟の真の原因を探り、自然の事物を認識することを切望し、馬鹿者のように奇蹟に驚愕しない者は、人々が自然と神々の解釈者たちとして崇（あが）める者たちによって、総じて不敬な異端者と見なされ、非難される。というのは彼らは、もし無知が取り払われるならば、彼らが彼らの権威を議論し、擁護するために持つ唯一の手段である馬鹿者の驚きも取り払われると分かっているからである」。

第二部においてスピノザは、人間存在の起源と本質に向き合う。私たちが認識する神の二つの属性は、延長と思惟である。これは、それ自体において、彼の同時代人たちの目には驚くべき命題であっただろうもの、すなわち通常は誤解され、つねに不道徳とされるものを含んでいる。スピノザが〔第二部の〕命題二によって「延長は神の属性であり、あるいは神は延長された物体である」と主張するとき、神は文字通り肉体的であると言っているものとしてほとんど普遍的に――しかし誤って――解釈された。まさにこの理由のために、「スピノザ主義」は、彼の批評家たちにとっては、無神論的唯物論と同義語になった。

神の中にあるものは、しかしながら、事物そのものではなく、本性としての延長である。そして延長と思惟は、絶対的に共通点のない二つの個別の本性である。延長の様態または表現は、物理的な肉体となり、そして思惟の様態は、観念となる。延長と思惟は、共通点を一つとして持たないがゆえに、事物と精神の二つの領域は、因果的に閉ざされた体系である。延長されているすべてのものは、延長のみの属性から生じる。あらゆる肉体的な事象は、肉体的な事象の因果的な無限の連なりの一部であり、他の延長された肉体との関係性とともに、延長の性質とその法則によってのみ決定される。同様に、あらゆる観念は、思惟の属性のみから生じる。いかなる観念も、観念の無限の連なりの中の不可欠な一部分であり、その他の諸観念に対する関係とともに、思惟の性質とその法則によって決定される。言い換えれば、肉体と観念の間、肉体的なものと精神的なものとの間には、因果的な相互作用は何も存在しない。が、その二つの連なりの間には、完全な相関関係と並行関係が存在する。比較的一様な事物の集合体である延長におけるあらゆる様態にとっての、思惟に対応する様態が存在する。事実、「延長の一様態とその様態の観念は、一つにして同じものであるが、二通りに表現される」【註75】とスピノザは主張している。自然あるいは実体の基礎的、潜在的統一ゆえに、思惟と延長は、一つにして同じものである自然に「一致する」二つの異なる方法に他ならない。かくして、あらゆる物質的な事物は、それを表現し、象徴するそれ固有の観念──プラトン的観念の一種──を持つ。その観念が、まさしく神の属性の一つ──思惟──の様態である以上、それは神の中にあり、観念の無限の連なりは、神の精神を構成する。スピノザは次のように説明する──

自然の中に存在する円と存在する円の観念は、いずれも同様に神の中に存在するものであり、一つにして同じものであり、異なる属性を通じて説明される。それゆえ、私たちが延長の属性の下に、あるいは思惟の属性の下に、はたまた別の何らかの属性の下に、自然を概念するとしても、いずれにせよ私たちは、一つにして同じ秩序、あるいは諸原因の一つにして同じ連関、言い換えれば、同一の諸事物が生じ合っているということを見出すだろう。

このことから、複数の肉体間の因果的な関係は、神の諸観念間の論理的関係に反映されることになる、とスピノザは主張する。あるいは、彼が〔第二部の〕命題七において書き記したように、「諸観念の秩序と連関は、諸事物の秩序と連関と同一である」。

しかしながら、延長された肉体の中の一つの種類は、行動を起こす、あるいは行動を起こさせられるその構造と気質において、他のいかなるものよりも著しく複雑である。その複雑さは、それに対応する観念に反映される。問題の肉体は、人間の肉体であり、その対応する観念は、人間の精神または魂である。そうすると精神は、その他のいかなる観念とも同様に、単純に神の属性、すなわち思惟の一つの個別の様態に他ならない。肉体において生じるどのような事柄も、精神において反映され、表現される。この方法によって精神は、多かれ少なかれ曖昧に、その肉体において起きている事象を認識する。そしてその肉体の他の肉体との相互作用を通じて精神は、その周囲の物理的世界で起きている事柄を知覚する。しかしながら人間の精神は、思惟の何らかの様態が延長の一様態と互いに影響し合う以上に、その肉体と影響し合うものではない。

十七世紀の哲学上の焦眉の問題の一つ、そしておそらくデカルトの二元論の最もよく知られた遺産は、肉体と精神のような二つの決定的に異なる実体がいかにして人間存在において一つに合体し、互いに影響を引き起こすのかという問題である。因果的に、いかにして延長された肉体が、接触することも運動することも不可能な延長されない精神と関係し、そしてそれを「揺り動かし」、すなわち例えば苦しみのような感覚や知覚といった心理的作用を生じさせるのか。スピノザは、人間存在は二つの「諸実体」の合体であるということを、事実否定する。人間の精神と人間の肉体は、一つにして同じ物の――思惟の下と延長の下の――二つの異なる表現である。そして精神と肉体との間には、因果的な相互作用は何もないがゆえに、専門的に言えば、いわゆる精神=肉体問題なるものは、生起しない。

人間の精神は、神と同じく、観念を含む。これらの観念のいくつか――感覚的な表象(イメージ)、質的な(苦しみや喜びのような)「感情」、持続する情報――は、肉体の状態に関する思考における表現ではあるが、その周囲の肉体によって影響されるがゆえに、不正確な性質の現象である。このような観念が伝達するものは、世界についての十全にして真の認識ではなく、知覚する者にとって、事物がその時点においてどのように見えているかの相対的、部分的、主観的な一場面のみである。これらの知覚には、系統的な秩序も、理性による批判的な監督もない。「人間の精神が、卑近な性質の秩序から事物を知覚する限り、それはそれ自身、それ自身の肉体、および外的な肉体についての適正ではない、しかも混乱した、不完全な認識しか持てなくなる【註76】」。このような状況下において私たちは、外の世界における事物との私たちの脈絡のない無秩序な接触によって、私たちの観念の中で単純に決定されている。この表面的な知覚は、それらの事物の本性についての認識をけっして私たちに与えることはない。事実それは、偽りと誤りの絶えざる源泉である。私たちは――私たち自身を自由であると考えつつ――私たちの無知において、私たちが原因によっていかに決定「されている」かに気が付いていない以上、この「無秩序な経験に基づく認識」は、同様に誇大妄想の源泉でもある。

対照的に、適正な概念は、理性と秩序に基づく方法で形成され、必然的に真であり、事物の本性を啓示するものである。「理性に基づく推論」は（「無秩序な認識」の次の）第二種の認識であり、論証的、推論的方法を通じて獲得される、事物の本性についての理解である。「真正の観念とは、完璧な、または最善の方法による事物の認識以外の何も意味しない」。そこには、ある事物とその他の諸事物との因果的連関のみならず、より重要なことに、神の諸属性ならびにそれらから直接的に生じる無限の諸様態（自然の諸法則）との因果的連関を把握することも含まれる。事物についての適正な観念は、その因果的連関全体の中にその物体を明瞭判然と位置付け、単にそれがある「という事実」のみならず、「いかにして」、そして「いかなる理由によって」それがあるのかを明らかにする。事物を真に認識する人は、いかなる理由によって事物が存在することを決定され、別様にはなり得なかったのかを理解する。「事物を、偶発的ではなく、必然的と考えることは、理性に基づく推論の本質である」【註77】。何らかの事物が偶然的で自然発生的であるという信仰は、事物の因果的連関についての説明の不適正な理解、それに対する部分的で「不完全な」精通にのみ基づいて起こり得る。適正な観念を備えた方法による認識は、自然に内在する必然性を見通すのである。

感覚に基づく経験のみによっては、適正な観念が伝える情報を与えられることは、けっしてあり得ない。諸感覚は、時の経過のある瞬間におけるある眺めから、それらがいかに見えるかということしか提出しない。対照的に、適正な観念は、神の属性のあるもの、またはそれとは別のあるものから事物がいかにして必然的に生じるかを示すことにより、その「永遠の」側面――それをスピノザは「*sub specie aeternitatis*（永遠の相の下に）」と記している――において、時の経過とはまったくかかわりなく、その眺めを提示する。「事物を、偶発的ではなく、必然的と見ることは、理性に基づく推論の本質である。そして理性に基づく推論は、事物のこの必然性を、すなわちそれがそれ自体で存在する通りに、真に認識する。しかし事物のこの必然性は、神の永遠の本質の必然性に他ならない。それゆえ、永遠というこの正貨によって事物を見ることは、理性に基づく推論の本質である」。第三種の認識、すなわち洞察は、推論によって知られるものを受け取り、それを精神のみの単独の行為によって把握する。

適正な認識についてのスピノザの概念は、人間存在の認識力における無双の楽観主義を表明する。スピノザが可能であると考えた深さと確かさの程度で、私たちが自然のすべてとその最も内奥の秘密を知ることができるとは、デカルトさえ信じなかった。ロデウェイク・メイエル自身、『デカルトの哲学原理』に寄せた序文において、二人のこの違いに読者の注意を喚起している。

「この著作の」所々に散見される言い回し――すなわち、「これないしあれは、人間的理解力を越えている」――は、デカルトのためを思ってのみ言われているものとして［……］受け止められなければならない、ということを、私たちはあえて書き記しておかなければなりません。と言いますのは、私たちの著者が、このような表現を彼自身の考えとして提出していると見なされるべきではないからです。彼の考えでは、それらのすべての事柄、ならびにその他のより崇高で微妙な数多くの事柄さえ、明瞭判然と概念されるのみならず、十分に満足の得られるかたちで説明され得るのです――ただし、人間の知性がデカルトによって切り開かれ、地慣らしをされたのとは異なる道筋に沿って、事物についての真理と認識の探求に導かれる場合に限ってのことですが。【註78】

さらに顕著なのは、スピノザは、何らかの事物についての、そして自然全体についての適正な認識は、神、そして事物がいかに神およびその諸属性と関係しているかについての徹底した認識を含むと考えたがゆえに、少なくとも原理上は、私たちは神を完全かつ適正に認識することが可能であると主張することに、まったく躊躇はなかった。すなわち、「個々の観念が含む神の永遠にして無限の本性についての認識は適正であり、完全である」【註79】。「人間の精神は、神の永遠にして無限の本性についての適正な認識を持つ」【註80】。歴史上、彼以外のいかなる哲学者も、このような主張を進んで行おうとはしなかった。さらにはまた、彼以外のいかなる哲学者も、神を自然と同一視しなかった。

スピノザの最終目標にとっては、人間存在がその他の延長された存在と精神的な存在と同様、同じ因果的連関の中に存在しつつ、いかにしてそれが自然の一部となっているのかを示すことが必須であるがゆえに、彼は人間存在の構造についての詳細な分析に着手する。ここには、重要な倫理的含意がある。最初に、一個の人間存在は、少なくとも言葉の通常の意味においては、自由を授けられていないということが仄めかされる。私たちの精神と私たちの精神における事象は、神の属性である思惟から生じる因果的な一連の観念の内部に存在する単なる観念にすぎないがゆえに、私たちの行動と意志作用は、その他のいかなる自然的事象と同様、必然的に決定されている。「精神においては、絶対も自由も意志もなく、精神はその他によって決定されもする一つの原因によって、これをする、またはあれをするという意志を決定され、そしてこれはさらにその他の別のものによって決定され、そのようにして無限に連鎖する」。

意志について（そしてもちろん、私たちの肉体について）当てはまることは、私たちの精神的生活のあらゆる現象についても当てはまる。このことをスピノザは、自然の外（あるいは上方）の台座に人間存在を据えようとしてきたように思われるかつての思想家たちによって十分に理解されなかった問題であると信じていた。

感情、そして人間が生きる方法について書き記した彼らのほとんどは、自然の共通の法則に従う自然的事物についてではなく、自然の外の事物について取り扱っているように思われる。実際、彼らは、支配の中の支配として自然の中の人間を考えているように見える。というのは、彼らは人間が自然の法則に従うよりもむしろそれをかき乱しており、人間がその行動に絶対的な権限を持ち、自分自身によってのみ決定されると信じているのである。【註81】

例えばデカルトは、もし人間存在の自由が保存されるのであれば、魂は物質的宇宙を支配する、ある種の決定論的法則から除外されなければならないと信じた。『倫理学（エチカ）』の出版本において第二部と第四部となるものにおけるスピノザの目標は、第三部の序文で彼が述べているように、人間存在とその意志的、感情的な生活を、自然の中においてそれらが本来あるべき正しい位置に復帰させることである。というのは、いかなるものも、人間の精神さえも、自然の外には立ってはいないからである。

自然はつねに同一であり、その美徳と行動力は、至る所において、一つにして同一であり、言い換えれば、あらゆる事物が生じ、一つの形態から別の形態へと変化するにあたって従うところの自然の法則と規則は、つねに、そして至る所において、同一である。それゆえ、いかなる種類のいかなるものであれ、その本質を理解する方法は、同様に同一でなければならず、自然の不変の法則と規則を通じてでなければならない。

私たちの諸感情——愛、怒り、憎しみ、羨望、自尊心、嫉妬など——は、「その他の個別の事物の場合と同じ必然性と自然の強制力から生じる」。それゆえスピノザは、彼が自然の中のその他の何かを説明する場合とまったく同様に、それらの諸感情を——運動中の一つの肉体や、ある一つの数字の属性のように、それらの出現において決定されるものとして——説明付ける。「私は、感情の本質と力、およびそれらに対する精神の力を、これまでの部分において私が神とその思惟を取り扱ったのと同じ方法によって取り扱い、そして人間の行動と貪欲を、それがあたかも線、面、立体の問題であるかのように、考察するだろう」。

私たちの感情は、行動と情動に分割される。ある事象の原因が私たち自身の本質——さらに限定的に、私たちの認識または適正な観念——にあるとき、それは精神行為の原因となる。その一方で、何かが私たちの中に私たちの本質の外にある原因を生じさせるとき、私たちは受動的で、影響を被る存在となる。通常、私たちが行動するときと、私たちが影響を受けるときの両方において起きている事柄は、私たちの精神的または肉体的能力における何らかの変化であり、それをスピノザは、「私たちの行動力」または私たちの「存在における忍耐力」における「増大、あるいは減退」と呼んでいる。あらゆる存在は、必然的にこのような力または努力を授けられている。この「コナトゥス（*conatus*）」すなわち存在の慣性の一種が、何であれ存在の「本性」を構成する。「個々の事物は、それがそれ自身の力によって可能である限り、その存在の中において耐え忍ぶ努力をする」【註82】。一つの感情とは、よかれ悪しかれ、他ならぬこの力における何らかの変化「である」。行動である感情は、私たちの本質のみにその源泉（あるいは「適正な原因」）を持つこの力における変化であり、すなわち情動である感情は、私たちの外から来るこの力における変化である。

私たちが努力して求めるものは、情動から自由になること――あるいは、絶対的な意味ではそれは不可能である以上、少なくともそれらをいかにして緩和し、抑制するかを学習すること――であり、能動的、自律的存在になることである。もし私たちがこれを達成することができるなら、私たちは私たちに生じるいかなるものも、私たちの外のものとの関係からではなく、（それが、神の諸属性、すなわち私たちの精神と肉体がその諸様態であるところの実体によって、究極的かつ必然的に生じ、決定されるように）私たち自身の本質から生じる、という範囲において、「自由」になるだろう。結果的に私たちは、この生活における煩わしい情緒的な浮き沈みから真に解放されるだろう。これを実現させる方法は、私たちの認識すなわち適正な観念の蓄積を増大させることであり、精神の本質のみから生じるものではなく、私たちの肉体が他の肉体によっていかに影響されるかということの表れとなるものから生じる私たちの不適正な観念を、可能な限り排除することである。言い換えれば、感覚と表象（イメージ）の生活は、私たちの周囲の事物によって影響され、誘導される生活であるがゆえに、私たちは感覚と想像力への依存から私たち自身を解放する必要があり、できる限り多く私たちは、私たちの理性的能力にのみ依存する必要がある。

忍耐する私たちの内的努力――それは、人間存在においては、「意志」あるいは「欲求」と呼ばれる――ゆえに、当然のように私たちは、私たちの行動する力を増大させることによって私たちに益すると私たちが信じるそれらの事物を追求し、私たちの行動する力を減退させることによって私たちに害を与えると私たちが信じるそれらのものを避け、または逃れる。このことは人間の情動を一覧表にするための基礎をスピノザに与えている。というのは、情動は、永遠の事物が私たちの力または能力に影響を与えるその方法のあらゆる作用だからである。喜びは、例えば、行動のためのより大きな能力への移動または経過にすぎない。「喜びを［……］私は、それによって精神がより大きな完成へと至る情動、と理解する【註83】」。情動でありつつ喜びは、つねに何らかの外的な対象によってもたらされる。その一方で悲しみは、完成へのより少ない状態への通過であり、私たちの外の事物によって引き起こされる。愛は単純に、より大きな完成への通過をもたらす外的原因の知覚を伴う喜びである。私たちは私たちに恩恵を与え、私たちに喜びを生じさせるそのような対象を愛する。憎しみは、「外的原因の観念を伴う悲しみ」以外の何ものでもない。希望は、「私たちがその結果を疑う、未来または過去の事物の表象（イメージ）から生じた永続しない喜び」にすぎない。私たちは、その現存が、いまだ不確実だとしても、喜びを生じさせるだろうものを希望する。しかしながら私たちは、その現存が、同じく不確実だとしても、悲しみをもたらすだろうものを恐れる。その結果が疑われている事柄が確実になるとき、希望は確信に変わり、恐怖は絶望に変わる。

　人間的感情のすべては、それらが情動である限り、絶えず外の諸事物と、何とかして私たちに影響を及ぼそうとするそれらの諸能力に向かう。私たちの情動と欲望によって刺激され、私たちは私たちが喜びまたは悲しみを引き起こすと信じるそれらの諸事物を追求し、あるいは遠ざける。「私たちは、喜びに至ると私たちが想像するものの出現を促進しようと努力し、それとは反対のもの、あるいは悲しみに行き着くと想像するものを回避し、破壊しようと努力する【註84】」。私たちの希望と恐怖は、私たちが私たちの願望あるいは忌避の対象と見なすものが、隔たっているか、近いか、必要か、可能か、あり得ないか、ということに応じて変動する。しかし、私たちにとって外的なものである私たちの情動の対象は、完全に私たちの統御の範囲外にある。かくして、私たちは「それら」によって私たちが操られることを許すようになればなるほど、それだけ私たちは情動に支配され、そしてそれだけ能動的でも自由でもなくなる。その結末は、情動の泥沼にはまり、それらの感情を引き起こす変わりやすく逃れやすい事物を追求したり、回避したりする、かなり悲観的な人生の図である。「私たちは外的な原因によって数多くの方法でもって突き動かされている。そして〔……〕海面の波のように、逆風に煽られつつ、私たちの結果と運命を知ることもなく、弄ばれる」【註85】。『倫理学（エチカ）』第四部の題名は、人間存在にとってのこのような人生についてのスピノザの評価を、一点の曇りもなく明らかにする。すなわち、「人間の隷属、または感情の力について」である。彼が説明するものは、「私が隷属と呼ぶ感情を緩和し、抑制する」人間存在の「能力の欠如」についてである。「というのは、感情に支配される人間は、彼自身の統御ではなく、運命の統御の下にあり、その力の中においては、しばしば彼はあまりにも激しくそうであり、たとえ彼自身のためによりよいものを見ているとしても、依然彼はいっそう悪いものに従うように余儀なくされるからである」。それは、と彼は言う、「数多くの変転を被る傾向にあり、私たちがけっして確実には所有することの叶わない」事物に対する過剰な愛情に苦悩する、ある種の「精神の病」である。【註86】

この困難な状況に対する解決策は、古典的なものである。私たちは私たちが評価する傾向にあり、私たちの充足に影響を与えずにはいない対象を統御できない以上、それに代わって私たちは私たちの評価そのものを統御し、それによって外的な事物と情動が私たちに対して及ぼす揺さぶりを最小限にとどめるよう努力しなければならない。私たちは受動的な影響力を完全には排除できないし、そのようにすることは、この人生においては、望ましいものでさえないだろう。私たちは、本質的に自然の一部であり、外的事物に私たちを連関させる一連の原因から私たち自身を完全に取り外すことはけっしてできない。「人間が自然の一部ではなく、彼が彼自身の本質のみを通じて認識され、彼がその適切な原因であるところのそれ以外に何も変化を経験し得ないというのは不可能である。［……］このことから人間は必然的につねに情動に支配され、自然の共通の秩序に従い、従属し、事物の本質が要求するだけそれに自らを適応させるということが生じる」【註87】。しかし私たちは、究極的には、情動を中和し、それらを統御し、それらの混沌からある程度の安息を獲得することができる。

感情を抑制し、緩和することへの道は、美徳を通ることである。スピノザは、心理学的、倫理的な利己主義者である。あらゆる存在は必然的に——自らの存在を保存するために——自らの利益を求め、そのように行動することは自らにとっては正しいことである。これは美徳の存するところのものである。なぜなら私たちは、存在について考えるがゆえに、知性と理性を授けられており、私たちの最大の利益となるものは、認識だからである。それゆえ、私たちの美徳は、認識と理解と、適正な観念の追求にある。認識の最良の種類は、純粋に事物の本性の知的洞察である。この——無作為な経験と理性に基づく推論を超えた——「第三種の認識」は、事物の一時的な側面においてではなく、そして持続およびその他の個別の事物との関係性においてでもなく、永遠の相の下に、すなわち時間と場所についてのあらゆる考察から抽象され、神とその諸属性とのそれらの関係性に位置付けられた中において、諸事物を見る。それらはつまり、普遍的な本性（思惟と延長）と自然の永遠の法則とのその概念的、因果的関連性において理解される。

私たちは二つの方法によって諸事物を現実のものとして概念する。すなわち、ある時間と場所との関係性において存在するそれらを概念するか、あるいは私たらがそれらを神の中に含まれてあるものとして、なおかつ神聖なる本質の必然性から生じるものとして概念するか、そのいずれかである。しかし、この第二の方法によって私たちは、諸事物を真なるもの、あるいは実在のものとして概念し、永遠の相の下

に、それらが神の永遠無限の本性を含んでいるという程度にまで概念する。【註88】

しかしながらこれは、究極的には、私たちは神の認識を追求する、ということを言っているのに他ならない。いかなる肉体の概念も延長の概念を含み、そしていかなる観念または精神の概念も思惟の概念を含む。しかし思惟と延長はまさしく神の諸属性である。それゆえ、いかなる肉体または精神の固有にして適正な概念は、必然的に神の概念または認識を含む。「第三種の認識は、神に備わるある属性についての適正な概念から事物の本性の適正な認識へと移行し、この方法によって私たちが事物を理解すればするほど、それだけ多く私たちは神を理解するようになる」【註89】。神の認識は、かくして、精神にとっての最大の善であり、その最大の美徳となる。

第三種の認識を通じて私たちが事物を理解するときに私たちが目にするものは、永遠の相の下の、そして神との関係における、あらゆる事物の決定論的必然性である。私たちは、あらゆる肉体とその状態が事物の本性と自然界の普遍的法則から必然的に生じることを理解し、そして、精神のあらゆる諸属性を含むあらゆる観念は、思惟の本性とその普遍的法則から必然的に生じることを理解する。この洞察は、情動が私たちに及ぼす力を唯一弱めることができるものである。私たちは、過ぎ行くものについて、希望を抱くことも、恐れをなすことももはやなく、私たちの所有物をめぐって心配し、あるいは落胆することももはやない。私たちはあらゆる事物を冷静沈着に見つめ、私たちは過去の、現在の、あるいは未来の出来事によって、さまざまな方法において、過度に、不条理に、影響されることもない。その結果は、自己抑制であり、精神の平穏である。

諸事物が必然的であるというこの認識が、私たちがより判然かつ鮮明に想像するところの個別の事物により多く及ぶようになればなるほど、感情に対する精神のこの力は、経験そのものが証明するように、より大きくなる。というのは、消失した何らかの善に対する悲しみは、それを失った人間がこの善はいかなる方法によっても保たれることができなかったということを悟るやいなや軽減されるということを、私たちは知っているからである。同様に私たちは、幼児たちの会話をし、歩き、あるいは推論することの不能を理由にしては、あるいは彼らが、まるで彼ら自身を意識しないかのように何年間も生きることを理由にしては、「私たちが幼年期を自然にして必然的なものとして見なすがゆえに」誰も憐れんだりはしないということを知っている。【註90】

私たちの感情そのものは、この方法によって理解され得、それはさらに、私たちに対するそれらの力を軽減するものである。

スピノザの倫理的理論は、ある程度までは、ストア派的であり、【註91】キケロやセネカのような思想家たちの説くところを思い出させるものである。

私たちは、私たちの外の諸事物を、私たちの使用に適合させる絶対的な力を持ってはいない。にもかかわらず私たちは、私たちが義務を遂行し、私たちの持つ力が私たちがそれらの諸事物を避けることができるという程度には及び得ず、そして私たちが自然の全体の一部であり、その秩序に私たちは従っているということを意識するなら、私たちの利益の原理の要求に反することになるそれらの諸事物を、私たちは静かに耐えるだろう。このことを私たちが明瞭判然と理解すれば、認識によって定義されるところの私たちのあの部分、すなわち私たちのよりよい部分は、それに十全に満足し、その満足の中でそれを耐えるように努力するだろう。というのは、私たちは認識する限り、必然的なもの以外は何も欲望し得

ないし、真であるもの以外のものに満足することも絶対にあり得ないからである。【註92】

最終的に、儚い「物品」〔goods〕への情熱的な愛と取って代わるものは、私たちが十全かつ安定的に所有することのできる永遠不変の善〔good〕、すなわち神への知的愛である。第三種のその認識は、その対象への一つの愛を生じさせ、そしてこの愛には喜び、すなわち一つの情動ではなく至福そのものが存する。人間の「最高の幸福（エウダイモニア）」についてのマイモニデス〔十二世紀のラビ〕の考えに手がかりを得つつスピノザは、神に対する精神の知的愛は、宇宙、私たちの美徳、私たちの幸福、私たちの充足、そして私たちの「救済」についての、私たちの認識である、と主張する。【註93】と同時にそれは、私たちに生起する事柄が、外的な事物の私たちに影響を及ぼす方法の結果としてではなく、私たちの本質（神の諸属性の一つの明確で決定的な様態）のみから生じるという条件に私たちが近付くに従い、私たちの自由、そして自律でもある。スピノザの「自由の人」は、冷静に、運命の恩恵と損失を負い、「人生における最も重要なもの」となると彼が信じることのみを行い、（認識を通じて他の者たちも情動の弊害からのある程度の解放を確実に得られるようにするために彼ができることを行いつつ）彼らの充足を気遣い、そして死を懸念しない人間である。【註94】自由の人は、いかなる永遠の、他界的な報酬も期待せず、いかなる永遠の罰も恐れない。精神はいかなる人間的な意味においても不死ではなく、しかし唯一ある種の永遠性を授けられているということを、彼は知っている。精神がより多くの真正かつ適正な諸観念（それらは永遠である）から成れば、その多くは——神の思惟の属性の内側において——肉体の死と肉体の持続に対応する精神のその部分の消失の後も残存する。【註95】事物の自然的図式における自らの場所についてのこの認識は、自由な個人に真の精神の平和をもたらす。

人間の行動と充足についてのスピノザの倫理的教条からは、社会的、政治的に関連する数多くの諸問題が生じ、それらはみな、一六六〇年代中頃までに彼の心をますます占めるようになった諸問題に関係している。人間存在の間の不賛成と不和とがつねに私たちのさまざまに異なる移ろいやすい情動の結果であるがゆえに、「自由な」個人たち――彼らのすべては同一の本質を共有し、同一の原理に基づいて行動する――は、自然に、そして無理なく、調和のある社会を形成するだろう。「人々が情動であるところの感情によって引き裂かれる限り、人々は敵対し合うことになる……［しかし］人々が理性の導きに従って生きる限り、人々は人間の本質にとって、かくして個々人にとって、善である物事、すなわち個々人の本質に合致するそれらの物事のみを行わなければならない。それゆえ、人々が理性の導きによって生きる限り、人々は自らの関係においてつねに一致していなければならない【註96】」。自由な人間存在は、互いに恩恵を与え合い、役立とうとするだろうし、他者の意見や誤りにさえ、寛容であろうとするだろう。しかしながら人間存在とは、誰しもが理性の導きの下に生きるわけではない。それゆえ、国家または統治者には――理性によってではなく、権力の脅威によって――他者の側への制限のない私利私欲の追求から個々人が確実に保護されることが要求される。すなわち、個々人が際限なく私利私欲を追求する野蛮な状態から、ある一定の本来的な――「復讐し、そして善悪を判断するために誰もが持つ権利」のような――諸権利の全般的な放棄および中央的な権威に特権を賦与することを含む市民的状態への移行である。人間存在が彼らの情動に導かれる限り、国家は彼らが「調和的に生き、互いに助け合う【註97】」状態を招来させる必要がある。

あからさまに政治的な諸問題は、『倫理学（エチカ）』においては小さな一角しか占めていない。おそらくスピノザは一六六五年に、その頃フォールブルフの、そしてオランダ人の共和国全体の平和を再び乱し始めた、より緊急の政治的問題とまさに彼が見なしていたもののために、その著作を脇に退けた。スピノザが自らの形而上学的=倫理学的論文に再び真剣に向き合うまでには、長い歳月――そしておそらく、ヨハン・デ・ウィットの暗殺と「真の自由」の時代の終焉後までの日々――を要するだろう。

と同時におそらく彼は、神、自然、そして人間存在についての過激な考えの幾何学的提示の受容のための、より好ましい時代を希望した。スピノザは生来的にひじょうに注意深い人間であり――彼の印章付指輪には「カウテ（*Caute*）」すなわち「注意せよ！」の標語が刻印されていた――、彼は原稿となるべき草稿を読み継いでいた友人たちの集まり以外の人々に対して、彼の教条とその神学的含意のより深い、潜在的に問題を生じさせる恐れのある側面を明らかにするのをためらっていた。オルデンブルグでさえ――彼は一六六一年に神と実体についてのスピノザの考えの秘密めいた香りのみを委ねられた【註98】――いまだその著作の形而上学的主題の部分的な説明以上のものを許されていなかった。一六六五年十一月頃のある手紙においてスピノザは、オルデンブルグの要求に応え、「いかにして自然の各部分がその全体と調和し、いかなる方法によってその他の部分と連関するのか」についてのさらなる説明を、彼とボイルに与えた。スピノザは、肉体と精神がそれぞれに無限の延長と無限の思惟の部分であり、かくして「自然の部分」となるということについて詳しく回答したが、しかし、延長と思惟が神の属性であるということには言及（あるいは仄めかすことさえ）しなかった。【註99】オルデンブルグの手紙――それはせいぜいのところ、その男性の粘り強さを誇示するものである（「どうかあなたがご自身の精神の所産をついに誕生させ、教化と育成のために哲学者たちの世界にそれを託されますように」）――から、彼がスピノザの立場について何も理解していなかったことは、かなり明瞭である。

友よ、何を躊躇し、何を恐れておられるのか。試してみようではありませんか、そこに向かって進み、かくも重要な意義のある仕事を成し遂げようでありませんか、そうすればあなたは、あなたを支持する真の哲学者の一団を目にすることでしょう。そのことを私はあえてお約束いたしますし、もし私がそれを請け負う自らの力を疑うのでしたら、私はそのような約束はいたしません。私には、あなたが神の存在と摂理に反する考えを心の中で温めておられるとは、到底信じられませんし、宗教が固い足場の上に打ち立てるこれらの重要な支柱さえ損なわなければ、哲学的な性質のいかなる考察であれ、容易に擁護され、あるいは容認され得るのです。それゆえ、迷いはお棄てください、そして何も心配せず、あなたの行くべき道をまっすぐにお進みください。【註100】

スピノザの注意には、疑問の余地なく、揺るぎがなかった。しかしながら、聖書、宗教、政治的、神学的権力の制限についてのさほど形式的ではない方法によって組み立てられた論文に対する一般の反応が、むしろ釣り合いのある好意的なものとなり、しかも彼の形而上学的、倫理学的教条のための道を開くものとなり得たかもしれないとしても、迂闊にも彼は、自らの判断を誤っていた。

第十章　政治的人間（ホモ・ポリティクス）

❧「無神論者」という非難

　オランダにおける田舎暮らしは、平穏ではあるが、特に他者との知的な書簡のやり取りを頻繁に行おうとする者にとっては、不便なところもある。一六六五年十一月にスピノザがオルデンブルグに語っているように、天候が悪いと彼はフォールブルフから出られず、誰かに会いに、あるいは何通かの手紙を送りに、デン・ハーグに行くこともままならない。彼はまた、お決まりのように遅れて自分宛の郵便物を受け取っている。「私はこの手紙を先週の内に書き記しましたが、強風がデン・ハーグに出かけようとする私を足止めし、それを送ることができませんでした。これは田舎暮らしの不都合な点です。迅速に手紙を送る好条件に恵まれたなら別ですが、実際に私が都合よく手紙を受け取ることなど滅多にありませんし、私がそれを受け取るまでには一、二週間は過ぎ去っているのです【註1】」。とは言え、教会通り（ケルクストラート）に面した家で、スピノザは邪魔されることなく、そして大都市の遊興もなく、仕事に集中することができた。

　にもかかわらず、フォールブルフの静けさは、スピノザが『倫理学（エチカ）』の原稿の完成を間近にしていたちょうどその頃に短期間、しかし彼にとってはおそらく永久に台無しにされ、そのときの出来事は、彼がその論文を脇に置くことを決断する一つの理由となりさえしたかもしれない。一六六五年、神学的、政治的方面において、オランダ社会全体を特徴付ける分裂状態を映し出す地元の宗教論争に、明らかに彼は巻き込まれた。おそらくダニエル・ティーデマンの家が面して建っているその街路の名称に与えられているのと同じ教会と思われる地元教会の牧師の職が、ヤコブ・ファン・オースターウェイクの死去か退職により、空白になった。ティーデマンは新たな牧師の人選を担当する委員会に奉仕していた。ティーデマン、その管区の主教ヘンドリック・ファン・ヘーレン、ならびにロッテフェールという名の元主教は、デルフト市の市長たちへの請願書において、ファン・デ・ウィーレという名のゼーラント人を指名した。その人選にあたり、自由主義的な、おそらく抗議派の信念を分かち持っていたコレギアント派のティーデマンとその仲間たちは、その教会のより保守的な成員たちから反対され、彼ら保守派は独自の請願書をデルフト市に提出した。保守派は、指名委員会の意図的な抜け駆けを批判し、ウェスターネインという名の牧師への彼ら自身の支持を表明した。デルフト市の市長たちは保守派の集団に足並みを合わせはしたが、ウェスターネインがいずれの筋からの指名だったのかは、定かではない。【註2】保守派による請願書から、スピノザは、ティーデマンの集団に与していたと思われ、もしかすると彼は、彼らの請願書の原案の起草に手を貸しさえしたかもしれない。【註3】フォールブルフの改革派の多数の隣人たちの心の中では、スピノザは、「ユダヤ教徒の両親の下に生まれた」男性として、いまや札付きの存在となっていた。彼は、この論争における彼の自由主義的な仲間たち以上に、社会にとっての一個の危険人物だった。すなわち「数多くの教養人たち、ならびに牧師たちが［……］証言し得る通り、［彼は］いまや（噂によれば）無神論者、すなわちあらゆる宗教を侮蔑し、したがって本共和国の有害分子である」【註4】。

　スピノザは、彼を無神論者と決め付ける非難によって、いつでもひじょうに嫌な思いにさせられた。ランベルト・ファン・フェルトハイセンによる『神学=政治論』に対する攻撃と「胡散臭く、表面的な議論でもって、見かけ倒しの無神論を説いている」【註5】という告発に応えてスピノザは、ファン・フェルトハイセンを「私が言わんとするところを意図的に曲げて解釈し」たとして非難し、彼の批評家は彼に対するこのような非難を鳴らすことをきっと恥と思うだろうと抗議した。「もし彼〔ファン・フェルトハイセン〕が［私が追求する人生の方法がいかなるものかを］理解していたなら、私が無神論を説いているなどと短絡的に結論することはなかっただろう。というのは、無神論者たちはつねに不当なまでに名誉と富を好むが、私と面識のある者であれば誰でも知っているように、それらは私がつねに軽蔑しているものである」。【註6】とは言え、無神論者という烙印は、十八世紀になって全般的に寛容なピエール・ベイルほどの他ならぬ一人の権威者のお墨付きを得てより色濃くなり、スピノザの死後も長らくその名前に付きまとうものとなった。スピノザの人間性への敬愛にもかかわらずベイルは、自著の『歴史批評辞典』におけるスピノザの項目を、「生まれはユダヤ教徒、その後にユダヤ教棄教者、最後には無神論者」という説明とともに開始している。ベイルはスピノザが「自らの無神論を信じ切って世を去り」、他人を堕落させるための種を蒔いたと主張した。

「無神論者」なる侮蔑的な呼称における一般的な曖昧さがどのようなものであろうと、十七世紀オランダの変化しやすい宗教的環境に照らしてみるとき、その言葉の意味は、とりわけ霧がかったものになる。フォールブルフの教会に通う村人たちにとっては、少なくともその呼称は、宗教に対して不敬を露わにする者のことを意味した。スピノザは確かに、特に彼の時代に存在したような組織化された宗教を、それほど高くは評価していなかった。しかし彼は、彼が「真の宗教」と呼ぶ、おそらく彼の非告白信条的な友人たちが実践していたものと似ていなくはないものを実際に信じていた。かくして彼は、「あらゆる宗教を否定した」というファン・フェルトハイセンの非難に面食らった。「この男は、祈りを捧げることとすべての宗教を否定し、神は最高の善として認識されるにちがいないと、しかも神はそのような存在として自由な精神において愛されるにちがいないと宣言する者なのか。そしてこの唯一の存在に私たちの最高の幸福と私たちの最高の自由は存すると宣言する者なのか」。【註7】事実スピノザが軽蔑してきたと認めているものは、ファン・フェルトハイセンのような人々の、情動と迷信に根差す宗教である。

この男がいかなる沼地にはまっているか、私は示そうと思います。彼は美徳そのものと知性の中に自らを喜ばせるものを何も見出しておらず、一つの障害でしかない彼の情動の衝動、言い換えれば、罰に対する恐怖の下に生きることを選んでいるのです。それゆえに彼は、不承不承に、揺れ動きながら、一人の奴隷のように邪悪な行為を慎み、神聖なる命令に従い、そしてこの隷属の見返りとして彼は善行を行い、そして彼がそれを嫌いつつ不本意に行うのであればなおさらのこと、神聖な愛そのものよりも、彼にとっては、はるかに甘美な報酬を神から得られることに期待をかけるのです。結果的に、この恐怖に束縛されない者はみな、箍の外れた生活を送り、あらゆる宗教を否定すると、彼は信じるのです。

スピノザの哲学体系は、神の存在をさえ、信じることを認めなかったのか。何年にもわたってスピノザは、このことを強く、繰り返し否定した。確かに彼は、伝統的に神学者たちが神のものとしてきた諸々の性質を具える神の存在を信じることには断固反対した。しかしスピノザは、それらの諸性質は事実、神の真の定義と相容れない、ということを証明したのではなかったか。にもかかわらず、彼の同時代人たちは、彼の議論についてのいかなる詳細な研究よりも彼の名前を取り巻く醜聞に興味を抱いていたように見える。このことはスピノザの友人たちと擁護者たちに余計な苦労を与えるものとなった。ゴットリーブ・シュトーレは、ネーデルラント滞在中、スピノザをかなりよく――そして彼が聞き取りをした（一七〇三年の）時点ではいまだ存命中の誰よりも確実によりよく――知るブルヒャルト・デ・フォルデルに、取り沙汰されているところのスピノザの宗教心の欠如について尋ねた、

「彼は無神論者なのですね？」と。それに対してデ・フォルデルは、彼がそれまでに厭と言うほど聞かされてきただろう質問におそらく憤慨し、自分は賛成しないと返答した。【註8】

無神論者という批判に対するスピノザの感受性は、神学的かつ政治的問題に関する論文の執筆に取りかかるべく、しばらくの間、『倫理学（エチカ）』を脇に置くにあたっての彼の決断を、その裏側で動機付ける複数の要因の一つとなった。一六六五年九月、オルデンブルグはざっくばらんに次のような質問をスピノザに投げかけ、彼の決断を揶揄した。「天使、預言、奇蹟について、あなたがご自身のお考えを書き綴っていらっしゃるということは、もしこのような言葉を使ってよいのでしたら、あなたは神学をするほどには哲学をなさっておられぬわけですね」【註9】。その返信において、スピノザは計画変更の事情を説明した。

> 現在私は聖書に関する自らの考えをまとめた論文を執筆している。そのようにすることへ私を駆り立てた動機は、一つ――神学者たちの偏見。というのは、私はこれら〔の偏見〕を人々の精神に哲学を与えることを妨げる主要な障害物と理解しているからである。それゆえ私は、このような偏見を暴くことに専念し、感じやすい人々の心からそれらを取り除こうとしている。二つ――私を無神論者としてつねに非難する一般の人々によって抱かれている私についての見方。同じく私は、この非難をできる限り回避しなければならない。三つ――哲学をすることと、私たちが考えている事柄を口にする自由。これは私が完全な擁護を望んでいるものであり、というのは、当地ではそれはあらゆる手段でもって行き過ぎた権威と牧師たちの利己主義によって抑圧されているからである。【註10】

ここにおけるスピノザの言い方には角（かど）がある。おそらく彼は、フォールブルフにおける論争の結末、そして特に彼ならびに彼の家主がその村の数多くの要人たちによって語られ、取り扱われたかもしれないその方法に憤慨していたと思われる。まちがいなく彼は、至る所で市民の問題を統括しようとしていた改革派の大臣たちのやり方に憤懣を覚えていた。彼らに対してスピノザは、けっして尊敬を抱いてはいなかった。彼が著作を出版する——そして神学者たちとの「口論」に辟易していたにもかかわらず、彼はそれを出版するだろう——頃までには、数多くの出来事が、彼の憤懣を直接的な憤怒に変えた。

スピノザが一六六五年秋に着手した新しい計画は、実際かつてのそれへの回帰も同然だったと考えられる。『神学=政治論』において彼が訴えかける数多くの神学的、政治的問題——聖書の地位と解釈、ユダヤ民族の選出、国家の起源、政治的、宗教的権威の本質と合法性ならびに限界、寛容の責務——の中には、ユダヤ教徒共同体からの追放時にまで遡って私たちがスピノザの関心事だったと考える根拠を持つ諸問題がある。一六五五年から五六年頃の彼の宗教的信仰心についての証言はみな——全体的に敵意に満ちた証言が重要視されることになるとしても——本質的に一六七〇年に出版されるその著作のものである聖書についての見解に言及している。そして彼が破門(ヘレム)の直後に書いたとされる『弁明書』についての報告は、一六五九年の遅くか一六六〇年早々のポーレンベルク宛のアドリアーン・ピーツの手紙【註11】における神学的=政治的な論文についての言及と同様、スピノザがしばらくの間、少なくとも部分的には『神学=政治論』のような著作を構想し、おそらくその執筆を開始していたということを示唆している。

オルデンブルグの寸評を誘った発端の——失われて久しい——手紙において、スピノザが、自らの形而上学の神学的含意を凝視する以上に、聖書と宗教についての自らの考えの詳細をよりいっそう明確にしようとしていたのかどうかについては、定かではない。が、彼にはそのようなつもりはなかったと考えるのは疑問であり、というのは、自らのキリスト教に深く献身していたオルデンブルグは、スピノザの説明に対していつもの調子の激励で答えたからである。「聖書についての論文の執筆へあなたを駆り立てたものとして、あなたが言及した理由には、私もまったく同感ですし、私はその主題についてのあなたのお考えをこの目で見ることを焦がれるように切望しております」【註12】。オルデンブルグはまもなくセラリウスがアムステルダムからの小包を彼に送ってくれることを期待しており、その中にスピノザが彼の著書を含めてくれるだろうことを希望した。

スピノザにとって、ときおりとは言え、依然アムステルダムに出かけていたことは、この上なく好都合だっただろう。昔からの友人たちの集まりを訪れる以外に、この頃の彼は、自然学と数学について議論するために、フッデとデ・フォルデルに会っていたようにも思われる【註13】。と同時に、これらの遠出は、彼にとって大いに興味があったにちがいない最近のいくつかの出来事に遅れずに付いてゆく機会をも彼に与え、「大衆的な」宗教の迷信的性質について、彼が心で温めていた考えを確信することにおいてのみ、資するところがあっただろう。

❧偽救世主サバッタイ・ツェヴィ

一六六六年という年号は、予想される通り、数多くの人々によって重大な意味を負わされた。キリスト教徒の千年王国論者たちは、『黙示録』から数字的な手がかりを得、その年がキリストの再臨と「聖者たちの支配」を確立する年になると信じた。ユダヤ教徒たちの改宗（キリストの復活が近付いているという重大な予兆）が期待された前回の年号である一六五六年の失望を依然引きずっている数多くの親ユダヤ主義者たちは、今回は彼らの信念が報われるだろういかなる兆しにも目を光らせていた。ユダヤ教徒の救世主主義者たちの方はと言えば、遡ること十六年前の、モンテジノが新世界で「失われた支族」のいくつかを発見したということについてのメナッセ・ベン・イスラエルの報告以来、救世主（メシア）の到来とその統治下の聖なる土地における全イスラエル民族の集結を期待していた。双方の集団のそれぞれの希望はいっとき、スミルナ出身の救世主（メシア）サバッタイ・ツェヴィという人物によって、ついに現実となるかに見えた。

　サバッタイ・ツェヴィは一六二六年、スミルナすなわち現在のトルコにおいて、ギリシャ出身の東欧系ユダヤ人の家庭に生まれた。【註14】ユダヤ暦における彼の誕生日は、イェルサレムにおいて第一および第二神殿が破壊されたことを嘆き悲しむアーヴ（Av）月〔西暦の七〜八月〕の九日〔ティシャ・ベ＝アーヴ［Tisha b'Av］〕に該当し、この日付はラビ〔ユダヤ教の師〕たちの間では伝統的に救世主（メシア）の誕生日と考えられており、この偶然の一致をツェヴィは最終的にひじょうに重く受け止めた。少年時代の彼は、むしろ物憂げではあるが、早熟にして才能豊かな学者だった。口伝律法（タルムード）とラビ主導の律法についての伝統的な宗教教育を受けた後、若くしてツェヴィは、十三世紀のカスティーリャに由来する『光輝の書（ゾーハル）（*Zohar*）』およびその他のユダヤ教神秘主義の諸文献の詳細な研究に関心を向け変えた。彼は早くも十代にして「賢者（ハハム）」の称号を与えられたが、にもかかわらず一度も共同体の正規のラビとして奉仕することはなかった。しかしながらツェヴィは、カリスマ的な人物であり、比較的短期間のうちにかなりの数の信奉者を彼の周りに惹き付けた。彼らはツェヴィの下で口伝律法（タルムード）を研究し、より熱心な者たちは、ツェヴィの厳格で禁欲的な実践を通じ、モーセ五書（トーラー）の隠された秘密についての神秘的洞察力を養うべく研鑽を重ねた。（これらの実践には、性的快楽の節制があった。すなわちツェヴィは、数度の結婚のいずれにおいても性的交渉を持たなかったと伝えられている。）ツェヴィはまた、浮き沈みの激しい躁鬱の感情と偏執病の発作につねに襲われていたように見える。ユダヤ教神秘主義研究の泰斗ゲルショム・ショーレムの言葉を借りれば、「サバッタイ・ツェヴィは、まちがいなく病人だった」【註15】。

モーセ五書（トーラー）の意味、神の性質と存在、啓示に至る道についてのツェヴィの信仰は、ユダヤ教神秘主義（カバラ）〔の神知論〕における神の存在の隠された「核」すなわち「エン・ソフ（*En Sof*）」と世界における神の多様な発現、すなわちいわゆる「セフィロト（*sefirot*）」との間の伝統的な差異化に焦点が当てられていた。『光輝の書（ゾーハル）』によれば、テトラグラマトン（Tetragrammaton）――モーセ五書（トーラー）において神の名として代用される四つのヘブライ文字（YHWH/יהוה）――は、「セフィロト」が流出するところの、隠され、接近することのできない核ではなく、むしろ、可視的宇宙を構成する能動的、受動的諸力としてのその他を包含する、七つの顕著な「セフィロト」のその一つを意味する。神の属性が付帯するのはこの支配的な一つであり、かくしてそれは、創造者にして法の付与者たるイスラエルの神の神的な本性である。それはイスラエルの民が祈禱において崇拝し、そこから神の戒めが発するところのものだった。ツェヴィは、この古典的なユダヤ教神秘主義（カバラ）の図式に着想を得つつも、決定的な方法によってそれを修正したと伝えられている。事実彼は、イスラエルの神（そしてテトラグラマトン〔神の名を示す四文字〕によって名指される対象）は、「セフィロト」すなわち流出するものの間にではなく、むしろそれらに優り、しかし依然「エン・ソフ」とは異なる何か――すなわち、隠された核から派生し、上方から「セフィロト」（と、かくして世界）を支配する一種の「神的自己」に見出されるということを確信していたと言われている。【註16】

いく人かのラビ〔ユダヤ教の師〕によってユダヤ教徒に救済がもたらされる年号とされた一六四八年、ツェヴィは、ラビ主導のユダヤ教では禁止され、宗教的指導者たちによって彼の精神錯乱と見なされた行為であるテトラグラマトン〔神の名を示す四文字〕をしばしば発音し始めた。一六五一年頃に――彼の行為と言動に対する処罰として――スミルナから追放された後、彼は地中海沿岸諸国を放浪し、一六六〇年代初頭にパレスチナに行き着いた。イェルサレムにおいて彼は、手短に言うと、アブラハム・ナータン・ベン・エリシャ・ハイム・アシュケナージという名の一人の学塾（イェシヴァ）の学生と知り合った。その後まもなく、この青年は、ガザでユダヤ教神秘主義（カバラ）を学ぶ傍ら――ツェヴィの非伝統的かつ神秘的思想とツェヴィ自身が自らを救世主（メシア）と見なしているという噂に加え、おそらくツェヴィの聖人めいた行為と奇怪な行為に交互に刺激されて――神秘的「幻視」を経験し、ツェヴィの救世主（メシア）としての使命を覚醒させることになった。【註17】一六六五年早々、いわゆる「ガザのナータン」は、ツェヴィは救世主（メシア）であると広く告げて回った。まもなく彼はツェヴィ自身を説得し、一六六五年五月までにツェヴィは、自らを救世主（メシア）であると主張した。ナータンは救世主（メシア）の預言者として振舞いつつ――事実、エリヤの役割を演じつつ――彼の師を熱狂的に支持する大きな運動を引き起こすことに成功した。しかしながら、誰もが信じさせられたわけではなかった。即刻イェルサレムのラビたちの集団から破門を宣告されたツェヴィは、一六六五年夏、パレスチナから姿をかき消し、その時点において彼は、スミルナへの道を逆戻りしていた。かくして彼は、その市の礼拝堂（シナゴーグ）を占拠した後、ユダヤ教の律法の効力を無効にし、その上で自らを「神に指名された者」と宣言し、救済は一六六六年六月十八日に起きると告げた。救世主（メシア）の到来についての噂は広まり始めた（が、イェルサレムのラビたちによって彼が破門の状態に置かれているということについては、そうはならなかったように見える）。比較的短期間のうちに、中東諸国およびヨーロッパのさまざまな地域に住むユダヤ教徒たちは、救世主（メシア）の熱狂に取り込まれた。彼らは所持品を売りに出し、（特に断食と祝祭日についての）戒律を無視し、聖なる土地への合同の帰還を準備し始めた。反対者たちは、自らの生活と財産を気遣いつつ、静観していた。

　セファルディム〔ポルトガル・スペイン系を含む地中海周辺諸国出身のユダヤ人たち〕は特に、サバッタイ運動の熱狂に被れたが、と言っても彼らだけに限ったことではなかった。サロニカ、コンスタンティノープル、レゴーン、ヴェニス、ロンドン、ハンブルク、さらには西インド諸島においてさえ、ユダヤ教徒共同体は影響を受け、とは言えポーランドとドイツの東欧系ユダヤ人たちも、似たようなものだった。おそらく、ツェヴィの出現をめぐる救世主(メシア)運動〔サバッタイ運動〕の最も重要な中心地はしかし、アムステルダムだった。十七世紀の後半までに、ヨーロッパ中の数多くのセファルディムは、オランダの〔ユダヤ教徒の〕共同体を知的かつ精神的な指南役と見なすようになっており、そのことはタルムード・トーラー共同体の成員たちが、サバッタイ運動に対する最も辛辣かつ激烈な反対者のラビ・ヤコブ・サスポルタスから受け取った叱責に明らかである。「すべてのイスラエルの民の目があなた方に注がれているまさにそのときに、あろうことか、過ちが始まった。しかしもし、その告知をあなた方が否定し、あるいは〔少なくとも〕それらを確実なものとして受け止めないのであれば、他の共同体は過ちに陥ることはない。というのは、彼らはあなた方を見習うべき手本として選んだからである」。【註18】

いまだ交戦中の英蘭戦争、そして一六六四年から翌年にかけての疫病――さらには、一六六四年の〔古来不吉の前兆と考えられた〕彗星の出現によって、死亡率は増加した、と多くの人々は考えた――による自国への影響を目の当たりにしたことにより、アムステルダムのユダヤ教徒たち〔彼らは最近の疫病によって他の集団ほどには打撃を受けなかったようである〕の間に根を下ろしていた救世主(メシア)を待望する精神は、これらの苦難のすべてには何らかの目的があるという裏付けを探し求めていた。ツェヴィ――彼の妻の一人は、一六四八年のコサックによるユダヤ教徒の虐殺を逃れ、アムステルダムの東欧系ユダヤ人たちの間に避難場所を見出していた――についての噂が一六六五年十一月に〔アムステルダムにも〕伝わり始めたとき、歓喜の声が上がった。ラビ・サスポルタスは書き記している――

アムステルダム市に大きな興奮が沸き起こり、それはまさしく大地震のような地のうねりだった。通りという通りにおいて彼らは狂喜乱舞し、タンバリンを打ち鳴らし、踊り狂った。律法の巻物が「祝祭の祭儀を行うために」その美しい飾りごと聖櫃から持ち出され、キリスト教徒たちの妬みや憎しみをかき立てる危険など、もはや顧みられることはなかった。それどころか彼らは、公的に「その知らせを」発表し、キリスト教徒たちにその内容をすっかり伝えたのである。【註19】

ユダヤ教神秘主義的な傾向のラビ・アボアブ（一六六〇年のモルテーラの死去後の最高位のラビ〔ユダヤ教の師〕）によって指導されたその共同体の成員たちは、あらゆる警戒心をあっさりと捨て去り、追放からの帰還という喜ばしい期待に身を焦がした。商人たちは商売を忘れ、引き伸ばされた祝祭の中で（宗教的生活は言うに及ばず）日常生活は混乱の様相を呈した。数多くは、世俗の事柄をいっさい放棄し、将来的な見通しなど何も持たず、直ちに聖なる土地への旅の準備に取りかかった。共同体の最も裕福な成員の一人であり、熱狂的なサバッタイ主義者のアブラハム・ペレイラは、イェルサレムに向けて出発する前に、実質的には損をするのを承知の上で、田舎に所有する家を売りに出したが、「その買い手が自らの良心においてユダヤ教徒が王を持つということを確信するまで【註20】」、彼は買い手から代金を受け取ることを拒否した。アムステルダムのユダヤ教徒たちは、彼らの息子たちに、サバッタイ、ナータンと名付け、彼らの祈禱に救世主のための新たな祈りを加え、（それまでは主要な祝祭日にしか詠まれなかった）聖なる祝福を毎週朗詠し、さらにはアウデルケルク墓地の墓を掘り起こし、パレスチナに遺骸を移すことを計画した。同様にアムステルダムのユダヤ教関連出版社は、ガザのナータンによって編纂された祈禱書を、ヘブライ語、スペイン語、ならびにポルトガル語で印刷し始めた。アボアブの同僚にしてサバッタイ支持者のラビ・アーロン・サファルティは、友人サスポルタスに宛てた手紙の中で、巷に溢れる乱痴気騒ぎについて報告した――

聖なる共同体の〔成員たちの〕熱狂は、言葉では語り尽くせない。もしあなたが自らの目でそれを見たなら、あなたはそれが神のなせる仕業であると納得するだろう。というのも、彼らは贖罪の日のように昼夜を問わず礼拝堂（シナゴーグ）で過ごし、そして安息日（シャバット）のようにフルデン銀貨を一万枚以上も差し出した。私たちの学塾（イェシヴァ）には［多くの懺悔者たちと礼拝者たちのために］さらに多くの腰掛が追加されなければならず、そして［もしあなたがここにいたなら］世界が覆っている様子を目にしただろう。というのは、ありとあらゆる家［で］彼らは賭け事に打ち興じ、共同体の指導者たちの命令［を待つこと］もなく、彼らはそれを中断しようとしなかったのであり、日夜を通じて彼らは、主の法を胸に抱いていたのである。【註21】

誰もが偽救世主（メシア）とその預言者に夢中にさせられたわけではなかったが、勇気を出して自らの意見を公に知らしめようとした者は、一握りしかいなかった。十七世紀の末頃にアムステルダムにおいて東欧系ユダヤ人たちのために公証人をしていたレイブ・ベン・オゼルは、ある懐疑家の勇敢さを描写している。

アラティーノと呼ばれるセファルディの商人は、あらゆる知らせと手紙を否定し、公衆に向かって問い質した、「君たちは狂っている！　どこにそのような兆候があるというのか？　どこに預言者エリヤが彼自身〔ナータン〕であるという吉報があるのか？　どこに［イェルサレムに降りてくる］天上の神殿があるというのか？　どこで予言されている［終末の］戦争が行われているというのか？　私たちは戦死する運命にある救世主（メシア）、すなわちヨセフの子〔イエス・キリスト〕について、なぜ聞き及んでいないのか？」しかし誰もが彼を呪い、そして言った、「きっと彼は救世主（メシア）に顔向けできないだろうよ【註22】」。

レイブが書き記すところによれば、アラティーノの最期は予言的なものと見なされた。すなわち、「ある日のこと、彼は食事を摂りに証券取引所から家に帰り、手を洗い、パンを割っているとき、突然床に倒れ、帰らぬ人となった。このことがユダヤ教徒たちの間のみならず、キリスト教徒たちの間でも知られるようになったとき、大きな恐怖とともに彼らは震撼した」。ラビ・アボアブ自身は、共同体の成員たちを分裂させた「激論」についてサスポルタスを批判し、彼の敵対者たちをはるかに上回る数のサバッタイ支持者たちと手を組み、「彼の説教に敵対する者たちに対しては、誰彼かまわず危害を加え始めた」【註23】。

一六六六年、サバッタイ運動を支持する者たちの熱狂的世界は、突如、彼らの上で潰えた。その年の二月のこと、ツェヴィはコンスタンティノープルでスルタンの命により逮捕され、ガリポリの要塞に幽閉された。大きくなる懸念とともに救世主（メシア）運動をその渦中で注視していたトルコ当局による告発には、良俗壊乱と魂の不死性の扇動の罪が含まれていた。ツェヴィは、死か、イスラム教に改宗するか、二者択一の選択を与えられた。彼は改宗を選び、九月にアジズ・メヘメド・エフェンディという名前を採用しつつ一イスラム教徒になったが、にもかかわらず彼は、隠れてユダヤ教のいくつかの儀礼を実践しつづけた。彼の信奉者たちは意気消沈した。ほとんどの者が掌（てのひら）を返すように偽救世主（メシア）を恨み、そして彼らの通常の生活、あるいは彼らに残されたものに帰った。しかしながら、それでもツェヴィが救世主（メシア）であると信じつづけた者は少なくなかった。彼らはツェヴィの背教を純粋に壮大な計画の一部として見、さまざまな方法によってそれを合理的に説明付けようとした。

キリスト教徒の千年王国論者たちは、一六六五年から六六年にかけてのこの出来事に強く惹き付けられた。事実〔スピノザの旧友の〕セラリウスは、プロテスタントの信徒たちの間にツェヴィの聖なる言葉を広めようと積極的な役割を果たした。ユダヤ教徒とキリスト教徒は同じ救世主(メシア)を待望していると信じつつ、【註24】彼はユダヤ教徒間のこの運動を彼らの差し迫った改宗の確かな兆しとして見、それを彼はキリストの再臨とその千年の統治の開始の前触れとして一六六六年に起きるだろうと期待していた。彼は一六六六年前半にナータンの祈禱書の翻訳を手がけ、直接ツェヴィに面会するためにトルコに向かう道中、(最後まで希望を抱きつつ)一六六九年に八十九歳で世を去った。一六六八年から七〇年にかけてのスピノザからの手紙はたった一通しか現存していないがゆえに、私たちは古くからの友人のこの死去をめぐるスピノザの悲しみが、どれほど大きなものとなったかを直接的に知ることはできない。セラリウスはスピノザのために多大な尽力をし、特に破門の直後、おそらくセラリウスが追放された(そしておそらく帰る家のない)スピノザを、クエーカー教徒の共同体を含め、アムステルダムの千年王国論者たちの集まりに紹介したと思われる。

オルデンブルグも、ユダヤ教徒たちの間に出現した一人の救世主(メシア)についての噂に食い入るように言及し、数多くの文通相手に彼らが最近の出来事について把握していることを知らせるように依頼した。彼は単なるその場の好奇心以上のものに駆られていた。聖なる土地におけるユダヤ教徒の王国の復興は、重大な政治的意味を持つ出来事になると彼は信じた。おそらく彼は、直接セラリウスからアムステルダムにおけるサバッタイの運動について多くを聞いていただろう。一六六五年十二月、彼はフォールブルフに住む共通の友人にその運動全体について考えるところを伝えるように手紙を書いた。

当地では、二千年以上も離散の状態にあったイスラエル人たちが彼らの故国に帰ろうとしているという噂が、広く伝わっております。これを信じている人はこの辺りにはほとんどいませんが、これを望んでいる人は数多くいます。あなたがこの件についてお聞きになっておられること、またお考えになっておられることを、お聞かせください。私に関して申せば、この噂がこのことに最も深く関係するコンスタンティノープル市からの信ずべき人々によって確証されない限り、信用することができません。私はアムステルダムのユダヤ教徒たちがこのことについて何を聞いているか、また彼らがこの歴史的な告知によっていかなる影響を受けているのか、知りたくてなりません。もしこれが本当なら、世界的な危機をもたらすのはおそらく必至だと思われるのです。【註25】

この問い合わせに対するスピノザの返信は現存していない。しかし彼は、ヨーロッパのユダヤ教徒人口を圧倒する熱狂に無関心であるどころか、意識せずにはいられなかったはずである。彼はまた、セラリウスからの報告によって、アムステルダムにおける出来事の状況を把握してもいただろうが、しかし彼は、彼の訪問の一つでその町に滞在中は、より多くの事柄に直接的に接しただろう。スピノザは、彼のかつての師たち、隣人たち、商売仲間たちの行動を、せいぜいのところ楽しみ、あるいはおそらく彼らの迷信的で滑稽な振る舞いを軽蔑のまなざしで見ていたのにちがいない。その大々的な逸脱はまちがいなく、一般的な人々の軽信と情動が自己顕示的な宗教的権威によって操作され得る方法について、彼が考え、書き記していたすべてを、彼に確信させた。

❧法律顧問ヨハン・デ・ウィット

一六六七年半ばまでに、イギリスとの戦争は終結に向かいつつあったが、ネーデルラント国内の平和は、その周期的な危機の一つへ再び向きを変えようとしていた。その軍事行動（と講和の条件）をめぐる論争は、デ・ウィットが個性と制度の力によってホラント州における公職から総督を排除することに成功して以来、化粧のように繕われていたにすぎないオランダの政治ならびに社会の亀裂を、再び押し広げた。

ヨハン・デ・ウィットは、十七世紀のネーデルラント共和国における、そしておそらくオランダ全史においてさえ、まちがいなく最も偉大な政治家だった。彼の功績は、彼が国際的な舞台で直面した困難——共和国はイギリス、フランス、スペイン、ドイツの諸領邦によって、つねに一方または他方から脅かされていた——のみならず、特に彼が国内で直面した反発に照らし合わせて考察するとき、よりいっそう印象的に映る。ヨハン・デ・ウィットは、一六二五年九月二十五日、ドルトレヒトの裕福な家庭に生まれた。【註26】ヨハンと、オランダの政治舞台におけるもう一人の主要な人物である彼の兄コルネリスは、いずれもレイデン大学で法律を学んだが、同時にヨハンは、デカルト学派のフランス・ファン・スクーテン兄の指導の下で、数学への強い興味を発達させた。一六四七年、彼らはホラント州裁判所において弁護士としての誓いを立て、かくしてヨハンは抗議派への共感で知られるデン・ハーグのある弁護士のところに法律家としての見習いに入った。しかしながらこの頃のデ・ウィットは、政治に対しては現実的な関心をまったく抱いてはおらず、しばらくの間は数学が彼の真の情熱の対象となりつづけた。彼は円錐曲線に関する論文を執筆し、その幾何学的能力については、かなり幅広くその名を知られるようになった。ハイヘンスとニュートンのいずれもが、後にこの領域における彼の業績を賞賛した。

一六五〇年夏、総督ウィレム二世とホラント州との衝突が頂点に達したとき、ドルトレヒト市からのホラント州への代表者であり、堅実な共和主義者であるヨハンの父ヤコブは、他の五人の代表者たちと一緒に逮捕された。ヨハンは父のために懸命に働きかけ、かくしてヤコブは八月までに釈放された。その年の十一月、総督〔ウィレム二世〕の突然の死去後、デ・ウィット家の政治的機運は再び上昇し、そのときヨハンはドルトレヒト市の二人の市法律顧問の一人に任命された。これによって彼はまた、ドルトレヒト市からホラント州へ送られる終身的な代表者にもなった。その地位は、ドルトレヒト市の法律顧問が必要に応じてホラント州の法律顧問——この頃はヤコブ・カッツ——の代理を務める立場にあったことを考えれば、重要なものだった。ヨハン・デ・ウィットは、連邦議会を支配する総督の廃止をめぐる議論において指導的な役割を果たし、一六五一年、共和国の政治的未来を決定するべく議会を召集した。彼はホラント州の訴えとして、低地諸国がブルグンディ公によって不在統治されていた時代からの数多くの人々の考えでは、中世の遺物のような役職〔総督職〕が占められつづけることへの反対意見を力強く提出した。ヤコブ・カッツが一六五二年に七十四歳で法律顧問を辞職したとき、その前任者のアドリアーン・パウは不承不承、身を引いた。しかしパウは、まもなく外交交渉のためにイギリスに出発したため、内政的な仕事のほとんどはデ・ウィットが遂行した。一六五三年早々にパウが世を去ったとき、デ・ウィットは、彼自身がその国の最高権力を持つ政治的地位にあることを自覚した。

ヨハン・デ・ウィットは、真の共和主義者だった。彼は、総督や総司令官といった擬似君主的な地位をいっさい置かない、立憲国家としてのネーデルラントに身を捧げた（が彼は、総督を指名するか否かは各州の独自の決定に委ねることに吝かではなかった）。彼の考えでは、共和国の諸市と諸州の立法機関——市議会と州議会——は市と州の役職に相応しいと判断される者たちを選出し、彼らが連邦議会において連邦の水準で市と州を代表する権限を負った。「真の自由」についての自らの構想にしたがって、彼はオランダの政治形態の移行を求めて奮闘した。主権は諸州に帰属すると彼は主張した。連邦議会は、戦争に応報し、平和を築くという、ユトレヒト同盟によってそれに付与された権限のみを行使すべきである。その他のすべての権限は、適切に州議会に帰属し、各州は代表者たちを州議会に送る諸市からその権限と特権を得た。とは言えデ・ウィットは、民主主義者ではなかった。その他の特権階級の成員たちと同様に彼は、寡頭政治制度に結婚によって結ばれ、そこから恩恵を得ていた。その結婚は、彼をアムステルダムの特権階級の社会に認知させることにおいては事実ひじょうに有利なものとなった。彼の妻ウェンデラ・ビッケルは、その市の最も有力な一族の一人だった。スピノザとその他の急進的な民主主義者たちは、成り行きとしてデ・ウィットと政治的意見を同じくし、デ・ウィットの派閥はオラニエ派の敵対者たちに対抗して諸州の利益を代弁していたとは言え、本質的に彼ら〔デ・ウィットとスピノザたち〕の間には、政治的かつイデオロギー的な溝があった。【註27】一六七〇年に『神学=政治論』が出版されたとき、デ・ウィットはそれを読んだ後にその民主主義的な感情に不満を募らせ、それゆえ彼はスピノザとの面会を拒否したという報告がある。すなわち、「スピノザは閣下が彼の著書に不賛成だったと伝えられたとき、彼はその主題について閣下と対話をしようと、閣下の元に使いを送った。しかし彼は閣下から、彼が敷居を跨ぐのを目にしたくないという回答を受け取った」【註28】。

デ・ウィットはまた、寛容の擁護者だったが、絶対的な多様性についてはそうではなかった。一六五六年、彼はデカルト哲学をめぐる大学の論争に干渉したとき、ある限度内で哲学をする自由を擁護した。【註29】彼はまた、その他のあらゆる信仰に対して改革派の信仰の優位を尊重すると主張しつつ、宗教的信仰の自由を支持した。ここにおいて再び彼は、スピノザ、クールバハ、そして彼らの仲間の旅行者たちと袂を分かつ。特権階級の中の最も自由主義的なこの人物でさえ、知的、宗教的な異論に対しては、検閲も現実的な制限もなく済ませるという気にはならなかった。そしてこの法律顧問は、著者たちが踏み越えてはならない一線についてのひじょうに明確な見通しを持っていた。デ・ウィットの職責は、何よりもネーデルラント共和国の幸福と安寧に資することにあった。ある最近の伝記作者は彼を「権謀術数家（マキャベリアン）」と呼んでいるが、それは国家への奉仕においてであって、彼自身の権力のことではない。【註30】

寛容ならびにその他の緊急の諸問題に対するデ・ウィットの態度のほとんどは、彼がひじょうに緊迫した状況にあったという事実によって説明され得る。デ・ウィットの権力（そして特にウィレム三世をホラント州の総督職から遠ざける排除令のための彼の仕事）に対してはつねに憤慨していたオラニエ派は、イギリスと和平を結び、チャールズ二世すなわち彼ら自身の「王政復古」の推進に手を貸してくれるだろう（と、おそらく彼らが無邪気に信じていた）ウィレム三世の伯父との良好な関係を築くことを強く希望していた。反対に、デ・ウィットと彼の派閥は、いかなる和平協定のためであれ有利な条件を前提とし、イギリスにとっての屈辱にしてホラント州にとっての勝利となるだろう軍事的打倒に固執した。一六六七年六月十七日、オランダ海軍司令長官デ・ライテルと彼の船団が、テムズ河を遡り、イギリスの艦隊に大きな打撃を与えたとき、チャールズ二世には和平を申し出る以外に選択肢はなかった。それは単に、オランダ海軍にとっての勝利、ならびに船舶航路に対するイギリスの支配を効果的に終焉させることによるオランダ貿易にとっての経済的恩恵であるばかりではなく、デ・ウィット自身にとっても、明確な政治的勝利となった。にもかかわらず、オラニエ派と改革派の聖職者間の保守的な彼らの支持者たちは、圧力をかけつづけた。ブレダの講和――同時代の一才人は「紛糾した平和」と呼んだ――の後まもなく、ホラント州は、デ・ウィットの敵対者たちを抑え込み、「偉大なる調和」に「真の自由」を付け足すべく、「自由の保持のための［……］恒久的条例」を発布した。その決定はホラント州においては永久的に総督の地位を廃止し、その役職のすべての政治的役割を州に認めるものであった一方、にもかかわらずそれは、連邦議会におけるオラニエ家の王子（ウィレム三世）の任命――事実上、彼を選出する試み――についての州の支持を表明し、結果的に彼が総司令官としての地位を当然のものと見なす余地を残した。オラニエ派は、これをウィレムの権限の切り落としと見、一方で議会派は、それを共和国の原理の聡明な防衛として見た。デ・ウィット自身は、それを単純に実用的な折衷と考えていた。【註31】デ・ウィットの敵対者たちは、この中途半端な状態には納得せず、彼らは彼らの巻き返しのための正当な機会が生じるまでの歳月を耐え忍んだ。

デ・ウィットとその共和国の原理についての一六六〇年代における最大の擁護者は、レイデン出身の織物製造業者であり、政治的著作によって国際的な名声を獲得したピエール・ド・ラ・クール（ピーター・ファン・デン・ホーヴ）だった。一六六二年に出版された著書『ホラント州の利益』において彼は、総督職について論じ、このような役職はホラント州の最大の利益に反すると主張しつつ、その廃止を訴えた。彼はオラニエ派の軍事的君主主義に基づくイギリスとの戦争を非難し、共和主義的な政府形態は平和と経済的繁栄のための最高の導き手となることにあると主張した。その論文を執筆するにあたってデ・ウィットは協力し、その諸提案のほとんどを是認した。同じ年に出版された『政治的対話』においてド・ラ・クールはさらに議論を先へ推し進め、君主制または擬似君主制の政府機構に反対する強い訴えを提出した。彼はまた、社会の幸福は、教会――この場合は改革派の牧師たち――が、その本来的な領分、すなわちその信者たちの精神的状況を見守りつづけ、政治の領域にいかなる影響も及ぼさないことを必要とすると主張した。【註32】

スピノザはド・ラ・クールの著作――スピノザは『政治的対話』を所有し、その弟ヤンによる著作も所有していた――を読み、彼の考えに影響された。【註33】十七世紀のこの二人の傑出した政治理論家は、あるいは顔見知りだったのかもしれない。しかしながら、スピノザがデ・ウィット本人と個人的なつながりを持っていたのかどうかということについては、定かではない。原理的民主主義者のスピノザと実用的自由主義者のデ・ウィットは、同じ政治的見解を持つことはなかったが、にもかかわらず歴史的状況は彼らの運命を結び合わせたように見える。事実二人は、オランダ改革派教会の同一の宗教的権威によって侮蔑され、誹謗されるという特殊な立場を共有し、同様に二人はデ・ウィットの政治的敵対者たちによる蔑視の中に置かれていた。オランダ共和国への関与においてはデ・ウィットと同等に強いものがあったスピノザは、「牧師たち（プレディカンテン）」との対決におけるデ・ウィットの窮地に共感し、さらには実際的な問題として、世俗的で比較的寛容な国家を擁護するという政治的最終目標についてのみ、限定的にその法律顧問を支持した。〔言うまでもなくスピノザはオランダの歴史における総督の位置付けについてはいっさい夢物語的な幻想を抱いてはおらず、一六六五年十一月にオルデンブルグに宛てて彼は、イギリスとの調停役としてオラニエ家の王子を担ぎ出そうとするオーファーアイセル州における運動を蔑むかのように批評した。〕【註34】この二人の男性を厳密に区別する必要のない同時代の彼らの敵対者たちは、二人を同類として取り扱う傾向にあった。デ・ウィットについて批評したあるカルヴァン主義者は、「ヤン〔ヨハン・デ・ウィット〕氏とその仲間たち」は『神学＝政治論』を編集し、出版することに手を貸したと信じてさえいた。【註35】この二人の男性は、共和主義と数学についての共通の嗜好を持つ活動的な政治的同志であり、スピノザがフォールブルフからデン・ハーグに移り住んだ後、デ・ウィットはその寓居にスピノザを訪問するほどの親しい友人の間柄だったとさえ、しばしば当然のように考えられてきた。【註36】その神話をリュカス〔伝記作者〕がいかにして創始したかが、以下のものである。

> 〔スピノザは〕幸運にも法律顧問デ・ウィットの知遇を得、氏は彼から数学を学ぼうと欲し、重要な問題について彼に相談するという栄誉をしばしば彼に与えた。そして二百フルデンの年金を彼に与えていたデ・ウィット氏が死去し、スピノザのマエケナス〔文人の後見人、すなわちデ・ウィット〕自身による覚書が相続人たちに示されたとき、彼らは年金を継続することに難色を示し、しかし彼〔スピノザ〕には金品への執着はほとんどなかったがゆえに、〔スピノザは〕あたかも他に収入源があるかのように、たいそう落ち着き払って彼らの手にそれを差し戻した。この無関心な態度は彼らに考えを改めさせ、彼らは彼

らが拒んだばかりのものを喜んで彼に認めた。彼は自らの父からはいくつかの込み入った商業上の難題しか相続しなかったがゆえに、彼の生計の大部分が依存していたのは、この年金である。【註37】

デ・ウィットが数学の方法論においてスピノザから学ぶべき多くを持っていたというのは信じ難い。しかもスピノザも、デ・ウィットも、それぞれの現存する手紙においては、一度として他方の男性には言及していない。【註38】さらに、リュカス〔伝記作者〕による報告の他に、デ・ウィットがスピノザに年金を残したという証言は一つも存在しない。リュカスがスピノザ本人から年金についての話を聞いたという可能性は残る一方、親友からの生活費でさえ受け取ることを嫌がったスピノザが、たとえ彼が好んだ人物だったとは言え、政治的派閥の指導者から何がしかの金銭を受け取ったというのは、疑問である。【註39】とは言え、オランダの黄金時代の偉人たちの中のこの二人についての、特に温かなものではなかったとしても、少なくともさりげない関係を想像することは、誘惑的なものの一つである。一六六四年から六六年にかけて、デ・ウィット、ハイヘンス、そしてフッデは、確率の計算について共同で仕事をしており、それはまさに同時期にスピノザが興味を抱いていた一群の数学的問題だった。【註40】スピノザがハイヘンスとフッデと親しい関係にあり、彼らがその問題におけるスピノザの関心と能力を知らなかったはずはないことを考え合わせれば、その二人の友人がスピノザをその数学的な取り組みに引き入れようとしなかったということは、ほとんどあり得ないことのように思われる。が、依然としてデ・ウィットとスピノザとの個人的な関係の真相は、純粋に想像の域を出ない。

❧オルデンブルグの逮捕劇

イギリスとの戦争による被害を受けたものの一つは、スピノザとオルデンブルグの関係だった。フォールブルフとロンドン間の通信は、交戦中は困難になっていたが、二人は、一六六五年十二月の間中はアムステルダムのセラリウスの助けを得、何とか書簡のやり取りをつづけていた。しかし、本当の意味での試練は、一六六七年の初夏にオルデンブルグが逮捕されたときに訪れた。六月二十日のこと、彼はロンドン塔に連行され、彼がある通信員に言うところによれば、「危険な計画と行為」ゆえに告発されたのである。彼にはこのような告発を受ける行為を犯した覚えはまったくなかったが、何通かの手紙と会話において戦争の成り行きを批判したからではないか――そしてこれは何者かが彼を陥れようとしたもののように見える――と彼は考えた。確かに彼の状況は、彼がチャールズ二世の大儀名分よりもクロムウェルのそれの支持者として知られたという事実によって救い難いものになっていた。オルデンブルグは自らに対する告発を否定しつつ、その一方で事実彼は、戦争が進められているその戦術について、いくつかの思うところを表明したのであるが、純粋にそれは、イギリスの安全と幸福についての憂いから生じたものであると、彼の通信員に伝えている。

> 私のそれらの言動は、それらがいかなるものであろうと、事態がイギリスにとって、これまで以上にまったく好ましくない方向に進んでいるのを目の当たりにしたがゆえに、私の偽りなき心配より生じたものではありますが、しかしながら、八十年前には手を合わせてイギリスの国王陛下の同情と援助を嘆願し、彼らの現在の繁栄をイギリスに多大に負っているある人々［すなわちオランダ人たち］によって同国に対して行われたこのような無礼を目にすることに心から苦悩しつつ、貴国の国王陛下の名誉と貴国の繁栄に多大な損害を与えることになる不注意と手抜かりが、どこかにあったのではないかと私は考えました。かくして、私たちの側における無関心と安全に対するいくつかの批判的な言葉が私から発せられました。それらが国王陛下のご気分を害するものでしたら、私は跪（ひざまず）いてお許しを願いたく存じます。た

だし、悪意のある計略に対しては、私は声を大にして申し上げます。私はいかなる罪も犯してはおらず、私をよく知るすべての人々は、国王陛下ならびに王国の利益と繁栄への私の愛、関心、情熱を証言することができると。【註41】

オルデンブルグは、特にその月に「傍若無人な」オランダ人たちにテムズ河の上流にまで侵攻を許してしまった政策と戦術について、危機感を抱いていたように思われる。いまや彼は、「自らの表現の軽率さと愚かしさ」【註42】を後悔している。彼はまた、自らが外国に生まれ、海外に、特にオランダとフランスに数多くの連絡者を持っていたことが、自らの忠誠心に対する疑念を生じさせることになったと信じた。しかし彼は、戦争が開始されて以来、その方面からの彼宛の手紙が検閲されることをつねに許していた。独房において彼は、ペンと紙を与えられるや、自らの無実を国王に直訴するべく手紙を書いた。恐れながら、と彼はチャールズ二世に進言している、「請願者はこの上なく大きな悔悟の念に駆られており、いくつかの軽率かつ批判的な表現を記すことにより、国王陛下にご不満を与え、それゆえに目下、国王陛下の塔に拘留されております」が、数多くの人々が証言するだろうように、彼自身は「一人の真に忠実なイギリス人」であると宣誓している。【註43】

オルデンブルグは、戦争が終結した八月二十六日にロンドン塔から釈放された。彼は財政的にも肉体的にも哀れな状況にあり、いまや人々が彼のことをどのように考えているのかが気がかりだった。何よりも彼は、ヨーロッパの偉大なる、遠方にまで及ぶ科学的共同体の連絡者としての役職に復帰することを切望していたが、彼の友人たちの多くは、彼を再び疑惑の下に置かないように、彼との往復書簡を再開することを躊躇しはしまいかと不安になっていた。「特に近隣地域の外国の人々は、いくらかの善意と私の安全に対する配慮から、私が彼らに手紙を書くのと同様の気軽さで私に手紙を書くことによって、かえって私の安全に危険を及ぼすかもしれないと思い、それゆえに彼らは、私と継続していた手紙のやり取りを再び始めることを思いとどまるかもしれない」【註44】という彼の懸念をボイルに打ち明けた。それからしばらくして、彼とスピノザは、手紙のやり取りを再開した。

オルデンブルグが釈放されてから一カ月後のこと、スピノザの友人たちの集まりは無慈悲な喪失に苦悩した。一六六七年九月二十六日、シモン・ヨーステン・デ・フリースがアムステルダムの土地に埋葬された。主に哲学的ではない個人的な趣旨のスピノザの手紙のほとんどすべては彼の没後に〔著作集の〕編集者たちによって破棄されたがゆえに、一人の親愛なる友人の死のために深く感じられたにちがいない悲しみの中にあるスピノザを、私たちは知ることができない。デ・フリースは、スピノザのために無限に尽くした人物だった。リュカスとコレルス〔伝記作者たち〕のいずれもが、デ・フリースが年金でもってスピノザを支援しようとし、しかしスピノザはその受け取りを拒んだということを報告している。リュカスが語るところでは、「裕福な男性である、彼の親しい友人の一人が、彼がより快適に生活を送ることが可能なように二千フルデンを彼に贈ろうとしたとき、彼はそれらを必要とはしていないと述べつつ、彼のいつもの丁寧さでそれを辞退した」【註45】。コレルスの付言するところでは、多額の金銭を受け取ることは「自らの仕事と省察を妨げるものになりかねない」【註46】とスピノザは返答したという。その後のあるとき、デ・フリースは、彼が起草している遺書の言葉についてその友人と話し合っているとき——そしてこのことはスピノザにとってはデ・フリースの死が不意のものではなかったことを仄めかしている——、この一件に再び触れた。デ・フリースは一度も結婚しなかったがゆえに、彼はスピノザを彼の唯一の相続人にしようとした。スピノザは、「私と君がいかに強い友情で結ばれていようと、もし君が赤の他人のために財産を譲れば」【註47】、君の弟にとっては不公平になる、と異議を申し立てた。デ・フリースはスピノザの要望を受け容れはしたが、しかし最終的に彼は、部分的ではあるが、少なくとも自らの意志を通した。すなわち彼は、スピノザに自らの財産から支払われることになる五百フルデンの年金を残したのである。スピノザは、特に彼自身のささやかな必要を鑑み、やはりこれでは額面が大きすぎると考え、三百フルデンに減額して受け取った。【註48】コレルスは、シモン・デ・フリースの死去後、その年金は「スヒーダムに住む」シモンの弟によって支払われたと主張している。しかし、デ・フリースの男兄弟はみな一六六七年までに死去しており、彼らの中の誰一人としてスヒーダムには住んだことはなかった。しかしながらシモンにはその村に住む妹が一人あった。すなわち、トレインチェ・ヨーステン・デ・フリースである。疫病の最中の一六六四年から六五年にかけての冬の季節にスピノザが数カ月を過ごしたのは、彼女が夫のアレウェイン・フェイセンと暮らすその家においてだった。あらゆる可能性を考慮すれば、トレインチェがシモンの財産を相続し、そしてアレウェイン――その夫は妻の金銭については何も口出しはしなかった――は義兄デ・フリースの意志を尊重し、彼がよく知るスピノザを支援しつづけた。【註49】

この例外的な収入は、有難いものであったにちがいないが、金銭面についてスピノザは、一度として大きな心配を抱いたことはなかった。【註50】レンズの研磨からいかなる利益を得ようと、それはつねに友人たちの気前のよさによって補われていた。そしてすべての証言は、彼がひじょうに慎ましく暮らしていたということを示唆している。「彼は財産についてほとんど気にかけることはなかった」とリュカスは書き記している――

富が彼を誘惑しなかったのみならず、彼は貧しさから生じる忌まわしい結果をも恐れることはなかった。美徳は彼にこれらのすべての事物を超越させ、そして彼は、金運の寵愛を深く受けたわけではなかったけれども、その女神に媚びたり、不平をこぼしたりはしなかった。彼は金運にはさほど恵まれなかったとしても、その埋め合わせとして、彼の精神は、人間を偉大にするものをふんだんに授けられた中の一つとなった。極度の貧窮の中にあってさえ、彼は鷹揚で、友人たちから与えられた僅かな金を、あたかも彼が何不自由なく暮らしているかのように、ひじょうに気前よく貸した。彼に二百フルデンを借りていた者が破産したと耳にしたとき、彼はそれに動揺するどころか笑いながら言った、「この小さな損失を埋め合わせるためには日々の暮らしを切り詰めなければならないが、それは対価さ」。彼はさらに言葉を継いだ、「不屈の精神を獲得するためのね」【註51】。

スピノザの日々の必要は慎ましいものであり、彼の衣服や持ち物も「地味で質素」だった。(「彼の衣服は簡素で粗末だった」【註52】と書き記したコレルスによれば、少なくとも)彼は、着飾ることも、衣服に気を遣うこともなかった。彼は必要以上に出費をすることはなく、そして「最も直接的な快楽」には反対しなかったが、肉体のそれは「彼を動かすことはほとんどなかった」【註53】。スピノザ自身は、真実の探求に身を捧げる者はみな「自らの健康を阻害しない範囲で快楽を享受する」べきであると主張した。「肉欲的な快楽に関する限り」と彼は言っている、「精神はその中に囚われ[……]その他の事柄を何も考えられなくなるほどである。しかし肉欲的な快楽の享受が過ぎ去った後、この上なく大きな悲哀が後につづく。[……]さらには肉欲的な快楽を求め過ぎたがために、死を早めた人々の例は数知れない」【註54】と。スピノザの隣人たちからの報告としてベイルが伝えるところでは、彼は飲食においては度を越すことはなく、金銭の心配をほとんどしていなかった【註55】。いわば「手から口へのその日暮らしで生きることに」彼は満足していたと言われ、口の中に入るものは、彼には大きな関心事ではなかったように見える。

彼は、三ストイフェルの値段のバターと牛乳でつくった一杯のスープを飲み、一・五ストイフェルの値段の一瓶の麦酒を飲んで丸一日をしのいでいたということが「彼の死に際して私（コレルス）が発見したいくつかの紙片から」判明する。四ストイフェル・八ペニングの値段のバターと干し葡萄の入ったオートミール粥だけで済ませた日もある。一カ月間を通じて、僅か二パイント半の葡萄酒しか勘定書に記載されていないことを私は見出した。彼はまた、しばしば他人の食卓に招かれたが、しかしながら彼は、自らのパンを口にすることの方を好んだ。【註56】

彼はまた、彼の時代の数多くのオランダ人たちと同様、その時代の数多くの静物画に見えるような柄の長い陶製の煙管で煙草を吸うことを楽しみとしてもいた【註57】のはまちがいない。これはおそらく、総じて厳格な摂生に彼が割り込むことを許した数少ない悪徳の一つである。どこから見てもスピノザは「完全な人間的完成」を実現し、哲学的な生活を送ることを望む人々に彼が推奨した一つの試みとしての「生活規則」【註58】、すなわち「生活と健康を維持するために必要なだけの金銭、あるいはその他の事物を追求すること」に依拠して生きていた。

❧幻の「虹の論文」

一六六七年三月から一六七一年初頭までの間には、いずれもヤリフ・イェレスゾーン宛の三通の手紙しか現存していないため、この間のスピノザの活動、および同時代的な出来事――それらのいくつかはひじょうに直接的に彼を揺さぶった――に対する彼の考えの詳細については、漠然としている。おそらく彼は、彼の家主のティーデマンがヘレンストラート通りに新居を購入した一六六八年五月、すなわち彼の友人のアドリアーンおよびヤン（ヨハンネス）・クールバハが逮捕されるまさに直前に、住居をフォールブルフの別の場所に移した。スピノザはまた、デカルトの哲学原理の研究においてイェレスゾーンの力になっていたように見える。先のイェレスゾーンへの手紙には、オラニエ家の王子の侍医にしてデン・ハーグの一住人のヨハンネス・ヘルヴェティウスによって最近行われたいくつかの化学的な実験に対する一過性の好奇心以上のものの他に、科学的問題、特に光学と流体力学における継続的な関心が示されている。ヘルヴェティウスはお互いに訪ね合う関係にある錬金術師から「哲学者の石」の小さなかけらを失敬した。彼は坩堝の中にそのかけらを入れ、それと一緒にいくらかの鉛を溶かした。その鉛は、伝えられるところでは、金に変わった。ブレヒテルトという名の銀細工師をはじめとする、いく人かの地元の「専門家たち」によって「確証され」たこの出来事をめぐって、町には大きな興奮が湧き起こった。その一件を耳にするやスピノザは、イサーク・フォシウス――メナッセ・ベン・イスラエルのかつての友人であり、いまやハイヘンスの仲間として、ハイヘンスとスピノザとともに光と光学における関心を共有する人物――に意見を求めた。フォシウスは「そのことについて存分に笑い、このような愚かな事柄について私〔スピノザ〕が彼に質問をしたということに、あからさまに驚きさえした」【註59】。友人の嘲りにもめげずスピノザは、この問題についての調査をつづけた。彼は一六六七年早々にわざわざ時間を割いてまでこの件に確証を与えたブレヒテルトに会いにデン・ハーグを訪れた。彼はハイヘンスがかなり低く評価するヘルヴェティウス本人にさえ会いに行った【註60】。

この頃のスピノザは、虹の現象の基盤をなす幾何学的光学についての短論文を手がけてもいたのかもしれない。イェレスゾーン、そしてリュカスとコレルス〔伝記作者たち〕などは、スピノザがそのような著作を執筆していたということに言及している。スピノザは、一六六五年にオルデンブルグからボイルの『色彩に関する実験と考察』のラテン語版の存在を教示された後、すぐにそれに目を通したと思われる。一六六六年中頃のフッデへの手紙と一六六七年三月のイェレスゾーン宛の手紙のいずれにおいても、事実上それに先立つどの書簡にも見られない、実用的、理論的な光学の問題を含む一六六〇年代後半の特定の関心事を明らかにしている。しかしながら最初期の伝記作者たちは、スピノザが虹について書き記したものはいかなるものであれ、彼の死去する少し前に「火にくべられた」とほぼ同様に見解を一致させている。【註61】にもかかわらず一六八七年のこと、『虹の代数的計算』と題する匿名の小冊子がデン・ハーグにおいてその市の行政機関が公認する印刷者レフィン・ファン・ダイクによって出版され、いく人かはそれをスピノザが執筆したと思われる小論文であると主張した。【註62】この主張を裏付ける証拠はなく、スピノザがその論文の著者ではないことはかなり確実かと思われる。【註63】そこにおいて行われている計算は全面的にデカルトによる虹の本質についての記述を基礎とし、その要点は、一六六〇年代後半までには――おそらくスピノザが意識せずにはいないはずの事実として――ハイヘンスによって否定されていた。デカルトは、小さな水滴の上で起きる光の放射がいかにしてそれらの運動において影響を受けるのかを幾何学的に計算するにあたり、スネルの屈折の法則を使用した。デカルトは特に、それらの光線が水滴上のさまざまな地点からの反射と（回折ではなく）屈折の後に、観察者の眼を射ることになるその角度に興味を持った。【註64】その小論の著者は、それが誰であれ、主虹と副虹の両方の弧の高さを計算するにあたり、デカルトの分析的（または関数的）幾何学と屈折の法則を採用した。その論文における数学的な仕事には、申し分のない才能が認められるが、その科学的な内容は、光学理論における最新の発展と光の性質についての学説を鑑みれば、いくぶん時代遅れなのである。

❧アドリアーン・クールバハの獄死と『神学=政治論』の出版

デ・フリースとバリンクを失ったことを除けば、一六六九年のアドリアーン・クールバハの獄死に至る一連の出来事以上に、一六六〇年代のスピノザに――感情的にも知的にも――影響を与え得たものは何もなかった。クールバハの逮捕事件は、彼の直接的な関係者にとってのみならず、ネーデルラント全土における寛容と世俗主義の将来にとっても、重要な意味を持つものとなった。アドリアーンとその弟ヤンに対する裁判過程において改革派教会が行使した影響力は、ある者たちにとっては、「真の自由」の衰退を予感させた。それはまた、デ・ウィットの共和国の基本的原理を守ることにおいては、厳しい態度で臨まれなければならない場合があるということを、それまで以上にスピノザにより明確に示し、いまやその原理をめぐってデ・ウィット自身は、闘いを避けようとしているかにスピノザには見えた。

一六六六年早々、彼自身改革派の牧師であるヤン・クールバハは、非伝統的な考えを抱いているとして、聖職者の上役たちの疑惑の下にあり、一方でアドリアーンには一人の婚外子があったがために、放埒な生活を送っていると見られていた。その年、アムステルダムの宗務局において彼らに対する尋問が行われた。アドリアーンは不道徳な生活態度について警告され、ヤンは神ならびにその他の諸問題についての彼の考えを問い質された。彼は顕著にスピノザ的な説明でもって答えた。すなわち、「神とはその外側に何もない無限の存在であるがゆえに、あらゆる被造物は存在ではなく休息と運動によって決定され、あるいは延長される、変状または道筋にすぎない」【註65】と。それから二年後の一六六八年二月、アドリアーンは自著『百花繚乱の園（*Een Bloemhof van allerley lieflijkheyd*）』を出版した。この著作において、その兄――彼は歴史とオランダ語の用法につねに興味を持っていた――は、オランダ語の法律、医学、祈禱、日常会話の語彙の中に忍び込んだ外国語を単純明瞭に分類するという体裁の下で、自らの哲学的、神学的見解を提示しようとした。明らかにその意図は、ほぼすべての組織化された宗教を批判し、あるいは侮蔑しさえすることであり、彼の口調はしばしば皮肉と嘲笑の間を行き来する。彼は、カトリック信仰の迷信と彼が見なすものを愚弄することに、ひじょうな喜びを感じていた。

祭壇――人が屠畜を行う一つの場所。ローマ・カトリック信仰の間では、それらは神聖な場所でさえあり、そこにおいて司祭たちは、日々神聖な務めを行う。しかしそれは、ユダヤ教徒や異教徒の間においてと同様、もはや動物の殺生にはなく、より驚くべき事柄、すなわち人間の創造のためにある。というのは、一日のいかなるときにおいても彼らは神でさえ叶わぬことを行うからである。すなわち、小さなパンのかけらから人間を作るのである。パンのこのかけらはそれまで通りのパンのままであり、彼らはそれを一人の人間――単なる人間ではなく、神=人間――であると言いつつ人に与える。何たる愚かしさだろう！【註66】

クールバハの著作全体を通じて、その嘲笑の下には、要点においてクールバハが彼の友人たち、すなわちスピノザ、ファン・デン・エンデン、ロデウェイク・メイエルと共有していた深遠な形而上学的神学と宗教的哲学がある。何よりもクールバハは聖書の神的起源を否定した。それは人間の仕事であり、「エスドラス（Esdras）」（エズラの呼び名の一つで、その人物は、スピノザ――おそらく彼からクールバハは聖書解釈の方法の多くを学んだ――によれば、モーセ五書(トーラー)の編纂者としての役割を果した）によって、その他のさまざまな著述から編纂されたものである、と彼は主張する。そして聖書の意味を解釈するための適正な方法は、あらゆる書物の場合と同様に、主にその言語およびその著者と章句の歴史的文脈に依拠した自然主義的なものである。一方、聖書における「真理」を把握するためには、人間の理性以外には何も必要ではない。

聖書とは［……］一般的に、いわば狐またはオイレンシュピーゲルのような話を含む、物語本であり［……］それらのユダヤ教徒の諸著作の諸著者が誰なのかを人は知ることができない。最も著名な神学者たちのいく人かは、エスドラスという人物がそれらをその他のユダヤ教徒の諸著作から編纂したと考えている［……］一方、聖書の中には、確実なこととして理性に合致するものがあり、すなわち私が聖書として保持する唯一の事柄であり、それらはその他の諸著作の構成に役に立ったにちがいない。しかしその残りは、私たちにとって、無用にして空虚であり、難なく否定され得る。【註67】

『百花繚乱の園』、およびそれと同じ年にまとめられたもう一つの著作『暗闇で輝く光（*Een Ligt schijnende in duystere plaatsen*）』においてクールバハは、迷信的な慣習と儀式をはじめとするほとんどの宗教の非合理性を攻撃した。神の真の教え、すなわち「真の宗教」は、単純に、神の認識と神への服従、そして隣人への愛にある。反三位一体主義の誹（そし）りを招くことを恐れず、彼はイエスが神の子であるという考えを否定し、あらゆる三位一体の教条を退けた。神は一つの宇宙の実体以外の何ものでもない。この実体は、無限の数の無限の諸属性からなり、その二つのみ――すなわち思惟と延長が、私たちに知られている。このように、神は必然的かつ決定論的な一つの体系として自然と同一視される。奇蹟は、自然の法則からの乖離として理解され、かくしてそれは不可能である。【註68】クールバハは、政治の側面においては、過激な民主主義者である。彼は世俗的な共和国における美徳を強く信じ、教会による政治権力の横領の危険について警鐘を鳴らした。一六六四年に出版された小論文において彼は、主権を有する自治的諸州の連邦としてのデ・ウィットの共和国概念についての問題点を提出し、市民の権利の下に宗教権威を従属させることを求める訴えを提出した。【註69】

クールバハは、古典作品の読書によって、同様にホッブズ【註70】のような同時代の思想家たちによっても、明らかに影響を受けたが、彼の教条のスピノザ主義的な論旨は否定され得ない。彼は『倫理学（エチカ）』ならびに依然執筆が進められていた『神学=政治論』の草稿を丹念に研究したのにちがいない。残念ながら、彼はスピノザの警戒心を共有しなかった。彼は実名の下に、なおかつ学術的なラテン語によって書き著される場合以上により多くの人々が手に取り、それゆえに堕落させられ得る、と考える当局の危惧を煽ることになるオランダ語によって、『百花繚乱の園』を出版した。彼は『暗闇で輝く光』についても同じ方法を採用しようとしたが、しかしユトレヒトの出版者エフェラルデュス・ファン・エーデは、問題を引き起こす可能性のある（それゆえ、彼にとっては、危険を招く）著作を生み出そうとしつつあるということを自覚し、その印刷を途中で止めた。【註71】ヤンはその印刷者を説き伏せようとし、その著作はデ・ウィットのお墨付きを得ていると言い張ったが、それはまったくの出任せだった。貴族のデ・ウィットには、クールバハの冒瀆を、あるいはスピノザやメイエルのような男性たちの民主主義的共和主義をさえ公的に是認する意志など、いささかもなかっただろう。もしクールバハと彼の仲間たちがその法律顧問をはじめとする特権階級を彼ら自身の政治的、宗教的動機に共感的と考えていたのであれば――そして少なくともスピノザはそのような幻想は何も抱いていなかったと考えて差し支えない――、彼らは救い様もなく判断を誤っていた。デ・ウィットが歩む道はひじょうに心もとないものだった。彼は国家の問題に干渉しようとする「牧師たち（プレディカンテン）」のいかなる試みに対しても憤慨しはしたが、彼にはそれらを無視し、あるいは対抗する余裕さえもなかった。まちがいなく彼には、これらの革新的な思想家たちによって抱かれたよりいっそう過激な見解に自らの政治的命運を――そしておそらく自らの人生をさえ――結び付けるつもりはなかった。デ・ウィット以上の民主主義者であるピエール・ド・ラ・クールでさえ、生理的にクールバハの見解はあまりにも節度がなさすぎると感

じただろう。【註72】

出版者のファン・エーデは、ヤンに丸め込まれることなく、当局に通報した。直ちにユトレヒトの司法官はすでに印刷に付された数章を押収し、それらをアムステルダムの同僚たちに転送した。調査官たちからその著作の共著者の一人として疑いをかけられていたヤンは、五月十日に逮捕された。アドリアーンは逃亡した、が——彼の居場所が千五百フルデンと引き換えに「一人のすばらしい友人」によって暴露された後の——七月十八日に、最終的にレイデンで逮捕され、アムステルダムに戻り、覆いのない荷車の中に鎖でつながれた。その兄弟は、改革派の宗務局の激励と全面的協力を得た市の重鎮たちからなる委員会によって尋問された。尋問する側には、光学研究におけるかつてのスピノザの仲間であり、いまやアムステルダム市長の一人のヨハンネス・フッデがいた。取り調べ中にアドリアーンに付された尋問は、いまだスピノザは「形而上学的補論」を含む『デカルトの哲学原理』しか出版していなかったにもかかわらず、聖書についての彼の見解ならびに政治的意見は、一六六八年半ばまでには十分すぎるほどによく知られ、彼はアムステルダムの特権階級の要注意人物となっていたということを明らかにしている。

アドリアーン・クールバハ、アムステルダムの弁護士、医師、三十五歳。質問——『百花繚乱の園』と題する著作を執筆したか。回答——諾。質問——それは一人で書き上げたか。回答——諾、誰の助けも得なかった。質問——医師〔アブラハム・〕ファン・ビッケル〔スピノザの友人の一人で、一六六七年にホッブズの『リヴァイアサン』を初めてオランダ語に翻訳した人物〕の助けはあったか。回答——否、ただし彼がそれについて誰かと会話をしたことはないとは言えない。また彼の弟〔ヤン〕はそれが完全に印刷されるまではその著作を読まなかった。後者は、彼の同意とともに、ある一つの章を校正したが、それは挑発的な章ではない。質問──誰か考えを共有している人物はいるか。回答──〔神の〕認識に関しては誰もいない。彼はそれらについてファン・ビッケルとも、あるいはその他の誰とも、すなわちスピノザまたは彼の弟とも、意見を交わしたことはないと付言した。［……］彼はさまざまな機会にスピノザの家を訪ね、一緒に過ごしたことを認めたが、彼はこのことについてはスピノザとは一度も話をしなかった。彼は正しいオランダ語による会話を人々に教示することのみを意図して『百花繚乱の園』を執筆した。質問──彼はヘブライ語を理解するか。回答──辞書の助けを借りてのみ。質問──ヘブライ語の「シャブノ（*shabnot*）」とは何の意か。回答──知らないし、ブクストルフ〔ドイツ人のヘブライ語学者〕の辞書で調べなければならない。被告人はファン・ビッケルおよびその他の人物たちと関係を持っていることを認めたが、彼はスピノザとはこの考えについて一度も話をしたことはないと断言した。〔付記、「シャブノ」とはモーセがシナイ山で律法を授かった日を記念する祝日のこと。〕【註73】

私たちは、いつ、そして何回、クールバハがフォールブルフにスピノザを訪ねたのかを知らない。スピノザの書簡に含まれていた可能性のあるアドリアーンと〔その弟〕ヤンとの関係のいかなる痕跡も、そして特にスピノザとその兄弟のそれぞれとの間で交わされていただろういかなる手紙も、スピノザの死後、もっともな理由からその友人たちによって破棄された。クールバハはまた、イエスの神性とマリアの処女性を否定したことを認めた一連の質問に対する回答において、一六六二年から六三年にかけてファン・デン・エンデンと接触していたことも明らかにした。「私たちは実際、この救世主（イエス）の父が誰なのかを実際には知らない。このことはいく人かの無教養な人々が、彼は神であり、永遠の神であり、永遠の神の子であり、したがって彼が男性の介在なく一人の処女から生まれたということを確信する理由となっている。しかしこれらの前提は同じく、聖書とは無関係であり、真理に反している」。これについてクールバハは、スピノザと意見を交換したかどうか尋ねられた。

「回答――否［……］彼の弟ともそれはない。しかし彼は五、六年前にファン・デン・エンデンの家にを何度か訪ねたことがあると自白した」[註74]。

この尋問は数週間にわたって行われた。監獄においてすでに六週間以上を過ごしていた〔弟の〕ヤンは、警告を与えられるとともに釈放された。彼の陪審員たちは彼が冒瀆的な論文のいずれについてもその著者ではないという判断で一致した。市長たちの一人は、「我々の国においては、公的な集会または著作がない状態において、我々は人々が宗教について抱く意見に対しては特に過敏に対処するには及ばない」[註75]と説明した。反対にアドリアーンは監獄における十年間とその後のつづく十年間の追放を七月二十九日に言い渡され、さらに四千フルデンの罰金を課せられた。これは重刑だったが、（フッデなどの執り成しのおかげで）その委員会の委員の一人によって推奨された量刑と比べれば、ましなものとなった。すなわち、右手の親指は切り落とされ、舌は赤く熱した焼き鏝でくり貫かれ、そして全財産は没収され、著書は一冊残らず焼却されるとともに、三十年間の牢獄生活を送るというものである。[註76]彼はアムステルダムの刑務所の、通常は重労働を宣告された凶悪な犯罪者のために確保されている劣悪な牢屋に入れられた。七週間後、獄中での生活から病気になってしまった彼は、より耐え得る環境の診療室を備える市の別の刑務所、ヘット・ウィリヘ・ラスプハイスに移された。クールバハの健康は監禁状態において深刻に、そして急激に悪化し、一六六九年十月十五日――刑を宣告されてから丸一年を過ぎて――、彼は息を引き取った。

市長たちと教会の権威者たちの手によるアドリアーン・クールバハの取り扱い――スピノザの目にはそれは聖と俗との危険な結託に見えた――は、『神学=政治論』の最終的な仕上げに取りかかり、その出版準備を開始する刺激をスピノザに与えた。彼は少なくとも三年半にわたって休むことなくその著作に取り組んでいた。その間に彼は、二人の友人が政治当局に逮捕され、その一人が獄死するのに接した。一六六八年末までに、スピノザのほとんどすべての精力は、宗教と国家についての自らの論文の完成――いまや彼の心の中では、公的にも個人的にも切迫した重要性を持つ問題――に注ぎ込まれたにちがいない。

この時点までにスピノザは、彼の主張が受け取るだろう受容をめぐって、いかなる幻想の下にもいなかったはずであり、それゆえ彼は、彼自身と彼の出版者を守るために必要な措置を講じた。『神学=政治論』の初版は、一六六九年後半か一六七〇年前半のあるときにアムステルダムでヤン・リューウェルツゾーンによって出版されたが、その表紙には、「ハンブルクのハインリッヒ［ヘンリクム］・クンハルトによる」と、偽りの出版地名と出版者名が記載された。著者名はどこにも明示されなかった。これらの措置は、特に改革派の宗務局がアムステルダムで出版されているある種の冒瀆的かつ異端的な諸著作に警戒しつづけ、一六六九年にリューウェルツゾーンの書店に対してとりわけ監視を厳しくしつづけていたこともあり、理由のないものではなかった【註77】。スピノザは、彼の考えに精通し、共感も示していた印刷者の友人の技術と判断には全幅の信頼を寄せていただろうが、その著作の印刷に立ち会うべく、長期の滞在のためにアムステルダムに旅をしたものと思われる。

その著作の副題は、その著者の計画の内容、ならびに同時代の政治的文脈に対する関係性を明らかにしている。すなわち、「哲学をする自由は、敬神に対する毀損と連邦共和国の平和なくしては授けられ得ないが、しかし連邦共和国の平和と敬神は、この自由の抑圧によって危険に晒されるというこ とが、ここにおいて示される」。スピノザの究極の目的は、宗教権威によって共和国において行使されている政治権力を切除することだった。というのは、彼がオルデンブルグに語っているように、それは「行き過ぎた権威にして牧師たちの利己主義」であり、「私たちが考えていることを口にする」

自由を最も脅かすものだからである。【註78】たとえ彼が、政府の最良かつ最も自然な形態と彼が見なす民主主義的な共和国の部類にネーデルラントを移行させることができないとしても、この国が独立以来支えられてきた寛容の伝統と世俗の立憲的な原理に忠実でありつづけているということを、少なくとも確実にする手助けをすることができる。神の言葉としての特定の書物の神聖さに訴えることによって自らの権力乱用を正当化する牧師たちの影響力を減じるための鍵となるものは、聖書とその伝来の真の性質を証明し、一般の宗教から「迷信的な崇敬」を取り除き、根本的な条件において市民社会を第一の場所に生じさせる政治政体の理想的原則を求めて訴えることである。

この計画は、スピノザには――ユダヤ教、および非ユダヤ教の学問領域についての彼の精通を鑑みれば、まちがいなくその時代のいかなる哲学者よりも――特に適していたものだった。その仕事は、聖書解釈の能力と政治理論の高度な理解力を要求した。スピノザは、前者についてはふんだんに与えられ、ヘブライ語、モーセ五書（トーラー）、律法学的伝統ついての長年にわたる知識の蓄積のみならず、マイモニデスの『迷える者たちへの導き』からメナッセの『調停者』までの古典および同時代の、正統的または異端的なユダヤ哲学的諸著作についての精通による備えもあった。そしてファン・デン・エンデンの指導下のアムステルダムの日々以来、彼はマキアヴェッリやフーホー・フロティウスといった十六世紀と十七世紀前半の重要な政治思想家たちについての研究をけっして止めなかった。一六六〇年代、彼は歴史と政治についてのこの学問をホッブズ（一六六七年にオランダ語に翻訳され、一六六八年にはラテン語にも翻訳された『リヴァイアサン』と『市民論』の両方）やド・ラ・クールなどの、ちょうど出版されたばかりの諸著書によって補った。

文体と主題の明らかな相違にもかかわらず、『神学=政治論』と『倫理学（エチカ）』の間には本質的な継続性がある。事実、『倫理学（エチカ）』における形而上学、神学、および倫理学は、『神学=政治論』における政治的、社会的、道徳的、宗教的主題の下地をなし、ときおりは強烈に想起させもする。『神学=政治論』における神によるヘブライ民族の「選出」についての議論の中で、例えばスピノザは次のように語っている――

> 神の監督と言うことによって私は、影響を受けない自然の一定の秩序、または自然現象の連鎖を意味する。というのは、それに従ってあらゆる事物を生じさせ、決定を与えるところの自然の普遍的な法則は、つねに永遠の真理と必然性を含む神の永遠の命令に他ならないということを、私は上述し、そしてすでに他の箇所においても示したからである。それゆえ、すべての事物は、自然の法則に従って生じると言うのと、それらは神の命令と監督によって規定されると言うのとは、同じことである。【註79】

『神学=政治論』は同様に、『倫理学(エチカ)』に見られる「単なる哲学的な」、そして反擬人的な神の描写――「[モーセは]神を統治者であり、法の付与者であり、王であり、慈悲深くもあり、公正でもある、そのような存在として想像した。その一方で、これらはみな人間的な性質の諸属性にすぎず、神的性質にはまったく適用され得ない」【註80】――、ならびに自然の認識に存するものとしての人間の幸福と至福、さらにはその結果としての神の知的愛――「自然の中のすべては神の概念を含み、その本性と完成に応じて神の概念を表現する。それゆえに私たちは、私たちが自然の現象についてより多くの知識を得れば得るほど、より大きな、より完成された神の認識を獲得する」【註81】――という『倫理学(エチカ)』の概念によって支えられている。さらに『神学=政治論』は、非幾何学的な――すなわち、より接近しやすい――形式によって、ときおりその他の諸著作において省略された細部を補足されつつ、【註82】『倫理学(エチカ)』の考えの数多くを提出する。

スピノザは『神学=政治論』を開始するにあたり、聖職者たちが人間の一般的な感情に働きかけることによって彼らの信者たちに奨励するまさにあの迷信的な信仰と振る舞いについて、一種の「宗教の自然史」を通じ彼の読者たちに警告を発している。希望と恐怖、すなわち一時的な利益の追求に捧げられる人生の主要な諸感情によって導かれる人間は、運命の気まぐれに直面したとき、彼が欲望する品物を守ると計算される行動に向かう。かくして私たちは祈り、礼拝し、願をかけて寄進し、犠牲を捧げ、そして一般的な宗教のありとあらゆるさまざまな儀式に従事する。しかし諸感情は、それらを引き起こす諸対象と同様に儚く、かくしてそれらの諸感情に基づく迷信は絶えざる変化に晒される。野心的で利己主義的な聖職者たちは、このような状況を安定させるべく全力を尽くしてそれらの信仰と振る舞いに一定の永続性を与える。「宗教が精神のいかなる揺らぎをも支え、そしてその礼拝者たち全員に最も深い崇敬の念を絶えず生じさせることができるような虚飾と儀式とを、真偽の別なく宗教に付与するべく、多大な努力が払われてきた」【註83】。宗教的指導者たちは彼ら自身の目的において、神学的正統性からのあらゆる逸脱を全般的に「良俗壊乱」として処罰する市民的権威の支援を受ける。その結果は理性的な根拠のない追従と神秘を含み、神への真の崇拝の代わりに単なる「聖職者への尊敬」しかない、国家的な宗教である。

問題のこの状態に対する解決は、聖書を吟味し直し、「真の宗教」の教えを見出すことであると、スピノザは信じている。その後に初めて私たちは、神への適正な崇敬を明確にし、至福を手にするためには何をなすべきかを正しく確定することができる。このことは、宗教権威が私たちの感情的、知的、物質的生活の上に及ぼす支配力を減じ、国家と宗教の適正にして健全な関係を再構築するだろう。聖書の徹底的な分析は、哲学をする自由――本質的に思想と言論の自由――が敬神を毀損しないといういかなる議論のためにも、特に重要である。聖書が「自然の真理」の源泉ではなく、単なる道徳的な伝達（「隣人を愛しなさい」）でしかないものの媒介であるということが証明されるならば、「信仰が哲学とは切り離されるものである」ということを、人々は理解するだろう。スピノザは、単なる人間的資料とは異なるものの神聖さが――聖書の言葉や歴史にではなく――、その道徳的な伝達の中にのみあるということを明らかにしようと考えた。聖書は、知識ではなく、「［神への］恭順」のみを説く。かくして、哲学と宗教、すなわち理性と信仰は、二つの相異なる排除的な領分に存在し、いずれも他方の領域に踏み込むことはない。哲学をし、思索をする自由はそれゆえ、真の信仰に対してはいかなる毀損も引き起こすことなく与えられ得る。事実、このような自由は、ほとんどの市民論争が派閥の闘争から生じる以上、公共の平和と敬神にとっては抜本的である。共和国にとっての真の危機は、神ではなく、頁上のいくつかの言葉を崇拝する者たちから生じる。「神の律法は私たちの心に刻まれてはいるが、聖書は依然、神の言葉であり、それゆえ聖書が骨抜きにされ、損なわれているとは口にし得ないのと同様、神の言葉に対してもそのような事柄を口にすることはもっての外、と言われるだろう。このように言う者たちは、敬神をひじょうに遠くに追いやり、宗教を迷信に変えていると、私は反論せざるを得ない。実際のところ、神の言葉の代わりに、彼らは類似物と表象、すなわち紙とインクを崇拝し始めているのである【註84】」。

聖書を正しく、見識に照らして読むことから、数多くの事柄が明らかになる。まずは預言者とは、例外的な知的能力を備えた人間ではなく――言い換えれば、彼らは本来的に才能豊かな哲学者ではなく――、鮮明な表象力を授けられたひじょうに敬虔な、倫理的には優れてさえいる、単なる一個人にすぎない、ということである。彼らは言葉を通じ、あるいは現実または想像上の人物に媒介された彼らの表象的能力を通じ、神の啓示を知覚することができた。この能力は、知性の限界を超えて存在するものについての理解を彼らに許したものである。さらに、一つの予言の意味内容は、その預言者の肉体的な気質、想像的力量、個別の見解または偏見に従って、その都度変化した。したがって予言は、それが神の力――そしてこの観点において、スピノザの形而上学的図式において、その他のいかなる自然現象と何ら異なるものではない――に由来するものとは言え、自然または精神の現象の特恵的な認識を提供しない。預言者たちは、知性の事柄、哲学、歴史、科学の問題に及んだ場合、必ずしも信頼されるべき存在ではなく、しかも彼らの発言は、私たちの理性的な能力を基礎に置く自然界について信じられるべき、または信じられるべきではない事柄についての、いかなる媒介変数(パラメータ)も設定しない。

聖書においては、ヨシュア、ならびにおそらく『ヨシュア記』を編纂した著者が、太陽は地球の周りを回転して地球は動かず、太陽はしばらくの間静止したと考えたということ以外には、何も明確には示され得なかった。にもかかわらず、天に何らかの異変が生じ得るということを認めず、その章句をそれがまったく異なる意味を持つものとして説明する数多くの人々がいる。さらに別の人々は、地球が回転し、太陽は動かず、したがって太陽は地球の周囲を回転しないという、より科学的な態度と認識を採用しつつ、聖書の章句の歯牙にある意味を何とかしてこじつけようとあらゆる努力を払う。実際、私は彼らに対して訝しく思う。私たちは戦士ヨシュアが優秀な天文学者だったと、奇蹟は彼に対しては明らかにされ得なかったと、あるいは太陽の光はヨシュアがその原因を理解することなくしては通常よりも長く水平線上に静止していることができなかったと、信じなければならないのか。この両者のいずれか一方を選ぶことは、私には滑稽に思われる。私が好むのはむしろ単純明快な考え方である。すなわち、ヨシュアは昼の長くなる原因を知らなかったのであり、そして彼ならびに彼と一緒にいた軍勢は、太陽が地球を日周すると信じ、そしてその日は太陽がしばらくの間静止したままであり、このことが昼の時間が引き延ばされた原因であると思い込んだということである。【註85】

スピノザは、神によるヘブライ民族の選出または「召命」についても、同様の冷徹な説明を与えている。彼らの天与の唯一性、すなわちユダヤ教徒の場合においては、あらゆる民族の中から彼らが唯一選ばれているということを彼らの幸福の基礎とすることは、誰にとっても「子供じみて」いると彼は主張する。実際、古代のヘブライ人たちは、彼らの智慧と神との近さにおいて、他の諸民族を凌駕してはいなかった。彼らは知的にも道徳的にも他の諸民族より優れてはいなかった。彼らは彼らの社会的な組織化と政治的な幸運の観点においてのみ「選ばれて」いた。神（あるいは自然）は、一揃いの律法を与え、彼らはそれらの律法に従い、その必然的な結果として、彼らの社会の秩序は保たれ、彼らの自律的政府は長きにわたって存続した。が、彼らの王国はいまや滅亡して久しい以上、彼らの選出は、一時的かつ条件付きのものである。それゆえ「現時点においては、ユダヤ教徒たちが彼ら自身を他の諸民族の上位に不当に詐称するものは何もないのである【註86】」。この断定によってスピノザは――アムステルダムのセファルディ〔ポルトガル・スペイン系を含む地中海周辺諸国出身のユダヤ人〕のラビ〔ユダヤ教の師〕たちをはじめとする――数多くが、ユダヤ教にとっては本質的と主張していた特定説〔神の恩恵は選民のみに与えられるとする考え〕を否定した。真の敬神と至福は、その範囲において普遍的であり、信仰する宗教の教条に関係なく、誰にでも接近することが可能である。

ユダヤ教に対するスピノザの分析の中心は――いかなる宗教に対しても適応可能なものとしての――神的な法と儀式的な法の区別である。神的な法は、神についての認識ならびに神への愛のみを司り、その法の実践はそれらの前提に立ち返ることを要求する。このような愛は、潜在的な罰の恐れや何らかの報酬のための希望からではなく、その対象の善良さからのみ生じなければならない。神的な法は、犠牲、食餌規定、祝祭の遵守などの、特定の典礼や儀式をいっさい要求しない。モーセ五書（トーラー）の六百十三個の戒めは、至福や美徳には何ら関係がない。それらは、自律的な国家において彼ら自身を律するべく唯一ヘブライ人たちに差し向けられた。儀式的な律法は、彼らの王国を維持し、その繁栄を確実にすることを助けたが、その政体が存続する限りにおいてのみ、効力を持った。それらは、あらゆる状況下において、すべてのユダヤ教徒たちを束縛するものではなかった。それらは事実、純粋に実用的な目的、すなわち人々が自らの義務を果たし、勝手な行動をしないように、モーセによって規定された。

> モーセは、自らの神がかりな能力と権威によって、恐怖よりもむしろ献身から人々に義務を遂行させるべく［……］国家的宗教を導入した。さらに彼は、受け取られる報酬についての考えによって彼らを束縛し、その一方で将来、神からより多くの報酬が得られるだろうと約束した。［……］それゆえ人間たちは、けっして自らの意志の働きかけからではなく、つねにもう一つの存在の命令によって行動を起こし、自らの行動と内なる思考においては彼らが自らの主人ではなく、完全にもう一つの存在に従属しているということをつねに認識させることが、儀式を遵守する目的となった。【註87】

このことは、ユダヤ教の儀式と実践を超えて、すべての宗教の外面的な儀式について当てはまる。これらの営みは、真の幸福と敬神には何も関係がない。それらは、人々の行動を操作し、特殊な社会を維持するためにのみ役に立つ。

同様の実用的機能は、奇蹟の物語によって促進される。聖書は一般的な人々の想像力に影響を与え、彼らの服従を強制するために採用された言語を通じて語る。あらゆる出来事の必然的かつ現実的な原因に訴えるよりもむしろ、その著者たちは人々——特に無教養な人々——を献身へ動かすと計算される方法によって、ときおり事物を叙述する。「もし聖書が政治的な歴史家が採用する文体によってある帝国の没落を描写していたとすれば、一般的な人々は心を動かされなかっただろう［……］」。しかしながら奇蹟――自然の通常の道筋からの神的に生じた乖離として理解されるもの――は、厳密に言えば、不可能である。あらゆる出来事は、いかにそれが突飛なものであれ、必然的な原因と説明付けを持っている。「自然においてはその法則に従わないものは何も起こらない」。これは単純にスピノザの形而上学的教条の、一つの帰結である。伝統的に想像されるような奇蹟に対しては、神と自然を区別することが必要であるとは、スピノザ哲学が原理的に規定するところである。さらに、自然の秩序は、自然における出来事の連続が神の諸属性の必然的な結果である限り、不可侵である。

自然の普遍的な法則は、神的な自然の必然性と完成から生じる神の勅令に他ならない。それゆえ、仮にその普遍的な法則に反する何かが自然の中に生じたとすれば、それは神の知性にして本質であるところのその勅令に、必然的に反することにもなるだろう。あるいは、仮に誰かが、神は自然の法則に反する行為を遂行すると主張したとすれば、同時に彼は、神は彼自身の法に反して行動すると主張しなければならず――これほど道理に反する事柄はないことになる。【註88】

必然的な原因が私たちには知られず、それゆえに私たちが超自然的な神にその力を帰している現象という意味においては、確かに「奇蹟」は存在する。しかしこれでは、またしても迷信、すなわち「真の認識と真の道徳のすべての宿敵」への逆戻りである。

表象力の鮮明さという観点における予言、政治的幸運としてのユダヤ民族の選出、ある種の社会的政治的有利としての儀式的律法、そして自然の必然的で因果的な連関の無視としての奇蹟の信仰を分析することによって、スピノザは、ユダヤ教ならびにその他の諸宗教の基本的要素のいくつかを自然化（結果的に脱神秘化）し、なおかつその外面的、迷信的な儀式の基盤を突き崩す。それによって、同時に彼は、愛と認識を含む敬神の基本的な教条を、それ自体において自然主義的で、単純で、普遍的な公式に還元する。この自然化の過程は、スピノザが聖書そのものの著者と解釈について考察するとき、頂点に達する。聖書についてのスピノザの見解は、疑問の余地なく『神学=政治論』の最も過激な主題を構成し、彼がなぜ同時代の人々によってあのように痛烈な批判でもって攻撃されたかを説明する。彼以前のその他の者たちは、モーセは五書のすべての著者ではないと示唆していた。しかし、この訴えをこのように大胆、またこのように詳細に論じることによって、スピノザが行ったほどの極限にまで突き詰めた者は他にはいなかった。スピノザ以前のいかなる者も、そこにおいて彼が導き出した聖書の地位、意味、解釈についての結論を、進んで導こうとはしなかった。【註89】

スピノザは、モーセがモーセ五書のすべて、あるいはそのほとんどを書いたということをも否定する。五書の中の第三者によるモーセについての言及、すなわち彼の死ならびに特に彼の死後の出来事についての描写、さらにはいくつかの地名がモーセの時代にはそれらが持っていなかった名で呼ばれているという、これらの事実のいずれもが、「モーセ五書」として一般的に言及される諸著作が、モーセの後の数世代を生きた何者かによって書かれたということを、実際に「疑いの影も及ばないほどに明らかにしている」。モーセは確かに、歴史と律法についてのいくつかの書物を編纂した。久しく失われているそれらの書物の断片は、モーセ五書において見出され得るだろう。しかし私たちが持っている五書は、ヘブライ語の聖書のその他の（『ヨシュア記』『士師記』『サミュエル記』『列王記』などの）書物と同様、それらの書物が持つ名前の人物たちによっても、またそれらの書物に現れるいかなる人物たちによっても、書き記されはしなかった。スピノザは、これらの書物は事実、叙述された出来事の後の数世代を生きた一人の歴史家によってまとめられたと主張し、そしてそれはおそらく、ほぼまちがいなくエズラだろうと主張する。受け継がれて来た数多くの諸著作を受け取り、それらを単一の（しかし途切れなく、というのではない）叙述に編み始めたのは、バビロン捕囚後の一人の指導者だった。エズラの著作は、後にその他の人々の編集作業によって完成され、増補された。したがって現在私たちが所有しているものは、寄せ集めに他ならず――その意味で、むしろ損なわれ、雑多な、「骨抜きにされた」ものである。

これらの五書のすべての内容、すなわち歴史的な物語と諸規定が、いかなる区別も秩序もなく、またいかなる時間的な脈絡もなく提出され、しかも同じ話がしばしば異なるかたちで繰り返されていることを単純に確認するのであれば、これらのすべての素材は、後により都合よく吟味し、整理するために無差別に収集されたものであることが容易に理解される。しかも五書の内容のみならず、現存する七つの諸書におけるその都市の破壊に至るまでのその他の歴史も、同様の方法でまとめられた。【註90】

預言者の諸書については、それらはさらに後の時代に由来するものであり、ある一人の年代記作者か写本制作者によって、遅くともおそらく第二神殿時代にまとめられた（か、スピノザの考えによれば、「積み重ねられた」）。聖書の正典としての認知は、パリサイ人たちが数多くの諸著作からいくつかの文献を選定した紀元前二世紀に初めて生じた。長い期間にわたる大勢の写本制作者たちによる人間に由来する著述の転載を含む移植のこの過程は、歴史的なものの一つだったがゆえに、しかもいくつかの著述を含めつつ、その他は含めないとする決定は、一般的な誤りを犯しがちな人間たちによってなされたがゆえに、いわゆる「旧約聖書」の章句のかなりの部分は、損なわれていると信じる正当な理由がある。

スピノザはよく知られている伝統の内側で仕事をしていた。モーセは五書のすべての著者ではなかったという主張は、すでに十二世紀にイブン・エズラが『申命記』の註釈において行っていた。イブン・エズラは例えば、モーセは彼自身の死を叙述できなかったはずであると主張した。スピノザはイブン・エズラの諸著作を知り、賞賛し、それゆえモーセ五書（トーラー）の著者についての彼の見解は、それらの影響を受けたことはまちがいない。しかし彼はまた、より最近のイサーク・ラ・ペイレールによる『先アダム』にも精通しており、そこにおいてカルヴァン主義のそのフランス人千年王国論者は、聖書の著者としてのモーセのみならず、聖書の章句の伝達過程の信頼性、すなわちその正確さを疑問視した。アムステルダムにおけるクエーカー教団の指導者サミュエル・フィッシャーは、一六六〇年、『ラビたちへの率直な警告（*The Rustic's Alarm to the Rabbies*）』を出版した。聖書は一つの歴史的資料にして人間によって書き記された文献であり、それゆえに非歴史的な永遠の神の言葉と混同されてはならない、とフィッシャーは主張する。モーセの貢献は、神からの伝達を筆記するというその過程を開始したことでしかない。フィッシャーは現在神聖なる聖書として通用している文献の信憑性に疑問を投げかける。私たちが持っているその書物は事実、写しの写しの写しの、そのまた写しであり、それらのすべては数多くの手を経てきた。その受け渡しの過程において改変と省略が章句に入り込み、いまやその章句はかなり改竄されている、と。スピノザは英語を読むことができなかったが、一六五〇年代後半のアムステルダムにおけるフィッシャーとのあり得るかもしれない接触は、フィッシャーの見解がスピノザに及ぼしたかもしれない何らかの影響を説明するものとなる。最後に、イギリスの哲学者トーマス・ホッブズがおり、彼は『リヴァイアサン』――スピノザがその著作をひじょうに丹念に研究したことは明らかである――において、モーセに帰せられている五つの書のほとんどは、モーセは

事実それらに現れるもののいくつかを組み立てたとは言え、現実には彼の時代のずっと後に書き記されたと主張した。【註91】

　確かに、モーセが聖書の著者であるということの否定は、依然行き過ぎと言えるほどに非正統的な見解だった。スピノザは、「［五書の］その著者はほとんど普遍的にモーセであると信じられている」と註釈し、したがって彼には、その教義を否定することは、それを公表した著者に宗教的権威からの非難が及ぶということが分かっていた。しかし一六七〇年までに、モーセがモーセ五書（トーラー）のすべてを書かなかったと主張することに、そして聖書が人間によって組み上げられ、誤りを犯しやすい歴史的過程を経て伝わっているということを示唆することに、何も新奇なところはなかった。スピノザの過激にして革新的な主張は、このことが、聖書が読まれ、解釈されるべき方法にとっては重要な意味を持っている、ということを訴えることだった。彼は、聖書そのものが崇拝される方法に、すなわち頁の上の言葉が伝えようとしている伝達以上に頁の上の言葉そのものに向けられている崇敬の念に、幻滅していた。聖書が歴史的なものであり、かくして自然の資料であるとすれば、それは自然についてのその他の諸著作と同じ方法で取り扱われなければならない。それゆえ、聖書の研究、あるいは聖書解釈学は、経験に基づく情報や基礎的事実を収集し、評価することによって、すなわちその一般的な原理に照らしてその「書物」そのものを検分することによって、自然の研究または自然学が手がけられるように行われなければならない。

> 聖書を解釈する方法は、自然を解釈する方法と何ら異なるものではなく、事実それに完全に一致すると私は考えている。というのは、自然を解釈する方法は、本質的に自然についての詳細な研究をかたちづくることにあり、そこから、私たちにとっての確実な基礎的事実の源泉として、私たちは自然の諸事象

の定義を引き出すことができる。いまや厳密に同じ方法によって、聖書解釈の仕事は、聖書の直接的な研究を行うことと、そしてこのことから、私たちの一定の基礎的事実と原理の源として、聖書の諸著者の意味するところを引き出すことを私たちに要求する。この方法によって——すなわち、聖書解釈ならびにその概念の研究のために聖書そのものと聖書の歴史的な研究からのみ収集され得るもの以外のその他の原理や基礎的事実を認めないことによって——、いかなる誤りの危険もなく安定した前進をなし得、理性の自然的光明によって私たちに知られている問題についての確信と同様のそれでもって、私たちの認識を超える問題に対処することができる。【註92】

自然についての認識は、自然のみを通じて求められなければならないのとまさに同様に、聖書についての認識——その意図された意味についての理解——も聖書のみから求められなければならない。スピノザは、マイモニデスの『迷える者たちへの手引き』における教えに対して真っ向から異議を唱えた。【註93】十二世紀の偉大なるそのラビ〔ユダヤ教の師〕は、スピノザと同様にひじょうに合理的な人物であり、聖書の意味を解き明かすことは、理性に一致するものを見ることとの問題であると主張した。なぜなら、聖書は神の言葉であり、その意図された意味は真理と一致していなければならないからである。それゆえ、いくつかの章句が文字通りに読まれるときに真実として受け止められ得ないのであれば、その文字通りの意味は、比喩的な意味を選び取ることにより、否定されなければならない。ときおり聖書は、神の肉体的な部分について語る。しかし理性は、永遠にして非物質的な神は肉体を持たないと告げる。それゆえ、神の足や手についての聖書におけるいかなる言及も、比喩的に読まれなければならない。【註94】スピノザにとって、この種の解釈は、それが聖書を解釈するために聖書そのものを超えて行われる限り、——合理性または真実の外面的な基準に照らせば——非論理的である。「神が火であるとモーセが信じたのか、あるいは信じなかったのかどうかについての問題は、けっして信仰の合理性あるいは非合理性によって判定されてはならず、モーセのその他の発言からのみ、判定されなければならない【註95】」。聖書が解釈された後に従われる聖書の意味と、哲学的または歴史的に真実であるものとの間には、区別が設けられなければならない。聖書が語るもののほとんどは、実際のところ、真実ではない。聖書は認識の、とりわけ神、天、あるいは人間の本質についての、認識の源泉ではない。言い換えれば、それは哲学ではなく、それゆえ理性の原理は、聖書を解釈することにおいて、私たちの唯一の導き手として用いられてはならない。聖書が伝達する道徳的な言葉は、私たちの合理的諸力がそれを承認するという意味において、実際に理性と一致する。しかし聖書がこのような伝達を教える**というこ**とは、「歴史的」な方法を通じてのみ発見され得る。

聖書の著者たちが教示しようと考えたものを発見するためのその方法の実行には、言語的、歴史的、原典批評的な多岐にわたる技能が要求される。聖書が書き記された言語、すなわちヘブライ語のみならず、その著者たちの人生、時代、そしてその著者たちの「偏見」やそれらの読者たちの性質をも把握するべきである。一冊の書物を個人的、歴史的文脈に置くことによってのみ、その書き手が伝えようと試みた事柄についての解明を期待することができる。

> 私たちの歴史研究は、預言者たちによる現存するすべての著作を取り巻く状況を提出しなければならない。すなわち、それぞれの巻のその著者の人生、性格、目的を明らかにし、その著者が誰であり、いかなる機会において、いつ、誰のために、いかなる言語によってそれを書き記したかを取り扱うのである。さらには、それぞれの巻に何が起こったかを語らなければならない。すなわち、最初にそれがどのように受け容れられ、いかなる人々の手に落ち、いくつの別版が存在し、いかなる者の発案によって聖典の

中に組み入れられ、そして最終的に、いまや普遍的に聖典と見なされている全巻が、いかにして一つの全体にまとめられたのか、ということである。これらすべての詳細は［……］聖書についての歴史研究から獲得されなければならない。というのは、どの発言が律法として差し出され、どの発言が道徳的教えとして差し出されたのかを知るためには、その著者の人生、性格、関心事に通じていることが重要だからである。しかも、私たちがその人物の性格と気質についてよりよく理解すればするほど、それだけ私たちは、彼の言葉をよりいっそう簡明に説明することができる。【註96】

スピノザの見解の一つの帰結は、聖書の解釈は開かれており、したがって必要な技能を修得する能力があり、なおかつそれを望む知性を授けられた者であれば、誰にでも近付くことができるということである。もちろん、最も研鑽を積んだ学者たちにさえ、行く手を阻むさまざまな障害物はある――すなわち、十七世紀に存在したようなヘブライ語の断片的知識、そのアルファベット、語彙、文法に内在する本来的な曖昧さ、さらにはこのような古代の諸著作を取り巻く歴史を正確に再構築することの難しさである。にもかかわらずスピノザは、自らの聖書解釈の方法は「自然的理性の助けのみを必要とする」と主張する。複雑冗長な註釈や、司祭、ラビ〔ユダヤ教の師〕、牧師などの任命された媒介者は必要としない。「聖書解釈のための至高の権威は、個々人に授けられている以上、解釈を司る法則は、超自然的な権利や外面的な権威ではなく、万人に共通の自然的光明以外にはないのにちがいない」。【註97】

聖書によって運ばれる普遍的な伝達は、適正に解釈されるとき、単純に道徳的なものである。すなわち「神を知り、神を愛し、自らを愛するかのごとく隣人を愛することである」。これは神の「真の」言葉にして真の敬神の基礎であり、不完全で、手を加えられ、改竄された章句の中に無疵のままにある。その教えは、神あるいは自然についての形而上学的教義をいっさい含まず、哲学における高度な修練をいっさい要求しない。聖書の目的は、〔神の〕認識を伝えることではなく、〔神への〕恭順を強く求め、私たちの行動を規制することである。「聖書の教義は、難解な瞑想や哲学的推論ではなく、最も鈍重な精神にとっても理解することが可能な、ひじょうに単純な事柄を含んでいる」【註98】。事実スピノザの主張によれば、聖書についての精通は、敬神や至福にとっては必要なものでさえなく、というのはその伝達は、大方の人々にとっては大きな困難を伴うとは言え、私たちの理性的能力のみによって理解され得るからである。「これらの諸著作に不慣れな一方で、にもかかわらず私たちが列挙する諸属性を持つ神が存在するということを自然的光明によって認識し、なおかつ人生の真の方法を追求しもする人は、やはり祝福される」【註99】。

したがって、宗教に正しく帰属する唯一の実用的戒律は、道徳的教訓を達成するために、そして「私たちの隣人愛を私たちの心に確認するために」必要となるそれであるということになる。残りのすべては、ラビ・ヒレルが言うように、単なる註釈である。「普遍的な信仰にはそれゆえ、単に神への恭順の絶対的前提となるような教義、それなくしてはこのような恭順は絶対的に不可能となるような教義が含まれ〔……〕これらはすべて次の一点に向かわなければならない。すなわち、正義と慈悲を愛する最高の存在がおり、救われるためにはすべからくその存在に従い、隣人への正義と慈悲の実践を通じて崇拝しなければならない、ということである」。その他の教義に対しては、「各人は、自らが最良の判断者である以上、正義愛の中の自己を強化するために最も資するだろうと思われるものを信奉しなければならない」【註100】。

これは寛容、哲学をする自由、宗教的表現の自由のための、スピノザの主張の要点である。聖書の中心的な伝達――および敬神の本質的内容――を単純な道徳的金言、すなわち余分な瞑想的教義または儀式的実践から完全に解き放たれたものに還元することによって、なおかつ聖書を明確に哲学的な真理を語らなければならないという重荷や、数多くの要求された行動を規定する（または布告する）という重荷から解放することによって、哲学は宗教から独立しているということと、望むように宗教を解釈する各人の自由は、敬神を損なうことなく支持され得るということの両方を、スピノザは証明していたのである。

神、すなわち真の人生の典型とは、いかなるものであり、神は火か、精神か、光か、思惟か、あるいは他の何かかどうかという問題について言えば、このことは信仰とは無関係である。そしてまた、なぜ神が真の生活の典型であるか、これは神が公正にして慈悲深い気質を持っているがゆえか、あるいはあらゆる事物は神を通じて存在し、行動し、したがって私たちは、同様に、神を通じて認識し、神を通じて真なるもの、公正なるもの、善なるものを見るがゆえかどうか、ということについても、やはり信仰とは無関係である。これらの事柄については、人がいかなる宗教を保持しているかは関係がない。神は本性または潜在力において遍在的であるということを信じるかどうか、自由意志またはその性質上の必然性からすべてを導くのかどうか、神は規則として律法を規定し、あるいはそれらを永遠の真理として教えているのかどうか、人は自由意志または神的決定の必然性から神に従うのかどうか、善人への報酬と悪人への罰は自然的なものか超自然的なものかどうかということも、やはり信仰とは無関係である。これらの、そして類似の問題について人が抱く見解は、このような信仰が罪に対するより大きな裁可を認めることや神への恭順の妨害へとつながるものではないのであれば、信仰には何もかかわりがない。実際［……］各人はこれらの宗教の教義を自らの理解に適応させ、十全の信頼と信念でもって自らがそれらをより容易に受け容れることができると感じられる方法によって、それらを自らのために解釈しなけ

ればならない義務を負う。【註101】

信仰と敬神は、神の存在のための最も合理的な主張やその諸属性についての最高に透徹した哲学的認識を持つ者にではなく、「正義と慈悲の行為を最もよく示す」者に具わる。

スピノザの宗教をめぐる記述には、明確な政治的支脈がある。『神学=政治論』の執筆決定の裏側には、彼の攻撃が宗教権威による政治への介入に向けられていたのと同様に、準=政治的な次元の懸案事項が絶えず横たわっていた。しかし彼はまた、その時点では『倫理学（エチカ）』の草稿において素描的に提出されたにすぎないと思われる国家に関する概論を、より詳細に、かつ徹底的に提示する機会を得た。【註102】政治的社会の真の性質についてのこのような検討は、知的、宗教的な自由のための彼の議論にとっては特に重要であり、というのは彼には、このような自由が政治的な福利に合致するのみならず、それにとって不可欠であるということを示す必要があったからである。

『倫理学（エチカ）』が説く個々人の利己主義は、自らを保存するためになし得ることをする個々人の権利として、前政治的な文脈――いわゆる自然的状態であり、法律も宗教も道徳的な善悪もない普遍的な状態――において、発揮される。「自然の支配下にのみ在ると考えられる限りにおいての各人は、健全な理性の導きによってであれ、感情の衝動によってであれ、自らにとって有益であると判断されるいかなるものも、最高の自然的権利に基づいて欲求し得るのであり、これをあらゆる方法で、例えば暴力、欺瞞、懇願によって、あるいはより安直に思われる何らかの手段によって、自分のものにしてよいのであり、したがって各人は、自らの意図するところの実現を妨げようとする者を自らの敵と見なしてよいのである」。【註103】当然のことながら、このような状況は生きるにあたってはむしろ不安定で危険である。ホッブズの有名な言い回しでは、自然的状態の人生は「孤独で、貧しく、険悪で、残忍で、しかも短い」【註104】。合理的な生き物として私たちは、依然完全に利己主義的な見通しから、私たちの間で私たちの対立的な欲望と私利私欲の無制限の追求を抑制するための合意に至れば、暮らしはよくなるだろうと――要するに、自然の法則よりもむしろ理性の法則の下で生きることにより、より大きな利益に与ると――、まもなく理解するだろう。かくして私たちは、自らの利益を満たすためには手段を選ばないという、私たちの自然的権利と力とを、一つの主権に委ねることに同意する。その主権――それが一人の個人（その場合において生じる国家は君主制である）であれ、複数の個人からなる集団（寡頭制）であれ、あるいは一つのまとまりとしての政体（民主主義）であれ――は、絶対的であり、その権限の及ぶ範囲には制限はないだろう。その主権は、ほとんどの場合において「社会的契約」を破棄した結果に対する恐怖に働きかけることにより、社会の全成員をその合意につなぎとめる責任を負うだろう。

主権の命令に従うことにおいて私たちは、私たちが制限なく権限を認め、その命令が私たち自身の合理的な私利私欲の対象に他ならない一つの権威に従っている以上、主権への服従は、私たちの自律性を侵害することはない。

おそらく以下のように思われるだろう［……］私たちは臣民を奴隷に変えていると、そして命令の下で行動する者は奴隷的存在であり、自らの欲する通りに行動する者は自由の人であると。しかしこれは完全には正しいとは言えず、というのは、本当の奴隷とは、自らの欲望に引きずられて生き、自らの善のために存在するものを見ることもすることもできない者であり、一方で理性の導きのみの下に誠心誠意生きる人こそ自由の人だからである。命令下の行動――すなわち、服従――は、実際、ある程度までは自由の侵害であるが、しかしそれがそのまま人を奴隷に変えるわけではない。行動のための理性が考慮されなければならないからである。もし行動の目的がその行為者の利益にではなく、命令する者の利益にあるとするなら、その行為者は奴隷であり、自らに益することはない。反対に、支配者の福利ではなく、全民衆の福利が最高の法則であるところの主権を有する国家においては、あらゆる事柄において主権に従う者は、自己に益なき奴隷と呼ばれるべきではなく、臣民と呼ばれるべきである。【註105】

健全な理由に基づいて法律を発布し、政府が樹立されたその目的に資するだろう最も適切な政府形態は、民主主義である。それは――民主主義において人々は、政体の総意に発する法律のみに従う以上――一つの社会契約から生じる「最も自然的な」統治形態であり、権力のさまざまな乱用による影響を最も受けにくい。民主主義における主権の命令の合理性は、数多くの人々の大多数が不条理な計画に賛同することはあり得ないがゆえに、事実上、確保される。反対に、君主制は、最も安定を欠く政府形態であり、独裁制へ逆行する危険性の最も高いものである。

スピノザは、現在の政治状況に対する彼の理論的な訴えの妥当性を読者が見失うことのないように、直ちに要点に切り込んでいる。

ネーデルラント連邦共和国について言えば、私たちの知る限り、諸州は王ではなく伯爵を戴いたが、伯爵には主権は一度として委譲されなかった。ライケステル伯爵【註106】の時代に諸州によって上梓された資料の中で明らかなように、ネーデルラント連邦共和国は、つねに伯爵に対し、その職務に関して忠告する機能を保持し、そして連邦はこの機能と国民の自由とを擁護する権限を、また伯爵が専制君主に堕した場合はその責任を問う権限を、更にまた伯爵を連邦の承認と同意なしには何も行い得ないように制御する権限を保持した。以上のように、主権はつねに諸州の連邦に授けられ、ただ最後の伯爵［スペインのフェリペ二世〕のみがこれを簒奪しようと企てたのである。〔……〕これらの事例は、各国家は必然的にそれ自身の形態を保持しなければならず、そしてそれは完全な滅亡の危険を犯さずには変えられ得ないという私たちの主張を裏付けるものである。【註107】

ここにおけるスピノザの攻撃の対象をウィレム三世による総督の復活を叫ぶオラニエ派が意識したことはまちがいない。

スピノザは、あらゆる公的問題についてのいっさいの権限を唯一主権の手に委ねることに依存する国家には必ず得られるだろう安全、安定、永続を訴えたとき、古代のヘブライ民族の国家の事例に強く依拠しながらも、ネーデルラント連邦共和国の現状について再び考えをめぐらせていた。ユダヤ民族の第二の民主国家は、聖職者たちの階級(カースト)が政治権力を簒奪し始めたときに内側から崩壊し、一方でその第一の民主国家は、諸王とあらゆる宗教的問題を統括していたレヴィ人たちとの間の権力の分裂によって弱体化した。ここにはネーデルラント連邦共和国におけるカルヴァン主義の牧師たちにとっての赤裸々な教訓がある。

宗教的な役人たちに対し、法令を発布し、あるいは国家経営に参画することのできる何らかの権限を認めることは、宗教ならびに国家にとって、いかに破滅的であることか。彼らの権限を、要請があった場合にのみ助言を与え、それ以外は伝統的、慣習的と見なされる事柄のみを教示し、かつ実践することに制限するならば、安定はよりいっそう確実なものとなる。【註108】

宗教の対外的な実践は、市民の態度と関係に影響を及ぼす以上、それらは「国家経営」の下に、かくして主権の権力の及ぶところとなるだろう。「世俗の統治者たちの権利を横取りし、そしてついには国王になり代わろうとする」ユダヤ教の高僧についてのスピノザの描写において自らを認識しない同時代の「牧師（プレディカント）」は、余程の愚者としか見なされなかっただろう。

かくして主権は、世俗的、宗教的な、あらゆる公的問題に対する完全な支配権を握っていなければならないのである。そこには、国家によって設立され、制度化された宗教とは別個の教会は一つとして存在してはならない。このことによって、派閥主義と宗教的論争の増殖は阻まれるだろう。外面的な宗教的儀式と祭式にかかわるあらゆる問題は、主権によって掌握される。このことは、主権がこのような実践が公的平和、安全、ならびに社会的福利に一致することを、理想的に、そしてその「契約的」義務に合致するかたちで確実にするがゆえに、万人にとっての最大の利益となる。

すべての人々の幸福と国家の安全のために必要な事柄を決定し、かくして必要であると判断される事柄を命令することのみが主権の義務である以上は、いかなる形態の崇敬が隣人に向けられるか、すなわち、いかなる方法においてあらゆる人々は神に従うことを要求されるかを決定することもまた、唯一主権の義務である。このことから私たちは、いかなる方法において主権は宗教の解釈者であるかを明確に理解し、そしてさらに私たちは、敬神の実践――それは万人の義務である――が公共の善と一致し、そして結果的に、主権のあらゆる命令に従わない限り、誰も神に正しく従うことはできないということを理解する。【註109】

主権は、その命令が神の法を強化するような方法を通じて統治すべきである。そのようにすることによって、正義と慈悲は、主権の権力に支えられた市民法の強制力を獲得する。

反対に、「神の内なる崇拝」とそれに付随する信仰――すなわち、内なる敬神――に対する支配は、完全に個人に帰する。これは奪うことのできない個人の権利の問題であり、たとえ主権であっても統制することは不可能である。いかなる者にも他人の考えを制限し、統御することはできず、あえてそれをしようとすることは、主権の政治体制にとって、無謀であり、破滅的であるだろう。同様に言論についても、人々が少なくとも個人的にはつねに彼らが望むことを口にする以上は、徹底的にはおろか、有効にさえ統制され得ない。「絶対的な自然的権利によって、万人は自らの考えの主人であり、かくして彼らの相異なる対立する意見にもかかわらず、主権によって規定される通りにのみ話すことを強要しようとする民主国家の試みは、完全な失敗に終わる」【註110】。が、スピノザが認めているように、言論と教示には「何らかの」制限が必要である。社会的契約を無効にすることを個人に奨励する扇動的な議論は、見逃されるべきではない。しかし、最良の政府は、過剰なまでに寛大であり、哲学的思索の自由と宗教的信仰の自由を許すだろう。このような行き過ぎた自由から、ときおりはある程度の「不都合」はまちがいなく生じるだろう。しかしながらすべてを法律によって抑え込もうとする試みは、「それらを改革する以上に悪徳を生じさせる危険性を孕んでいる」。おおよそ二百年後のジョン・ステュアート・ミルによる功利主義的自由を予見させる一節において、スピノザは、「この自由は科学と芸術を育成するためには第一に重要であり、自由にして偏見から逃れている判断力を持つ者のみがこれらの領域において成功に至ることができる」【註111】と付言している。

スピノザは、『神学=政治論』の末尾において、アドリアーン・クールバハの死に責任を負っている人々、すなわち改革派の宗務局の役人たちとその一派に対し、最後の辛辣な一撃を加えることを自らに許している。

他人の著作を誹謗し、著者に対して論争好きな野次馬たちを焚き付ける者こそ、つねに学問を愛する者たちのためにのみ書き、理性にのみ訴えかける著者自身よりもむしろ分裂論者なのであり［……］、平和の真の攪乱者たちは、自由な民主国家において、抑圧され得ないものである判断の自由を虚しくも廃止しようとする者たちであるということは、真昼の太陽よりも明らかである。【註112】

国家は、「慈善と正義の実践のみにある敬神と宗教を保護する以外に、より安全な道筋」を追求することはできない、と彼は結論する。主権の権力は、「万人が志すことを考え、考えることを口にすることを許されつつ」、その行為についてのみ、行使されるべきである。

『神学=政治論』は、政治思想史における世俗的かつ民主主義的な国家のための最も雄弁な議論の一つである。スピノザは、彼が提出する諸問題について——全般的に非感情的な『倫理学（エチカ）』とは対照的に——大きく心を揺さぶられ、『神学=政治論』における彼の感情は、力強く、率直である。にもかかわらず彼はその時代の政治的現実を認識し、いくつかの警戒心を発動させた。彼はその著作が聖職者たちによってどのように受け容れられるかを知っていたのにちがいなく、それゆえに断固として彼らの権威に対する攻撃の手を緩めることはなかった。しかし彼は、都市部の特権階級や「神権政治」に反対する彼の活動の成り行き的な同士たちはもとより、彼と同様に固い意志で総督職を当然のものと見なすことからウィレム三世を遠ざけようとする人々を最大限に巧みに取り込もうとした。かくして『神学=政治論』には、アムステルダムの寡頭政治（ならびに、おそらくデン・ハーグのそれ）を誉めそやすかのような言説が鏤（ちりば）められた。

［判断の］この自由から結果的に生じるいかなる不利益も、もっぱら主権の権力によって回避することが

でき、そしてこの権力のみによって人々は、意見を露骨に戦わせることになったときでさえ、お互いを傷付け合うことを制限され得るということを確認するには、事例は手近にあり、私はそれを求めて遠くに出かけるには及ばない。アムステルダム市を例に採れば、この市は、それ自身が大きく繁栄し、世界を驚嘆させるほどに、この自由の果実を享受している。この栄えある国家、この最高に卓越した都市においては、あらゆる民族と宗派に属する人々が、完全な調和の中で暮らしており、また彼らが他人に信用貸しをするにあたっては、次のこと以外には知ろうと欲しない。すなわち、その人物が裕福か貧しいか、その人物が取引において誠実か不誠実か、ということである。宗教あるいは宗派については、考慮されない。というのは、このような考慮は、法廷においては無関係のものと見なされており、たとえひじょうに憎まれている宗派であっても、その信奉者たちは――誰をも傷付けず、各々が自らの領分を守り、折り目正しい生活を営むのであれば――、市民的権威の保護を拒否されることはないからである。【註113】

このくだりは、特にその市によるクールバハの取り扱いに即して、あるいは特権階級を取り込み、すなわち彼の著作に対する好意的な評価を求め、彼を彼らの動機――彼ら自身、しばらくの間、忘却していた動機――の明解な擁護者と見なすように説得する試みとしてさえ読まれるとき、鋭利な皮肉の輝かしき一例となる。宗教に対する国家の支配を求めるにあたりスピノザが、六十年前に反抗議派との極限的な命がけの対決の中でオルデンバルネフェルトが唱えた提案を単に刷新しているに過ぎないということを、特権階級は気が付いてもいただろう。【註114】高位の共和主義者たちの間における、ほとんど神話化したオルデンバルネフェルト像を鑑みれば、その訴えは彼らにとっては潜在的にひじょうに強い影響力を持ったはずである。特に抗議派の信念を持つ特権階級は、正統的な改革派が強制を望んでいる信仰告白的な同質性に対しては、スピノザと同様に抵抗し、スピノザによるあらゆる宗教の外面的な儀式の撤廃、その本質的な「倫理の」教えへの還元、さらには彼の反教条主義に、大きな共感を示したものと思われる。

事実スピノザは、特権階級のいく人かの有力な成員たちからの保護を積極的に得ようとしたように見える。このことは、ひじょうに自由主義的なアムステルダムの特権階級の一人のアドリアーン・ピーツが、なぜ一六六〇年代の早くに『神学的=政治的な論文』と題する著作を所持していたのかを説明するものかもしれない。スピノザはまた、デ・ウィットに『神学=政治論』の完全な原稿の写しを送ったとも――ただし、デ・ウィットとその名高い無神論者を同類と見なすことに何も疑問を感じていなかったデ・ウィットの敵対者の一人によって――言われている。【註115】スピノザは、その法律顧問による何らかの支援を求めていたのかもしれない。リュカス（伝記作者）とその他の者たちは、デ・ウィットがその哲学者に保護を提供し、彼が生きている限りはその著作を発禁にはしないことを確実にする手助けをしたとさえ言っているが、このことに関する個別の裏付けは一つもない。【註116】おそらくスピノザは、支配者層から来るかもしれない何らかの攻撃を「私の国の政府の監督と判断」（真意としては、ほとんどホラント州の監督と判断と考えて差し支えない）への彼の粗末な服従が逸らしてくれるだろうことを何よりも希望した。彼はその著作の冒頭と掉尾の両方において、「もし彼らが私の著作の何らかの部分が私の国の法律に反するものであり、全般的な善に対して損害を与えるものであると判断するならば、私はそれを撤収させる」と主張している。先の彼の希望は、瞬く間に打ちくだかれた。

第十一章　静寂と騒乱のデン・ハーグ

❧終の棲家にて——キリスト教徒スピノザ？

『神学=政治論』の原稿が手から離れ、それが印刷に付されたいま、スピノザは、デン・ハーグに移り住むときが来たと判断した。彼は田舎の生活に対し、そのさまざまな厄介事とともに、嫌気が差し始めていたのかもしれない。おそらく彼は、その市の知的生活へのより容易な接近を求めてもいたと思われる。その市の数多くの友人たちや知人たちとフォールブルフから手紙のやり取りをするよりも、いっそそこに住む方がはるかに都合がよいと、彼は判断したようである。この計画について友人たちは、彼を支援したと伝えられている。「彼はデン・ハーグに数多くの友人たちを持っていた」とコルルス〔伝記作者〕は言っている、「軍人もいれば、高位の名士もおり、彼らはしばしば彼を訪ね、彼と対話をした。最終的に、彼がデン・ハーグに住むことになったのは、彼らの求めに応じてのことだった」と。【註1】スピノザは、一六六九年の暮れか一六七〇年早々のあるときに、フォールブルフを離れ、最初はデ・スティーレ・フェールカデ（静かなる船着場）と呼ばれる波止場の裏通りに面した家の三階部分の裏手——事実上、屋根裏——のいくつかの部屋に身を置いた。その家はファン・デル・ウェルフェという名の未亡人が所有し、彼女はコルルスにとっての未来の大家ともなり、すなわち二十年後にコルルスは同じ部屋に下宿した。彼女の夫はウィレムという名の法律家だったが、最近世を去り、明らかにその未亡人は、失った収入を埋め合わせるために部屋を貸していた。彼女がコルルスに語ったところによれば、スピノザは引き籠もりがちで、しばしば自室で食事を済ませていた。彼はときどき、何日も部屋から出ることはなかった。

デン・ハーグは、（生活費の）高く付く都市であり、ファン・デル・ウェルフェの家での下宿は、収入の限られていたスピノザにとっては、厳しいものがあった。一年余りが過ぎ去った一六七一年五月初旬、彼は近隣のヘンドリック・ファン・デル・スパイクが所有する家に生涯最後の引越しをした。その家は、市街地周辺のパヴィリオーンスフラフト通りに面して建っていた。この家の一階部分の大きな一室のために彼は、年間八十フルデンを支払った。ルター派のファン・デル・スパイクは、フォールブルフにおけるスピノザの大家と同様、画家の親方だった。彼は主に室内装飾画を集中的に描いていたが、肖像画を手がけることでも知られた【註2】。その家は元々、風景画家のヤン・ファン・ホイエンが所有していたものであり、それをファン・デル・スパイクは、聖ルカ同業者組合を通じて手に入れたのかもしれない。彼は自らの手仕事による収入を、貸し部屋の家賃収入のみならず、軍隊に奉仕する事務弁護士としての収入によっても、補っていた【註3】。一般的に、軍隊に所属する者たちは年俸を遅れて受け取っていたため、彼らは報酬が支払われる日までの生活をやり繰りするべく、しばしば裕福な市民からの（通常は六パーセントの利子率の）貸付に頼った。

ファン・デル・スパイクの家は、さほど静かなものではなかったかもしれない。スピノザが入居する頃までには、その画家と彼の妻イダ・マルガレータ・ケッテルリンフとの間には三人の子供たちがおり、一六七一年から七七年にかけては、さらに四人の子供たちが生まれた。とは言え、それでもスピノザの目的には十分に静かな環境だったにちがいなく、というのは、彼は死去するまで、すなわち入居から五年半の間、その家に身を置いていたからである。彼は自らの部屋を簡素かつ機能的に飾り付け、彼の所有する物は僅かだった。すなわちその部屋には、寝台が一台、ブナ材の小さな机が一卓、三脚の角机が一卓、より小さな机が二卓、レンズ研磨道具が一式、そして約百五十冊の書物が収まった本箱が一箱あった。壁には黒い額縁に収まった肖像画が、一点かけられていた。さらにはチェス盤が一台あった。[註4] スピノザは、自らの出費については慎重であり、また自らの生活の簡素さを誇りにしていた。しばしば彼は同居人たちと話をし、コレルスが〔伝記作者として〕聞き取りをした相手は彼らだった。「私は口で尻尾を咥えた蛇のような存在です。つまり私は、一年の終わりに自分の葬式のために必要になるもの以上は残さないようにしているのです。私の親類たちは、私に何も残してくれなかったのですから、同様に彼らは私からは何も相続しないでしょう」[註5]。

スピノザは、ファン・デル・スパイクの一家とは、和やかな、あるいは親密とさえ言える関係を保っていたように見える。はたして、彼らにはその家の下宿人についてコレルスに語るための数多くの逸話が残った。コレルスはデン・ハーグのルター派の牧師であり、したがって彼らは、コレルスの会衆だった。コレルスは、彼らと談話をする機会を頻繁に得たと思われ、それゆえに彼は、スピノザの人柄と生活習慣についての描写としては、かなり信頼に足るにちがいないものを書き記すことができた。しかもコレルスは、スピノザの崇拝者ではまったくなく、それゆえに彼の叙述は、聖人伝にありがちな陥穽を回避してもいる。スピノザは、レンズを磨くか、執筆をするか、あるいは読書をするなどして、一日の大半を自室で過ごしていたようである。「部屋に籠もっているときは、彼は誰にも迷惑をかけなかった。[……] 思索に疲れると、彼は階下に降りて来て、巷で起きている出来事や、ささいな事柄についてさえ、家の者たちと語り合った」。気晴らしに彼は、蜘蛛を採取することを好み、それらを互いに闘わせ、あるいは蜘蛛の巣に数匹の蠅を投げ入れたりして「闘争」を演出し、それを彼はひじょうに楽しそうに眺め、「突然、笑い出すことがあった」。気難しそうな、反社会的でさえある神話化された隠棲人からは程遠く、スピノザは自らの仕事を離れているときは――『倫理学(エチカ)』の著者に大いに期待される通りの、友好的で、自制心があり、かつ朗らかで、穏やかな雰囲気を漂わせていた。彼は親切で、思いやりがあり、他人たちの仲間とともに楽しみ、逆に彼らは彼の仲間とともに楽しんでいたように見える。

彼の交際と暮らしぶりは、物静かで、遠慮がちだった。彼は自らの情動を類を見ない方法で抑制することができた。彼が悲しんだり浮かれたりしている姿を、誰も一度として見たことはなかった。彼は怒りと不満を、合図か寸言で知らしめるか、自らの情動を抑え切れなくなるのを恐れて起立して立ち去ることにより、抑制し、押し殺すことができた。彼はさらに、日常的な交際では友好的で、愛想がよかった。家主の妻やその家の者たちが病気になれば、必ず彼は彼らの心を落ち着かせ、元気付け、彼らにこの運命が神によって負わされていることを諭し、それに耐えるように宥めた。彼は大家の子供たちには礼儀正しくするように、そして目上の者を敬い、できる限り公共の礼拝に参加するように言い聞かせた。【註6】

スピノザはファン・デル・スパイクの家族の宗教的遵守に興味を示した。「その家の者たちが教会から帰って来ると、彼は彼らが説教から学んだ事柄について、しばしば彼らに尋ねた」。スピノザはコルデスという名前のコレルスの前任者に当たるルター派の牧師を高く評価しており、ときおり彼の説教を聴きに出かけ、さらには「ひじょうに優秀なその牧師の説教を聴き逃さないように」と、ファン・デル・スパイクとその家族、およびその家の下宿人たちに提言を与えた。スピノザは、十中八九は敬譲から出たもの（ではないかと疑われる）とは言え、彼の大家のルター派の信仰を賞賛しさえした。ある日のこと、ファン・デル・スパイクの妻は、彼女が信仰している宗教によって彼女自身は救われると思うかどうかスピノザに尋ね、それに対して彼は次のように答えた。「あなたの宗教は立派なものです。あなたが穏やかで敬虔な生活に専心する限り、救われるために他の宗教を求めるには及びません」[註7]。

コレルスの叙述は、その他の報告[註8]とともに、スピノザは本当に一人のキリスト教実践者になったという通念を生み出した。このことはひじょうに信じ難いものである半面、その問題の解決を特に難しくしているものは、スピノザの諸著作における「キリスト=救世主」としてのイエスについての数多くの言及、ならびにイエスの教えに対する彼の純然たる賞賛である。神の言葉による啓示の受託者として、イエスはモーセに比肩し、あるいは凌いでさえいるのかもしれないと、彼は強く思った。『神学=政治論』において彼は、「キリストの声は、モーセが聞いたそれと同様に、かくして神の声と呼ばれ得る。その意味において、神の叡智――すなわち、人間のそれを超える叡智――が、キリストにおいて人間的性質をまとい、キリストは救済の道となったとも言うことができる[註9]」と書き記した。彼はまた、「聖書の叙述にまったく通じておらず、にもかかわらず健全な信仰を保持し、人生の真の方法を追求する者は、必ず祝福され、自らの内にキリストの精神を持つ[註10]」と主張する。しかしながら、イエスの予言に対するスピノザの説明のほとんどは、聖書解釈を提案するもの――その場合、聖書がイエスについて語っていると彼が考える事柄の単なる敷衍(ふえん)――として読まれ得るか、あるいは徹底して自然主義的かつ道徳主義的な方法を通じての、キリスト教に本質的な超自然的教義を何も示唆することのないものとして受け止められ得る。例えば「神は自らを、救世主に、または救世主の精神に、直接的に明らかにした」という主張は、イエスの明瞭判然な真理の認識を言うものとして単純に読まれるべきである。[註11]確かにスピノザは、キリスト教が要求する通りの逐語的な意味において、イエスが神の子であるとは信じなかったし、同様にイエスの誕生が、奇蹟に類するものや復活が生じさせるようなものを含んでいるとは考えていなかった。

『神学=政治論』を読み終えた後、キリスト教徒の信仰に対するスピノザの恭順について一抹の疑念を抱き始めたオルデンブルグは、まさにこれらの点について次のように彼に問い質した。「人類の唯一の調停者にして世界の救い主であるイエス・キリスト、およびその顕現とその贖罪について、あなたがご自分の意見を秘匿していると〔ある人々は〕言い、これらの三つの要点について、彼らはあなたに対し、あなたご自身の態度をはっきりとさせるように要求しています。あなたがそれをし、このことについて分別と知性を具えるキリスト教徒たちを満足させるなら、あなたの立場は安泰になるでしょう」【註12】。スピノザの回答は、オルデンブルグを失望させたにちがいない。「キリストの情熱、死、埋葬を、私は文字通りに理解しておりますが、キリストの復活を私は、寓意的な意味において解釈しております」【註13】。実際、「死からのキリストの復活」について語ることは、実際にその精神的影響についてのみ語ることであり、「キリストは自らの生と死によって超越的な聖性の一例を差し出した」【註14】ことを指摘することである、と彼は主張する。その顕現についてもまた、神の叡智はイエスにおいて最も顕著に現れたという意味においてのみ、理解されるべきである。しかしながら、「神は人間的性質を自らに具現したという、いくつかの教会による付加的な教義については、私は彼らの言っていることを理解しないと、はっきりと述べてきました。事実、本音を申し上げれば、彼らは円が四角の性質を具えていると私に言う人と同様、不条理なことを言っているように私には思われます」【註15】。スピノザは、イエスはこの上なく才能豊かな道徳の師であり、至福と敬神について彼が言わなければならなかった事柄のほとんどは真実だった、と実際に「信じた」。しかし、そのように信じることによって、それらの原理は、十分に理性的な人間であれば等しく近付き得るものとなり、なおかつ「救済」は、神に選ばれた者としてのイエスの認識をまったく必要としなくなる。『神学＝政治論』およびその他の諸著作におけるスピノザの〔イエスについての〕言葉は、組織的宗教としてのキリスト教、またはその中心となる教義への愛着の表明として受け止められてはならない。

しかしながら、キリスト教の本来的な道徳的伝達と考えられるものを受け容れることとは対照的に、正統的な流儀でキリスト教を信仰することに対するスピノザの拒否は、ユダヤ教徒としての残留する感覚から生じたものではないことは、まちがいない。スピノザは、一人の成人として、自らを一人のユダヤ人とは見なしていなかった。すなわち、彼のアイデンティティは、彼のユダヤ教徒としての出生や養育にはまったく結び付けられていなかった。このことを最もよく示すくだりが『神学=政治論』自体に見出され、そこにおいてユダヤ教徒たちは、つねに三人称で言及されている――神の選出という用語によってその他の諸民族を超越し、かつ上位に豪語するものを何も持たないのは「彼ら」である、と。スピノザは、いかなる告白信条的な宗教にも帰属せず、いかなる「分派」にも与する意志はなかった。彼の哲学に即して判断すれば、このことは原理的な問題であったにちがいなく、単なる歴史的な偶然の結果ではない。伝えられるところのキリスト教の実践者になるということは、スピノザにとって、ラビ〔ユダヤ教の師〕によって提供されると言われる花嫁を娶り、タルムード・トーラー共同体の一成員でありつづけるのと同様、偽善的なことだっただろう。

❧いくつかの身辺雑記

スピノザはパヴィリオーンスフラフト通りの彼の部屋に数多くの訪問客を迎え入れ、ファン・デル・スパイク家の人々は、彼らの家でのそれらの訪問客の出入りに慣れていたのにちがいない。いまやスピノザは、デン・ハーグをはじめ、その他の諸都市においても――数多くの人々の心の中では、いくぶん悪名混じりに――有名だった。『神学=政治論』は匿名で出版されたにもかかわらず、その著者が誰かは薄々知られていた。スピノザは、彼の知人の一人が伝えるところによれば、「あらゆる種類の奇妙な人々、さらには自らの性のために優れた精神を持つことを誇りとする上流階級の女性たち（フィユ・ド・カリテ）

[*filles de qualite*]【註16】の訪問をも受けた。コレルスによれば、スピノザの友人たちのいく人かは、軍隊に所属していたという。このことは、数人の軍人たちが関係する一六七三年二月の公正証書に、なぜスピノザの名前が証人として見出されるのかを説明するものかもしれない。ドン・ニコラス・デ・オリヴェル・フラーナ中佐は、マヨルカ島出身のスペイン語を話す傭兵であり、前年〔一六七二年〕にネーデルラントに侵攻したフランスとの新たな戦争において、オランダ人の側に加勢していた。フラーナは、任務を無視したために逮捕され、一六七三年一月に処刑された別の将校との関係から、その将校とは異なり彼自身は逮捕されてはおらず、疑惑をかけられてもいないということを――おそらくファン・デル・スパイクのような事務弁護士からの借金を、彼自身のためか、あるいは彼がその命令下にある上官のために確保するべく――公的に示すことが必要になった。かくしてフラーナは、彼の部隊の上級曹長フェルディナンド・ル・フェーブル、海軍大佐ウェルナー・マッティイッセン、そして多少は国際的な立場にあるガブリエル・ミランとともに、デン・ハーグの公証人ヨハンネス・ベエクマンのところに行き、それらの証人たちに証言させた――

彼らはフラーナ中佐をひじょうによく知っており、同中佐は当地デン・ハーグにおいて、自由に、妨害されず、気ままに、彼が思う通りに行き来しており、そして私すなわち公証人は、現在当地の住人である上記フラーナ中佐を同様にひじょうによく知り、彼がいかなる種類の逮捕または束縛とも無縁であることを、同様に宣誓する。すなわち、上述の人々は、まさに今日、フラーナ中佐が気ままに歩いている光景を目撃し、彼と言葉を交わしたということを証明する。以上は、本件に関して依頼を受けた証言者のベネディクトゥス・スピノザ、ならびにダフィット・シモンセンの立ち会いの下、デン・ハーグにおいて作成された。【註17】

フラーナは、改宗ユダヤ人の血を引くユダヤ教徒だったと思われる。彼はしばらくの間はブリュッセルの隠れユダヤ教徒たちの共同体に住み、その後にアムステルダムのポルトガル人ユダヤ教徒たちの間に定住した。フラーナは、公正証書が作成された時点ではオランダ語をほとんど理解することができず、おそらく彼への通訳を助けるべく、スピノザは——その務めのために報酬を受けたと思われる「依頼を受けた証人」の一人として——連れて行かれた。この手はずを手早く取りまとめた人物はファン・デル・スパイクだったかもしれず、というのは、彼は軍隊に仕える事務弁護士として、証言を与えることに賛同した将校たちの誰かとつながりがあったと考えられるからである。あるいはフラーナ自身が、スピノザの「軍隊の友人」の一人だったのかもしれない。フラーナはデン・ハーグに住み、しかしスペイン語しか話せなかったがゆえに、フラーナとスピノザ——まちがいなくスピノザはその言葉を話した——は、何らかの状況において偶然に知り合っていた可能性がある。あるいは彼らは、デン・ハーグにおいてデンマーク王の利益を代表する人脈豊かな代理人のガブリエル・ミランによって引き合わされたとも考えられる。スピノザと同様、ミランはハンブルクのポルトガル系ユダヤ人商人の家の出だった。彼は、一六六〇年代にアムステルダムに住み、一六七〇年にあらゆる種類の裁判の仕事が生じるデン・ハーグに彼のデンマーク人の主人に仕えるべく移り住んだ。スピノザとミランには数多くの共通点があり、地元ではともにある種の有名人である彼らがデン・ハーグのような比較的小さな都市で互いに顔見知りだったとしても、驚くには当たらないだろう。

アムステルダムへ向かうには、フォールブルフからよりもデン・ハーグからの方が近く、一六七〇年代のスピノザは、引きつづき故郷の都市にしばしば旅をした。一六七一年二月二十七日、アムステルダムにおいて挙げられたマリア・ファン・デン・エンデンとディルク・ケルクリンクの結婚式を盛り立てるべく、スピノザは、かつての彼のラテン語の教師から、あるいは直々に、新郎の方から招待されたかもしれない。スピノザは、ケルクリンクが一六七〇年と七一年に出版した一対の著作を所有しており、そのことはその頃の年月においては依然二人が関係を保っていたことを示唆している。ケルクリンクはファン・デン・エンデンの娘と結婚するにあたり、カトリックに改宗しなければならなかったが、伝えられるところによれば、その理由はおそらく、元イエズス会派の彼の義理の父親が、ネーデルラント共和国にとってと同様にプロテスタントにとっての敵でもあった男、すなわちフランス君主ルイ十四世の医療顧問としての任務に就こうとしていたという事実から、やむなく必要になった身の振り方だったという。私たちは、スピノザがカルメル会派のフランス人教会の来賓の一人となったのかどうかを知らない。マリアへの彼自身の愛と、叶わなかった彼女との結婚の夢についての話は、やはり受け入れがたいものではある。しかし、もしその話が本当であれば、友人の結婚は、彼には、ほろ苦い経験になっただろう。

スピノザはまた、友人のロデウェイク・メイエルとヨハンネス・ブゥメーステルが所属する知的、文化的集団の研究会に出席するためにも、何度かアムステルダムに旅をしたと思われる。一六六九年十一月、豪邸に囲まれた市の中心部に位置する運河の一つ、シンゲルに面したスティル・マルタ（静かなるマルタ）〔と呼ばれる家〕に約十人が集まり、そのとき一つの新たな「研究会（アカデミー）」は誕生した。【註18】医師メイエルとブゥメーステルの他に、そこにはかつてファン・デン・エンデンの学校でスピノザと一緒に学んだことのあるアントニデス・ファン・デル・フース、さらには数人の著名な弁護士たちがおり、少なくともその中の一人は特権階級の家柄の出だった。彼らを結び合わせていたものは演劇作品、特にフランスの演劇についての関心だった。「ニル・フォレンティブス・アルドゥウム（好きこそものの上手なれ）」と呼ばれるその集団は、悲劇、喜劇、詩、演劇理論、ラテン語とフランス語による古典的な脚本の翻訳の他、さまざまな文化的問題を議論するために毎週火曜日の午後五時から午後八時にかけて研究会を持った。その前年は、メイエルとブゥメーステルにとっては苦難の一年であり、メイエルは少なくとも彼の旺盛な情熱の新たな捌け口を探し求めていたと思われる。一六六九年、彼は劇場に関与する特権階級との意見の食い違いから、市立劇場監督としての地位を追われたのであり、そのことは「自らの」劇団設立へ向けての彼の決意を裏付けるものとなるかもしれない。一方、ブゥメーステルは、彼が協力した著作の『百花繚乱の園』をめぐるアドリアーン・クールバハの冒瀆に対する告発に巻き込まれる難を、辛うじてやり過ごしたところだった。

その集団の研究会においては、あらかじめ用意された論題について、参加者の一人が最初に文書か口頭により何らかの考えを提出し、その後に全体で討論を行っていたものと思われる。彼らはまた、フランスの演劇作品を共同で翻訳し、彼らはそれをリューウェルツゾーンの書店から出版した。一六七一年までに、彼らの議論の幅は広がり、明らかに哲学的な問題を含むようになった。すなわち五月十九日に「個々の会員は私たちの言語の本質と固有性について考察するように求められ」、十二月には、孤島で孤独に暮らす人間は自らの理性の力のみによって神と自然の適正な概念に到達することができるかどうか、ということについて、誰かが議論を主導した。メイエルは、彼らの議論の中に、スピノザ主義的な主題を導入しさえした。ニル・フォレンティブス・アルドゥウムは実際、一六六〇年代の初期にアムステルダムにおけるスピノザの友人たちの集まりが果たしていたのと同様の役割を、ときおり担っていたように見える。【註19】メイエルは——まちがいなく『倫理学（エチカ）』の原稿における道徳的性質についてのスピノザの記述に啓発されつつ——善と悪の性質について語り、ブゥメーステルの方は「真理」についての考えを提出した。驚くべきことに、イェレスゾーンもリューウェルツゾーンも、これらの研究会には出席していなかったようである。しかしながらスピノザは、少なくとも一度か二度は、顔を見せていたのではないかと考えたくなる誘惑に駆られる。

❧『神学=政治論』の反響

スピノザが一六六五年にオルデンブルグに語ったように、自らの「聖書についての論文」が「私を無神論者としてつねに非難する」人々を沈黙させ、あらゆる宗教を否定したという彼に対する偏見を取り除くものになると無邪気に期待していたなら、彼は乱暴に目を覚まさせられることになった。その著作は、一六七〇年早々にオランダの一般読者層に届いた。反発は、広範囲に、かつ遠方からも起こり、あからさまなまでに辛辣な、容赦のないものだった。たちまちスピノザは、宗教と敬神に対する一つの——おそらく、まぎれもない——敵として同一視されるようになった。いく人かのより辛辣な批評家たちは、彼を悪魔の手先として、あるいはキリスト教の敵そのもののように、告発した。

最初の攻撃は、一六七〇年五月にライプツィヒの神学教授ヤコブ・トマシウスから発せられた。彼は、「哲学をする自由に関する匿名の論文」、すなわち彼が主張するところの「神なき」文書に対し、長々と痛烈な批判文を書き綴った。ユトレヒト大学教授レニエ・マンスフェルトは、「私の見解では、その論文は、永遠の忘却に永久に葬り去られるべきである【註20】」と書き記した。驚くべきことではないが、彼らのすぐ後に、かつてスピノザに彼の哲学原理についての説明を熱心に懇願したウィレム・ファン・ブライエンベルフがつづいた。彼は、一六七四年に『神学=政治論』についての註釈の中で、「それは用意周到な憎悪と地獄で鍛錬された思考の堆積に満たされ、それらに対してすべての理性的な人間は、事実すべてのキリスト教徒は、吐き気をもよおす著作である」と書き記した。スピノザは、キリストの宗教を「そこに根差す私たちのすべての希望」もろとも投げ捨て、無神論または「主権の利益と気まぐれによって形成された自然的宗教」というものと置き換えようとした、とブライエンベルフは主張した。【註21】スピノザのその著書は、抗議派、デカルト学派、さらにはロッテルダムの商人ヨハンネス・ブレデンブルクのようなコレギアント派からさえも、攻撃された。ブレデンブルクはスピノザによる神の概念、すなわちその体系の中心をなす決定論に対し、最も激烈に反論を唱えた。一六七五年に書かれた『反「神学=政治論」(*Enervatio Tractatus Theologico-Politici*)』においてブレデンブルクは、スピノザの「運命論」はあらゆる真の宗教と敬神にとって有害であると主張する。ほとんどすべてのスピノザの批評家たちは、『神学=政治論』を、通常の神への信仰の装いの下で、無神論と自由主義を広めようと目論む、危険かつ破壊的な著作と見なしていた。【註22】トーマス・ホッブズでさえ、政治と神学の論争に至っては厳格な人物ではなかったが、スピノザの大胆さには当惑を隠せなかった。ホッブズの伝記作者によれば、そのイギリス人の哲学者は、『神学=政治論』は「まったく彼の意表を突くものであり、というのは、あえて彼は、そのように大胆には書かなかったからである」と書き記した。【註23】

宗教権威の側からの公的な非難は、これらの個人的な奮闘に遅れを取ることはなかった。一六七〇年六月三十日、「反三位一体論と不道徳な言動」に対してはつねに目を光らせつづけるアムステルダムの改革派教会の教会裁判所は、事態は市の宗教会議の総会を正当化するほどに十分深刻であると決定し、いま一度『神学=政治論』を「冒瀆的かつ危険な著作」として弾劾した。七月、デン・ハーグ市の宗教会議が先例に倣い、その「偶像崇拝の迷信的な論文」に対しては警戒をするように警告を発した。レイデン市、ユトレヒト市、ハールレム市の宗務局は、早くにこの「禍々(まがまが)しく有害な書物」【註24】によって提出された脅威を議題として取り上げ、何らかの対策がなされる必要があると結論を下していた。夏が終わる頃までに、その問題はネーデルラント北部と南部の宗教会議においても取り上げられ、いずれの会議においてもその著作は猛烈に非難された。ネーデルラント南部の宗教会議へ派遣された代表者たちは、『神学=政治論』を「これまでに世界が目にしてきたのと同等の、不道徳で冒瀆的な著作」として断罪し、彼らはその著作の有害な影響に対して警戒するように、すべての牧師たちに呼びかけた。彼らはまた、その著作の印刷と流通を差し止める行動を起こすべく、地元の市長たちに圧力をかけるよう、すべての牧師たちに通達した。

これらの諸要求に対する世俗の権威の対応ぶりには、その積極性において、ばらつきがあった。レイデン市の市長（ブルヘメーステル）たちは、地元の書店から『神学=政治論』の残部をすべて押収するよう、警官たちに命令したが、数多くの——アムステルダムを含む——諸都市の議会、ならびにネーデルラントの諸州政府は、二の足を踏んでいた。一六七一年四月、ホラント州裁判所（ホフ・ファン・ホラント）（Hof van Holland）——すなわち、諸都市の下級裁判所に対して問題含みの実質的な権限を握っていたその州の最高司法裁判所であるが、ただし十七世紀の後半までのことである——は、州の宗教会議の要求に応じ、ホッブズの『リヴァイアサン』のオランダ語訳、メイエルの『聖書解釈の手段としての哲学』、そしてスピノザの『神学=政治論』をはじめとする「さまざまな冒瀆的諸著作」を調査した。その法廷は、問題の諸著作には数多くの「恥ずべき意見」と「神なき思想」が含まれるという判断で一致し、メイエルとスピノザの諸著作を発禁処分にし、そしてそれらを押収した諸都市の市長たちについては、過去の事例に鑑み、適切に行動したと基本的に結論付けた。宗務局が採用した『神学=政治論』の「反三位一体論」を集中的に攻撃する戦術は、功を奏した。それらの諸著作の出版と流通は、「ソッツィーニ派（反三位一体論者たち）」ならびに同様の傾向の攻撃的な諸著作の抑圧を認めるべく、一六五三年九月十七日にホラント州が発布した法令を明らかに侵害するものであると、裁判所は宣言した。[註25] デン・ハーグ市の裁判官たちは、さらに踏み込んで、そのような諸著作の出版、流通、販売は、明確な命令によって禁止されるべきであると決定した。彼らはその著者、出版社、印刷者、販売者を特定する捜査を命じる権限をその州の諸都市の市長たちに与え、一六五三年の法令が要求する通り、責任を負うべき集団を

「容赦なく」追跡するよう、市長たちに通達した。

一週間後、ホラント州は、裁判所の判断を相応に受け止め、攻撃的な諸著作の問題を調査する委員会を設立した。しかし意味深いことにその州は、宗教会議と裁判所が要求した通りには『神学=政治論』ならびにその他の「嫌悪すべき」諸著作の流通を差し止めるための特別な条例を発布しなかった。おそらくその州の議会を支配していた特権階級は、母国語で書かれていない著作の発禁に踏み切ることに、ただ気が進まなかっただけのように思われる。さらに、デ・ウィットは依然法律顧問の地位にあり、その州の実権をしっかりと握っていた。限定的とは言え、哲学をする自由への彼自身の関与とともに、彼はこの決定に多少は影響力を行使したかもしれない。にもかかわらず、宗教会議は、市と州の権力者たちにつねにその義務を想起させつつ、圧力をかけつづけた。改革派教会は『神学=政治論』に対する非難において一致団結していた。数年以内にアムステルダム市、レイデン市、デン・ハーグ市、ドルトレヒト市、ユトレヒト市、ヘルダーラント州、フリースラント州の「牧師たち（プレディカンテン）」はみな、「その破壊的で嫌悪すべき著作」【註26】に対する数々の決定を通過させた。このような決定を実地に移すか否かは、当然ながら、地元の市長たちの判断次第だった。おおよそ一六七〇年代前半を通じ、主要な諸都市の書店において『神学=政治論』を購入することは、依然として可能だった。しかし書店は、慎重であらなければならなかった。そして実際に直ちにその著作を書棚から下ろした〔書店のある〕都市は、おそらくレイデン市だけではなかった。

スピノザは、彼がクールバハと同じ運命に苦しまずに済んだのは、自らの著作がラテン語で書き記されていたからだと知っていた。実際のところ、『神学=政治論』のオランダ語版を求める要望が、早くから、漠然とだがあった。リューウェルツゾーン【註27】は、数年前に彼の出版社のためにデカルトの諸著作をオランダ語に翻訳したヤン・ヘンドリック・フラゼマケルからの〔『神学=政治論』のオランダ語訳の〕

印刷の依頼を――誰よりもまずスピノザに確認することもなく――即座に了承した。しかしスピノザは、翻訳に対しては彼自身からはけっして許可を与えなかったし、またそれを望んでもいなかったようである。一六七一年早々、彼がフラゼマケルによる翻訳がすでに印刷に付されていると知ったとき、直ちに彼はそれを阻止しようとした。オランダ語版が世に出た後の事態を危惧したスピノザは、その著作の製作を中止に追いやるべく、二月にイェレスゾーンに手紙を書き、助けを求めた。

先日、××教授［おそらくレイデン大学のデカルト学派の教授テオドール・クラアネンと思われる］が私を訪ねてくださり、さまざまな話をした中に、彼は私の『神学=政治論』がすでにオランダ語に翻訳され、彼の知らない誰かがそれを印刷に付そうと提案したということを耳にしたと、私に教えてくれました。それゆえ私はあなたにこの上なく切実なお願いがあります。どうかこれについて調べてくださり、できれば印刷を中止させていただきたいのです。これは私のみの希望ではなく、本書がオランダ語で出版されればまちがいなく招くことになる発禁処分を目にしたくない私の数多くのよき友人たちの希望でもあるのです。私はあなたが、私自身ならびに私たちのためにも、この役目を引き受けてくださることを固く信じております。【註28】

この訴えは功を奏し、フラゼマケルの翻訳は、一六九三年になるまで世に出なかった。一六六八年から六九年にかけてのあの事件〔クールバハの獄死〕の記憶がいまだ薄れぬ中で、スピノザは自らの身の安全をも慮（おもんぱか）っていたことはまちがいない。

スピノザは教会の権威者たちからの攻撃に対してと同様に、おそらく学術的な集団からの攻撃に対してさえ動揺することはなかった。数年前にオルデンブルグに語っていたように、彼は「私たちの時代の神学者たちが、［……］彼らのつねとする憤激でもって」、実に安易に非正統的見解を攻撃するということを絶えず意識していたのである。【註29】おおよそどのような状況においても、彼は平静を保ち、無知に根差す反論、そして彼の著作を誠実かつ偏見なく読むことに対する拒絶をものともしなかった。一六七四年、マンスフェルトの批評についてイェレスゾーンに手紙を書きつつ、彼は述べている――

私はある書店の窓辺に［ユトレヒト大学のあの教授〔マンスフェルト〕が私に反駁して執筆した本を］見かけました。そのときに拾い読みした些細な事柄から、私はそれを最後まで読み通すに値せず、また真剣に受け止めるほどのものでもないと判断しました。かくして私は、それを元の位置に戻し、その著者に言いたいようにさせておくことにしました。総じて無知な者ほど大胆であり、何かと言えばすぐに筆を執りたがるものだと思い、私は苦笑したのでした。小売商はたいてい、最悪の品物をいつも最初に差し出すものですが、これらの人々も［……］同じ流儀で商売をしているように私には見えました。悪魔は狡知な輩であると言われていますが、これらの人々の狡知の才は、抜け目のなさにおいて悪魔よりもはるかに性質が悪いと思います。【註30】

マンスフェルトの著作を読むことも、また贖(あがな)いさえもしなかったというスピノザの豪語は、あるいは建前かもしれない。というのは、彼の蔵書の中の一冊には、その教授による『匿名の「神学＝政治論」への反論（*Adversus anonymum Theologo-politicum*）』――実際のところは、おそらく読まれることのなかった献呈本と思われる――が含まれているからである。【註31】にもかかわらずスピノザは、猛攻撃の激しさには――知的にも、そして感情的なあらゆる側面においても――ほとんど動じることはなかった。しかしながらこの経験は、デン・ハーグに移り住んだ後、まもなく執筆が再開される『倫理学(エチカ)』

の出版について、よりいっそう慎重になることを彼に教えた。

❧ライプニッツとの往復書簡

一六七一年十月、スピノザは、その頃アルトドルフ大学を法学の学位を得て卒業した後、文化と外交の顧問官としてマインツ選帝侯に仕えていたドイツ人の青年ゴットフリート・ヴィルヘルム・ライプニッツからの手紙を受け取った。ライプニッツは、ニュートンが同時代に行った計算を独自に手がけ、言うまでもなく近代の偉大な哲学者にして数学者の一人になった。しかしスピノザと往復書簡を開始した頃、彼はまだ無名だった。ライプニッツは、自然学的な問題にひじょうに興味を持っており——彼はニュルンベルクの化学協会の秘書としてしばらく仕えていた——、すでに物体と運動に関する論文を上梓していた。フランクフルトからの手紙によって、その分野における「貴殿〔スピノザ〕の傑出した才能」についての噂を聞き及んでいたライプニッツは、共通の光学への関心を通じてスピノザに自己紹介をした。彼は「先進的光学についての覚書」を同封し、そこにおいて彼は硝子のレンズによって屈折された光の線条の集合体と口径の異なる研磨済みのレンズの組み合わせに関するいくつかの原理を論じており【註32】、それについての感想をスピノザに求めた。しかしながら、専門的な光学の問題に関する議論以上のものをライプニッツが求めていたことは明らかである。スピノザには明らかにしなかったけれども、ライプニッツはすでに『神学=政治論』——スピノザの初期の批評家たちの一人であることに加え、ライプツィッヒにおける彼のかつての師であるトマシウスによって与えられたかもしれない一冊——を読んでおり【註33】、おそらく『デカルトの哲学原理』にも目を通していたと思われる。いまや彼は、それらの諸著作の著者と哲学的問題についての意見を交わす関係を積極的に築こうとしていたことは、まちがいない。スピノザは、ライプニッツの手紙のいかなる言葉にも急かされることなく、ライプニッツが求めていた〔哲学的な議論への〕足がかりのみを与えた。「私たちの往復書簡を進んで世話してくださる方を、あなたはここデン・ハーグにお持ちでいらっしゃるだろうと私は確信しています。私たちの手紙がより迅速に、より安全に発送され得るために、その方のお名前をお知らせくださいませんか。もし『神学=政治論』を入手したいとお望みになられつつも、まだお手元にお持ちでないならば、その一冊を私がお送りいたしましょう」【註34】。残念ながら、スピノザとライプニッツの間で交わされたその他の書簡は残されていない。その二人の男性は、『神学=政治論』で取り扱われた形而上学と神学の数多くの問題を議論したのにちがいなく、ライプニッツの生来の聡明さと、事実上、あらゆる知的鍛錬における幅広い関心を考え合わせれば、その手紙のやり取りはおそらく、それまでにスピノザが交わした中でも最も有益な哲学的交換になっただろうと思われる。【註35】

しかしながらスピノザは、彼の新たな友人の誠実さには、全幅の信頼を寄せてはいなかった。ライプニッツの手紙には、外交文書と優雅な宮廷生活によく精通した男性から期待される通りのあらゆる礼節と謙譲が含まれるが、しばらくの間スピノザは、ライプニッツの動機に対しては不信感を拭えずにいた。一六七二年、マインツ選帝侯はライプニッツをパリに遣わし、ルイ十四世を説得し、ヨーロッパの平和をかき乱すことと軍事的野心を再びエジプトへ向けることを断念させるべく、一六七六年までその地に彼をとどめた。パリ滞在中に、ライプニッツは、ハイヘンスともう一人のスピノザの友人エーレンフリート・ワルター・フォン・チルンハウスを含むその市の知識人たちの大きな輪の中に入った。ドイツ人貴族の家柄の成員である博識のチルンハウスは、一六五一年に生まれ、学問のためにある時期をネーデルラントで過ごした。彼はレイデン大学で法律を学び、そこにおいて一六七〇年代前半に初めてスピノザの思想に接したのかもしれない。レイデン大学在学中、彼はゲオルク・ヘルマン・シュラーという名の医学部の学生と知り合い、同じ家の下宿人だったシュラーは、チルンハウスと哲学的関心を分かち合っていたように思われる。チルンハウスは、学問を修めた後、ネーデルラント共和国に居残ることにし、最初は志願兵としてしばらくの月日を過ごした。一六七四年までに、彼はアムステルダムに居を定め、そこでシュラー――彼は、その頃までには理由は定かではないが、スピノザを知るようになっていた――と再び交流しつつ、リューウェルツゾーン、メイエル、ブゥメーステルと交際するようになった。しかしながら、彼はその市に長くはとどまらず、ほどなくしてロンドン（そこにおいて彼はオルデンブルグ、ボイル、ニュートンと知り合った）、そしてパリに移り住んだ。アムステルダムを離れるにあたりチルンハウスは、自分自身のみに秘匿し、周囲に見せないという条件で、スピノザのアムステルダムの友人の一人――あるいは、もしかするとスピノザ自身【註36】――から手に入れたにちがいない『倫理学（エチカ）』の原稿の写し（あるいは、少なくともその実質的な部分）を携えていた。一六七五年の秋、転居を繰り返すチルンハウスとスピノザとの連絡役を務めていたシュラーは、チルンハウスがパリでライプニッツと知り合い、その共通の友人が自らの所持する『倫理学（エチカ）』の写しを――ほぼ確実にライプニッツにせがまれて――ライプニッツに見せたがっている、とデン・ハーグのスピノザに伝えるべく、手紙を書いた。

［パリにおいて］チルンハウスは、諸科学に精通し、世間並みの神学的偏見にも囚われていない、ひじょうに博学のライプニッツという名の男性と知り合いになりました。ライプニッツは、チルンハウスと同様、知性の完成の問題について考え、事実彼はこれ以上に善なるもので重要なものは何もないと考えているという事実に基づき、ライプニッツと親密な友情を築いています。倫理学において、ライプニッツは、最も現実的であると、すなわち感情によって影響を受けない理性の言葉からのみ言葉を発していると、チルンハウスは言っています。自然学、そして特に神と霊魂についての形而上学的研究において、

ライプニッツは最も卓越しているとチルンハウスは付言し、ついにはライプニッツを、もし［あなたの］同意が最初に得られるのであれば、あなたの諸著作に通じさせるに値する最高の人物であると結論付けています。というのは、そのことからその著者〔スピノザ〕はひじょうに多くの利益を得るものと彼は考えているからであり、それゆえ彼は、もしそれがあなたの意に沿うものであるのなら、ある程度の分量を見せようとしているのです。もしそれがお気に召さないのであれば、彼は約束通り、事実彼はそれらについては一言たりとも触れてはおりませんので、まちがいなくそれらを秘匿しつづけるでしょう。【註37】

シュラーを通じてチルンハウスは、スピノザがライプニッツに好感を抱くようになり、そのドイツ人の友人に原稿を見せることを許可するほどには十分な説明をまだ行っていなかったと見え、それゆえシュラーは、「覚えていらっしゃるかどうか知りませんが、まさしくこのライプニッツこそ、『神学=政治論』を高く評価し、その著作についてかつてあなたに手紙を書いた人物です」と付言している。手紙を締め括るにあたりシュラーは、チルンハウスの要望について、自らの後ろ盾も添えている。「それゆえ私は、それに反対する確固たる理由がない限り、お許しを拒否なさらないよう、あなたの寛大なご厚情を求める次第ですが、できましたら一日でも早くご決断をお知らせください」。

チルンハウスが言及する『神学=政治論』についてのライプニッツの好評というのは、まったくの事実誤認であるが、チルンハウス自身が（ライプニッツのしたたかさ、あるいはおそらく二枚舌を考慮すれば）事実を知らなかったのかもしれない。ライプニッツは実際、スピノザの学識と思慮深さには大きな尊敬を寄せていた。しかし一六七〇年秋、すなわちスピノザに最初の手紙を書くかなり以前にライプニッツは、トマシウスへの手紙において、『神学=政治論』に対するトマシウスによる「反駁」への賞賛を書き記した。「あなたは哲学をする自由に関するこの耐え難く不潔な書物を、それに見合った流儀で取り扱われました」【註38】。そのときライプニッツは、その著者が誰なのかを知らなかったのかもしれないが、一六七一年五月にユトレヒト大学の修辞学教授ヨハン・ゲオルク・グレーフィウスに手紙を書いたときには、彼は確実にそれが誰なのかを知っていた。

> 私はスピノザの著作を読みました。思うにかくも博識の男が、かように落ちぶれてしまっているという事実に、私は愕然といたしました。聖なる書物に対して彼が投げ付ける批判は、ホッブズの『リヴァイアサン』を基礎とするものであり、往々にしてそこには欠陥が見当たるということを明示することは、難しくはありません。この種の著述は、殉教者たちの尊い血と汗と、絶えざる監視によって強化されたキリスト教徒の宗教を、ひそかに傷付ける傾向にあります。スピノザの数々の背理と東洋の文献の乱用を反駁するには、博識において彼に比肩し、しかしキリスト教への尊敬において彼に優る者を彼らが刺激するだけでよいのです【註39】。

ここにおいてライプニッツは、グレーフィウスによる『神学=政治論』と題する最も悪疫性の高い書物（*liber pestilentissimus*）」に対する批評に応唱していたのであり、その著者は「スピノザと呼ばれるユダヤ人であると言われ、しかしその恐るべき意見ゆえにユダヤ教徒の集会所（シナゴーグ）（ἀποσυνάγωγος）から追放された」【註40】〔と書き記してもいる〕。

スピノザは、彼の著書がドイツとフランスの両国において受けていたあしらいを知っており、彼の生来的な性質である注意深さによって単に突き動かされたという可能性は大いにあるものの、もしかするとライプニッツの考えに疑念を抱いていたのかもしれない。いずれにせよ彼は、チルンハウスの要望を受け容れることを拒否した。

彼が言及していたライプニッツというのは、往復書簡を通じて私が知っている人物だと思います。しかしフランクフルトの顧問官であった彼が、いかなる理由でフランスに行っているのか、私には分かりません。手紙から推測する限りでは、彼は自由な精神の持ち主であり、あらゆる科学にひじょうによく精通した人物であるように見受けられました。しかしながら、かくも性急に私の著作を委ねるのは、軽率だと思うのです。最初に私は彼がフランスにおいて何をしているのかを知るべきですし、また今後、私たちの友人のチルンハウスが彼と交際する中で、彼の性格をよく知るようになり、そのときに彼をどのように評価するかを聞くべきだと思います。【註41】

ここにおけるスピノザの躊躇には、同時に部分的には政治的文脈が関係していた、ということもあり得る。一六七五年、ネーデルラント共和国は依然フランスと戦争中であり、マインツ出身の外交官が実際にパリで何をしているのかを正確に知ろうと欲するスピノザの態度は、ライプニッツが彼の主人のために、彼のかつてのラテン語の教師を処刑したフランス人たちと何らかの仕事にかかわっているという危惧に根差していたのかもしれない。その一方でスピノザは、彼に対する民衆の怒号を誘発することとしかしないと分かっている著作に近付くことのできる者の数を、極力少なくしておきたかっただけなのかもしれない。数多くの点で『倫理学(エチカ)』は、思想と表現の自由に至る公共的な道を切り拓くだろうとの期待を込めて訴えかけを行った『神学=政治論』以上に過激な著作であると、彼は考えていた。いまだ一度もライプニッツ本人と会ったことのないスピノザは、十分な信用を置くほどに彼を知らなかったがゆえに、ライプニッツが『倫理学(エチカ)』から学んだ事柄を敵意ある批評家たちに伝えないように、あるいはおそらくライプニッツ本人がその著作に対して攻撃をしないようにさえ、配慮したのだと思われる。

チルンハウスは、友人の要望に従い、ライプニッツには原稿を見せなかった。しかしチルンハウスは、おそらくスピノザの要望の本意ではないと思われる手紙を見れば、実際にライプニッツにその内容を描写「した」。はたして、「チルンハウスは、スピノザの本の原稿について、数多くのことを私に話してくれた」と、一六七六年にライプニッツは書いた。「スピノザの本は、神、精神、幸福、あるいは完全なる人間存在、精神の改善、肉体の改善などの考えについてのものであるらしい」【註42】。結局、ライプニッツは、後年の彼の著述から明らかなように、スピノザの没後の著作集に彼が見出したいくつかの事柄（それらは「数多くの善なる思想」を含んでいる、と彼は書き記している）には賛成したが、大体において彼は、それらを「粗野で荒唐無稽で」、危険でさえある意見がふんだんに含まれているものと考えていた。【註43】このことはしかし、彼がときおり「洞察力のあるユダヤ人」と言及したスピノザについての評価を曇らせるものにはならなかった。

敬神は、民衆の信じるところが有害であるとき、それらの悪影響に目を向けさせるべく、いかなる場合にそのようにすることが適切であるかを命令する。例えば、完全に善で、賢明で、なおかつ正しい神の摂理に敵対し、あるいはその正義の営みに民衆を啓(ひら)く魂の不死性に敵対する思想であり、また言うまでもなく、道徳や公的秩序にとっては有害なその他の意見の場合である。それらの神学的な教えが、一般的に考えられているほどには実際的な効果を持たないと主張する、卓越した善良な人々がいく人かいることを、私は知っている。同様に、教義によっては進んで何の価値もないことをするようにはけっして導かれないすばらしい性格の人々も、私は知っている。さらには思索を通じてそれらの誤った意見に到達する人々は、一般的な人々が陥りがちな悪徳から遠ざかることへと自然によって方向付けられるのみならず、彼らがあたかも指導者であるかのような宗派の善なる大儀に関心を払うということも。例えば、エピキュロスとスピノザは、模範的な人生を送ったと認めることができる。【註44】

❧デ・ウィット兄弟の虐殺と「真の自由」の翳り

一六七二年春、ルイ十四世の軍隊がオランダ人の領土に侵攻したとき、共和国は災厄に見舞われた。【註45】一六六二年の仏蘭協定以来、フランスとネーデルラント共和国は、不安定な同盟関係にあった。ルイ十四世は、第二次英蘭戦争中のオランダ人にとっては、当初は都合のよい存在であり、東側のミュンスター君主=司教からの共和国に対する脅威を抑止する一助にさえなった。とは言え、表向きの友好の裏には、スペイン領ネーデルラントに向けられたフランスの野望をめぐる緊張がつねに潜んでいた。ルイ十四世は、二百年前にブルグンディ公国に帰属していた南部低地地方に支配を拡張しようとした。一六六〇年代半ばに、実質的に疲弊したスペインがフランドル地方とワロン地方から軍隊を撤退させ始めたとき、フランス国王は行動に打って出る機は熟したと判断した。このことは、デ・ウィットとその仲間たちの間に少なからぬ懸念を引き起こした。ネーデルラント共和国は、スペインとフランスの権力間のある程度の均衡を必要とし、それによって貪欲な君主国の一方がオランダ人の領土に目を向けないよう、その二国は相互に監視しつづけることになった。が、いまや敵対するもののいないフランスは、共和国にとっては弊害でしかあり得なかった。ある時点においてデ・ウィットは、一種の懐柔策として、一六三五年の仏蘭境界画定条約の更新を申し出、それはネーデルラントにフランドル地方の一部を残しつつ、フランスにはスペイン領ネーデルラントの大半の領有を許すものとなった。

フランスとネーデルラント共和国の関係は、経済的側面においても悪化していた。ネーデルラントからの——布地、鰊、煙草、砂糖などの——輸出がフランスの市場の大きな割合を占め始めたとき、ルイ十四世の財務大臣、ジャン゠バティスト・コルベールは、一六六七年四月、外国からのすべての輸入に対し、容赦のない関税を課した。この措置はオランダ人たちに対し、その国内経済にとってのフランスとの貿易の重要性を鑑みれば、特に深刻な打撃を与えた。オランダ人の商売敵と競合するべく、フランスによる最近の東西インド会社の設立と一体化して、コルベールの行動は、オランダ人の共和国の——不安は言うまでもなく——怒りと憤懣を煽(あお)ることにしかならなかった。共和国の市民は、我慢の限界に達しつつあった。

一六六七年の晩春に、フランス軍は、スペイン領ネーデルラントに侵攻した。フランスの脅威にいかに対処するのが最善かについてのスペインとの交渉が不首尾に終わった後、一六六八年に共和国は、イギリスとスウェーデンとともに、三国同盟を締結した。この軍事同盟は、ネーデルラント南部に対するフランスとスペイン間の激化する摩擦を緩和することが狙いであり、大部分はフランスに友好的な妥結を奨励し、もしフランスが攻撃的な体制の解除を拒めば、軍事的な応報も辞さないというものだった。いかにフランスに対処するかということをめぐっては、ネーデルラント共和国の議会派内においてさえ、さまざまな不一致があった。デ・ウィットは、戦争によっては何も得られはせず、たとえ表面的なものではあっても、少なくともフランスとの友好はオランダの安全にとっては不可欠であると信じていた。最終的に彼は、あらゆる犠牲を払ってでも干渉を回避しようとした。しかしながら、その他の者たちは、話し合いによる解決の可能性については、楽天的ではなかった。一六七一年までに、オランダ人の施策者たちの大多数は、三国同盟に憤慨しつつ報復を企てるルイ十四世に対し、フランスからの葡萄酒、紙、酢などの輸入禁止を訴えることにより、少なくとも経済関係に圧力をかけるようになっていた。一六七一年十一月、連邦はその方面の制裁の一つを採択した。

平和的な解決へのあらゆる希望は、一六七二年一月、フランスがネーデルラント共和国に敵対するケルンとミュンスターとの同盟に加わることにより失われたかに見えた。いまやネーデルラント共和国は、複数の敵国に包囲された。ルイ十四世はスペイン領ネーデルラントを接収するのみならず、ネーデルラント共和国自体を打倒し、その国をウィレム三世を主権者とする君主国に移行させようと目論んでいたようだった。これによって、もしルイ十四世が少なくとも共和国のオラニエ派の支持を彼自身に得られるだろうと考えていたとすれば、彼はオランダ人の国民性を甘く見ていた。共和国の名誉とその主権に対するルイ十四世による威嚇は、デ・ウィットの反オラニエ派の間に強い反発を目覚めさせることになった。アムステルダムの特権階級さえ、共和国の問題解決にあたっては、いまや多数の支持を集めつつあるウィレム三世のために何らかの役割を見出そうと、進んでオラニエ派との差異を棚上げした。フランスとの一戦がよりいっそう現実味を帯びるにつれ、ホラント州およびその他諸州の総督として、そして共和国の陸軍総司令官兼海軍元帥としてのウィレム三世の指名へ向けた支援が、あらゆる方面において大きくなっていった。一六七二年二月、最終的に諸州の連邦は、陸・海軍の総司令官としての権限を彼に認めた。

二カ月後、ルイ十四世は、ネーデルラント共和国に宣戦布告した。さらに、まもなく彼は、イギリス国王、ミュンスター君主=司教、ケルン選帝侯と連携した。オランダ軍は圧倒され、ひじょうに小さな面積ではあるが、序盤から領土の一部を失った。六月二十三日、フランスがユトレヒトに侵攻し、同時にフランスとミュンスターの連合軍の一師団がその他のいくつかの都市を占領した。その大敗への非難のほとんどは、デ・ウィットと彼を支持する特権階級に降りかかった。デ・ウィットは、国際的な勢力であるスペイン、フランス、イギリス、スウェーデン、デンマーク、そしてドイツの諸領邦を敵対させ合うことにより、つねに大がかりな外交的駆け引きを行っていた。何よりも彼は、実益主義者であり、その刹那にオランダ人の利益に最も資するだろうと彼が信じる相手であれば、誰とでも進んで手を組もうとした。しかし一六七二年、ネーデルラント共和国の人々は、いまだ彼らの心に第二次英蘭戦争の記憶が鮮明な中、もはや実益主義的な解決を受け容れようという気にはならなかった。匿名の小冊子において、デ・ウィットは、軍事的に法律顧問の立場は、それまで以上に弱くなった。無能力であり、公金を自らの個人口座に吸い上げ、さらには共和国をその敵たちに委ね、彼らのために共和国を統治しようとしている、と非難された。

六月二十一日の夜、デ・ウィットは、デン・ハーグにおいてホラント州の議会が召集されるビンネンホフからの帰宅途中、良家の四人の若者たちに刃物でもって切り付けられ、負傷した。襲撃者たちの内の一人だけが逮捕され、六日後に斬首された。デ・ウィットの負った傷はさほど深手ではなかったものの、療養中に彼は病気になった。彼の任務不履行の状態は、強力な指導力を求める叫びを強くするばかりであり、七月初旬、ウィレム三世は、ホラント州とゼーラント州によって総督として宣せられた。デ・ウィットは、その月末までには復帰し、寛大なウィレム三世に従来通りの職務の継続を求めたが、八月四日、政治的困窮に屈しつつ、ホラント州法律顧問の地位を退いた。一方、デ・ウィットの兄コルネリスは、伝えられるところによると、濡れ衣であることは明らかであるが、総督の命を奪おうとしたという廉により、七月二十三日に逮捕されていた。延々と行われた尋問の後、八月二十日、その被告人に対して正式に無罪が言い渡された。しかしながら、敵意に満ちた暴徒たちは、コルネリスが収監されている監獄の外に集結した。その群衆は、先の判決に憤慨したオラニエ派によって焚き付けられており、ヨハン・デ・ウィットは、彼の兄が監獄の外に出るにあたり付き添いに来ることを要望していると信じ込まされた。デ・ウィットは、近隣の親戚の家にコルネリスを連れて行くべく、監獄に到着した。が、彼が兄の牢屋に到着したとき、二人はそこには彼らしかいないという理解に苦しむ状況を認識した。彼らが監獄の門から歩み出たとき、「売国奴」のお出ましだ、と喚声が上がり、彼らは建物の中に引き返さざるを得なかった。近くで召集されていたホラント州の議会は、いかなる危害もその二人の男性たちに及ばないよう、尽力した。しかし暴徒は、いまや野放しになっていた。監獄の外には武器を手にした兵士たちが駐在していたが、デン・ハーグで一揆を起こそうとする農民が大挙して接近しているという流言が、市街地の橋の方への彼らの移動の必要を生じさせた。持ち場を離れるにあたり、騎兵隊長は、「私は従うべきだが、いまや デ・ウィット兄弟は死人も同然である」【註46】と評したと言われている。

いまや市警団の小隊のみと対峙しつつ、群集は外に出ることのできないその二人の男性たちに対して決起し、監獄に突入した。彼らは、伝えられるところによれば、ベッドの上でフランスの演劇作品を読んでいるコルネリスと、聖書を手にベッドの下手に腰を下ろしているヨハンを見出したという。二人は階段を下りることを強要され、待機する暴徒の中に押し込まれた。彼らの目的は、二人を絞首刑にすることだったが、二人はあまりにも激しく殴打されたがゆえに、処刑台に至る前にすでにこと切れていた。かくして二つの亡骸は、足から吊り下げられ、衣服を剝がれ、そして文字通り、八つ裂きにされた。

スピノザは、何人かの強盗団によってではなく、自治都市の尊敬も受けている中流の住民を含む市民集団によって実行されたこれらの蛮行に震撼した。ライプニッツは一六七六年にデン・ハーグを通過したとき、デ・ウィット兄弟の死をめぐる事件についてスピノザと語り合った。「私は夕食後の数時間をスピノザと過ごした。彼は私に語ってくれた――デ・ウィット兄弟が虐殺された日の夜のこと、彼は『ウルティミ・バルバロルム（*ultimi barbarorum*）』（簡単に意訳すれば、「君たちは最悪の野蛮人たちだ」）と記した張り紙を虐殺の現場近くに張りに出かけようとしたと。しかし彼の大家は、彼が外出できないように家に鍵をかけた。というのは、彼は八つ裂きにされるために身を晒すことになるからである」【註47】。大家のファン・デル・スパイクはまた、自らの身の安全と自らの家が陥るだろう状況についても心配していたことはまちがいない。彼には危惧する正当な理由があった。というのは、スピノザの名前は、有識者たちの間においても一般人の想像においても、デ・ウィットの名前と緊密に結び付けられていたからである。法律顧問の敵対者たちは、彼とその兄の両方に対して非難を投げかけるにあたり、事実、噂されるところの「邪悪なスピノザ」との関係を利用した。一六七二年に作成された小冊子は、デ・ウィットはスピノザが『神学=政治論』の出版に必要とする保護を原則的に与えたと主張している。その小冊子の著者は、デ・ウィットの蔵書と手稿類の間には、「堕落したユダヤ教徒スピノザによって地獄からもたらされ、そこにおいて、前例のない無神論者の流儀で、神の言葉は哲学を通じて説明され、かつ理解されなければならないということが証明され、しかもヤン氏〔ヨハン・デ・ウィット〕の了承によって上梓された【註48】」『神学=政治論』が一冊見付かると主張している。

デ・ウィットとその統治の凋落の直接的な影響の一つは、州（そして市の次元においてさえ）の自治、ならびに全般的に寛容な知的環境とともに、「真の自由」が終焉したことだった。諸市の議会における粛清が、広範囲に実施された。デ・ウィットに共感的と見なされる特権階級は、疑う余地のないオラニエ派と正統的なカルヴァン主義の目的を好意的に受け容れる個人たちによって交代させられた。政治権力は、それまでの諸市と諸州から、総督ならびにウィレム三世が絶大な権力を持つ連邦議会に差し戻されるにつれ、より中央集権的になっていった。結果的に、権威者たちにとっては、共和国における言動と行為に対し、より広範囲に、より徹底した統制力を行使することが、さらに容易になった。権力の分配ならびに追求される政策の両面におけるこの一六七二年の「政治的転換（ウエッツフェルツエッティンフ）（*wetsverzetting*）」は、その後のスピノザがなぜ、宗教権威からの非難に対してのみならず、公的領域の非宗教的方面からの排斥に対しても闘わなければならなかったのかを、ほぼ確実に説明するものである。

政治的風向きの変化はまた、一六七二年以降、スピノザが、神学者たちからのみならず、デカルト学派の哲学者たちからも、攻撃の対象となっている自らを見出したという事実を説明するかもしれない。ユトレヒト大学ではレニエ・マンスフェルト、レイデン大学ではヨハンネス・デ・レーイ、クリストフェル・ウィティッヒ、テオドール・クラーネン、さらにはランベルト・ファン・フェルトハイセンのような人々が、スピノザに対する反発において一致団結していたということは、最初の一瞥では、驚くべきことかもしれない。元を正せば、これらの男性たちは、程度の差はあれ、新しい哲学と科学の普及に携わっていた。しかし、一六七〇年代の政治的現実を鑑みれば、実際のところ彼らには、「過激なデカルト学派」とスピノザ主義の仲間たちに対する敵対的な態度を採る以外に、選択の余地はなかった。彼らはスピノザ、メイエル、ファン・デン・エンデンたちの方法論的、形而上学的原理について、数多くの重大な不一致を持っていたことはまちがいないが、彼らの敵意は、少なくとも部分的には、彼ら自身が置かれた困難な状況によって必要となった計算づくの護身術でもあった。

一六五〇年以降、改革派教会内の自由派と保守派の分極化は、二つの原理的陣営が闘争するかたちになり、双方がカリスマ的な個性の背後で結束していた。一方に、ユトレヒト大学学長にして、デカルトにとっての最も冷酷無慈悲な恐るべき敵の一人だったフィベルトゥス・フォエティウスがいた。神学においては頑なに正統的であり、社会的、政治的政策においては保守的なフォエティウスは、改革派の信仰についての彼の狭量な考え、ならびに社会と学術におけるその信仰の役割についての彼の幅広い考えからのいかなる逸脱をも大目に見ることを拒否した。それに対抗するのは、レイデン大学の神学教授ヨハンネス・コッケイウスだった。コッケイウスはカルヴァン主義の諸要求の解釈においてかなり自由だった。彼はまた、聖書については非原理主義的な立場を採った。聖書の言葉は必ずしもつねに字義通りに読まれる必要はなく、むしろそれらの言語学的、文学的、歴史的な文脈に照らして解釈されるべきである、と彼は主張した。

いわゆる「フォエティウス派」と「コッケイウス派」の論争は、主に安息日（シャバット）の遵守に関する意見の相違に起因する社会的風習をめぐる不一致として一六五五年にレイデン大学神学部において始まった。フォエティウス派は、一般的な人々の生活様式におけるより強い「敬神」を求めていた。彼らは十七世紀のオランダ人たちがこよなく享受していた踊りや賭博などの娯楽の数多くを総じて諦めさせた。彼らは安息日（シャバット）における労働や遊びの種類についての特例を設けた。主の日〔日曜日〕は休息と祈りの日であり、運河に集まってアイススケートをする日ではなかった。一方のコッケイウス派は、第四戒〔安息日の戒律〕の厳格な遵守は現実的には、現代においては必要ではなくなっていると応酬した。敬神はもはや、労働の休止やあらゆる遊興の放棄を人に要求するものではなかった。一六五九年までに、その論争はひじょうに白熱し、ホラント州（その州は共和国におけるいかなる神学的論争も不可避的に政治的論争に転じる恐れがあることを正しく見抜いていた）の督促により、ホラント州南部の宗教会議は、安息日（シャバット）についての論争を、以後その問題についての議論をいっさい禁止することによって、鎮静化させようとした。

一六五〇年代後半のフォエティウス派とコッケイウス派の対立は、一六一〇年代の抗議派／反抗議派の闘争と同様、言うまでもなく政治的にも文化的にも負荷を与えた。コッケイウス派の側は議会派、すなわちデ・ウィットとその一派の成員たちによって支持される傾向にあり、それゆえに彼らは一丸となって正統的な改革派の牧師たちの政治的、社会的影響力を監視しようとした。フォエティウス派は、反対にオラニエ派に味方され、かくしてその二つの集団は、すなわちフォエティウス派は政府がより寛容な（それゆえ神学的には「緩い」）特権階級の手の中にあるがゆえに、そしてオラニエ派は彼らの愛するウィレム三世の総督としての任命を勝ち取るためにホラント州への代表者たちを立たせているがゆえに、ホラント州の現権力に敵対した。コッケイウス派はまた――かなり強い程度において、正確に――デカルト学派と連帯していると見なされるようになった。デ・ウィット、コッケイウス派、デカルト学派はいずれもみな、神学からの哲学の分離を主張した。デカルトと彼の追従者たちは、曖昧さを残さない言葉によって、哲学が神学的問題について発言することがあってはならず、そして神学者たちは、それが信仰の条項の問題ではない場合は、哲学者たちが理性のみを通じての彼らの探究に耽るに任せるべきであると主張した。このことは、学術的なデカルト学派にとっては神学者たちの監視からの彼らの教育のある程度の独立を意味するがゆえに、好都合な住み分けだった。デ・ウィットにとっては、その二つの学問領域――と大学内のその二つの学部――の分離は、神学者たちの権力を減じるための一つの手段として、特に重要なものだった。彼らの影響力の及ぶ範囲を限定付けるためには、哲学をする自由を支持（し、拡張しさえ）することが必要だった。もし哲学と神学が分離されつづけるのであれば、神学者たちがそれを超えて踏み込んではならない明確かつ十分に定義付けられた境界線が存在することになる。フォエティウス派は、彼らの権威を制限しようとする試みに憤慨したのみならず、もし神学が哲学の上位に位置付けられず、また哲学を統制することを許されないのであれば、最終的に神学が哲学に従属することになるとさえ主張した。

コッケイウス派はまた、聖書への彼らの非字義的な接近によって、自然哲学と新しい科学におけるデカルト学派の計画を支援しているとも見なされていた。もし聖書のすべてをもはや字義通りに読む必要がないのであれば、奇蹟についてのその記述――機械論的宇宙の数学的法則に対する侵犯と見なされるもの――は、比喩的解釈に開かれることになる。コッケイウス派による聖書解釈学の方法はまた、静止した地球が宇宙の中心であるという主張を伝統的に支えてきたと考えられるそれらの章句について、コペルニクス的な読解への道を整備した。【註49】時の経過とともに、デカルト学派＝コッケイウス派はより大胆になり、彼らが口にすることのほとんどは、コッケイウス自身が明確に是とするものを大幅に超え出るようになった。フランス・ブルマンのような神学者たちとグレーフィウスのような人文主義の学者たちは、デカルト学派の方法、形而上学、自然学への彼らの共感を憚ることなく宣伝した。ある歴史家が記すところによれば、コッケイウス派の構想は、「カルヴァン主義の神学をデカルト学派の科学と哲学に同化させること」【註50】も同然だった。

一六六〇年代、ほとんどの場所において事態はしばらくの間、下火になった。コッケイウス自身が一六六九年に死去し、デカルト学派がレイデンとユトレヒトの主要な大学を牛耳ってはいた。しかしデ・ウィットが一六七二年に失墜させられ、フォエティウスとその政治的な支持者たちが優位に立ったとき、コッケイウス派とデカルト学派に対する新たな反動が開始された。諸大学では、デカルト学派の哲学教授とコッケイウス派の神学教授の粛清があった。しかし今回は網はよりいっそう広く投げられ、大学が名指しする中庸のデカルト学派のみならず、メイエルやスピノザのような独立独歩の過激な思想家たちも標的にされた。事実、メイエルによる極度に理性主義的な論文『聖書解釈の手段としての哲学』――そこにおいて彼は聖書の意味を理解するための適正な案内人は理性そのものであると主張し、一六六六年にそれが出版されて以来、その著作は正統派にとっては（そしてデカルト学派にとってさえ）憤激の対象となった――は、フォエティウス派が最も恐れる事態を確実にするばかりだった。一六六〇年代後半と一六七〇年代前半のフォエティウス派にとって、コッケイウス派の主張は、まるでメイエルによるデカルト哲学の極限的な部類に属するかのように、ひじょうに類似して見えた。【註51】神学者たちが先頭に立つ世俗の権威者たちには、実際のところ、デカルト学派とコッケイウス派の間に介在する多様な差異を区別できなかった。一六七六年にホラント州によって非難された「コッケイウス派＝デカルト学派」の二十の命題の一つとして、哲学は聖書の解釈者でなければならない、という主張があった。『神学＝政治論』の著者によって最初に出版された著作がデカルト哲学の要約だったということは、穏健なデカルト学派の立場を救うものではなかった。

スピノザに非難を浴びせるデカルト学派（とコッケイウス派）は、それゆえ、デカルト学派とコッケイウス派に対するフォエティウス派の攻撃に照らし合わせて考察する必要がある。彼ら自身の矛先をスピノザと過激なデカルト学派に向け変えることにより、より穏健なデカルト学派は、彼らを批評する者たちの心の中で、共和国を脅かす自由思想のより危険な系譜から彼ら自身が切り離されることを願った。合理主義的哲学の原理を魂の不死性、聖書の神的起源、三位一体の教条、神的奇蹟の可能性を否定し始めるまでにあえて突き詰めた者を、ことごとく彼らは、強く、そして声高に批判した。それは、戦術的な駆け引きだけではなかった。実際にスピノザとデカルト学派たちの間には実質的な哲学的差異があり、『デカルトの哲学原理』と『神学＝政治論』の無邪気な読者のみが、スピノザはいかなる意味においても一人の「デカルト学派」として同一視されるべきであると考えていた。しかし、もしデカルト学派自身が効果的に身を守る術を準備しようとすれば、たとえもしそれがスピノザと彼らとのありのままの哲学的差異を誇張するものであったとしても、彼らは彼ら自身を公的にスピノザから切り離さなければならなかったというのは、疑問の余地のないところだろう。スピノザ自身は彼らの戦術を見通していた。一六七五年九月、オルデンブルグに手紙を書きつつスピノザは、「愚かなデカルト学派は、彼らが私の側にあると思われているがゆえに、彼ら自身からこの疑いを取り除くべく、至るところで私の意見と私の諸著作を非難しないことはなく、さらになおそのようにしつづけるのです」【註52】と批判した。

コッケイウス派もまた、懸念を抱くもっともな理由があった。彼らの基本的な教義の数多くはスピノザが『神学=政治論』において訴えた種類の事柄に類似していた。彼らは、スピノザと同様、神の道徳的法と儀式的法を区別し、その区別が彼らに、安息日（シャバット）を遵守するための戒律は、それが直接的に与えられたユダヤ教徒たちにとってのみ意図された儀式的法であると主張させた。彼らはまた、宗教的権威は世俗の政治問題において何も役割を果たすべきではないと主張した。さらに彼らは、聖書はそれ自身の言葉において、すなわち（スピノザの言葉を用いれば）「聖書そのものから」【註53】理解されるべきであると信じた。これらの類似もまた同様に、コッケイウス派がスピノザ主義者ではまったくないということを明確にしようと奮起する十分な動機を、彼らに与えた。

❧ハイデルベルク大学からの招聘

スピノザは、デ・ウィットの殺害後に始まった自らへの反対活動の最中において、少なくとも、「いく人かの」人々が彼の哲学的才能を評価していると知り、たとえそれらの人々がひじょうに確固たる根拠によってそのようにしているかどうかは定かではないとしても、嬉しかったのにちがいない。一六七三年二月、スピノザは、ドイツの領邦の一つ、プファルツの選帝侯カール・ルートヴィッヒの代理人、ヨハンネス・ルートヴィッヒ・ファブリティウスから、次のような手紙を受け取った。

高名の士へ

至仁なる我が君主プファルツ選帝侯閣下は、閣下に強く推薦せられている貴殿に一書を呈し、貴殿が閣下の著名なる大学に哲学正教授の職を奉ぜられるご意志をお持ちかどうかお尋ねするよう、貴殿との面識は小官にはないながら小官にお命じになられました。年俸につきましては、正教授が現在受けている額が支給されるでしょう。天下有能の諸士——その中に閣下は貴殿を数えておいでです——にかくも好意を寄せる君主を貴殿は何処にも見出し得ないでしょう。貴殿は哲学をする最も大きな自由を得ることでしょうし、その自由を貴殿は公的に確立された宗教を乱すことには誤用しないと閣下は信じておられます。小官は最も賢明な君主の用命に喜んで従っており〔……〕貴殿が当地にお越しになられる場合、すべてが我々の希望と期待に反することにならない限り、貴殿は哲学者に相応しい快適な生活を送るはずであるということのみ、申し添えておきます。

それではごきげんよう。さようなら。

貴殿の最も忠実なる、ハイデルベルク大学教授兼プファルツ選帝侯顧問官
ヨハンネス・ルートヴィッヒ・ファブリティウス【註54】

ハイデルベルク大学の哲学教授職についてのこの申し出は、スピノザには身に余るものだったのにちがいない。三十年戦争以前に、ハイデルベルク——選帝侯領の首都——にはヨーロッパの中でも有数の大学の一つがあり、カール・ルートヴィッヒは〔戦争によって荒廃した〕その大学のかつての威光を回復しようと努めていた。一六六〇年にヨハンネス・フレインスハイムが死去して以来、その下級学部の教授職を占める哲学正教授が不在になっていた。最初の打診は、フランスのソーミュールのプロテスタントの学術院で教授を務めていたタンヌキル・ルフェーヴルになされた。彼はその職に応じたが、一六七二年二月、ハイデルベルクに出発する直前に死去した。フレインスハイムはデカルト学派であり、選帝侯は、おそらく彼に代わる同様の考えを持つ教師を探していたと思われる。その人選にあたり選帝侯は、知的問題についての助言者、すなわち一種のお抱えの「文人（オム・ド・レットル）(*homme de lettres*)」として選帝侯に仕える故国を追放されたカトリックのフランス人ウルバン・シュブローによ

り、スピノザへ打診するように勧められた。「選帝侯の宮廷に出仕していたとき」、とシュブローは数年後に書き記した、「スピノザについて私は、このユダヤ人のプロテスタントを一六六三年にヤン・リューウェルツゾーンによってアムステルダムで出版された『デカルト氏の哲学の第一部と第二部』〔『デカルトの哲学原理』〕を通じてしか知らなかったけれども、ひじょうに有利になるように語った。選帝侯はこの書物を手に取り、その章の一節を読んだ後、スピノザが独善的にならないという条件において、彼をハイデルベルクの大学の哲学教授として任命することに、ご決断を下された【註55】」。ユダヤ人がその大学の教授職に就くことは、初めてのことではなかったのだろう。事実、ヤコブ・イスラエルは、生理学の教授であるのみならず、その施設全体の総長だった。

シュブローとカール・ルートヴィッヒは、ともに『神学=政治論』には通じていなかったように思われる。このことは、スピノザに招聘状を書くにあたり、選帝侯によって委任された男の関知する問題ではなかった。峻厳なカルヴァン主義者のヨハンネス・ファブリティウスは、ハイデルベルク大学神学部の教授を務め、カール・ルートヴィッヒのよき友人にして助言者だった。少なくともその「彼」は、『神学=政治論』を読んでおり、その著作についての彼の意見は、その他のほとんどの神学者たちの意見と異なるものではなかった。一六七一年のこと、ファブリティウスはその著作を読み通した後、「私は、かくも箍（たが）の外れた放埒（ほうらつ）が万人の目に触れる場に提出され、そしてキリスト教そのものと聖書がかくもあからさまに冒瀆されていることを知り、慄然といたしました【註56】」と、彼の友人にして伝記作者のヨハン・ハインリッヒ・ハイデッガーに語った。いまやその哀れな男は、彼の君主の命令により、このような「恐るべき書物」の著者を彼の同僚にするべく招聘しなければならなかった。ファブリティウスは、自らの敵意――ならびに尊厳――を脇に置き、手紙を書いた。

スピノザは、その申し出を深刻に受け止め、ファブリティウスがカール・ルートヴィッヒに謹呈したファブリティウスの弟の旧作を一部入手しさえした。【註57】しかし、その申し出について彼は、一カ月間考え抜いた後、丁重に断りを入れることに決めた。

もし私がどこかの大学で教授職に就くことを望んだとしましたら、私はプファルツ選帝侯閣下が貴官を通じてご提示くださったその教授職以外を望むことはないでしょう。叡智が遍く認められている君主の下で生きることを私が久しく望んでおりましたことは言うまでもなく、とり分けても閣下は、私に哲学をする自由を喜んでお授けくださると申されるのですから、いっそうこの感を深くいたします。しかしながら私は、公的教育に携わることを想像したこともございませんでしたので、これについて長い時間をかけて考えてみましたものの、この身に余るお申し出をお受けしようという気持ちには至り得ないのです。

その申し出は、デン・ハーグにおける最近の出来事と近い将来の共和国における哲学的自由の暗い行末を考え合わせれば、ひじょうに魅力的に映ったかもしれない。しかしスピノザが、たとえ他の場所での短期間の滞在であってもネーデルラントをけっして離れなかったということ——そしてこのことは彼の全人生を通じて当てはまる——と、彼がデン・ハーグとアムステルダムに数多くの親友たちを持っていたということの他に、彼にその申し出を辞退させた二つの主な理由がある。まず、彼は教えるために貴重な時間を失うことに躊躇した。「若い学生に教えるための時間を私が見出そうとすれば、私は哲学における自らの前進を断念しなければならないと、想像しております」。二つ目は、そしてこれは、よりいっそう重要な要因となったものかもしれないが、彼はファブリティウスの手紙における、「公的に確立された宗教を乱すことに」彼の哲学的自由を「誤用」しない、という穏やかならぬ条件が気がかりだった。彼はその漠然とした表現をどのように受け止めればよいのか、考えあぐねた。

公的に確立された宗教を壊乱しているかに見えることを回避するためには、哲学をすることの自由をいかなる限度に制限しなければならないかを、私は知らないのです。というのは、不和軋轢は、激烈な宗教熱から発するというよりは、むしろ人間の性格的な相違から、あるいはあらゆる言説を、たとえ正しく言われていたとしても、好んで曲解し、弾劾しようとする反対癖から生じるものだからです。そして私は、このことを孤独で私的な生活を営みつつ、すでに経験しておりますので、この光栄ある地位に就きました暁には、よりいっそうそれを恐れねばならなくなるでしょう。以上をもって、貴官は、私がよりよき幸福への希望のために躊躇するのではなく、ただ平和への愛ゆえにそうであることをご了承くださるでしょうし、この平和は、私が公的教育に携わりさえしなければ、ある程度は保持されるものと信じております。

スピノザは、選帝侯に、「この件について熟考する時間をお与えくださいい」と依頼し、手紙を締め括っているが、彼には応じる意思がいささかもなったことは明らかである。【註58】

選帝侯がファブリティウスに指示を与えるにあたり、スピノザの「哲学をすることにおける自由」が条件付きのものになるだろうということを、彼が書くスピノザへの手紙に明確に記すよう申し渡していたのかどうか私たちは知らない。シュブローは、カール・ルートヴィッヒが口にしたのは、「彼が独善的にならない」ことだけであると主張する。そしてこのことは、スピノザの義務が哲学教育に限定され、教会の教義にはいかなる発言もしないということを意味していたにすぎないのかもしれない。言い換えれば、それは哲学と神学の分離を支持する表明だったのかもしれない。スピノザへの手紙においてファブリティウスは、もしも宗教権威が講義の内容を問題視すれば、まるで純粋に哲学的な講義でさえスピノザを窮地に追い込むかのように、より不気味な捻りを与えている。おそらく敵意を抱くファブリティウスは、選帝侯による手紙を書く命令に従いはしたが、スピノザを脅かすことによって任命を妨害しようとしていたように思われる。【註59】もしそれがファブリティウスの策略だったとすれば、少なくともシュブローの心には、それは作用した。すなわち、「我々は彼の拒否のための理由を探しており、デン・ハーグとアムステルダムから私が受け取ったいくつかの手紙［これらがスピノザ自身からの手紙なのかどうかは定かではない］の後、『貴殿が独善的にならないという条件で』というあの言葉が、彼を恐れさせたのではないかと想像した」。万事良好、とシュブローは結論した。というのは、「オランダで彼は安穏と暮らしており、そこにおいて彼はオルデンブルグやその他のイギリス人たちと重要なやり取りを継続することができ、またそこにおいて彼は、彼の思想と箴言でもって、興味津々と彼を訪ねて来る人々を楽しませ、彼らをみな自らの弟子たちに、すなわち理神論者か無神論者に変える完全なる自由を享受したからである」【註60】。しかしながら、カール・ルートヴィッヒの方は、がっかりしたのにちがいない。彼は高い教養と文化を身に付けた寛容な統治者だった。彼はネーデルラントで育ち、あえてその国に彼の父——フリードリヒ五世、いわゆる冬王——は、三十年戦争の間、難を避けた。カルヴァン主義者のカール・ルートヴィッヒは、宗教と政治については比較的自由主義的で、まちがいなくスピノザの哲学を——『神学＝政治論』をも——彼の側近たちほどには忌み嫌っていなかったと思われる。

スピノザについて言えば、彼がその申し出に応じなかったことは、誤りではなかった。彼は宮廷生活の流儀には——そしてきっと彼は、ときおりは選帝侯とその家族の知的、教育的な要求に応じることを期待されただろう――、あるいはハイデルベルクの学術集団の政治と陰謀には、耐えられなかったと思われる。それはまた、賢明な身の振り方であり、というのはその翌年のこと、フランス軍はハイデルベルクに進軍し、その大学を閉鎖したからである。教授たちは全員、追放された。スピノザの苦境は、デン・ハーグにおける静かな生活に立ち返ろうとすることに多少の困難を来たしていたと思われるがゆえに、なおさらのことだっただろう。カール・ルートヴィッヒの申し出に応え、共和国を棄てれば、それによっておそらく彼は、依然彼とデ・ウィット兄弟を関係付ける人々の間に彼に対する敵意を煽り、反体制的な傾向についての疑念を招くことになっただろうからである。

❧コンデ公からの招待状

オランダ人の大儀名分へのスピノザの忠誠心に対する疑惑は、事実、一六七二年の夏に彼が前線を越えて、潜在的に危険な（そしておそらく軽率な）、しかし実りの多い旅をしたとき、最も大きなものとなった。いまやウィレム三世の指揮下において、戦局は、序盤からオランダ軍にとって、芳しくなかった。一六七二年を通じ、共和国の軍隊は、大敗の繰り返しに苦しんだ。夏が終わる頃までには、ネーデルラント共和国の大部分が、フランスまたはミュンスターの手に落ちた。諸都市は次々と、ときには戦うこともなく、敵に降伏した。ユトレヒト市は、長期の包囲を望まず、六月十三日にコンデ公に明け渡された。以後、一六七三年十一月までの一年半の間、その市はフランスに支配されつづけた。コンデ公の従者ジャン＝バティスト・ストゥッペ中佐が、その市の司令官となった。

ストゥッペ――あるいは北イタリアの彼の故郷で発音されると思われる彼の名で言えば、ストッパ――は、プロテスタントのフランス人家族の出身だった。【註61】彼は一六四〇年代後半から五〇年代にかけて、ロンドンにおいてユグノー〔フランスの改革派〕担当の大臣を務め、クロムウェルの側に立ってフランスでプロテスタントの叛乱を扇動するなどの、いくつかの知能的な活動を行った。伝えられるところによれば、あるとき彼は、護国卿〔クロムウェル〕のために、コンデ公すなわちブルボン家ルイ二世のフランス王室に、その叛乱を護国卿に引き受けさせてもらえないかどうか、申し出たという。その後まもなくフロンドの乱の指導者たちの一人となるコンデ公は、クロムウェルの軍隊が直ちにフランスに加勢してくれるならば感激に堪えない、と――まちがいなく、皮肉混じりに――返答しつつ、慎重に断った。ストゥッペは、チャールズ二世が国王に復位したとき、イギリスから逃亡し、彼の兄が将校を務めるコンデ公の軍隊に入隊した。しかしながら彼は、カトリックの君主に仕える中で、プロテスタントの国家、すなわちネーデルラント共和国への攻撃に加担しているとして、あるスイス人のプロテスタントの神学教授から個人的に批判された。

その神学教授への反論としてストゥッペは、『オランダ人の宗教（*La Religion des Hollandois*）』と題する、取り沙汰されるところのオランダ人の信仰心に対する告発の書を執筆した。そこにおいて彼は、オランダ人は善良な教授たちが信じているような立派で敬虔なプロテスタントではないと訴えた。事実、彼らの宗教的遵守と神学的正統性は、要望される数多くの事柄を残した。彼らはあらゆる種類の逸脱した、しかも奇妙な宗教的分派を容認し、自由思想家たちや無神論者たちに彼らの思想を、それらを反駁する努力すらすることなく、出版することをさえ許した。ストゥッペは、要点を述べるにあたり、その敬神について彼自身がかなり低く評価するスピノザの事例を持ち出した。

その思想に心から寄り添う数多くの追従者たちを持つ、著名で、博識の男〔がいる〕と、私は教えられた。私が言及しているのは、スピノザという名のユダヤ人として生まれた男のことであり、彼はユダヤ教徒の宗教を棄て去ることもなく、キリスト教徒の宗教を抱くこともなかった。したがって彼は、ひじょうに邪悪なユダヤ教徒であり、かと言って、より善良なキリスト教徒でもない。数年前に彼は、ラテン語によって『神学=政治論』と題する著作を執筆しており、そこにおける彼の最終目標は、あらゆる宗教、特にユダヤ教とキリスト教の信仰を破壊し、無神論、放蕩、あらゆる宗教の自由を吹き込むことのように思われる。［……］その著作があらゆる宗教の基礎を徹底的に突き崩すがゆえに、彼の追従者たちは、あえて彼ら自身を開示しない。【註62】

ストゥッペは、スピノザの博識にひじょうに強く印象付けられ、そのことがストゥッペにスピノザの「有害な」著作に反駁することを特に重要なことと思わせた。オランダ人たちは、彼を批判する勇気か手段がなかったか、あるいは――より気がかりなことに――彼らが彼の感情を共有しているがゆえに、彼をそっとしておいているのにちがいない。ストゥッペは、後者の理由が問題ではないかと疑っていた。彼は、キリスト教の外面的な儀式の遵守について、特に商業活動のために海外にいるオランダ人たちの放縦(ほうしょう)さについて書き記している。例えば、極東にいるオランダ人の船乗りたちと商人たちは、キリスト教の儀式の遵守を無視し、そして（ときには）それをも禁止していることが知られている。ここにおいてストゥッペは、『神学=政治論』の中の、日本におけるオランダ人たちの行動についてのスピノザ自身による記述に依拠し、オランダ東インド会社はその社員たちに対し、日本人が禁止するがゆえに、表向きにキリスト教を実践することのないように通達したと言っている。【註63】スピノザは、真の敬神にとっては、宗教的儀式は本質的ではないということを主張するためにその事例を活用したのである。ストゥッペにとっては、そのことは、オランダ人たちが彼らの宗教的な義務よりも商業的な関心を優先していることを裏付ける一つの査証となった。さらに重要なことに、そのことは、彼らが心ではスピノザ主義者たちであるということを指し示すものとなった。【註64】

スピノザ、ならびにスピノザの著作が行き渡ることをひじょうに恥知らずにも許容したオランダ人たちに対するストゥッペの攻撃の書は、一六七三年五月に上梓された。このことは、その後二カ月もせずにスピノザがストゥッペの総司令官であるコンデ公をユトレヒトの本営に訪ねるに際し、この同じ男が、デン・ハーグからスピノザの案内役を務めたということを、よりいっそう驚くべきものにしている。実際のところ、ストゥッペ自身が、第一にスピノザを招くよう、その総司令官に進言したのである。このストゥッペの思わせぶりな偽善は、ストゥッペの著作に対してオランダ人のプロテスタント信仰を擁護するべく筆を執った、フローニンヘンのコッケイウス派の神学者ジャン・ブリュン（ヨハンネス・ブラウン）の記述から漏れ落ちることはなかった。「ユトレヒトにいる間に、ストゥッペ自身がいかにしてスピノザと直接的な交友を培ったかを考えつつ、ストゥッペがスピノザをかくも居丈高に批判していたことを知り、私がどれほど驚いたかということを、私はあえて書き記さなければならないし、またこの国［ネーデルラント共和国］のひじょうに多くの人々がスピノザを訪ねたという事実をも同様に書き記さなければならない。というのは、わざわざデン・ハーグからユトレヒトに［スピノザを］呼び寄せてまで談話することをコンデ公に進言したのはストゥッペであり、しかも彼はスピノザを高く評価し、スピノザの仲間たちの中にあって、ひじょうに打ち解けていたということを、私は確信したからである」【註65】。

明らかにストゥッペはスピノザに対し、空想や偏見をほとんど抱いておらず、それゆえ共和国の——たとえ最も悪名高いとしても——最も偉大で知的な有名人たちの一人を知るということには、何の興味もなかった。彼はスピノザを批判する著作を執筆しているまさにその最中に個人的に知己を得たと思われ、おそらくある時点でデン・ハーグにスピノザを訪ねたのだろう【註66】。ストゥッペはまた、その総司令官の哲学的問題についての関心、自由思想への趣味、さらには博識（かつ自由主義的な）の仲間たちに取り囲まれることを好む性癖を意識してもいた。【註67】コンデ公がシャンティイ〔パリの北部の都市〕に住んでいるとき、その庇護者は、モリエール、ラシーヌ、ラ・フォンテーヌをはじめとする数多くの重要な作家を支援した。【註68】いまや彼はユトレヒトにおいて、その状況の許す限り、彼が拠り所とするある種の文化的環境を、今回はフランスから移入した取り巻きをオランダ人の配役によって補いながら、再創造しようとした。「コンデ公は」とコレルス〔伝記作者〕は伝えている、「たいへんにスピノザと話をしたがり」、もし彼がルイ十四世に彼の著書の一冊を献呈するなら、そのフランスの君主から彼のために年金を得ようとまで申し出た。【註69】最終的にスピノザは、「私にはフランスの国王にいかなる著作も献呈する意志はございません」と付言し、「可能な限りの礼節でもって」、その年金の申し出を辞退した。しかし、自らの仕事を中断することへのいくらかの躊躇とともに、彼はユトレヒトからの招待状については受け取った。

一六七三年の夏に、その旅は、容易ではなかったはずである。フランスに占領された領土に入るためには、オランダの軍隊を避けて通るという問題があったばかりではない。オランダ人たちは防衛戦術として堤防を決壊させ、それによってデン・ハーグとユトレヒト間に横たわるほとんどの土地を水浸しにし、そのために、ある都市から他の都市へ東に向かってまっすぐ横切ることができなくなっていた。リュカスとコレルス〔伝記作者たち〕の両方の主張によれば、コンデ公自身は数日前に王室の用向きで出払ってしまってはいたが、スピノザはひじょうに丁重にフランスの陣営に迎え入れられたという。「閣下のご不在中、スピノザを迎えたド・リュクサンブール氏は、何度も何度も敬意を表し、閣下の善意をスピノザに確信させた」。【註70】スピノザは、よい仲間たちの中にいる自らを見出した。同胞のオランダ人市民――彼らはフランスの占領者たちに対し憎しみしか抱いておらず、その関係者たちについても同様だったのではないかと思われる――の反感を買う危険を犯しつつ、知的な議論にときおり参加することによりコンデ公に敬意を払った地元の知識人たちの中には、ユトレヒト大学教授のグレーフィウスとファン・フェルトハイセンがいた。ユトレヒト滞在中、スピノザは、かつては自らにとっての最も辛辣な批評家だったこれらの男性たちのいずれとも顔見知りになった。二年半前のファン・フェルトハイセンによるむしろ酷評と言うべき『神学=政治論』に対する評価にもかかわらず、（心では、自由主義的な）ファン・フェルトハイセンとスピノザは、彼らの相違を円滑にし――あるいは、さらによいことに、お互いに意見が一致しないということで一致し――たようである。数年後の彼らの往復書簡の口調は、スピノザがそのデカルト学派の教授の「真理の追求への献身と［……］精神の稀に見る率直さ」【註71】を讃えつつ、一六七一年の時点におけるものとは比較にならないほどに、顕著に誠意の感じられるものになっている。

しかしながら、スピノザがコンデ公本人に謁見することがなかったということは、かなり可能性が高いように思われる。コンデ公は七月十五日にユトレヒト市を出発し、スピノザは七月十八日以前には到着しなかったということは、ほぼ確実である。【註72】コンデ公は彼の帰りを待つようにという伝言をスピノザに残した。ベイルは――スピノザの初期の伝記作者たちの中で唯一――最終的にその二人は出会い、コンデ公は（莫大な年金の申し出を一助とし）スピノザが彼と一緒にフランスに戻り、その宮廷に加わるように説得しつつ、何度も談話を繰り返したと主張している。無論、スピノザは、「私の名前が『神学=政治論』のために忌み嫌われている限り、閣下があらゆるご尽力をお与え下さるとは言え、宮廷の偏狭さに対して私を保護することはひじょうに難しいでしょう」【註73】と述べつつ、辞退した。ベイルは、スピノザをよく知り、その旅についてスピノザと話をしたと主張するエジプトのユダヤ人医師ヘンリケス・モラレス（「アンリ・モレッリ」）の証言、【註74】ならびにユトレヒトにおけるコンデ公の軍隊に従軍していた外科医で、スピノザがコンデ公の部屋に入るのを目撃したと主張するブッシェール氏という人物の証言に依拠している。【註75】コレルスは反対に、ファン・デル・スパイクと彼の妻がスピノザはコンデ公と会うことはなかったと彼に請け合ったと言っている。【註76】リュカスは、スピノザが到着して数週間後、コンデ公はしばらくユトレヒトに戻れないと伝えたと書き記しつつ、〔ファン・デル・スパイクと彼の妻に〕同意している。かくしてまもなく、そして比較的快適な滞在だったにちがいないものの終わりに――おそらく予定していたよりも長い滞在となったと思われるが、知的で、愉快で、興味深い新たな知己との親交を結ぶものとなったことは確実である――、彼をもてなしていた人々がひじょうに残念がる中、スピノザは帰途に着いた。

驚くべきことではないが、スピノザがデン・ハーグに戻ったとき、彼は英雄の凱旋以下のものを受け取った。またしても彼の大家は、彼の家の下宿人の身の安全と彼の家の保護の両方を気遣わなければならなくなった。「ユトレヒトから戻って来た彼は、彼に対して憤慨する暴徒たちを得た」、とファン・デル・スパイクはコレルスに語った。

> 彼らは彼を密偵と見なし、彼が国家の問題についてフランスと通信していると、ぶつぶつと批判した。彼の大家がこのことについて心配し、彼らがスピノザを探して家の中に割って入って来はしないかと恐れるがゆえに、スピノザは次の言葉で大家を落ち着かせた。「ご心配はご無用です！　私には咎（とが）はなく、なぜ私がユトレヒトに行ったのかを熟知している数多くの高い地位の人々がいます。彼ら〔暴徒たち〕があなたの家の戸口でやかましい音を立てるや否や、私は、たとえ彼らが善良なデ・ウィット兄弟を扱ったのと同じ方法で私を扱うとしても、その連中の前に出て行きましょう。私は高潔な共和主義者であり、国家の安寧が私の最終目標なのです。」【註77】

なぜ敵陣に旅をしたのかを知っている高い地位の人々がいる、というスピノザの主張は、もしかすると彼は公的な外交使命を負っており、デン・ハーグの政府からフランス軍の首脳に宛てられた和平交渉への何らかの足がかりを携えていたのではないかという空想を生み出してきた。スピノザとストゥッペ——そして、もし彼らが出会ったとして、コンデ公——は、お互いの国による戦争について数多くの事柄を話し合い、それを迅速に終結させるためのさまざまな提案を寄せ合いさえしただろうことは、まちがいない。しかしながらスピノザが、デン・ハーグにおいて権力の座にある人々によって雇われていたのではないかという示唆は、高い可能性であり得ないと思われる。その頃の歳月はオラニエ派の日々であり、デ・ウィットのそれではなかった。仮に総督または諸州が、フランスと接触しようという気になっていたとしても、共和国の敵の一人と見なされる者に、このように微妙な任務を委ねるわけにはいかなかっただろう。

無論、スピノザは、共和国の敵などではなかった。彼の著作のすべては、彼の同時代の人々のためのみならず、彼らが形成し、彼らが依存する政治的社会のための「幸福」と福利に向けられている。かくして、彼が彼の大家に行った短い演説には、いく分かの悲哀が漂う。パヴィリオーンスフラフト通りの家の前に烏合する理性を失った群衆について考えながら、彼の心を最も大きく占めていただろうものは、デ・ウィットと同じ暴力的な最期を苦しむことに対する恐れではなく、共和国の行く末と、そしてより深刻なものとして、いまや共和国が立脚する諸原則に対する恐れだった。

第十二章　「自由の人は死のすべてを最小に思惟する」

❧『ヘブライ語文法綱要』

ピーター・バリンク、シモン・デ・フリース、アドリアーン・クールバハが死去したことにより、アムステルダムのスピノザの友人たちの集団は、一六七〇年代前半まではその中核となる重要な成員たちを――当座はその批評的な集団としてのまとまりをさえ――失っていた。ファン・デン・エンデンも出発し――向かった先のパリにおいて、ルイ十四世に対する謀略に加担したために、一六七四年に処刑された。しかし、依然そこにはブゥメーステルとメイエルがおり、おそらく彼らはときおりスピノザに会うべくデン・ハーグに旅をしただろう。リューウェルツゾーンもそれまでと同様に健在だったが、おそらく彼は新たな出版計画に向けて、さらには市当局の監視下で書店を経営しつづけようとするがゆえにかなり多忙だったと思われる。そして一六七四年までには、これらの古い世代の友人たちに、熱烈なスピノザ主義者たちの第二世代およびシュラー、ピーター・ファン・ヘント――シュラーがレイデン大学で医学を学んでいた頃からの友人――をはじめとする旅行者の仲間たち、さらには数カ月間だがチルンハウスも加わった。このように、一六七〇年代を通じてアムステルダムにはおそらくスピノザの「弟子たち」の活発な集団が存在しつづけたと思われ、彼らはほぼまちがいなくリューウェルツゾーンの書店で会合を持ち、一六五〇年代後半以来のその集団の活動を継続していた。

そしてさらに、ヤリフ・イェレスゾーンがいた。従来通り誠実な彼は、一六七三年から七四年にかけて、自らの研究を、デカルト〔『デカルトの哲学原理』〕と『倫理学（エチカ）』についてのものから、フラゼマケルによる未刊行のオランダ語訳で読んだにちがいない『神学=政治論』についてのものへ、徐々に移行させていた。いまや失われている手紙において彼は、スピノザによる自然的光明についての理論、および国家についての説明が、ホッブズのそれとどのように異なるのかをスピノザに尋ねた。【註1】おそらく同時に彼は、その友人の著作に対する最近の攻撃についての懸念を書き付けたと思われる。イェレスゾーンはメイエルの文学的な集まりに、たとえ参加をしていたとしても積極的な関わり方をしていたようには見えず、また哲学的な研究については、ほとんど独自に行っていたと思われる。イェレスゾーンはどのような場合であれ、スピノザの他の友人たちとは、つねにぎこちないかたちでしか付き合っていなかったのかもしれない。彼はその集団の中でも、正規の教育に最も縁遠い存在だったと思われる。彼は一度も大学に通ったことはなく、ラテン語を知りさえしなかった。彼はまた、メイエルならびにその他の〔成員たちの〕自由思想の傾向に多少なりとも辟易していたかもしれない。イェレスゾーンは単純に心の底から信じる性質の人間だった。一六七三年春、彼は自著『普遍的キリスト教信仰の告白』を一冊スピノザに送り、そこにおいて彼は「あらゆるキリスト教徒に接近可能な普遍的告白」に要求される最も基本的な教義のみを平易に取り扱おうとした。その著作は、合理主義的、非告白信条的、ユニタリアン〔一神論者、または三位一体論を否定する一派〕的な信仰の表明である。それはルターとエラスムスからと同様に、デカルトとスピノザからも着想を得ている。至福（ベアティテュード）と慈悲は、永遠の真理の「純粋に理性的な認識」と同一視される。イェレスゾーンは、敬神と真の信仰には不必要なものとして――事実、障害物となり得るものとして――特別な儀式をことごとく放棄する。ただ認識と道徳的行動のみが救済には必要なのである。これは、聖なる精神、すなわち神の叡智と理性を、その他の誰よりも多く授けられた一人の人間たるイエスの真の教えである。【註2】スピノザは〔『普遍的キリスト教信仰の告白』の内容については〕「賞賛の一つも、また同意する点についてのありたけの指摘をも

［イェレスゾーンに］与えることはなかった」と伝えられてはいるが、それはすなわちスピノザがイェレスゾーン宛の手紙に書き記した通り、「あなたが私に送ってくださったご著書を私は喜びとともに読み通し、そこに訂正を示唆する余地のある箇所を何も見出しませんでした」【註3】ということである。

スピノザとイェレスゾーンの関係は、アムステルダム証券取引所における商人の日々に遡り、スピノザの人生においては、現時点におけるいかなるつながりよりも古かった。イェレスゾーンとの長年にわたる友情、そしておそらく彼からの金銭的な支援は、この頃の困難な状況にあるスピノザにとっては、ひじょうに重要なものだったのにちがいない。というのは、彼の淡白な気質と、『神学=政治論』に対して受けていた辛辣な攻撃についての彼の無関心にもかかわらず、スピノザは、ホラント州と西フリースラント州の代表者たちが、偽りの書名の下に出版される「冒瀆的な」著作に対し、厳重な処罰の適用を求めているという一六七三年十二月の報道に対し、全く動揺しなかったはずはないだろうからである。その代表者たちが具体的に想定し、彼らにとっての新たな聖戦を引き起こした著作は、『神学=政治論』そのもの――その表紙頁には偽りの出版社名と出版地名が記載されてはいるものの、正しい書名を掲げていた――というよりはむしろ、『神学=政治論』とメイエルの『聖書解釈の手段としての哲学』を一巻にまとめてその前年に出版され、偽りの著者名と書名をその都度変えて三版を重ねた合本の方である。すなわち、故レイデン大学医学部教授フランシスクス・ド・ル・ボーエシルフィウスの『全医学新説（*Totius medicinae idea nova*）』、十八年前に死去した人文主義者ダニエル・ヘインシウスの『歴史的諸著作集成（*Operum historicorum collectio*）』、フランシスコ・ヘンリケス・デ・ヴィラコルタの医学論文集『外科医術大全（*Opera chirurgica omnia*）』である。その二州は、そのような企てに絡む「まやかし行為」に対し、特に憤慨していた。その代表者たちは、このような悪質な諸著作に対し、これを限りに止めを刺し、スピノザならびにメイエルの著作が州の全土で弾圧され、また押収される効力のある命令を発するよう、ホラント州裁判所に要望を提出した。

裁判所は、行動を起こすための十分な動機を見出した。その結果、一六七四年七月十九日、ホラント州の非宗教的な世俗の権威により、『神学=政治論（*Tractatus Theologico-Politicus*）』に対し――ホッブズの『リヴァイアサン（*Leviathan*）』とメイエルの『聖書解釈の手段としての哲学（*Philosophia Sacrae Scripturae Interpres*）』のような「ソッツィーニ派〔反三位一体論者たち〕的かつ冒瀆的な諸著作」と併せて――、正式に〔オランダ語以外の諸著作に対しても〕発禁処分が下された。【註4】これらの諸著作はみな、「真の教え、すなわちキリスト教改革派の宗教を無効にするのみならず、神とその諸属性、ならびにその崇めるべき三位一体性に対し、さらにはイエス・キリストの神性とその真の祝福に対する冒瀆で溢れんばかりである」と断罪された。それらの諸著作は、キリスト教の基本原理と聖書の権威を共に失墜させたという判決が下された。かくして裁判所は、問題の諸著作を印刷し、販売し、あるいは普及させることは以後禁止するとし、違反者についてはそれ相応に処罰されると勧告を発した。【註5】

デ・ウィットの精神が死滅したことは明らかだった。諸市の議会は言うまでもなく、ホラント州と裁判所の両方が、いまや著しく非共感的な特権階級の手中にあった。スピノザは、その州の法律の緩い適用にも、地元の役人たちによる保護にも、もはや頼るわけにはいかなかった。と同時に、改革派教会の指導者たち、ならびに諸大学における特にデカルト学派の哲学者たちと神学者たちからは圧力がかかりつづけた。一六七三年夏から一六七四年秋までの間――すなわち州政府が要望を提出する直前から裁判所が勧告を発する直後まで――だけを見ても、『神学=政治論』はその州の三つの（すなわちホラント州北部、ホラント州南部、ユトレヒトの）宗教会議と一つの都市（すなわちレイデン市）の宗務局によって弾劾された（アムステルダム市の宗務局はすでに弾劾を表明しており、その後まもなく一六七五年にデン・ハーグ市も前例に倣うことになった）。

スピノザは全面的に包囲されていると感じたのにちがいない。とは言え彼は、これらの攻撃に直接応じることはしないという彼の方針をけっして曲げることはなかった。ましてや論争や公的な敵対を彼が好むはずもなかった。数年前のこと、神学者たちの反発を予想した彼は、なぜ『神、人間および人間の幸福に関する短論文』を出版するつもりがないのかをオルデンブルグに説明するにあたり、「絶対的に私は争いを嫌う」と主張した。【註6】攻撃者たちに対する彼の態度は、一六七五年までに、よりいっそう侮蔑的になった。「論敵たちのすべてが私には返答するに値しないと思われたがゆえに、私は彼らの誰をも反駁する気にもなれませんでした」。【註7】

さらに彼は自らの仕事にひじょうに忙しく、何人もの批評家たちとの時間のかかる書き言葉による論争にかかわっているわけにはいかなかった。一六七〇年代前半のあるとき、彼は『倫理学(エチカ)』の執筆に立ち返った。彼は、それまで長大なまとまりとして存在した第三部からの題材に修正を加えることに何よりも集中し、それと同時に、いまやそれらを第四部と第五部に編み直していた。これらの二つの部には、彼の道徳的心理学、情動に対する人間の隷属についての記述、そして「自由の人」についての多くの描写が含められた。一六七〇年以降、スピノザが『倫理学(エチカ)』において、政治、社会の性質、宗教、真の自由について、それぞれに書き記さなければならなかった事柄の数多くは、ほぼまちがいなく決定的な修正を経ている可能性がある。少なくとも六年間の中断後に執筆が再開された原稿の後半部は、いまやその中断の歳月における彼の読書——特にホッブズの『リヴァイアサン』——のみならず、より重要なものとして、『神学=政治論』において彼自身が展開した国家と市民社会についての理論にも照らし合わせつつ、再検討されなければならない。が、スピノザが一六六五年に『倫理学(エチカ)』を脇に置く前に、たとえそれがかなり実質的な原稿となっていたことはまちがいないとは言え、それをどこまで書き進めていたのかを、私たちは正確には知らない。そしてその結果として、完成作のどれほどの部分が一六七〇年代のみに由来するものなのかを、私たちは知らない。しかしながら、一六六〇年代前半から一六七〇年代前半にかけての彼の形而上学的、道徳的、政治的な思想における全般的な継続性と考えられるものを鑑みれば、デン・ハーグに移り住んだ後に『倫理学(エチカ)』に施された加筆または修正が、彼の基本的な考えについての何かしら重要な変更を指し示しているということは、あり得ない。人間存在と人間の動機についての彼の理論の政治的含意は、『神学=政治論』の完成後、より明確に、より精緻になったかもしれないが、それらは一六六一年頃に彼の哲学体系の幾何学提示を開始したときの彼の精神からさえも、けっしてそれほど隔たりのあるものにはなり得なかった。

同時にスピノザは、その他の計画についての仕事も継続していた。一六七四年から七五年にかけての冬の終わる頃まで、依然として彼は『知性改善論』の完成を考えていた可能性がある。彼はまた、自然学についての短論文の執筆を考えていたようでもある。これらの計画のいずれもが、一六七五年一月にチルンハウスとの往復書簡において漠然と示唆されている。医師のシュラーは、チルンハウスがアムステルダムに滞在中に、方法論についての論文の原稿の写しを彼に与え【註8】、後にチルンハウスはその原稿について、いつ頃の出版を考えているのか、スピノザに尋ねた。スピノザは、「運動に関するあなたのご質問、および方法論に関するそれについて、私は自らの考えを、まだ秩序立てて書き表しておりませんので、別の機会のためにそれらを取っておくつもりです」【註9】と簡潔に返事をした。彼はまた、『神学=政治論』の第二版の本文に添える目的で、「その著作に対して抱かれている偏見を可能な限り取り除く」ことになるだろう一連の覚書を構想していた。かくして彼は、一六七五年秋、「博識の人々にとっての躓きの石となった」【註10】と思われる箇所を指摘するよう、オルデンブルグに依頼した。さらに彼は、ファン・フェルトハイセンによる手厳しい批評とそれについてのスピノザ自身の回答を含めたいと思った。いまや彼は、ユトレヒト出身のその教授と顔見知りであり、彼はその教授を以前よりも高く評価していた。彼はファン・フェルトハイセンに許可を求める手紙を書き、もしファン・フェルトハイセンがスピノザの回答における反論に辛辣すぎる部分があると感じたならば、彼はそれらを随意に訂正または削除してよいという条件を添えた。【註11】

スピノザがヘブライ語の文法書を粛々と執筆しつつあったのは、数年前のことではないとすれば、おそらくこの頃である。【註12】『神学＝政治論』において、彼は聖書を適正に解釈するためのヘブライ語の知識の必要性を訴えている。「旧約と新約の両聖書のすべての著者たちは、ヘブライ人である以上、ヘブライ語の研究は、その言語で書かれている旧約聖書の諸書の理解のためのみならず、新約聖書の理解のためにもまちがいなく第一に要求されるものでなければならない。というのは、後者の諸書は、その他の言語で出版されてはいるけれども、それらの慣用句はヘブライ語だからである」【註13】。しかし実際に日常的な次元でヘブライ語を「使用した」人々は、彼らの言語の基礎的な原則に関する情報を何も私たちには残さなかった、と彼は不平を言う。もちろん、十七世紀に入手可能なヘブライ語の文法書は、ラビ・モルテーラ（一六四二年刊）とラビ・メナッセ・ベン・イスラエル（一六四七年刊）によるものを含め、新旧を問わず数多く存在した。スピノザ自身はブクストルフの一六二九年の『聖なるヘブライ語の文法関連語彙辞典（*Thesaurus grammaticus linguae Sanctae Hebraeae*）』をはじめ、ヘブライ語に関係する書物を何冊か所持していた。しかし、ヘブライ語についての後代のいかなる解説にも必然的に付きまとう如何ともしがたい問題――「歳月の経過とともに、果物、鳥、魚を意味する単語のほとんどが、その他の数多くの単語とともに消滅し［……］ヘブライ民族に固有の慣用句と話法は、時代の経過の破壊によって忘却に委ねられてしまっている」――に加え、それまでのすべての文法書におけるさらなる問題があり、自らの文法書はそれを見逃さないだろう、とスピノザは主張する。ブクストルフの著作の書名が示すように、それは「聖なる」言語、すなわち聖書の言葉としてのヘブライ語の文法書である。それゆえ、逆にスピノザは、一つの「自然な」言語としてのヘブライ語の文法書の執筆を提案し、それは不可能ではないと主張する。「聖書についての文法書を手がけた人々は数多くいるが、誰もヘブライ人の言語の文法書を書かなかった」【註14】。奇妙なことに、実際に彼が参照し、用例を引く唯一の文献は、ヘブライ語聖書の諸書である。しかし、彼の方法は、聖書についての彼の説明とまったく矛盾しない。彼が『神学=政治論』で論じるように、もし聖書が、人間の手による著作であり、あらゆる書物が生み出される自然な方法によって時代を跨いで形成されたものであるならば、その言語は何らかの超越的存在の超自然的な言語ではなく、特定の人々の生きた言語として理解されるべきである。聖書がさらなる人間の文献にすぎない以上、ヘブライ語もまた同様にさらなる人間の言葉にすぎないのである。

かくして、『ヘブライ語文法綱要（*Compendium Grammatices Linguae Hebreae*）』としてスピノザの没後に出版され、彼の死の時点では未完のままに残された著作の最大のねらいは、「聖なる言語」としてではなく、自然の言語としての法則と実践を再創造することによる、ある種の世俗化されたヘブライ語を提供することである。それは、とスピノザは示唆する、「ヘブライ語を、朗詠するのではなく、話したいと望む人々のための」著作である【註15】。彼はその著作を主に彼の友人たちの個人的な使用のために構想し、そもそも彼はそれを彼らの求めに応じて執筆し始めた。「聖書そのものから」聖書を解釈するというスピノザ自身の呼びかけのみならず、同様に「書物〔としての聖書〕」そのものへの回帰という、彼ら自身のプロテスタントの教えの要求にも応えるために、彼の友人たちは、彼らの探求の助けとなるその言語の基礎学習のための一種の入門書をスピノザに提供させた。イェレスゾーンは、アムステルダムの集団の間で共有されていたその著作の手稿の写しが、いくつか存在したということを明らかにしている【註16】。スピノザは、それが公式に出版するつもりのないものだとしても、このような方法での閲覧には、申し分なく満足していたと思われる。

同じくイェレスゾーンの主張によれば、『ヘブライ語文法綱要』は『倫理学(エチカ)』の「幾何学的様式」によって提示され、二部構成となる予定だった。第一部は、三十三の章で完結し、ヘブライ語のアルファベットとヘブライ語の名詞、動詞、ならびにその他の話法の要素を統辞する法則を列挙しつつ、基本的な語源的意味を提示するものとなった。ここにおいてスピノザは、いくつかのヘブライ文字の類似から起こり得る混同、および発音、句読点、強調に関わる問題などの、彼が『神学=政治論』において指摘した、モーセ五書(トーラー)の研究を希望する者が直面する比較的初歩的ないくつかの問題の解決に乗り出すことができた。第二部は、執筆されなかったが、ヘブライ語の統語論の法則を提示することになっていた。【註17】

自らの文法書を執筆するにあたり、スピノザは、ユダヤ教徒と非ユダヤ教徒のその他のヘブライ語学者による諸著作に、ある程度は依拠した。ブクストルフの著作の他に、彼は偉大なる十二世紀の聖書解釈学者モーゼス・キムチによって執筆された文法書の十六世紀の版、同じくエリヤフ・レヴィタ〔十五世紀の文法学者〕による文法書も手元に置いていた。とは言え、結果的に成立した著作は、スピノザならではの極めて個性的なものだった。その最も顕著な特異点の一つとして、スピノザは、ヘブライ語の文法をラテン語の範疇と構造に押し込めた。例えば、ヘブライ語の名詞は、六格、すなわち、主格、所有格、与格、対格、呼格、奪格に語形を変化させるという。かくして、スピノザの説明においては דבר という名詞(「単語」または「事物」〔を意味するヘブライ語の単語〕)は לדבר となって与格として現れ、事実それは「〜に」〔英語で言うところの「to」〕を意味する前置詞と複合した、やはり名詞なのである。【註18】ヘブライ語の動詞は、一般的なラテン語の語形変化に準じて、さまざまな「活用」が与えられている。さらに、その素材は「幾何学的様式によって(イン・モーレ・ゲオメトリコ)(*in more geometrico*)」提示されていないとは言え、にもかかわらずスピノザは、聖書から昇華されたものとしてのヘブライ語について、行き着くところまで合理主義的な説明を追求する。いかにそれが徹底して法則に支配された言語であるかを示すことに、彼は何よりも関心を払う。構造と変化のすべてを法則に還元し、不規則な形式を可能な限り一つ残らず排除しようとする彼の意気込みは、第八の「活用形」（通常の七つの動詞変化に付加されたさらなる変化）、すなわち再帰的な「動詞（ヒトパエル）（*hitpael*）」の受動形を彼に仮定させることにもなった。【註19】支持されないものであるかもしれないが、おそらくスピノザによるセム語の歴史への最も独創的な貢献と思われるものは、名詞を最上位に置く彼の理論である。「ヘブライ語のすべての単語は」と彼は断言する、「名詞の資質と属性を備えている」。【註20】その説明によれば、動詞、形容詞、そしてその他の要素のすべては、実詞から派生する。このことは、いく人かの学者たちが示唆するように、「実体」を基礎的範疇とするスピノザの形而上学の基本原理を、単に言語学的に表現しただけのものかもしれない。【註21】

スピノザの友人たちがそのヘブライ語の文法書をどれほど役立つものと考えていたのかということについては、それを判断する材料を私たちは持っていない。それは初級者用の教科書ではない。また彼が教示する内容には明らかな誤り――おそらくは、彼がヘブライ語についての著作の継続的な執筆にとりかかるまでに、すでに二十五年近くが過ぎ去っていたという事実がもたらしたものだろう――がある。にもかかわらず、キリスト教徒の仲間たちのために『ヘブライ語文法綱要』を執筆することによってスピノザは、ユダヤ教徒たちはネーデルラント共和国に定住を許可されるべきであると、一六一八年にフロティウスが訴えを行ったそのときの動機を、意図せず満たすことになった。すなわち、「明らかに神は、彼らがどこかで生きることを望んでいるのである。ならばなぜ、他の地よりもむしろこの地であってはいけないのか。［……］その上、彼らの中の学者たちは、我々にヘブライ語を教えることにより、我々に資することがあるかもしれない」。

❧『神学=政治論』をめぐるオルデンブルグとの往復書簡

これらのさまざまな仕事の最中に、そして彼の健康がすでにある不安を生じさせる中で、時間と精力は、スピノザにとって、ますます貴重になった。知名度が増すにつれ、彼の一日の大半は訪問客の相手をし、手紙の返事を書くことに費やされた。例えば一六七四年秋の、ホリンヘム市の元法律顧問フーホー・ボクセルからの〔手紙による〕問い合わせがあり、そこにおいて、幽霊を信じるかどうかという質問がスピノザに提出された。ボクセルは、信頼に足る（古代と現代の）物語と、理性的原理を基礎に幽霊を強く信じ――とは言え、幽霊は子供を生まないがゆえに、それらは絶対に女性ではないと主張した。【註22】スピノザは、手紙の送り主――彼〔ボクセル〕とは前年のユトレヒトでの滞在中に知り合いになったのかもしれない――に対する遠慮から、すぐには幽霊の存在を否定しなかったが、しかし最終的には、それを信じるための証拠は何も存在しないと言い放つことになった。このような存在を信じることは、理性ではなく想像の産物であると彼は疑う。それに対してボクセルが、そのような偏った判断はこの問題における真実の探求からスピノザを遠ざけているかもしれないと答えると、いまやスピノザは前に押され、単刀直入に、幽霊談はどれもこれも荒唐無稽であると、本音を明らかにする。「正直に申し上げますと、私が少なからず愕然といたしましたのは、語られている物語そのものに対してではなく、むしろそれらを書いている著述家たちに対してでした。才能にも判断力にも恵まれた「プリニウスやスエトニウスのような」人々が、かくもつまらぬものを私たちに信じさせるために、彼らの雄弁の才を無駄にし、濫用することに、私は驚きを禁じえないのです」。【註23】あらゆる幽霊は男性であるという主張について言えば、「裸の精霊を見た人々は、その生殖器の部位に目を向けませんでした。おそらく彼らはひじょうな恐怖を感じたか、あるいはその性差については関心がなかったのでしょう」。

あくまでもボクセルは食い下がる。幽霊と精霊の存在を信じることは、そのような被造物たちが肉体を持つ存在以上によりよく神の表象（イメージ）を表現するがゆえに、神の栄光に対してはよりいっそう大きな敬意を払うことになる、というボクセルの主張に応酬するにあたり、スピノザは、神の概念、および宇宙に内在する必然性の概念を持ち出したのだったが、ボクセルは、今度はそれらを議論の俎上に載せた。スピノザは、辛抱を失いつつあり、彼らのやり取りはどこにも行き着くことはなく、おそらく議論を終わりにするのが賢明だろうと仄めかす。「二人の人間が異なる第一原理に従う場合、双方がその他の数多くの問題を含む一つの事柄について歩み寄り、一致に至ることにおいて経験する困難は、私たちの議論から簡単に察せられるところでしょう【註24】」。スピノザは、彼らが――神、必然性、人間的性質などの――基本的な考えについて意見を大きく違えるがゆえに、二次的な重要性のこの問題についての彼らの相違をけっして解消できないだろうと確信する。スピノザにとって特に面倒だったものは、ボクセルによる一般的な想像力に由来する神の擬人的概念への執着である。

目で見、耳で聴き、注意を払い、意志する、などの行為を、神において私が否定し、しかも神は顕著なまでにそれらの能力を具えているということをも否定するならば、私がいかなる種類の神を抱いているのか、あなたは分からないと仰いましたが、そのとき私は、右に述べました〔人間的な〕諸属性によって説明され得る以上のより大きな完全性はないと、あなたは信じておられるものと推察いたしました。とは言え、私には不思議ではありません。というのは、私の信じるところでは、一個の三角形は、もしそれが喋ることができるとすれば、同様に神は顕著に三角形であると言い、そして円は円で神の性質は顕著に円であると言うだろうからです。このように、それぞれが固有の属性を神に帰し、それ自身を神のようなものであると仮定し、さらにはその他のすべてを不適格と見なすわけです。

私たちの知る限り、ボクセルは以後二度とスピノザに手紙を書くことはなかった。

スピノザは、その年〔一六七四年〕の後半にチルンハウスがシュラーを連絡役として往復書簡を開始したとき、哲学的により実りの多い議論に携わった。チルンハウスは、一六七四年秋にアムステルダムに滞在中に、ほぼまちがいなくシュラーを含む仲間たちに加わり、『倫理学（エチカ）』についての綿密な研究を開始した。何よりも彼は、意志の自由の問題に関心を抱いていたように思われる。彼は十月にスピノザに手紙を書き、人間の自由とはあらゆる制限の不在を要求するものではないと述べている。私たちは決定的な原因によって私たちの行動を制限される一方、それまで行われていたような事柄以外には何も行うことができないような仕方で、外的な諸条件によって拘束され、強制されない限り、私たちは私たち自身を自由であると見なすことができる、と彼は主張する。チルンハウスは、スピノザが宇宙の決定論的性質について『倫理学（エチカ）』において語っているすべては、人間存在は自由ではないというその示唆を待つまでもなく、真実であり得ると、スピノザに賛意を伝えている。スピノザは、チルンハウス——彼のことをスピノザは、シュラーへの最初の手紙の中で、依然「あなたの」友人として言及している——に返信した。「すべての個物が一定の決定的な方法において存在し、行動するよう、決定的な要因によって必然的に決定付けられている」一つの宇宙においては、人間存在にとって自由とは、一つの幻想でしかない。私たちは、空間を突き進む投石と同様、その他のいかなる被造物とまったく異なるものではない。

この石は、運動を継続しながら思惟するものと想像してください。そして可能な限り運動を継続しようと努めていることを自ら意識するものとしてください。確かにこの石は、自己の努力のみを意識し、まったく無感覚ではないので、石は自らが完全に自由であり、自らが運動を継続しているのはただ自らがそのように欲するからに他ならないときっと考えるでしょう。そうすると、このことは、すべての人々が所有することを誇りとし、そして彼らの欲求については意識しつつ、彼らが決定されている諸要因については認知しないというこの点において、人間の自由なのです。赤子は自由に乳にありつけると考えているのと同じ流儀で、怒れる子供は復讐し、臆病者は逃亡する。同様に、酒に呑まれた男は、酔いが冷めた後になって黙っていればよかったと思うようなことを口走るのは、自らの自由な裁量によるものと信じるのです。【註25】

スピノザとチルンハウスは、純粋にお互いを高め合ったように思われる。哲学の徒であるその貴族は、スピノザの体系について、たとえそれに好意的に傾いていたとしても、特にその「真理の探究のための方法論」に魅了され、それを彼は「比類なく卓越した」性質のものと見なしている。二人の往復書簡は、一六七四年の後半のこと、おそらくアムステルダムにおいて、直接顔を合わせながらの対話へとつながった。チルンハウスがまずロンドンに、そして後にパリ——そこにおいて彼は、ルイ十四世の財務大臣コルベールの息子の個人教師としての任務を確保していた——に移住した後でさえ、チルンハウスは、『倫理学(エチカ)』における神と自然の形而上学の細部を理解するべく精力的に研究を継続しており、厳密かつ知的な数多くの疑問をスピノザに提出した。これはまちがいなくスピノザにとっては、ブライエンベルフの辟易するような質問攻めや、ファン・フェルトハイセンによる偏見混じりの非難から抜け出す喜ばしい変化だった。とは言え数年後のこと、しかも黒と判断される一群の証拠にもかかわらずチルンハウスは、スピノザに影響を受けたことを公的にはけっして認めず、あるときには個人的にスピノザと知り合いだったことを否定しさえした。ただし彼は、個人的な手紙や会話では、批評家たちの攻撃に対してその友人を強く擁護した。にもかかわらず、無防備な瞬間に、彼が臆面もなく最も頻繁に口にしていた発言は、「たとえ私がユダヤ人の哲学者に薫陶を受けたとしても、ほとんどすべてのスコラ学者たちがまちがいなくキリスト教徒ではなかったアリストテレスに頼った以上、それはまったく重要なことではない【註26】」というものだった。

翌年〔一六七五年〕の春、スピノザはオルデンブルグとの往復書簡を刷新することもできた。王立協会の事務長は、幾多の困難な歳月の後、一六七〇年代までには人が変わってしまっていた。疫病による妻の死去、短期間とは言え精神的打撃を伴った投獄、そして男手一つで二人の子供を養育しながらの重く圧しかかる財政的苦難の結果として、オルデンブルグはいまや、より質素に、より寡黙になり、さらにはより内省的で保守的な人間になっていたように見える。苦悩の歳月の間、彼は自らの宗教の信仰、すなわちその心に深く根差したひじょうに因習的な信仰から大きな慰めを得ていたように思われる。それゆえ、彼が友人の「聖書に関する論文」におそらくその出版直後に目を通したときには、まちがいなく大きな警戒感が伴った。スピノザが『神学＝政治論』の一冊をオルデンブルグに送ったところ【註27】、オルデンブルグの——もはや現存はしないが、おそらく一六七〇年に書かれたと思われるある手紙に表明された——最初の反応は、決定的に否定的なものだった。このことは、オルデンブルグがかつて書き送った手紙における辛辣さを後悔しつつ一六七五年六月に再び手紙を書くまでの間、その二人が一通の手紙も交わしていないことの、その理由であるのかもしれない。「［私の最初の手紙の］あの時点では、何かが宗教を危機に向かわせるように私には思われたのでした」と彼はスピノザに述懐している。しかしながら彼は、自らのかつての判断は、「あまりにも稚拙」であり、「世間並みの神学者たちと公認の教会信条（それらは派閥の偏見に影響され過ぎているように私には思われます）による一般的な風潮」のみに依拠した判断だったと認めている。いまや彼は、その著作を「より入念な熟慮」とともに読み返し、「真の宗教と健全な哲学に危害を加えることを意図するなどということはまったくなく、逆にキリスト教の真の目的、ならびに実りある哲学のこの上ない神聖さと卓越さを賞賛し、支持しようと、あなたが努めておられた」【註28】ことを確信するに至ったと、スピノザに請け合っている。

ここにおけるオルデンブルグの誠実さを、額面通りに受け止めることは困難である。確実に彼には、情報の収集を仕事とする科学的協会の事務長にとっては有用なものとなる二面性を、巧みに使い分けることができた。そして彼は、何よりも『倫理学（エチカ）』を一冊入手することを欲している以上、つねに注意を怠らないスピノザに不安を与え、今後の手紙から彼を遠ざけたくなく、またその著作についてチルンハウスとロンドンで議論したようでもあり、その出版は間近に迫っているとオルデンブルグは確信していた。事実、六月の彼の手紙の動機は、ひじょうにあからさまである。オルデンブルグは、哲学の目指すところは真のキリスト教と「実り豊かな」哲学を「推奨し、確立する」ことである、という信念をスピノザに再確認したその直後に、次のようにつづけている。

これがあなたの定める目的であることを現在私は確信しておりますゆえ、目下あなたがこの目的に向かって準備し、心で温めておられる事柄について、このような神聖な試みが最高の成果を生み出すことを心から願っておりますあなたの古き誠実な友人に、何卒定期的に手紙でお知らせくださることを切にお願いする次第です。あなたが私に沈黙を申し付けるのであれば、私はこれについての内容をいっさい誰にも口外せず、そして私はこの目的のためにのみ、あなたがいつの日か白日の下に明らかにするそれらの真理を善良かつ懸命な人々に抱かせるように着々と準備し、またあなたの思想に対して抱かれている偏見を駆逐するために、鋭意努力することを私の神聖な宣誓とともにお約束いたします。

翌月の手紙では、用心深いオルデンブルグは――おそらくロンドン塔における日々以来、絶えず油断することなく――、「私のさまざまな友人間」に行き渡るようにスピノザが『倫理学（エチカ）』の何冊かを進んで送るつもりで「いる」のなら、その場合、ちょっとした気遣いを有難く思うと、すぐさま書き添えている。「ただし、あなたにお願いしたいことは、しかるべき時期にそれらを誰かしらロンドン駐在のオランダ商人に宛てて頂き、後ほどその人物から私宛に送られるように手配していただきたいのです。そのような書物が私宛に発送されたという事実には言及なさる必要はございません［……］【註29】」。

一六七〇年の手紙に記されたオルデンブルグの後悔の念には、打算や不正は、無論、何もなかったと思われる。『神学＝政治論』に対する彼の最初の反応は、省みれば、彼が投獄される前に途絶えてしまっていた彼らの往復書簡の引き延ばされた休止の後で、接触の回復の方法としては、かなり唐突なものに思われたにちがいない。五年は関係の修復を待つにしては長い歳月ではあるが、一六七五年にオルデンブルグは、彼が変わらず友人と見なしている人物の感情に何が適切かということのみを、ひたすら考えていたのかもしれない。あるいは彼は、もしかするとチルンハウスによって多少は言いくるめられつつ、『神学＝政治論』に対して本当に心変わりをしたのかもしれない。ちょうどオルデンブルグがスピノザに手紙を書く直前にチルンハウスは、一六七五年春にオルデンブルグとの実りのある出会いとなったと彼には思われたものについて、シュラーを介してスピノザに報告している。「［チルンハウスが］語るところによりますと、ボイル氏とオルデンブルグ氏は、あなたの性格についてひじょうに風変わりな想像をしていたということです。チルンハウスはこの想像を追い払ったのみならず、彼らがあなたについての最高の尊敬と好意的な意見を取り戻し、同時に『神学＝政治論』を高い評価の中に置く気になった、その根拠を与えたのです」【註30】。

しかしながら、その後のスピノザへの手紙において、一六七五年六月のオルデンブルグの賛意の表明は、誠意に悖（もと）るものとしか受け止められ得ない。というのは、人生の最後に至るまで、オルデンブルグは、スピノザへの心からの親愛であると思われるものにかかわらず、その友人の哲学的、神学的見解（ならびに敬神）については、明らかに疑念を抱いていた。オルデンブルグの考えの偽りなき変化に対するチルンハウスの確信を説明し得るものは、ボイルとオルデンブルグは、チルンハウスがスピノザの親友の一人であるというのみならず、彼らがそうである以上にスピノザの見解により好意的に傾いていると考え、彼らは臨機応変に対応する必要を感じたにちがいない、ということである。

問題点の一つとして、オルデンブルグがスピノザの思想の本質を単に理解していなかったということが挙げられる。

『神学=政治論』において読者にとっての躓（つまず）きの石となった箇所を洗い出し、緩和しようと、あなたが進んで取り組もうとなさるその目的については、私としては賛成するのに吝（やぶさ）かではございません。私には、神と自然について曖昧な方法で取り扱われていると思われるくだりが、特にそれに当たるものと思われ、そこにおいて数多くの人々は、あなたが一方と他方を混同していると考えています。加えて、ほとんどすべてのキリスト教徒たちが奇蹟という唯一の基盤の上にのみ、神聖な啓示の確実性が築かれ得ると信じている、まさにその奇蹟の権威と有効性を、あなたは剥奪したという意見を、数多くの人々は持っています。さらに彼らは、人類の唯一の調停者にして世界の救い主であるイエス・キリスト、およびその顕現とその贖罪について、あなたがご自分の意見を秘匿していると言い、これらの三つの要点について、彼らはあなたに対し、あなたご自身の態度をはっきりとさせるように要求しています。あなたがそれをし、このことについて分別と知性を具えるキリスト教徒たちを満足させるなら、あなたの立場は安泰になるものと思われます。【註31】

スピノザは、オルデンブルグが実際のところ、どれほど丹念に『神学=政治論』を読んだのか、訝しく思ったにちがいない。スピノザは、一六七五年十二月の返信において、オルデンブルグに包み隠さず伝えている。スピノザは、「私は、神と自然について、当世のキリスト教徒たちが支持してきたものとはまったく異なる一つの意見を抱いております」と認めつつも、しかし彼が神を全自然(「それを人々はある種の総体か肉体的な物質と理解する」)と「同一視している」と考えている人々は誤解をしている、と主張する。奇蹟に関しては、「反対に私は、神的な啓示とは、奇蹟、すなわち無知ではなく、教義の叡智にのみ基づき得るということを、確信しております」。最後にスピノザは、特に神の文字通りの顕現としてのイエスに関するキリスト教の教義へのスピノザの愛着をめぐって、オルデンブルグが抱えていたかもしれないあらゆる幻想を追い払う。【註32】オルデンブルグは、スピノザの思想の正統性をめぐる彼の従来の不安が、よりいっそう不穏なものとして輪郭を現すのを感じた。

オルデンブルグはまた、チルンハウスとの会話から、「五部構成の論文」の内容について、いくらかの情報を得ていた。それらの情報に基づいてオルデンブルグは、「私へのあなたの純粋な親愛の情から、その著述にいやしくも宗教的美徳の実践を崩壊させるように受け止められ得るものは何も含めないように」スピノザに忠告し、「蔓延する諸悪を助長すると思われる結論を孕む教説などを、私たちの生きる頽廃紊乱のこの時代ほど熱心に探している時代はないがゆえに、このことを私は強く主張いたします」【註33】(と書き添えている)。彼らの(再開された)往復書簡の第二信の文頭から文末まで、オルデンブルグは「あなたの読者」がその著作の中に問題があると考えるだろうものに言及しているが、大部分において彼が彼個人としての批判を提出しているのはまちがいないだろう。スピノザは、論争好きな神学者たちにとって受け容れがたいものとなるばかりでなく、彼の言論の「宗教的美徳の実践」を脅かすものとなりかねない部分を何よりも知りたがった。オルデンブルグは、何よりもスピノザの必然論に対し、ならびに彼がスピノザの思想に内在する「運命論」として言及するものに対し、懸念を顕わにした。

あなたはあらゆる事物と行為における運命的な必然性を公理と見なしているように思われます。もしこれが容認され、肯定されるとすれば、すべての法、すべての美徳と宗教の根源は、危険に晒され、すべての報酬と罰は無意味になると、彼らは言います。必然性を強制し、あるいは差し向けるいかなるものも、言い訳を孕む、と彼らは考えます。言い換えれば、神の見ている中では、いかなる者も言い訳なく存在しない、と彼らは信じています。もし私たちが運命に駆られ、そしてあらゆる事物がその無慈悲な手によって開かれ、一定かつ不可避の成り行きを辿るなら、彼らには一体全体どこに罪と罰の場所があるのか分からないのです。【註34】

スピノザは、直ちに返信を書き、彼の考えは人々から彼らの行為の責任を放免するものではないと、否定した。私たちには道徳的訓示は依然「有益」であり、拘束力を持つ。というのは、まさに善は必然的かつ不可避的に美徳から生じ（そして悪は悪徳から生じ）る以上、美徳の実践は、「その美徳そのものゆえに、少なくとも望ましいものである」。さらに彼は、「人間が神の前では言い訳が立たないというのは、同一の土の塊から、いくつかの尊敬に値する器といくつかの蔑まれる器を生み出す陶工の手の中の粘土のように、人間が神の手の中にあるという、他ならぬその理由ゆえである【註35】」と付言する。

いかなる者も、と彼は訴える、その人が受けている性格と性質を授けたことを理由に、神――すなわち、自然の必然性――に対しては、不平を言うことはできない。

一個の円にとって、神がそれに球体の属性を与えなかったことに、あるいは胆石を患う子供にとって、健康な肉体を授けなかったことに不平を言うのは馬鹿げているのとまさしく同様に、弱い性格の人にとって、神が彼に精神の強さと真の認識と神の愛を拒否し、自らの欲望を抑制し、また制御できないような弱い性格を彼に授けたことに不平を言うのは、同等に馬鹿げています。個々の事物の場合において、その所与の原因から必然的に生じるものがその能力の内側に存するしかないのです。強い性格を具えることが各人の能力の内側にはないということ、そして健康な肉体を持つことが健全な精神を持つこととやはり同様に私たちの能力の中にはないということは、経験と理性の両面から逃避するのであれば別ですが、それは誰にも否定し得ないことなのです。

だからこそ、自らの性質の必然性から罪を犯すあらゆる人々は、それゆえ赦され得る、とスピノザは容認する。そしてこのことから、神は彼らに対して怒ることはあり得ないと人々が結論したがるとしても、それは唯一、神が第一に怒りに支配された存在ではないという理由のみによって、スピノザは賛成する。しかし彼は、そのことからすべての人々が祝福に値するとは、進んで認めるつもりはない。「というのは、人々は赦され得るのですが、にもかかわらず祝福を受けることもなく、数多くの方法で苦しめられるのです。馬は人間ではなく、馬であるがゆえに赦され得、にもかかわらず馬は、人間ではなく馬であらなければならないという必要がある。犬に咬まれて発狂する人は実際に赦されるべきですが、しかしながらその当然の成り行きとして、呼吸困難から死に至ることになるのです。

最後に、自らの欲望を制御することも、法に対する恐れを通じてそれらを監督しつづけることもできない人は、彼もまたその弱さゆえに赦されるべきですが、にもかかわらず彼は、精神の平穏と神の認識と愛を享受することができず、必然的に右も左も分からなくなるのです」【註36】。オルデンブルグは、彼がむしろ辛辣と感じた見解についてのスピノザによる擁護によっても、説得されないままだった。「人々がどのようにしても避けられなかった罪ゆえに、神が彼らを永遠の、または少なくとも恐ろしい一時的な苦しみに引き渡すというのは、ひじょうに残酷なように思われます」【註37】と。

オルデンブルグによる『神学=政治論』とその著作をめぐる往復書簡の受け止め方は、彼のスピノザに対する評価に重大な影響を及ぼしたと考えられる。彼がスピノザへの温かな個人的感情の中で揺らいでいたようには思われない。しかしながら、実際にオルデンブルグは、スピノザを十二分に理解することはけっしてなかったというのが真相である。彼らは十五年前に、一度きり顔を合わせただけであり、しかもそれはひじょうに短い時間だった。スピノザの思想の真の性質が彼らの往復書簡において、ゆっくりとだが最後には浮き彫りになるにつれ、そしてそれらが「真の敬神と宗教」についての根本的に異なる概念に寄与するということが明るみになったとき、オルデンブルグはおそらく、チルンハウスがスピノザに連絡役を介して伝えたように、スピノザの性格についての「ひじょうに風変わりな想像」を楽しんでいたのかもしれない。

❧『倫理学(エチカ)』の出版延期

一六七五年七月初旬までに、スピノザは、『倫理学(エチカ)』の進捗具合に大いに満足し、ようやくそれが出版される潮時であると決断するに至った。厳選した数人に限って――そしてその場合でさえ、それについては誰にも漏らさないという条件によってのみ――目を通すことを許可するほどに、彼が秘匿しつづけてきた原稿は、どうやらいままさに公表されつつあったようである。その月の終わり頃に彼は、アムステルダムに旅をし、自らの原稿——あるいは、むしろ新たに清書したその写しの方かもしれない——を、リューウェルツゾーンの手に委ねた。スピノザが、『神学=政治論』において行ったように、その表紙頁から彼の名前を伏せておこうと考えていたのかどうかは、定かではない。しかしながら、彼はもはや、そのような護身のための小細工の必要性を感じていなかったかもしれない。彼が著述を開始して以来の十五年間、特に『神学=政治論』を上梓してからの五年間に、さまざまなことが生起し、匿名の『神学=政治論』の著者が誰かということについては、いまやほとんど謎めいたところはなかっただろう。と同時に、匿名の出版によって得られるものも、ほとんど何もなかった。一六七四年秋のユトレヒトならびにその他の諸都市からのフランスの強制的な撤退以来、総督はオランダ人たちの心の中に大きな尊敬の念を喚起しつづけた。オラニエ家の一員が、またしてもネーデルラント共和国を危機から救ったと考えられた。ウィレム三世と彼の支持者たちは、彼の権力の強大化に抵抗する共和主義者たちを激しく弾圧するようになった。自由主義的な特権階級と商人階級の多くは、早期の戦争終結と、従来通りの政治的——そして経済的——状況に立ち返ることを希望したのに対し、オラニエ派は、フランスが最終的に敗北を喫し、それを教訓として受け取るまで戦争を継続することに固執した。連邦、ホラント州、そしていくつかの主要な諸都市の議会に対するオラニエ派の支配を考えれば、必然的に彼らは政治と軍事のほとんどの問題において彼らの意見を押し通した。彼らと連帯するフォエティウス派は、神学の領域において同様の統制力を保持した。かくして、駆け引きの規定は、一六七〇年以来、大きく様変わりし、それゆえに単に匿名で論文を出版することで、最も果敢なクールバハが被ったような運命から免れると期待し得る何の根拠もなかった。とは言え、駆け引きは続行されなければならなかった。牧師(プレディカンテン)たちによって圧力をかけられたとき、おそらくある一人の理解ある市長〔ヨハンネス・フッデ〕であれば、足踏みする機会を利用しつつ、このような有害な著作の著者を特定するべくあらゆる手段が講じられていると、生返事を返したかもしれない。

スピノザは、所用でアムステルダムにいるとき、彼が生まれ育った近隣を訪ねてみようという好奇心に駆られたかもしれない。彼はブレーストラート大通りの終点に、彼のかつての共同体が新しく建設した巨大な礼拝堂（シナゴーグ）について、まちがいなく耳にしただろう。建設は一六七一年に、オランダ人の建築家エリアス・バウマンと棟梁フィリス・ファン・デル・フェーンの監督下に起工された。（オランダ人の建築家たちの起用は、ユダヤ教徒たちは依然その市のいかなる同業者組合にも加入を許されていないという事実による不可避の措置だった。）建設は一六七二年の最初の災難の後、二年以上にわたって中断したが、一六七五年の夏にスピノザがアムステルダムを訪れる頃までには竣工していた。彼は、八月五日に行われた新たな建造物の献堂式に列席するつもりでさえいたかもしれない。それは、約十六万五千フルデンを投じた一つの複合建築にとっての壮麗な式典だった。儀式と祝賀は八日間にわたって行われ、著名な家柄の特権階級の成員たちをはじめ、「アムステルダムの全住人（ル・トゥー・アムステルダム）（*le tout Amsterdam*）」が参拝した。ある一人の観察者は驚き、制度上はいまだ追放の立場にある人々の礼拝堂（シナゴーグ）の落成式を自らが目撃しているということが信じられない【註38】、と書き記した。

スピノザはアムステルダムに二週間滞在した。しかし著作の製作に立ち会い始めるとすぐに彼は、突然その印刷を中止した。九月初旬に彼はデン・ハーグに戻り、その決断に至った事情をオルデンブルグに説明した。

> この仕事に携わっている間に、私のものである神についてのある著作が印刷に付され、そこにおいて私が、神は存在しないということを証明しようとしているという、ある噂が広まりました。この噂は、数

多くの人々が信用するところとなりました。それゆえ、いく人かの神学者たちは、おそらく彼らがこの噂の出所かと思われますが、オラニェ公と市長たちの前で私を批判する機会を得ました。さらに、愚かなデカルト学派は、彼らが私の側にあると思われているがゆえに、彼ら自身からこの疑いを取り除くべく、至るところで私の意見と私の諸著作を非難しないことはなく、さらになおそのようにしつづけるのです。これらの情報を私は数人の信頼に値する者たちから収集し、彼らはまた、神学者たちが所かまわず私に対して何事かを企んでいることを教えてくれ、かくして私は、事態がどのようになるのか見極められるまで、この手にある出版を延期し、その上で私がいかなる道を行くつもりでいるのかをお知らせするつもりでした。しかし事態は、日に日に悪化しているように思われ、私はそれに対してどのように対処すべきか、見当も付きません。【註39】

スピノザを窮地に追いやったにちがいないものの一つは、その年の六月に彼が在住するデン・ハーグ市の宗務局によって発布された彼に対する決定である。その市の改革派の指導者たちは、五年前にすでに『神学=政治論』を弾劾していた。しかし今回は、彼らの攻撃はさらに明確に個人を特定し、より不吉なものと映った。市議会の定例会で、宗務局からの成員たち――彼らの議論は「スピノザ」という簡単な標題を付され、議事録に収められた――は、「宗務局は、スピノザの最も冒瀆的な意見が、当市のみならず至るところで益々蔓延し始めていると認識しており、それゆえ本会の各成員には、この会議の場において報告するため、そして発覚後にはそれに対して何か行動を起こすため、印刷に付されているかもしれない彼のその他の著作が存在するかどうか、そしてそこに何らかのさらなる危険が存在するのか、これらについて知り得た事柄を確認するよう、切にお願いをする」【註40】と注意を喚起した。しかしながらこれによって、一カ月後にスピノザは、『倫理学(エチカ)』の出版計画をそのままにし、取り返しの付かない状況に陥る前に、アムステルダムから立ち去ったのだった。

予想されていた牧師たちからの時折の全面的な攻撃以上に、さらに気がかりだったものは、オルデンブルグ宛の手紙でスピノザが示唆したように、神学者たちの扇動によって、世俗の権威が再び行動を起こす準備を整えているかもしれないという情報だった。スピノザは、出版予定の彼の著作の内容に関するあまり好意的ではない噂話については、彼自身の情報筋から十分な情報を得ていた。はたして八月十四日、デン・ハーグからテオドール・ライキウスは、ある権力者の友人に宛てて次のように書き記した——「『神学=政治論』の著者が、神と精神について、最初のもの以上にはるかに危険な著述を生み出そうとしているという話が、私たちの間に持ち上がっております。この著作が出版されないよう、確実にすることは、貴殿と、共和国の統治に貴殿とともに携わる者たちの、責務であるでしょう。何となれば、その男は、私たちの最も神聖なる信仰の原理を崩壊させようと努力しており、彼がいかに多大な危害を共和国に加えてきたかということについては、想像を絶するものがあります」【註41】。『倫理学(エチカ)』の前に『神学=政治論』を出版したことの要点が、哲学をする自由のための議論を最初に提出することにより、彼の究極の形而上学的、道徳的思想への道を準備することだったとすれば、スピノザは大きな誤算を冒した。実際のところ、論争に対するスピノザの嫌悪を考えれば、『神学=政治論』が『倫理学(エチカ)』の生前の出版を不可能にしたのかもしれない。

射返された矢——アルベルト・ブルフからの論難

一六七五年九月は、数ある書簡の中でも、裕福な特権階級の名家の子弟であり、ファン・デン・エンデンのところで過ごしていた頃からのスピノザの友人(かつ、おそらく弟子)であるアルベルト・ブルフからの長い手紙をもたらした。現在二十四歳のアルベルトは、フィレンツェから発信し、ひじょうに生真面目に手紙を綴り始めた。

母国を出発する際、旅行中に何か特筆すべきことが生じましたらお便りを申し上げるとお約束いたしました。いまその機会が、しかも最も重大なものの一つが生じましたので、私はその約束の重荷を降ろそうとしています。私は、限りなき神の慈悲を通じ、カトリック教会に連れ戻され、その会衆の一人となったことを、あなたにお伝えしなければなりません。【註42】

この知らせ自体、がっかりさせるものではあるが、スピノザにとっては、少しも新しいものではなかった。ネーデルラント共和国の財務大臣コンラート・ブルフの息子の噂話については、スピノザはアムステルダムやその他の場所における会話を耳にしていた。とは言え、実際に、話し合われるべき数多くの事柄があった。それは、誰の証言によっても、劇的な、そして――ある一人の賞賛者の目には――「啓発的な」対話となった。【註43】この同じ証言者によればブルフは、「神が彼の上に慈悲を垂れ」、彼を外国へ導いたという事実がなかったとすれば、「彼がその世紀の最も冒瀆的で危険な男であるスピノザと結んだ友情ゆえに、異端者から無神論者へ」、いままさに転身しようとしていた。【註44】アルベルト・ブルフは、パドヴァとヴェニスに滞在中に得た宗教的経験を通じ、自らの真の使命を認識するようになった。ローマにおいて、アムステルダム出身のドミニコ派の修道士の指導の下、彼は清貧を誓い、物乞いの格好をし、そのような存在として振る舞った。ブルフはその清貧さにおいて極端だった。伝えられるところによれば、彼は天候にかかわらず時代遅れの流儀で、しかも裸足で遠方まで旅をしたという。彼の家族は、もちろん、事態のこの変転に大いに心を痛めた。彼らは彼を家に連れ戻し、カルヴァン主義の信仰に立ち返らせようと、あらゆる努力をし、仕送りを断ちさえした。しかしながら、すべては無駄に終わった。というのは、アルベルトは彼らの理解のなさを軽蔑し、彼らの心痛を嘲笑するだけだったからである。

スピノザは最初、古くからの知己が、いかに気まぐれであっても、彼らの友情を刷新しようと努力してくれたことを嬉しく思ったかもしれない。しかしながらその喜びは、手紙を先へと読み進むにつれ、急速に失せてしまっただろう。というのは、そこにおけるアルベルトの多大な精力のすべては、スピノザに彼の道の誤りを修正し、彼の魂を救い、キリストに向き合い、そして「生まれ変わること」の説得に傾注されているからである。

> あなたの精神の洞察力と鋭敏さを過去に私は賞賛し、それだけにいまや私は、あなたについて苦悶し、嘆き悲しむのです。なぜなら、あなたは神が光輝な贈り物を授けた精神を具える傑出した才能の持ち主であり、真理を愛し、いや実際には、最も熱烈に真理を愛する者でありながらも、にもかかわらずあなたは、あの最も悲惨にして横柄な、邪悪の精神の王子によって、翻弄され、欺かれることを自らに許しているからです。あなたの哲学全体は、浅はかな幻想と幻影（キマイラ）の他に、一体何の価値があるのでしょうか。にもかかわらず、あなたはそこに現世におけるあなたの精神の平和のみならず、あなたの魂の永遠の救済をも託しておられます。

つづけてブルフは、『神学=政治論』、すなわちその「冒瀆的」かつ「悪魔的」な著作におけるスピノザの思想を攻撃し、「あなたの有害な異端説を自覚し、自らの本性のこの歪みの後に正気を取り戻し、教会と和解する[……]」ように警告した。「というのは、あなたがキリストの存在を信じないなら、あなたは私が言い得る以上に惨めであるからです」。何ゆえに、と彼はスピノザに詰問する、「キリストの後、キリストの使徒たちと弟子たち、そしてその後の幾千の聖人たちが、カトリック信仰の真理の証言と立証において、神の全能を通じて行った無数の奇蹟と微証について、無益な駄弁を弄し、怒号しつづけるのですか」。スピノザには自らを救う方法が残されている。「あなたの罪から向き直り、理性による推論という惨めで非常識な方法の致命的な尊大さを自覚しようと努めることです」。しかし彼は、スピノザが光明を見ることにおいて自尊心が邪魔をするのではないかと危惧する。「あなたがあなたの惨めな崇拝者たちを除外した全世界を嘲笑しなければならない理由がいかに取るに足りないかということ、併せてあなたの才能の卓越さを確信し、あなたの虚しい——実際にまったく誤っており、しかも冒瀆的な——原理についての人々の賞賛によって尊大になり、自惚れることがいかに馬鹿げているかを、お考えになってみてください」。

その哀れな男はまったく理性を失ってしまったかに思われ、スピノザも同じだけ彼に言葉を返した。スピノザは、おそらくこのような論難にいかに対処するのが最善なのか確信が持てず、すぐには返事をしなかった。しかし十二月に、息子を正気に立ち返らせるためにスピノザに助けを求めたブルフの父親の個人的な依頼により、スピノザはついに返事を出した。

私は、あなたがあなた自身とあなたの家族に戻されるために必要なものは議論による説得よりも時間の経過であると確信しておりましたので、あなたの手紙には何もお返事を差し上げないつもりでおりました。［……］しかし私とともに、あなたの生来の優秀な才能ゆえに、あなたに大きな期待を寄せていた私の友人たちのいく人かは、一人の友人としての義務を放棄しないように、そして現在のあなたよりもむしろ、数年前までのあなたのことを考えるように、しきりに急かすのです。【註45】

スピノザは、数多くの人々が観察したように、物静かな男であり、優しく、なかなか怒ることをしなかった。しかし、特にこのように直接的で個人的な方法で急かされた場合でも、彼はいつもと同様に完璧に対処することができた。一人の旧友の辛辣な言葉に苦しみつつ、彼にはアルベルトの抗議文に回答することにおいて何も躊躇はなかった。無論、彼はアルベルトの理性として残されているものに訴えかけ、宗教的遵守においてそれぞれに異なる寛容を想起するようにアルベルトに説き聞かせようとした。「あなたが記憶と一緒に理性をも失わない限り、あらゆる教会において正義と慈悲で神を敬う尊敬に値する人々が数多くいるということを、あなたは否定することができないでしょう」。敬神のより普遍的な、そしてより派閥的ではない考え方のアルベルトへの訴えにおいて、『神学=政治論』の原理は明らかである。

ローマ・カトリック教会とその他を区別するものがいかなるものであれ、そこに何も本当の意味はなく、それゆえそれらは迷信からのみ生じたものであると言えます。というのは、ヨハネとともにすでに私が述べております通り、正義と慈悲は真のカトリック信仰の一つの確かなしるし、すなわち聖なる精霊の真の果実であり、そしてこれらが見出される場所には必ずキリストが実在し、したがってそれらが見出されない場所にはキリストはいないのです。というのは、キリストの精神によってのみ、私たちは正義と慈悲の愛へ導かれ得るからです。これらのことについて正しく思いを巡らせるご意志を持っていらっしゃれば、あなたは自らを見失うことも、ご両親を深く悲しませることもなかったでしょう、現にご両親はあなたの運命をひどく悲しんでおられるのですから。

しかし、アルベルトの父親が好んだかもしれないような穏やかな説得を継続するよりもむしろ、スピノザはその若者の戯言に付き合い、射返すことに決めた。「哀れなあなたは私を嘆いてくれるのですか。そしてあなたは一度も目を通したことのない私の哲学を幻影（キマイラ）と呼ぶのですか。おお、道理を亡くした青年よ、あなたがあの至高にして永遠なるもの〔聖体としてのパン〕を口にして、それを腹の中に保っていることができるなどと信じるように、誰があなたを惑わしたのですか」。あらゆる哲学の中でも最高のものを見出したと、いかにしてそのように確信し得るのか、というアルベルトの質問に対し、スピノザは次のように回答する。

> これはむしろ私からあなたに返上したいご質問です。というのは、私は最高の哲学を見出したと自負してはおりませんが、私が真の哲学を理解していることを知っております。どうしてそれを知っているかとお尋ねなら、あなたが三角形の三つの角は、二直角に等しいということを知っていらっしゃるのと同じ流儀で知っているとお答えするでしょう。そしてこの回答で十分なことは、健全な頭脳を持ち、あたかもそれらが真実であるかのように私たちにまちがった考えを吹き込む不確かな精霊の存在を夢見たりしない者であれば、否定しないでしょう。〔……〕が、あなたは、ついに最上の宗教を見出したと思い込み、あるいはむしろ、最上の人々を見出したと自負し、それらの人々にあなたの信頼を委ねていらっしゃるわけですが、いったいあなたは、かつて宗教を説いた、現に説いている、あるいは将来説くことになるだろうあらゆる人々の中でも彼らが最上であると、いかにして知り得るのでしょうか。あなたはここヨーロッパやインドや全地球上の至る場所で説かれている、古代と現代のすべての宗教をご検討なさったのですか。

このようなすべての宗教は、いずれにせよ、制度化された迷信にすぎない。このことは、特にローマ・カトリック教会に当てはまる、とスピノザは主張する。「それ〔ローマ・カトリック教会〕をはるかに凌駕するマホメットの教会の組織はそれには当たらないとして、人々を欺き、人心を誑かすことにおいて、それよりも巧みに組織された〔教会が〕他に存在するとは、私は思いません。というのは、この迷信が始まってからは、彼らの教会にはまったく分裂が生じなかったからです」。結局ブルフの手紙は、『神学=政治論』と『倫理学』の両方において素描された告白信条的な宗教信仰の裏側に潜む非合理的な心理的動機に関する記述の妥当性を、スピノザに確信させただけだった。「あなたは、神への愛を通じてというよりはむしろ、迷信の唯一の原因である地獄に対する恐怖を通じて、この教会の奴隷となられました。〔……〕私が理性に訴え、そして私がこれを、すなわち私たちの精神の中に存在し、歪曲することも毀損することも絶対に許されない神のこの真の言葉を支持することを、あなたは尊大かつ傲慢と見なすのですか」。

スピノザは、情け容赦のない最後通牒とともに手紙を締め括る。

この致命的な迷信から逃れ、そしてあなたが野獣の間に数えられる存在でなければ、神があなたに授けた理性の能力を認識し、それを育むのです。〔……〕もしあなたがこれらの事柄〔『神学=政治論』の諸原理〕に注意を払い、それと同時に教皇の伝統がいかに多くの点で誤っているか、さらにはキリスト生誕後の六百年を経て、ローマの教皇が出来事のいかなる変転を通じ、そしていかなる術策によってその教会の至上権を獲得したかを最終的に認識するようになるまで教会の歴史（それについてあなたはまったく無知であると私は見ています）を勉強なさるならば、最後にはあなたは正気に戻られるだろうと私は疑っておりません。そのようになることを、あなたのために私は、衷心からお祈りしております。

アルベルトはその年（一六七五年）の遅くのあるとき、アムステルダムに戻り、そしてスピノザは、両親の家にいる彼に宛てて手紙を送ったのかもしれない（ブルフの「父君（ペール）」は息子が戻った後に初めてスピノザの助けを求めたのかもしれない）。ブルフは、無論、裸足で、擦り切れた衣を身にまとい、そして道すがら施し物を求めつつ、イタリアから旅をした。そのような行動によって彼は自らの家族に醜聞をもたらし、ほどなくして彼の両親は、すっかり困り果てた。彼らの大きな困惑にとって、スピノザの反撃は何ら目に見えた効果を生まなかった。短期間の滞在の後、そしてまちがいなく彼の実家の贅沢な環境に耐え切れなくなり、アルベルト・ブルフは、ローマにおいてフランシスコ会の一員としての修道生活を営むべく、アムステルダムを後にした。【註46】

❧ライプニッツとの対面と『国家論』の執筆

一六七六年の間中、スピノザは、チルンハウス、およびオルデンブルグと哲学的書簡のやり取りを継続しつつ、『神学=政治論』の修正版のための下書を執筆しつづけてもいた。しかしながら、レンズ研磨によって生じるガラスの粉塵を長年吸い込むことにより彼の生来の呼吸器系の疾患は悪化し、彼の健康は、ゆっくりと、しかし顕著に、蝕まれつつあったにちがいない。おそらく彼はその一年間はそれほど旅をしなかったと思われるが、とは言え自らの仕事から離れつづけ、彼を訪ねて来る数多くの者たちをもてなすことが多くなった。パヴィリオーンスフラフト通りの家に立ち寄った訪問客の一人に、ライプニッツがいた。チルンハウスがパリで交際し、五年前にスピノザに手紙を書いたことのあるドイツ人の哲学者=外交官のライプニッツは、ブランシュヴァイク公、すなわちヨハン・フレデリックの宮廷図書館員としての任に就くべく、ハノーファーへの帰途にあった。十月に彼はパリを発ち、ロンドンに立ち寄るとは言え一週間滞在し、そこにおいてオルデンブルグといくらかの時をともにした。彼とオルデンブルグは、スピノザの『神学=政治論』について、長時間に及ぶ共感的な議論を持ったにちがいない。彼らは、神、奇蹟、事物の必然性についてのスピノザの見解に対し、いくつかの重大な異論を分かち合い、もしかするとそれぞれの読書を通じて得たその著作についての特記事項を比較検討したかもしれない。彼らはまた、オルデンブルグ宛のスピノザの最近の手紙について熟考し、それをライプニッツは彼自身が利用するために筆写し、後にその手紙に豊富な批判的、解釈的な註を付した。【註47】

強風のためにテムズ河に足止めされたネーデルラント行きの船の上で、ライプニッツは、言語、自然学、数学についてのいくつかの小論を執筆した。彼はまた、スピノザとの来るべき面談を見据え、おそらく対話のための一連の覚書と質問事項を準備してもいた。ライプニッツは、神、自然、人間の精神、すなわち生涯のこの時期において彼にとっては大いに興味があった話題について、スピノザの見解をより詳しく知ろうとしていたことはまちがいない。チルンハウスは『倫理学(エチカ)』の内容のほとんどをライプニッツに明らかにしていた。スピノザは、その著作の写しをライプニッツに読ませる許可を出すことをチルンハウスに拒否したにもかかわらず、チルンハウスは何らかの方法でそれをライプニッツに見せたとしか思われない。【註48】

ライプニッツがネーデルラントに到着したとき、彼は最初にアムステルダムに向かい、そこに彼は約一カ月間滞在した。彼は(いまやその市の一市長である)フッデに会い、彼と数学や政治のさまざまな問題を議論し、スピノザの友人たちのいく人か、特にチルンハウスが紹介状を渡していたと思われるシュラーと知り合った。彼はデルフトにも足を伸ばし、そこにアントン・ファン・レーウェンフックを訪ねもした。

スピノザは、チルンハウスとシュラーの二人からの知らせを受け取ることにより、ライプニッツの来訪のための準備を快く整えていた。ライプニッツによれば、彼とスピノザは、おそらく数週間にわたって何度か顔を合わせた。彼らは見た目も服装も違う――国際的なライプニッツは卓越した宮廷知識人だった――とは言え、その二人には数多くの共通点と、話し合うべき数多くの事柄があった。彼らの関心は、さまざまな領域を横断した。彼らの長時間の議論は、運動に関するデカルトの法則に内在する諸問題とネーデルラント共和国における最近の出来事をはじめ、哲学、政治、科学上の重要な諸問題にまで及んだ。【註49】ライプニッツは、スピノザの形而上学的見解について質問する機会を得、スピノザは――その客人の動機と意志については、いまや前年に抱いていた以上の確信を抱き――、『倫理学（エチカ）』を、あるいは少なくともその一部を、彼に見せた。

私は、オランダを通過する際に［スピノザに］会い、彼とは繰り返し、そしてかなり長い時間、話をした。彼は逆説に満ちた奇妙な形而上学を持っている。何よりも彼は、世界と神とは単一の潜在的な実体であり、神とはあらゆる事物の実体であり、被造物とは様態または偶発事にすぎないと、信じている。しかし私は、彼が表明し、そして彼が私に示した証明のいくつかは、必ずしも正確ではないことに気が付いた。形而上学において真の証明を提出することは、人が考えているほどには簡単ではない。【註50】

スピノザとの対話の一つに臨む前に、ライプニッツは、神の実在の存在論的証明（すなわち、神――すなわちすべての完全性を内包する一つの存在者――は、その「存在者」が完全性のその数の一つとして存在するがゆえに、必然的に存在する）についての彼の考えのいくつかを書き出した。スピノザは『倫理学（エチカ）』の第一部において神の存在論的証明を援用し、そしてライプニッツはあらゆる完全が一にして同じ対象において両立し得るその方法を明らかにしようとした。それは、ライプニッツによれば、

二人が少なくともある程度の一致を見ることのできた一つの領域だった。【註51】

ライプニッツと繰り返し会うことは、それ自体、刺激的で心地よいものであり、スピノザの人生の、未完ではあるが最後の著作となるだろうもの（『倫理学』）についての仕事から、彼の気を逸らせることとなった。すなわち『国家論（*Tractatus Politicus*）』は、イェレスゾーンによれば、「彼の死の直前に」【註52】執筆されたものであるという。スピノザは、遅くとも一六七六年半ばにはその執筆を開始したのにちがいない。その年のあるときに彼は、「個人的にはより重要であると信じるある仕事に携わっており、すなわちあなたのご提案により、少し以前から私が執筆を開始した『国家論』のことですが、それを私は以前の著作よりもあなたの好みに合致するものと考えております」と、宛名の定かではない手紙に書き記している。スピノザはさらに、正確な日付も同じく定かではないこの手紙が書かれるまでには、すでにその著作の六つの章を書き終えたと言明している。

『国家論』は、いくつかの観点において、『神学=政治論』の続編である。一六七〇年の論文（『神学=政治論』）においては、国家の中で主権が受け取るその形態（君主制であれ、貴族制であれ、民主制であれ）にかかわらず、市民社会の基盤と最も一般的な諸原理の確立が目指されているとすれば、その新たな著作においては特に、異なる政体の国家がいかにしてよりよく機能するようになり得るかということについて、より強い関心が打ち出されている。と同時にスピノザは、あらゆる政体の中でも民主制のそれがより好ましいことを示そうとする意志——果たされずにいたままの意志——を持っていた。『神学=政治論』と同様、『国家論』の構成は、ネーデルラント共和国の政治的現況に緊密に結び付けられている。スピノザは、卑近な政治的有効性、さらには社会的な緊急事態に照らしつつ、普遍的な政治哲学の数多くの主題を取り扱っている。

『国家論』はひじょうに具体的な著作である。事実スピノザは、個人が理性に基づく生活を営む社会を目指し、ユートピア的計画と理想主義的願望を収縮させることから開始する。「政治によって混乱させられる大衆または人々がいつの日か理性の基本的な語りに従って生きることへと傾き得ると確信している者は、詩人が想い描き、または何らかの寓話が物語る黄金時代を夢見ているのにちがいない」【註53】。代わって、何らかの実用的な政治科学が、自然的、必然的現象として考察された、人間的諸性質とその諸情動を現実的に評定することから——言い換えれば、『倫理学(エチカ)』の利己主義的心理学から——開始されなければならない。そのとき初めて人は、経験に則したかたちで、一つの政治の基礎として最も役に立つ政治的諸原理を導くことができる。

私の心を政治的なものに向けるにあたり、私は新しい、これまでに耳にしたことのないものではなく、唯一実践に最も合致するような事柄のみを、一定の疑いのない議論の筋道によって証明し、人間的諸性質のまさに状態そのものから導こうと決心した。そしてこの科学の主題となる問題を、私たちが数学において一般的に活用するのと同様の自由な精神で探求し得るように、私は人間の行動を軽蔑せず、嘆かず、呪詛もせず、ただ理解することに注意深く努めた。すなわち、この目的のために私は、愛、憎しみ、怒り、嫉み、野望、哀れみ、ならびに精神のその他の動揺のような諸情動を、人間的性質の悪徳ではなく、諸属性として、すなわち大気の現象に属する暑さ、寒さ、嵐、雷などが、たとえ不都合な現象であっても、やはり必然的で一定の原因を持ち、それらの原因を通じて私たちがそれらの性質を理解することに努めるように、人間の性質に属するものと見なした。【註54】

健全な政治理論はまた、歴史、および異なる時代と場所において成否に関係なく実際に樹立された異なる種類の政体についての精通を必要とする。スピノザ自身は、自らの著作を準備するにあたり、ジェノヴァとヴェニスの名だたる二つの共和国の政体を念入りに研究し、政体の諸形態についての文献、および古代と現代の著述家たちによって語られた――実在と伝説の――その指導者たちについての諸著作をも読破した。

さらに政治哲学は、人間的本質、特に人間の行動と動機についての現実的な理解に加え、権利についての考察を必要とする。スピノザにとって自然的権利とは、従来通り、あらゆる事物は必然的にそれ自身の保存を追求するということを明示する自然の基本的法則によって決定される。この法則は、貪欲さを具えている存在の場合、それぞれが自らの利益になると思われるものを追求し、獲得しようとする欲求に導かれていることを意味する。それゆえ、誰もが自然によって必然的な行動を起こす「権利」を有し、そしてその権利は、自らの権力が及ぶ範囲にまで拡張される。

しかし自然状態における人間存在は、一致団結し、一連の法律に具現化されるような、あらゆる事項についての総意に基づく生活に賛同することによって、その自然的諸権利が最善のかたちで保護されるということを、ほどなくして悟るに至る。希望と恐怖の情動に導かれ、生命と財産を他者の暴力的な襲撃から守ることに汲々とし、「大多数の人々は、寄り集まり、いわば一つの手によって導かれることを希望する」。それゆえ、総意としての合意によって彼らは国家の諸問題を一つの至上の主権に委ね、以後それが臣民としての彼らの上で「支配権」を振るう。この主権は、平和を維持し、福利のための条件を整え、「恐怖全般を排除し、災害全般を予防し」、さらには原則的にその臣民の利益に資する法律を発布することによって、大多数の意志を表明し、実地に移すために、なし得ることを行うことが認められている。「健全な理性が教えるまさにその目的があらゆる人々のためのものである」ことを効果的に追求するには、理想的には、その主権は、情動ではなく、理性によって導かれる必要がある。そのとき、その大多数は、彼ら自身と彼らの主権の間に一致した目的を見出すだろう。これによって、安定し、繁栄する公共的社会へ至り、そこにおいて平和と安全は、恐れの感情のみにではなく、その臣民間の市民的美徳の感覚にも根差したものとなる。

民主主義は、公共的社会の最良の形態である。一つの民主制政体において、大多数を構成するその市民は、彼らのために主権を留保する。公共的社会の個々の成員は、法律の制定を司る政体において投票し、公共的な機関を維持する権利を有する。かくして支配は、統治されるあらゆる人々の手の中に直接的に存する。このことは、実際に最高の程度において、主権によって行使されるその法律が民意を反映し、彼らの利益に資することを保証する。民主主義は「国家の最も自然的な形態である」と、スピノザは、『神学=政治論』に書き記した。彼は、『国家論』における民主主義についての諸章に深く立ち入る前に世を去ったが、一六七二年の暴徒たちの態度が彼の考えを改めさせたと考える理由は一つもない。しかしながら、彼は同時に、必ずしもすべての国家が実際に民主主義的なものであらねばならないとは考えていなかったし、しかも多数の国家は——それらの歴史的または政治的伝統、もしくはその他の何らかの要因ゆえに——民主主義的な政体組織に移行を果たすのは適切ではないと判断していた。さらに彼は、一つの国家は、それがいかなる形態に移行するとしても、すでに確立されているその政体の基本構造に劇的な変革を引き起こすことを、軽く考えるべきではないと信じていた。これらの理由ゆえに、『国家論』において大きく取り扱われる問題は、いかにして理想的国家そのものを現実のものとするかではなく、むしろ政体が存在するその目的に資するという観点で限りなくその目的に近付くためには、現実的な条件において、君主制、貴族制、あるいは民主制のいずれの政体組織を設置するのが最善か、というものである。スピノザの目的は、政体の個別の形態が、その種類を鑑みた場合、いかにして完成され得るか、すなわちいかにすればそれを有効に機能させ得るかという条件において、一つの効果的な主権としての活用方法を示すことにある。

一人の人物に政治的主権が委ねられる理想的な君主制が、一つの絶対的な政体ではあり得ない。その国の法律は、一個人の不安定かつ潜在的に非合理な意志に左右されることがあってはならない。「なぜなら君主とは、神ではなく、しばしばセイレーンの歌声に呪縛されつつ導かれる人間存在だからである」【註55】。君主は強力かつ独立した議会によってその権限を制限されなければならない。この議会は、全人口の潜在的な意志を体現する(「市民のあらゆる種類または階級からの」)代表者たちの集まりとなる必要があり、いかなる法律を発布するか、そしていかなる行動指針を採るべきかについて君主に提言を行う責任を負うだろう。君主は議会によって推奨された複数の選択肢から一つを選び出すことをつねとし、さらに理想的には、その選択が彼の臣民の大部分の利益になるように、議会の過半数の支持を獲得した一つを選び取ることであるだろう。

支配権を保持する彼の義務は、つねにその国ならびにその状況を知り、万人共通の福利を監督し、そしてその臣民の大多数の利益に資するものは何であれ遂行することである。[……](しかしながら)一人の君主はいかなるものが支配される側の利益になるのか彼自身では把握することができない。[……]それゆえ、君主の最高権力は、議会によって提出された選択肢の一つを選び出すことに尽きるのであり、それと同時に議会全体の精神に反するような何かを宣言することも、またその種のいかなる意見も提出しないことである。【註56】

理想的な君主制とは、言い換えれば、立憲君主制である。すなわちそこにおいてその君主は、臣民の代表者たちによって表明される民意に応じなければならないのである。この方法においては、「あらゆる法律はその君主の明確な意志となり、君主のあらゆる意志が一つの法律とはならない」【註57】。

君主制形態の政体を完成させることに対するスピノザの関心は、スペイン、イギリス、フランスへの愛着のみに連動した惰性的な思索ではけっしてない。実際ネーデルラント共和国内には、総督――いくつかの州では彼は「第一の貴族」と考えられていたが、制度上は彼が地位を保持する（諸）州の議会に奉仕する一公僕にして軍の将校にすぎない――を国家的な象徴にしようとする強大な支援が存在した。一六七四年の〔フランスに対する〕勝利の後、ホラント州におけるウィレム三世の総督としての立場は、恒久的かつ世襲的なものとなり、その一方でヘルダーラント州は、一六七五年一月にその州を支配する真の主権をそのオラニエ家の王子に授けることを望み、事実、「ヘルダーラント伯」の称号を彼に与えようとした。オランダ人の共和主義者たちは啞然とした。アムステルダムとその他の主要諸都市による強力な反発に直面し、ウィレム三世はその名誉を辞退した。この出来事は、事実、総督の人気の凋落の始まりを告げるものとなった。そしてスピノザが『国家論』を執筆する頃までには、君主制の差し迫った脅威はかなり小さくなっていた。【註58】しかしヘルダーラント州の事例へと至る情動は燻（くすぶ）りつづけた。スピノザは、政体の純粋に共和的な形態から外れ、君主制のそれに向かおうとするいかなる挙動も、可能な限り良性のものになるよう、確実にしようと考えていた。

スピノザが構想した貴族制の政治機構は、数多くの重要な点で、ネーデルラント共和国のほぼ全域で採用されていた政治形態と類似する。そしてここにおいて同時にスピノザは、この種の政体が必然的に陥りがちな弱点――すなわち彼の考えでは、過去十年間にわたって共和国にとっての数多くの問題の原因となった弱点――のいくつかを改善する方法を示唆している。スピノザが処方する貴族制は、立法機関、「護法官たち」による最高議会、裁判所という、三つの機関によって運営される一つの市である。これらの機関を占める全成員が貴族階級から引き抜かれる。国家の諸機関の間には監督機能があり、それぞれの大権の間には明確な線引きがあるが、それらはともに公共的社会において絶対的な権力を振るう。「大多数」はいかなる政治権力も持たない。かくして、庶民は、支配者階級の叡智と美徳に依存しなければならない。

政治的な機関の最大かつ最重要のものは、「最高議会」であり、それは法律をまとめる責任を持ち、その成員となる資格は原則的に貴族階級出身者に与えられる。最良の貴族制への鍵となるものは特権階級であり、その階級が「見識と助言において秀で」、人格、誠実さ、叡智においてあらゆる他者に優る「第一級の男たち」が多数存在するということを保証するとスピノザは主張する（と同時に、それが家父長制社会になることを彼は確信している）。彼は一人の貴族に対する民衆の割合として一対五十を推奨する。人口二十五万人のある一つの都市において、その人口は五千人の特権階級を意味し、それは転じて（百人につき二人、または三人のみが懸命な政府の職務に真に向いているという仮定により）少なくとも、その規模の都市にとっての懸命な法律の制定に必要な最小の人数となる百人の立法者たちの優れた集団を保障する。成員たちは、財産、富、または家柄についての要求は何もなく、現職の成員たち自身によって支配者階級の中に選出され（あるいは「囲われ」）る。

スピノザは彼が素描したような種類の理想的な貴族制の国家であれば、一六六〇年代後半から一六七〇年代前半にかけてネーデルラント共和国が被った問題に苦しむことはないだろうと信じていた。アムステルダム市とホラント州の特権階級がその数において勝り、さほど制限を受けない階級だったならば、彼らは、より決然と行動し、オラニエ派の圧力に抵抗することも難なくできただろう。そうであれば、デ・ウィットは、特権階級の代理人として奉仕しつつ、さまざまな困難を耐え抜き、共和国の最大の利益になると彼が信じる政策を追求することができただろう。そこには、諸市の議会と州議会を困難な状況に陥らせるような権力の広範囲の拡散はなかっただろう。しかしながら現状では、「実際に支配権を保持する者たちが大多数を統治し、彼らの強力な敵対者たちを上回るには、あまりにも数が少なすぎる。そのことから、後者はしばしば不純な動機によって彼ら〔特権階級〕に対する謀略を働き、ついには彼らを打倒することができた」。スピノザは、一六七二年の「ネーデルラント共和国の転覆」と彼が呼ぶものに寄与した要因の一つには、「その統治者たちの数の少なさ」があったと、固く信じていた。

スピノザは、個々の市=自治体の貴族主義的政体についての考察から複数の市による政策についての考察に移行するにあたり、彼の同時代人たちにとってのさらなる教訓を心の中で温めていた。一つの州議会に関与する市が多数存在するとき、それぞれが固有の貴族階級を持ち——それは実質としてネーデルラント共和国の場合だった——、政治権力は、それぞれの市がそれ自身を統治しつつ分散されないままでなければならない。「各市の貴族は、その市の大きさに応じ、より多く、あるいはより少なくあるべきであり、彼らは自らの市に対して最高の権力を有し、そしてその市の最高議会において、彼らは市の防備を固め、城壁を拡張し、諸税を課し、法律を制定または廃止し、総じて言えば、彼らが彼らの市の保存と増大に必要であると判断するすべてを行う至上の権限を有する」【註59】。この種の地方自治は、デ・ウィットの「真の自由」の中核をなす基本方針の一つだった。そこにおいては共通の関心事となる問題のみが連邦または州の議会によって取り扱われるべきであり、そこに各市は代表者たちを送ることになる。さらに、一つの市に認められる代表者たちの数はその規模と影響力に比例したものとなる。このことは、より小さな市が大多数の決定した彼らの共通の利益となる政策に干渉することを防ぐことになり、そのような干渉をスピノザはネーデルラント共和国の（諸）州議会と連邦議会の欠点と感じていた。現状では、ホラント州に代表者たちを送る各市は、それがアムステルダムのような大都市であれ、〔ホラント州北部の〕プルメレントのような小都市であれ、一票を持ち、そして共和国のすべての州は、その大きさ、または国家の総予算への財政的貢献がいかなるものであれ、連邦議会において一票を持っていた。このことが、ホラント州における議会派の諸都市の権力とデ・ウィットの支持者たちへの敵対を、オラニエ派に許すものとなった。

脱中央集権化が恒久的に尊重され、そして誰がいかなる範囲で政治的権力を保持するかという点においてまったく曖昧さがない状態で、特権階級が、申し分なく大規模で、強いものであれば、複数の都市の貴族制においては、支配的な、君主に準じるいかなる地位もまったく必要なくなる。不幸なことに、オランダ人は、彼らが一六五〇年代に正式に総督を排除したとき、これらの予防策を講じなかった。

オランダの支配権は、一人の伯爵またはその地位を占める存在〔総督〕なしには長くはつづかなかったのではないかと反論する者があれば、その者には以下の回答を受け取らせればよい。すなわちオランダ人は、彼らの自由を維持するためには、伯爵を廃し、彼らを支配する身体から頭を切り離せば十分であると考えたのであり、その身体を手直しすることはけっして考えず、単にそれらが最初に設置された通りにその骨格だけを残し、そのようにしてホラント州は、頭のない身体のように、伯爵なしに残存し、現状の支配権は名義人のない状態で存続したと。それゆえ、その臣民のほとんどが支配権のその主が誰にあるのか知らなかったのは、無理からぬことである。【註60】

無論そこには、人々が彼ら自身の非合理な情動に動かされ、困難な時局において、単独の個人の手に彼ら自身を委ねようとする危険がつねに存在するだろう。「支配権が極限的に困難な状況にあるとき、すなわち、ときおり起きるように、誰しもがある種の恐慌(パニック)状態の恐怖によって摑まれるとき、彼らは未来も法律も顧慮することなく、彼らの目下の恐怖が暗示することのみに同意し、その戦勝によって名高いあの男の方に向き直り、彼を法律の拘束から自由にし、さらに彼らは彼に司令官としての延長を認め（ることによって前例中の最悪の事例を確立し）、彼の忠誠心に国家のあらゆる問題を託す」【註61】。これは、貴族制から君主制への退行の最初の第一歩であり、そこにおけるオラニエ家の王子への言及は取り違えようがない。しかし、すべてがあるべき通りに秩序付けられた貴族制または民主制に基づく公共的社会の最良のものにおいては、これは簡単には起きないだろう、とスピノザは主張する。というのは、「自らの美徳を宣伝することによって、あらゆる人々の注意を彼一人に向け変えさせるほどに自らを際立たせることは誰にもできはせず、むしろ彼はその他の者たちに味方された多数の敵対者たちを持たなければならない」からである。

理想的な君主制と貴族制の政体についてのスピノザの議論を通じて、そこにおいて、自由かつ理性的な人間存在による民主主義的国家についての彼自身のユートピア的構想は、政治的、歴史的、心理的現実に譲歩せざるを得なくなるのであるが、とは言え彼の最も基本的な政治的、人道主義的な諸原理は、依然いかなる種類の形態の国家においても主権に対する基本的な制限として役に立つ。公共的社会が、立憲君主制であれ、貴族制であれ、あるいはそれが民主制でさえあっても、（思想、言論、信仰の自由として理解される）自由と寛容は、絶対に、何としても譲り渡されない。いかなる種類のいかなる理想的な公共的社会も、国家の安全と福利の目的に一致するそのような自由を維持し、最大にしようとするだろう。さらにそれは、権力についての審議とその仕組みを開かれたものにするだろう。スピノザの構想するあらゆる理想的政治機構は、政体の安全を脅かすものに対する規定を持ち、それらの脅威を彼は、国家を崩壊に導く確実な道筋と見なしていた。

スピノザは、彼の時代の最も啓発的な、自由な思想家の一人だった。しかしながら彼は、その時代のあらゆる偏見から自由というのではなかった。『国家論』の現存する諸章の終わりにおいて私たちが受け取る彼からのまさに最後の言葉は、残念ながら、民主主義についての諸章の冒頭のものとしては少々わき道に逸れたものであり、政治的権力を保持するにあたっての女性の自然的不適格性についてのものである。「女性が男性の権力の下にあるのは自然によってかそれとも制度によってか」という質問に対し、スピノザは明解に「自然によって」と答えている。女性は、彼女らの生来的な弱さゆえに、政体から除外されると彼は主張する。「完璧な正当性とともに」と彼は結論付ける、「女性は自然によって男性と同等の権利を持っておらず、かくして両性が同様に統治するなどということはあり得ぬことであり、ましてや男性が女性によって統治されることはあり得ないと確信され得る」【註62】。彼の哲学の何ものも必然的にこれらの結論を導かないのみならず、事実彼の原理のすべて――特に、あらゆる人間存在は、等しく知性を授けられ、なおかつ等しく理性の自立を享受できるという原理――が、その逆を主張しているということに彼が思い至らなかったのは、奇妙である。【註63】

❧「自由の人は死のすべてを最小に思惟する」

一六七六年から七七年にかけての冬の間、スピノザの体調は見るからによくなかった。おそらく彼は、かつて瀉血をしていくらか楽になったらしいことから、何度か静脈を切開したかもしれない。彼の病気の性質を鑑みると、彼は頻繁に咳き込み、いつも以上に顔色は悪く、痩せ細り、虚弱になっていたのにちがいない。とは言え、〔スピノザの大家の〕ファン・デル・スパイクと彼の家族は、「彼が死去する少し前においてさえ、彼がまさに終わりに近付いているとは思いも寄らなかったし、彼が死ぬとはつゆほども考えてもいなかった」【註64】とコレルス〔伝記作者〕に語った。スピノザは、生来的に禁欲的で、おそらく実に控え目に、ほとんど騒ぐこともなく、自らの病弱さに苦しんでいたと思われる。自らの人生における哲学の原理に、できる限りつねに忠実であろうとし、彼は自らの死についてあれこれと思いを巡らせることに身を委ねることはなかった。それはむしろ、希望と恐怖に動かされ、主張されるところの来世において生じるものについて心配する迷信的な大衆のための営みだった。彼が『倫理学（エチカ）』において宣言したように、「自由の人は死のすべてを最小に思惟する。そしてその叡智は、死についてではなく、生についての瞑想である」【註65】。

事実、スピノザ自身は、自らの急激な衰弱には、備えていなかったかもしれず、それはシュラーがスピノザの埋葬後のある時点で示唆した通りである。すなわち、「予期せぬ死の懐に突然彼は抱かれたようであり、それゆえ彼は、自らの最後の意志を伝える遺言もなく私たちの前からいなくなった」【註66】。この示唆は完全には正しいと言えない。書かれた遺書は存在しないが、スピノザは、少なくともファン・デル・スパイクには、自らの死の直後に、書簡と（『倫理学（エチカ）』を含む）原稿類を入れてある執筆机をアムステルダムのリューウェルツゾーンのところに送るように指示を与えていた【註67】。しかし、もしその最期の日についてのコレルスの報告が信頼に値するものであるなら――そしてそれを彼は約三十年後に書き記しているとは言え、彼の大家とその家族から直接、その一部始終を聴き取りしたと思われる――、スピノザは、自らの病気の重さに気が付いてはいたけれども、その午後にこと切れてしまうとは、思ってもいなかった。

［前日の］四時頃に大家が［教会から］戻って来たとき、スピノザは彼の部屋から階下に降りて来て、煙管（パイプ）で煙草を一服吸い、特にその午後に説かれた説教を中心に大家と長く話をした。その後すぐに彼は、彼が使用し、寝台を置いていた手前の部屋に戻り、眠りに就いた。日曜日の朝、再び彼は階下に降りて来て、教会へ行く前の大家とその妻と話をした。スピノザはアムステルダムからL・Mという名の医師を呼び寄せ、その医師は、家の者たちに、成鶏を一羽買って来て、スピノザが昼には口にできるように、

朝の内にその鶏でスープをつくるように指示し、はたしてそれを彼は口にした。大家と彼の妻が〔教会から〕戻ったとき、彼はそれをすっかり平らげていた。午後に、大家の家族は再び教会に出かけ、医師のL・Mが一人残り、彼に付き添った。しかし彼らが教会から帰って来たとき、彼らはスピノザがその医師の目の前で午後三時頃に死んだと聞かされ、その医師は死者の世話をするでもなく、その日の夕刻に夜の船でアムステルダムに帰った。しかも彼は、スピノザが机の上に置いていた何枚かのデュカド金貨〔貿易で使用されていた金貨〕やいくつかの金の小片、そして銀の柄の付いた小刀などの金目の物を持ち去った。【註68】

二月二十一日の日曜日に、スピノザは静かに世を去った。彼が息を引き取るときに付き添っていたその医師は、どこから見ても彼の旧友のロデウェイク・メイエルだったと思われるが、しかしながら「アムステルダムからの医師」という表現から判断すれば実際にはシュラーだったという可能性もある。後にシュラーは、チルンハウスに対しては、スピノザが死去した日に彼はそこに居合わせていたと語り、ライプニッツに対しては、スピノザの所持品を「彼の死の以前と以後に、一つ一つ厳密に」確認したと主張した。【註69】そのときの医師がいずれであれ、金銭と銀製品の消失は、盗難事件というよりも遺品を集めていたものと解釈される方が妥当かもしれない。【註70】

ファン・デル・スパイクがスピノザの葬式の仕度をし、それは四日後に執り行われた。コレルスによれば、「数多くの著名な人々」が、新教会の墓地までその亡骸に付き従った。アムステルダムから来た会葬者も少なくはなかったにちがいなく、棺を載せた荷馬車の後ろにつづく六台の乗合馬車はいずれも満杯になるほどだった。埋葬後、ファン・デル・スパイクは、彼らと近隣の住人たちを自宅に招き、葡萄酒をふるまった。

コレルスは、葬式に立ち会った人々の名前を一つとして提供しておらず、それゆえスピノザのネーデルラントにおける唯一存命している肉親たち、すなわちレベッカと彼の甥ダニエル・デ・カセーレス（彼はまたレベッカの義弟である）が、二月二十五日に墓地の会葬者たちの間に含まれていたのかどうか判断ができない。確かなことは、レベッカが彼女の背教者の弟に対し、あるいは少なくとも彼の財産に対し、すっかり興味を失くしてしまったということである。三月二日、彼女は、彼女自身とダニエルをスピノザの唯一の法定相続人として宣言することにより、ファン・デル・スパイクに彼女の弟の遺品目録をまとめる権限を与えた。[註71] しかしながら、スピノザがさまざまな方面に負っているかなりの額の借金問題が明るみになった。まず、薬屋のヨハン・シュレーデルにはスピノザが病気の間に提供した薬代として十六フルデンを負っており、次に床屋アブラハム・ケルフェルは過去三カ月間の数度の髭剃り代金として一フルデン・十八ストイフェルを請求した。その他いく人かは未払いの請求書を持って現れ、ファン・デル・スパイクもスピノザの部屋代と食事代、さらには葬式費用まで肩代わりしていた。このような借金だらけの財産を突き付けられ、直ちにレベッカは、ひじょうに精力的に彼女の要求を追求することに待ったをかけた。彼女は彼女の弟のわずかな遺品を売ったとしても、これらのすべての借金の返済に充てるのにも足りないだろうと想像した。彼女は、その財産によってもたらされる金銭から彼女の損失が埋め合わされ得るということをいくらかでも確信せずには、自らの財布から債権者たちに支払いを始める気にはなれなかった。最終的に、五月三十日、ファン・デル・スパイクがアムステルダムのある代理人にスピノザの相続人としてのレベッカとダニエルが彼に負っている借金を取り立てる権限を与えたのと同じ日に、[註72] 彼らはデン・ハーグの高等裁判所にスピノザの相続人としての彼らの権利と義務を一時保留にするための嘆願書を提出した。

アムステルダムに居住するレベッカ・デ・スピノザ、ならびにダニエル・カルセリス〔カセーレス〕、すなわちサムエル・デ・カルセリス〔カセーレス〕がミリアム・デ・スピノザに生ませた息子は、嘆願者たちにとっては弟にして叔父に当たるバルーフ・デ・スピノザが、一六七七年二月の死去により、嘆願者たちに遺した財産について、謹んでご配慮を願い出る次第です。上記バルーフ・デ・スピノザの財産は、それを受領するのみで嘆願者たちに有害かつ損害を及ぼすほどに、多方面の借金によって込み入ったものになっているものと懸念されるがゆえに、嘆願者たちは、遺品目録が利益の下にない限り、上記遺産を受け取ることは賢明ではないと判断いたします。それゆえ彼ら、すなわち嘆願者たちは、必要な期間にわたって免責される条項とともに、遺品目録の利益を尊重する免状を、デン・ハーグ裁判所の命令としてお与えくださるよう、裁判長閣下に切にお願いをいたします。【註73】

しばらくしてファン・デル・スパイクは、債権者たちのいく人かに返済し、また彼自身の立て替え分を取り戻すべく、スピノザの衣類、家具、そして蔵書を競売にかける権限を認められた。十一月にその大家は競売を開いた。数多くの参加者があり、借金に充てる以上の収益を生み出した。【註74】ファン・デル・スパイク自身は「スヒーダムの彼の友人」【註75】によって、葬式費用とスピノザの家賃を弁済されたが、その友人とは、シモン・デ・フリースの義弟アレウェイン・フェイセンであることはほぼまちがいない。レベッカは、何も残らないと判断し、最終的にスピノザの財産に対する彼女の要求を放棄したと、コレルスは報告している。【註76】

遺品目録の作成前に、すでにファン・デル・スパイクは執筆机とその中身をアムステルダムに送っていた。『倫理学（エチカ）』『知性改善論』『国家論』『ヘブライ語文法綱要』の各原稿、およびいくつもの書簡の束を受け取ってまもなく、スピノザの友人たちはそれらの出版準備にとりかかった。【註77】その年が終わるまでに、スピノザの「没後著作集」のラテン語版とオランダ語版が世に出た。【註78】リューウェルツゾーンの身の安全のために、その表紙からは出版社名と出版地名の記載だけが外された。しかし著者は、いまや優に権力の手の及ばぬところにいた。

原著註釈についての凡例

【スピノザの諸著作関連】

スピノザのラテン語による『遺稿集（*Opera Postuma*）』とオランダ語による『遺稿集（*De Nagelate Schriften*）』は、一六七七年に刊行された。そこには、『倫理学（*Ethica*）』、『国家論（*Tractatus Politicus*）』、『知性改善論（*Tractatus de intellectus emendatione*）』、『ヘブライ語文法綱要（*Compendium Grammatices Linguae Hebreae*）』（ラテン語版のみに収録）、ならびに七十五通の往復書簡が収録されている。『デカルトの哲学原理（*Renati Des Cartes Principiorum Philosophiae*）』と『神学=政治論（*Tractatus Theologico-Politicus*）』はすでに世に出ており、一方、『神、人間および人間の幸福に関する短論文（*Kotre Verhandeking van God, de Mensch en deszelus welstand*）』は十九世紀になるまで復元されなかった。一九二五年、カール・ゲープハルトは四巻本の『スピノザ著作集』（*Spinoza Opera*）を刊行した（その後一九八七年に第五巻が追加された）。現時点では、これがスピノザの諸著作の標準的な批評版であるが、近い将来、スピノザ研究会（*Groupe de recherches Spinozistes*）が現在準備を進めている最新版に凌駕されることになるだろう。原典版の言語によるスピノザの諸著作からの引用はゲープハルト版に依拠し、巻数と頁数を表記した（例、Ⅲ／23）。『倫理学』についての参照は、該当箇所の部（Book）、命題（Proposition）、備考（Scholium）、系（Corollary）を一組にして表記し、例えば「IP15S1」となる場合は、「第一部・命題十五・備考一」を意味する。英語版の『倫理学（*Ethics*）』、『知性改善論（*Treatise on the Emendation of the Intellect*）』（註においては「*TIE*」として表記）、『デカルトの哲学原理（*Descartes's Principles of Philosophy*）』（註においては「*PPC*」として表記）、『神、人間および人間の幸福に関する短論文（*Short Treatise*）』（註においては「*KV*」として表記）、ならびに書簡一〜二十八の英語版については、いまや上記諸著作の英訳の定訳と見なされているエドウィン・カーリー『スピノザ著作集』第一巻（Edwin Curley, *The Collected Works of Spinoza*, vol.I, Princeton, NJ: Princeton University Press, 1985.）を参照した（註においては「C」として表記）。つづく第二巻は、いまだ出版されていない。したがって、『神学=政治論（*Theological-Political Treatise*）』の英語版からのすべての引用は、サミュエル・シャーリーによる英訳本（Samuel Shirley, Leiden: Brill, 1989.）を使用し（「S」と表記）、『国家論（*Political Treatise*）』の英語版からのすべての引用は、エルウェスによる英訳本（R. H. M. Elwes, New York: Dover, 1951.）を使用した（「E」として表記）。往復書簡二十九から八十四については、サミュエル・シャーリー『スピノザ往復書簡集』（Samuel Shirley, *Spinoza: The Letters*, Indianapolis: Hackett Publishing, 1995.）を使用した（「SL」と表記）。スピノザの往復書簡のほとんどは短文で、それらを参照することは比較的容易であるため、大体の場合において往復書簡の番号のみを表記し（「Ep＋書簡番号」と表記）、長文の書簡に限って、ゲープハルト版、ならびにカーリーまたはシャーリーによる翻訳本の両方の該当箇所を表記した。

【スピノザの伝記関連】

スピノザの往復書簡に加え、彼の人生に関係し、またそれを取り巻くさまざまな資料のための絶対的に不可欠な情報源が存在する。ヤコブ・フロイデンタール『スピノザの生涯の記録』（Jacob Freudenthal, *Die Lebensgeschichte Spinosa's* in Quellenschriften, Urkunden und Nichtamtlichen Nachrichten. Leipzig, 1899.）には、リュカス、コレルス、コルトホルト、モニコフによる初期の伝記的記述ならびにシュトーレ、ハルマン他による報告と対話が含まれる。その著作には、また、スピノザの人生に関連する数多くの現存資料が収録されている。すなわち、埋葬記録、結婚記録、教会権威と世俗権威による諸決定、さらには書簡と論文からの豊富な抜粋である。スピノザについてのいかなる伝記もその著作なしでは成立し得ない。特にスピノザの家族とその人生の初期について、同様に重要な文献としては、ファス・ディアスとファン・デル・タクによって収集され、一九三二年に『スピノザ、商人にして独学の人』（A. M. Vaz Dias and W. G. van der Tak, *Spinoza, Mercator et autodidact.*）において発表された資料があり、それは一九八二年から八三年にかけて『ローゼンタリアナ研究紀要』（*Studia Rosenthariana*）に英訳の上、掲載された。最後に、クーンラート・メインスマの『スピノザとその仲間たち』（Koenraad O. Meinsma, *Spinoza et son cercle.*）がある。メインスマの記念碑的著作（一八九六年にオランダ語で出版されたのが最初であり、その後一九八三年にさまざまな学者たちの研究に基づく最新の註釈を付し、フランスで再刊された）は、スピノザと彼の生きた環境についての詳細な伝記的研究であるが、同時に重要資料の抜粋を集めた貴重な大要となっている。これらのさまざまな情報源に含まれるあらゆる情報（と誤報）を道理に適うものにするにあたり、私はヒュッベリンクの校合「スピノザの人生——原拠大要といくつかの資料」（H. G. Hubbeling, "Spinoza's Life: A Synopsis of the Sources and Some Documents."）を有用と感じ、大いに活用した。

【付記　日本語版のための凡例】

原著註釈の、特にスピノザ関連の著作については、「*TIE*」「*TTP*」「C」「E」などの略号が多用され、同様に引用等に使用された参考文献についても、長い書名の場合はその一部のみを表記するなどし、極力簡略化されている。しかし日本語版では、それらの略号がスピノザのどの著作を指しているものなのか、速やかに理解できることを重視し、（結果的に略号は不要となるが）著作名と併記した。また参考文献についても、それがいかなる文献かが理解可能なように、可能な限り、著者名、書名の全部を記載し、あくまでも便宜的に翻訳しておいた。ただし、出版年、出版社などの書誌情報は、巻末の参考文献リストで照合し、確認するというかたちは、原著註釈と変わるところはない。

註釈

まえがき

註1　同様の著作として、メインスマの『スピノザとその仲間たち』(Koenraad O. Meinsma, *Spinoza en zijn kring.*) があり、一八九六年に〔オランダ語で〕出版されたのが最初であるが、一九八三年にはフランス語に翻訳され、改訂版 (*Spinoza et son cercle*) として再刊された。さらに、スピノザの全体像を挿図とともに速やかに概観するためには、オランダ語の知識のある読者であれば、テウン・デ・フリース『スピノザ――聖像破壊者にして世界建設者』(Theun de Vries, *Spinoza: Beeldenstormer en Wereldbouwer.*) のような気軽な著作に目を通すのも望ましいかもしれない。

第一章　定住への道

註1　ネタニヤフは、その著書『十五世紀スペインにおける異端審問所の起源』(Benzion Netanyahu, *The Origins of the Inquisition in Fifteenth-Century Spain.*) において、ほとんどすべての改宗者が全きキリスト教徒となり、ユダヤ教実践者はほとんどいなかったと主張している。

註2　中世期スペインにおけるユダヤ教徒の歴史とその追放に至るまでの出来事についての優れた概論には、以下のものがある――バエル『キリスト教のスペインにおけるユダヤ教徒の歴史』(Yitzhak Baer, *A History of the Jews in Christian Spain.*)、ロス『マラーノの歴史』(Cecil Roth, *A History of Marranos.*)、ガーバー『スペインのユダヤ教徒たち』(Jane Gerber, *The Jews of Spain.*)、ルロワ『キリスト教のスペインにおけるユダヤ教たち』(Béatrice Leroy, *Les Juifs dans l'Espagne chrétienne.*)。

註3　信頼に値するいくつかの記述（ただしいずれの記述も等しく一致しているわけではない）は、以下の文献に見出される――ダ・シルヴァ・ローサ『アムステルダムのポルトガル人ユダヤ教徒の歴史』(J. S. da Silva Rosa, *Geschiedenis der Portugeesche Joden te Amsterdam.*)、ダンコナ「ネーデルラント北部への隠れユダヤ教徒たちの到着――統合までのアムステルダムのポルトガル人共同体」(J. d'Ancona, "Komst der Marranen in Noord-Nederland: De Portugese Gemeenten te Amsterdam tot de Vereninging.")、ブルフマンス、フランク共編『ネーデルラントのユダヤ教徒の歴史』所収 (J. d'Ancona, "Komst der Marranen in Noord-Nederland: De Portugese Gemeenten te Amsterdam tot de Vereniging," in H. Brugmans and A. Frank, eds., *Geschiedenis der Joden in Nederland.*)、バロン『ユダヤ教

徒の社会的、ならびに宗教的歴史』、第十五巻、第六十三章「オランダのイェルサレム」(S. W. Baron, *A Social and Religious History of the Jews*, vol.15, chap.63: "Dutch Jerusalem.")、ミヒマン、ベーム共著『ピンカス――ネーデルラントのユダヤ教徒共同体の歴史』(Jozeph Michman, Hartog Beem, Dan Michman, *PINKAS: Geschiedenis van de joodse gemeenschap in Nederland.*)、フックス=マンスフィールド『一七九五年までのオランダのセファルディム』(R. G. Fuks-Mansfield, *De Sefardim in Amsterdam tot 1795.*)、フレッシング「黄金時代のポルトガル人ユダヤ教徒たち」(Odette Vlessing, "Portugese Joden in de Gouden Eeuw.")。

註4　ヌニェスの物語は、ネーデルラント共和国のポルトガル人ユダヤ教徒共同体の詩人にして歴史家、ダニエル・レヴィ・デ・バリオスによって、その著書『オランダの一般市民による政治と遺跡の勝利』(Daniel Levi de Barios, *Triumpho del govierno popular y de la antigüedad Holandesa*)(Amsterdam, ca.1683-4)において初めて語られている。デ・バリオスの歴史記述における虚と実を判別する試みとしては、ウィルヘルミナ・クリスティナ・ピーテルセ『歴史家ダニエル・レヴィ・デ・バリオスの「一般市民による政治の勝利」――アムステルダムのポルトガル人ユダヤ教徒共同体についての語り部』(Wilhelmia Christina Pieterse, "Daniel Levi de Barios als Geschiedschrijver van de Portugees-Israelietische Gemeente te Amsterdam in zijn "Triumpho del Govierno Popular.")を参照。ヌニェスの結婚にかかわる禁止事項については、一五九八年十一月二十八日に発布され、これについてはアムステルダム市立古文書館所蔵資料「洗礼、結婚、埋葬の記録」("Baptism, Marriage, and Burial Registers," no. 665, fol. 54.)を参照。しかしながら、近年の研究者たちは、マリアも彼女の夫も公的にはユダヤ教に復帰したことは一度もなく、また実際には最終的に彼らはスペインに帰還したということを発見した。これについては、サロモン「神話または反神話――アムステルダムにおけるポルトガル人ユダヤ文化の起源に関する最古の記述」(H. P. Salomon, "Myth or Anti-Myth: The Oldest Account Concerning the Origin of Portuguese Judaism at Amsterdam.")、およびコーヘン「未来の諸世紀への記憶――アムステルダムのセファルディ共同体の創設についての神話と記憶」(Robert Cohen, "Memoria para os siglos futuros: Myth and Memory on the Beginnings of the Amsterdam Sephardi Community.")を参照。

註5　この物語は、モーゼス・ハレヴィの孫息子、すなわちアロンの息子ウリ・ベン・アロン・ハレヴィにより、一六七四年頃には出版され、手に取ることが可能となったその著書『アムステルダムへのスペイン系ユダヤ人の到着の物語』(Uri ben Aaron Halevi, *Narraçao da vinda dos Judeos espanhoes a Amsterdam.*)において初めて語られた。デ・バリオスによれば、これらの出来事は一五九五年から九七年頃にかけてあったとされ、ハレヴィによれば、一六〇三年から一六〇四年頃とされる。

註6　サロモン「神話または反神話――アムステルダムにおけるポルトガル人ユダヤ文化の起源に関する最古の記述」（H. P. Salomon, "Myth or Anti-Myth: The Oldest Account Concerning the Origin of Portuguese Judaism at Amsterdam."）、およびコーヘン「未来の諸世紀への記憶――アムステルダムのセファルディ共同体の創設についての神話と記憶」（Robert Cohen, "Memoria para os siglos futuros: Myth and Memory on the Beginnings of the Amsterdam Sephardi Community."）を参照。

註7　アムステルダム市立古文書館所蔵資料（no. 5059, sub. 24–40 [H. Bontemantel collection], i. c. 34.）。さらにフウセン「一六〇〇年頃のセファルディ系ユダヤ人の法的地位」（Arend H. Huussen, Jr., "The Legal Position of Sephardi Jews in Holland, circa 1600."）を参照。

註8　「ネーデルラントにおけるセファルディ系ユダヤ人社会の台頭は、国際貿易における彼らの活躍に支えられた。[……]セファルディの移民たちはオランダの諸都市における定住を許可されたが、特にアムステルダム、ロッテルダム、ミッデルブルフは、彼らを経済的に有用な存在と見なしていたがゆえに受け入れた」――イスラエル「ネーデルラント共和国へのセファルディムの移民」、四五頁（Jonathan Israel, "Sephardic Immigration into the Dutch Republic" 45.）。

註9　実際のところ、ほとんどがカトリックを実践していたと示唆されてきた。これについては、サロモン「神話または反神話――アムステルダムにおけるポルトガル人ユダヤ文化の起源に関する最古の記述」、三〇二～三〇三頁（H. P. Salomon, "Myth or Anti-Myth: The Oldest Account Concerning the Origin of Portuguese Judaism at Amsterdam." 302–303.）を参照。

註10　アムステルダム市立古文書館所蔵の公証人資料（no. 76, fol. 3–4）を参照。

註11　この初期の集団にとっての（そして後にベト・ヤコブ共同体にとっての）精神的指導者としての役割をモーゼス・ハレヴィが担い、彼がその集団の最初のラビ〔ユダヤ教の師〕として奉仕したと、一般的には考えられている。しかしながらオデット・フレッシングは、この仮説を裏付ける証拠は何もないと主張し、実際にいくつかの資料は反証である。これについては、彼女の論文「アムステルダムのポルトガル人ユダヤ教徒の最初期の歴史についての新知見」（Odette Vlessing, "New Light on the Earliest History of the Amsterdam Portuguese Jews."）を参照。

註12　フウセン「一六〇〇年頃のセファルディ系ユダヤ人の法的地位」（Arend H. Huussen, Jr., "The Legal Position of Sephardi Jews in Holland, circa 1600."）を参照。

註13　オデット・フレッシングの調査によれば、アムステルダムのユダヤ人たちがユダヤ教を遵守していたということについての最初の確証は、一六一〇年の公証人資料において初めて得られ、そこにおいて、数人のポルトガル人たちが儀礼的

屠畜のための家畜を届けてもらうためにオランダ人の食肉商人たちに連絡を取っている――フレッシング「アムステルダムのポルトガル人ユダヤ教徒の最初期の歴史についての新知見」、四七頁（Odette Vlessing, "New Light on the Earliest History of the Amsterdam Portuguese Jews," 47.）を参照。

註14　一六〇七年からアウデルケルクに敷地が購入される一六一四年までの間、アムステルダムのユダヤ教徒たちは、アルクマール市の外れのフロートに手に入れた小さな区画を墓地として使用した。

註15　ベト・ヤコブ共同体の設立に与えられている年号は、早いもので一六〇〇年頃、遅いもので一六〇八年頃というように、その範囲でさまざまに異なる。フレッシングは、ネヴェ・シャロム共同体の設立がベト・ヤコブ共同体の設立よりも早かったということを信じる根拠があると主張している――フレッシング「アムステルダムのポルトガル人ユダヤ教徒の最初期の歴史についての新知見」（Odette Vlessing, "New Light on the Earliest History of the Amsterdam Portuguese Jews."）を参照。

註16　フレッシングは、ネヴェ・シャロム共同体が存在したことを証明する具体的な証拠は一六一二年以前には見当たらず、一方のベト・ヤコブ共同体の存在を証明する最初の裏付けは一六一四年に現れるということを明らかにしている――フレッシング「アムステルダムのポルトガル人ユダヤ教徒の最初期の歴史についての新知見」、四八～五〇頁（"New Light on the Earliest History of the Amsterdam Portuguese Jews," 48–50.）を参照。

註17　コーエン「一六一二年の礼拝堂（シナゴーグ）建設に纏わる真実」（E. M. Koen, "Waar en voor wie werd de synagogue van 1612 gebouwed?"）を参照。コーエンが示唆するところによれば、その家はネヴェ・シャロム共同体が一六一二年に建てたにもかかわらず、使用を禁じられた、まさにその建物である。

註18　フックス＝マンスフィールド『アムステルダムのセファルディム』、五三～五五頁（Fuks-Mansfield, *De Sefardim in Amsterdasm*, 53–55.）。

註19　レヴィン、モルゲンシュテイン共著『レンブラントの時代のユダヤ人たち』、五頁（Ruth E. Levine and Susan W. Morgenstein, *Jew in the Age of Rembrandt*, 5.）より引用。

註20　フロティウスの『ホラント州と西フリースラント州に上陸したユダヤ教徒たちに課せられるべき諸制限についての提言書』（Hugo Grotius, *Remonstrantie nopend de ordre dije in de landen van Hollandt ende Westvriesland dijent gestalt op de Joden.*）を参照。

註21　ユダヤ教徒たちの前向きな認知に向けた包括的議論については、フウセンの論文（H. G. Huusen, "The Legal Position of Sephardi Jews in Holland, circa 1600."）を参照。さらにナオンの論文「十七世紀のセファルディムの西の首

都アムステルダム」(Gérard Nahon, "Amsterdam, métropole occidentale des *Sefarades* au XVIIe siècle.") も参照。

註22 「連邦諸州に居住するユダヤ教徒国民、ならびにホラント州に居住するユダヤ教徒国民、同じくアムステルダム市に居住するユダヤ教徒国民の長老たちが、スペイン国王ならびにその臣民によって、交通、航海、さらにはその他の事柄に関し、しばしば彼らに適用される不当かつ厳重な措置への不満を訴えつつ、共和国閣下〔共和国政府〕に提出した要望について、政府役人たちは熟慮とともに理解を示し、前述のユダヤ教徒国民のその者たちはネーデルラント共和国の真の臣民かつ居住者であり、それゆえに同時に彼らは、前述のスペイン国王と締結された友好条約ならびに航海条約によって得られる諸権利と諸利点を、条件付きではあるが、享受し、保持し、利益としなければならないと認められ、宣言されるべきであるとの公的態度を表明した〔……〕」——クーネン「ネーデルラントにおけるユダヤ人の歴史」(H. J. Koenen, *Geschiedenis der Joden in Nederland.*) を参照。しかしながら、完全な市民権の解放は、次の世紀になるまで実現されなかった。

註23 ユダヤ教徒とオランダ人の関係は、共和国が一六四八年まで戦争を継続していたスペイン国王の態度と行動によって、同時に大きく影響されたということを、ジョナサン・イスラエルは明らかにしている——イスラエル「一六〇九〜一六六〇年のスペインとオランダのセファルディム」(Jonathan Israel, "Spain and Dutch Sephardim, 1609–1660.")。

註24 コラコウスキ『教会なきキリスト教徒たち』、第二章 (Leszek Kolakowski, *Chretiens sans église*, chap. 2.)。

註25 抗議派の指導的立場にある論客の一人ウイテンボハールトは、ゴマルス派〔レイデン大学教授フランシスクス・ゴマルス率いる反抗議派〕を、法王同様に、教会を世俗社会の管理下に置こうと欲していると批判した。

註26 抗議派の危機に関する良質の研究としては、ピーター・ヘイルの著書『十七世紀のネーデルラント共和国』、第一章、三八〜六三頁 (Pieter Geyl, *The Netherlands in the Seventeenth Century*, I: 38–63.) を参照。ゲーリー・シュワルツは、その著書『レンブラント——彼の生涯、彼の絵画』(Gary Schwarts, *Rembrandt: His Life, His Paintings.*) において、レンブラントの経歴を理解するにあたり、この危機の、特に親抗議派都市としてのアムステルダムの発展の重要性を明らかにしている。

註27 事実、反抗議派は抗議派ほどにはユダヤ教徒に対しては敵意を抱いておらず、ユダヤ教徒の立場からすれば、抗議派が敗北したのはひじょうに都合がよかったと、ジョゼフ・ミヒマンは示唆している——ミヒマン「ネーデルラント共和国のユダヤ教徒の歴史」(Jozeph Michman, "Historiography of the Jews in the Netherlands.")。

註28 モーセの律法を忠実に遵守するべきであるとのユダヤ教徒たちに対するアムステルダム市の警告はおそらく、彼らが「旧約聖書」の民の生き写しであるということを可能な限り確実にするための試みでもあった。

註29　ダンコナ「ネーデルラント北部への隠れユダヤ教徒たちの到着——統合までのアムステルダムのポルトガル人共同体」、二六一～二六二頁（J. d'Ancona, "Komst der Marranen in Noord-Nederland: De Portugese Gemeenten te Amsterdam tot de Vereninging," 261–2.）。

註30　スウェチンスキ「十七世紀アムステルダムのポルトガル人ユダヤ教徒の商人たち」、二二一～二二九頁（Daniel M. Swetschinski, *The Portuguese-Jewish Merchants of Seventeenth Century Amsterdam,* 22–9.）。

註31　レヴァ「ウリエル・ダ・コスタの宗教」、六二頁（I. S. Revah, "La Religion d'Uriel da Costa," 62.）。

註32　ヨヴェル『スピノザとその他の異端者たち』、第一章、一九～二八頁（Yirmiyahu Yovel, *Spinoza and Other Heretics,* I:19–28.）。

註33　ヴェニス出身のパルドは、初期の共同体の典礼規範の確立における中心的な存在だった——ボディアン「アムステルダム、ヴェニス、そして十七世紀の隠れユダヤ教徒たちの離散」、四八頁（Miriam Bodian, "Amsterdam, Venice, and Marrano Diaspora in the Seventeenth Century," 48.）。

註34　ダンコナ「ネーデルラント北部への隠れユダヤ教徒たちの到着——統合までのアムステルダムのポルトガル人共同体」、二二八～二三九頁（J. d'Ancona, "Komst der Marranen in Noord-Nederland: De Portugese Gemeenten te Amsterdam tot de Vereninging," 228–39.）、フックス＝マンスフィールド『アムステルダムのセファルディムについて』、六一頁（Fuks-Mansfield, *De Sefardim in Amsterdam,* 61.）、カイサーリンク「アムステルダムのスペイン＝ポルトガル人共同体におけるある一つの闘争——そのいくつかの結末」（M. Kayserling, "Un Conflit dans la communauté hispano-portugaise d'Amsterdam-Ses consequences."）を参照。

註35　ボディアン「アムステルダム、ヴェニス、そして十七世紀の隠れユダヤ教徒たちの離散」、五三～五七頁（Miriam Bodian, "Amsterdam, Venice, and Marrano Diaspora in the Seventeenth Century," 53–7.）。

註36　ファス・ディアス「アムステルダムのポルトガル人共同体ベト・ヤコブの分裂」、三八七～三八八頁（A. M. Vaz Dias, "De scheiding in de oudste Amsterdamsche Portugeesche Gemeente Beth Jacob," 387–8.）。

註37　ヴェニス共同体の裁定書のポルトガル語訳は、アムステルダム市立古文書館に保存されている（no.334, fol.2.）。

註38　レヴァ「ラ・『サンタ・コンパニーア・デ・ドタール・オルファンス・エ・ドンゼラス・ポブレス』によって印刷された最初の規約」（I. S. Revah, "Le Premier Réglement imprimé de la 'Santa Companhia de dotar orfans e donzelas pobres.'"）を参照。

註39　ダンコナ「ネーデルラント北部への隠れユダヤ教徒たちの到着——統合までのアムステルダムのポルトガル人共同体」、

二四四〜二四五頁（J. d'Ancona, "Komst der Marranen in Noord-Nederland: De Portugese Gemeenten te Amsterdam tot de Vereninging," 244ff..）、フレッシング「アムステルダムのポルトガル人ユダヤ教徒の最初期の歴史についての新知見」、五三〜六一頁（Odette Vlessing, "New Light on the Earliest History of the Amsterdam Portuguese Jews," 53-61.）を参照。

註40　草創期の一六一六年に、アウデルケルク墓地に埋葬された何人かのゲルマン系のユダヤ教徒たちについての記録が存在する。

註41　カプラン「十七世紀のアムステルダムのポルトガル人共同体とアシュケナジムの世界」（Yosef Kaplan, "The Portuguese Community in Seventeenth Century Amsterdam and Ashkenazi World."）、ファス・ディアス「アムステルダムのゲルマン系ユダヤ教徒共同体の歴史に対する新たな貢献」（A. M. Vaz Dias, "Niuewe Bijdragen tot de Geschiedenis der Amsterdamsche Hoogduitsch-Joodsche Gemeente."）、ミヒマン、ベーム共著『ピンカス――ネーデルラントのユダヤ教徒共同体の歴史』、第三章（J. Michman, Beem, and Michiman, *PINKAS: Geschiedenis van de joodse gemeenschap in Nederland*, chap. 3.）を参照。

註42　レヴィン、モルゲンシュテイン共著『レンブラントの時代のユダヤ人たち』、七頁（Levin and Morgenstein, *Jews in the Age of Rembrandt*, 7.）

註43　ファン・ディレン「アムステルダム銀行」（J. G. van Dillen, "La Banque d'Amsterdam."）。

註44　スウェチンスキ『十七世紀アムステルダムのポルトガル人ユダヤ教徒の商人たち』、一二八頁（Daniel M. Swetschinski, *The Portuguese-Jewish Merchants of Seventeenth Century Amsterdam*, 128.）。

註45　フレッシング「アムステルダムのポルトガル人ユダヤ教徒の最初期の歴史についての新知見」、六二〜六三頁（Odette Vlessing, "New Light on the Earliest History of the Amsterdam Portuguese Jews," 62-3.）。

註46　同書。

註47　同書、五四〜五六頁。

註48　スウェチンスキ『ポルトガル人ユダヤ教徒の商人たち』、一八四〜一八五頁（Daniel M. Swetschinski, Portuguese-Jewish Merchants, 184-5.）、ファス・ディアスとファン・デル・タクの共著「ベントならびにガブリエル・デ・スピノザ商会」、一八〇頁（A. M. Vaz Dias and W. G. van der Tak, "The Firm of Bento y Gabriel de Spinoza," 180.）を参照。

註49　オランダのセファルディムの経済的地位と商業活動に関する最新の諸研究には、以下のものがある――イスラエル

「一五九五～一七一三年までのオランダの黄金時代へのオランダのセファルディ系ユダヤ人たちによる経済的貢献」（Jonathan Israel, "The Economic Contribution of Dutch Sephardic Jewry to Holland's Golden Age, 1595–1713."）、スウェチンスキ「同族関係と商業——十七世紀オランダにおけるポルトガル人ユダヤ教徒の生活基盤」（Daniel M. Swetscinski, "Kinship and Commerce: The Foundations of Portuguese Jewish Life in Seventeenth Century Holland."）、フレッシング「アムステルダムのポルトガル人ユダヤ教徒の最初期の歴史についての新知見」（Odette Vlessing, "New Light on the Earliest History of the Amsterdam Portuguese Jews."）。その他にも、メシュラン『スピノザの時代のアムステルダム——金と自由』（Henri Méchoulan, *Amsterdam au temps de Spinoza: Argent et liberté.*）、ブルーム『十七世紀および啓蒙の世紀におけるアムステルダムのユダヤ教徒たちの経済活動』（Herbert Bloom, *The Economic Activities of the Jews of Amsterdam in the Seventeenth and Eighteenth Centuries.*）。

註50　十七世紀のアムステルダムのユダヤ居住区の居住者の人口統計についての最良の研究には、以下のものがある——ファス・ディアス「アムステルダムのユダヤ教徒たちのための明確に規定された居住地の要求」（A. M. Vaz Dias, "Een verzoek om de Joden in Amsterdam een bepaalde woonplaats aan te wijzen."）、レヴィ、ザントカイル共著『十七世紀のアムステルダムに住まうこと』（Tirtsah Levie, Henk Zantkuyl, *Wonen in Amsterdam de 17de eeuw*, chap. 7.）。

註51　このことは、これらのユダヤ教徒たちがどれほど敬虔だったのかという素朴な疑問を投げかける。例えば、彼らはいつでも「適法（コシェル）」を遵守していたのか。家の中だけでか。それともすべての場所においてか。スウェチンスキが述べているように、この問題に対する答えを実際に私たちは持っていない——スウェチンスキ「十七世紀のアムステルダムのポルトガル人ユダヤ教徒の商人たち」、四三七～四三八頁（Daniel M. Swetschinski, *The Portuguese-Jewish Merchants of Seventeenth Century Amsterdam*, 437-8.）を参照。

第二章　大伯父アブラハムと父ミカエル

註1　アムステルダム市立古文書所館蔵資料、ヤン・フランスゾーン・ブライニンフ（Jan Fransz. Bruyningh）のための公正証書（register 76, fol. 3.）。本証書、ならびにアブラハム・デ・スピノザの人生にかかわりを持つその他の公証人資料は、ファス・ディアス、ファン・デル・タク共著『スピノザ、商人にして独学の人』、第二章（A. M. Vaz Dias and W. G. van der Tak, *Spinoza, Merchant and Autodidact*, chap.2.）に見ることができる。

註2　私たちは、一六二七年にロッテルダムで死去したイサーク・デスピノザが、アブラハムと同様、フランスのナントにしばらく住んでいたことを知っており、というのは彼は、ベト・ハイムの埋葬記録における「ナントからロッテルダムに来たイサーク・デスピノザ」と同一人物だからである――ファス・ディアス、ファン・デル・タク共著『スピノザ、商人にして独学の人』、一一四頁（Vaz Dias and Van der Tak, *Spinoza, Merchant and Autodidact,* 114.）を参照。共同体の中の最も裕福な成員たちは、百フルデンを超える二百分の一税を納めていた。

註3　同書、一二六頁。

註4　同書、一一九頁。

註5　同書、一二四頁。

註6　同書、一二〇頁。

註7　ダンコナ「ネーデルラント北部への隠れユダヤ教徒たちの到着――統合までのアムステルダムのポルトガル人共同体」、二三三頁（J. d'Ancona, "Komst der Marranen in Noord-Nederland: De Portugese Gemeenten te Amsterdam tot de Vereninging," 233.）。

註8　ファス・ディアス、ファン・デル・タク共著『スピノザ、商人にして独学の人』、一一四頁（A. M. Vaz Dias and W. G. van der Tak, *Spinoza, Merchant and Autodidact,* 114.）。

註9　同書。

註10　イサークは明らかにまだポルトガルにおり、そのときにミカエルはその地で一五八八年か一五八九年に生まれた。アブラハムは一五九六年までにはナントにいた。考えられ得ることであるが、もしイサークとアブラハムが同時に出発したとすれば、そのときミカエルは最大で八歳になっていた。

註11　幼くして世を去った三人目の子供があったかもしれない。ベト・ハイムの記録文書には、「アブラハム・デ・エスピノザ（Abrah. de Espinoza）の一人の孫」は一六二二年十二月二十九日に世を去ったと記されている。しかしながら、それがアブラハム・デ・スピノザ・デ・ナンテス（Abraham de Spinoza de Nantes）を言っているのか、それともアブラハム・デ・スピノザ・デ・ヴィラ・ロボス（Abraham de Spinoza de Villa Lobos）を言っているのか、判別が付かない。

註12　ファス・ディアス、ファン・デル・タク共著『スピノザ、商人にして独学の人』、一三一～一三二頁（A. M. Vaz Dias and W. G. van der Tak, *Spinoza, Merchant and Autodidact,* 131–132.）。

註13　同書、一三四頁。

註14　同書、一三五～一三六頁。

註15　三十年戦争の以前と以後のオランダのユダヤ教徒の経済的機運の比較については、ジョナサン・イスラエル「国際貿易におけるオランダのセファルディムの役割の変化、一五九五～一七一五年」(Jonathan Israel, "The Changing Role of the Dutch Sephardim in International Trade, 1595–1715.") を参照。アムステルダム証券銀行の口座数については、同書、三五頁を参照。

註16　同書、およびイスラエル「オランダの黄金時代へのオランダのセファルディ系ユダヤ人社会の経済的貢献、一五九五～一七一三年」(Israel, "The Economic Contribution of Dutch Sephardic Jewry to Holland's Golden Age, 1595–1713.") を参照。

註17　ファス・ディアス、ファン・デル・タク共著『スピノザ、商人にして独学の人』、一四五頁 (A. M. Vaz Dias and W. G. van der Tak, *Spinoza, Merchant and Autodidact*, 145.)。

註18　同書、一三九頁。

註19　彼は一六二七年十月八日の公証行為において次のように証言している。「本日、一六二七年十月八日、いずれも上記の市に居住するポルトガル国民である、約三十歳のメンド・ロペス、約三十八歳のミカエル・デスピノザ、約三十一歳のホルヘ・フェルナンデス・カネーロが現れ、立会人となり［……］」――ファス・ディアス、ファン・デル・タク共著『スピノザ、商人にして独学の人』、一二七頁 (A. M. Vaz Dias and W. G. van der Tak, *Spinoza, Merchant and Autodidact*, 127.) より。私たちが、ミカエルが誕生したと考えられる年号に関する何らかの裏付けを得るのは、このような資料からである。

註20　これはイサークが、ラケルの息子ではなく、ハンナの息子――それゆえバルーフの実母――であり、しかも彼がバルーフよりも前に生まれたという仮説に基づく。イサークがハンナの息子だったとは絶対的には言い切れない。彼がバルーフよりも年長だったということは、彼らの父親が彼らをエッツ・ハイム協会に一六三七年に登録したとき、その父がアルファベット順にではなく、イサークの名前を最初に書き記したという事実によって示唆され、それはイサークの方が年上だったということを指示していると思われる――ファス・ディアス、ファン・デル・タク共著『スピノザ、商人にして独学の人』、一五七頁 (A. M. Vaz Dias and W. G. van der Tak, *Spinoza, Merchant and Autodidact*, 157.)。またその年上の息子は父方の祖父にちなんで名付けられ、年下の息子は母方の祖父にちなんで名付けられたのだろう。

註21　スウェチンスキ『ポルトガル人ユダヤ教徒の商人たち』、六九四頁 (Daniel M. Swetchinski, *The Portuguese-Jewish Merchants of Amsterdam*, 694.)。

註22　あるいは、ある歴史家はそのように主張している――レヴィン『スピノザ――過去を破壊した若き思想家』、三九頁

(Dan Levin, *Spinoza: The Young Thinker Who Destroyed the Past*, 39.) を参照。

註23　ファス・ディアス、ファン・デル・タク共著『スピノザ、商人にして独学の人』、一三〇～一三一頁（A. M. Vaz Dias and W. G. van der Tak, *Spinoza, Merchant and Autodidact*, 130-131.）。

註24　「デピュタドス」と「セニョーレス・キンゼ」によって一六三〇年から一六三九年年までに決定された諸規定に関するこれらすべての情報は、ダンコナ「ネーデルラント北部への隠れユダヤ教徒たちの到着――統合までのアムステルダムのポルトガル人共同体」、二六二～二六九頁（J. d'Ancona, "Komst der Marranen in Noord-Nederland: De Portugese Gemeenten te Amsterdam tot de Vereninging," 262-269.）に拠る。

註25　ファス・ディアス、ファン・デル・タク共著『スピノザ、商人にして独学の人』、一三〇～一三一頁（A. M. Vaz Dias and W. G. van der Tak, *Spinoza, Merchant and Autodidact*, 130-131.）。

註26　同書。

註27　同書、一三二頁。

第三章　祝福されし者――ベント／バルーフ

註1　フロイデンタール『スピノザの生涯の記録』、三頁（Jacob Freudenthal, *Die Lebensgeschichte Spinoza's*, 3.）。

註2　コレルス『信頼すべき文書、および存命の関係者の口述から編纂された、ベネディクトゥス・スピノザの、短くはあるが、忠実な伝記』（Johannes Colerus, *Korte, dog waarachtige Levens-Beschryving van Benedictus de Spinosa, Uit Autentique Stukken en mondeling getuigenis van nog levende Personen, opgestelt.*）より――フロイデンタール『スピノザの生涯の記録』所収、三五頁（Jacob Freudenthal, *Die Lebensgeschichte Spinoza's*, 35.）。オランダ語版（おそらくドイツ語原典版からの翻訳である）においては、スピノザは一六三三年十二月に生まれたと、その誕生月についてのコレルスの記述は誤記されている。フランス語版においては、この誤りは一六三二年十一月に訂正されている。コレルスはスピノザが短期間住んだデン・ハーグの同じ家に実際に住み、その大家とスピノザについての会話を持ったと言っている。

註3　レンブラントがフレデリック・ヘンドリックの宮廷のために制作した絵画作品目録については、シュワルツ『レンブラント――彼の生涯、彼の絵画』、六九頁（Gary Schwartz, *Rembrandt: His Life, His Paintings*, 69.）を参照。

註4　フロイデンタール『スピノザの生涯の記録』、三頁（Jacob Freudenthal, *Die Lebensgeschichte Spinoza's*, 3.）。

註5　ベイル『歴史批評辞典』(Pierre Bayle, *Dictionnaire historique et critique.*）における「スピノザの項目」——同書、二九頁を参照。

註6　同書、三五～三六頁。

註7　レヴィン『スピノザ——過去を破壊した若き思想家』(Dan Levin, *Spinoza: The Young Thinker Who Destroyed the Past.*）を参照。

註8　ファス・ディアス、ファン・デル・タク共著『スピノザ、商人にして独学の人』、一三九、一七二～一七五頁（A. M. Vaz Dias and W. G. van der Tak, *Spinoza, Merchant and Autodidact*, 139, 172–175.）を参照。

註9　同書、一七一頁。

註10　フロイデンタール『スピノザの生涯の記録』、三六頁（Jacob Freudenthal, *Die Lebensgeschichte Spinoza's*, 36.）。

註11　ファス・ディアス、ファン・デル・タク共著『スピノザ、商人にして独学の人』、一三九、一七九～一八三頁（A. M. Vaz Dias and W. G. van der Tak, *Spinoza, Merchant and Autodidact*, 139, 179–183.）を参照。

註12　エマニュエル『キュラソー島のユダヤ教の貴き石——キュラソー島のユダヤ文化、一六五六～一九五七年』、一九四頁（Isaac S. Emmanuel, *Precious Stones of the Jews of Curaçao. Curaçaon Jewry 1656–1957*, 194.）。

註13　同書、一九三頁。

註14　反対に、ヤープ・メイエルは、ガブリエルはバルーフよりも年長であると主張している——メイエル『ネーデルラントのセファルディム辞典』、第二巻、五一頁（Jaap Meijer, *Encyclopedia Sephardica Neerlandica*, 2: 51.）。

註15　ファス・ディアス、ファン・デル・タク共著『スピノザ、商人にして独学の人』、一八八頁（A. M. Vaz Dias and W. G. van der Tak, *Spinoza, Merchant and Autodidact*, 188.）を参照。

註16　同書、一九四頁。

註17　例えば、一九三三年の『マートブラット・アムステロダムン』誌（*Maadblad Amstelodamum*）第二号におけるジークムント・セーリグマン（Sigmund Seeligmann）の記事を参照。

註18　イスラエル『ネーデルラント共和国——その隆盛、威光、凋落、一四七七～一八〇六年』、五一六～五三一頁（Jonathan Israel, *The Dutch Republic: Its Rise, Greatness, and Fall, 1477–1806*, 516–531.）。

註19　同書、六二五頁。

註20　シャマ『金持ちたちの困惑』、三五八頁（Simon Schama, *The Embarrassment of Riches*, 358.）より引用。

註21　その挿話に関するシャマの啓発的な議論に加え、ポスチュマス「一六三六年と一六三七年のオランダにおけるチュー

リップ熱」(N. W. Posthumus, "The Tulip Mania in Holland in the Years 1636 and 1637.") を参照。

註22　この論争における資料、ならびにその出来事の一連の経緯については、アレクサンダー・アルトマン「処罰の永遠性」(Alexander Altmann, "Eternity of Punishment.") に再録されており、ひじょうに貴重である。

註23　同書、一五頁。

註24　同書、一九頁。

註25　ウィッツニツァー「アムステルダムの『タルムード・トーラー共同体』の統合の合意と諸規定(一六三八〜三九年)」(Arnold Witznitzer, "The Merger Agreement and the Regulations of Congregation 'Talmud Torah' of Amsterdam [1638-39].") を参照。

註26　フォッケンス『遍く知れ渡る商業都市アムステルダムの描写(一六二二年)』(M. Fokkens, Beschrijvinghe der Wijdtvermaarde koopstadt Amsterdam (1622).――ガンス『回想録』、四六頁 (Mozes H. Gans, *Memorboek*, 46.) からの引用。

註27　「理事会(マアマド)」によって課せられた新たな規定は、ナオン「十七世紀のセファルディムの西の首都アムステルダム」、三九〜四六頁 (Gérard Nahon, "Amsterdam, métropole occidentale des *Sefarades* au XVIIe siècle," 39-46.) に再録されている。

註28　スウェチンスキ『アムステルダムのポルトガル人ユダヤ教徒の商人たち』、三七七頁 (Daniel M. Swetchinski, *The Portuguese-Jewish Merchants of Amsterdam*, 377.)。

註29　プライス『十七世紀のホラント州とネーデルラント共和国』、五一〜五二頁 (J. L. Price, *Holland and the Dutch Republic in the Seventeenth Century*, 51-52.)。

註30　同書、三八頁。

註31　フロイデンタール『スピノザの生涯の記録』、三頁 (Jacob Freudenthal, *Die Lebensgeschichte Spinoza's*, 3.)。

註32　セバスティアン・コルトホルトは、父クリスティアン・コルトホルトが執筆した著作への序文「三大欺瞞者」(Sebastian Korthold, *De tribus impostoribus magnis*.) においてそのように述べている――フロイデンタール『スピノザの生涯の記録』、二六頁 (Jacob Freudenthal, *Die Lebensgeschichte Spinoza's*, 26.)。

註33　ファス・ディアス、ファン・デル・タク共著『スピノザ、商人にして独学の人』、一五七頁 (A. M. Vaz Dias and W. G. van der Tak, *Spinoza, Merchant and Autodidact*, 157.)。

第四章　タルムード・トーラー学校

註1　ファス・ディアス、ファン・デル・タク共著『スピノザ、商人にして独学の人』、一五〇頁（A. M. Vaz Dias and W. G. van der Tak, *Spinoza, Merchant and Autodidact*, 150.）。

註2　マーカス『中世のユダヤ人たち』、三七九頁（Jacob Marcus, *The Jews in the Medieval World*, 379.）。

註3　十七世紀のポルトガル人ユダヤ教徒の教育制度については、パライラとダ・シルヴァ・ローサの共著『回想録』（M. C. Paraira and J. S. da Silva Rosa, *Gedenkschrift*.）を参照。

註4　マーカス『中世のユダヤ人たち』、三七九頁（Jacob Marcus, *The Jews in the Medieval World*, 379.）。

註5　同書。

註6　ロス「隠れユダヤ教徒の離散におけるスペインの役割」、一一五頁（Cecil Roth, "The Role of Spanish in the Marrano Diaspora," 115.）。

註7　バスの報告によるものであり、スピノザが通学していたときよりも少し後のことである――マーカス『中世のユダヤ人たち』、三七九頁（Jacob Marcus, *The Jews in the Medieval World*, 379.）における引用を参照。

註8　オッフェンベルグ他『スピノザ――没後三百年記念展カタログ』（パリのネーデルラント研究所で一九七七年五月から六月にかけて開催された展覧会の図録）、七四頁（A. Offenberg et al., *Spinoza: Troisième centenaire de la mort du philosophe*. Catalog of the exhibition held at the Institut Néerlandais, May-June 1977. Paris, 1977, 74.）。

註9　ポプキン「スピノザと聖書についての学識」、三八四〜三八五頁（Richard Popkin, "Spinoza and Bible Scholarship," 384-5.）。

註10　フロイデンタール『スピノザの生涯の記録』、四頁（Jacob Freudenthal, *Die Lebensgeschichte Spinoza's*, 4.）。

註11　同書、三六頁。

註12　同書、二〇頁。

註13　レヴァ「スピノザの断絶の始まりについて――スピノザ＝プラド＝リベラ事件の展開と結末についての、その諸要因の再検証」、三八二頁（I. S. Revah, "Aux origines de la rupture Spinozienne: Nouvel examen des origins, du déroulement et des conséquences de l'affaire Spinoza-Prado-Ribera.," 382.）。ウリエル・ダ・コスタ『パリサイ人の伝統の検証』（Uriel da Costa, *Examination of the Pharisaic Traditions*. Trans. H.P. Salomon and I. S. D. Sassoon.）のサロモンによる英語版における家系図は、スピノザの母は実際にダ・コスタの家族と遠い親戚の関係にあっ

たことを示している。

註14　ウリエル・ダ・コスタ『人間的生涯の一例』（Uriel da Costa, *Exemplar.*）——オジエ『ウリエル・ダ・コスタからスピノザへ』、一三九頁（Jean-Pierre Osier, *D'Uriel da Costa à Spinoza,* 139.）における引用を参照。

註15　同書、一四〇頁。

註16　アルビアク『空虚な礼拝堂（シナゴーグ）』、第二部、第一章（Gabriel Albiac, *La Synagogue vide,* pt. 2, chap. 1.）。

註17　レヴァ「ウリエル・ダ・コスタの宗教」（I. S. Revah, "La Religion d'Uriel da Costa."）、およびヨヴェル『スピノザとその他の異端者たち』、第一巻「理性のマラーノ」、第三章（Yirmiyahu Yovel, *Spinoza and Other Heretics.* Vol. 1, "The Marrano of Reason", chap. 3.）を参照。

註18　ゲープハルト『ウリエル・ダ・コスタ著作集』、五九〜六二頁（Carl Gebhardt, *Die Schriften des Uriel da Costa,* 59–62.）。

註19　同書、一五四〜一五五頁。

註20　モデナによる雛形は、オジエ『ウリエル・ダ・コスタからスピノザへ』、二五三〜二九二頁（Jean-Pierre Osier, *D'Uriel da Costa à Spinoza,* 253–292.）において見出される。

註21　アルビアク『空虚な礼拝堂（シナゴーグ）』、二八二〜二八三頁（Gabriel Albiac, *La Synagogue vide,* 282–283.）。

註22　ウリエル・ダ・コスタ『パリサイ人の伝統の検証』、三一六頁（Uriel da Costa, *Exammination of the Pharisaic Traditions.*）。

註23　オジエ『ウリエル・ダ・コスタからスピノザへ』、一八一〜一八三頁（Jean-Pierre Osier, *D'Uriel da Costa à Spinoza,* 181–183.）。

註24　ウリエル・ダ・コスタ『人間的生涯の一例』——オジエ『ウリエル・ダ・コスタからスピノザへ』、（Osier, *D'Uriel da Costa à Spinoza,* 141.）における引用を参照。

註25　コペンハーゲンの王立図書館に残されたウリエル・ダ・コスタの『パリサイ人の伝統の検証』の唯一の写しを元に、サロモンはその著作の一版を組み上げた。

註26　アルビアク『空虚な礼拝堂（シナゴーグ）』、二八八〜二八九頁（Gabriel Albiac, *La Synagogue vide,* 288–289.）。

註27　ウリエル・ダ・コスタ『人間的生涯の一例』——オジエ『ウリエル・ダ・コスタからスピノザへ』、一四三頁（Jean-Pierre Osier, *D'Uriel da Costa à Spinoza,* 143.）における引用を参照。

註28　同書。

註29　この「破門（ヘレム）」の文書は残されていない。

註30　ウリエル・ダ・コスタ『人間的生涯の一例』（Uriel da Costa, *Exemplar.*）——オジエ『ウリエル・ダ・コスタからスピノザへ』、二九一頁（Jean-Pierre Osier, *D'Uriel da Costa à Spinoza,* 291.）の引用を参照。

註31　例えば、レヴァ「ウリエル・ダ・コスタの宗教」、四八頁（I. S. Revah, "La Religion de Uriel da Costa," 48.）、およびファス・ディアス、ファン・デル・タク共著『ウリエル・ダ・コスタ』（A. M. Vaz Dias and W. G. van der Tak, *Uriel da Costa.*）を参照。

註32　ウリエル・ダ・コスタ『人間的生涯の一例』は、キリスト教の真理の擁護者フィリップ・デ・リンボルヒ（Philippe de Limborch）により出版された。

註33　アルビアク『空虚な礼拝堂（シナゴーグ）』、二四三〜二四四頁（Gabriel Albiac, *La Synagogue vide,* 243ff.）を参照。

註34　カプラン「十七世紀アムステルダムのポルトガル人ユダヤ教徒共同体における『破門（ヘレム）』の社会的機能」、一四二頁（Yosef Kaplan, "The Social Functions of the *Herem* in the Portuguese Jewish Community of Amsterdam in the Seventeenth Century," 142.）。

註35　ファス・ディアス、ファン・デル・タク共著『スピノザ、商人にして独学の人』、一三六頁（A. M. Vaz Dias and W. G. van der Tak, *Spinoza, Merchant and Autodidact,* 136.）。

註36　同書。

註37　第一章の註22を参照。ユダヤ教徒たちは完全には権利を解放されておらず、ネーデルラント共和国がバタヴィア共和国〔一七九五年から一八〇六年まで存続したフランスの衛星国家〕と交替した後の一七九六年、初めて十全な市民権のすべてが与えられた。

註38　ガンス『回想録』、四七頁（Mozes H. Gans, *Memorboek,* 47.）。同じく、メシュラン「フレデリック・ヘンドリックの訪問について」（Henri Méchoulan, "A propos de la visite de Frédéric-Henri"）、ならびにダヴィッド・フランコ・メンデスの『回想録』（David Franco Mendes, *Memorias.*）におけるこの訪問についての彼自身の記述を参照。

註39　ガンス『回想録』、六四頁（Mozes H. Gans, *Memorboek,* 64.）。

註40　この出来事の顛末については、ファス・ディアス、ファン・デル・タク「ポルトガル人ユダヤ教徒移民とともにあるレンブラント」（A. M. Vaz Dias and W. G. van der Tak, "Rembrandt en zijn Portugeesche-Joodsche Buren."）を参照。

註41　シュワルツ『レンブラント——彼の生涯、彼の絵画』、一七五頁（Gary Schwarts, *Rembrandt: His Life, His*

Paintings, 175.)。

註42 ファス・ディアス、ファン・デル・タク共著「ポルトガル人ユダヤ教徒移民とともにあるレンブラント」(A. M. Vaz Dias and W. G. van der Tak, "Rembrandt en zijn Portugeesche-Joodsche Buren.") を参照。

註43 レヴィン、モルゲンシュテイン共著『レンブラントの時代のユダヤ人たち』、ix頁 (Ruth E. Levine and Susan W. Morgenstein, *Jews in the Age of Rembrandt*, ix.)。

註44 ファス・ディアスは具体的な証拠が限られていることを認識してはいるのであるが、にもかかわらず、レンブラントと彼のユダヤ教徒の隣人たちの間の「友好的な相互関係」について肯定的に語ろうとする。

註45 シュワルツ『レンブラント――彼の生涯、彼の絵画』、一七五頁 (Gary Schwarts, *Rembrandt: His Life, His Paintings*, 175.)。

註46 例えば、ヴァレンティナー『レンブラントとスピノザ――十七世紀オランダにおける精神的衝突の一研究』(W. R. Valentiner, *Rembrandt and Spinoza: A Study of the Spiritual Conflict in Seventeenth Century Holland.*) を参照。

註47 レオンは一六四九年にメナッセの後任となった。

註48 この仮説はヴァレンティナーによって提出されている。

註49 シュワルツ『レンブラント――彼の生涯、彼の絵画』、三七一頁（二八四頁についての註）(Gary Schwarts, *Rembrandt: His Life, His Paintings*, 371, note on p.284.) を参照。「そこに存在するいかなる示唆も別の方向を指し示している。芸術世界におけるスピノザの大親友は、『好きこそものの上手なれ（ニル・ヴォレンティブス・アルドゥウム）（Nil Volentibus Arduum）』劇団の設立者の一人にして詩人アンドリエス・ペルスの盟友でもあるロデウェイク・メイエルだった。レンブラントに対する彼らの敵意は、もし彼らがレンブラントについて語っていたとすれば、確実にスピノザに伝染しただろう」と事実シュワルツは示唆している。

註50 ファス・ディアス、ファン・デル・タク共著『スピノザ、商人にして独学の人』、一四六頁 (A. M. Vaz Dias and W. G. van der Tak, *Spinoza, Merchant and Autodidact*, 146.)。

第五章　アムステルダムの商人

註1 ファス・ディアス、ファン・デル・タク共著『スピノザ、商人にして独学の人』、一四八～一四九、一五四頁 (A. M. Vaz Dias and W. G. van der Tak, *Spinoza, Merchant and Autodidact*, 148-9, 154.)。

註2　アムステルダム市立古文書館所蔵、ポルトガル人ユダヤ教徒古文書（no.334/1052, folio 41recto to 47recto.）。

註3　ファス・ディアス、ファン・デル・タク共著『スピノザ、商人にして独学の人』、一四七頁（A. M. Vaz Dias and W. G. van der Tak, *Spinoza, Merchant and Autodidact*, 147.）。

註4　イスラエル「オランダのセファルディムの世界、千年王国論の政治、ブラジルをめぐる戦闘（一六四〇〜一六五四年）」（Jonathan Israel, "Dutch Sephardi Jewry, Millenarian Politics, and the Struggle for Brazil [1640–1654].")を参照。

註5　同書、八八頁。

註6　イスラエル「国際貿易におけるオランダのセファルディムの役割の変化、一五九五〜一七一五年」、四二頁（Jonathan Israel, "The Changing Role of the Dutch Sephardim in International Trade, 1595–1715," 42.）。

註7　同書、四三頁。

註8　イスラエル『ネーデルラント共和国――その隆盛、威光、凋落、一四七七〜一八〇六年』、六〇八頁（Jonathan Israel, *The Dutch Republic: Its Rise, Greatness, and Fall, 1477–1806*, 608.）、およびプライス『十七世紀におけるホラント州とネーデルラント共和国』、一一七〜一一八、一六三〜一六四頁（J. L. Price, *Holland and the Dutch Republic in the Seventeenth Century*, 117–118, 163–164.）。

註9　イスラエル『ネーデルラント共和国――その隆盛、威光、凋落、一四七七〜一八〇六年』、七〇八〜七〇九頁（Jonathan Israel, *The Dutch Republic: Its Rise, Greatness, and Fall, 1477–1806*, 708–9.）

註10　アイツェマ『怒り狂った獅子』、一五一頁（Lieuwe van Aitzema, *Herstelde Leeuw*, 151.）。

註11　ファス・ディアス、ファン・デル・タク共著『スピノザ、商人にして独学の人』、一四八〜一四九、一五四頁（A. M. Vaz Dias and W. G. van der Tak, *Spinoza, Merchant and Autodidact*, 148–9, 154.）。

註12　エマニュエル『キュラソー島のユダヤ教の貴き石――キュラソー島のユダヤ文化、一六五六〜一九五七年』、一九三頁（Isaac S. Emmanuel, *Precious Stones of the Jews of Curaçao. Curaçaon Jewry 1656–1957*, 193.）。

註13　ファス・ディアス、ファン・デル・タク共著『スピノザ、商人にして独学の人』、一八〇頁（A. M. Vaz Dias and W. G. van der Tak, *Spinoza, Merchant and Autodidact*, 180.）。

註14　同書、一八四頁。

註15　同書、一六三頁。

註16　同書、一六九頁。

註17　同書、一八九頁。
註18　同書、一八五〜一八七頁。
註19　これはファス・ディアスによる推測である——同書、一六七頁を参照。
註20　アルヴァレス兄弟との挿話に関係するすべての資料は、同書の一五八〜一六一頁に収録されている。
註21　ロス『メナッセ・ベン・イスラエルの生涯』、六三頁（Cecil Roth, *A Life of Menasse ben Israel*, 63.）。
註22　ファス・ディアス、ファン・デル・タク共著『スピノザ、商人にして独学の人』、一五五〜一五六頁（A. M. Vaz Dias and W. G. van der Tak, *Spinoza, Merchant and Autodidact*, 155-6.）。「律法の冠（Keter Torah）」学院をめぐるデ・バリオスの描写の分析については、ピーテルセ『歴史家ダニエル・レヴィ・デ・バリオスの「一般市民による政治の勝利」——アムステルダムのポルトガル人ユダヤ教徒共同体についての語り部』、一〇六〜一〇八頁（Wilhelmia Christina Pieterse, *Daniel Levi de Barios als Geschiedschrijver van de Portugees-Israelietische Gemeente te Amsterdam in zijn "Triumpho del Govierno Popular,"* 106-8.）を参照。
註23　ピーテルセ『歴史家ダニエル・レヴィ・デ・バリオスの「一般市民による政治の勝利」——アムステルダムのポルトガル人ユダヤ教徒共同体についての語り部』、一〇七頁（Wilhelmia Christina Pieterse, *Daniel Levi de Barios als Geschiedschrijver van de Portugees-Israelietische Gemeente te Amsterdam in zijn "Triumpho del Govierno Popular,"* 107.）。
註24　モルテーラの生涯についてのこの説明は、サロモン『サウル・レヴィ・モルテーラとその著『モーセの律法の真理に関する論文』』（H. P. Salomon, *Saul Levi Mortera en zijn "Traktaat Betreffende de Waarheid van de Wet van Mozes."*）からのものである。
註25　サロモン『サウル・レヴィ・モルテーラとその著『モーセの律法の真理に関する論文』』、lxivii頁（Salomon, *Saul Levi Mortera en zijn "Traktaat Betreffende de Waarheid van de Wet van Mozes,"* lxivii.）。
註26　同書、xliv〜xlvii頁。
註27　メイエル『オランダのセファルディム辞典』、四七〜四八頁（Jaap Meijer, *Encyclopedia Sephardica Neerlandica*, 47-8.）。
註28　フロイデンタール『スピノザの生涯の記録』、四頁（Jacob Freudenthal, *Die Lebensgeschichte Spinoza's*, 4.）。
註29　数多くの近代の正統的なユダヤ教徒たちが行うのとまったく同様に、スピノザは商業に携わっていないとき、タルムードの研究に多くの時間を割いたと思われる。しかし、後の章で明らかになるように、一六五四年か一六五五年までには、

彼はまったく異なる種類の世俗的性質の諸研究に寸暇を惜しんで取り組んでいた。

註30　ゲープハルト『スピノザ著作集』、第五巻、二三一～二三三頁（Carl Gebhardt, *Spinoza Opera*, 5: 231-3.）を参照。

註31　メナッセ・ベン・イスラエル『調停者』、第二部のための序文（Menasse ben Israel, *Consiliador*, preface to part 2.）。

註32　ロス『メナッセ・ベン・イスラエルの生涯』、五五～五六頁（Cecil Roth, *A Life of Menasse ben Israel*, 55–6.）。

註33　メイエル『バルーフについての想像――スピノザの初期の伝記の「現代的」側面』、三四頁（Jaap Meijer, *Beeldvorming om Baruch: "Eigentijdse" Aspecten van de Vroege Spinoza-Biografie*, 34.）。

註34　サロモン『サウル・レヴィ・モルテーラとその著『モーセの律法の真理に関する論文』』、xlvii頁（Salomon, *Saul Levi Mortera en zijn "Traktaat Betreffende de Waarheid van de Wet van Mozes,"* xlvii.）。

註35　メナッセ・ベン・イスラエル『イスラエルの希望』、四〇頁（Menasse ben Israel, *The Hope of Israel*, 40.）。

註36　メナッセ・ベン・イスラエル『人生の終わりについて』、二三六頁（Menasse ben Israel, *De termino vitae*, 236.）――ロス『メナッセ・ベン・イスラエルの生涯』、五三頁（Cecil Roth, *A Life of Menasse ben Israel*, 53.）における引用。

註37　アルビアク『空虚な礼拝堂（シナゴーグ）』、三〇一～三〇二頁（Gabriel Albiac, *La Synagogue vide*, 301–2.）。

註38　メナッセ・ベン・イスラエル『イスラエルの希望』、一〇八頁（Menasse ben Israel, *The Hope of Israel*, 108.）。

註39　ミンキン『マイモニデスの教え』、三九八～四〇一頁（Jacob S. Minkin, *The Teachings of Maimonides*, 398–401.）。

註40　メナッセ・ベン・イスラエル『信仰の手引きの四半分』、第六章、二六六頁（Menasse ben Israel, *Quarta parte de la Introducción de la Fe*, 6: 266.）。

註41　メナッセ・ベン・イスラエル『イスラエルの希望』、二一六頁（Menasse ben Israel, *The Hope of Israel*, 148.）。

註42　これについては、カッツ『親ユダヤ主義とイギリスへのユダヤ教徒の再入国許可、一六〇三～一六五五年』（David Katz, *Philosemitism and the Readmission of the Jews to England: 1603–1655.*）、およびシャピロ『シェークスピアとユダヤ人たち』（James Shapiro, *Shakespeare and the Jews.*）を参照。

註43　メナッセ・ベン・イスラエル「イギリス、スコットランド、アイルランドの共和国の護国卿閣下へ」（"To His Highness the Lord Protector of the Commonwealth of England, Scotland, and ireland," 81–2.）。

註44　ロス『メナッセ・ベン・イスラエルの生涯』、第十章、第十一章（Cecil Roth, *A Life of Menasse ben Israel*, chaps. 10, 11.）。

註45　ロスが述べるように、スピノザがメナッセの弟子だったということ（同書、一三〇〜一三一頁）、あるいはメナッセが「ほぼ確実に」スピノザを指導したということは（『イスラエルの希望』、序文、一二一頁）「ほとんど疑う余地はない」というのは、かくしてあまりにも行き過ぎであると思われる。

註46　ポプキン「メナッセ・ベン・イスラエルとイサーク・ラ・ペイレール」、六三頁（Richard Popkin, "Menasse ben Israel and Isaac La Peyrère," 63.）。

註47　このことは、スピノザが彼の意見の数多くにおいてメナッセに従ったということを意味しない。例えば彼は、『神学＝政治論』において聖書における矛盾を解消しようとする著者たちを批判したとき、心にそのラビを思い描いていたかもしれない。

註48　オッフェンベルグは、メナッセがスピノザに与えた影響を支持し、擁護している——オッフェンベルグ他『スピノザ——没後三百年記念展カタログ』、三〇頁（A. Offenberg et al., *Spinoza: Troisième centenaire de la mort du philosophe.* Catalog of the exhibition held at the Institut Néerlandais, May-June 1977. Paris, 1977, 30.）を参照。

註49　フロイデンタール『スピノザの生涯の記録』、四頁（Jacob Freudenthal, *Die Lebensgeschichte Spinoza's*, 4.）。

註50　『スピノザ著作集』、Ⅱ／5、C／7。

註51　フロイデンタール『スピノザの生涯の記録』、四頁（Jacob Freudenthal, *Die Lebensgeschichte Spinoza's*, 4.）。

註52　同書、三六頁。メインスマによれば、その人物は、この頃にアムステルダムのコレギアント派の間で暮らしていたドイツ人の反三位一体主義者ジェレミア・フェルビンガー（Jeremiah Felbinger）だったかもしれない——メインスマ『スピノザとその仲間たち』、二七一〜二七二頁（Koenraad O. Meinsma, *Spinoza et son cercle*, 271-2.）。

註53　セバスティアン・コルトホルトによる記述であり、フロイデンタール『スピノザの生涯の記録』、二六頁（Jacob Freudenthal, *Die Lebensgeschichte Spinoza's*, 26.）に引用。もしかするとコルトホルトは、ファン・デン・エンデンの娘について述べているのかもしれない。

註54　ファン・デン・エンデンの伝記については、メインスマ『スピノザとその仲間たち』、第五章（Koenraad O. Meinsma, *Spinoza et son cercle*, chap.5.）、およびメイニンガー、ファン・スヒテレン『不言実行——医師フランシスクス・ファン・デン・エンデンの人生遍路』（Jan V. Meininger and Guido van Suchtelen, *Liever met Wercken als met Woorden: De Levensreis Van Doctor Franciscus Van Den Enden.*）を参照。

註55　デュ・コース・ド・ナゼル『ルイ十四世の時代の回想録』、九八〜一〇〇頁（Du Cause de Nazelle, *Memoire du temps de Louis XIV*, 98–100.)。

註56　フロイデンタール『スピノザの生涯の記録』、三七頁（Jacob Freudenthal, *Die Lebensgeschichte Spinoza's*, 37.)。

註57　マルク・ベジェは、これらの諸著作がファン・デン・エンデンによって執筆されたということを発見した人物であるとされている一方、クレフェルはファン・デン・エンデンとスピノザの思想とのあり得る（しかしながら私にはあり得ないと思われる）関係性を明らかにする数多くの著作を手がけている——ファン・デン・エンデン『自由な政治的諸提案』のクレフェルの版（Franciscus Van den Enden, *Vrije Politijke Stellingen*. Ed. W. N. A. Klever.）、および「スピノザ主義の新たな源泉——フランシスクス・ファン・デン・エンデン」（W. N. A. Klever, "A New Source of Spinozism: Franciscus Van den Enden."）におけるその著作の内容についてのクレフェルによる要約を参照。

註58　クレフェル「スピノザ主義の新たな源泉——フランシスクス・ファン・デン・エンデン」、六二〇頁（W. N. A. Klever, "A New Source of Spinozism: Franciscus Van den Enden," 620.)。

註59　メイニンガー、ファン・スヒテレン『不言実行——医師フランシスクス・ファン・デン・エンデンの人生遍路』、六八頁（Jan V. Meininger and Guido van Suchtelen, *Liever met Wercken als met Woorden: De Levensreis Van Doctor Franciscus Van Den Enden*, 68.)

註60　これはスピノザの初期の伝記作家たち——リュカス、コレルス、ベイル、イェレスゾーン——がいずれも見解を一致させている点である。

註61　ファン・デン・エンデン『自由な政治的諸提案』、二八頁（Franciscus van den Enden, *Vrye politijke Stellingen*, 28.)。

註62　ファン・デン・エンデンは「スピノザが可能なときに、ときおり生徒を教えることを手伝う」以外の見返りを何も要求することなく、彼の面倒を見、自らの家に寄宿することを申し出た」とリュカスは述べている——フロイデンタール『スピノザの生涯の記録』、九頁（Jacob Freudenthal, *Die Lebensgeschichte Spinoza's*, 9.)。

註63　スピノザのファン・デン・エンデンとの知的関係性を理解するにあたり、クレフェル以上に私たちに助力を与えることは誰にもできない——クレフェル「スピノザ主義の新たな源泉——フランシスクス・ファン・デン・エンデン」（W. N. A. Klever, "A New Source of Spinozism: Franciscus Van den Enden."）、ならびにファン・デン・エンデン『自由な政治的諸提案』へのクレフェルの序文を参照。クレフェルは、ファン・デン・エンデンを「一種の祖型的スピノザ（Proto-Spinoza）にして［……］スピノザの天才の背後に潜む密使」と呼んでいる。オランダの新聞「NRCハンデルスブラット（*NRC Handelsblad Dinsdag*）」（一九九〇年五月八日付）によるインタヴュー記事の中でクレフェルは、ファ

ン・デン・エンデンはソクラテスがプラトンに持っていたのと同じ関係をスピノザに持ったと示唆している。私はこの評価には賛成しかねる。というのは、根本的にファン・デン・エンデンが実際にあるべき以上にスピノザへの責任を負わされているように思われるからである。クレフェルよりもさらに極端な見解として、ベジェ「医師フランシスクス・ファン・デン・エンデンの著作における形而上学、美学、政治学」（Marc Bedjai, "Métaphisique, éthique et politique dans l'oeuvre du docteur Franciscus van den Enden."）を参照。スピノザとファン・デン・エンデンの関係性についてのクレフェルの解釈に対する批評についてはメルテンス「フランシスクス・ファン・デン・エンデン――いまやスピノザ哲学に現れる彼の役割を修正する時」（F. Mertens, "Franciscus van den Enden: Tijd voor een Herziening van Diens Rol in Het Ontstaan van Het Spinozisme?"）、ならびにデ・ダイン「ファン・デン・エンデンはスピノザの主謀的頭脳だったのか」（Herman de Dijn, "Was Van den Enden Het Meesterbrein Achter Spinoza?"）を参照。

註64　ケルクリンク『解剖学的観察』（*Observationes anatomicae.*）、一九九頁。

註65　フロイデンタール『スピノザの生涯の記録』、三七頁（Jacob Freudenthal, *Die Lebensgeschichte Spinoza's*, 37.）。

註66　ケルクリンクの生涯についての記述は、メインスマ『スピノザとその仲間たち』、一八九、二〇七~二〇九頁（Meinsma, *Spinoza et son cercle*, 189, 207-9.）を参照。

註67　ウォルプ『ネーデルラントにおける脚本と演劇の歴史』、第一巻、三〇頁（T. Worp, *Geschidenis van het drama en van het toneel in Nederland*, I: 30.）。

註68　同書、一九三~一九四頁。

註69　メインスマ『スピノザとその仲間たち』、一八六~一八八頁（Koenraad O. Meinsma, *Spinoza et son cercle*, 186-8.）、ならびにメイニンガー、ファン・スヒテレン共著『不言実行――医師フランシスクス・ファン・デン・エンデンの人生遍路』、二四~四三頁（Jan V. Meininger and Guido van Suchtelen, *Liever met Wercken als met Woorden: De Levensreis Van Doctor Franciscus Van Den Enden*, 24-43.）を参照。

註70　メイニンガー、ファン・スヒテレン共著『不言実行――医師フランシスクス・ファン・デン・エンデンの人生遍路』、二九~三〇頁（Jan V. Meininger and Guido van Suchtelen, *Liever met Wercken als met Woorden: De Levensreis Van Doctor Franciscus Van Den Enden*, 29-30.）。

註71　特に、アッカーマン「スピノザの言語表現の欠点」（Fokke Akkerman, "Spinoza's tekort aan Woorden."）を参照。

註72　フロイデンタール『スピノザの生涯の記録』、二九~三〇頁（Jacob Freudenthal, *Die Lebensgeschichte Spinoza's*,

29–30.)。コレルスも同様に、一六五六年七月以前にある試みがスピノザの命に対してなされたと言明するが、しかしデン・ハーグのスピノザの大家によれば、シナゴーグから彼が出ようとしているときに殺害が実行され、刃物が彼の外套を切り裂いたと主張している（同書、四〇〜四一頁）。

註73　メインスマ『スピノザとその仲間たち』、一八八頁（Koenraad O. Meinsma, *Spinoza et son cercle*, 188.）。

註74　同書。

註75　フロイデンタール『スピノザの生涯の記録』、一〇頁（Jacob Freudenthal, *Die Lebensgeschichte Spinoza's*, 10.）。

註76　同書、三九頁。

註77　一六三一年三月五日付、バルザックへの手紙――『デカルト著作集』、第一巻、二〇三〜二〇四頁（*Œuvres de Descartes*, I: 203–4.）

註78　リュカスによる――フロイデンタール『スピノザの生涯の記録』、一二頁（Jacob Freudenthal, *Die Lebensgeschichte Spinoza's*, 12.）。

註79　クレフェル「一六六一年と一六六二年のボルフの日記におけるスピノザとファン・デン・エンデン」、三一八〜三一九頁（W. N. A. Klever, "Spinoza and Van den Enden in Borch's Diary in 1661 and 1662," 318–9.）。ファン・デン・エンデンのデカルト主義についてのこれらの言及は、スピノザが彼と学んでいたと（私が信じる）一六五四年から五五年頃にファン・デン・エンデンがデカルト哲学の信奉者だったのかどうかという核心的な問題として、有用という以上のものになっている。

註80　しかしながら、メルテンスが主張するように、ド・ラ・クールの貴族主義的感情は、ファン・デン・エンデンの趣味には合わなかったかもしれない――メルテンス「フランシスクス・ファン・デン・エンデン」、七二〇〜七二一頁（F. Mertens, Franciscus van den Enden," 720–1."）。

註81　シュトーレの旅日記の断片を参照――フロイデンタール『スピノザの生涯の記録』、二二九頁（Jacob Freudenthal, *Die Lebensgeschichte Spinoza's*, 229.）所収。

註82　これらの主張のいずれもがクレフェルによってなされている――クレフェル「スピノザ主義の新たな源泉――フランシスクス・ファン・デン・エンデン」（W. N. A. Klever, "A New Source of Spinozism: Franciscus Van den Enden."）、およびその註63に引用されたオランダの新聞「NRCハンデルスブラット（*NRC Handelsblad Dinsdag*）」（一九九〇年五月八日付）によるインタヴュー記事を参照。

註83　『ラインスブルフのスピノザの家に集められた蔵書の目録』、五七頁（*Catalogus van de Bibliotheek der Vereniging*

Het Spinozahuis te Rijnsburg, no.57.）を参照。

第六章　破門（ヘレム）

註1　ウィッツニッァー『植民地ブラジルのユダヤ人たち』、一二〇～一二一頁（Arnold Wiznitzer, *The jews of Colonial Brazil,* 120ff..）、ならびにイスラエル「オランダのセファルディムの世界、千年王国論の政治、ブラジルをめぐる戦闘（一六四〇～一六五四年）」（Jonathan Israel, "Dutch Sephardi Jewry, Millenarian Politics, and the Struggle for Brazil [1640–1654].")を参照。

註2　イスラエル『一五五〇～一七五〇年の重商主義時代におけるヨーロッパのユダヤ文化』、一五四頁（Jonathan Israel, *European Jewry in the Age of Mercantilism, 1550–1750,* 154.）。

註3　疫病の統計については、イスラエル『ネーデルラント共和国——その隆盛、威光、凋落、一四七七～一八〇六年』、六二五頁（Jonathan Israel, *The Dutch Republic: Its Rise, Greatness, and Fall, 1477–1806,* 625.）を参照。

註4　ファン・デル・タク「ポルトガル＝イスラエル人共同体へのスピノザの支払い」、一九〇～一九二頁（W. G. Van der Tak, "Spinoza's Payments to the Portuguese-Israelitic Community," 190–2.）。

註5　同書、一九一頁。

註6　フロイデンタール『スピノザの生涯の記録』、一一四頁（Jacob Freudenthal, *Die Lebensgeschichte Spinoza's,* 114.）。

註7　このことは、例えば、レヴァによって示唆されている——レヴァ「スピノザの断絶の始まりについて——スピノザの追放の頃のアムステルダムのポルトガル人ユダヤ教徒共同体内の不信仰についての新たな資料」、三六九頁（I. S. Revah, "Aux Origins de la rupture Spinozienne: Nouveaux documents sur l'incroyance dans la Communauté judéo-portugaise d'Amsterdam à l'époque de l'excommunication de Spinoza," 369.）。さらにレヴィン『スピノザ——過去を破壊した若き思想家』、一八〇～一八二頁（Dan Levin, *Spinoza: The Young Thinker Who Destroyed the Past,* 180–2.）を参照。

註8　これはファン・デル・タクが同意する解釈である——ファン・デル・タク「ポルトガル＝イスラエル人共同体へのスピノザの支払い」、一九二頁（W. G. Van der Tak, "Spinoza's Payments to the Portuguese-Israelitic Community," 192.）。「追放に先立つ最後の月に、彼が礼拝堂（シナゴーグ）へはあまり足を運ばなくなっていたとすれば、彼の仲間のユダヤ教徒たちからも疎遠になっていたことはまちがいなく、それとは反対にまったく予期せぬかたちで追放が下されたのではない」と

彼は主張する。その貢献の下降ぶりは、「経営不振の結果としてのみ説明され得る」。

註9　その資料は、ファス・ディアス、ファン・デル・タク共著『スピノザ、商人にして独学の人』、一六三〜一六四頁（A. M. Vaz Dias and W. G. van der Tak, *Spinoza, Merchant and Autodidact*, 163–64.）

註10　同書、一六九頁。

註11　同書、一九一頁。

註12　この文書はアムステルダム市立古文書館に保存されている。ポルトガル語によるその文面の写しは、ファス・ディアス、ファン・デル・タク共著『スピノザ、商人にして独学の人』、一六四頁（A. M. Vaz Dias and W. G. van der Tak, *Spinoza, Merchant and Autodidact*, 164.）に掲載されており、一七〇頁にはその英訳が付されている。私が使用した翻訳は、エイサ・ケイシャー、シュロモ・ビーダーマン共著「何ゆえにスピノザは破門されたか」、九八〜九九頁（Asa Kasher and Shalomo Biderman, "Why Was Spinoza Excommunicated?" 98–99.）からのものである。

註13　『ユダヤ文化百科事典』（*Encyclopedia Judaica*）における「破門（ヘレム）」の項目、ならびにヤコブ・カッツ『伝統と危機』、八四〜八六頁（Jacob Katz, *Tradition and Crisis*, 84–6.）の論考を参照。

註14　タルムードは、その意見と行動ゆえに、パリサイ人たちから追放を命じられた三人の学者たちについて語っている――『ミシュナー「エデュヨット」』（*Mishneh, Eduyyot*, 5. 6.）ならびに『バヴァ・メツィア』（*Bava Metzia*, 59b.）を参照。

註15　『ミシュネー・トーラー「ヒリコット・タルムード・トーラー」』、第七章（*Mishneh Torah, Hilichot Talmud Torah*, chap. 7.）。

註16　『タルムード百科辞典』の「破門（ヘレム）」の項目（*Talmudic Encyclopedia*, "Chrem."）、およびメシュラン「アムステルダムにおける『破門（ヘレム）』」、一一八頁（Henri Méchoulan, "Le *Herem* à Amsterdam," 118.）。

註17　『ミシュネー・トーラー、ヒリコット・タルムード・トーラー』、第七章、第二節（*Mishneh Torah, Hilichot Talmud Torah*, chap. 7, sec. 2.）。

註18　同書、第六章。

註19　『ユダヤ文化百科事典』、三五二頁（*Encyclopedia Judaica*, 352.）。

註20　カッツ『伝統と危機』八五頁（Jacob Katz, *Tradition and Crisis*, 85.）

註21　『ユダヤ文化百科事典』、三五五頁（*Encyclopedia Judaica*, 355.）。

註22　フロイデンタール『スピノザの生涯の記録』、一一四頁（Jacob Freudenthal, *Die Lebensgeschichte Spinoza's*,

114.)。

註23　同書、四二頁。破門文を読み上げる務めを負う人物は、ヴェニスにおいてと同様、くじ引きで選ばれ、このときはモルテーラが当てたのかもしれないと、メイエルは主張している——メイエル『バルーフについての想像——スピノザの初期の伝記の「現代的」側面』、五四頁（Jaap Meijer, *Beeldvorming om Baruch: "Eigentijdse" Aspecten van de Vroege Spinoza-Biografie*, 54.)。

註24　ウィッツニツァー「アムステルダムの『タルムード・トーラー共同体』の統合の合意と諸規定（一六三八〜三九年）」、一三一〜一三二頁（Arnold Witznitzer, "The Merger Agreement and the Regulations of Congregation 'Talmud Torah' of Amsterdam [1638-39]," 131-132.)。

註25　カプラン「『破門（ヘレム）』の社会的機能」、一二六〜一二七頁（Josef Kaplan, "The Social Functions of the *Herem*," 126-7.)。

註26　同書、一三八〜一四〇頁。メシュラン「アムステルダムにおける『破門（ヘレム）』」、一一八〜一一九頁（Henri Méchoulan, Le *Herem* à Amsterdam," 118-9.)

註27　ウィッツニツァー「アムステルダムの『タルムード・トーラー共同体』の統合の合意と諸規定（一六三八〜三九年）」、一三二頁（Arnold Witznitzer, "The Merger Agreement and the Regulations of Congregation 'Talmud Torah' of Amsterdam [1638-39]," 132.)。

註28　ここでの私の議論において、私はカプランが「『破門（ヘレム）』の社会的機能」において行った、アムステルダムの共同体における破門についての分析に多くを依存している。

註29　同書、一二二〜一二四頁。

註30　アムステルダム市立古文書館所蔵、ポルトガル人ユダヤ教徒共同体古文書（334, no. 19, fol. 72.)。

註31　これらの事例のすべては、カプランによって言及されている——カプラン「『破門（ヘレム）』の社会的機能」、一三五〜一三八頁（Josef Kaplan, "The Social Functions of the *Herem*," 135-8.)。

註32　同書、一二四頁。

註33　アムステルダム市立古文書館所蔵、ポルトガル人ユダヤ教徒共同体古文書（334, no. 19, fol. 16.)。

註34　アムステルダム市立古文書館所蔵、ポルトガル人ユダヤ教徒共同体古文書（334, no. 19, fol. 562.)。クリエルの事例については、カプラン「『破門（ヘレム）』の社会的機能」、一三三〜一三四頁（Josef Kaplan, "The Social Functions of the *Herem*," 133-4.）を参照。

註35　プラドの「破門（ヘレム）」の文面については、レヴァ『スピノザとファン・デ・プラド』、二九〜三〇、五八〜五九頁（I. S. Revah, *Spinoza et Juan de Prado*, 29–30, 58–9.）を参照。

註36　サロモン「スピノザの本当の破門」（H. P. Salomon, "La vraie Excommunication de Spinoza."）、オッフェンベルグ「『コル・ボ』の編纂年」（A. Offenberg, "The Dateing of the *Kol Bo*."）を参照。

註37　カプラン「十八世紀初期アムステルダムのカライ派」（Josef Kaplan, "Karaites' in Early Eighteen-Century Amsterdam."）を参照。

註38　カプラン「『破門（ヘレム）』の社会的機能」、一一八〜一一九頁（Josef Kaplan, "The Social Functions of the *Herem*," 118–9.）。

註39　アレクサンダー・マルクス『ユダヤ教徒の歴史とその書物のみによる教育についての研究』、二一〇〜二一一頁（Alexander Marx, Studies in Jewish History and Booklore, 210–1.）。

註40　しかしながらフレッシングは、スピノザの破門の裏側の理由は「主に財政的なもの」だったと主張している――フレッシング「移行期のユダヤ教徒共同体――容認から解放へ」、二〇五〜二一〇頁（Odette Vlessing, "The Jewish Community in Transition: From Acceptance to Emancipation," 205–10.）。フレッシングは、スピノザの断絶を全体的に財政的状況に位置付けるが、しかし彼女の議論は説得力に欠ける。

註41　レヴァ『スピノザとファン・デ・プラド』、三二〜三三頁（I. S. Revah, *Spinoza et Juan de Prado*, 32–3.）。

註42　『神、人間および人間の幸福に関する短論文』、第二十三章、一〜二頁（*KV*, 23: 1–2）。『スピノザ著作集』、I／103、C／140〜141。『倫理学（エチカ）』、第五部、命題二十三（*Ethica*, VP23）。

註43　『倫理学（エチカ）』第一部、付論（*Ethica*, I, appendix.）。

註44　『神、人間および人間の幸福に関する短論文』、第二章、一二頁（*KV*, 2: 12）。『スピノザ著作集』、I／22、C／68。『倫理学（エチカ）』、第一部、命題十一（*Ethica*, IP11）。

註45　『神、人間および人間の幸福に関する短論文』、第十八章、一頁（*KV*, 18: 1）、『スピノザ著作集』、I／86〜87、C／127。

註46　『神学=政治論』、第三章（*TTP*, chap. 3.）。

註47　『神学=政治論』、第三章（*TTP*, chap. 3.）。『スピノザ著作集』、Ⅲ／57。

註48　コレルス――フロイデンタール『スピノザの生涯の記録』、六八頁（Jacob Freudenthal, *Die Lebensgeschichte Spinoza's*, 68.）、ベイル――同書、三〇頁、サロモン・ファン・ティルの報告――同書、二三七頁を参照。

註49　ファン・デル・タクはスピノザの『弁明書』をめぐる空想を収縮させる優れた仕事を残してくれた――「スピノザの弁明書」（W. G. van der Tak, "Spinoza's Apologie."）、レヴァ『スピノザとファン・デ・プラド』、四〇～四一頁（I. S. Revah, *Spinoza et Juan de Prado*, 40–1.）を参照。

註50　フロイデンタール『スピノザの生涯の記録』、二三七頁（Jacob Freudenthal, *Die Lebensgeschichte Spinoza's*, 237.）。スタニスラウス・フォン・ドゥニン＝ボルコウスキがその著書『スピノザ』、第四部、一二五頁）で行った『弁明書』と『神学＝政治論』の関連性についての分析と結論も参照。

註51　ブロム、ケルクホーフェン共著「宗教ならびに政治に関するスピノザの論文の初期草稿にかかわる、ある一通の手紙?」、三七二～三七三頁（H. W. Blom and J. M. Kerkhoven, "A letter concerning an Early Draft of Spinoza's Treatise on Religion and Politics?" 372–3.）。

註52　同書、三七五頁。

註53　ウィム・クレフェルは反対に、ピーツが言及している論文がスピノザによるものであるかどうかは疑わしいと彼は思うと私に語ってくれた。

註54　『神学＝政治論』、第九章（*TTP*, chap. 9.）。『スピノザ著作集』、Ⅲ／13。

註55　フロイデンタール『スピノザの生涯の記録』、二二一～二二二頁（Jacob Freudenthal, *Die Lebensgeschichte Spinoza's*, 221–2.）。

註56　同書、五頁。

註57　同書、七頁。

註58　同書、三二頁。

註59　『ミシュナー「サンヘドリン」の註釈』、第十章（*Commentary on Mishnah, Sanhedrin*, chap. 10.）。

註60　『ヒルコット・テシュヴァー』、第三章（*Hilcot Teshvah*, chap. 3.）。

註61　これについては、ケイシャー、ビダーマン共著「なぜスピノザは追放されたのか」、一〇五頁（Asa Kasher and Sclomo Biderman, "Why was Spinoza excommunicated?" 105.）を参照。

註62　この論文は失われている。しかしながらマルク・サパーステインは、モルテーラの説教からその内容のいくらかを再構成しようと試みている――「魂の不死性に関するモルテーラの論文」（Marc Saparstein, "Saul Levi Morteira's Treatise on the Immortality of the Soul."）を参照。

註63　この著作の序文を参照。スピノザが異端的な思想を抱いていると言われるような問題に対する共同体のラビ〔ユダヤ

教の師〕たちの見解についての最良かつ徹底的な検討は、ケイシャー、ビダーマンによって、「なぜスピノザは追放されたのか」、一〇四～一一〇頁（Asa Kasher and Sclomo Biderman, "Why was Spinoza excommunicated?" 104–10.）においてなされている。

註64　モルテーラの説教の多くは、『ギヴァット・シャウル』（*Giv'at Sha'ul*）として集成され、一六四五年に出版された。

註65　フロイデンタール『スピノザの生涯の記録』、八頁（Jacob Freudenthal, *Die Lebensgeschichte Spinoza's*, 8.）。

註66　ゲープハルトによれば、礼拝堂（シナゴーグ）を去るにあたり、スピノザに着想を与えたのは、アブラバネルの著作だったという。同じく、レヴィ「若きスピノザの哲学的成長におけるユダヤ的ないくつかの影響について」、六六～七一頁（Ze'ev Levy, "Sur quelques influences juives dans la dévelopment philosophique du jeune Spinoza," 69–71.）も参照。

註67　スピノザにとってのデルメディゴの重要性については、ダンコナ『スピノザにおけるデルメディゴ、メナッセ・ベン・イスラエル』（J. d'Ancona, *Delmedigo, Menasse ben Israel en Spinoza.*）を参照。

註68　しかしながら、スピノザのコレギアント派との関係と彼のファン・デン・エンデンとの交友の間には、直接的な関連がある。ラテン語（と哲学）の教育のために、その元イエズス会員にスピノザを方向付けたのは、おそらく彼のメノー派／コレギアント派の友人たちだったと思われる。

註69　コレギアント派の主張の優れた要約については、コラコウスキ『教会なきキリスト教徒』、一六六～一七七頁（Leszek Kolakowski, *Chrétiens sans église*, 166–77.）を参照。

註70　ポプキン「スピノザの最初期の哲学的歳月」（Richard Popkin, "Spinoza's Earliest Philosophical Years."）を参照。

註71　ボレールについては、イスラエル『ネーデルラント共和国――その隆盛、威光、凋落、一四七七～一八〇六年』、五八七～五八八頁（Jonathan Israel, *The Dutch Republic: Its Rise, Greatness, and Fall, 1477–1806*, 587–8.）、およびメインスマ『スピノザとその仲間たち』、第四章（Koenraad O. Meinsma, *Spinoza et son cercle*, chap. 4.）を参照。

註72　反ソッツィーニ派運動については、イスラエル『ネーデルラント共和国――その隆盛、威光、凋落、一四七七～一八〇六年』、九〇九～九一〇頁（Jonathan Israel, *The Dutch Republic: Its Rise, Greatness, and Fall, 1477–1806*, 999ff.）を参照。

註73　メインスマは、「おそらく一六五四年か一六五五年の初めにスピノザは、これらの［コレギアント派］の仲間入りをしたものと思われる」と示唆している――メインスマ『スピノザとその仲間たち』、一五二頁（Koenraad O. Meinsma, *Spinoza et son cercle*, 152.）。

註74　しかしながらマドレーヌ・フランセスは、スピノザをめぐるコレギアント派との「関係」または影響のすべてに対して反論している——フランセス『十七世紀後半のネーデルラント共和国におけるスピノザ』(Madelaine Francés, *Spinoza dans les pays Néerlandais de la seconde moitié du XVIIe siècle.*) 参照。

註75　プラドの生涯と思想、ならびにスピノザとの関係についての重要な仕事は、ゲープハルト「ファン・デ・プラド」(Carl Gebhardt, "Juan de Prado.") が最初である。さらに、レヴァ「スピノザの断絶の始まりについて——スピノザ＝プラド＝リベラ事件の展開と結末についての、その諸要因の再検証」(I. S. Revah, "Aux origines de la rupture Spinozienne: Nouvel examen des origins, du déroulement et des conséquences de l'affaire Spinoza-Prado-Ribera.")、ならびにレヴァ『スピノザとファン・デ・プラド』(I. S. Revah, *Spinoza et Juan de Prado.*) も参照。カプランによるオロビオ・デ・カストロについての著作『キリスト教からユダヤ教へ』(Yosef Kaplan, *From Christianity to Judaism.*) も不可欠である。

註76　カプラン『キリスト教からユダヤ教へ』、一二九頁 (Kaplan, From Christianity to Judaism, 129.)。

註77　同書、一二六頁。

註78　レヴァ『スピノザとファン・デ・プラド』、二五～二六頁 (I. S. Revah, *Spinoza et Juan de Prado,* 25–6.)。

註79　同書、一二八頁。

註80　レヴァ「スピノザの断絶の始まりについて——スピノザ＝プラド＝リベラ事件の展開と結末についての、その諸要因の再検証」、五六三頁 (I. S. Revah, "Aux origins de la rupture Spinozienne:...," 563.)

註81　レヴァ『スピノザとファン・デ・プラド』、五九～六〇頁 (I. S. Revah, *Spinoza et Juan de Prado,* 59–60.)。

註82　同書、六四頁。

註83　この手紙の文面は、レヴァ「スピノザの断絶の始まりについて——スピノザ＝プラド＝リベラ事件の展開と結末についての、その諸要因の再検証」、三九七～三九八頁 (I. S. Revah, "Aux origines de la rupture Spinozienne: Nouvel examen des origins, du déroulement et des conséquences de l'affaire Spinoza-Prado-Ribera.," 397–8.) に見出される。

註84　同書、三九八～四〇一頁。

註85　レヴァ『スピノザとファン・デ・プラド』、六〇～六八頁 (I. S. Revah, *Spinoza et Juan de Prado,* 60–8.)。

註86　すべての往復書簡が現存するオロビオの手紙の文面から再構成されたプラドの思想については、カプラン『キリスト教からユダヤ教へ』、一六三～一七八頁 (Yosef Kaplan, *From Christianity to Judaism,* 163–78.)、およびレヴァ「ス

ピノザの断絶の始まりについて——スピノザ=プラド=リベラ事件の展開と結末についての、その諸要因の再検証」、三七五〜三八三頁（I. S. Revah, "Aux origines de la rupture Spinozienne: Nouvel examen des origins, du déroulement et des conséquences de l'affaire Spinoza-Prado-Ribera," 375–83.）を参照。

註87　レヴァ『スピノザとフアン・デ・プラド』、二二頁（I. S. Revah, *Spinoza et Juan de Prado*, 22.）。

註88　アブラハム・ペレイラ『確かな道』、二九頁（Abraham Preira, *La Certeza del Camino*, 29.）。

註89　アルビアク『空虚な礼拝堂（シナゴーグ）』、三二九頁（Albiac, *La Synagogue vide*, 329.）。

註90　これは、アルビアク、レヴァ、ゲープハルト、フランセス、そして最近では何よりも（『スピノザとその他の異端者たち』における）ヨヴェルの仮説である（Yirmiyahu Yovel, *Spinoza and Other Heretics*. Vol. 1, "The Marrano of Reason."）。

註91　レヴァの見るところでは、この断言は、コレギアント派とのつながりを肯定するものである。「スピノザ=プラドの関係はすべてを説明する」と彼は主張する——レヴァ「スピノザの断絶の始まりについて——スピノザ=プラド=リベラ事件の展開と結末についての、その要因の再検証」、三八二頁（I. S. Revah, "Aux origines de la rupture Spinozienne: Nouvel examen des origins, du déroulement et des conséquences de l'affaire Spinoza-Prado-Ribera," 382.）を参照。異端審問所の記録文書に見出されるその資料は、コレギアント派との接触によってスピノザの背教を説明しようとするいかなる試みに対しても止めを刺すものとなる——レヴァ『スピノザとフアン・デ・プラド』、三三頁（I. S. Revah, *Spinoza et Juan de Prado*, 33.）。

註92　レヴァにとって、「プラドの不信心はスピノザの精神的進化における本質的な段階を表現する」——レヴァ「スピノザの断絶の始まりについて——スピノザ=プラド=リベラ事件の展開と結末についての、その諸要因の再検証」、三八二頁（I. S. Revah, "Aux origines de la rupture Spinozienne: Nouvel examen des origins, du déroulement et des conséquences de l'affaire Spinoza-Prado-Ribera," 382.）。

註93　反対に、ルイス・サミュエル・フォイヤーによる——スピノザの政治的見解は、彼ら自身の命運をカルヴァン主義者の陣営と総督のそれに結び付けていた共同体の指導者たちの本質的に君主的な信念とまったく相容れないという——仮説（『スピノザと自由主義の隆盛』、第一章）は、信じることが難しい。第一に、（ラビ〔ユダヤ教の師〕たちを含む）ユダヤ教徒の商人たちは、彼らにしばしば激しく敵対したカルヴァン主義者たちにおける以上に、商人と専門職階級の共和国の特権階級において、より多くの共通点を持っていた。

フォイヤーは、ユダヤ教徒共同体の「理事たち（パルナッシム）」はカトリックのスペイン（および、ブラジル植民地崩壊後のポルトガル）に対する彼らの敵意について、オラニエ派と分かち合われた共通の動機を持っていただろうと主張する。しかしながら、イベリア半島の国との戦争は、貿易には不利になるということは、ユダヤ教徒たちは経験から分かっていた。アムステルダムのユダヤ教徒たちは、フレデリック・ヘンドリックが総督としての在任中に彼らに与えた保護を評価していた。とは言え私は、彼らが共和的な国家よりも準＝君主的な国家を立場的に好んだと示唆することは行き過ぎであると思う。彼らが評価したものは、何よりも、そしてそれがいかに実現されるかという方法とは無関係に、迫害からの保護と併せて、彼らに活動の継続を可能にさせる平和と安定だったと私は信じる。

註94　ウィッツニツァー「アムステルダムの『タルムード・トーラー共同体』の統合の合意と諸規定（一六三八～三九年）」、一二三～一二四頁（Arnold Witznitzer, "The Merger Agreement and the Regulations of Congregation 'Talmud Torah' of Amsterdam [1638-39]," 123-4.)。

註95　メイエル『バルーフについての想像――スピノザの初期の伝記の「現代的」側面』、五七頁（Jaap Meijer, *Beeldvorming om Baruch: "Eigentijdse" Aspecten van de Vroege Spinoza-Biografie*, 57.)。

註96　同書、五七～五八頁。

註97　オランダ人たちが礼拝中のユダヤ教徒たちを観覧するために礼拝堂（シナゴーグ）を訪れていたことが証明するように、彼らはユダヤ教徒共同体において生起している事柄に大いに関心を示した。この事実は、ユダヤ人とオランダ人の間の日常的なつながりや商業的関係と併せて、オランダ人たちが、共同体全体が話題にしていたにちがいないスピノザの破門のようなユダヤ教徒共同体における大事件について、簡単かつ豊富に知る機会を持っていたということを物語る。

註98　ユトレヒト大学とレイデン大学における重大局面の叙述については、フェルベエク『デカルトとオランダ人』、第二章、第三章（Theo Verbeek, *Descartes and The Dutch*, chaps. 2 and 3.）を参照。

註99　ヘイル『十七世紀のネーデルラント共和国』、第二巻、一〇七～一〇九頁（Pieter Geyl, *The Netherlands in the Seventeenth Century*, 2: 107-9.）を参照。

註100　フロイデンタール『スピノザの生涯の記録』、三九頁（Jacob Freudenthal, *Die Lebensgeschichte Spinoza's*, 39.)。

註101　同書、八頁。

註102　ケイシャーとビダーマンは、これがスピノザの場合に辿られた正式な過程であると主張する。しかしながら、カプランが記すように、このことを裏付ける資料的証拠は一つも存在しない――カプラン「十七世紀アムステルダムのポルトガル人ユダヤ教徒共同体における『破門（ヘレム）』の社会的機能」、一三九頁の註78（Yosef Kaplan, "The Social Functions of the *Herem* in the Portuguese Jewish Community of Amsterdam in the Seventeenth Century," 139, n. 78.)。

註103 フロイデンタール『スピノザの生涯の記録』二九頁（Jacob Freudenthal, *Die Lebensgeschichte Spinoza's*, 29.）。

註104 同書、四〇頁。

註105 同書、二九、四〇頁。

註106 例えば、デル・ソット家の場合に、彼らは実際にそのように行動した――スウェチンスキ「同族関係と商業――十七世紀オランダにおけるポルトガル人ユダヤ教徒の生活の基礎」、七〇～七二頁（Daniel M. Swetscinski, "Kinship and Commerce: The Foundations of Portuguese Jewish Life in Seventeenth Century Holland," 70–72.）。

註107 レヴァ『スピノザとファン・デ・プラド』、三二頁（I. S. Revah, *Spinoza et Juan de Prado*, 32.）。

註108 フロイデンタール『スピノザの生涯の記録』、八頁（Jacob Freudenthal, *Die Lebensgeschichte Spinoza's*, 8.）。

第七章　ラテン語の名において――ベネディクトゥス

註1 レヴァ『スピノザとファン・デ・プラド』、六五、六八頁（I. S. Revah, *Spinoza et Juan de Prado*, 65, 68.）。

註2 フロイデンタール『スピノザの生涯の記録』、二二〇頁（Jacob Freudenthal, *Die Lebensgeschichte Spinoza's*, 220.）。

註3 しかしながらそれらの肖像画は、いずれもスピノザの表現としては認められていない。

註4 アッカーマン「スピノザの言語表現の欠点」（Fokke Akkerman, "Spinoza's tekort aan Woorden."）を参照。

註5 数多くの研究者たちは、この時期までファン・デン・エンデンの下でのスピノザの学問を開始させさえせず、通常は一六五七年の前半に位置付けられている。が、それでは遅すぎると私は考える。一六五八年の後半か一六五九年の前半までにスピノザは、（トマス修道僧によれば）レイデン大学でしばらく学んだ後、アムステルダムに戻った。このことは、彼が遅くとも一六五八年前半には、おそらくそれ以前からであることはほぼまちがいないが、レイデン大学に通っていただろうことを意味する。あらゆる可能性を考え合わせれば、彼がデカルト哲学を学ぶためにレイデン大学に通ったとすれば、その前にラテン語が不可欠であることを彼は知っていたにちがいない。もし彼が一六五七年までにファン・デン・エンデンに学び始めなかったなら、哲学の授業についていけるだけのラテン語を習得する時間を彼はほとんど持てなかったということになる。

註6 フロイデンタール『スピノザの生涯の記録』、一〇～一一頁（Jacob Freudenthal, *Die Lebensgeschichte Spinoza's*, 10–11.）。

註7 メシュラン「アムステルダムにおける『破門（ヘレム）』」、一三二頁（Henri Méchoulan, "Le *Herem* à Amsterdam," 132.）

を参照。

註8　ブルフマンス、フランク共著『ネーデルラントのユダヤ人の歴史』、六二六～六二八頁（H. Brugmans and A. Frank, *Geschiedenis der Joden in Nederland*, 626-8.）、およびフランセス『十七世紀後半のネーデルラント共和国におけるスピノザ』、一三〇頁（Madelaine Francès, *Spinoza dans les pays Néerlandais de la seconde moitié du XVIIe siècle*, 130.）。

註9　メインスマ『スピノザとその仲間たち』、二四六頁（Koenraad O. Meinsma, *Spinoza et son cercle*, 246.）。

註10　同書、三六九頁。

註11　フロイデンタール『スピノザの生涯の記録』、五六頁（Jacob Freudenthal, *Die Lebensgeschichte Spinoza's*, 56.）。同時に、同書、一〇六頁におけるヨハンネス・メニコフによる報告も参照。

註12　メインスマ『スピノザとその仲間たち』、二〇五頁の註26（Koenraad O. Meinsma, *Spinoza et son cercle*, 205, n. 26.）。

註13　クレフェル「ボルフの日記におけるスピノザとファン・デン・エンデン」、三一四頁（W. N. A. Klever, "Spinoza and Van den Enden in Borch's Diary," 314.）。

註14　ポプキン『スピノザの最初の出版物?』、一頁（Richard Popkin, *Spinoza's Earliest Publication?* 1.）。ポプキンは、これはプラドでもリベラでもなく、スピノザ以外の者ではあり得ないと主張する。しかしながらクレフェルは、ボルフの日記のいくつかの記述を基礎に、一人のクエーカー教徒との関係についてのポプキンの仮説に反対している――クレフェル「ボルフの日記におけるスピノザとファン・デン・エンデン」、三二二～三二四頁（W. N. A. Klever, "Spinoza and Van den Enden in Borch's Diary," 322-4.）。

註15　ケイシャーとビダーマンは、「破門」に先立つ（そしておそらくそれを機に生じた）主張されるところのクエーカー教徒たちとのスピノザの関係性の蓋然性について考察している――ケイシャー、ビダーマン共著「なぜスピノザは破門されたか」、一三四～一三七頁（Asa Kasher and Shlomo Biderman, "Why Was Spinoza Excommunicated?" 134-7.）。

註16　ポプキン「スピノザ、クエーカー教徒たち、千年王国論者たち、一六五六～一六五八年」、一一三頁（Richard Popkin, "Spinoza, the Quakers and the Millenarians, 1656-1658," 113.）。

註17　ファン・デン・ベルグ「クエーカー教徒と千年至福説信奉者――ウィリアム・エイメスとペトリュス・セラリウスの『相容れない思想』」、一八三頁（Jan van den Berg, "Quaker and Chiliast: The 'Contrary Thoughts' of William Ames and Petrus Serrarius," 183.）。

註18 ポプキン「スピノザ、クエーカー教徒たち、千年王国論者たち、一六五六〜一六五八年」、一二三頁（Richard Popkin, "Spinoza, the Quakers and the Millenarians, 1656–1658," 123.）。
註19 同書、一一六〜一一七頁。
註20 同書、一一七頁。
註21 ポプキン『スピノザの最初の出版物？』、八八〜九九頁（Richard Popkin, *Spinoza's Earliest Publication?* 88–99.）。
註22 同書、一〇五〜一〇六頁。
註23 ポプキン「スピノザ、クエーカー教徒たち、千年王国論者たち、一六五六〜一六五八年」、一一七〜一一八頁（Richard Popkin, "Spinoza, the Quakers and the Millenarians, 1656–1658," 117–118.）。
註24 セバスティアン・コルトホルト——フロイデンタール『スピノザの生涯の記録』所収、二七頁（Jacob Freudenthal, *Die Lebensgeschichte Spinoza's*, 27.）、およびベイル——同書所収、三一〜三二頁。
註25 ポプキン「スピノザ、クエーカー教徒たち、千年王国論者たち、一六五六〜一六五八年」、一二三〜一二四頁（Richard Popkin, "Spinoza, the Quakers and the Millenarians, 1656–1658," 123–124.）。
註26 ポプキン「サミュエル・フィッシャーとスピノザ」（Richard Popkin, "Samuel Fisher and Spinoza."）。
註27 この仮説に私たちの注意を引き付けたポプキンの功績は大きい。
註28 スピノザの奉仕について述べているエイメスとケイトンの書簡は、一六五七年四月、一六五八年五月、一六五八年十月のものである。
註29 一六四四年一月八日付、ポロへの手紙——『デカルト著作集』、第四巻、七六〜七八頁（*Œuvres de Descartes*, 4: 76–8.）
註30 デカルト哲学をめぐるレイデン大学でのさまざまな論争におけるヘーレボールトの役割については、フェルベエク『デカルトとオランダ』、第三章（Theo Verbeek, *Descartes and the Dutch*, chap. 3.）を参照。
註31 同書、八七頁。
註32 ブイリエ『デカルト哲学の歴史』、第一巻、二七〇頁（Francisque Bouillier, *Histoire de la philosophie cartéesienne*, I: 270.）。
註33 フェルベエク『デカルトとオランダ』、一二六頁の註116（Theo Verbeek, *Descartes and the Dutch*, 126, n. 116.）を参照。
註34 彼の死去の時点における彼の蔵書の中には、アントワーヌ・アルノーとピエール・ニコルによるデカルトの論理学と

方法論に関する論文『論理学、あるいは思考の技法（一六六五年刊）』(Antoine Arnauld, Pierre Nicole, *La Logique, ou l'art de penser* [1665].) をはじめ、フランス語の著作は三冊しか含まれていなかった。スピノザはフランス語にいくらかは通じていたのかもしれないが、おそらくその言語によって自らの哲学的学問を推し進めるほどには堪能ではなかったと思われる。

註35　スピノザは一時としてこの著作を所有することはなかったが、彼はその内容に十分に通じていた。一六六〇年代後半までに、いわゆる「ポール・ロワイヤル論理学」として知られるアルノーとニコルの『論理学、あるいは思考の技法』の読書を通じ、誰もがデカルトの「規則」について学ぶことができた。

註36　この示唆について、私はフェルベエクに感謝する。

註37　スピノザは、スクーテンによる一六五一年の『普遍的数学原理』(Frans van Schooten, *Principia Matheseos universalis*, 1651.)、同じく一六五七年の『数学演習』(Frans van Schooten, *Exercitationum Mathematicarum*, 1657.) の両著書を所有していた。

註38　スピノザ『遺稿集』序文の伝記的叙述より——アッカーマンとヒュッベリンク「スピノザ没後著作集への序文とその著者ヤリフ・イェレスゾーン」『スピノザ没後著作集研究』所収、二一七頁 (Fokke Akkerman and H. G. Hubbeling, "The Preface to Spinoza's Posthumous Works and Its Author, Jarig Jellesz," in *Studies in the Posthumous Works of Spinoza*, 217.)。

註39　クレフェル「ボルフの日記におけるスピノザとファン・デン・エンデン」、三一五頁 (W. N. A. Klever, "Spinoza and Van den Enden in Borch's Diary," 315.)。

註40　シュトーレの日記——フロイデンタール『スピノザの生涯の記録』所収、二二二頁 (Jacob Freudenthal, *Die Lebensgeschichte Spinoza's*, 222.)。

註41　同書、一二頁。

註42　ファン・デル・タク「ヤリフ・イェレスゾーンの生まれについて」(W. G. van der Tak, "Jarig Jellesz' Origins: Jellesz's Life and Business.")。イェレスゾーンの伝記的事項については、アッカーマンとヒュッベリンクの共著「スピノザ没後著作集への序文とその著者ヤリフ・イェレスゾーン」『スピノザ没後著作集研究』所収 (Fokke Akkerman and H. G. Hubbeling, "The Preface to Spinoza's Posthumous Works and Its Author, Jarig Jellesz," in *Studies in the Posthumous Works of Spinoza*.") を参照。伝記的叙述は、おそらくリューウェルツゾーンが執筆したのだろう。

註43　コラコウスキ『教会なきキリスト教徒たち』、二一七〜二二五頁 (Leszek Kolakowski, *Chrétiens sans église*, 217

-25.)。

註44　フラゼマケルの翻訳活動、ならびに若干の家族的背景についての研究としては、ティッセン=スクート「ヤン・ヘンドリク・フラゼマケル――十七世紀の偉大なる翻訳者」(C. L. Thijssen-Schoute, "Jan Hendrik Grazemaker: De Zeventiende Eeuwse Aartsvertaler.") を参照。

註45　コラコウスキ『教会なきキリスト教徒たち』、二一〇〜二一七頁 (Leszek Kolakowski, *Chrétiens sans église*, 210-17.)。

註46　フロイデンタール『スピノザの生涯の記録』、六二頁 (Jacob Freudenthal, *Die Lebensgeschichte Spinoza's*, 62.)。

註47　ボルフの報告による――クレフェル「ボルフの日記におけるスピノザとファン・デン・エンデン」、三一四頁 (W. N. A. Klever, "Spinoza and Van den Enden in Borch's Diary," 314.)。

註48　ファンデンボッシュ『スピノザとアドリアーン・クールバハ』(Hubert Vandenbossche, *Adriaan Koerbagh en Spinoza.*) を参照。

註49　メイエル『聖書解釈の手段としての哲学』、第四章 (Lodewijk Meyer, *Philosophia S. Scripturae Interpres*, chap. 4.)。

註50　同書、第六章、第三節。これが『迷える者への手引き』においてマイモニデスが心に抱いていた考えと同じものであることをメイエルが認識しているかどうかの明示はない (第一章、一〜七〇頁)。

註51　メイエルによるスピノザとデカルトの比較については、ラグレ「ルイ〔ロデウェイク〕・メイエルと『聖書解釈の手段としての哲学』」(Jacqueline Lagrée, "Louis Meyer et la *Philosophia S. Scripturae Interpres.*")、およびティッセン=スクート「ロデウェイク・メイエルとそのデカルトとスピノザとの関係」(C. L. Thijssen-Schoute, "Lodewijk Meiyer en Diens Verhouding tot Descartes en Spinoza.") を参照。さらに、ボルドーリ『デカルトとスピノザの間における理性と聖書』(Roberto Bordoli, *Ragione e scrittura tra Descartes e Spinoza.*) も参照。

註52　イスラエル『ネーデルラント共和国――その隆盛、威光、凋落、一四七七〜一八〇六年』、九一九頁 (Jonathan Israel, *The Dutch Republic: Its Rise, Greatness, and Fall, 1477–1806*, 919.)。

註53　彼は一六〇〇年までレイデン大学を卒業しなかった。

註54　メインスマ『スピノザとその仲間たち』、一九七頁 (Koenraad O. Meinsma, *Spinoza et son cercle*, 197.)。

註55　フロイデンタール『スピノザの生涯の記録』、四一〜四二頁 (Jacob Freudenthal, *Die Lebensgeschichte Spinoza's*, 41-2.)。

註56　レヴァ『スピノザとファン・デ・プラド』、六七〜六八頁（I. S. Revah, *Spinoza et Juan de Prado*, 67–8.）。

註57　カプラン『キリスト教からユダヤ教へ』、一三五頁の註77（Yosef Kaplan, *From Christianity to Judaism*, 135, n. 77.）。

註58　同書、八八頁。

註59　同書、二〇四頁。

註60　ブロム、ケルクホーフェン共著「宗教ならびに政治についてのスピノザの論文の初期草稿に関係するある一通の手紙?」（H. W. Blom and J. M. Kerkhoven, "A letter concerning an Early Draft of Spinoza's Treatise on Religion and Politics?"）。一六六〇年の「論文」は主に政治的題材――『神学=政治論』（*TTP*）の最後の七つの章の基本的な議論――に関するものであり、一六六五年以降になって初めてスピノザは、長く失われている『弁明書』（*Apologia*）からの題材をおそらく修正しながら聖書解釈に捧げられる『神学=政治論』（*TTP*）の諸章を真剣に執筆し始めた、というのがミニーニの仮説である――ミニーニ「一六五六年から一六六五年にかけてのスピノザの年譜における所与の事項と諸問題」、一四頁（Filippo Mignini, "Données et problèmes de la chronologie spinozienne entre 1656 et 1665," 14.）を参照。

註61　フィリッポ・ミニーニは、「『知性改善論』の執筆時期の特定と位置付け」（Filippo Mignini, "Per la datazione e l'interpretazione del *Tractatus de intellectus emendatione*."）、ならびに「一六五六年から一六六五年にかけてのスピノザの年譜における所与の事項と諸問題」（Filippo Mignini, "Données et problèmes de la chronologie spinozienne entre 1656 et 1665."）において、『知性改善論』（*TIE*）が『神、人間および人間の幸福に関する短論文』（*KV*）よりも先に執筆されたと、最初に主張した。ミニーニの仮説は、カーリー（Edwin Curley, "Une Nouvelle Traduction anglaise des œuvres de Spinoza."）、ならびにプロイエッティ（O. Proietti, "Adulescens luxu perditus: Classici latini nell'opera di Spinoza."）によって、受容の程度は異なるが、受け容れられてきた。

註62　ミニーニは『知性改善論』（*TIE*）が『神、人間および人間の幸福に関する短論文』（*KV*）自体の序文として書かれたという考えに対する反論――もっともであると私は思う――を主張してきた。彼はまた、スピノザが（おそらく一六六一年後半から一六六二年前半にかけての間に）オルデンブルグに宛てて「私はこの主題［いかにして事物が生じはじめ、いかなる連結によってそれらが第一原因に依存するか」について、そして同様に知性の改善について、完璧な短論文を執筆しました」と手紙を書いたとき、彼は単に『神、人間および人間の幸福に関する短論文』（*KV*）とその方法論的な部分について言及しているのであり、『神、人間および人間の幸福に関する短論文』（*KV*）と『知性改善論』（*TIE*）を一緒のものとして言及しているのではないと――おそらく、あまり歓迎されないことではあるが――主張している。ジョアキム

の論文（H. H. Joachim, *Spinoza's Tractatus de Intellectus Emendatione*, 7.）に従いつつ彼は、先の手紙の時点においては『知性改善論』（*TIE*）そのものは一つの「完成された」著作でも、何らかの「完成された」著作の一部でもなかったという事実を、彼の主張の根拠の一部としている——彼の論文「一六五六年から一六六五年にかけてのスピノザの年譜における所与の事項と諸問題」（Filippo Mignini, "Données et problèmes de la chronologie spinozienne entre 1656 et 1665."）、ならびにこの問題についてのカーリーの註釈（C／188、註53）を参照。おそらく『知性改善論』（*TIE*）が表現しているものは、『神、人間および人間の幸福に関する短論文』（*KV*）の方法論的部分の初期形態か、あるいはその草稿とさえ言えるのだろう。

註63　『スピノザ著作集』、Ⅱ／7、C／9。

註64　『スピノザ著作集』、Ⅱ／8、C／11。

註65　『スピノザ著作集』、Ⅱ／30、C／35。

註66　『スピノザ著作集』、Ⅱ／34、C／38、およびⅡ／36、C／41。十七世紀の哲学的用法に準じる場合、このくだりの最後の「客観的（objectively）」という用語は、「認識論的に」または「明瞭判然に」を意味する。

註67　『スピノザ著作集』、Ⅱ／17、C／20。

註68　このことは、『知性改善論』（*TIE*）の執筆時期と構成についてのミニーニの仮説が正しいということと、その著作は、ゲープハルトの主張するような、ラテン語版とオランダ語版の両方によって現存している『神、人間および人間の幸福に関する短論文』（*KV*）の唯一の部分などではない、ということを裏付けている。

註69　クレフェル「ボルフの日記におけるスピノザとファン・デン・エンデン」、三一四頁（W. N. A. Klever, "Spinoza and Van den Enden in Borch's Diary," 314.）。無論スピノザは、ラインスブルフに移り住んだ後に習慣的にするように、この頃はただアムステルダムを訪れていたのかもしれないが、ブルフがスピノザに言及している方法から、スピノザは依然その地に住んでいたように見える。

註70　アッカーマン、ヒュッベリンク共著「スピノザ没後著作集への序文とその著者ヤリフ・イェレスゾーン」『スピノザ没後著作集研究』所収、二一六頁（Fokke Akkerman and H. G. Hubbeling, "The Preface to Spinoza's Posthumous Works and Its Author Jarig Jellesz," in *Studies in the Posthumous Works of Spinoza*, 216.）。

註71　フロイデンタール『スピノザの生涯の記録』、一二頁（Jacob Freudenthal, *Die Lebensgeschichte Spinoza's*, 12.）。

註72　オッフェンベルグ他『スピノザ——没後三百年記念展カタログ』（パリのネーデルラント研究所で一九七七年五月から六月にかけて開催された展覧会の図録）、四三頁（A. Offenberg et al., *Spinoza: Troisième centenaire de la mort du philosophe.* Catalog of the exhibition held at the Institut Néerlandais, May-June 1977. Paris, 1977, 43.)。

註73　フロイデンタール『スピノザの生涯の記録』、二二九頁（Jacob Freudenthal, *Die Lebensgeschichte Spinoza's*, 229.)。

第八章　ラインスブルフの哲学者

註1　クレフェル「ボルフの日記におけるスピノザとファン・デン・エンデン」、三一四頁（W. N. A.Klever, "Spinoza and Van den Enden in Borch's Diary," 314.)。

註2　『スピノザ著作集』、II／7、C／9。

註3　「スピノザ往復書簡」Ep26、IV／159、C／394。

註4　「スピノザ往復書簡」Ep36。

註5　フロイデンタール『スピノザの生涯の記録』、一四頁（Jacob Freudenthal, *Die Lebensgeschichte Spinoza's*, 14.)。

註6　クリスティアーン・ハイヘンス『全集』、第六巻、一五五頁（Christiaan Huygens, *Œuvres complètes*, 6: 155.)。

註7　同書、一五八頁。

註8　フロイデンタール『スピノザの生涯の記録』、一九三頁（Jacob Freudenthal, *Die Lebensgeschichte Spinoza's*, 193.)。同時にスピノザ宛のライプニッツの手紙（「スピノザ往復書簡」Ep45）、クレフェル「傑出した光学理論家——光学の歴史におけるスピノザ」（W. N. A. Klever, "Insignis Opticus: Spinoza in de Geshiedenis van de Optica."）も参照。

註9　ケルクリンク『解剖学的観察』（*Observations Anatomicae.*）——クレフェル「スピノザの生涯と著作」、三三頁（W. N. A. Klever, "Spinoza's Life and Works," 33.）より引用。

註10　「スピノザ往復書簡」Ep14は、セラリウスがスピノザにとってと同様に、オルデンブルグの知己でもあったということを明らかにしている。

註11　少なくともこれはメインスマの示唆である——メインスマ『スピノザとその仲間たち』、二二三頁（Koenraad O. Meinsma, *Spinoza et son cercle*, 223.）を参照。

註12　バルボン、ライス、アドラー共著『スピノザ往復書簡集』「序文」、八頁（"Introduction," in Steven Barbone, Lee Rice, Jacob Adler, *Spinoza: The letters*, 8.）を参照。

註13　「スピノザ往復書簡」Ep1、IV／5、C／168。

註14 「スピノザ往復書簡」Ep2、Ⅳ／7、C／164～165。

註15 十九世紀半ばにおけるオランダ語による二つの原稿の発見まで、まさにそれは不在の著作でもあった。いずれもスピノザの直筆原稿ではない。それらは、おそらくほぼまちがいなく、失われているラテン語原典からの翻訳であると思われる。スピノザがオランダ語によって複雑な哲学的著作を執筆したということは、その言語によって哲学的な問題において自らを表現することについて彼が告白した不自由さを考えれば、ほぼあり得ない。

註16 少なくともこれはミニーニの理屈であり、彼はスピノザの短論文集の最新のオランダ語版のために『神、人間および人間の幸福に関する短論文』（*KV*）を準備した――アッカーマンその他『スピノザ――短論文集』、二三〇～二四〇頁（Fokke Akkerman et al, *Spinoza: Korte Geschriften*, 230–40.）を参照。ゲープハルトは、最初にスピノザはその著作をオランダ語で友人たちに口述し、そしてラインスブルフに定住した後にその原稿に手を加え、二つの異なるラテン語の論文、すなわち一つは『知性改善論』（*TIE*）に、もう一つは『神、人間および人間の幸福に関する短論文』（*KV*）に仕立て直したと考えた。かくしてこれらはペーター・バリンクによってオランダ語に翻訳されるべく、アムステルダムに送り返された――『スピノザ著作集』、Ⅰ／424～431。

註17 「スピノザ往復書簡」Ep6、ならびにEp13を参照（そこにおける「その他のもの」を出版することについての言及は、『神、人間および人間の幸福に関する短論文』［*KV*］であるように思われる）。

註18 『スピノザ著作集』、Ⅰ／112、C／149～150。

註19 厳格に言えば、スピノザにとって精神と肉体は、事実二つの異なる観点から考察された（言い換えれば、二つの異なる属性の下の）一にして同じ様態である。

註20 『スピノザ著作集』、Ⅰ／61、C／104。

註21 『スピノザ著作集』、Ⅰ／78、C／119。

註22 『スピノザ著作集』、Ⅰ／86～87、C／127。

註23 『神、人間および人間の幸福に関する短論文』（*KV*）、第十八章、第十九章を参照。

註24 『スピノザ著作集』、Ⅰ／88、C／129。

註25 「スピノザ往復書簡」Ep1、Ⅳ／6、C／164。

註26 「スピノザ往復書簡」Ep6、Ⅳ／36、C／188。

註27 同書。

註28 「スピノザ往復書簡」Ep13、Ⅳ／64、C／207。『倫理学（エチカ）』（*Ethica*）の実質的な部分はこの頃に執筆されたが、この手

紙においてスピノザが『神、人間および人間の幸福に関する短論文』（*KV*）について言及しているのか、『倫理学(エチカ)』（*Ethica*）における自らの考えの幾何学的提示について言及しているのか、定かではない――ミニーニ「一六五六年から一六六五年にかけてのスピノザの年譜における所与の事項と諸問題」、一二〜一三頁（Filippo Mignini, "Données et problèmes de la chronologie spinozienne entre 1656 et 1665," 12–3.）、ならびに『スピノザ著作集』、C／188頁を参照。

註29　「スピノザ往復書簡」Ep 12、Ⅳ／51、C／200。

註30　「スピノザ往復書簡」Ep 7、Ⅳ／37、C／189。

註31　「スピノザ往復書簡」Ep 16、Ⅳ／75、C／218。

註32　「スピノザ往復書簡」Ep 11、Ⅳ／50、C／198〜199。

註33　「スピノザ往復書簡」Ep 13、Ⅳ／66〜67、C／210。

註34　「スピノザ往復書簡」Ep 6。

註35　クレフェル「ボルフの日記におけるスピノザとファン・デン・エンデン」、三一六〜三一七頁（W. N. A. Klever, "Spinoza and Van den Enden in Borch's Diary," 316–17.）。

註36　「スピノザ往復書簡」、Ep 8、Ⅳ／40、C／192。

註37　クレフェル「ボルフの日記におけるスピノザとファン・デン・エンデン」、三一五頁（W. N. A. Klever, "Spinoza and Van den Enden in Borch's Diary," 315 .）。

註38　ステノによるこれらの主張については、「スピノザ往復書簡」Ep 67a、ならびにクレフェル「ステノによるスピノザとスピノザ主義についての宣言」（W. N. A. Klever, "Steno's Statements on Spinoza and Spinozism."）を参照。

註39　メインスマ『スピノザとその仲間たち』、二三〇頁（Koenraad O. Meinsma, *Spinoza et son cercle,* 230.）。

註40　フロイデンタール『スピノザの生涯の記録』、二三一〜二三二頁（Jacob Freudenthal, *Die Lebensgeschichte Spinoza's,* 231–232.）。

註41　クレフェルは、デ・フォルデルが事実「隠れスピノザ主義者」だったと信じている――クレフェル「ブルヒャルト・デ・フォルデル（一六四三〜一七〇九）、レイデンの公職にある一人の隠れスピノザ主義者」（W. N. A. Klever, "Burchard de Volder (1643–1709), A Crypt-Spinozist on a Leiden Cathedra."）を参照。

註42　フロイデンタール『スピノザの生涯の記録』、二二〜二三頁（Jacob Freudenthal, *Die Lebensgeschichte Spinoza's,* 22–23.）。

註43　メインスマ『スピノザとその仲間たち』、二三〇〜二三四頁（Koenraad O. Meinsma, *Spinoza et son cercle*, 230–4.）。
註44　「スピノザ往復書簡」Ep13、Ⅳ／63、C／207。
註45　『デカルトの哲学原理』へのメイエルによる序文を参照――『スピノザ著作集』、Ⅳ／129〜130、C／227。
註46　「スピノザ往復書簡」Ep8、Ⅳ／39、C／190。
註47　「スピノザ往復書簡」Ep9、Ⅳ／42、C／193〜194。
註48　「スピノザ往復書簡」Ep2、Ⅳ／8、C／166。スピノザは自らの手紙の中にそれらの証明を同封したが、その同封物は、以来失われている。それらの内容の再構成については、バッティスティ「神の存在の証明」（G. Battisti, "La dimostrazione dell'esistenza di Dio."）を参照。
註49　このことについては無数の議論があるが、デカルトは人文および社会科学において数学的確実性に到達することの可能性についてのスピノザの肯定的な態度を共有しなかった。
註50　『省察』に含められた再反論において、彼は反論者たちの要求に応じ、その著作の主要な議論のいくつかを「幾何学的様式」で書き記した。しかし彼は、数学は文字通り幾何学的形態によって最高に資するものになるとは信じないと認めている――『デカルト著作集』、第七巻、一五六〜一五七頁（*Œuvres de Descartes*, 7:156–7.）。
註51　デカルト『方法序説』、第二部。
註52　デカルト『哲学原理』、第五部、二〇六頁。
註53　「スピノザ往復書簡」Ep8、Ⅳ／39、C／190。
註54　同書。

第九章　「フォールブルフのユダヤ人」

註1　フロイデンタール『スピノザの生涯の記録』、一一八〜一一九頁（Jacob Freudenthal, *Die Lebensgeschichte Spinoza's*, 118–19.）。
註2　メインスマの『スピノザとその仲間たち』、二八三頁（Koenraad O. Meinsma, *Spinoza et son cercle*. 283.）。
註3　リュカスは、スピノザが「その地がより平穏であるだろうと確信するがゆえに」フォールブルフに移り住んだと言っている――フロイデンタール『スピノザの生涯の記録』所収、一三頁（Jacob Freudenthal, *Die Lebensgeschichte Spinoza's*, 13.）。

註4　同書、五七頁。
註5　同書、二八三頁。
註6　コレルスは、スピノザが独学で絵の描き方を学んだと私たちに伝えているのに対し、十八世紀の半ばに『神、人間および人間の幸福に関する短論文』の序文としてスピノザの略伝を著したヨハンネス・モニコフは、スピノザはティデマンの下で絵の描き方を上達させたと主張している――フロイデンタール『スピノザの生涯の記録』所収、一〇六頁（Jacob Freudenthal, *Die Lebensgeschichte Spinoza's*, 106.）。
註7　同書、五六頁。
註8　「スピノザ往復書簡」Ep11、Ⅳ／63、C／207。
註9　『スピノザ著作集』、Ⅰ／129、C／227。ティッセン＝スクート「ロデウェイク・メイエルとそのデカルトとスピノザとの関係」、一七九頁（Thijssen-Schoute, "Lodewijk Meyer en Diens Verhouding tot Descartes en Spinoza," 179.）を参照。
註10　『デカルトの哲学原理』序文、Ⅰ／127〜128、C／224〜225。
註11　『デカルトの哲学原理』序文、Ⅰ／130、C／227。
註12　「スピノザ往復書簡」Ep12a。
註13　「スピノザ往復書簡」Ep11、Ⅳ／64、C／207。
註14　ミニーニ「一六五六年から一六六五年にかけてのスピノザの年譜における所与の事項と諸問題」、一一〜一二頁（Filippo Mignini, "Données et problèmes de la chronologie spinozienne entre 1656 et 1665," 11–12.）を参照。
註15　「スピノザ往復書簡」Ep15、Ⅳ／72、C／215。
註16　「スピノザ往復書簡」Ep15、Ⅳ／73、C／216。
註17　「スピノザ往復書簡」Ep15。『デカルトの哲学原理』において、メイエルは、ほとんどスピノザが口にした通りの警告を繰り返している――『スピノザ著作集』、Ⅰ／131、C／228〜229。
註18　『デカルトの哲学原理』、Ⅰ／152、C／241。
註19　『デカルトの哲学原理』、Ⅰ／201、C／277。
註20　『デカルトの哲学原理』、Ⅰ／265。実際これはマイモニデスの考えであり、それについてスピノザは『神学＝政治論』において批判的に論じるだろう。
註21　クレフェル「一六六七年のスピノザの名声」（W. N. A. Klever, "Spinoza's Fame in 1667."）を参照。

註22 これは少なくともゲープハルトの意見である——『スピノザ著作集』、I／661。これについてはその他の研究者たちも同意している。
註23 「スピノザ往復書簡」Ep22、IV／133、C／382。
註24 「スピノザ往復書簡」Ep29、IV／164。
註25 「スピノザ往復書簡」Ep14、IV／72、C／215。
註26 イスラエル『ネーデルラント共和国——その隆盛、威光、凋落、一四七七～一八〇六年』、六二五頁（Jonathan Israel, *The Dutch Republic: Its Rise, Greatness, and Fall, 1477–1806*, 625.）。
註27 「スピノザ往復書簡」Ep17、IV／76、C／353。
註28 ファン・デル・タンク「スピノザとスヒーダム」（A. Van der Tang, "Spinoza en Schiedam."）。
註29 「スピノザ往復書簡」Ep18、IV／80～81、C／355。
註30 「スピノザ往復書簡」Ep20、IV／122、C／373～374。
註31 「スピノザ往復書簡」Ep21、IV／126、C／375。
註32 「スピノザ往復書簡」Ep21、IV／126～127、C／376。
註33 「スピノザ往復書簡」Ep23、IV／148、C／388。
註34 「スピノザ往復書簡」Ep22、IV／134～135、C／382。
註35 「スピノザ往復書簡」Ep24、IV／153、C／390～391。
註36 「スピノザ往復書簡」Ep27、IV／161、C／395。
註37 これはカーリーによるもっともな仮説である——『スピノザ著作集』、C／395を参照。
註38 イスラエル『ネーデルラント共和国——その隆盛、威光、凋落、一四七七～一八〇六年』、七六六頁（Jonathan Israel, *The Dutch Republic: Its Rise, Greatness, and Fall, 1477–1806*, 766.）。
註39 「スピノザ往復書簡」Ep28、IV／163、C／397。
註40 「スピノザ往復書簡」Ep25、IV／158、C／350。
註41 一六六五年九月二十八日付、オルデンブルグの手紙——『オルデンブルグ書簡集』、第二巻、五五三頁（*The Correspondences of Henry Oldenburg*, 2: 553.）。
註42 「スピノザ往復書簡」Ep29、IV／165、SL／182～183。
註43 「スピノザ往復書簡」Ep30、IV／166、SL／185。

註44 しかしながら、一六六五年五月のオルデンブルグ宛の手紙においてスピノザが、ハイヘンスが最近「あなたを知っていると私に話してくれた」と言及しているのは、奇妙である。このことはスピノザが、その二人が友人であることを、オルデンブルグから前もって聞かされてい「なかった」ことを示唆する。

註45 スピノザについてのハイヘンスの関心は「彼が研磨するレンズ以上のものではなかった」とメインスマが主張するとき、確実に彼はまちがっている――メインスマ『スピノザとその仲間たち』三二三頁（Koenraad O. Meinsma, *Spinoza et son cercle*, 323.）。

註46 「スピノザ往復書簡」Ep26、ならびにEp30を参照。

註47 ハイヘンス『全集』、第六巻、一八一頁（Christiaan Huygens, *Œuvres complètes*, 6: 181.）。

註48 「スピノザ往復書簡」Ep32、Ⅳ／174～175、SL／195～196。

註49 ハイヘンス『全集』、第八巻、四〇〇～四〇二頁（Christiaan Huygens, *Œuvres complètes*, 8: 400–2.）。

註50 「スピノザ往復書簡」Ep70。

註51 「スピノザ往復書簡」Ep72。

註52 このことは、一六六七年九月から一六六八年五月までのパリのクリスティアーン宛のコンスタンティンのいくつかの手紙から明らかである――ハイヘンス『全集』、第六巻、一四八～二一五頁（Christiaan Huygens, *Œuvres complètes*, 6: 148–215.）。

註53 「スピノザ往復書簡」Ep29、およびメインスマ『スピノザとその仲間たち』、三〇〇頁（Koenraad O. Meinsma, *Spinoza et son cercle*, 300.）を参照。ダニエル・ティーデマンは、その家がスピノザの往復書簡において「画家のダニエル氏」の家として言及されていることから、私は彼がその家の所有者だったと考えている。

註54 ウィム・クレフェルは、フッデとのスピノザの面識は彼がラインスブルフに住んでいた頃に由来し、その頃フッデはレイデン大学のデカルト学派の数学者集団の中にあったと、私に教示してくれた。

註55 彼が、少なくとも、セラリウス、リューウェルツゾーン、ブゥメーステルに会ったということは、Ep25～28までの書簡によって推察することができる。

註56 メインスマ『スピノザとその仲間たち』、二九五頁（Koenraad O. Meinsma, *Spinoza et son cercle*, 295.）

註57 「スピノザ往復書簡」Ep28、Ⅳ／162、C／395。

註58 「スピノザ往復書簡」Ep28、Ⅳ／163、C／396。

註59 一六六五年から一六七五年までの間、スピノザは、特に『神学=政治論』について彼がしばらく継続してきた仕事の

観点において、その原稿の編集、修正、加筆を、大いに進めることができた。『倫理学』についての仕事の、すべてではないとしても、その多くは、第一部と第二部ではなく、ほぼまちがいなく第三部についてのものだったと考えられる。

註60　アッカーマンは、バリンクがその仕事のすべてを独力で成し遂げたのか、それともスピノザの他の友人たちの手を借りたのか、それは定かではないとしている――アッカーマン「スピノザの没後著作集についての研究」一六〇～一六一頁（Akkerman, "Studies in the Posthumous Works of Spinoza," 160–1.）

註61　例えば、一六六五年三月のブライエンベルフ宛の手紙において、スピノザは出版形態の第四部において刷新されたかたちでの命題七十二を構成する題材に言及している――「スピノザ往復書簡」Ep23、Ⅳ／150～151、C／389。

註62　アッカーマン「スピノザの没後の諸著作についての研究」一五二～一五三頁（Akkerman, "Studies in the Posthumous Works of Spinoza," 152–153.）

註63　「スピノザ往復書簡」Ep28、Ⅳ／163、C／396。

註64　私たちが第五部「知性の能力、あるいは人間の自由について」（*Potentia Intellectus, seu de Libertate Humana*）として知っている部分の多くは、後になってから、おそらく一六七五年頃に加筆されたと考えられる。翻って考えれば、このことは、一六六五年の時点の草稿にはおそらくその著作の最も重要な「倫理学的」側面であると彼が考えていたものが含まれていなかったことを示唆しているだろう。『倫理学』の発展と構成に関する議論については、ステーンバッケルス『印刷用原稿に基づくスピノザの『倫理学』』（Piet Steenbakkers, *Spinoza's Ethica from Manuscript to Print.*）、アッカーマン「スピノザの没後著作集についての研究」（Fokke Akkerman, "Studies in the Posthumous Works of Spinoza."）、ルーセ「最初の『倫理学』――方法と目標」（Bernard Rousset, "La Première Éthique: Méthodes et perspectives."）を参照。

註65　『倫理学』の内容と構成の関係についての優れた議論として、ステーンバッケルス『印刷用原稿に基づくスピノザの『倫理学』』、第五章（Piet Steenbakkers, *Spinoza's Ethica from Manuscript to Print*, chap.5.）を参照。彼は、その哲学的題材が手近な幾何学的形態に偶然に関連付けられているにすぎないと考えるウォルフソン（Harry Wolfson, *The Philosophy of Spinoza.*）における仮説に反論している。

註66　「スピノザ往復書簡」Ep9。『スピノザ著作集』、Ⅳ／43～44、C／194～195。

註67　『倫理学』、第一部、命題十七、備考一（IP17S1）。

註68　『倫理学』、第一部、命題二十五、系（IP25C）。

註69　自然の因果的秩序について、特に永遠にして無限の様態がいかにして特定の一者に関連するかについての優れた分析

と解釈が、カーリーの諸著書『スピノザの形而上学』（Edwin Curley, *Spinoza's Metaphysics.*）、および『幾何学的方法論の背後』（Edwin Curley, *Behind the Geometrical Method.*）に見出される。

註70 『倫理学』、第四部、序文。

註71 『倫理学』、第一部、命題二十九、備考（IP29S）。

註72 『倫理学』、第一部、付論。

註73 同書、Ⅱ／78～79、C／440～441。

註74 同書、Ⅱ／80～81、C／443。

註75 『倫理学』、第二部、命題七、備考（IIP7S）。

註76 『倫理学』、第二部、命題二十九、系（IIP29C）。

註77 『倫理学』、第二部、命題四十四（IIP44）。

註78 『スピノザ著作集』、Ⅰ／132、C／230。

註79 『倫理学』、第二部、命題四十六（IIP46）。

註80 『倫理学』、第二部、命題四十七（IIP47）。

註81 『倫理学』、第三部、序文。

註82 『倫理学』、第三部、命題六（IIIP6）。

註83 『倫理学』、第三部、命題十一、備考（IIIP11S）。

註84 『倫理学』、第三部、命題二十八（IIIP28）。

註85 『倫理学』、第三部、命題五十九、備考（IIIP59S）。

註86 『倫理学』、第五部、命題二十、備考（VP20S）。

註87 『倫理学』、第四部、命題四（IVP4）。

註88 『倫理学』、第五部、命題三十九、備考（VP39S）。

註89 『倫理学』、第二部、命題四十、備考二（VP25）。

註90 『倫理学』、第五部、命題六、備考（VP6S）。

註91 しかしながら、確実にスピノザは、要点においてはストア派に批判的である――『倫理学』、第五部、序文を参照。

註92 『倫理学』、第五部、付論、Ⅱ／278、C／594。

註93 マイモニデス『迷える者への手引き』、第三部、五一頁（Maimonides, *The Guide of the Perplexed*, III. 51.）を参

照。

註94 『倫理学（エチカ）』、第四部、命題六十六～六十七（IVP66-67）。

註95 『倫理学（エチカ）』、第五部、命題三十八（VP38）。

註96 『倫理学（エチカ）』、第四部、命題三十四～三十五（IVP34-35）。

註97 『倫理学（エチカ）』、第四部、命題三十七、備考二（IVP37S2）。

註98 「スピノザ往復書簡」Ep2の失われた手紙の結びの言葉において。しかしながら、この手紙においてスピノザは、神の性質のための実体の概念を暗示することを意図しつつ、「これらの事柄についてあからさまに話すこと」を慎んでいる。

註99 「スピノザ往復書簡」Ep32。

註100 「スピノザ往復書簡」Ep31。

第十章　政治的人間（ホモ・ポリティクス）

註1 「スピノザ往復書簡」Ep32。『スピノザ著作集』、IV／175、SL／196。

註2 メインスマは、実際にその職に就いたのはヨハンネス・ムンテンダム（Johannes Muntendam）だったと考えている——メインスマ『スピノザとその仲間たち』、三〇六頁の註6（Koenraad O. Meinsma, *Spinoza et son cercle*, 306, n.6.）。

註3 少なくともこれはメインスマの示唆である——同書、二八四頁。

註4 この資料はフロイデンタール『スピノザの生涯の記録』、一一六～一一八頁（Jacob Freudenthal, *Die Lebensgeschichte Spinoza's*, 116-8.）に収録されている。

註5 「スピノザ往復書簡」Ep42。

註6 「スピノザ往復書簡」Ep43、IV／219、SL／237。

註7 「スピノザ往復書簡」Ep32、IV／220、SL／238。

註8 フロイデンタール『スピノザの生涯の記録』、二二八頁（Jacob Freudenthal, *Die Lebensgeschichte Spinoza's*, 228.）に掲載されている。シュトーレの日記の文面には「[スピノザは] 無神論者も同然であり、彼は賢者ではあり得ない」("Ob er [Spinoza] ein Atheus sey, könne er nicht sagen.") と記されてある。しかしクレフェルは、この表現は実際にはデ・フォルデルのより強い否定的な最初の回答を穏やかにしたものであると主張している——クレフェル「ブルヒャルト・デ・フォルデル」、一九五頁（W. N. A. Klever, "Burchard de Volder," 195.）。

註9 「スピノザ往復書簡」Ep32、Ⅳ／165、SL／183。

註10 「スピノザ往復書簡」Ep30。

註11 ミニーニは、ピーツが言及した論文の著者はスピノザであるという説をひじょうに妥当なものと見なしている——ミニーニ「一六五六年から一六六五年にかけてのスピノザの年譜における所与の事項と諸問題」、一三～一四頁（Filippo Mignini, "Données et problèmes de la chronologie spinozienne entre 1656 et 1665," 13-4.）

註12 「スピノザ往復書簡」Ep31。

註13 フロイデンタール『スピノザの生涯の記録』、二〇〇～二〇一頁（Jacob Freudenthal, *Die Lebensgeschichte Spinoza's*, 200-1.）。

註14 ツェヴィの人生の物語と彼が中心となった運動は、ゲルショム・ショーレムによって詳細かつ魅力的に語られている——ゲルショム・ショーレム『サバッタイ・ツェヴィ——神秘主義的救済者』（Gershom Scholem, *Sabbatai Sevi: The Mystical Messiah.*）。

註15 同書、一二五頁。

註16 同書、一一九～一二二頁。

註17 同書、一一九～一二〇頁。

註18 同書、五一九頁。

註19 同書、五二一頁。

註20 同書、五二九～五三〇頁。

註21 同書、五二三頁。

註22 同書、五二〇頁。

註23 同書。

註24 メシュラン『スピノザの時代のアムステルダムにおいてユダヤ教徒であること』、一二二頁（Henri Méchoulan, *Etre juif à Amsterdam au temps de Spinoza*, 122.）。

註25 「スピノザ往復書簡」Ep33。

註26 デ・ウィットの標準的な伝記であるハーヴァート・ローウェンの『ヨハン・デ・ウィット、ホラント州の法律顧問、一六二五～一六七二年』（Herbert Rowen, *John de Witt, Grand Pensionary of Holland, 1625-1672.*）、ならびに同著者の『ヨハン・デ・ウィット——「真の自由」の声明者』（Herbert Rowen, *John de Witt: Statesman of the "True*

Freedom.")も参照。

註27 イスラエル『ネーデルラント共和国——その隆盛、威光、凋落、一四七七〜一八〇六年』、七八八頁（Jonathan Israel, *The Dutch Republic: Its Rise, Greatness, and Fall, 1477–1806*, 788.）。フォイヤー『スピノザと自由主義の台頭』、七六〜八〇頁（Lewis Samuel Feuer, *Spinoza and the Rise of Liberalism*, 76–80.）。

註28 これはレイデン大学の古典学教授フロノフィウス（Gronovius）の日記の記述である——クレフェル（W. N. A. Klever, "A New Document on De Witt's Attitude to Spinoza."）を参照。

註29 ローウェン『ヨハン・デ・ウィット——「真の自由」の声明者』、五八〜五九頁（Herbert Rowen, *John de Witt: Statesman of the "True Freedom,"* 58–9.）。

註30 同書、九七頁。

註31 同書、一三一頁。

註32 イスラエル『ネーデルラント共和国——その隆盛、威光、凋落、一四七七〜一八〇六年』、七五九〜七六〇頁（Jonathan Israel, *The Dutch Republic: Its Rise, Greatness, and Fall, 1477–1806*, 759–60.）。

註33 ブロム「スピノザとド・ラ・クール」（H. W. Blom, "Spinoza en De La Court."）。

註34 「スピノザ往復書簡」Ep 32。

註35 オッフェンベルグ他の編集による展覧会図録の出品番号142を参照——オッフェンベルグ他『スピノザ——没後三百年記念展カタログ』（パリのネーデルラント研究所で一九七七年五月から六月にかけて開催された展覧会の図録）、六〇頁、（A. Offenberg, et al, eds., *Spinoza:Troisième centenaire de la mort du philosophe*. Catalog of the exhibition held at the Institut Néerlandais, May-June 1977. Paris, 1977, 60.）。

註36 フロイデンタールとゲープハルトは二人の間には緊密な関係があったと信じている。その一方でジャピクセは何も具体的な証拠がないという観点から、注意を促している——ジャピクセ「スピノザとデ・ウィット」（N. Japikse, "Spinoza en de Witt."）。

註37 フロイデンタール『スピノザの生涯の記録』、一五〜一六頁（Jacob Freudenthal, *Die Lebensgeschichte Spinoza's*, 15–6.）。

註38 一六七七年にスピノザの手紙が編集された際、スピノザの友人たちが（その同時代人たちにとっては）不名誉かつ信用に値しないその法律顧問について言及されているすべての書簡を処分したということはあり得るだろう。

註39 その原稿についての研究は、年金について言及されている一節が、おそらくリュカスによるものではないということ

を明らかにした――オッフェンベルグ他『スピノザ――没後三百年記念展カタログ』（パリのネーデルラント研究所で一九七七年五月から六月にかけて開催された展覧会の図録）、六〇頁、（A. Offenberg, et al., eds., *Spinoza: Troisième centenaire de la mort du philosophe.* Catalog of the exhibition held at the Institut Néerlandais, May-June 1977. Paris, 1977, 60.）を参照。一方で、一人の友人から分配としての金銭を受け取ることは別物である。すなわち、特に著者の印税が十分に顧慮される以前の十七世紀においては、執筆した著作のために年金としての金銭を受け取ることは、まったく異なる事柄なのである。おそらく友人から施しを受けることに対するスピノザの気兼ねは、著者が受けるに値する年金を受け取ることへの同様の抵抗感の表れとして受け止められてはならないだろう。

註40　一六六五年四月五日付、ハイヘンス宛のフッデの手紙を参照――ハイヘンス『全集』、第五巻、三〇三～三一一頁（Christiaan Huygens, *Œuvres complètes,* 5: 303-11.）。確率の計算へのスピノザの関心については、一六六八年十月のファン・デル・メール宛のスピノザの手紙（Ep38）を参照。一六八七年に「虹の代数的計算」と呼ばれる著作と一緒に出版された『確率の計算について（*Reeckening van Kanssen*）』という論文はスピノザによって執筆されたと、いく人かによって主張されてきた。その主張については議論がなされている――例えば、デ・フェット「スピノザは虹の計算と確率の計算の同じ著者か」（De Vet, "Was Spinoza de Auteur van Stelkonstige Reeckening van den Regenboog en Reeckening van Kanssen?"）を参照。そのような断定にはまったく何も根拠がなく、また確率についての論文は彼の初期の伝記作家の誰によっても言及さえされておらず、彼らのすべてはせいぜいのところ虹に関する論文について書き記しているだけである。

註41　一六六七年七月十五日付、オルデンブルグからセット・ワードへの手紙――『オルデンブルグ書簡集』、第三巻、四四八頁（*The Correspondences of Henry Oldenburg,* 3: 448.）。

註42　一六六七年七月二十日付、オルデンブルグからアーリントン卿への手紙――同書、四五〇頁。

註43　オルデンブルグからチャールズ二世への嘆願書――同書、四五二～四五三頁。国家相によって、その嘆願書はチャールズ二世にはけっして渡されることはなかった。

註44　一六六七年九月十二日付、オルデンブルグの手紙――同書、四七三～四七四頁。

註45　フロイデンタール『スピノザの生涯の記録』、一八頁（Jacob Freudenthal, *Die Lebensgeschichte Spinoza's,* 18.）。

註46　同書、六二頁。

註47　リュカス――同書所収、一八頁。

註48　シュトーレによれば、最終的な金額は二百五十フルデンだった――同書、二二五頁を参照。

註49　ファン・デル・タンク「スピノザとスヒーダム」（A. Van der Tang, "Spinoza en Schiedam."）を参照。

註50　例えば、スピノザはイェレスゾーンによって生活を支えられているというライプニッツの報告を参照——フロイデンタール『スピノザの生涯の記録』、二〇一頁（Jacob Freudenthal, *Die Lebensgeschichte Spinoza's*, 201.）。

註51　同書、一六頁。

註52　同書、五九頁。反対にリュカスは、「彼の服装はひじょうに瀟洒で、資産家のようでもあった［……］」（"In zyn kleeding was hy slegt en borgerlijk..."）と、スピノザがきちんとした身嗜みをしていたと主張している。

註53　これはリュカスによるものである——同書、二〇頁。

註54　『知性改善論』、Ⅱ／6〜7、C／8〜9。

註55　フロイデンタール『スピノザの生涯の記録』、三一頁の註1（Jacob Freudenthal, *Die Lebensgeschichte Spinoza's*, 31, n.1.）

註56　コレルス——同書、五八頁。

註57　同書、六一頁。

註58　『知性改善論』、Ⅱ／9、C／12。

註59　「スピノザ往復書簡」Ep40。

註60　クレフェル「ヘルベティウス事件、あるいはスピノザと哲学者の石」（W. N. A. Klever, "The Helvetius Affair, or Spinoza and the Philosopher's Stone."）を参照。

註61　コレルス——フロイデンタール『スピノザの生涯の記録』所収、八三頁（Jacob Freudenthal, *Die Lebensgeschichte Spinoza's*, 83.）。リュカス——同書所収、二五頁。オランダ語版『遺稿集』（*Nagelate Schriften*）へのイェレスゾーンによる序文——アッカーマン「スピノザの没後著作集への序文」所収、二一九頁。コルトホルト——フロイデンタール前掲書所収、八三頁（Jacob Freudenthal, *Die Lebensgeschichte Spinoza's*, 83.）。

註62　その論文は、フランス語に翻訳され、『カイエ・スピノザ』（*Cahier Spinoza*）五号（一九八四〜八五年）、四〇〜五一頁に復刻された。

註63　例えば、ガッベイ「スピノザの自然科学と方法論」、一五二〜一五四頁（Alan Gabbey, "Spinoza's Natural Science and Methodology," 152–154.）、ならびにデ・フェット「スピノザは虹の計算と確率の計算の同じ著者か」（De Vet, "Was Spinoza de Auteur van Stelkonstige Reeckening van den Regenboog en Reeckening van Kanssen?"）を参照。

註64　デカルト『方法序説』「宇宙論」を参照。

註65　メインスマ『スピノザとその仲間たち』、三四〇頁（Koenraad O. Meinsma, *Spinoza et son cercle*, 340.)。

註66　ヨンヘネーレン「アドリアーン・クールバハの政治哲学」、二四八頁（Gerrit Jongeneelen, "La Philosophie politique d'Adrien Koerbagh," 248.)。

註67　同書、二四九〜二五〇頁。

註68　ファンデンボッシュ『アドリアーン・クールバハとスピノザ』、九〜一〇頁（Hubert Vandenbossche, *Adriaan Koerbagh en Spinoza*, 9–10.)。

註69　ヨンヘネーレン「アドリアーン・クールバハの知られざる一小冊子」（Gerrit Jongeneelen, "An Unknown Pamphlet of Adriaan Koerbagh.")。

註70　ヨンヘネーレンは、クールバハによるホッブズ『リヴァイアサン』の読書の重要性を明らかにしている。

註71　クールバハ兄弟の思想、および彼らの裁判ならびにアドリアーンの投獄に至る出来事の経緯については、ヨンヘネーレン「アドリアーン・クールバハの政治哲学」（Gerrit Jongeneelen, "La Philosophie politique d'Adrien Koerbagh.")、ファンデンボッシュ『アドリアーン・クールバハとスピノザ』（Hubert Vandenbossche, *Adriaan Koerbagh en Spinoza*.)、そして特にメインスマ『スピノザとその仲間たち』、第九章、第十章（Keonraad O. Meinsma, *Spinoza et son cercle*, chaps. 9, 10.）を参照。

註72　イスラエル『ネーデルラント共和国——その隆盛、威光、凋落、一四七七〜一八〇六年』、七八七〜七八九頁（Jonathan Israel, *The Dutch Republic: Its Rise, Greatness, and Fall, 1477–1806*, 787–789.)。

註73　クールバハの尋問の過程からの詳細な引用は、メインスマ『スピノザとその仲間たち』、三六五〜三六六頁（Koenraad O. Meinsma, *Spinoza et son cercle*, 365–6.）に収録されている。

註74　同書、三六六頁。

註75　同書、三六九頁。

註76　同書、三六八頁。

註77　同書、三七六頁。

註78　「スピノザ往復書簡」Ep30。

註79　『神学=政治論』、第三章（*TTP* III)、Ⅲ／45〜46、S／89。

註80　『神学=政治論』、第三章（*TTP* IV)、Ⅲ／64、S／107。

註81　『神学=政治論』、第三章（*TTP* IV）、Ⅲ／60、S／103。

註82　カーリー「忘却された傑作についての覚書（Ⅱ）――『倫理学（エチカ）』への布石としての『神学=政治論』」（Edwin Curley, "Notes on a Neglected Masterpiece [II]: The *Theological-Political Treatise* as a prolegomenon to the *Ethics*."）を参照。

註83　『神学=政治論』、序文（*TTP*, preface）、Ⅲ／6〜7、S／51。

註84　『神学=政治論』、第十二章（*TTP* XII）、Ⅲ／159、S／206。

註85　『神学=政治論』、第二章（*TTP* II）、Ⅲ／35〜36、S／79。

註86　『神学=政治論』、第三章（*TTP* III）、Ⅲ／56、S／99。

註87　『神学=政治論』、第五章（*TTP* V）、Ⅲ／75〜76、S／119。

註88　『神学=政治論』、第六章（*TTP* VI）、Ⅲ／82〜83、S／126。

註89　しかしながらロデウェイク・メイエルの聖書についての考えは、スピノザのそれと同じほどに過激であり、彼の著作は教会と世俗の両方の権威によって、しばしば同じ訴えにおいて、同等の激越さで攻撃された。

註90　『神学=政治論』、第九章（*TTP* IX）、Ⅲ／131、S／175。

註91　ホッブズ『リヴァイアサン』、第三部、第三十三章（Thomas Hobbes, *Leviathan*, Book III, chap.33.）を参照。スピノザの聖書に関する学殖の歴史的、哲学的背景については、リチャード・ポプキンによる以下の三つの論文を参照――「スピノザとサミュエル・フィッシャー」（"Spinoza and Samuel Fisher."）、「スピノザの聖書研究の科学についての新知見」（"Some New Light on Spinoza's Science of Bible Study."）、「スピノザと聖書の学殖」（"Spinoza and Bible Scholarship."）。

註92　『神学=政治論』、第七章（*TTP* VII）、Ⅲ／98、S／141。

註93　スピノザはまた、ロデウェイク・メイエルがその著『聖書解釈の手としての哲学』において概略化したデカルトの方法論に異議を唱えた。

註94　マイモニデス『迷える者への手引き』、第二部、二十五（Maimonides, *The Guide of the Perplexed*, II. 25.）を参照。

註95　『神学=政治論』、第七章（*TTP* VII）、Ⅲ／100〜101、S／143。

註96　『神学=政治論』、第七章（*TTP* VII）、Ⅲ／101〜102、S／144〜145。

註97　『神学=政治論』、第七章（*TTP* VII）、Ⅲ／117、S／160。

註98　『神学=政治論』、第十三章（*TTP* XIII）、Ⅲ／167、S／214。

註99　『神学=政治論』、第五章（*TTP* V）、Ⅲ／78、S／121。

註100　『神学=政治論』、第十四章（*TTP* XIV）、Ⅲ／177、S／224。

註101　『神学=政治論』、第十四章（*TTP* XIV）、Ⅲ／178〜179、S／225。

註102　おそらく『倫理学（エチカ）』における題材の数多くは——浅薄な想像ではあるが——『神学=政治論』が完成した後に初めて追加されたという可能性が考えられ、とは言え「神学的=政治的な論文」に関する一六六〇年のピーッの手紙は、これらの考えがすでにスピノザの頭の中にあったことを示唆している。

註103　『神学=政治論』、第十六章（*TTP* XVI）、Ⅲ／190、S／238。

註104　ホッブズ『リヴァイアサン』、第一部、第十三章、ix（Thomas Hobbes, *Leviathan*, Book I, 13. ix.）。

註105　『神学=政治論』、第十六章（*TTP* XVI）、Ⅲ／194〜195、S／242〜243。

註106　一五八五年、ウィレム一世の死後、スペインに対する叛乱における指導者的存在を求めつつ、ネーデルラント共和国はイギリスに向き直った。彼らはライケステル伯の手に彼ら自身を委ね、その伯爵は二年間「総督」として奉仕した。

註107　『神学=政治論』、第十八章（*TTP* XVIII）、Ⅲ／227〜228、S／278〜279。

註108　『神学=政治論』、第十八章（*TTP* XVIII）、Ⅲ／225、S／275〜276。

註109　『神学=政治論』、第十九章（*TTP* XIX）、Ⅲ／232〜233、S／284。

註110　『神学=政治論』、第二十章（*TTP* XX）、Ⅲ／240、S／292。

註111　『神学=政治論』、第二十章（*TTP* XX）、Ⅲ／243、S／295。

註112　『神学=政治論』、第二十章（*TTP* XX）、Ⅲ／246、S／298。

註113　『神学=政治論』、第二十章（*TTP* XX）、Ⅲ／245〜246、S／298。

註114　オルデンバルネフェルトは一六一〇年にアルミニウス派によって起草された「抗議書」の綱領を単純に支持していた——イスラエル『ネーデルラント共和国——その隆盛、威光、凋落、一四七七〜一八〇六年』、四二四〜四二五頁（Jonathan Israel, *The Dutch Republic: Its Rise, Greatness, and Fall, 1477–1806,* 424-5.）。

註115　フロイデンタール『スピノザの生涯の記録』、一九四頁（Jacob Freudenthal, *Die Lebensgeschichte Spinoza's,* 194.）を参照。

註116　メインスマはリュカスよりも慎重であるが、にもかかわらずその二人の間には個人的なつながりがあったということは、かなりあり得ることである。

第十一章　静寂と騒乱のデン・ハーグ

註1　フロイデンタール『スピノザの生涯の記録』、五七頁（Jacob Freudenthal, *Die Lebensgeschichte Spinoza's*, 57.）。

註2　メインスマ『スピノザとその仲間たち』、四〇〇頁（Koenraad O. Meinsma, *Spinoza et son cercle*, 400.）。

註3　モニコフを参照——フロイデンタール『スピノザの生涯の記録』所収、一〇七頁（Jacob Freudenthal, *Die Lebensgeschichte Spinoza's*, 107.）。

註4　スピノザの死に際して作成された目録を参照——フロイデンタール『スピノザの生涯の記録』所収、一六四頁（Jacob Freudenthal, *Die Lebensgeschichte Spinoza's*, 164.）。

註5　同書、五八〜五九頁。

註6　同書、六〇〜六一頁。

註7　同書、六一頁。

註8　ピエール・ベイルも含まれる——同書、三一〜三二頁。

註9　『神学=政治論』、第一章（*TTP* I）、Ⅲ／20〜21、S／64。

註10　『神学=政治論』、第五章（*TTP* V）、Ⅲ／79、S／122。

註11　『神学=政治論』、第四章（*TTP* IV）、Ⅲ／64〜65、S／107〜108。

註12　「スピノザ往復書簡」Ep71。

註13　「スピノザ往復書簡」Ep78。

註14　「スピノザ往復書簡」Ep75。

註15　「スピノザ往復書簡」Ep73。

註16　これはストゥッペの記述からのものである——フロイデンタール『スピノザの生涯の記録』所収、一九五頁（Jacob Freudenthal, *Die Lebensgeschichte Spinoza's*, 195.）。

註17　これに関係する個人についての資料、ならびに情報については、ペトリ、ファン・スヒテレン共著「スピノザと軍部——新資料の発見」（Michael Petry and Guido van Suchtelen, "Spinoza and the Military: A Newly Discovered Document."）を参照。

註18　その研究会の歴史、ならびにその議論の題目の概観については、ファン・スヒテレン「『好きこそものの上手なれ（ニル・ヴォレンティブス・アルドゥウム）』——活動的なスピノザの友人たち」（Guido van Suchtelen, "Nil Volentibus Arduum: Les Amis de Spinoza au travail.")を参照。

註19　同書、三九七～三九八頁。

註20　フロイデンタール『スピノザの生涯の記録』所収、七四頁（Jacob Freudenthal, *Die Lebensgeschichte Spinoza's*, 74.)。

註21　同書、七五頁。

註22　スピノザの最初期のオランダ人の批評家たちについては、ファン・ブンへ「『神学=政治論』の当初の受容について」(Van Bunge, "On the Early Reception of the Tractatus Theologico-Politicus.")を参照。オルデンブルグについては、コラコウスキ『教会なきキリスト教徒たち』、第四章（L. Kolakowski, *Chrétiens sans église*, chap. 4.)を参照。また、シーブラント『スピノザとネーデルラントの人々』(Siebrand, *Spinoza and Netherlanders.*)も参照。

註23　オーブレイ『短命の人々』、第一巻、三五七頁（John Aubrey, *Brief Lives*, I:357.)

註24　ユトレヒトの宗務局は四月八日に、レイデンの宗務局は五月九日、ハールレムの宗務局は五月二十七日に、それぞれ会議を開いた。

註25　『神学=政治論』の出版と流通に対し、一六七四年以前に世俗の権威によって突き付けられた困難な状況——そこにおいて、その著作が非宗教的な市と州の権力によるいかなる公的な行動にも妨げられることなく自由に流通したとする因習的な判定は是正される——についての研究としては、イスラエル「ネーデルラント共和国におけるスピノザの諸著作に対する発禁」(Jonathan Israel, "The Banning of Spinoza's Works in the Dutch Republic [1670–1678].")を参照。

註26　スピノザに対するこれらのすべての行動についての資料、またはその部分については、フロイデンタール『スピノザの生涯の記録』、一二一～一八九頁（Jacob Freudenthal, *Die Lebensgeschichte Spinoza's*, 121–89.)を参照。

註27　その翻訳の音頭を取ったのがリューウェルツゾーンだったのかどうかは定かではないが、彼である可能性は高いと思われる。

註28　「スピノザ往復書簡」Ep44。

註29　「スピノザ往復書簡」Ep6、IV／36、SL／83。

註30　「スピノザ往復書簡」Ep50。

註31　スピノザの蔵書目録の67／41番を参照——フロイデンタール『スピノザの生涯の記録』、一六一頁（Jacob Freudenthal, *Die Lebensgeschichte Spinoza's*, 161.)。

註32　「スピノザ往復書簡」Ep45。

註33　一六七一年五月五日付、グレーフィウス宛のライプニッツの手紙を参照――ライプニッツ『全集』第一巻、第一部、一四八頁（Leibniz, *Sämtliche Schriften und Briefe* I. 1, 148.）。

註34　「スピノザ往復書簡」Ep46。

註35　往復書簡としては彼らの手紙は一通として残っていないが、シュラーの手紙（Ep70）は、そのような哲学的交換があったことを示唆している。

註36　チルンハウスは少なくともシュラーを通じて手紙によってスピノザに自己紹介をする機会を得、彼に対してスピノザは一六七四年十月の手紙（Ep58）において「あなたのご友人」について書き記している。しかしながら一六七五年までにはチルンハウスとスピノザは、哲学的問題について、お互いに顔を見ながらの対話を少なくとも一度は持ち（Ep59）、スピノザは『倫理学（エチカ）』の写しをチルンハウスが持つことを許すまでに、その若者にひじょうに感銘を受けたものと思われる。

註37　「スピノザ往復書簡」Ep70。

註38　ライプニッツ『哲学著作集』、第一巻、六四頁（Leibniz, *Philosophische Schriften,* I: 64.）。

註39　ライプニッツ『全集』、第一巻、第一部、一四八頁（Leibniz, *Sämtliche Schriften und Briefe,* I. 1, 148.）。

註40　同書、一四二頁。

註41　「スピノザ往復書簡」Ep72。

註42　フロイデンタール『スピノザの生涯の記録』、二〇一頁（Jacob Freudenthal, *Die Lebensgeschichte Spinoza's,* 201.）。

註43　ライプニッツ「弁神論」『哲学著作集』第六巻所収、二一七頁（Leibniz, *Essais de Théodicée, Philosophische Schriften,* 6: 217.）。ライプニッツとスピノザの研究については、フリードマン『ライプニッツとスピノザ』（Georges Friedman, *Leibniz et Spinoza.*）、ならびにその主題に捧げられた『スピノザ研究』特別号（*Studia Spinozana,* vol.6, 1990.）を参照。

註44　ライプニッツ『人間知性心論』、第四部、第十六章、四節（Leibniz, *New Essay on Human Understanding,* Book IV, chap.16, sec.4.）。

註45　フランスとの戦争の始まりとデ・ウィット兄弟の死に至るまでの出来事についての私の叙述は、以下の文献にひじょうに多くを負っている――イスラエル『ネーデルラント共和国――その隆盛、威光、凋落、一四七七～一八〇六年』、七七六～八〇六頁（Jonathan Israel, *The Dutch Republic: Its Rise, Greatness, and Fall, 1477–1806,* 776–806.）、ローウェン『ヨハン・デ・ウィット、ホラント州の法律顧問、一六二五～一六七二年』、第十二章（Herbert Rowen, *John de*

Witt, Grand Pensionary of Holland, 1625–1672, chap.12.)。

註46　ローウェン『ヨハン・デ・ウィット――「真の自由」の声明者』、二一六頁（Herbert Rowen, *John de Witt: Statesman of the "True Freedom,"* 216.)。

註47　フロイデンタール『スピノザの生涯の記録』、二〇一頁（J. Freudenthal, *Die Lebensgeschichte Spinoza's*, 201.)。

註48　同書、九四頁。

註49　フォエティウス派／コッケイウス派の諸論争に関する卓抜な叙述についてはイスラエル『ネーデルラント共和国――その隆盛、威光、凋落、一四七七～一八〇六年』、六六〇～六六九、八八九～八九九頁（Jonathan Israel, *The Dutch Republic: Its Rise, Greatness, and Fall, 1477–1806*, 660–669, 889–899.)、ならびにティッセン＝スクート『ネーデルラントのデカルト学派』（Thijssen-Schoute, *Nederlands Cartesianisme.*）を参照。

註50　コラコウスキ『教会なきキリスト教徒たち』、三一三頁（Leszek Kolakowski, *Chrétiens sans église*, 313.)。

註51　イスラエル『ネーデルラント共和国――その隆盛、威光、凋落、一四七七～一八〇六年』、九一六～九一九頁（Jonathan Israel, *The Dutch Republic: Its Rise, Greatness, and Fall, 1477–1806*, 916–919.）を参照。

註52　「スピノザ往復書簡」Ep68。

註53　コラコウスキ『教会なきキリスト教徒たち』、二九三～三〇九頁（Leszek Kolakowski, *Chrétiens sans église*, 293–309.)。

註54　「スピノザ往復書簡」Ep47。

註55　フロイデンタール『スピノザの生涯の記録』、二一九頁（Jacob Freudenthal, *Die Lebensgeschichte Spinoza's*, 219.)。

註56　マイヤー「ハイデルベルク大学へのスピノザの招聘」、三〇頁（M. Mayer, "Spinoza's Berufung an die Hochschule zu Heidelberg," 30.）を参照。

註57　スピノザの蔵書目録の71／45番を参照――フロイデンタール『スピノザの生涯の記録』、一六二頁（Jacob Freudenthal, *Die Lebensgeschichte Spinoza's*, 162.)。

註58　「スピノザ往復書簡」Ep48。

註59　少なくともこれはマイヤーの推測である――マイヤー「ハイデルベルク大学へのスピノザの招聘」、三八頁（M. Mayer, "Spinoza's Berufung an die Hochschule zu Heidelberg," 38.）を参照。実際のところ、スピノザが「独善的にならない」という指示を選帝侯が与えたということと、これはシュヴローが選帝侯のファブリティウスへの指示よりも

むしろファブリティウスの手紙の内容を単に要約しただけであるのかもしれないと、彼は疑っている。

註60　フロイデンタール『スピノザの生涯の記録』、二一九頁（Jacob Freudenthal, *Die Lebensgeschichte Spinoza's,* 219.）。

註61　ストゥッペの伝記的事項については以下の文献に見出される——メインスマ『スピノザとその仲間たち』、四二〇〜四二二頁（Koenraad O. Meinsma, *Spinoza et son cercle,* 420–2.）、ポプキン「スピノザの『神学=政治論』に対して出版された最初の反論」、六〜七頁（Richard Popkin, "The First Published Reaction to Spinoza's *Tractatus,*" 6–7.）。

註62　ストゥッペ『オランダ人の宗教』、六六頁（Stouppe, *La Religion des Hollandais,* 66.）。

註63　『神学=政治論』、第五章（*TTP* V）、Ⅲ／76、S／119。

註64　ストゥッペ『オランダ人の宗教』、一〇六頁（Stouppe, *La Religion des Hollandais,* 106.）。

註65　フロイデンタール『スピノザの生涯の記録』、二〇〇頁（Jacob Freudenthal, *Die Lebensgeschichte Spinoza's,* 200.）。

註66　これはポプキンの示唆である——「スピノザの『神学=政治論』における中心的主題について出版された最初の議論」、一〇三頁（Richard Popkin, "The First Published Discussion of a Central Theme in Spinoza's *Tractatus,*" 103.）を参照。コレルスはストゥッペとスピノザがある時期に手紙のやり取りをしたと報告している（が、それらの手紙は、かつては存在したとしても、今は失われている）——フロイデンタール『スピノザの生涯の記録』、六四頁（Jacob Freudenthal, *Die Lebensgeschichte Spinoza's,* 64.）を参照。

註67　メインスマ『スピノザとその仲間たち』、四二〇頁（Koenraad O. Meinsma, *Spinoza et son cercle,* 420.）。

註68　コンデ公のフランスにおける取り巻きの中には、後のイサーク・オロビオ・デ・カストロであり、アムステルダムのポルトガル人ユダヤ教徒共同体からのスピノザに対する指導的な批評家となるバルタザール・オロビオ・デ・カストロがいた——カプラン『キリスト教からユダヤ教へ』、一〇三〜一〇四頁（Y. Kaplan, *From Christianity to Judaism,* 103–4.）。

註69　フロイデンタール『スピノザの生涯の記録』、六四頁（Jacob Freudenthal, *Die Lebensgeschichte Spinoza's,* 64.）。

註70　リュカスの報告——同書、一六頁。

註71　「スピノザ往復書簡」Ep69。

註72　ギュスターヴ・コーエン「サン=テヴルモンのネーデルラント滞在（一六六五〜一六七〇年）」、七〇〜七一頁（Gustave Cohen, "Le Séjour de Saint-Évremond en Hollande [1665–1670]," 70–1.）を参照。

註73　フロイデンタール『スピノザの生涯の記録』、三四〜三五頁（Jacob Freudenthal, *Die Lebensgeschichte Spinoza's*, 34–5.)。

註74　ポプキン「スピノザの『神学=政治論』に対して出版された最初の反論」、一一頁（Richard Popkin, "The First Published Reaction to Spinoza's *Tractatus*," 11.)。

註75　近年の研究者たちの中でも、ポプキンは、スピノザが実際にコンデ公に謁見したということについて最も強く支持している——「クラーク図書館での思わぬ発見——スピノザとコンデ公」(Richard Popkin, "Serendipity at the Clerk: Spinoza and the Prince of Conde.) を参照。

註76　フロイデンタール『スピノザの生涯の記録』、六四〜六五頁（Jacob Freudenthal, *Die Lebensgeschichte Spinoza's*, 64–5.)。

註77　同書、六五頁。

第十二章「自由の人は死のすべてを最小に思惟する」

註1　一六七二年六月二日のこの手紙に対するスピノザの返信を参照——「スピノザ往復書簡」Ep50。

註2　コラコウスキ『教会なきキリスト教徒』、二一七〜二二五頁（Leszek Kolakowski, *Chrétiens sans église*, 217–25.) を参照。

註3　「スピノザ往復書簡」Ep48b。

註4　第十一章「静寂と騒乱のデン・ハーグ」においてすでに見たように、これはその著作に対して下されたネーデルラントにおける州の最初の決定ではない。同様に、実際にすでにユトレヒト州はその著作を発禁処分にしていた可能性がある——イスラエル「ネーデルラント共和国におけるスピノザの諸著作の発禁（一六七〇〜一六七八年）」、九頁（Jonathan Israel, "The Banning of Spinoza's Works in the Dutch Republic," 9.)。

註5　フロイデンタール『スピノザの生涯の記録』、一三九〜一四〇頁（Jacob Freudenthal, *Die Lebensgeschichte Spinoza's*, 139–140.)。

註6　「スピノザ往復書簡」Ep6。

註7　「スピノザ往復書簡」Ep69。その批評はスピノザの批判者の一人ファン・フェルトハイセンに向けられているが、いまやスピノザはフェルトハイセンとは友好的な関係にある。

註8　フロイデンタール『スピノザの生涯の記録』、二〇七頁（Jacob Freudenthal, *Die Lebensgeschichte Spinoza's*,

207.)。

註9 「スピノザ往復書簡」Ep60。チルンハウスはスピノザに次のように尋ねた、「未知の真理の獲得に正しく理性を向けるあなたの方法論、ならびに自然学についてのあなたの総論を私たちが手にするのは、いつ頃になるのでしょうか。これらの主題について、つい最近になって、あなたがずいぶん前進なさったと私は感じております。前者については、私はすでに存じておりましたが、後者については、あなたの『倫理学』の第二部に付された補助定理から私の知るところとなり、その総論は自然学における数多くの問題に難なく解答を提供するものです」(Ep59)。出版された『倫理学』には、スピノザが依然『知性改善論』の、あるいは少なくともその後年の形態の執筆を考えていたということを信じるさらなる理由が見出される。『倫理学』、第二部、命題四十の備考における適正な観念と共通概念に関する議論において、その本文のその部分がどの段階の『倫理学』の執筆に由来するものなのか明らかではないが、彼は「他の論文」のためにこの問題についての議論を刷新しているところであると主張している――カーリーは、自らの覚書において、これは『知性改善論』の後年の草稿を指しているのかもしれないと示唆している。

註10 「スピノザ往復書簡」Ep68。

註11 「スピノザ往復書簡」Ep69。

註12 プロイエッティは、ヘブライ語の文法書の執筆は一六七〇年から一六七五年までのある時点に位置付けられるべきであると、説得力のある主張をしている――プロイエッティ「ペトロニウス『サティリコン』とスピノザ『ヘブライ語文法』の執筆年代の特定」(Proietti, Il 'Satyricon' di Petronio e la datazione della 'Grammatica Ebraica' Spinoziana.")。

註13 『神学=政治論』、第七章(*TTP* VII)、Ⅲ/100、S/143。

註14 『スピノザ著作集』、Ⅰ/310。

註15 『スピノザ著作集』、Ⅰ/300。

註16 アッカーマン「スピノザ没後著作集への序文」、二五二頁(Fokke Akkerman, "The Preface to the Spinoza's posthumous Works," 252.)を参照。

註17 同書、二五三頁。

註18 『スピノザ著作集』、Ⅰ/324。

註19 『ヘブライ語文法綱要』のこの側面についての議論としては、レヴィ「スピノザのヘブライ語文法における規範性の問題」(Ze'ev Levy, "The Problem of Normativity in Spinoza's Hebrew Grammer.")を参照。

註20 『ヘブライ語文法綱要』、第五章を参照。

註21　レヴィ「スピノザのヘブライ語文法における規範性の問題」、三七二頁（Ze'ev Levy, "The Problem of Normativity in Spinoza's Hebrew Grammer," 372.）を参照。

註22　ボクセルは一六七四年九月に往復書簡を開始した――「スピノザ往復書簡」Ep51。

註23　「スピノザ往復書簡」Ep54。

註24　「スピノザ往復書簡」Ep56。

註25　「スピノザ往復書簡」Ep58。

註26　トマシウス『大胆不敵かつ真摯な、とは言え理性と規律に溢れた思索』、第一巻、七八〇頁（Thomasius, *Freymuthige Lustige und Ernsthafte iedoch Vernunft-und Gesets-Massige Gedancken*, I: 780.）。チルンハウスとスピノザの研究については、ウルツ「スピノザの異端的な一人の弟子――エーレンフリート・ワルター・フォン・チルンハウス」（Jean-Paul Wurtz, "Un disciple heretique de Spinoza: Ehrenfried Walther von Tschirnhaus."）、およびフェルメイ「ネーデルラントのスピノザ主義――チルンハウスの仲間たち」（Rienk Vermij, "Le Spinozisme en Hollande: le Cercle de Tschirnhaus."）を参照。

註27　オルデンブルグはスピノザが送った一冊を受け取らなかったようであるが、とにかく彼は一冊を自らの手に入れた――「スピノザ往復書簡」Ep61を参照。

註28　「スピノザ往復書簡」Ep61。

註29　「スピノザ往復書簡」Ep62。

註30　「スピノザ往復書簡」Ep63。

註31　「スピノザ往復書簡」Ep71。

註32　「スピノザ往復書簡」Ep73。

註33　「スピノザ往復書簡」Ep62。

註34　「スピノザ往復書簡」Ep74。

註35　「スピノザ往復書簡」Ep75。

註36　「スピノザ往復書簡」Ep78。

註37　「スピノザ往復書簡」Ep79。

註38　ベリンファンテ他『エスノガ――ポルトガル人ユダヤ教徒の文化記念碑』、四七頁（Judith Belinfante et al., *The Esnoga: A Monument to Portuguese-Jewish Culture*, 47.）。

註39 「スピノザ往復書簡」Ep68。

註40 フロイデンタール『スピノザの生涯の記録』、一四七〜一四八頁（Jacob Freudenthal, *Die Lebensgeschichte Spinoza's*, 147–8.）。

註41 同書、二〇〇頁。

註42 「スピノザ往復書簡」Ep67。

註43 詳細については、アルノー『カトリックのための弁明』、第二部、第二十五章、『著作集』第二十五巻所収、八六一〜八六四頁（Antoine Arnauld, *Apologie pour les Catholiques*, II. 25, in *Oevres*, 25: 861–4.）。

註44 同書、八六二頁。

註45 「スピノザ往復書簡」Ep76。

註46 アルベルト・ブルフがスピノザに手紙を書いた同じ月に、より年長でより経験豊かなオランダ人の科学者で、スピノザがレイデンにいた頃からの友人であるニコラス・ステノは、心に同様の目的を抱きつつフィレンツェからスピノザに手紙を送った。ステノは一六六七年にカトリックに改宗した。彼とブルフは、事実共同で彼らの哲学者の友人を改宗させようとしていたのかもしれないが、とは言えそれを確信するための確固たる根拠はない。ステノの口調はよりいっそう穏やかで、理性的で、老婆心に溢れており、そこにはブルフの手紙に見られるような刺々しさは微塵もない。彼はスピノザの哲学——それについてステノはよく理解していたように思われる——と教会への愛着によって約束される永遠の報酬の不毛さを強調している。しかしながらスピノザは、けっしてその手紙（「スピノザ往復書簡」のEp67a）を受け取ることはなかったのかもしれない。クレフェルはさらに、その手紙の正確な日付は一六七一年であり、一六七五年ではないと主張している——クレフェル「スピノザとスピノザ主義についてのステノの声明」（W. N. A. Klever, "Steno's Statements on Spinoza and Spinozism."）を参照。

註47 オルデンブルグ宛のスピノザの手紙に対するライプニッツの批評については、ライプニッツ『哲学著作集』、第一巻、一二三〜一三〇頁（Leibniz, *Philosophische Schriften*, I: 123–130.）を参照。ライプニッツはまた、一六六三年四月のメイエル宛のスピノザの手紙にも目を通し、批評しており、その手紙はライプニッツがアムステルダムに滞在中にシュラーが見せたものだった——同書、一三〇〜一三八頁。

註48 しかしながらフリードマンは、ネーデルラントに滞在する頃までにライプニッツが『倫理学（エチカ）』の内容に精通していたとは考えていない——フリードマン『ライプニッツとスピノザ』、八三頁（Georges Friedman, *Leibniz et Spinoza*, 83.）。

註49　『弁神論』、Ⅲ、三七六頁におけるライプニッツの批評、および「スピノザに対する未公開の反駁」(Leibniz, "Réfutation inédit de Spinoza.") を参照。

註50　フロイデンタール『スピノザの生涯の記録』、二〇六頁(Jacob Freudenthal, *Die Lebensgeschichte Spinoza's*, 206.)。具体的にどの命題についてライプニッツが証明を打ち立てる必要性を感じていたかについては、一六七六年十一月の覚書によって示唆されている——『哲学著作集』、第七巻所収、二六二頁(Leibniz, *Philosophische Schriften*, VII: 262.)。

註51　同書、二六一〜二六二頁。

註52　アッカーマン「スピノザ没後著作集への序文」、二四九頁(Fokke Akkerman, "The Preface to the Spinoza's posthumous Works," 249.) を参照。

註53　『スピノザ著作集』、Ⅲ/275、E/289。

註54　『スピノザ著作集』、Ⅲ/274、E/288〜289。

註55　『スピノザ著作集』、Ⅲ/308、E/327。

註56　『スピノザ著作集』、Ⅲ/308〜310、E/328〜330。

註57　『スピノザ著作集』、Ⅲ/308、E/328。

註58　イスラエル『ネーデルラント共和国——その隆盛、威光、凋落、一四七七〜一八〇六年』、八一四〜八一八頁(Jonathan Israel, *The Dutch Republic: Its Rise, Greatness, and Fall, 1477–1806*, 814-818.)。

註59　『スピノザ著作集』、Ⅲ/348、E/371。

註60　『スピノザ著作集』、Ⅲ/352、E/376。

註61　『スピノザ著作集』、Ⅲ/357、E/383。

註62　『スピノザ著作集』、Ⅲ/359〜360、E/386〜387。

註63　十全な市民権からの女性の排除についてのスピノザの立場を客観的に擁護したものとしては、マテロン「スピノザ的民主主義における女性と使用人」(Alexandre Matheron, "Femmes et serviteurs dans la démocratie spinoziste.") を参照。

註64　フロイデンタール『スピノザの生涯の記録』、九四頁(Jacob Freudenthal, *Die Lebensgeschichte Spinoza's*, 94.)。

註65　『倫理学(エチカ)』、第四部、命題六十七(IVP67)。

註66　フロイデンタール『スピノザの生涯の記録』、二〇二頁(Jacob Freudenthal, *Die Lebensgeschichte Spinoza's*,

202.)。

註67　同書、七六頁。

註68　同書、九五～九六頁。

註69　スピノザの死に際してのシュラーの立会い、および彼の原稿の出版準備における彼の役割については、ステーンバッケルス『印刷用原稿に基づくスピノザの『倫理学（エチカ）』』、五〇～六三頁（Steenbakkers, *Spinoza's Ethica from Manuscript to Print*, 50-63.）を参照。

註70　身の回りの金品の消失についてのさほど不名誉ではない説明は、モニコフによって最初に与えられた――フロイデンタール『スピノザの生涯の記録』、一〇八頁（Jacob Freudenthal, *Die Lebensgeschichte Spinoza's*, 108.）。

註71　スピノザが死去した当日に作成された遺品目録が存在した――二つの目録の詳細については、同書、一五四～一五六、および一五八～一六五頁を参照。

註72　同書、一六五～一六七頁。

註73　ファス・ディアス、ファン・デル・タク共著『スピノザ、商人にして独学の人』、一七一頁（A. M. Vaz Dias, W. G. Van der Tak, *Spinoza, Mercator et autodidact*, 171.）。

註74　そのようにコルトホルトは言っている――フロイデンタール『スピノザの生涯の記録』、二七頁（Jacob Freudenthal, *Die Lebensgeschichte Spinoza's*, 27.）。

註75　コレルスによる――同書、九八頁。

註76　同書、一〇三頁。

註77　リューウェルツゾーン、イェレスゾーン、メイエル、ブゥメーステル、シュラー、ピーター・ファン・ヘント、そしてフラゼマケルはみな、この計画に関与した。

註78　ヘブライ語の文法書はラテン語版のみに収録され、彼の友人たちは哲学的に意味があると彼らが考える手紙のみを選り分けた。

Aitzema, Lieuwe van. *Herstelde Leeuw, of Discours over 't gepasseerde in de Vereenigde Nederlanden in't jaer 1650 ende 1651.* The Hague, 1652.

Akkerman, Fokke. "Spinoza's Tekort aan Woorden." In *Mededelingen vanwege het Spinozahuis* 36 (1977).

"Studies in the Posthumous Works of Spinoza." Ph.D. thesis, University of Groningen, 1980.

Akkerman, Fokke, and H. G. Hubbeling. "The Preface to Spinoza's Posthumous Works (1677) and Its Author Jarig Jellesz (c. 1619/20–1683)." *LIAS* 6 (1979): 103–73.

Akkerman, Fokke, et al. *Spinoza: Korte Geschriften.* Amsterdam: Wereldbibliotheek, 1982.

Albiac, Gabriel. *La Synagogue vide.* Paris: Presses Universitaires de France, 1994.

Allison, Henry E. *Benedict de Spinoza: An Introduction.* New Haven, CT: Yale University Press, 1987.

Alquié, Ferdinand. *Le Rationalisme de Spinoza.* Paris: Presses Universitaires de France, 1981.

Altmann, Alexander. "Eternality of Punishment: A Theological Controversy within the Amsterdam Rabbinate in the Thirties of the Seventeenth Century." *Proceedings of the American Academy for Jewish Research* 40 (1972): 1–88

d'Ancona, J. *Delmedigo, Menasseh ben Israel en Spinoza.* Amsterdam, 1940.

"Komst der Marranen in Noord-Nederland: De Portugese Gemeenten te Amsterdam tot de Vereniging." In Brugmans and Frank, eds., *Geschiedenis der Joden in Nederland.* Amsterdam, 1940.

Arnauld, Antoine. *Oeuvres de Messire Antoine Arnauld.* 43 vols. Brussels: Sigismond d'Arnay, 1775–83.

Aubrey, John. *Brief Lives.* Ed. Andrew Clark. Oxford: Clarendon Press, 1898.

Auffret-Ferzli. "L'Hypothèse d'une rédaction échelonné du Tractatus de Intellectus Emendatione de Spinoza." *Studia Spinozana* 8 (1992): 281–94.

Baer, Yitzhak. *A History of the Jews in Christian Spain.* Philadelphia: Jewish Publication Society, 1966.

Barbone, Steven, Lee Rice, and Jacob Adler. "Introduction." In *Spinoza: The Letters.* Trans. Samuel Shirley. Indianapolis: Hackett Publishing, 1995.

Baron, S. W. *A Social and Religious History of the Jews.* Vol. 15. New York: Columbia University Press, 1952.

Battisti, G. Saccara del Buffa. "La dimostrazione dell'esistenza di Dio." In F. Minini, ed., *Dio, l'uomo, la libertá: Studi sul Breve trattato di Spinoza.* L'Aquila: Japadre, 1990.

Bedjai, Marc. "Métaphysique, éthique et politique dans l'œuvre du docteur Franciscus van den Enden (1602–1674): Contribution à l'étude des sources des écrits de B. de Spinoza." Ph. D. thesis: University of Leiden, 1990.

Belinfante, Judith C. E., et al. *The Esnoga: A Monument to Portuguese-Jewish Culture.* Amsterdam: D'Arts, 1991.

Blom, H. W. "Spinoza en De La Court." *Mededelingen vanwege het Spinozahuis* 42 (1981).

Blom, H. W., and J. M. Kerkhoven. "A Letter concerning an Early Draft of Spinoza's Treatise on Religion and Politics?" *Studia Spinozana* 1 (1985): 371–7.

Bloom, Herbert. *The Economic Activities of the Jews of Amsterdam in the Seventeenth and Eighteenth Centuries.* Williamsport, PA, 1937.

Bodian, Miriam. "Amsterdam, Venice, and the Marrano Diaspora in the Seventeenth Century." *Dutch Jewish History* 2 (1989): 47–66.

Bonger, H. *Spinoza en Coornhert. Mededelingen vanwege het Spinozahuis.* 57 (1989).

Bordoli, Roberto. *Ragione e scrittura tra Descartes e Spinoza. Saggio sulla 'Philosophia s. Scripturae Interpres' di Lodewijk Meyer e sulla sua recezione.* Milan: Franco Angeli, 1997.

Bouillier, Francisque, *Histoire de la philosophie Cartésienne.* 2 vols. Paris, 1868.

Browne, Lewis. *Blessed Spinoza.* New York: Macmillan, 1932.

Brugmans, H., and A. Frank. *Geschiedenis der Joden in Nederland.* Amsterdam, 1940.

Brykman, Geneviève. *La judéité de Spinoza.* Paris: J. Vrin, 1972.

Cohen, Gustave. "Le Séjour de Saint-Evremond en Hollande (1665–1670)." *Revue de littérature comparée* 6 (1926): 28–78.

Cohen, Robert. *"Memoria para os siglos futuros:* Myth and Memory on the Beginnings of the Amsterdam Sephardi Community." *Jewish History* 2 (1987): 67–72.

Croppier, André-Charles. "Rembrandt et Spinoza." *Revue des deux mondes* 31 (1916): 160–91.

Curley, E. M. *Behind the Geometrical Method: A Reading of Spinoza's Ethics.* Princeton, NJ: Princeton University

Press, 1988.

"Notes on a Neglected Masterpiece II: The *Theological-Political Treatise* as a Prolegomenon to the *Ethics*." in J. A. Cover and M. Kulstad, *Central Themes in Early Modern Philosophy*. Indianapolis: Hackett, 1990.

Spinoza's Metaphysics: An Essay in Interpretation. Cambridge, MA: Harvard University Press, 1969.

"Une Nouvelle Traduction anglaise des oeuvres de Spinoza." In *Spinoza entre lumières et romantisme,* Pairs: Les Cahiers de Fontenay-aux-Roses, 1985.

Da Costa, Uriel. *Examination of the Pharisaic Traditions.* Trans. H. P. Salomon and I. S. D. Sassoon, Leiden: E. J. Brill, 1993.

De Barrios, Miguel [Daniel Levi]. *Triumpho del govierno popular.* Amsterdam, ca. 1683–4.

De Deugd, Cornelius, ed., *Spinoza's Political and Theological Thought.* Amsterdam: North Holland Publishing Co., 1984.

De Dijn, Herman. "Was Van Den Enden Het Meesterbrein Achter Spinoza?" *Algemeen Nederlands Tijdschrift voor Wijsbegeerte* 1 (1994): 71–9.

Descartes, René. *Œuvres de Descartes.* Ed. Charles Adam and Paul Tannery. 11 vols. Paris: J. Vrin, 1964–75.

De Vet, J. J. V. M. "Spinoza's Authorship of 'Stelkonstige Reeckening Van Den Regenboog' and of 'Reeckening Van Kanssen' Once More Doubtful." *Studia Spinoza* 2 (1986): 267–309.

"Was Spinoza de Auteur van Stelkonstige Reeckening van den Regenborg en Reckening van Kanssen?" *Tijdschrift voor Filosofir* 45 (1983): 602–39.

Dunin-Borkowski, Stanislaus von. *Der Junge de Spinoza.* Münster: Aschendorffsche Verlagsbuchhandlung, 1910.

Spinoza. 4 vols. Münster: Aschendorff, 1933.

Emmanuel, Isaac S. *Precious Stones of the Jews of Curaçao. Curaçaon Jewry 1656–1957.* New York: Bock, 1957.

Feuer, Lewis Samuel. *Spinoza and the Rise of Liberalism.* Boston: Beacon Press, 1958.

Francès, Madeleine. *Spinoza dans les pays Néerlandais da la seconde moitié du XVIIe siècle.* Paris, 1937.

Freudenthal, J. *Die Lebensgeschichte Spinoza's in Quellenshriften, Urkunden und Nichtamtlichen Nachrichten.* Leipzig: Verlag Von Veit, 1899.

Spinoza: Sein Leben und Seine Lehre. Stuttgart: Fr. Frommanns Verlag, 1904.

Friedmann, Georges. *Leibniz et Spinoza*. Paris: Gallimard, 1962.
Fuks-Mansfield, R. G. *De Sefardim in Amsterdam tot 1795*. Hilversum: Historische Vereniging Holland, 1989.
Gabbey, Alan. "Spinoza's Natural Science and Methodology." In *The Cambridge Companion to Spinoza*. Ed. Don Garrett. Cambridge: Cambridge University Press, 1996.
Gans, Mozes H. *Memorboek: History of Dutch Jewry from the Renaissance to 1940*. Trans. Arnold J. Pomerans. Baarn: Bosch & Keuning, 1971.
Gebhardt, Carl. "Juan de Prado." *Chronicon Spinozanum* 3 (1923): 219–91.
"Rembrandt und Spinoza." *Chronicon Spinozanum* 4 (1924–6): 160–83.
ed., *Die Schriften des Uriel da Costa*. Amsterdam: Curis Societatis Spinozanae, 1922.
Gerber, Jane. *The Jews of Spain*. New York: Free Press, 1992.
Geyl, Pieter. *The Netherlands in the Seventeenth Century*. 2 vols. London: Williams and Norgate, 1961.
Halevi, Uri ben Aaron. *Narraçao da vinda dos Judeos espanhoes a Amsterdam*. Amsterdam, 1715.
Hessing, Siegfried. *Speculum Spinozanum 1677–1977*. London: Routledge and Kegan Paul, 1977.
Hobbes, Thomas. *Leviathan*. Ed. E. M. Curley Indianapolis: Hackett Publishing, 1994.
Hubbeling, H. G. *Spinoza*. Baarn: het Wereldvenster, 1978.
"Spinoza's Life: A Synopsis of the Sources and Some Documents." *Giornale critico della filosofia italiana* 8 (1977): 390–409.
Hunter, Graeme, ed. *Spinoza: The Enduring Questions*. Toronto: University of Toronto Press, 1994.
Huussen, Arend H. Jr. "The Legal Position of Sephardi Jews in Holland, circa 1600." In *Dutch Jewish History*. Vol. 3. Assen: Van Gorcum. 1993.
Huygens, Christiaan. *Œuvres complètes*. 22 vols. The Hague: Martinus Nijhoff, 1893.
Israel, Jonathan. "The Banning of Spinoza's Works in the Dutch Republic (1670–1678)." In W. van Bunge and W. Klever, eds., *Disguised and Overt Spinozism around 1670*. Leiden: Brill, 1996.
"The Changing Role of the Dutch Sephardim in International Trade, 1595–1715." *Dutch Jewish History* 1 (1984): 31–51.
The Dutch Republic: Its Rise, Greatness, and Fall, 1477–1806. Oxford: Oxford University Press, 1995.

"Dutch Sephardi Jewry, Millenarian Politics, and the Struggle for Brazil (1640–1654)." In David Katz and Jonathan Israel, eds., *Sceptics, Millenarians, and Jews,* 76–97. Leiden: E. J. Brill, 1990.

"The Economic Contribution of Dutch Sephardic Jewry to Holland's Golden Age, 1595–1713." *Tijdschrift Voor Geschiedenis* 96 (1983): 505–35.

European Jewry in the Age of Mercantilism, 1550–1750. Oxford: Oxford University Press, 1985.

"Sephardic Immigration into the Dutch Republic." *Studia Rosenthaliana* 23 (1989): 45–53.

"Spain and the Dutch Sephardim, 1609–1660." *Studia Rosenthaliana* 12 (1978): 1–61.

Japiske, N. "Spinoza en de Witt." *Bijdragen Vaderlandse Geschiedenis* 6 (1927).

Joachim, H. H. *Spinoza's Tractatus de Intellectus Emendatione.* Oxford: Clarendon Press, 1901.

Jongeneelen, Gerrit. "An Unknown Pamphlet of Adriaan Koerbagh." *Studia Spinozana* 3 (1987): 405–15.

"La Philosophie politique d'Adriaen Koerbagh." *Cahiers Spinoza* 6 (1991): 247–67.

Kaplan, Yosef. From Christianity to Judaism: *The Story of Isaac Orobio de Castro.* Oxford: Oxford University Press, 1989.

"'Karaites' in Early Eighteenth-Century Amsterdam." In David S. Katz and Jonathan Israel, eds., *Sceptics, Millenarians, and Jews,* 196–236. Leiden: E. J. Brill, 1990.

"The Portuguese Community in Seventeenth Century Amsterdam and the Ashkenazi World." *Dutch Jewish History* 2 (1989): 23–45.

The Portuguese Community of Amsterdam in the Seventeenth Century. Catalogue for the Exhibition Marking the 300th Anniversary of the Inauguration of the Portuguese Synagogue in Amsterdam. Jerusalem: Jewish National and University Library, 1975.

"The Portuguese Jews in Amsterdam: From Forced Conversion to a Return to Judaism." *Studia Rosenthaliana* 15 (1981): 37–51.

"The Social Functions of the *Herem* in the Portuguese Jewish Community of Amsterdam in the Seventeenth Century." *Dutch Jewish History* 1 (1984): 111–55.

Kasher, Asa, and Shlomo Biderman. "When Was Spinoza Banned?" *Studia Rosenthaliana* 12 (1978): 108–10.

"Why Was Spinoza Excommunicated?" In David S. Katz and Jonathan Israel, eds., *Sceptics, Millenarians, and*

Jews, 98–141. Leiden: Brill, 1990.

Katz, David. *Philosemitism and the Readmission of the Jews to England: 1603–1655*. Oxford: Oxford University Press, 1982.

Katz, David S. and Jonathan Israel, ed. *Sceptics Millenarians, and Jews*. Leiden: E. J. Brill, 1990.

Katz, Jacob. *Tradition and Crisis*. New York: New York University Press, 1993.

Kayser, Rudolf. *Spinoza: Portrait of a Spiritual Hero*. New York: The Philosophical Library, 1946.

Kayserling, M. "Un Conflit dans la communauté hispano-portugaise d'Amsterdam-Ses consequences." *Revue des Études juives* 43 (1901): 275–6.

Keesing, Elisabeth. "Les Frères Huygens et Spinoza." *Cahiers Spinoza* 5 (1984–5): 109–28.

Kerckrinck, Theodore. *Opera Anatomica Continentia Spicilegium Anatomicum*. Leiden: Boutesteyn, 1670.

Kistemaker, Renée, and Tirtsah Levie, eds. *Exodo: Portugezen in Amsterdam, 1600–1680*. Amsterdam: Amsterdam Historisch Museum, 1987.

Klever, W. N. A. "Burchard de Volder (1643–1709), A Crypto-Spinozist on a Leiden Cathedra." *LIAS* 15 (1988): 191–241.

"The Helvetius Affair, or Spinoza and the Philosopher's Stone: A Document on the Background of Letter 40." *Studia Spinozana* 3 (1987): 439–50.

"Insignis Opticus: Spinoza in de Geschiedenis van de Optica." *De Zeventiende Eeuw* 6 (1990): 47–63.

"A New Document on De Witt's Attitude to Spinoza." *Studia Spinozana* 9 (1993): 379–88.

"A New Source of Spinozism: Franciscus Van den Enden." *Journal of the History of Philosophy* 29 (1991): 613–31.

"Omtrent Spinoza." Address at Erasmus Universiteit, Rotterdam. Novermber 15, 1995.

"Spinoza and Van Den Enden in Borch's Diary in 1661 and 1662." *Studia Spinozana* 5 (1989): 311–25.

"Spinoza's Fame in 1667." *Studia Spinozana* 5 (1989): 359–63.

"Spinoza's Life and Works." *The Cambridge Companion to Spinoza*. Ed. Don Garrett. Cambridge: Cambridge University Press, 1996.

"Steno's Statements on Spinoza and Spinozism." *Studia Spinozana* 6 (1990): 303–13.

Koen, E. M. "Waar en voor wie werd de synagoge van 1612 gebouwd?" *Amstelodamum* (1970): 209–12.

Koenen, H. J. *Geschiedenis der Joden in Nerderland.* Utrecht, 1843.

Kolakowski, Leszek. *Chrétiens sans église.* Paris: NRF/Editions Gallimard, 1969.

Lagrée, Jacqueline. "Louis Meyer et la *Philosophia S. Scripturae Interpres." Revue des Sciences Philosophiques et Théologiques* 71 (1987): 31–43.

Leibniz, Gottfried Wilhelm. *Philosophische Schriften von Gottfried Wilhelm Leibniz.* Ed. C. I. Gerhardt, 7 vols. Berlin: Weidmann, 1895–90. Reprint Hildesheim: Georg Olms, 1978.

Sämtliche Schriften und Briefe. Deusche Akademie der Wissenschaften. Multiple vols. in 7 series. Darmstadt/Leipzig/Berlin: Akademie Verlag, 1923.

Leroy, Béatrice. *Les Juifs dans L'Espagne chrétienne avant 1492.* Paris: Albin Michel, 1993.

Levie, Tirtsah, and Henk Zantkuyl. *Wonen in Amsterdam in de 17de en 18de eeuw.* Amsterdam: Amsterdam Historisch Museum, 1980.

Levin, Dan. *Spinoza: The Young Thinker Who Destroyed the Past.* New York: Weybright and Talley, 1970.

Levine, Ruth E., and Susan W. Morgenstein, eds. *The Jews in the Age of Rembrandt.* Rockville, MD: The Judaic Museum of the Jewish Community Center of Greater Washington, 1981–2.

Levy, Ze'ev. "The Problem of Normativity in Spinoza's *Hebrew Grammar." Studia Spinozana* 3 (1987): 351–90.

"Sur quelques influences juives dans le développement philosophique du jeune Spinoza." *Revue des Sciences Philosophiques et Théologiques* 71 (1987): 67–75.

Maimonides. *The Guide of the Perplexed.* Trans. Shlomo Pines 2 vols. Chicago: University of Chicago Press, 1963.

Marcus, Jacob. *The Jew in the Medieval World.* Cincinnati: The Union of American Hebrew Congregations, 1938.

Marx, Alexander. *Studies in Jewish Learning and Booklore.* Philadelphia: Jewish Publication Society, 1944.

Matheron, Alexandre, "Femmes et serviteurs dans la démocratie spinoziste." *Revue philosophique de la France et de l'étranger* 2 (1977): 181–200.

Mayer, M. "Spinoza's Berufung an die Hochschule zu Heidelberg." *Chronicon Spinozanum* 3 (1923): 20–44.

Méchoulan, Henri. *Amsterdam au temps de Spinoza: Argent et liberté.* Paris: Presses Universitaires de France, 1990.

Etre juif à Amsterdam au temps de Spinoza. Paris: Albin Michel, 1991.

"Le *Herem* à Amsterdam et l'excommunication de Spinoza." *Cahiers Spinoza* 3 (1980): 117–34.

"Morteira et Spinoza au carrefour du socinianisme." *Revue des études juives* 135 (1976): 51–65.

"A propos de la visite de Frédéric-Henri, prince d'Orange, à la synagogue d'Amsterdam." *LIAS* 5(1978): 81–6.

"Quelques Remarques sur le marranisme et la rupture spinoziste." *Studia Rosenthaliana* 11 (1977): 113–25.

"Spinoza face à quelques textes d'origine marrane." *Raison présente* 13 (1977): 13–24.

Meijer, Jaap. *Beeldvorming Om Baruch: "Eigentijdse" Aspecten Van de Vroege Spinoza-Biografie.* Heemstede, 1986.

Encyclopedia Sephardica Neelandica. Amsterdam: Portugees-Israelietsche Gemeente, 1949.

Supplementum Sefardicum Historicum. Heemstede, 1989.

Meininger, Jan V., and Guido van Suchtelen. *Liever Met Wercken als met Woorden: De Levensreis Van Doctor Franciscus Van Den Enden.* Weesp: Heureka, 1980.

Meinsma, K. O. *Spinoza et son cercle.* Trans. S. Roosenberg and J.-P. Osier. Paris: J. Vrin, 1983.

Melnick, Ralph. *From Polemics to Apologetics. Jewish-Christian Rapprochement in 17th Century Amsterdam.* Assen: Van Gorcum, 1981.

Menasseh ben Israel. *The Hope of Israel.* Ed. Henri Méchoulan and Gérard Nahon. Oxford: Oxford University Press, 1987.

Mendes, David Franco. "Memorias do estabelecimento e progresso dos Judeos Portuguezes e Espanhoes nesta famosa citade de Amsterdam." *Studia Rosenthaliana* 9 (1975).

Mertens, F. "Franciscus van den Enden: Tijd voor een Herziening van Diens Rol in Het Ontstaan van Het Spinozisme?" *Tijdschrift Voor Filosofie* 56 (1994): 717–38.

Meyer, Lodewijk. *Philosophia S. Scripturae Interpres: La philosophie interprète de l'Ecriture Sainte.* Trans. Jacqueline Lagree and P. F. Moreau. Paris: Intertextes, 1988.

Michman, Jozeph. "Historiography of the Jews in the Netherlands." *Dutch Jewish History* 1 (1984): 16–22.

Michman, Jozeph, Hartog Beem, and Dan Michman. *PINKAS: Geschiedenis van de joodse gemeenschap in Nederland.* Antwerp: Kluwer, 1989.

Mignini, Filippo. "Données et problèmes de la chronologie spinozienne entre 1656 et 1665." *Revue des Sciences Philosophiques et Théologiques* 71 (1987): 9–21.

"La cronologia e l'interpretazione delle opere di Spinoza." *La cultura* 26 (1988): 339–60.

"Per la datazione e l'interpretazione del *Tractatus de intellectus emendatione* di B. Spinoza." *La cultura* 17 (1979): 87–160.

Minkin, Jacob S., ed. *The Teachings of Maimonides.* Northvale, NJ: Jason Aronson, 1987.

Moreau, Pierre-François. *Spinoza: L'expérience et l'éternité.* Paris: Presses Universitaires de France, 1994.

Mortera, Saul Levi. *Traktaat Betreffende de Waarheid van de Wet van Mozes (Tratado da verdade da lei de Moisés).* Ed. H. P. Salomon, Braga: Barbosa and Xavier, 1988.

Tratado da Verdade da Lei de Moisés. Coimbra, 1988.

Nahon, Gérard. "Amsterdam, Métropole occidentale des *Sefarades* au XVIIe siècle." *Cahiers Spinoza* 3 (1980): 15–50.

Nazelle, Du Cause de. *Mémoire du temps de Louis XIV.* Ed. Ernest Daudet. Paris: Librairie Plon, 1899.

Netanyafu, Benzion. *The Origins of the Inquisition in Fifteenth-Century Spain.* New York: Random House, 1995.

Offenberg, A. "The Dating of the *Kol Bo.*" *Studia Rosenthaliana* 6 (1972): 86–106.

"A Letter from Spinoza to Lodewijk Meyer, 26 July 1663." Ed. Siegfried Hessing. In *Speculum Spinozanum,* 426–35. London: Routledge and Kegan Paul, 1977.

"Spinoza in Amsterdam: Dichtung und Wahrheit." In *Amsterdam 1585–1672: Morgenröte des Bürgerlichen Kapitalismus.* Ed. Bernd Wilczek. Hamburg: Elster Verlag, 1986.

Offenberg, A. et al., eds. *Spinoza: Troisième centenaire de la mort du philosophe.* Catalogue of exhibition held at the Institut Néerlandais, May-June 1977. Paris, 1977.

Oldenburg, Henry. *The Correspondence of Henry Oldenburg.* Ed. A. Rupert Hall and Marie Boas Hall. 13 vols. Madison: University of Wisconsin Press, 1965–86.

Osier, Jean-Pierre. *D'Uriel da Costa à Spinoza.* Paris: Berg International, 1983.

Paraira, M. C., and J. S. da Silva Rosa. *Gedenkschrift uitgegeven ter gelegenheid van het 300-jarig bestaan der onderwijsinrichtingen Talmud Torah en Ets Haim bij de Portugueesche Israelitische Gemeente te Amsterdam.* Amsterdam, 1916.

Parker, Geoffrey. *The Dutch Revolt.* London: Allen Lane, 1977.

Petry, Michael and Guido van Suchtelen. "Spinoza and the Military: A Newly Discovered Document." *Studia Spinozana* 1 (1985): 359–63.

Peyrera, Abraham. *La Certeza del Camino.* Amsterdam, 1666.

Pieterse, Wilhelmina Christina. *Daniel Levi de Barrios als Geschiedschrijver van de Portugees-Israelietische Gemeente te Amsterdam in zijn "Triumpho del Gocierno Popular."* Amsterdam, Scheltema and Holkema, 1968.

Pollock, Frederick. *Spinoza: His Life and Philosophy.* London: Duckworth & Co., 1899.

Popkin, Richard. "Christian Jews and Jewish Christians in the 17th Century." In R. Popkin and C. M. Weiner, eds. *Jewish Christians and Christian Jews.* Dordrecht: Kluwer, 1994.

"The First Published Discussion of a Central Theme in Spinoza's Tractatus." *Philosophia* 17 (1986): 101–9.

"The First Published Reaction to Spinoza's *Tractatus:* Col. J. B. Stouppe, the Condé Circle, and the Rev. Jean LeBrun." In Paolo Cristofolini, ed., *The Spinozist Heresy.* Amsterdam: APA-Holland University Press, 1995.

"Menasseh Ben Israel and Isaac La Peyrère." *Studia Rosenthaliana* 8 (1974): 59–63.

"Spinoza and La Peyrère." In Shahan and Biro, eds., *Spinoza: New Perspectives*, 177–96.

"Rabbi Nathan Shapira's Visit to Amsterdam in 1657." *Dutch Jewish History* 1 (1984): 185–205.

"Samuel Fisher and Spinoza." *Philosophia* 15 (1985): 219–36.

"Serendipity at the Clark: Spinoza and the Prince of Condé." *The Clark Newsletter* 10 (1986): 4–7.

"Some New Light on Spinoza's Science of Bible Study." In M. Grene and D. Nails, eds., *Spinoza and the Sciences.* Dordrecht: Reidel, 1980.

"Spinoza and Bible Scholarship." *The Cambridge Companion to Spinoza.* Ed. D. Garrett. Cambridge: Cambridge University Press, 1996.

"Spinoza's Earliest Philosophical Years." *Studia Spinozana* 4 (1988): 37–55.

Spinoza's Earliest Publication? The Hebrew Translation of Margaret Fell's "A Loving Salutation to the Seed of Abraham among the Jews, Wherever They Are Scattered Up and Down upon the Face of the Earth." Assen: Van Gorcum, 1987.

"Spinoza's Relations with the Quakers in Amsterdam." *Quaker History* 73 (1984): 14–28.

"Spinoza, the Quakers and the Millenarians, 1656–1658." *Manuscrito* 6 (1982): 113–33.

The Third Force in Seventeenth Century Thought. Leiden: Brill, 1992.
Porges, N. "Spinozas Compendium der Hebraïschen Grammatik." *Chronicon Spinozanum* 4 (1924–6): 123–59.
Posthumus, N. W. "The Tulip Mania in Holland in the Years 1636 and 1637." *Journal of Economic and Business History* 1 (1929): 435–65.
Price, J. L. *Holland and the Dutch Republic in the Seventeenth Century: The Politics of Particularism.* Oxford: Clarendon Press, 1994.
Proietti, O. "Adulescens luxu perditus: Classici latini nell'opera di Spinoza." *Revista di filosofia neoscolastica* 2 (1985): 210–57.
"Il 'Satyricon' di Petronio e la detazione della 'Grammatica Ebraica' Spinoziana." *Studia Spinozana* 5 (1989): 253–72.
Reijnders, Carolus. *Van "Joodsche Natien" Tot Joodse Nederlanders.* Amsterdam: [n. p.], 1970.
Rekers, Ben. "Les Points obscurs dans la biographie de Spinoza." *Tijdschrift Voor de Studie Van de Verlichting* 5–6 (1977–8): 151–66.
Revah, I. S. "Aux Origines de la rupture Spinozienne: Nouveaux documents sur l'incroyance dans la Communauté judéo-portugaise d'Amsterdam à l'époque de l'excommunication de Spinoza." *Revue des Études juives* 123 (1964): 359–430.
"Aux origines de la rupture Spinozienne: Nouvel examen des origins, du déroulement et des conséquences de l'affaire Spinoza-Prado-Ribera." *Annuaire du Collège de France* 70 (1970): 562–8.
"Le Premier Règlement imprimé de la 'Santa Companhia de Dotar Orfens e Donzalas Pobres.'" *Boletin Internacional de Bibliografia Luso-brasileira* 4 (1963).
"La Religion d'Uriel da Costa, marrane de Porto." *Revue de l'histoire des religions* 161 (1962): 44–76.
Spinoza et Juan de Prado. Paris: Mouton & Co., 1959.
Roth, Cecil. *A History of the Marranos.* New York: Harper and Row, 1966.
A Life of Menasseh ben Israel. Philadelphia: Jewish Publication Society, 1934.
"The Role of Spanish in the Marrano Diaspora." In *Studies in Books and Booklore,* 111–20. London: Gregg International Publishers, 1972.

Rousset, Bernard. "Elements et hypothèses pour une analyse des rédactions successives de *Ethique* IV." *Cahiers Spinoza* 5 (1984–5): 129–46.

"La Première *Ethique:* Méthodes et perspectives." *Archives de philosophie* 51 (1988): 75–98.

Rowen, Herbert H. *John De Witt, Grand Pensionary of Holland, 1625–1672.* Princeton, NJ: Princeton University Press, 1978.

John De Witt: Statesman of the "True Freedom." Cambridge: Cambridge University Press, 1986.

Sacksteder, William. "How Much of Hobbs Might Spinoza Have Read?" *Southwestern Journal of Philosophy* 7 (1969): 25–39.

Salomon, H. P. "Myth or Anti-Myth: The Oldest Account Concerning the Origin of Portuguese Judaism at Amsterdam." *LIAS* 16 (1989): 275–309.

Saul Levi Mortera en zijn Traktaat Betreffende de Waarheid van de Wet van Moses. Braga: Barbosa ane Xavier, 1988.

"La Vraie Excommunication de Spinoza." *Forum Litterarum* 28 (1994): 181–99.

Saperstein, Marc. "Saul Levi Morteira's Treatise on the Immortality of the Soul." *Studia Rosenthaliana* 25 (1991): 131–48.

Schama, Simon. *The Embarrassment of Riches.* Berkeley and Los Angeles: University of California Press, 1988.

Scholem, Gershom. *Sabbatai Sevi: The Mystical Messiah.,* Princeton, NJ: Princeton University Press, 1973.

Schwartz, Gary. *Rembrandt: His Life, His Paintings.* Harmondsworth: Viking, 1985.

Shahan, Robert, and J. I. Brio, eds. *Spinoza: New Perspectives.* Norman: University of Oklahoma Press, 1978.

Shapino, James. *Shakespeare and the Jews.* New York: Colombia University Press, 1996.

Siebrand, H. J. *Spinoza and the Netherlanders.* Assen: Van Gorcum, 1988.

Silva Rosa, J. S. da. *Geschiedenis der Portugeesche Joden te Amsterdam.* Amsterdam: Menno Hertzberger, 1925.

Spinoza, Baruch. *Spinoza Opera.* Ed. Carl Gebhardt. 5 vols. Heidelberg: Carl Winters Universitätsverlag, 1972 (1925).

Steenbakkers, Piet. *Spinoza's Ethica from Manuscript to Print.* Assen: Van Gorcum, 1994.

Stouppe, Jean-Baptiste. *La Religion des hollandais.* Cologne, 1673.

Swetschinski, Daniel M. "Kinship and Commerce: The Foundations of Portuguese Jewish Life in Seventeenth Century Holland." *Studia Rosenthaliana* 15 (1981): 52–74.

The Portuguese-Jewish Merchants of Seventeenth Century Amsterdam: A Social Profile. Ph. D. diss., Brandeis University. Ann Arbor: University of Michigan Microfilms, 1977.

Teicher, J. L. "Why Was Spinoza Banned?" *The Menorah Journal* 45 (1957): 41–60.

Thijssen-Schoute, C. L. "Jan Hendrik Glazemaker: De Zeventiende Eeuwse Aartsvertaler." In *Uit de Republiek Der Letteren.* The Hague: Martinus Nijhoff, 1967.

"Lodewijk Meyer en Diens Verhouding tot Descartes en Spinoza." In *Uit De Republiek Der Letteren* (collected essays by Thijssen-Schoute). The Hague: Martinus Nijhogg, 1967.

Nederlands Cartesianisme. Utrecht: Hess, 1954.

Thomasius, Christian. *Freymüthige Lustige und Ernsthafte iedoch Vernunft-und Gestz-Mässige zwölff Monate des 1688. und 1689. Jahrs.* Halle: Salfeld, 1690.

Valentiner, W. R. *Rembrandt and Spinoza: A Study of the Spiritual Conflicts in Seventeenth Century Holland.* London: Phaidon, 1957.

Van Bunge, Wiep. "On the Early Reception of the *Tractatus Theologico-Politicus." Studia Spinozana* 5 (1989): 225–51.

Van den Berg, Jan. "Quaker and Chiliast: The 'Contrary Thoughts' of William Ames and Petrus Serrarius." In R. Buick Know, ed., *Reformation Conformity and Dissent.* London: Epworth Press, 1977.

Vandenbossche, Hubert. "Adriaan Koerbagh en Spinoza." *Mededelingen vanwege het Spinozahuis.* 39 (1978).

Van den Enden, Franciscus. *Vrije Politijke Stellingen.* Ed. W. N. A. Klever. Amsterdam: Wereldbibliotheek, 1992.

Van der Tak, W.G. "Jarich Jellesz' Origins; Jellesz' Life and Business." *Mededelingen vanwege het Spinozahuis* 59 (1989).

"Spinoza's Apologie." *De Nieuwe Gids* (1933): 499–508.

"Spinoza's Payments to the Portuguese-Israelitic Community; and the Language in Which He Was Raised." *Studia Rosenthaliana* 16 (1982): 190–5.

"Van Den Enden and Kerckrinck." *Studia Rosenthaliana* 16 (1982): 176–7.

Van der Tang, Aad. "Spinoza en Schiedam." *Scyedam* 10 (1984): 159–184.

Van Dillen, J. G. "La Banque d'Amsterdam." *Revue d'histoire moderne* 15 (1928).

Van Suchtelen, Guido. "Nil Volentibus Arduum: Les Amis de Spinoza au travail." *Studia Spinozana* 3 (1987): 391–404.

"The Spinoza Houses at Rijnsberg and the Hague." In Siegfried Hessing, ed., *Speculum Spinozanum*, 475–8. London: Routledge and Kegan Paul, 1977.

Vaz Dias, A. M. "De scheiding in de oudste Amsterdamsche Portugeesche Gemeente Beth Jacob." *De Vrijdagavond* 7 (1939): 387–8.

"Did Spinoza Live in 'T Opregte Tappeythuis'?" *Studia Rosenthaliana* 16 (1982): 172–5.

"Nieuwe Bijdragen tot de Geschiedenis der Amsterdamsche Hoogduitsch-Joodsche Gemeente." *Bijdragen en Mededelingen Van Het Genootschap Voor Joodse Wetenschap in Nederland* 6 (1940).

"Een verzoek om de Joden in Amsterdam een bepaalde woonplaats aan te wijzen." *Jaarbock Amstelodamum* 35 (1938): 180–202.

"Rembrandt en zijn Portugueesch-Joodsche Buren." *Amstelodamum* 19 (1932): 10.

"Spinoza and Simon Joosten de Vris." *Mededelingen Vanwege Het Spinozahuis* 59 (1989).

Uriel da Costa. Nieuwe Bijdrage tot diens Levensgeschiedenis. Leiden, 1936.

"Wie Waren Rembrandt's Joodsche Buren?" *De Vrijdagavond,* Oct. 10, 1930, 22–6; Oct. 17, 1930, 40–45.

Vaz Dias, A. M., and W. G. van der Tak. "The Firm of Bento y Gabriel de Spinoza." *Studia Rosenthaliana* 16 (1982): 178–89.

Spinoza, Merchant and Autodidact, in Studia Rosenthaliana 16 (1982): 105–71.

Verbeek, Theo. *Descartes and the Dutch*. Carbondale: Southern Illinois University Press, 1992.

Vermij, Rienk. "Le Spinozisme en Hollande: Le Cercle de Tschirnhaus." *Cahiers Spinoza* 6 (1991): 145–68.

Vlessing, Odette. "The Jewish Community in Transition: From Acceptance to Emancipation." *Studia Rosenthaliana* 30 (1996): 195–211.

"New Light on the Earliest History of the Amsterdam Portuguese Jews." In *Dutch Jewish History*. Vol. 3. Assen: Van Gorcum, 1993.

"Portugese Joden in de Gouden Eeuw." *Opbouw* 42 (1989): 3–14.

Vloemans, A. *Spinoza. De Mensch, Het Leven en Het Werk.* The Hague, 1931.

Vries, Theun de. *Spinoza: Beeldenstormer en Wereldbouwer.* Amsterdam: H. J. W. Becht's Uitgeversmaatschappij, n. d.

Wiznitzer, Arnold. *The Jews of Colonial Brazil.* New York, 1960.

"The Merger Agreement and the Regulations of Congregation 'Talmud Torah' of Amsterdam (1638–39)." *Historia Judaica* 20–1 (1958–9): 109–32.

Wolf, A., ed. and trans. *The Oldest Biography of Spinoza.* Port Washington, NY: Kennikat Press, 1970 (1927).

Wolfson, Harry. *The Philosophy of Spinoza.* 2 vols. Cambridge, MA: Harvard University Press, 1934.

Worp, T. *Geschiedenis van het drama en van het toneel in Nederland.* 2 vols. Groningen: J. B. Wolters, 1904–8.

Wurtz, Jean-Paul. "Un disciple 'hérétique' de Spinoza: Ehrenfried Walther Von Tschirnhaus." *Cahiers Spinoza* 6 (1991): 111–43.

Yovel, Yirmiyahu. *Spinoza and Other Heretics.* Vol. 1, "The Marrano of Reason." Princeton, NJ: Princeton University Press, 1989.

"Why Was Spinoza Excommunicated?" *Commentary,* November 1977, 46–52.

訳者解題　スピノザの「人生」について

この翻訳書は、スティーヴン・ナドラーによる一九九九年のスピノザ伝（Steven Nadler, *Spinoza: A Life*. Cambridge University Press, 1999.）の日本語全訳である。原書には *A Life*（ある一つの人生）という副題が添えられているが、日本語版では、スピノザを知らない読者にも彼が何者かを伝えられるように、「ある哲学者の人生」とした。

著者のスティーヴン・ナドラーは、現在、米国マサチューセッツ州に所在するウィスコンシン大学マディソン校哲学科の教授であり、主たる専門領域は、マルブランシュ、デカルト、スピノザ、ライプニッツ、カントの哲学をはじめとする西洋近代哲学である。特にスピノザに関する研究については、本書を上梓して以降、注目すべき業績（これについては後述する）を立てつづけに発表しており、いまやスピノザの——人生と哲学の総合的な——研究においては、世界的な諸碩学の一人である。

「まえがき」において著者自身が高らかに述べている通り、本書は、「英語によって世に送り出された最初の、遺漏なく語られた、スピノザの完全な伝記」であり、それと同時に、「何らかの言語によって久方ぶりに書き綴られる最新の伝記」となっている。すなわち、これまでスピノザの「人生」を詳しく知ろうとする者にとっては、一九〇四年にヤコブ・フロイデンタールがドイツ語で書き著した『スピノザの生涯と教説』（Jacob Freudenthal, *Spinoza: Sein Leben und Seine Lehre*. Stuttgart: Fr. Frommanns Verlag, 1904.）が唯一最大の文献であり、それ以外では、リュカスやコレルスなどの同時代の伝記作者たちが書き残した断章か、研究者たちによるさまざまな略伝を参照するしか手立てはなく、そのような状態のまま、百年の歳月が経過していた。

スピノザの「哲学」についての浩瀚な研究書がごまんと書かれてきたことと比較すれば、その「人生」についての文献の少なさ――言うなれば、スピノザの人生（肉体）が、その哲学（精神）から、あたかもデカルトの心身二元論よろしく、ほとんど切り離されてしまっているような状態――は、しかしながら、案の定と言えるものである。数多くの研究者たちが人生論の湿地に足を取られることを回避したいがために、作品至上主義的な立場を採って、その哲学を偏重しているというわけではないだろう。むしろ、スピノザの人生と哲学の乖離は、その哲学の取り付く島のなさが招来している事態なのではないかと、訳者は強く思う。ひいてはその取り付く島のなさが、彼の「人生」を閉ざしてしまっているとも。

改めて言うまでもなく、スピノザの哲学はひじょうに難解である。特に最高峰と言われる『倫理学（エチカ）』の難解さは出色である。幾何学的なその形式に対して閉口する向きは多いのかもしれないが、しかしながら「それは、その形式ゆえではまったくなく、最も難解なものの一つでもある。最初の接近で、『倫理学（エチカ）』の単なる表層は、威圧的で、哲学者ではない者には、恐れさえ抱かせる。定義、公準、命題、評註、帰結のエウクレイデス〔ユークリッド〕的な構造とともに、それはまったく侵入を許さないもののように見える」（本書、第九章より）。言い換えれば、途轍もなく強固で、並外れて精緻な知の構造体ということである。

スピノザの初心者が、この鉄壁のごとき哲学の金字塔に侵入口を見出すことは、はたして可能なのかどうか。道理として、無防備な状態のまま臨めば、例えば無数のレーザー光線が張り巡らされた警備体制の中に無暗に突入するようなもので、即刻退場となる。ならば、いかにすれば難解さを減じ、あるいはその発生源を解除することができるのか。「我々がある人の本質とその精神をよりよく知るにつれて、それだけ容易にその人の言葉を説明し得る」とは『神学=政治論』第七章からの章句である。スピノザ自身のこの言葉――これはフロイデンタールが自らの自伝の冒頭に掲げたものでもある――に全幅の信頼を置けば、まずは相手（の「人生」）を正しく知ることが、何よりも重要ということになる。

その意味において、「スピノザの完全な伝記」である本書は、一九九九年の出版以来、比類のないものとしてありつづけている。そのことは、本書がオランダ語、フランス語、ドイツ語、イタリア語などのヨーロッパの諸言語のみならず、韓国語、中国語にも翻訳されている事実が裏打ちしてもいる。本書は、主にスピノザに初めて接する読者や、かつてスピノザ哲学に取り組みつつ挫折した読者のために書かれてはいる。しかしながら、スピノザを「識る」という意味では、ただ単に裾野が広いだけではない、学術的に該博かつ高度な内容に満たされている。

淡々と――哲学的人生論ではなく――哲学と一体化した「人生」そのものが記述される本書の構成は、ヤコブ・フロイデンタールによる伝記と同様、十二の章から成る。ただし、それぞれに配分は異なり、本書においてはユダヤ教徒の青年バルーフのために六章分が充てられている。ちなみにフロイデンタールにおいては四章分だった。スピノザの生涯の記録に関する最新の知見のみならず、十七世紀ネーデルラントのユダヤ文化についての最新の研究成果などが反映された結果である。

スピノザは、一六三二年十一月にアムステルダムで生まれ、一六七七年二月にデン・ハーグで死去した。四十四年余の、まったく十分とは思われない人生において、彼は、『知性改善論』『神、および人間と人間の幸福に関する短論文』『デカルトの哲学原理』『倫理学（エチカ）』『神学=政治論』『ヘブライ語文法綱要』『国家論』、ならびに数多くの書簡を、寸暇を惜しんで執筆していた。そして『デカルトの哲学原理』だけは、哲学者としての実名（ベネディクトゥス・デ・スピノザ）を公表して出版することができた。しかしその他の論文は、『知性改善論』のように執筆を中断し、『神学=政治論』のように著者名を偽って出版し、あるいは『倫理学（エチカ）』のように印刷の中止に追い込まれるなどし、生前の公表には至らなかったのである。「真理」の下に聖書の権威を失墜させる論文を私的に書くことはできたとしても、あえてそれを著書として公表すれば、著者、出版社、協力者などに危険が及ぶどころか、悲惨な死に至ることさえもある、ひじょうに過酷な時代を彼は生きた。「真理」を探究する者に突き付けられたその過酷さは、そのまま、十七世紀のネーデルラントの政治的、宗教的変転の苛烈な照り返しに他ならなかった。

スピノザの哲学をかたちづくるそれらの論文の内容には、そのような変転の中でのその時々の彼の身の振り方が大きく影響している。したがって、彼がどのように生きようとしていたかを知ることが、彼が何を書き、何を伝えようとしていたのかを知るための大きな鍵になるわけである。「平凡な――どこから見ても、徹頭徹尾通常の伝統的な生活を営み、唯一その知性ゆえに際立っていたと思われる――ユダヤ教徒の青年から、伝統破壊の哲学者への、この青年の（それがそのようなものだったとすれば）変身ぶり」（本書、まえがきより）を至近に見つめずして、彼の哲学の難解さは少しも減じられないのである。そしてまた、ユダヤ名の青年バルーフからラテン語名の哲学者ベネディクトゥスへのスピノザの知性の進化を辿りつつ、彼の著述のみならず、彼が残しただろう数多くの書簡――おそらくその大半は政治的配慮により失われてしまった――に、友人たちの死に対する怒りや悲しみ、さらには迷いなどの、一人の人間としての肉声を聞かずして、彼の「人生」にもその最大の命題――「自由の人は、死のすべてを最小に思惟する」――にも、寄り添うことはできないのである。

無論、哲学の金字塔の高みをどこまで目指すかは読者次第だが、少なくとも侵入口を見出し、彼の哲学の全体を見上げることを可能にしてくれる本書は、正真正銘のスピノザへの入門書なのである。

本書の特徴と意義については、おおよそ右の通りであるが、翻訳に至った経緯、ならびに翻訳にあたっての技術的な事柄についても、簡単ながら付言しておきたい。

本来、訳者は、美学・美術史を専門とし、哲学を研究する者ではない。すでに拙訳で刊行されている同著者の美術文化論『レンブラントのユダヤ人――物語、形象、魂』（*Rembrandt's Jews*. The University of Chicago Press, 2003.）を翻訳し始めたばかりの二〇〇五年の冬に、人文書館編集部から、これも一緒に訳してみてはどうかと、本書の翻訳を勧められたのである。

しかし自信のなさは拭えず、引き受けてよいものかどうか、躊躇し、悩んだ。が、引き受けることはできない、とは絶対に口にしたくなかった。註を含めて約四百ページの原書の翻訳に着手することは、足のすくむような眩暈さえ感じさせたが、スピノザの人生に肉薄できるかもしれないという、真っ白な雲海を目の前にしたような大きな魅力には、抵抗できなかった。

腰を据えて本書の翻訳に着手できたのは、*Rembrandt's Jews* を翻訳後の、二〇〇八年秋頃からである。翻訳に際しては、かなりの下準備が必要だった。畠中尚志訳のスピノザの諸著作（『デカルトの哲学原理――附　形而上学的思想』『知性改善論』『神・人間及び人間の幸福に関する短論文』『エチカ――倫理学』『神学・政治論』『国家論』、いずれも岩波文庫）をはじめ、渡辺義雄訳のリュカス／コレルス『スピノザの生涯と精神』（学樹書院）、工藤喜作訳のヤコブ・フロイデンタール『スピノザの生涯』（哲書房）、そしてサミュエル・シャーリーによるスピノザ全著作の英訳本（Samuel Shirley, *Spinoza: Complete Works*. Hackett Publishing Company, 2002.）、また学術研究書関連では、多数ある中でいくつかの最近の和書を挙げるに止めるが、柴田寿子『スピノザの政治思想――デモクラシーのもうひとつの可能性』（未來社、二〇〇〇年）、上野修『スピノザの世界　神あるいは自然』（講談社現代新書、二〇〇五年）、そして訳了後の読書となったが、國分功一郎『スピノザの方法』（みすず書房、二〇一一年）

などの日本人による優れた研究書や解説書を通じ、幅広く理解を深めた。とは言え、数年の下準備と丸三年の翻訳作業という長い歳月を要してしまったことについて、辛抱強く出版を待ち望んでくれた読者に、まずお詫びを申し上げたい。

訳文については意訳を避け、逐語訳を心がけた。またフランス語版（*Spinoza, Biographie.* Éditions Bayard, 2003.）を同時に参照し、訳文の精度を高めた。原書に見られるいくつかの訂正すべき箇所が、フランス語版においては修正されているからである。スピノザの諸著作からの引用については、畠中尚志訳を参考にしたが、訳文をそのまま拝借することはしなかった、というより、できなかった。理由は、畠中尚志訳がゲープハルト版（ドイツ語）からの翻訳であり、本書で使用しているシャーリー等の英訳とは細部において解釈が異なるためである。同様に、リュカスやコレルスなどの同時代の伝記作者たちの記述の引用についても、渡辺義雄訳を参照するにとどめるしかなかったが、先行の数多くの仕事については、ひじょうに参考になったことを感謝とともに申し添えておきたい。

ちなみに、本書で採用したスピノザの諸著作の書名表記については、一般的に知られているものとは異なる表記のものがある。すなわち、『エチカ（倫理学）』『神学・政治論』で通されるのが主流となっている表記であるが、本書では、『倫理学（エチカ）』（*Ethica*）、『神学=政治論』（*Tractatus Theologico-Politicus*）とした。特に後者の表記については異論もあるだろうが、神学と政治の結託を示唆する「=」をスピノザの危機意識の現れとして重く見た結果である（いっそのこと、スピノザの意を汲んで『神学／政治論』というスラッシュによる切り結びも考えたが、それは行き過ぎと判断し、却下した）。また、原書に見られる索引については、日本語版では割愛し、その代わりに各章の段落の切れ目に小見出しを付し、内容を把握し易いように配慮した。

スティーヴン・ナドラーの著書が日本で紹介されるのは、先に簡単に触れておいたが、本書が初ではなく、『レンブラントのユダヤ人——物語、形象、魂』(*Rembrandt's Jews*. The University of Chicago Press, 2003.)につづいて、二冊目となる。が、本書の原書(*Spinoza: A Life*. Cambridge University Press, 1999.)の方が先に刊行されており、紹介の順番としては、前後が入れ替わってしまった。というのは、訳者が人文書館編集部に最初に翻訳を提案したのが、ユダヤ教徒と図像の禁止の問題についての論述を含む、レンブラントについてのその著作だったからである。地盤沈下を食い止める隣家の改修工事の騒音の中で、レンブラントは肖像画を描こうとする。ところが、材木がぶつかり合う音や、金槌の音などが、まるで歯の痛みのように神経に触り、何も前に進まない。そのような情景から書き下ろされ、十七世紀のネーデルラント共和国に生きたオランダ人画家たちとユダヤ教徒たちとの関係が、彼らの日常を生き生きと蘇らせつつ興味深く論じられる美術文化論に鮮烈な印象を受けたのが、その翻訳を手がけたいと申し出た動機だった。本書を拡充する姉妹編と言えるものであるので、この機会に併せて読んでいただければひじょうに嬉しいし、さらに、英語に通じている読者には、本書以降に上梓されたスピノザ関連の研究書も紹介しておきたい。

Spinoza's Heresy: Immortality and the Jewish Mind. Oxford University Press, 2002.
Spinoza's Ethics: An Introduction. Cambridge University Press, 2006.
The Best of All Possible Worlds: A Story of Philosophers, God, and Evil. Farrar, Straus & Giroux, 2008; Princeton University Press.

参考文献などに加え、スピノザの足跡を辿る旅に出たことも、同様に益するところが大きかった。アムステルダム、アウデルケルク、デン・ハーグなど、スピノザに縁のある場所を行ったり来たりしながら、あらためて実感し、遠く想像していたものは、もちろんスピノザの人生については言うまでもないが、海面よりも低いところに位置するこの土地の平坦さと、空と海と大地が一つに収斂するかのような、この地方に特有の真っ平らな——幾何学的な、と言うべきか——水平線だった。また一方で、「気晴らしに彼は、蜘蛛を採取することを好み［……］」（本書、第十一章より）という、牧師にして伝記作者のコレルスの記述に触発され、市街地各所の物陰で、晩年のスピノザと蜘蛛の関係を夢想したりもした（ちなみに『昆虫記』で知られるファーブルは、蜘蛛についてのある章において、「幾何学は［……］蜘蛛の巣の数珠の中にも、惑星の軌道と同様に存在している」（山田吉彦、林達夫訳『完訳 ファーブル昆虫記』第九巻より）と書き記した）。さらにその旅において、中央駅近くのアムステルダム国立図書館で小企画として開催されていた「アムステルダム人スピノザ展（Spinoza: Amsterdammer）」（二〇〇八年九月五日〜十一月五日）に、運よく足を運ぶこともできた。展示されているスピノザの著書は、すべてがファクシミリ版で、原書本来の香りを味わえるものではなかったが、展示物の中で最も印象に残ったものは、スピノザを主題にしたヴィデオだった。そこにおいて、いわゆるラップ音楽を歌い踊る二人組のラッパーが、スピノザの哲学的言説をビートの利いたリズムに乗せて語り、あるいはアムステルダム市内に建つスピノザの銅像と親しげに肩を組んだり、さらには何と、丸い穴の開いたソファに足を突っ込んで一体化しようとしたりする——「スピノザは、石も、机も、椅子も［……］すべては神の『属性』であり、それゆえ神の一部として断定され得ると言っているのか」（本書、第九章より）——という、ひじょうに斬新な映像である。「自由都市」の若者たちの文化において、このような流儀でスピノザの哲学が受容されているとは、スピノザ自身にさえ、想像できなかっただろうことはまちがいないが、孤独と死が深刻な問題になりつつある極東の国からの一旅行者にとっては、このような毅然とした文化の根付くアムステルダムの知の裾野の広さが、まったく驚愕に値し、羨ましくも思った。

（が、その羨望は、東日本大震災以前のものだ。いまや世界的な規模で、自然への向き合い方に修正を迫られ、いかなるかたちにせよそこから熱源を得なければ生きてゆけない人間の節度が深刻に問われ始めたところである。

地震や津波などの自然災害について、スピノザは次のように言っている。

> 自然が無駄なもの――すなわち、人間の利益にならない無――をつくり出さない、ということを証明しようとしながら、彼ら〔人々〕は、自然と神々とが、ただ人間と同様に狂っていることだけを示したように思われる。
>
> 考えていただきたい、その結果がいかなるものとなっているかを！　必然的に彼らはかくも多くの自然の恩恵の間に暴風雨、地震、病気などの少なからぬ災害を発見しなければならなかったのであり、これらは人間によって神々になされた過ちに対し、あるいは礼拝の過程においてなされた過失に対し、神々が怒ったから生じたと彼らは主張した。日常的経験はこの反対を大きく訴え、恩恵と災害が、敬虔、不敬を問わず、差別なく降り落ちるということを無数の事例によって示すのにもかかわらず、その事実に関して彼らは昔ながらの偏見を捨て去ることはなかった。というのは、彼らはそれまで構築してきた理屈をすっかり諦め、新たに考案するよりも、この事実を彼らが理解できない諸々の不可解な事象の一つに数え入れ、かくして彼らの生まれながらの無知状態を維持する方が簡単だと考えたからである」『倫理学』〔Samuel Shirley, *Spinoza: Complete Works*, pp.239-240.〕。

スピノザの批判は、神学と哲学の闘い、という過去の文脈を超えて、現代においても十分すぎるほど辛辣に響く。何が善で何が害なのかが、利益という信仰とその目的に合致した表象の乱用によって、濫りに曇らされているだけである。だからこそ、スピノザの目標は、この極東の国においても共有される意味がある。「最高の善とは［……］精神が全自然に対して抱く合一の認識であり、私の目指す目的は［……］私とともに数多くがそれを獲得するべく、努めることにある」『知性改善論』〔Samuel Shirley, *Spinoza: Complete Works*, pp.5-6.〕。自らがその一部である自然への負荷を最小限にとどめようと、己の生活を抑制したスピノザの「人生」が辿り直されるところとなり、さらにはいつの日か、知性を通じて「最高の善」が分かち合われるときが来ればと、大きな悲劇に向けられた遠近法の閉塞の中で、それでも訳者はその到来に期待をつないでいたい。）

翻訳を完成させるにあたり、友人の樋上千寿氏と福島直氏の力を得た。二人が与えてくれた激励、ならびに訳文に対する細やかな指摘には、少なからず助けられた。また、訳者からのときおりの疑問に迅速に対応してくれた著者スティーヴン・ナドラー氏にも、感謝を申し上げたい。そして最後に、本書の翻訳の機会を与えてくれ、ときおり挫けそうになる訳者を静かに見守りつつ、数年にわたって辛抱強く伴走してくれた人文書館編集部には、心からの感謝を伝えたい。いままさにスピノザが死去した年齢に重なる訳者にとって、翻訳を通じてスピノザの人生に寄り添うことのできた日々は、まさに僥倖と言うべき以外の、何ものでもなかったからである。

二〇一二年一月

有木宏二

【著者略歴】

スティーヴン・ナドラー……**Steven Nadler**
ウィスコンシン大学マディソン校哲学科教授、同大学ユダヤ研究センター研究員。
専門は、17世紀ヨーロッパ哲学。近年の著作として、
Spinoza's Heresy: Immorality and the Jewish Mind. Oxford University Press, 2002.
Spinoza's Ethics:An Introduction. Cambridge University Press, 2006. などがある。

【訳者略歴】

有木宏二……**ありき・こうじ**
1967年、大阪府に生まれる。

京都大学大学院人間・環境学研究科修了。

現在、宇都宮美術館に学芸員として勤務。

早稲田大学理工学術院非常勤講師。

専攻は美学・美術史。主な著書、訳書として、

『ピサロ／砂の記憶—印象派の内なる闇』（人文書館、2005年）

［同書は、2006年 第16回吉田秀和賞を受賞］、

『レンブラントのユダヤ人—物語・形象・魂』（S. ナドラー著、人文書館、2008年）など。

人文書館

スピノザ
ある哲学者の人生

発行　二〇一二年三月一〇日　初版第一刷発行

著者　スティーヴン・ナドラー
訳者　有木宏二
発行者　道川文夫
発行所　人文書館
〒一五一—〇〇六四
東京都渋谷区上原一丁目四七番五号
電話　〇三—五四五三—二〇〇一（編集）
　　　〇三—五四五三—二〇一一（営業）
電送　〇三—五四五三—二〇〇四
http://www.zinbun-shokan.co.jp

ブックデザイン　仁川範子
印刷・製本　信毎書籍印刷株式会社

ISBN 978-4-903174-26-6　Printed in Japan